10,00

JAMES ROUSSELLE
KARINE POULIOT
LOUISE ROY
EMANUELE SETTICASI

français quatrième secondaire

UNITÉS D'APPRENTISSAGE

Lire & dire AUTREMENT

CEC
LES ÉDITIONS CEC INC.

8101, boul. Métropolitain Est, Anjou, Qc, Canada H1J 1J9
Téléphone: (514) 351-6010 Télécopieur: (514) 351-3534

Directrice éditoriale
Emmanuelle Bruno

Directrice de la production
Danielle Latendresse

Chargées de projet
Monique Labrosse
Raymonde Abenaim
Diane Karneyeff

Réviseure linguistique
Suzanne Delisle

Correctrices d'épreuves
Diane Karneyeff
Francine Noël

Recherchiste
(droits des textes et des photos)
Carole Régimbald

Conception, réalisation et illustrations
LE GROUPE FLEXIDÉE

Autres illustrations
Smash Design (Boulerice et Olivier): pages 1 à 264, 413, 414, 423, 424, 435, 436, 447, 448 et 449.

Couverture
(HG) *Eldorado*, film de Charles Binamé,
produit par Cité-Amérique, photo de Pierre Dury.
(BG) *Arlequin, serviteur de deux maîtres*,
Pierre-Henry Reney, Illustrations Picto enr.
(D) *Audrey* (1957), Jean Dallaire,
Musée des beaux-arts du Canada, Ottawa,
Succession Jean Dallaire/SODRAC (Montréal), 2000.

RÉFÉRENCES PHOTOGRAPHIQUES

(H) Haut (B) Bas (G) Gauche (D) Droite
(C) Centre (F) Fond

2 © N. Parkinson/Sygma/Magma Photo • **34** © *La Presse* • **60** Lucasfilm Ltd/Interfoto/Sipa Presse/PonoPresse • **78** (H) © Digital Vision (B) © Mark Bolster/International Stock Video Editing/Réflexion • **257** © Viollet/Gamma/PonoPresse • **465** (HG) © Raymonde Bergeron (BG) et (C) © Louis Monier/Gamma/PonoPresse (HD) © Jerry Bauer (BD) © Éditions Stock (F) Lonny Kalfus, © Tony Stone Images • **466** © Georges Thiry/AML/SOFAM, Belgique • **467** (G) © SuperStock (HD) Robert Nadon/*La Presse* (BD) © SuperStock • **471** (H) Bibliothèque nationale du Québec (CG) © Jocelyn Bernier (CD) © Josée Lambert/PonoPresse (B) Bibliothèque nationale de France • **472** © Tom McCarthy, 1994/PonoPresse • **479** (C) © Réflexion (BG) © SuperStock • **480** Mauritius – H. Hoffman/ Réflexion • **481** (H) © Sean O'Neill/Réflexion (B) © 1993 Stock Imagery/Réflexion • **485** © *La Presse* • **489-490** (F) © Bob Burch/Réflexion • **495** (HD) © M. Allard Photo/PonoPresse (BG) © M. Ponomareff/PonoPresse • **496** © Ponomareff/PonoPresse • **497** (H) © Tom McCarthy/PonoPresse (B) © SuperStock • **498** *M.-C. Séguin*: © M. Ponomareff/PonoPresse; *Bob Marley*: © Gamma/PonoPresse; *groupe Rage Against The Machine*: Kevin Mazur, © London Features/PonoPresse; *Judy Richards*: © M. Ponomareff/PonoPresse; *Bruce Springsteen*: © Gamma/PonoPresse; *Renaud*: © Mourthe/Sipa Presse/PonoPresse; *Willie Nelson*: A. Butt, © London Features/PonoPresse; *groupe Dubmatique*: © M. Ponomareff/PonoPresse; *Luc de Larochellière*: J.P. Dumas/© PonoPresse; *Lounès Matoub*: © G. Roussel/O. Medias/PonoPresse; *Pablo Neruda*: © Camera Press/PonoPresse • **499** © Louis Monier/PonoPresse • **500** Govert de Roos/Sunshine International/PonoPresse • **501** © Tom McCarthy/PonoPresse • **502** (H) Anna Stevenson/Camera Press/PonoPresse (B) Office national du film du Canada/*La Presse* • **506** Gilles Rolle, © Imapress/ PonoPresse

Dans cet ouvrage, la féminisation des titres de fonction et des textes s'appuie sur les règles d'écriture proposées par l'Office de la langue française dans le guide *Au féminin*, Les Publications du Québec, 1991.

8101, boul. Métropolitain Est
Anjou (Québec) H1J 1J9

Dépôt légal: 3e trimestre 2000
Bibliothèque nationale du Québec
Bibliothèque nationale du Canada

ISBN 2-7617-1633-7

Imprimé au Canada
1 2 3 4 5 04 03 02 01 00

Table des matières

Description des unités d'apprentissage . . . XII
Parcours possibles . . . XIV

PR 100 PRÉALABLES

PR 101 LE LEXIQUE . . . **1**
Corpus d'observation . . . 2
Pistes d'observation . . . 4
Prise de notes . . . 5
L'essentiel . . . 6
1 La formation des mots . . . 6
1.1 Les principaux procédés de formation des mots . . . 6
1.2 Les familles de mots . . . 8
1.3 Le contexte . . . 8
2 La monosémie et la polysémie . . . 9
3 Les relations entre les mots . . . 10
4 Pour analyser le lexique . . . 10
Exercices . . . 11
Synthèse – Lecture d'un extrait de roman
Une saison dans la vie d'Emmanuel (Marie-Claire Blais) . . . 15

PR 102 LES REGISTRES DE LANGUE . . . **17**
Corpus d'observation . . . 18
Pistes d'observation . . . 20
Prise de notes . . . 21
L'essentiel . . . 22
1 La langue orale et la langue écrite . . . 22
2 Les variations linguistiques . . . 23
3 Les registres de langue . . . 23
3.1 L'emploi des registres de langue . . . 24
3.2 Le choix d'un registre de langue . . . 25
3.3 Quelques exemples de variations phonétiques, lexicales et grammaticales associées aux registres de langue . . . 26
Exercices . . . 28
Synthèse – Lecture d'un extrait de roman
Bonheur d'occasion (Gabrielle Roy) . . . 31

PR 103 LA COHÉRENCE TEXTUELLE . . . **33**
Corpus d'observation . . . 34
Pistes d'observation . . . 35
Prise de notes . . . 37
L'essentiel . . . 38
1 La reprise de l'information et la progression de l'information . . . 39
1.1 La reprise de l'information . . . 39
1.2 La progression de l'information . . . 41
1.3 Analyser la reprise et la progression de l'information mises en place dans un texte pour caractériser un personnage, un lieu ou un objet . . . 43

2 L'harmonisation des temps verbaux . . . 43
2.1 Le système du présent . . . 44
2.2 Le système du passé simple . . . 45
2.3 Le système du passé composé . . . 46
2.4 Les valeurs des temps de l'indicatif . . . 47
3 Les marqueurs de relation . . . 49
4 L'organisation ou l'articulation du texte . . . 50
EXERCICES . . . 52
SYNTHÈSE – Lecture d'un article critique
Le prix Médicis à Marie-Claire Blais . . . 57

PR 104 **LES SÉQUENCES TEXTUELLES** . . . **59**
CORPUS D'OBSERVATION . . . 60
PISTES D'OBSERVATION . . . 62
PRISE DE NOTES . . . 63
L'ESSENTIEL . . . 64
1 Les séquences textuelles . . . 64
2 Les types de textes . . . 64
3 L'insertion de séquences textuelles . . . 66
3.1 Les indices qui révèlent l'insertion d'une séquence . . . 66
EXERCICES . . . 68
SYNTHÈSE – Lecture d'un extrait de pièce de théâtre
La Ménagerie de verre (Tennessee Williams) . . . 73

PR 105 **LE POINT DE VUE** . . . **75**
CORPUS D'OBSERVATION . . . 76
PISTES D'OBSERVATION . . . 80
PRISE DE NOTES . . . 81
L'ESSENTIEL . . . 82
1 Qu'est-ce que le point de vue ? . . . 82
1.1 La présence de l'auteur ou du narrateur . . . 82
1.2 Le rapport auteur/destinataire . . . 82
1.3 Le rapport auteur/sujet . . . 82
1.4 Qui peut adopter un point de vue ? . . . 83
2 Qu'est-ce que le destinataire ? . . . 83
2.1 L'image que le texte donne du destinataire . . . 83
3 Les indices linguistiques qui révèlent le point de vue . . . 84
3.1 Les pronoms . . . 84
3.2 Les marqueurs de modalité . . . 84
4 Le ton . . . 86
5 Le but du texte . . . 86
5.1 Les valeurs . . . 87
6 Analyser le point de vue . . . 87
EXERCICES . . . 88
SYNTHÈSE – Lecture d'un article critique
Bonheur d'occasion . . . 93

TT200 TYPES DE TEXTES

TT 201 **LE TEXTE ARGUMENTATIF** **95**
(La lettre ouverte, l'article critique et l'exposé critique)
CORPUS D'OBSERVATION 95
PRISE DE NOTES 102
L'ESSENTIEL 103
LA SITUATION ARGUMENTATIVE 103
LES FORMES DE TEXTES ARGUMENTATIFS 104
1 Le contenu des textes argumentatifs 105
1.1 Le sujet 105
1.2 Les éléments de la démarche argumentative 106
1.3 Les principales stratégies argumentatives 114
2 L'organisation des textes argumentatifs 121
2.1 La séquence argumentative 121
2.2 Le plan d'un texte argumentatif 121
2.3 Les modes d'organisation du développement 123
2.4 L'ordre des arguments dans le développement 124
2.5 La cohérence textuelle 124
2.6 L'insertion de séquences d'autres types 125
3 Le point de vue dans les textes argumentatifs 126
3.1 La présence de la personne qui argumente dans le texte 126
3.2 Le rapport que la personne qui argumente établit avec le destinataire 127
3.3 L'attitude de la personne qui argumente vis-à-vis de son sujet et le ton 128
3.4 Les valeurs véhiculées dans le texte 129
3.5 Les buts du texte 130
POUR LIRE ET RÉSUMER UN TEXTE ARGUMENTATIF 131
MODÈLES DE RÉSUMÉS 133
EXERCICES 1 LE CONTENU 137
APPROPRIATION DES CONNAISSANCES 137
COMPRÉHENSION DE TEXTE
L'Homme ou la nature ? 144
Ouvrir les yeux dans l'eau 146
ANALYSE ET RÉSUMÉ DE TEXTE 148
ACTIVITÉ D'ÉCRITURE 148
EXERCICES 2 L'ORGANISATION 153
APPROPRIATION DES CONNAISSANCES 153
COMPRÉHENSION DE TEXTE
Les riches et les pauvres 163
Une histoire enracinée dans le quotidien 167
ANALYSE ET RÉSUMÉ DE TEXTE 170
ACTIVITÉ D'ÉCRITURE 170
EXERCICES 3 LE POINT DE VUE 176
APPROPRIATION DES CONNAISSANCES 176
COMPRÉHENSION DE TEXTE
Le courage de ses opinions 183
Un très grand film sur un très grand sujet 185
ANALYSE ET RÉSUMÉ DE TEXTE 187
ACTIVITÉ D'ÉCRITURE 187
SYNTHÈSE – Compréhension de texte
OGM : il faut arrêter 192

TT 202 **LE TEXTE NARRATIF** (La nouvelle littéraire) **199**
TEXTE D'OBSERVATION 199
PRISE DE NOTES 201
L'ESSENTIEL 202
LE TEXTE NARRATIF 202
1 Le contenu des textes narratifs 203
1.1 L'univers narratif 203
1.2 Les personnages 204
1.3 Les valeurs, les symboles et les thèmes 204
1.4 L'intrigue 205
2 L'organisation des textes narratifs 205
2.1 Le plan d'un texte narratif 205
2.2 Le schéma narratif d'une nouvelle littéraire 205
2.3 La cohérence textuelle 208
2.4 Les séquences textuelles 210
3 Le point de vue dans les textes narratifs 210
3.1 Le narrateur 210
3.2 Les relais de narration 210
3.3 Le destinataire 211
3.4 Le point de vue du narrateur 211
3.5 Le ton 211
POUR LIRE ET ANALYSER UNE NOUVELLE LITTÉRAIRE 212
MODÈLE D'ANALYSE 213
EXERCICES 1 LE CONTENU 216
APPROPRIATION DES CONNAISSANCES 216
COMPRÉHENSION DE TEXTE
N'accusez personne (Julio Cortázar) 218
ANALYSE DE TEXTE 220
ACTIVITÉS D'ÉCRITURE 220
EXERCICES 2 L'ORGANISATION 221
APPROPRIATION DES CONNAISSANCES 221
COMPRÉHENSION DE TEXTE
Pauvre Petit Garçon (Dino Buzzati) 227
ANALYSE DE TEXTE 229
ACTIVITÉS D'ÉCRITURE 229
EXERCICES 3 LE POINT DE VUE 230
APPROPRIATION DES CONNAISSANCES 230
COMPRÉHENSION DE TEXTE
Le Portrait ovale (Edgar Allan Poe) 232
ANALYSE DE TEXTE 234
ACTIVITÉS D'ÉCRITURE 234
SYNTHÈSE – Compréhension de texte
Le Fataliste (Isaac Bashevis Singer) 235

TT 203 **LE TEXTE DRAMATIQUE** (La pièce de théâtre) **239**
TEXTE D'OBSERVATION 239
PRISE DE NOTES 243
L'ESSENTIEL 244
LE TEXTE DRAMATIQUE 244
1 Le contenu des textes dramatiques 245
1.1 L'univers narratif 245

2 L'organisation des textes dramatiques . . . 249
2.1 La séquence dialogale . . . 249
2.2 Les actes, les scènes et les tableaux . . . 251
2.3 Le plan d'un texte dramatique . . . 251
2.4 Le schéma narratif d'un texte dramatique . . . 252
2.5 La cohérence textuelle . . . 252
2.6 Les séquences textuelles . . . 253
3 Le point de vue dans les textes dramatiques . . . 253
3.1 La présence de l'auteur . . . 254
3.2 Le rapport auteur/sujet . . . 254
3.3 Le rapport auteur/destinataire . . . 254
3.4 Le ton . . . 255
3.5 Le but du texte . . . 255
POUR LIRE ET ANALYSER UNE PIÈCE DE THÉÂTRE . . . 256
MODÈLE D'ANALYSE . . . 257
EXERCICES 1 LE CONTENU . . . 259
APPROPRIATION DES CONNAISSANCES . . . 259
COMPRÉHENSION DE TEXTE
La Complainte des hivers rouges (Roland Lepage) . . . 261
ANALYSE DE TEXTE . . . 263
EXERCICES 2 L'ORGANISATION . . . 264
APPROPRIATION DES CONNAISSANCES . . . 264
COMPRÉHENSION DE TEXTE
Le Cid (Pierre Corneille) . . . 267
ANALYSE DE TEXTE . . . 268
EXERCICES 3 LE POINT DE VUE . . . 269
APPROPRIATION DES CONNAISSANCES . . . 269
COMPRÉHENSION DE TEXTE
Déjà l'agonie (Marco Micone) . . . 271
ANALYSE DE TEXTE . . . 272
SYNTHÈSE – Compréhension de texte
Les Quatre Morts de Marie (Carole Fréchette) . . . 273

TT 204 **LE TEXTE POÉTIQUE** (La chanson et le poème engagés) . . . **277**
CORPUS D'OBSERVATION . . . 277
PRISE DE NOTES . . . 279
L'ESSENTIEL . . . 280
LE TEXTE POÉTIQUE . . . 280
1 Le contenu des textes poétiques . . . 280
1.1 L'univers poétique . . . 280
1.2 Le lexique . . . 280
1.3 Les images . . . 282
1.4 Les symboles . . . 282
1.5 Les sonorités . . . 283
1.6 Les registres de langue . . . 283
1.7 Les thèmes . . . 283
2 L'organisation des textes poétiques . . . 283
2.1 Les éléments qui organisent le texte poétique . . . 283
2.2 La cohérence textuelle . . . 287
3 Le point de vue dans les textes poétiques . . . 288
3.1 La voix du texte . . . 288
3.2 Le point de vue . . . 288

3.3 Les indices qui révèlent le point de vue engagé dans un texte poétique 289
3.4 Les valeurs véhiculées dans le texte 290
3.5 Les buts du texte 290
POUR LIRE ET ANALYSER UN TEXTE POÉTIQUE 291
MODÈLE D'ANALYSE 292
EXERCICES 1 LE CONTENU 294
APPROPRIATION DES CONNAISSANCES 294
COMPRÉHENSION DE TEXTE
Correspondances (Charles Baudelaire) 298
ANALYSE DE TEXTE 301
ACTIVITÉS D'ÉCRITURE 301
EXERCICES 2 L'ORGANISATION 302
APPROPRIATION DES CONNAISSANCES 302
COMPRÉHENSION DE TEXTE
Jamais je ne pourrai (Claude Roy) 307
ANALYSE DE TEXTE 309
ACTIVITÉS D'ÉCRITURE 309
EXERCICES 3 LE POINT DE VUE 310
APPROPRIATION DES CONNAISSANCES 310
COMPRÉHENSION DE TEXTE
La vie d' factrie (Clémence DesRochers) 313
ANALYSE DE TEXTE 315
ACTIVITÉS D'ÉCRITURE 315
SYNTHÈSE – Compréhension de texte
Alors regarde (Patrick Bruel) 316

GOC 300 GRAMMAIRE, ORTHOGRAPHE ET CONJUGAISON

CONNAISSANCES PRÉALABLES 319
LES PHRASES SUBORDONNÉES 319
L'ORTHOGRAPHE 322
LES ACCORDS 323
LA CONJUGAISON 324
LA PONCTUATION 329
LE DISCOURS RAPPORTÉ 332

GOC 301 LES PHRASES SUBORDONNÉES ET LA RÉDUCTION DE PHRASES 335
TEXTE D'OBSERVATION 335
PISTES D'OBSERVATION 336
L'ESSENTIEL 338
1 La phrase subordonnée relative 340
1.1 L'emploi de la subordonnée relative 340
1.2 La réduction de la subordonnée relative 340
1.3 La révision de la subordonnée relative 341
2 La phrase subordonnée complétive 342
2.1 L'emploi de la subordonnée complétive 342
2.2 La réduction de la subordonnée complétive 343
2.3 La révision de la subordonnée complétive 344

3 La phrase subordonnée circonstancielle 345
3.1 L'emploi de la subordonnée circonstancielle 345
3.2 La réduction de la subordonnée circonstancielle 346
3.3 La révision de la subordonnée circonstancielle 348
EXERCICES 349

GOC 302 L'ORTHOGRAPHE **353**
TEXTE D'OBSERVATION 353
PISTES D'OBSERVATION 355
L'ESSENTIEL 356
1 La variation en genre et en nombre, et les marques de féminin et de pluriel 356
1.1 Le nom 356
1.2 L'adjectif 357
1.3 L'adverbe 358
2 L'emploi de la majuscule 359
3 La formation des abréviations 360
EXERCICES 361

GOC 303 LES ACCORDS **363**
TEXTE D'OBSERVATION 363
PISTES D'OBSERVATION 365
L'ESSENTIEL 366
1 Le déterminant : un receveur d'accord dans un GN 366
2 L'adjectif (ou le participe passé employé comme un adjectif) : un receveur d'accord dans un GN et dans un GV 367
3 Le verbe (ou son auxiliaire) : un receveur d'accord dans un GV 370
4 Le participe passé : un receveur d'accord dans un GV 372
EXERCICES 373

GOC 304 LA CONJUGAISON **377**
CORPUS D'OBSERVATION 377
PISTES D'OBSERVATION 379
L'ESSENTIEL 380
1 Des stratégies de conjugaison 380
1.1 Observer des régularités 380
1.2 Recourir au découpage radical/terminaison 383
1.3 S'aider de l'oral 384
1.4 Faire appel aux mots de même famille 385
1.5 Recourir à un dictionnaire usuel 385
1.6 Mémoriser quelques particularités 386
2 Les auxiliaires 386
2.1 Les auxiliaires de conjugaison 386
2.2 Les auxiliaires d'aspect 387
EXERCICES 388

GOC 305 LA PONCTUATION **391**
L'ESSENTIEL 391
1 L'emploi du deux-points 391
2 L'emploi du point-virgule 392
2.1 L'emploi du point-virgule et la coordination 392
2.2 L'emploi du point-virgule et la juxtaposition 392
EXERCICES 393

GOC 306 **LE DISCOURS RAPPORTÉ** **395**
CORPUS D'OBSERVATION 395
PISTES D'OBSERVATION 397
L'ESSENTIEL 398
1 Des moyens pour faire intervenir explicitement d'autres émetteurs 399
1.1 Le discours direct 399
1.2 Le discours indirect 400
1.3 La mise entre guillemets d'un mot (ou d'un groupe de mots) 400
1.4 L'attribution de propos à des tiers à l'aide d'éléments incidents 401
2 Des moyens pour faire intervenir implicitement d'autres émetteurs 401
2.1 Le discours direct libre 401
2.2 Le discours indirect libre 401
EXERCICES 402

LIT 400 LITTÉRATURE

LIT 401 **LIRE UN ROMAN HISTORIQUE** **405**
Qu'est-ce qu'un roman historique ? 406
Comment lire un roman historique ? 408
Une lecture – Extrait du roman *Notre-Dame de Paris* (Victor Hugo) 408
Grille de lecture d'un roman historique 410
Comment résumer un roman historique ? 411
Description de l'activité 412
39 suggestions de lecture 413

LIT 402 **LIRE UN RECUEIL DE NOUVELLES** **415**
Qu'est-ce qu'un recueil de nouvelles ? 416
Comment lire un recueil de nouvelles ? 418
Une lecture – *La Maison Tellier* (Guy de Maupassant) 418
Grille de lecture d'un recueil de nouvelles 420
Comment résumer un recueil de nouvelles ? 421
Description de l'activité 422
45 suggestions de lecture 423

LIT 403 **LIRE UNE PIÈCE DE THÉÂTRE** **425**
Qu'est-ce qu'une pièce de théâtre ? 426
Comment lire une pièce de théâtre ? 427
Une lecture – Extrait de la pièce de théâtre *Le Mariage de Figaro* (Beaumarchais) 428
Grille de lecture d'une pièce de théâtre 430
Comment résumer une pièce de théâtre ? 432
Description de l'activité 434
34 suggestions de lecture 435

LIT 404 **LIRE UN ROMAN CONTEMPORAIN** **437**
Qu'est-ce qu'un roman contemporain ? 438
Comment lire un roman contemporain ? 440
Une lecture – Extrait du roman *L'Étranger* (Albert Camus) 441
Grille de lecture d'un roman contemporain 443
Comment résumer un roman contemporain ? 445
Description de l'activité 446
42 suggestions de lecture 446

TP500 TRAVAUX PRATIQUES

TP 501 **PROFESSION : CRITIQUE** (Faire un exposé critique) **449**
Description du projet 449
Déroulement pour rédiger une lettre de demande d'emploi 450
Déroulement pour faire un exposé critique 451
Documentation 453

TP 502 **ÉCRIRE UNE NOUVELLE À LA MANIÈRE DE...** **465**
(Écrire une nouvelle littéraire)
Description du projet 465
Déroulement pour écrire une nouvelle à la manière de... 466
Documentation 468

TP 503 **AUX QUATRE COINS DE MON UNIVERS** (Écrire une lettre ouverte) **479**
Description du projet 479
Déroulement pour écrire une lettre ouverte 480
Documentation 482

TP 504 **CHANGER LE MONDE** (Écrire un texte poétique engagé) **495**
Description du projet 495
Déroulement pour écrire un texte poétique engagé 496
Documentation 498

LES MOTS CLÉS

Description des unités d'apprentissage

La série PR 100 PRÉALABLES

Cinq unités portant sur des notions d'apprentissage communes à tous les types de textes, étudiées en première, deuxième et troisième secondaire (unités PR 101, 103, 104, et 105) ou faisant l'objet d'un apprentissage systématique en quatrième secondaire (unité PR 102).

PR 101 Le lexique

Cette unité permet de réviser les notions sur le fonctionnement des mots et de renforcer les compétences lexicales.

PR 102 Les registres de langue

Dans cette unité, les activités permettent de constater que le français est une langue vivante, capable d'évoluer et de s'adapter aux différentes situations de communication. Les activités permettent également de distinguer les différents registres de langue et de les associer aux valeurs socioculturelles qu'ils véhiculent.

PR 103 La cohérence textuelle

Cette unité propose des activités pour approfondir les connaissances sur les principaux éléments et phénomènes qui assurent l'unité et la cohérence d'un texte, notamment la reprise et la progression de l'information. Le fait de reconnaître les éléments qui contribuent à la cohérence du texte aide à comprendre les liens qui existent entre les différentes parties d'un texte et entre ses phrases, ainsi qu'à dégager les buts du texte.

PR 104 Les séquences textuelles

Qu'ils soient de type narratif, descriptif, explicatif, argumentatif ou dialogal, la plupart du temps, les textes sont hétérogènes. L'unité présente des activités sur la composition des textes, sur les séquences textuelles et sur l'insertion de séquences.

PR 105 Le point de vue

Un auteur ou une auteure adopte un point de vue plus ou moins engagé vis-à-vis de son sujet et par rapport à son destinataire. Dans cette unité, la notion de point de vue est étudiée de façon globale. Ces connaissances permettent de découvrir les buts et les finalités du texte, et de comprendre comment une personne qui parle ou qui écrit se situe dans un texte en adoptant un point de vue engagé ou distancié.

La série TT 200 TYPES DE TEXTES

Quatre unités portant sur la lecture et l'écriture des types de textes prévus dans le programme d'études.

TT 201 Le texte argumentatif

Cette unité propose une réflexion sur l'argumentation, ainsi qu'une démarche d'apprentissage permettant de développer des compétences en lecture et en écriture de textes argumentatifs tels l'article critique et la lettre ouverte.

TT 202 Le texte narratif

Cette unité explore l'univers narratif des nouvelles littéraires et propose une démarche d'apprentissage permettant de développer des compétences en lecture et en écriture de textes narratifs.

TT 203 Le texte dramatique

Cette unité explore l'univers propre au texte dramatique et propose une démarche d'apprentissage pour développer des compétences à lire et à voir des pièces de théâtre.

TT 204 Le texte poétique

Dans cette unité, l'exploration de l'univers des chansons et des poèmes engagés permet de développer des compétences à lire et à écrire ce genre de textes.

La série GOC 300 GRAMMAIRE, ORTHOGRAPHE ET CONJUGAISON

Six unités portant sur les contenus en grammaire, en orthographe et en conjugaison prescrits dans le programme d'études.

GOC 301 Les phrases subordonnées et la réduction de phrases

Dans cette unité, les activités permettent d'approfondir les connaissances déjà acquises sur les phrases subordonnées et d'acquérir de nouvelles compétences quant à leur emploi et à leur réduction en contexte.

GOC 302 L'orthographe

Les activités de cette unité permettent de réviser certaines règles générales d'orthographe relatives à la formation du féminin et du pluriel des mots appartenant à différentes classes. L'emploi de la majuscule et la formation des abréviations y sont également traités.

GOC 303 Les accords

Les activités proposées dans cette unité ont pour objet d'améliorer les compétences relatives aux accords dans le groupe du nom et dans le groupe du verbe. Des outils pour accorder correctement certains receveurs d'accord dans des contextes particuliers y sont également présentés.

GOC 304 La conjugaison

Dans cette unité, les activités mettent à profit différentes observations quant à la formation des temps simples et des temps composés des verbes réguliers et irréguliers courants. Les activités permettent également de développer des stratégies relatives à l'emploi des auxiliaires de conjugaison et des auxiliaires d'aspect.

GOC 305 La ponctuation

Cette unité présente des activités permettant de développer des compétences liées à la ponctuation et plus particulièrement à l'emploi du deux-points et du point-virgule.

GOC 306 Le discours rapporté

Les activités de cette unité visent à renforcer les connaissances déjà acquises sur les discours rapportés direct et indirect, et à améliorer leur utilisation en situation de communication.

La série LIT 400
LITTÉRATURE

Quatre unités portant sur la lecture d'œuvres littéraires et sur différentes façons d'en rendre compte dans un exposé à caractère argumentatif. Ces unités s'inscrivent dans la politique de lecture obligatoire de quatre œuvres littéraires au cours d'une année scolaire.

LIT 401 Lire un roman historique

C'est toujours la même histoire...

Cette unité propose des balises pour la lecture, le résumé et le compte rendu de lecture d'un roman historique. L'activité consiste à participer à la préparation d'un exposé à caractère argumentatif pour prouver que, peu importe l'époque, les êtres humains et leurs histoires sont toujours les mêmes.

LIT 402 Lire un recueil de nouvelles

Une nouvelle, un recueil, un univers

Cette unité propose des balises pour la lecture, le résumé et le compte rendu de lecture d'un recueil de nouvelles. L'activité consiste à participer à la préparation d'un exposé à caractère argumentatif dans lequel on doit expliquer les liens entre les nouvelles du recueil lu.

LIT 403 Lire une pièce de théâtre

Une pièce de théâtre: mille mises en scène

Cette unité propose des balises pour la lecture, le résumé et le compte rendu de lecture d'une pièce de théâtre. L'activité consiste à participer à la préparation d'un exposé à caractère argumentatif dans lequel on doit défendre la mise en scène imaginée pour la scène clé de la pièce lue.

LIT 404 Lire un roman contemporain

Qui se cache derrière ce personnage?

Cette unité propose des balises pour la lecture, le résumé et le compte rendu de lecture d'un roman contemporain écrit à la première personne. L'activité consiste à participer à la préparation d'un exposé à caractère argumentatif dans lequel on doit présenter la vision du monde du personnage principal et défendre ou condamner son comportement.

La série TP 500
TRAVAUX PRATIQUES

Quatre unités proposant des projets à caractère culturel portant sur des apprentissages systématiques en communication orale et en écriture.

TP 501 Profession: critique

Ce projet conduit à la présentation d'un exposé critique sur une œuvre lue, vue ou entendue. Au préalable, la rédaction d'une lettre fictive de demande d'emploi est proposée.

TP 502 Écrire une nouvelle à la manière de...

Ce projet propose l'analyse du style et de l'univers d'un auteur ou d'une auteure de nouvelles littéraires. Une démarche conduit ensuite à la rédaction d'une nouvelle originale en s'inspirant des œuvres analysées.

TP 503 Aux quatre coins de mon univers

Ce projet consiste à écrire un texte argumentatif; une démarche menant à la rédaction d'une lettre ouverte y est proposée. Le projet est accompagné d'indications sur la forme et le sujet de la lettre ouverte.

TP 504 Changer le monde

Ce projet propose une réflexion sur l'engagement social des artistes. Des suggestions d'écriture sont présentées pour «changer le monde» à l'aide d'un texte poétique engagé.

Parcours possibles

SÉRIE PR 100

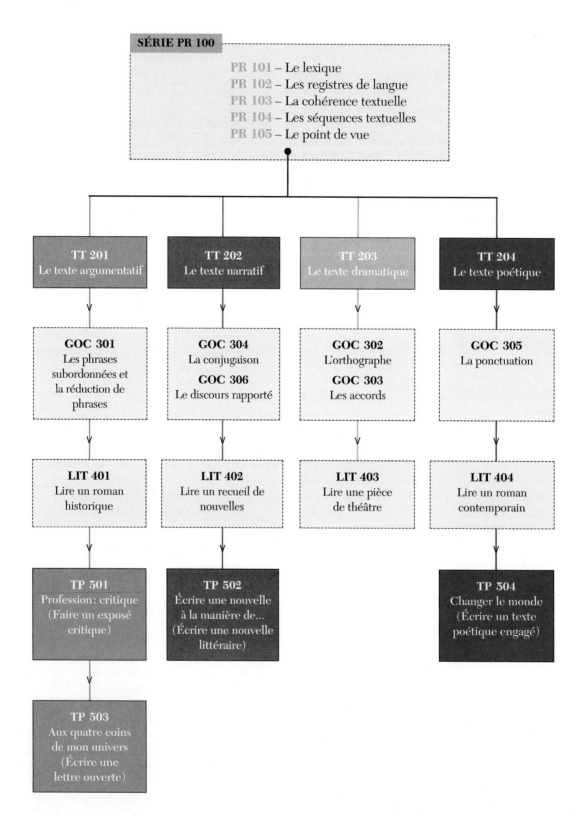

- PR 101 – Le lexique
- PR 102 – Les registres de langue
- PR 103 – La cohérence textuelle
- PR 104 – Les séquences textuelles
- PR 105 – Le point de vue

TT 201 – Le texte argumentatif

- **GOC 301** Les phrases subordonnées et la réduction de phrases
- **LIT 401** Lire un roman historique
- **TP 501** Profession : critique (Faire un exposé critique)
- **TP 503** Aux quatre coins de mon univers (Écrire une lettre ouverte)

TT 202 – Le texte narratif

- **GOC 304** La conjugaison
- **GOC 306** Le discours rapporté
- **LIT 402** Lire un recueil de nouvelles
- **TP 502** Écrire une nouvelle à la manière de... (Écrire une nouvelle littéraire)

TT 203 – Le texte dramatique

- **GOC 302** L'orthographe
- **GOC 303** Les accords
- **LIT 403** Lire une pièce de théâtre

TT 204 – Le texte poétique

- **GOC 305** La ponctuation
- **LIT 404** Lire un roman contemporain
- **TP 504** Changer le monde (Écrire un texte poétique engagé)

PR 101

Le lexique

PR 101 Le lexique
PR 102 Les registres de langue
PR 103 La cohérence textuelle
PR 104 Les séquences textuelles
PR 105 Le point de vue

«quelle que soit la chose que l'on veut dire, il n'y a qu'un mot pour l'exprimer, qu'un verbe pour l'animer et qu'un adjectif pour la qualifier.» Guy de Maupassant
Éminence thénar
Lunule
Les premiers livres sont les lèvres.
FAIRE
REFAIRE

Connaître le fonctionnement des mots permet d'en comprendre le sens, d'en saisir le rôle et la portée dans un texte.

La Presse
Le plus grand quotidien français d'Amérique

1 Extrait d'ARTICLE DE JOURNAL

Le soir où les Beatles ont changé l'Amérique

Vingt-cinq ans après, on se souvient toujours aux États-Unis de ce soir de février 1964 où les Beatles, alors quasiment inconnus, pulvérisèrent les records d'audience à l'émission télévisée d'Ed Sullivan.

Il faisait froid ce 9 février 1964, les Américains étaient encore sous le choc de l'assassinat de John F. Kennedy, survenu dix semaines plus tôt à Dallas.

[...]

[Le lendemain,] l'audiomètre Nielsen accusa le record absolu pour une émission de variétés: 74 millions de téléspectateurs.

Même le prédicateur Billy Graham, plus habitué à «parler dans le poste» qu'à le regarder, sortit de sa réserve de révérend pour qualifier le groupe de «symptôme de l'incertitude des temps et de la confusion des êtres».

On raconte que, pendant l'émission, le taux de criminalité aux États-Unis fut à son plus bas en 50 ans, qu'il n'y eut pas un vol à New York (banlieue comprise) et qu'aucun adolescent ne fut arrêté à Washington à l'heure cruciale.

Dans le studio d'Ed Sullivan, en revanche, il fallut calmer les «fans», surtout les filles, qui se déchaînaient devant ces nouvelles idoles. Les Beatles, eux, paraissaient bien sages, presque guindés, dans leur costume net.

[...]

Un mois après leur apparition à l'émission d'Ed Sullivan, les Beatles vendaient 2,5 millions de disques aux États-Unis seulement et des milliers de jeunes, le cœur chaviré par la disparition de Kennedy, se surprenaient à fredonner *She loves you, yeah, yeah, yeah*. Selon de nombreux experts, rien n'aurait été plus salutaire après la tragédie de Dallas. «L'Amérique était devenue muette de stupeur sous le coup d'un événement immense et terrible, écrit notamment Phillip Norman dans un ouvrage sur les Beatles. Et voilà qu'elle retrouvait sa voix grâce à un événement qu'aucune thérapeutique psychiatrique n'aurait pu égaler.»

[...]

La Presse, 9 février 1989.

2 Extrait de LETTRE

8 février 1979

L'usage de la musique aujourd'hui me paraît tout à fait significatif de ce qu'est la société dans laquelle nous vivons (si on peut appeler vivre l'acharnement à survivre dans un émiettement perpétué de l'esprit). Il s'agirait, paraît-il, d'une «société de consommation». Mais, pour rester dans le domaine des arts, si on considère la «consommation» de musique qui est faite à la radio, à la télé, dans les *juke boxes*, dans les ascenseurs, dans les rues, dans les grandes surfaces, dans les aérodromes et au téléphone [...], jamais en effet on n'a *consommé autant* de musique depuis les débuts de l'Histoire. [...] Mais cette consommation de musique est, nous le savons très bien, une non-consommation. Un courant ininterrompu de sons, d'images, de mots, s'écoule sans fin. Ces sons, ces images, ces mots ne sont pas destinés à être écoutés, regardés, perçus, mais à tuer le temps, à meubler le vide, à faire oublier les temps morts (ou la mort) en oubliant de vivre. On vend au rayon épicerie des magasins un assortiment de noisettes, raisins secs et noix de cajou destiné à être mâchouillé devant le petit écran, et qui porte le beau nom de «mélange télévision». Cet aliment pour ruminants humains est vraiment emblématique: mélange musique, mélange paroles, mélange images, mélange idées, mélange tout, mélange rien, avec l'écran qui s'agite, que personne ne regarde, la musique qui s'écoule, que personne n'écoute, la parole qui se parle sans qu'on sache ce qu'elle dit, le fil du temps écharpillé pendant que la mâchoire bovine broie le «mélange télévision».

Claude Roy, *Permis de séjour*,
© Éditions Gallimard, 1983.

3 Extrait de ROMAN

Je pense que le jeune en Europe et aux États-Unis est celui qui est capable de s'enfoncer avec religiosité dans une certaine musique. Il n'y a aucune moquerie de ma part dans ce que je viens d'écrire. Je crois que la musique moderne est extrêmement importante si je veux comprendre la génération de mes enfants et je sais que je ne peux pas l'aborder en simple amateur, en spectateur, en observateur.

[...]

Leurs disques ce sont nos livres. Ils sont pleins d'histoires, de messages, de rêves, d'aventures.

Un jour mon fils a branché des écouteurs sur l'électrophone et il m'a fait écouter un disque. J'ai vécu un bien beau moment en compagnie de cette musique-là: une tempête, un espoir. Grâce aux écouteurs, j'ai perçu des nuances extrêmement fragiles que je n'avais jamais perçues auparavant. Eux n'avaient pas besoin d'écouter pour les percevoir. Après je leur ai parlé et je me suis rendu compte que c'était précisément ces moments qu'ils attendaient chaque fois qu'ils écoutaient ce disque, que je venais au fond de découvrir alors qu'il tournait tous les jours au moins trois ou quatre fois depuis plusieurs semaines.

Une personne qui me parlait de ses enfants au cours d'un dîner:

«Je ne suis pas contre leur musique, chère amie (c'était la première fois qu'elle me voyait). Mais pourquoi l'écoutent-ils si fort?

— Pour être complètement occupés par elle. Elle est plus qu'un simple divertissement.

— Ils sont fous.»

Marie Cardinal, *La Clé sur la porte*, © Grasset, 1972.

PISTES D'OBSERVATION

1 Chacun des textes du ***Corpus d'observation*** traite un aspect du même sujet. Quel est ce sujet ?

2 Dans l'extrait **1**,

A relevez un champ lexical lié au sujet du texte;

B précisez l'aspect du sujet qui est traité et relevez un champ lexical pour justifier votre réponse.

3 Dans l'extrait **2**,

A relevez un champ lexical lié au sujet du texte;

B précisez l'aspect du sujet qui est traité et relevez un champ lexical pour justifier votre réponse.

4 Dans l'extrait **3**,

A relevez un champ lexical lié au sujet du texte;

B précisez l'aspect du sujet qui est traité et relevez un champ lexical pour justifier votre réponse.

5 L'auteur de l'extrait **2** utilise des mots et des ensembles de mots évocateurs très surprenants dans le but de mieux faire comprendre son message.

A Relevez cinq mots ou ensembles de mots qui vous apparaissent particulièrement évocateurs.

B Précisez l'effet que produit l'utilisation de ces mots en regard du sujet traité.

6 Dans les extraits **2** et **3**, relevez trois termes techniques utilisés par les auteurs pour parler de leur sujet commun.

7 Dans l'extrait **3**, Marie Cardinal compare les disques des jeunes à des livres. Quels mots appartenant à l'univers des livres utilise-t-elle dans cette comparaison ? À votre avis, comment peut-on justifier cette comparaison ?

vers L'ESSENTIEL

Les trois textes du **CORPUS D'OBSERVATION** mettent en évidence diverses caractéristiques du lexique et les activités ci-dessus ont permis de découvrir comment les mots sont utilisés pour donner du sens à un texte. Les pages suivantes présentent des connaissances sur le sens, le rôle et la portée des mots dans les textes. Pour en savoir davantage sur ces notions, et parce que vous en avez besoin chaque fois que vous lisez un texte, complétez la fiche *Prise de notes* de façon à résumer ces connaissances en faisant des liens avec les activités de la rubrique **PISTES D'OBSERVATION**.

Prise de notes

LE LEXIQUE

Principaux procédés de formation des mots:

1. ________ 2. ________ 3. ________

Préfixes antonymiques:

Ex.: – inconnu – ________ – ________ – ________

Sens des suffixes:

Voir tableau, p. 7 et dictionnaire, p. ________

Famille de mots: ________

Utilité: comprendre le sens d'un mot.

Étudier le contexte

Contexte: ________

Marche à suivre: 1. Chercher dans le texte.

2. Préciser ________

3. Trouver un ________

4. Chercher dans ________

________ (un seul sens) et polysémie ________

Sens premier du mot: sens ________ ou sens ________

Sens connotatif

________ (meilleur) ________ (pire)

Relations entre les mots:

- ________
- ________
- ________
- ________
- ________
- ________
- ________

L'ESSENTIEL
Le lexique

La compétence lexicale consiste, entre autres, à comprendre et à respecter la signification des mots, à savoir quand et comment les utiliser, à les associer correctement à d'autres mots, etc. Elle permet de mieux lire et de mieux communiquer oralement et par écrit. Elle permet de générer des idées et de définir le monde dans lequel on vit, mais aussi de créer des mondes imaginaires, des atmosphères, des effets sonores, etc.

Pour développer cette compétence lexicale, il faut apprendre comment découvrir le sens des mots et en reconnaître la portée dans un texte.

Les **dictionnaires** usuels sont des outils indispensables pour développer la compétence lexicale. On y apprend tout sur les préfixes, les suffixes, les racines grecques ou latines, sur l'origine des mots, sur leur orthographe et bien plus encore.

1 LA FORMATION DES MOTS

Connaître différents procédés de formation des mots permet de décortiquer un mot ou de l'associer à d'autres mots de la même famille pour en découvrir le sens; cela permet aussi de créer des mots nouveaux. On peut également découvrir le sens d'un mot en analysant le contexte dans lequel il est utilisé.

1.1 LES PRINCIPAUX PROCÉDÉS DE FORMATION DES MOTS

Les principaux procédés de formation des mots sont la **dérivation**, la **composition** et le **télescopage** (les mots-valises).

Dérivation

- Ajout d'un préfixe à un radical
  *jour / **sé**jour*
- Ajout d'un suffixe à un radical
  *jour / jour**nal***
- Ajout d'un préfixe et d'un suffixe à un radical
  *jour / **a**jour**ner***

Composition

- Union de mots déjà existants, avec ou sans trait d'union
  compte rendu, procès-verbal, tournevis, porte-clés, dés à jouer
- Union d'éléments grecs ou latins
  photo** + **graphie
- Union d'un élément grec ou latin à un mot déjà existant
  ***centi** + mètre*

Télescopage

Formation d'un mot nouveau à l'aide du début d'un mot et de la fin d'un autre
héli**coptère + aéro**port
→ *héliport*
biblio**thèque + auto**bus
→ *bibliobus*
***courri**er + **é**lectronique*
→ *courriel*

Ces différents procédés de formation peuvent être utilisés pour créer des mots nouveaux. Ainsi, dans son poème intitulé *Voyelles*, Arthur Rimbaud a créé les mots *vibrements* (***vibr**ation + mouv**ements***) et *strideurs* (***strid**ent + cri**eurs***):

*U, cycles, **vibrements** divins des mers virides,*
[…]
*O, suprême Clairon plein des **strideurs** étranges*

1.1.1 Les préfixes antonymiques

La langue française dispose d'une série de préfixes qui permettent de former des mots de sens contraire. Ces préfixes peuvent traduire la négation (ex.: ***in**connu*, ***im**palpable*, ***il**lisible*, ***ir**responsable*), l'opposition (ex.: ***anti**constitutionnel*), la privation (ex.: ***a**patride*, ***an**alphabète*) ou le caractère mauvais ou défectueux (ex.: ***mal**adresse*, ***mé**content*, ***més**entente*, ***dés**espoir*).

1.1.2 Le sens des suffixes

Comme l'illustre le tableau ci-dessous, certains suffixes peuvent aider à comprendre le sens d'un mot. On trouve le sens des suffixes dans les dictionnaires usuels.

Exemples de suffixes servant à former	Sens des suffixes	Exemples
DES NOMS		
-ace *-asse* *-âtre*	péjoratif	*popul**ace*** *fil**asse*** *mar**âtre***
-age	action de	*part**age***, *camoufl**age***
-aire *-er, -ère* *-ier, -ière*	personne qui exerce une activité, un métier	*incendi**aire*** *bouch**er**/bouch**ère*** *épic**ier**/épic**ière***
-ance	résultat de	*espér**ance***, *croy**ance***
-isme	doctrine, école	*commun**isme***, *catholic**isme***, *juda**ïsme***
-iste	personne qui exerce un métier, adepte d'une doctrine	*pomp**iste***, *dent**iste***, *commun**iste***, *social**iste***
-oir, -oire	instrument, objet	*perch**oir***, *ostens**oir***, *patin**oire***
DES ADJECTIFS		
-ard, -arde *-asse* *-âtre*	péjoratif	*rich**ard***, *vant**arde*** *blond**asse***, *fad**asse*** *roug**eâtre***
-ique	qui a rapport à	*techn**ique***, *chim**ique***
-iste	qui se rapporte à	*égo**ïste***, *réal**iste***
DES VERBES		
-ailler *-asser* *-ocher*	péjoratif	*rim**ailler*** *rêv**asser*** *rabib**ocher***
-iser	qui rend	*ridicul**iser***, *anglic**iser***

1.1.3 Les emprunts

Au fil de son évolution, la langue française a emprunté des mots à de nombreuses autres langues telles que l'arabe (ex.: *alcool, algèbre, zénith*), l'anglais (ex.: *clown, record, football, sandwich*), l'allemand (ex.: *képi, trinquer, valse*) et l'espagnol (ex.: *guérilla, sieste*), mais c'est surtout le latin et le grec qui l'ont façonnée. On se rend rapidement compte de l'omniprésence de ces origines grecques et latines quand on tente, par exemple, de former des familles de mots.

1.2 LES FAMILLES DE MOTS

Une famille de mots est un **ensemble de mots formés par dérivation ou par composition**, à partir d'un même mot de base (le radical). Ce mot peut parfois changer de forme lorsqu'on y ajoute un élément nouveau. En retraçant le mot de base à l'origine d'une famille de mots, on peut souvent découvrir le sens d'un mot inconnu.

Noms	Verbe	Adjectifs	Adverbe
année, annuité, annualité	*annualiser*	*annuel/annuelle*	*annuellement*

En situation d'écriture, le recours à une famille de mots peut contribuer à la cohérence textuelle en assurant la continuité dans un texte.

Ex.: *Il s'agirait, paraît-il, d'une «**société de consommation**». Mais, pour rester dans le domaine des arts, si on considère la «**consommation**» de musique* [...] *jamais en effet on n'a **consommé** autant de musique* [...] *Mais cette **consommation** de musique est, nous le savons très bien, une **non-consommation**.*

Il est parfois nécessaire de trouver l'**étymologie** (l'origine) d'un mot pour pouvoir construire une famille de mots, par exemple:

Sens	Noms	Adjectifs	Verbes
L'**ouïe** (sens qui permet d'entendre)	**Organe:** *oreille* (du latin *auris*). **Fonction:** *audition* (du latin *audire*). **Celui ou celle qui...:** • *auditeur* ou *auditrice* (du latin *audire*); • *auditoire* (du latin *auditorium*).	*auditif, auditive*	*auditionner, ouïr*

1.3 LE CONTEXTE

Le contexte, c'est-à-dire **les mots et les phrases qui entourent un mot**, peut parfois aider à découvrir **implicitement** ou **explicitement** la signification d'un mot dont on ne connaît pas le sens. La démarche suivante peut s'appliquer au fil de la lecture.

MARCHE À SUIVRE

1. Vérifier d'abord si le mot est défini explicitement ou implicitement en observant le contexte dans lequel il est utilisé.
2. À l'aide des caractéristiques syntaxiques du mot, préciser la **classe grammaticale** à laquelle il appartient.

- S'il s'agit d'un **NOM**, déterminer à l'aide du contexte si ce nom désigne une personne, un objet, un animal, un lieu, etc.
- S'il s'agit d'un **ADJECTIF**, trouver le mot qui est caractérisé et vérifier à l'aide du contexte si la caractéristique est favorable ou défavorable.
- S'il s'agit d'un **VERBE**, relire la phrase et imaginer ce que le verbe peut exprimer dans ce contexte en tenant compte de son GNs (groupe du nom sujet) et, s'il y a lieu, de ses expansions.

- **Dans tous les cas**, essayer de remplacer le mot par un synonyme.
- **En cas de doute**, vérifier dans un dictionnaire.

2 LA MONOSÉMIE ET LA POLYSÉMIE

Certains mots ont **un seul sens**; le plus souvent, il s'agit de termes spécialisés à caractère scientifique ou technique (*téléphone, ordinateur, télécopieur, imprimante*, etc.). Ces mots sont dits **monosémiques**. Cependant, la plupart des mots peuvent prendre **plusieurs sens** selon le contexte dans lequel ils sont employés. Par exemple, le mot *fil* peut signifier «brin long et fin de matière textile»; il peut aussi signifier «matière métallique étirée en long brin mince» ou encore, comme dans l'expression *le fil des événements*, «enchaînement». Ces mots sont dits **polysémiques**.

Le tableau suivant illustre différentes façons de caractériser les sens des mots.

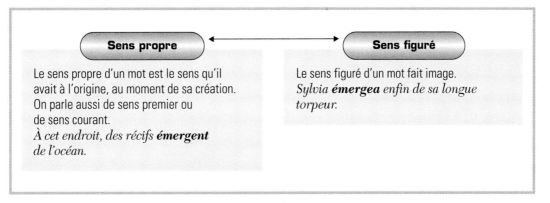

Sens propre ←→ **Sens figuré**

Sens propre

Le sens propre d'un mot est le sens qu'il avait à l'origine, au moment de sa création. On parle aussi de sens premier ou de sens courant.
À cet endroit, des récifs ***émergent*** *de l'océan.*

Sens figuré

Le sens figuré d'un mot fait image.
Sylvia ***émergea*** *enfin de sa longue torpeur.*

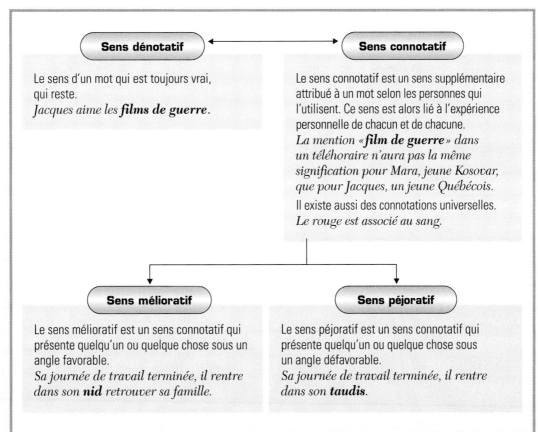

Sens dénotatif ←→ **Sens connotatif**

Sens dénotatif

Le sens d'un mot qui est toujours vrai, qui reste.
Jacques aime les ***films de guerre****.*

Sens connotatif

Le sens connotatif est un sens supplémentaire attribué à un mot selon les personnes qui l'utilisent. Ce sens est alors lié à l'expérience personnelle de chacun et de chacune.
*La mention «****film de guerre****» dans un téléhoraire n'aura pas la même signification pour Mara, jeune Kosovar, que pour Jacques, un jeune Québécois.*
Il existe aussi des connotations universelles.
Le rouge est associé au sang.

Sens mélioratif

Le sens mélioratif est un sens connotatif qui présente quelqu'un ou quelque chose sous un angle favorable.
Sa journée de travail terminée, il rentre dans son ***nid*** *retrouver sa famille.*

Sens péjoratif

Le sens péjoratif est un sens connotatif qui présente quelqu'un ou quelque chose sous un angle défavorable.
Sa journée de travail terminée, il rentre dans son ***taudis****.*

Le sens figuré et le sens connotatif (mélioratif ou péjoratif) donnent aux mots une **portée** qui révèle souvent le point de vue de la personne qui écrit ou le ton adopté dans un texte.

3 LES RELATIONS ENTRE LES MOTS

Un mot est rarement utilisé seul. Pour constituer un texte, il est mis en relation avec d'autres mots et ces relations peuvent aider à en découvrir le **sens** et le **rôle.**

LES RELATIONS ENTRE LES MOTS

La synonymie

Les **synonymes** sont des mots ayant un sens rapproché dans un contexte donné. Ils sont utiles pour reprendre de l'information.
*Ce **bâtiment** / cet **édifice** sert d'entrepôt.*

L'antonymie

Les **antonymes** sont des mots ayant un sens opposé dans un contexte donné.
*Dans ce paysage, **châteaux** et **mansardes** faisaient bon ménage.*

La paronymie

Les **paronymes** sont des mots qui se ressemblent beaucoup par la forme, mais qui diffèrent par le sens.
allusion** / **illusion

L'homonymie

Les **homonymes** sont des mots qui s'écrivent ou se prononcent de la même façon, mais qui ont un sens différent.
sait** / **c'est**; **maire** / **mer
*une **lente** / être **lente***

Les suites lexicales

Les mots fréquemment employés ensemble forment des **suites lexicales** (des combinaisons de mots). Il existe plusieurs types de suites lexicales:

- nom + adjectif: *maison préfabriquée, délabrée, cossue*
- nom + GPrép: *maison de campagne, de briques*
- verbe + GN: *habiter, occuper, squatter une maison*

Les champs lexicaux

Un **champ lexical** est un ensemble de mots associés à une même idée, à un même sujet.
***Habitation:** édifice, château, maison, mansarde, condominium, appartement*, etc.

Les termes génériques / spécifiques

Les mots ou **termes génériques** sont des mots dont le sens englobe celui de plusieurs autres mots qualifiés de **termes spécifiques**. Ils sont utiles pour reprendre de l'information.
*Les **édifices** de la ville brillaient au soleil: les **gratte-ciel**, les **églises**, les **tours d'habitation** semblaient accablés.*

4 POUR ANALYSER LE LEXIQUE

Dans un texte courant:

- préciser le sujet traité et les différents aspects abordés par le relevé des champs lexicaux;
- découvrir la visée informative ou argumentative du texte par le relevé des mots et des ensembles de mots qui révèlent le point de vue adopté.

Dans un texte littéraire:

- nommer les éléments de l'univers narratif par le relevé des mots et des ensembles de mots qui désignent et qui caractérisent des personnes, des objets, des lieux, des actions;
- découvrir le thème par le relevé des champs lexicaux;
- justifier la visée esthétique par le relevé des mots et des ensembles de mots qui font image et du vocabulaire connotatif.

EXERCICES

attention
N'hésitez pas à consulter le dictionnaire pour réaliser les activités proposées.

1 Lisez l'extrait de l'article *L'Auditeur de disques* et faites les activités qui s'y rattachent.

L'Auditeur de disques

Ce qu'il nous faut examiner avant tout, c'est la qualité de l'auditeur (puisque c'est à cela que se mesure le véritable amateur de musique) dont témoignent nos discophiles, afin de savoir si vraiment le disque a créé une culture musicale plus étendue et plus approfondie. Ici je crains fort que les résultats de notre enquête ne donnent pas un tableau trop brillant.

Le mélomane qui délaisse l'exécution «en chair et en os» au profit du phonographe (et, répétons-le, ils sont légion qui agissent ainsi) finit par n'être plus (même s'il l'a été à un moment de sa vie) un véritable amateur de musique. Pour celui-ci, une audition musicale doit toujours et principalement constituer un *événement*, quelque chose d'exceptionnel à quoi l'on se prépare, dont on se réjouit parfois pendant des semaines, qui peuvent s'écouler entre le moment où l'on a pris ses places pour tel ou tel concert ou représentation, et l'exécution musicale proprement dite. Il va de soi qu'un tel état d'esprit n'est guère compatible avec «l'installation confortable» devant le phonographe.

[...]

Il semble donc que le mélomane qui se contente purement et simplement d'écouter des disques se trouve privé d'une certaine dimension musicale, ce qui démentirait radicalement la thèse selon laquelle le disque favoriserait une extension de la culture musicale.

René Leibowitz, «L'Auditeur de disques», © *Les Temps modernes*, n° 194, juillet 1962.

A Quel est le sujet du texte *L'Auditeur de disques*?

B Quel aspect du sujet est traité dans cet extrait ?

C Justifiez les réponses données en **A** et en **B** à l'aide d'un champ lexical relevé dans le texte.

D Distinguez les éléments de formation des mots de l'encadré et présentez-les de manière à rendre compte de leur sens.

Ex.: à distance celui qui…
↑ ↑
télé / copi / eur

① *auditeur* (ligne 1)
② *discophiles* (ligne 3)
③ *musicale* (ligne 3)
④ *mélomane* (ligne 6)
⑤ *phonographe* (ligne 6)
⑥ *audition* (ligne 9)

E Ce texte a été écrit en 1962. Si vous deviez l'adapter pour le journal de votre école, quels mots à peu près synonymes emploieriez-vous à la place du mot *phonographe* (ligne 6) et de l'expression «*en chair et en os*» (ligne 6)?

F Formez des familles de mots à partir des mots de l'encadré et présentez-les dans un tableau semblable à celui qui est reproduit ci-dessous.

① *auditeur* (ligne 1) ② *phonographe* (ligne 6)
③ *extension* (ligne 17)

Noms	Verbes	Adjectifs	Adverbes

G Résumez le texte en une phrase dans laquelle vous utiliserez le plus de mots possible du champ lexical relevé en C. Dites si vous êtes d'accord ou non avec l'auteur.

2 Lisez l'extrait de l'article *Exorciser les antécinéphiles* et faites les activités qui s'y rattachent.

Exorciser les antécinéphiles

Il faudrait instituer des salles de cinéma et des salles à manger-salon-cinéma.

J'arrive à l'instant du cinéma. Cinq dollars de stationnement, huit dollars de droit d'entrée. J'ai vu *Vivre*, du réalisateur chinois Zhang Yimou.

Un film survolant près de 60 ans d'histoire chinoise à travers la vie d'une famille.

Un film sensible qui ne verse pas dans la sensiblerie, un film subtil qui ne verse pas dans la drôlerie. La salle était remplie.

Remplie d'antécinéphiles. En avant, en arrière, des côtés gauche et droit.

L'antécinéphile ne comprend pas ce qui se passe, alors un autre lui explique.

La femme à côté de moi grignote bruyamment son maïs soufflé et sirote une boisson tout en marquant de temps à autre sa satisfaction par un rot.

[…]

Je propose...

- qu'on présente chaque film dans deux salles différentes: une salle de visionnement, appelée «cinéma-salon-salle à manger», à l'intérieur de laquelle ceux et celles qui vont au cinéma pour passer le temps pourraient à loisir parler, bouffer, roter [...] et une autre salle dans laquelle les cinéphiles pourraient se regrouper pour regarder et écouter ce qui se passe à l'écran;
- qu'on équipe les salles d'un «conomètre», cet instrument qui permet d'évaluer le degré de «conitude» d'une personne et ainsi de trier les spectateurs;
- qu'on installe dans les salles les équipements nécessaires à l'interprétation simultanée pour les passages difficiles.

[...]

[Bruno Dupuis, *Le Devoir*, 6 octobre 1994.

A Donnez le sens des mots *cinéphiles* (ligne 14) et *antécinéphiles* (ligne 7) en ayant recours à leur formation.

B Quelle relation y a-t-il entre les mots *cinéphile* et *antécinéphile* ?

C Expliquez le sens des mots *sensiblerie* (ligne 5) et *drôlerie* (ligne 6) en ayant recours à leur formation.

D Dans le contexte, ces mots ont-ils un sens mélioratif ou péjoratif? Justifiez votre réponse.

E Relevez les deux mots que Bruno Dupuis a créés pour les besoins de son propos et précisez quel indice il a utilisé pour attirer l'attention des lecteurs et des lectrices sur ces mots.

F Quel mot a servi de radical pour la création de ces deux néologismes ? À l'aide d'un mot formé avec un préfixe antonymique, donnez le sens de ce mot en parlant de l'intelligence d'une personne.

G Selon vous, à quels autres mots l'auteur a-t-il eu recours pour créer ces mots ?

H Dans le texte, relevez des mots dont le sens particulièrement connotatif révèle l'exaspération de l'auteur.

3 Lisez l'extrait de la nouvelle littéraire *Un 2 juin* et faites les activités qui s'y rattachent.

Je suis revenue du bureau vers cinq heures trente, claquée comme d'habitude. J'ai fait un somme jusqu'à six heures. Je me suis levée, j'ai ouvert la tévé, je me suis préparé à souper: du poulet froid, mayonnaise, une carotte râpée, une pomme en tranches, un verre de lait, un thé avec de la crème. Le lecteur de nouvelles débitait le cauchemar planétaire: on envahissait militairement, on égorgeait les pauvres, on affamait les enfants, on écrasait d'une botte brutale toutes velléités d'indépendance, on polluait sans vergogne, on bombardait sans pitié, on sacrifiait les otages et les terroristes par centaines, on excisait les filles par millions, les jeunes se méfiaient des vieux, les vieux des jeunes, les violeurs battaient les avortées, les déchets chimiques attaquaient les chromosomes, meurtres, duels, conflits, agressions, guerre, chaos, même les Beaux-Arts suintaient la peur, la honte, la violence.

[Claire Dé, «Un 2 juin», dans *La Louve-garou* de Claire Dé et Anne Dandurand, © Éditions de la pleine lune, 1982.

A Le mot *claquée* (ligne 1) est-il employé au sens propre ou au sens figuré ? Justifiez votre réponse en remplaçant le mot par un synonyme qui convient.

B Dans cet extrait, le mot *cauchemar* (ligne 4) peut être considéré comme un terme générique. Relevez les termes spécifiques qui le précisent.

C Remplacez le verbe *suintaient* (ligne 10) par un synonyme qui convient. Dans le texte, ce mot est-il employé au sens propre ou au sens figuré ? Justifiez votre réponse.

D Dans cet extrait, l'auteure a choisi des verbes ayant un sens connotatif très fort afin d'exprimer clairement la violence. Dressez la liste de ces verbes (à l'infinitif) et trouvez un synonyme pour chacun en tenant compte du contexte.

E Dans le texte, relevez tous les autres mots ou expressions qui pourraient faire partie d'un champ lexical lié à la violence.

TEXTE DE RÉFÉRENCE
Une saison dans la vie d'Emmanuel, *TEXTES*, page 33.

SYNTHÈSE

▷ Connaître le fonctionnement des mots permet d'en comprendre le sens, d'en saisir le rôle et la portée dans un texte.

Illustration

Dans les premières pages du roman de Marie-Claire Blais, les mots décrivent bien l'univers d'Emmanuel à sa naissance et ont un pouvoir particulièrement évocateur.

ARRÊT SUR TEXTE **Lisez le premier paragraphe (lignes 1 à 10).**

1 Ce texte constitue le début du roman de Marie-Claire Blais, *Une saison dans la vie d'Emmanuel*. À la lecture du premier paragraphe, on comprend qu'Emmanuel vient de naître : *lui qui ouvrait les yeux pour la première fois* (ligne 4).

A Dans ce premier paragraphe, l'auteure décrit la grand-mère d'Emmanuel. Quelle partie de son corps décrit-elle en premier ?

B Dans le premier paragraphe, relevez tous les mots et toutes les expressions qui caractérisent ce qui est décrit.

C Mettez en évidence les relations entre certaines expressions et certains mots relevés en **B**, en déterminant quelles expressions ou quels mots pourraient être associés aux énoncés de l'encadré.

① Mots ayant un sens connotatif mélioratif.
② Mots ayant un sens connotatif péjoratif.
③ Mots et expressions ayant un sens synonymique.

D Quel mot l'auteure emploie-t-elle au sens figuré pour décrire les chaussures de la grand-mère ?

E En tenant compte des réponses fournies précédemment, quelle image vous faites-vous de la grand-mère après la lecture du premier paragraphe ?

ARRÊT SUR TEXTE **Lisez le deuxième paragraphe (lignes 11 à 22).**

2 **A** Au début de ce paragraphe, relevez deux mots qui caractérisent la grand-mère.

B Trouvez des antonymes de ces mots qui la rendraient plus sympathique.

C La grand-mère s'adresse au nouveau-né. Les paroles qu'elle prononce révèlent-elles une attitude favorable ou défavorable à l'égard du nouveau-né ? Justifiez votre réponse à l'aide d'expressions et de mots tirés du texte et soulignez les mots dont le sens vous semble le plus connotatif.

D L'image que vous vous faites de la grand-mère est-elle modifiée ? Pourquoi ?

E Quel mot du texte révèle un problème de santé chez la grand-mère ? Décrivez la nature de cette maladie à l'aide du dictionnaire.

F Pensez-vous qu'Emmanuel aura une enfance heureuse ? Pourquoi ?

Arrêt sur texte Lisez les troisième et quatrième paragraphes (lignes 23 à 33).

3 A Quels aspects de la grand-mère sont décrits dans ces lignes ? Nommez les aspects et relevez les expressions ou les mots utilisés par Marie-Claire Blais pour les caractériser.

B Quels mots du texte révèlent le sentiment qu'éprouve Emmanuel pour sa grand-mère ?

Arrêt sur texte Lisez la fin du texte (lignes 34 à 46).

4 A Dans le texte, les mots suivants sont employés au sens figuré. Trouvez le sens propre de chacun et expliquez leur sens dans le contexte.

- *antre* (ligne 34)
- *montagnes* (ligne 35)
- *étouffé* (ligne 39)

B À la fin du texte, gardez-vous la même image de la grand-mère d'Emmanuel ? Votre opinion sur l'enfance d'Emmanuel est-elle la même ? Justifiez votre réponse en analysant le lexique employé par Marie-Claire Blais au début de son roman.

Validation

Trouvez un texte et démontrez, à l'aide d'annotations, comment la connaissance du fonctionnement des mots et la compréhension de leur portée sont nécessaires pour bien comprendre le sens de ce texte.

PR 102

Les registres de langue

PR 101 Le lexique
PR 102 Les registres de langue
PR 103 La cohérence textuelle
PR 104 Les séquences textuelles
PR 105 Le point de vue

Connaître différents registres de langue permet de varier sa langue selon les contextes et de comprendre le choix d'un registre de langue.

CORPUS D'OBSERVATION

1 Extrait de ROMAN

«Je suis le directeur de l'école. Je voudrais vous voir de façon urgente. Vous pouvez venir à mon bureau au début de l'après-midi ?

— Qu'est-ce qui se passe ?» Je pensais, a-t-il piqué une moto ?

«Je vous attends à deux heures, monsieur Galarneau.»

[…]

J'imaginais les surnoms dont on devait l'affubler pendant qu'il m'expliquait sa façon de dépister les comportements *délictueux*. Il prononçait ce mot comme on suce un jujube.

Éric s'est amené, la tête basse, l'air buté. J'ai demandé:

«C'est un mauvais élève ?

— Non, plutôt le contraire. Premier en mathématiques, le meilleur en français.

— Alors ?»

M. Desautel a pris dans le tiroir de son pupitre une enveloppe qu'il m'a tendue. «Comptez.»

Ce que j'ai fait. J'ai compté près de six cents dollars. Alors j'ai fermé les yeux et pris une profonde respiration comme Salem m'avait enseigné. Le temps de calmer la mer. J'avais lu tant de choses sur la banlieue parisienne ! J'ai regardé le fils de Catherine dans les yeux.

«Tu travailles pour Istvan ?

— Pas du tout.

— Tu deales ?

— Vous n'y êtes pas, a dit le directeur, il vend des billets de loterie-maison, avec ceci pour convaincre les récalcitrants d'en acheter.» M. Desautel a jeté sur la table un couteau assez effilé pour égorger un bœuf.

«Un dollar le ticket, cinquante en prix. Éric fait lui-même le tirage. Ça boume, comme il dit.

— Le jeu est défendu, au Canada ? Avoir su, j'aurais pas immigré.»

Jacques Godbout, *Le temps des Galarneau*,
© Éditions du Seuil, coll. «Fiction & Cie», 1993.

2 Extrait de ROMAN

«Mon Tarzan faut te brancher, tu vas prendre ton bicycle, le faire ronronner, tu vas traverser l'intersection, tu vas sauter par-dessus le terre-plein et t'amener devant la fille, tu lui dis ton nom, tu lui demandes le sien.

Ça se passera comme ça:

— Mais qu'est-ce que vous faites là ? dira-t-elle.

TOI : Je suis venu te chercher, monte !

MIREILLE : Heille baquet ! Wow là ! Donne-moi une bonne raison ! Faut pas me prendre pour une nouille ! Chus pas née d'hier.

TOI : Je m'appelle Tarzan. Viens !

MIREILLE : Oussékon va ?

TOI : Chez nous, on rentre, la Toupie ne tourne plus, c'est ici qu'on s'arrête, c'est ici qu'on va vivre, c'est ici qu'on débarque; embarque ! […]

— Mon sac, ouskié mon sac ?

— En dessourre de la chaise, là. T'es prête ?… On y va.

Jacques Godbout, *D'amour, P.Q.*, © Éditions du Seuil, coll. «Points», 1991.

3 Extrait de ROMAN

Le premier mur qu'ils déchirent est un papier bleu et or au milieu duquel le triangle divin encastre l'œil qui voit Caïn.

Le second obstacle est une nature morte aussi vaste qu'une forêt domaniale, dessin antique tout ocre et vermillon, avec des théières d'argent, des fruits exotiques, des naïades, des trompe-l'œil, des perspectives, des colonnades au fronton desquelles un empereur fiévreux a fait graver son nom. Puis c'est la route à nouveau jusqu'à un tournant brusque où se dresse le troisième mur de papier:

un gigantesque billet de vingt dollars américain sur lequel la tête du président Jackson ressemble étrangement à celle de Batman,

plus loin il y aura des murs plus petits, le test de millage Shell, un long ruban de papier de toilette fleuri, des confettis, puis plus rien: le ciment nu jusqu'à l'entrée du pont qui se découpe en noir dans le soleil rose couchant d'un soir d'été.

Jacques Godbout, *D'amour, P.Q.*, © Éditions du Seuil, coll. «Points», 1991.

4 POÈME

Tu as égratigné le ciel
avec le diamant de ton rire
et le ciel
fier comme un paon
montre à tous chaque matin
sa nouvelle ligne de vie

Jacques Godbout, *Souvenirs Shop, poèmes et proses 1956-1980*,
© Éditions l'Hexagone et Jacques Godbout, 1984.

L'actualité

5 Extrait d'ARTICLE CRITIQUE

La lecture en histoire

«Selon toute probabilité, on a inventé l'écriture pour des raisons commerciales.» La bibliothèque d'Alexandrie contenait tous les textes de toutes les transactions commerciales de la ville, mais aussi les grands textes des philosophes. Les historiens peuvent nous raconter la vie d'autrefois à la seule lecture des contrats d'affaires; la littérature, quant à elle, traverse les siècles sans intermédiaire.

Est-ce que la lecture n'est pas le meilleur remède à la mélancolie? Diderot soignait son épouse avec des romans, ce qui devrait se faire auprès des adolescents que tente le suicide. Après avoir lu Lewis Carroll, Jules Verne, Kipling ou Malraux, qui veut rater sa vie?

Une histoire de la lecture est un livre savant et personnel, drôle et perspicace, traduit avec talent. Un livre admirable que tout véritable lecteur voudra conserver dans sa bibliothèque en se demandant, comme Manguel[1], pourquoi l'on tient tant à s'entourer de livres, comme si ceux-ci pouvaient nous protéger contre la mort.

Jacques Godbout, *L'actualité*,
vol. 23, nº 11, juillet 1998, © Jacques Godbout.

1. Alberto Manguel est l'auteur du livre *Une histoire de la lecture*.

PISTES D'OBSERVATION

1 **A** Dans les textes **1** et **2** du ***Corpus d'observation***, relevez les mots, les phrases ou les parties de phrases que l'on rencontre plus souvent à l'oral qu'à l'écrit.

B Classez les éléments relevés en indiquant au-dessus de chacun la lettre correspondant à la particularité ou aux particularités pour lesquelles vous l'avez relevé.

P: particularité liée à la **prononciation** (illustrée par une orthographe particulière).
L: particularité liée au **lexique** (création d'un mot; choix d'un mot, d'une expression; association de mots, etc.).
G: particularité liée à la **grammaire** (construction d'une phrase, d'un groupe de mots; formation des temps composés des verbes, etc.).

2 **A** Le langage employé dans le texte **1** serait-il approprié dans la majorité des conversations de tous les jours: par exemple, serait-il approprié aussi bien dans une conversation personnelle (entre camarades ou en famille) que dans une conversation plus officielle (avec le personnel de l'école, avec une journaliste, etc.)?

B Le langage employé dans le texte **2** serait-il approprié dans la majorité des conversations de tous les jours? Justifiez votre réponse à l'aide d'exemples.

3 Lequel des textes **1** et **2** est écrit dans un langage qui se rapproche davantage de la langue écrite que nous lisons habituellement?

4 **A** Lequel des textes **3**, **4** et **5** est écrit dans un langage qui se rapproche de celui qu'on parle lorsqu'on a à «surveiller» son langage?

B Lesquels de ces textes sont écrits dans un langage qu'on retrouve presque exclusivement à l'écrit? Relevez dans ces textes des mots, des phrases ou des parties de phrases qui montrent qu'il s'agit d'un langage soigné.

C Classez les éléments relevés en **B** en indiquant au-dessus de chacun la lettre correspondant à la particularité ou aux particularités pour lesquelles vous l'avez relevé.

L: particularité liée au **lexique** (création d'un mot; choix d'un mot, d'une expression; association de mots, etc.).
G: particularité liée à la **grammaire** (construction d'une phrase, d'un groupe de mots; formation des temps composés des verbes, etc.).

5 Les textes **2** et **3** sont des extraits du même roman: *D'amour, P.Q.* Pourquoi le langage employé dans chacun de ces extraits est-il si différent?

6 **A** Faites comme si vous ne saviez pas qui a écrit les textes **2** et **3** et, pour chacun, dressez un bref portrait de la personne que vous imaginez en train d'écrire (*Qui est-elle? Quel âge a-t-elle? D'où vient-elle?*, etc.). Les personnes imaginées se ressemblent-elles? Pourquoi, selon vous?

B Tentez d'expliquer pourquoi Jacques Godbout varie son langage lorsqu'il écrit.

vers L'ESSENTIEL

Les cinq textes du **CORPUS D'OBSERVATION** mettent en évidence différents registres de langue qu'il est possible de retrouver à l'oral ou à l'écrit. En fait, chaque fois que l'on parle ou que l'on écrit, on doit, selon le contexte, choisir les mots et les constructions qu'on emploie parmi au moins quatre registres de langue. Les pages suivantes présentent des connaissances sur ces registres de langue. Complétez la fiche *Prise de notes* de façon à résumer ces connaissances en faisant des liens avec les activités de la rubrique **PISTES D'OBSERVATION**.

Prise de notes

LES REGISTRES DE LANGUE

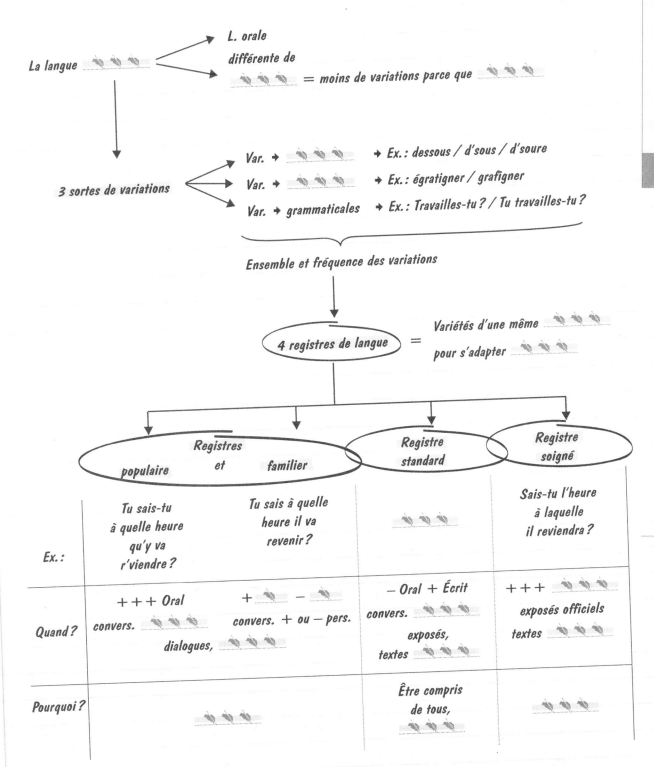

La langue … → L. orale
→ différente de … = moins de variations parce que …

↓

3 sortes de variations
→ Var. → … → Ex. : dessous / d'sous / d'soure
→ Var. → … → Ex. : égratigner / grafigner
→ Var. → grammaticales → Ex. : Travailles-tu ? / Tu travailles-tu ?

Ensemble et fréquence des variations

↓

4 registres de langue = Variétés d'une même … pour s'adapter …

	Registres populaire et familier		Registre standard	Registre soigné
Ex. :	Tu sais-tu à quelle heure qu'y va r'viendre ?	Tu sais à quelle heure il va revenir ?	…	Sais-tu l'heure à laquelle il reviendra ?
Quand ?	+ + + Oral convers. …	+ … – … convers. + ou – pers. dialogues, …	– Oral + Écrit convers. … exposés, textes …	+ + + … exposés officiels textes …
Pourquoi ?	…		Être compris de tous, …	…

L'ESSENTIEL
Les registres de langue

1 LA LANGUE ORALE ET LA LANGUE ÉCRITE

Une description universelle et figée de la langue française ne pourrait pas rendre compte du langage parlé et écrit de tous les francophones dans toutes les situations de communication et à toutes les époques.

En effet, d'une part, **la langue française évolue**, comme en témoigne l'écart entre le texte original des *Serments de Strasbourg* et sa traduction faite plus de mille ans plus tard.

Serments de Strasbourg (842)

Pro deo amur et pro christian poblo et nostro commun saluament d'ist di en auant, in quant Deus sauir et podir me dunat, si saluarai eo cist meon fradre Karlo, et in aiudha et in cadhuna cosa, si cum om per dreit son fradra saluar dift, in o quid il mi altresi fazet, et ab Ludher nul plaid nunquam prindrai qui meon uol cist meon fradre Karle in damno sit. [...]

(Ce texte, prononcé en 842 par Louis le Germanique et Charles le Chauve, est considéré comme le **premier témoignage écrit de la langue française**.)

* * *

Pour l'amour de Dieu et pour le salut commun du peuple chrétien et le nôtre, à partir de ce jour, autant que Dieu m'en donne le savoir et le pouvoir, je soutiendrai mon frère Charles de mon aide et en toute chose, comme on doit justement soutenir son frère, à condition qu'il m'en fasse autant, et je ne prendrai jamais aucun arrangement avec Lothaire, qui, à ma volonté, soit au détriment de mondit frère Charles. [...]

(Traduction de Ferdinand Brunot [1860-1938], *Histoire de la langue française*, tome I, Colin, 1966.)

D'autre part, **la langue française d'une époque donnée présente des variations, des différences**, selon le contexte où elle est employée et selon la personne qui l'emploie. Ces différences ou variations linguistiques viennent avant tout du fait que la langue peut être **orale, parlée** (elle est généralement plus spontanée, plus hésitante et, étant relayée par le geste et l'intonation, plus approximative) ou **écrite** (elle est généralement plus travaillée, donc plus précise).

Le **français écrit** comprend moins de variations que le français parlé puisqu'il correspond généralement au français tel qu'il est décrit dans les grammaires et les dictionnaires courants, celui que la majorité des gens considèrent comme étant la norme à respecter. Le **français parlé** comprend beaucoup de variations; il peut aussi correspondre au français tel qu'il est décrit dans les grammaires et les dictionnaires, mais il a tendance à s'en éloigner à différents degrés selon les facteurs mentionnés précédemment. À l'écrit, on peut néanmoins retrouver une transcription du français parlé, le plus souvent dans les dialogues de divers types de textes, en poésie et en chanson.

2 LES VARIATIONS LINGUISTIQUES

Les différences ou **variations** linguistiques peuvent être:

- **phonétiques** (différences dans la **prononciation**);
- **lexicales** (différences dans le **choix de mots ou d'expressions**);
- **grammaticales** (différences dans la **façon de former des mots ou de construire des phrases**).

Variations phonétiques	Variations lexicales	Variations grammaticales
- *je suis* / *«ch'uis»* / *«chus»* - *en dessous* / *«en d'sous»* / *«en d'soure»* - *ministre* / *«ministe»* / *«minisse»* / *«ménisse»*	- *égratigner* / *«grafigner»* - *se décider* / *«se brancher»* - *mélancolique* / *déprimé* / *cafardeux* / *«down»* - *débarbouillette* / *gant de toilette*	*S'étaient-ils rencontrés avant ce soir?* / *Est-ce qu'ils s'étaient rencontrés avant ce soir?* / *«Ils s'étaient-tu rencontrés avant ce soir?»* / *«Est-ce qu'ils s'avaient rencontrés avant à soir?»*

/REMARQUE/ Les constructions entre guillemets s'éloignent de la norme écrite établie.

Dans la langue orale, la première différence que l'on perçoit habituellement est l'accent; il s'agit d'un ensemble de variations phonétiques plus ou moins inconscientes. Mais, peu importe son accent, à l'oral comme à l'écrit, toute personne a le choix de varier son langage, puisqu'il existe toujours plus d'une façon de s'exprimer.

3 LES REGISTRES DE LANGUE

Les registres de langue constituent des **variétés d'une même langue**. Ils se distinguent les uns des autres par la nature et par la fréquence des variations (phonétiques s'il s'agit de la langue orale ou de sa transcription, lexicales et grammaticales) par comparaison à la variété de langue que l'on considère comme étant la **norme**: le registre de langue standard.

Le **registre de langue standard** est celui que l'on écrit lorsqu'on se conforme à ce qui est prescrit dans la plupart des grammaires et des dictionnaires, et que l'on parle dans les situations où l'on a à «surveiller» son langage. Cependant, on note toujours une différence entre la langue orale et la langue écrite.

3.1 L'EMPLOI DES REGISTRES DE LANGUE

Les locuteurs et les locutrices du français ont à leur disposition au moins quatre registres de langue dans lesquels ils et elles peuvent puiser des éléments pour adapter leur langage au contexte où ils et elles se trouvent.

Le langage d'une personne varie, entre autres, selon le **milieu** où elle se trouve (par exemple selon la région: Paris, Montréal, Cap-aux-Meules, Sturgeon Falls, Dakar… ou selon l'endroit: au palais de justice, au dépanneur, au théâtre, etc.). Il varie également selon la **situation de communication** (communication orale ou écrite; devant un groupe ou avec une seule personne; avec un proche, un collègue de travail ou un inconnu; avec un francophone ou un hispanophone; etc.) et selon son **intention de communication** (pour se rapprocher ou se distancier, pour informer, pour exprimer ses sentiments, etc.).

Situation de communication

MILIEU SOCIOCULTUREL

LANGUE ORALE ← → LANGUE ÉCRITE

Norme

Registres populaire et familier	Registre standard	Registre soigné
«La lecture est-tu pas le mailleur r'mède quand qu'on a un down?» *«La lecture, a l'est pas le meilleur remède quand on est déprimé?»*	*Est-ce que la lecture n'est pas le meilleur remède à la mélancolie?* **/REMARQUE/** le *ne (n')* est rarement prononcé.	*La lecture n'est-elle point l'antidote par excellence contre le spleen?*
Convenant davantage **à l'oral**, ces registres de langue sont employés dans des situations où l'on n'a pas à «surveiller» son langage: • les conversations personnelles (entre amis ou en famille, par exemple); • les conversations impersonnelles décontractées (une interview qui se veut intime, par exemple); • certaines chansons; • les monologues humoristiques. **À l'écrit**, ces registres de langue sont employés dans les transcriptions du langage oral, dans les dialogues de certains textes narratifs ou dramatiques, dans certains poèmes et dans certaines publicités, etc. Le registre de langue populaire, peu importe qui l'emploie, est un registre propre à l'oral qui s'est développé dans des milieux où l'accès à l'éducation était limité.	Convenant tant à l'oral qu'à l'écrit, ce registre de langue est employé, **à l'oral**, dans: • les conversations impersonnelles ou officielles (une entrevue pour un emploi, par exemple); • les exposés (lors d'un cours magistral ou de la lecture d'un bulletin de nouvelles, par exemple). **À l'écrit**, il est employé dans: • la majorité des textes courants (les manuels scolaires, la plupart des quotidiens et des revues, etc.); • certains textes littéraires.	Convenant davantage **à l'écrit**, ce registre de langue est surtout employé dans: • les textes littéraires (les poèmes, les romans, les œuvres classiques, par exemple); • les essais. **À l'oral**, ce registre de langue est surtout employé dans les exposés officiels ou solennels (un hommage à un personnage historique, par exemple).

/REMARQUE/ Les exemples entre guillemets s'éloignent de la norme écrite établie et se veulent une transcription du français populaire ou familier parlé au Québec.

Plusieurs éléments de la langue (mots, expressions ou constructions) qui appartiennent au registre de langue standard se retrouvent autant dans les registres plus familiers ou plus soignés (ex. : *avoir, être, lecture, croire que, ressembler à*, etc.). En fait, les frontières entre les différents registres sont floues. D'une part, une même personne peut, dans une conversation, passer d'un registre à un autre. D'autre part, ce qui est perçu comme standard peut varier selon les personnes, les régions, etc.

La connaissance, voire la maîtrise de plus d'un registre de langue (dont, notamment, le registre de langue standard), permet à une personne de s'adapter aux situations de communication variées dans lesquelles elle se trouve quotidiennement.

3.2 LE CHOIX D'UN REGISTRE DE LANGUE

Une personne peut avoir différentes raisons de choisir un registre de langue plutôt qu'un autre. Pour faire un choix avisé, il est essentiel de savoir que, la langue étant un symbole d'identité, différents jugements sont portés par tout un chacun sur le choix d'autrui. Par exemple, certains diront que le choix d'un registre populaire fait «jeune, décontracté, vulgaire ou non scolarisé», que celui d'un registre plus familier fait «modeste, simple ou sympathique», que celui d'un registre standard fait «professionnel ou conventionnel» et que le choix d'un registre soigné fait «riche, cultivé, raffiné ou prétentieux».

Voici quelques raisons qui peuvent expliquer le choix d'un registre de langue en particulier.

Registres populaire et familier	Registre standard	Registre soigné
À l'oral, pour se démarquer dans un groupe ou, au contraire, pour se confondre avec les autres; pour marquer son appartenance à un groupe; par habitude.	**À l'oral**, pour être compris dans l'ensemble de la francophonie; par convention dans l'exercice d'une profession.	**À l'oral**, pour se démarquer ou pour relever un défi.
À l'écrit, pour donner de la crédibilité aux personnes, aux personnages dans un dialogue ou dans un discours rapporté direct; pour interpeller un destinataire en particulier.	**À l'écrit**, pour être compris dans l'ensemble de la francophonie; pour respecter le code établi.	**À l'écrit**, par souci d'esthétisme, de style ou de poésie.

3.3 QUELQUES EXEMPLES DE VARIATIONS PHONÉTIQUES, LEXICALES ET GRAMMATICALES ASSOCIÉES AUX REGISTRES DE LANGUE

Bien que les registres de langue ne soient pas des catégories fermées, on associe à chacun d'eux certaines variations linguistiques courantes. On notera que les variations associées aux registres populaire et familier constituent essentiellement des écarts par rapport à la norme. Ces écarts sont plus fréquents et plus variés dans le registre populaire.

EXEMPLES DE VARIATIONS ASSOCIÉES AUX REGISTRES DE LANGUE

Registres populaire et familier	Registre standard	Registre soigné
Variations phonétiques (s'il s'agit de la langue orale ou de sa transcription)		
• Remplacement, effacement ou ajout de sons - «*moé*» au lieu de *moi* - «***chus***» ou «***ch'uis***» au lieu de ***je suis*** - «*chus-**t**-allé en dessou**re**...*»; «*ça **l'**a **d'l'**air que...*» - *la «nui**te**»; le «bou**te**»; j'ai «tou**te**» mangé*	• Effacement du *e* «*j'suis*» • Présence des liaisons obligatoires *je suis allé*	• Prononciation du *e* *je suis* • Présence des liaisons recommandées, mais facultatives - *Ceux et celles qui veulent aller à la mer...* - *Quand on parle...*
Variations lexicales		
• Emploi de mots imprécis et de mots génériques «*patente*»; «*affaire*»; «*machin*»; «*truc*»; *chose* • Emploi de mots dans un sens différent de celui donné dans les dictionnaires - «*binette*» au lieu de *visage* - «*moulin*» *à coudre* au lieu de *machine à coudre* • Emploi d'anglicismes et de calques - «*down*» au lieu de *déprimé, mélancolique* - «*ticket*» au lieu de *contravention* - «*pattern*» au lieu de *modèle* - «*définitivement*» au lieu de *certainement* - «*à date*» au lieu de *jusqu'à maintenant* • Emploi d'archaïsmes et d'expressions vieillies - «*bicycle*» au lieu de *bicyclette* - «*peignure*» au lieu de *coiffure* • Emploi de mots tronqués *prof; pub; super; hyper* • Emploi de mots signalés par les abréviations *pop.* ou *fam.* dans les dictionnaires - *dégotter* (pop.) - *dégouliner; gars* (fam.)	• Emploi de mots justes, mais courants - *impertinence* - *indigné* - *rouge vif* - *baigneuse*	• Emploi de mots justes, recherchés et rares - *outrecuidance* - *outré* - *vermillon* - *naïade* • Association de mots inusités et imagés *le **diamant** de ton **rire**; le **crépuscule** de la **vie*** • Emploi de mots signalés par l'abréviation *litt.* dans les dictionnaires *éconduire; vilipender*

Registres populaire et familier	Registre standard	Registre soigné
Variations grammaticales		
• Omission du marqueur de négation *ne* et emploi de deux autres marqueurs «*J'~~n'~~ai* ***pas*** *vu* ***personne****. J'~~n'~~ai* ***pas rien*** *vu.*» • Emploi de phrases incomplètes «~~**Il ne**~~ *Faut pas me prendre pour une nouille.*»	• Emploi du marqueur de négation *ne* (rarement à l'oral) *Il* ***ne*** *faut pas…*	• Emploi du marqueur de négation *ne* accompagné d'un marqueur autre que *pas* *Il* ***ne*** *faut* ***point/ guère****…*
• Emploi d'un marqueur d'interrogation encadré de *c'est… que/qui* ou suivi de *que/qui*, de *c'est que/qui* ou emploi de *est-ce que/qui* dans une phrase qui n'est pas de type interrogatif - «***Où c'est qu'****il est, mon sac ?*» - «*Je me demande* ***quand qu'****on part.*» - «*Je me demande* ***quand est-ce qu'****on part.*»	• Emploi de *est-ce que/qui* dans une phrase de type interrogatif ***Est-ce que*** *nous partons ?*	• Inversion du pronom et du verbe dans une phrase de type interrogatif ***Partons-nous ?***
• Emploi du futur «proche»: *aller* + *Vinf* et non du futur simple - *On* ***va parler*** *de… et on* ***va jaser*** *de…* • Accords incorrects - «*le monde* ***sont****…*» au lieu de *le monde* ***est****…* - «***un*** *opinion*» au lieu de ***une*** *opinion* • Formation incorrecte des verbes - «*ils* ***sontaient***» au lieu de *ils* ***étaient*** - «*vous* ***fesez***» au lieu de *vous* ***faites*** - «*nous* ***prendrerions***» au lieu de *nous* ***prendrions*** - «*ils* ***voiraient***» au lieu de *ils* ***verraient*** - «***assis****-toi*» au lieu de ***assois****-toi* ou de ***assieds****-toi* • Emploi de l'auxiliaire *avoir* au lieu de l'auxiliaire *être* - «*Ils s'****ont*** *parlé…*» au lieu de *ils se* ***sont*** *parlé* - «*je m'****ai*** *assis*» au lieu de *je me* ***suis*** *assis* • Emploi du mauvais pronom «*Les filles,* ***y*** *disent…*» au lieu de ***elles*** *disent*	• Alternance entre le futur simple et le futur «proche»: *aller* + *Vinf* *Nous* ***allons parler*** *de… et nous nous* ***entretiendrons*** *sur…*	• Emploi du futur simple et non du futur «proche» *Nous* ***parlerons*** *de…* • Emploi du passé simple *Ils* ***parlèrent*** *de…* • Emploi du passé antérieur *N'****eut été*** *de cette rencontre…*

/REMARQUES/ 1. L'emploi de régionalismes (par exemple, *cuchaule* en Suisse pour un petit gâteau sucré; *croquet* en France pour un petit biscuit sec aux amandes; *bleuet* au Canada pour la variété de myrtille qui devient bleue en mûrissant) ou de mots scientifiques ou techniques (par exemple, *sinus* et *cosinus*) ne relève pas d'un registre de langue en particulier.

2. Dès 1950, l'étiquette de parler «joual» (une déformation du mot *cheval*) accolée au registre populaire s'est répandue au Québec. Encore controversé aujourd'hui, le mot «joual» fut un cheval de bataille de la Révolution tranquille.

EXERCICES

1 Classez les situations de communication ci-dessous selon le registre de langue que vous y emploieriez. Justifiez vos réponses.

- **A** la rédaction d'un travail de recherche
- **B** l'écriture d'un roman
- **C** la composition d'une lettre à un correspondant étranger
- **D** une conversation téléphonique avec un ami ou une amie
- **E** une entrevue pour un emploi
- **F** la rédaction d'un article de journal
- **G** l'écriture d'une pièce de théâtre
- **H** l'enregistrement d'une publicité
- **I** la rédaction d'un manuel scolaire
- **J** la rédaction d'un texte de loi

2 Associez les mots, les phrases ou les parties de phrases appartenant aux registres populaire ou familier à l'énoncé ou aux énoncés de l'encadré qui décrivent leurs caractéristiques.

ATTENTION ERREURS

- **A** *A n'a pas.*
- **B** *Qu'est c'est qu'y dit ?*
- **C** *Je m'ai-t-assis dans un auto neuve.*
- **D** *Je me demande pourquoi que c'est pas toute le monde qui peuvent rouler les «r».*
- **E** *Tu vas où ?*
- **F** *Envoye, passe-moi-le.*
- **G** *À soir, on va avoir du fun.*

① Orthographe incorrecte d'un mot indiquant une façon de le prononcer.
② Ajout d'une lettre ou d'un mot.
③ Mot inapproprié (anglicisme, archaïsme, etc.).
④ Phrase incomplète.
⑤ Phrase de type interrogatif agrammaticale.
⑥ Phrase de type impératif agrammaticale : ordre des pronoms incorrect.
⑦ Phrase de forme négative agrammaticale : absence du marqueur de négation *ne*.
⑧ Mauvais accord.
⑨ Mauvaise formation d'un verbe.

3 Reformulez les mots, les phrases ou les parties de phrases du numéro **2** de façon qu'ils appartiennent au registre standard. Consignez vos réponses dans un tableau semblable à celui-ci :

Registre populaire ou familier	Registre standard
Ex. : **A** *A n'a pas.*	Elle n'en a pas.

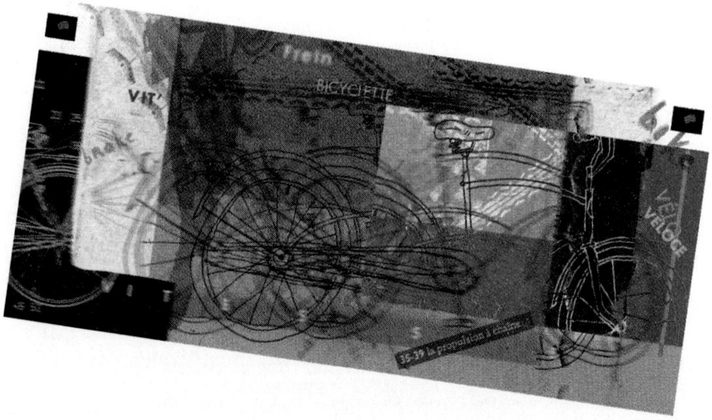

4 Complétez l'extrait d'article de revue suivant à l'aide des choix ci-après, tout en respectant le registre de langue approprié pour cet extrait.

> Quand la Corporation de développement culturel de Trois-Rivières décida de célébrer, à l'été 1999, le 40e anniversaire de la mort de l'ancien premier ministre Maurice Duplessis, **1** ___ : «Il est mort; laissez-le **2** ___ !» Et des «orphelins de Duplessis» téléphonèrent à la relationniste Danièle Cantin: «Madame, n'avez-vous pas honte de faire ça?»
>
> [...]
>
> «Chacun ici a un grand-parent, un cousin qui ont vécu **3** ___ , d'un côté ou de l'autre de la clôture [les bleus (l'Union nationale) d'un côté, les rouges (les libéraux) de l'autre]. «**4** ___ marchent sur des œufs», dit le président de la Société de conservation et d'animation du patrimoine de la ville, Daniel Robert. Pourtant, on a pris des précautions en donnant à l'Événement un thème, «Ombre et Lumière», **5** ___ .
>
> «Si on y regardait de près, il y aurait tellement de lumière que toutes les ombres disparaîtraient», proteste Berthe Bureau-Dufresne, nièce de l'ancien premier ministre, **6** ___ de féroces caricatures d'époque signées Robert La Palme.
>
> [Michel Vastel, «Le retour de Duplessis», *L'actualité*, vol. 24, no 13, septembre 1999.

ATTENTION ERREURS

1
- des personnes qui travaillent à la ville ont pas voulu participer
- des professionnels de la ville refusèrent de contribuer
- plein de monde qui travaillent à la ville ont décidé qu'y voulaient pas

2
- où il est
- où qu'il est
- où est-il

3
- l'époque qu'il y en a qui appellent encore cette époque la «Grande Noirceur»
- la période que certains appellent encore la «Grande Noirceur»
- le temps où c'est qu'y avait la «Grande Noirceur», comme qu'on dit encore

4
- Ceux de Trois-Rivières
- Les Trifluviens
- Les celles qui restent à Trois-Rivières

5
- qui devait contenter tout le monde
- qu'on devait tout être contents de
- qui devait être le fun pour tout le monde

6
- ben fâchée que le Centre d'exposition de l'industrie des pâtes et papiers, il a réuni
- particulièrement mécontente que le Centre d'exposition de l'industrie des pâtes et papiers ait réuni
- manifestant ainsi sa véhémente opposition au fait que le Centre d'exposition de l'industrie des pâtes et papiers eût réuni

5 A Dans le texte de la page suivante, parmi les éléments en caractères gras, relevez ceux qui permettent de démontrer que le dialogue est la transcription d'un registre de langue qui convient à l'oral dans une conversation personnelle.

JEAN-PAUL

En tout cas, on est contents d'être là, **hein**, Tit-Coq ?

TIT-COQ

Ah ! oui…

LE PÈRE

Donnez vos effets : **je vas aller** vous les **accrocher**.

JEAN-PAUL

Laissez donc faire : je connais **la place**.

LE PÈRE

P'en tout'! T'es de la visite, toi aussi. *(Il sort un instant suspendre les* ***paletots*** *dans le* ***corridor****.)*

LA MÈRE

Prenez donc un siège, monsieur Saint-Jean. Eh bien ! je vous dis que ça nous fait plaisir de vous voir dans la maison, **tous les deux**.

LE PÈRE

(À Tit-Coq.) **On était ben fiers, à matin**, quand on a reçu la lettre de Jean-Paul nous disant **qu'il vous amenait avec lui**.

LA MÈRE

(Qui s'est assise devant Tit-Coq.) Comme de raison, vous seriez mieux parmi les vôtres. **On va faire notre possible** pour les remplacer, mais je suis bien sûre **qu'ils vont vous manquer !**

TIT-COQ *(Tousse pour cacher son embarras.)*

LE PÈRE

(À Tit-Coq.) **Vous seriez pas** parent avec des nommés Saint-Jean **de par icitte**, vous ?

TIT-COQ

(Misérable.) Ah ! non…

LA MÈRE

Votre famille doit habiter **loin sans bon sens**, si **vous pouvez pas**…

[Gratien Gélinas, *Tit-Coq* (1948), © Les Productions Gratien Gélinas ltée.

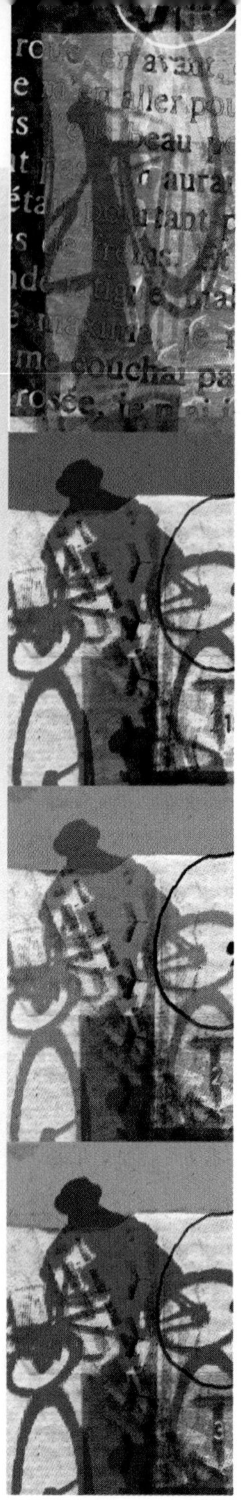

B Récrivez les éléments relevés de façon qu'ils correspondent à un registre standard.

C Dans les didascalies (les indications de jeu entre parenthèses), relevez les mots ou les parties de phrases qui relèvent d'un registre caractéristique de la langue écrite.

6 **A** Vous avez lu le dernier roman de votre auteur ou de votre auteure de prédilection. Écrivez quatre phrases qui feront connaître à votre meilleur ami ou à votre meilleure amie votre opinion sur ce roman, puis indiquez le registre de langue que vous avez employé le plus souvent dans votre texte. Justifiez votre choix.

B Écrivez quatre phrases qui feront connaître aux lecteurs et aux lectrices du journal étudiant votre opinion sur le dernier roman que vous avez lu, puis indiquez le registre de langue que vous avez employé le plus souvent dans votre texte. Justifiez votre choix.

SYNTHÈSE

TEXTE DE RÉFÉRENCE
Bonheur d'occasion
TEXTES, page 27.

▹ Connaître différents registres de langue permet de varier sa langue selon les contextes et de comprendre le choix d'un registre de langue.

Illustration

Le recours à différents registres de langue dans le roman *Bonheur d'occasion* permet de mieux faire comprendre l'histoire et de caractériser les personnages pour leur donner de la crédibilité.

Faites un survol des lignes 1 à 64.

1 Relevez le numéro des lignes qui constituent des séquences dialogales.

ARRÊT SUR TEXTE **Lisez le premier paragraphe (lignes 1 à 4).**

2 Le registre de langue que Gabrielle Roy donne au narrateur de son histoire est-il un registre que l'on rencontre le plus souvent à l'oral ou à l'écrit ?

3 Quels sont les personnages introduits par le narrateur dans ce paragraphe ?

4 Quelle caractéristique peut être associée à quelqu'un qui tient des propos railleurs ?

5 Commencez la liste des caractéristiques de chacun des personnages, que vous compléterez au fil de votre lecture.

ARRÊT SUR TEXTE **Lisez les deuxième, troisième et quatrième paragraphes (lignes 5 à 30).**

6 Le registre de langue du narrateur est un registre soigné. Relevez les mots, les phrases et les parties de phrases qui illustrent le mieux les variations de ce registre de langue.

7 Ajoutez à votre liste de caractéristiques les informations sur Florentine qui sont fournies dans ces paragraphes.

8 Parmi les quatre images de l'encadré, choisissez celle qui évoque le plus celle que Gabrielle Roy a donnée jusqu'à maintenant de Florentine.

① Une dame distinguée quelque peu condescendante.
② Une jeune fille sentimentale venant d'un milieu très modeste.
③ Une jeune fille simple et timide aimant la tranquillité.
④ Une jeune fille de famille riche travaillant pour se désennuyer.

9 En tenant compte des jugements portés sur les différents registres de langue, lequel pourrait être attribué à Florentine pour renforcer encore davantage son image ?

ARRÊT SUR TEXTE **Lisez le cinquième paragraphe, la première parole rapportée et le court paragraphe qui suit (lignes 31 à 39).**

10 Parmi les raisons suivantes, choisissez celle ou celles qui expliquent pourquoi la manière dont le jeune homme pose la question irrite Florentine.

① C'est parce qu'il emploie un ton brusque.
② C'est parce qu'il emploie une phrase mal construite.
③ C'est parce qu'il la tutoie sans la connaître.

11 **A** Le narrateur qualifie de «familière» la manière dont le jeune homme pose la question. Qu'est-ce que ce mot veut dire dans ce contexte ?

B Le registre de langue que le jeune homme emploie pour poser la question est-il plus ou moins soigné que celui que vous attribueriez à Florentine ?

C Récrivez la question posée par le jeune homme dans le registre de langue que vous attribueriez à Florentine.

ARRÊT SUR TEXTE **Lisez la suite de la page 28 (lignes 40 à 64).**

12 **A** Relevez les paroles prononcées par Florentine qui se rapprochent le plus du registre populaire.

B Le registre populaire est-il celui que vous auriez attribué à ce personnage ? Pourquoi ?

13 Ajoutez à votre liste de caractéristiques les informations sur le jeune homme qui sont fournies dans cette partie du texte.

14 Parmi les trois images suivantes, choisissez celle qui évoque le plus celle que Gabrielle Roy a donnée jusqu'à maintenant du jeune homme.

① Un jeune homme moqueur un peu condescendant.
② Un jeune homme sentimental venant d'un milieu très modeste.
③ Un jeune homme simple et timide aimant la tranquillité.

15 **A** Le registre de langue attribué au jeune homme est un peu plus soigné que celui de Florentine. S'agit-il d'un registre qui se rencontre le plus souvent à l'oral ou à l'écrit ?

B Relevez les paroles prononcées par le jeune homme qui sont caractéristiques de l'oral.

16 En attribuant des registres de langue un peu différents à ces deux personnages, Gabrielle Roy a voulu exprimer qu'il s'établissait entre eux un certain rapport. S'agit-il d'un rapport confiant, fraternel, distant ou indifférent ? Justifiez votre réponse en citant un passage du texte.

Validation

Pour démontrer que vous comprenez le rôle du choix des registres de langue, choisissez un texte à l'aide duquel vous expliquerez à un ou à une camarade les raisons pour lesquelles, à l'intérieur d'un même texte, on peut utiliser plus d'un registre de langue.

PR 103 La cohérence textuelle

PR 101 Le lexique
PR 102 Les registres de langue
PR 103 La cohérence textuelle
PR 104 Les séquences textuelles
PR 105 Le point de vue

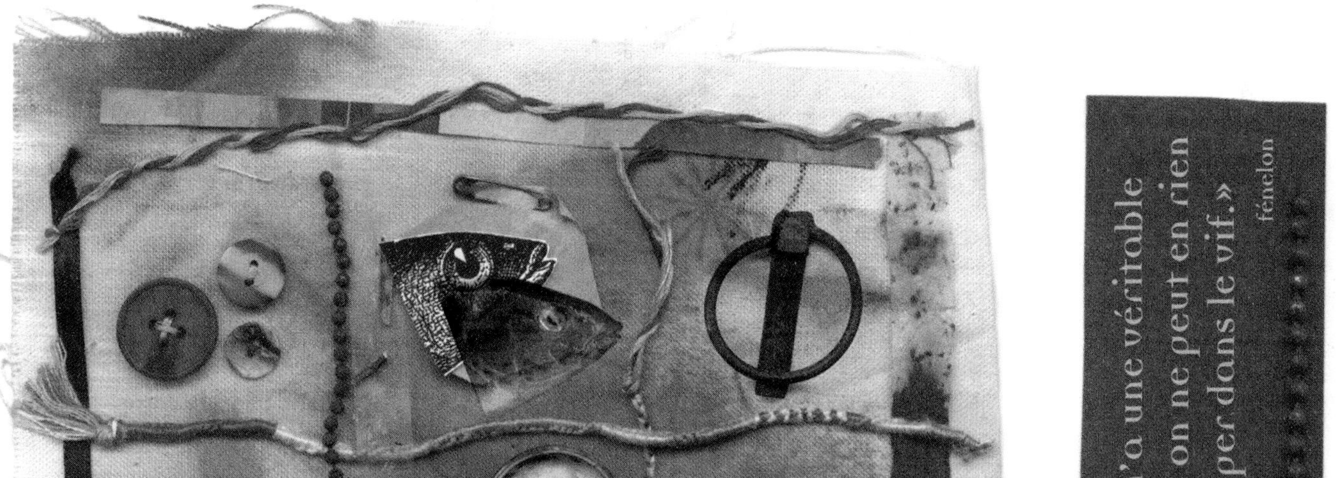
«un ouvrage n'a une véritable unité que quand on ne peut en rien ôter sans couper dans le vif.»
fénelon

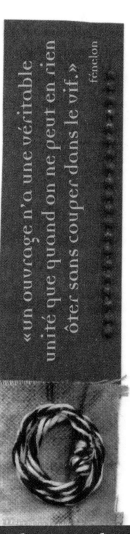

Reconnaître les éléments qui contribuent à la cohérence du texte aide à comprendre les liens qui existent entre les différentes parties d'un texte et entre ses phrases, ainsi qu'à dégager les buts du texte.

La Presse
Le plus grand quotidien français d'Amérique

1 Extrait d'ARTICLE CRITIQUE

François Girard au MAC : la difficulté d'être paresseux

Le cinéaste François Girard a présenté hier sa dernière réalisation. Or, ce n'est pas de cinéma qu'il s'agit. Monsieur fait son entrée au musée avec une installation inspirée d'un péché dont il se confesse publiquement : la paresse.

Le réalisateur du *Violon rouge* dit à qui veut l'entendre qu'il est paresseux, qu'il fait tout pour meubler son temps, pour surcharger son horaire afin de réaliser ses nombreux projets. […]

Girard est le cinquième artiste en résidence du Musée d'art contemporain. Avant lui, il y avait eu Robert Lepage et Diane Dufresne, entre autres. Le Musée l'a approché alors qu'il faisait la mise en scène de l'opéra *Œdipus Rex* à Toronto en 1997. Pour l'occasion, Girard est revenu à ses anciennes amours. Au début des années 1980, l'artiste avait fait de la vidéo d'art expérimentale. Cette fois, il présente une installation multimédia.

Le jeune créateur avait toutes les libertés et une grande salle à sa disposition. Il a décidé de donner l'espace à l'artiste George Molnar qui performe dans un tableau vivant. Molnar est donc encadré. Derrière la vitre, on le voit au loin, qui vit doucement. Parce que c'est son mandat premier : vivre. Il bouge à peine, selon ses états d'âme, et avec une lenteur exagérée. Ses cheveux blancs ont poussé jusqu'à recouvrir tout le plancher comme s'il était là depuis toujours. À ses pieds, le squelette d'une bête qui n'a pas eu la patience de laisser le temps passer. Et le vieux murmure. Ses paroles sont à peine audibles. Il voit les visiteurs l'observer à travers la

François Girard a donné l'espace à l'artiste George Molnar qui performe dans un tableau vivant.

vitre, mais continue d'évoluer dans toute sa lenteur. L'œuvre étant aussi présentée sur Internet, Molnar continue son cinéma même s'il n'y a personne de l'autre côté du tableau. [...]

Pourquoi filmer ce vieillard? Un «réflexe de cinéaste», disait hier Girard. L'effet n'en est que plus dramatique. Même la bande sonore de Nancy Tobin est lente. Tout pour rappeler l'immobilisme. Ces sons de respiration et de rythme cardiaque seront entendus partout dans le MAC durant l'exposition: dans les corridors, dans les ascenseurs, au téléphone, sur Internet. Comme si toute l'institution fonctionnait au ralenti.

L'œuvre est présentée jusqu'au 24 octobre. George Molnar sera là tous les jours, pendant les heures d'ouverture du MAC. Il ne quittera pas son poste. Toujours, il restera assis sur sa petite chaise puisque «François m'a refusé mon matelas», expliquait-il hier lors de la présentation de *La Paresse*.

Des sept péchés capitaux, pourquoi la paresse? Pourquoi pas l'envie, l'orgueil ou l'avarice? Selon lui, plusieurs artistes s'étant intéressés aux péchés capitaux ont commencé par la paresse. Contrairement à ce qu'on pourrait croire, «ce péché serait le plus exigeant sur le plan formel et narratif».

D'autre part, dans une société capitaliste comme la nôtre, la paresse est «le phantasme le plus répandu», disait l'artiste, qui lutte quotidiennement contre sa lenteur naturelle.

Stéphanie Bérubé, *La Presse*, 1er septembre 1999.

PISTES D'OBSERVATION

1 La plupart des renseignements fournis dans l'article concernent François Girard et George Molnar. Relevez les mots et les groupes de mots désignant:

A François Girard;

B des éléments en relation avec François Girard (ex.: ***sa** dernière réalisation*);

C George Molnar;

D des éléments en relation avec George Molnar (ex.: ***son** mandat premier*).

2 **A** Dans la première phrase de l'article, on apprend que François Girard est cinéaste et qu'au moment de l'écriture du texte, il vient de présenter une installation. La suite du texte apporte-t-elle de nouveaux renseignements sur François Girard? Justifiez votre réponse à l'aide de quelques exemples.

B Relevez la phrase où l'on mentionne George Molnar pour la première fois. Encerclez l'information connue (celle qui constitue la reprise d'un élément) et soulignez l'information nouvelle.

C Pourquoi parle-t-on de George Molnar dans un article sur François Girard et sur son installation au Musée d'art contemporain?

3 La présence d'éléments contradictoires nuit à la cohérence d'un texte. Validez cet énoncé en expliquant la contradiction qu'entraînerait le remplacement de la première phrase du cinquième paragraphe (ligne 43) par la phrase *Pourquoi filmer ce jeune artiste?*

4 Dans l'article, relevez au moins deux phrases relatant des événements, des actions ou des phénomènes:

A qui se passent au moment de l'écriture du texte;

B qui se sont passés avant l'écriture du texte;

C qui se passeront après l'écriture du texte.

5 Indiquez le temps des verbes dans les phrases relevées au numéro **4**. Que remarquez-vous ?

6 Dans l'article, relevez les mots qui joignent les paires de phrases suivantes:

A *Le Musée l'a approché. Il faisait la mise en scène de l'opéra* Œdipus Rex *à Toronto en 1997.* (ligne 15)

B *Ses cheveux blancs ont poussé jusqu'à recouvrir tout le plancher. Il était là depuis toujours.* (ligne 32)

C *Il voit les visiteurs l'observer à travers la vitre. Il continue d'évoluer dans toute sa lenteur.* (ligne 37)

D *L'œuvre étant aussi présentée sur Internet, Molnar continue son cinéma. Il n'y a personne de l'autre côté du tableau.* (ligne 40)

7 Les éléments relevés au numéro **6** sont des coordonnants ou des subordonnants. Précisez le rôle qu'ont en commun ces éléments.

8 **A** Où dans l'article insèreriez-vous chacun des intertitres suivants ?
- *Une œuvre sonore*
- *Une œuvre vivante*
- *Un créateur polyvalent*

B Si le texte n'était pas divisé en paragraphes, aurait-il été plus facile ou plus difficile d'insérer ces intertitres ? Pourquoi ?

9 **A** Dans le troisième paragraphe (lignes 12 à 22), les phrases sont regroupées de façon à mettre en évidence la progression des événements dans le temps. Relevez les groupes de mots qui révèlent cette façon d'organiser le paragraphe.

B Dans les deux derniers paragraphes, les informations sont regroupées de manière à mettre en évidence un ajout d'information. Relevez le groupe de mots qui révèle cette façon d'organiser les paragraphes.

Vers l'essentiel

Le texte du **CORPUS D'OBSERVATION** met en évidence divers éléments qui contribuent à la cohérence d'un texte. Les pages suivantes présentent des connaissances sur la cohérence textuelle. Complétez la fiche *Prise de notes* de façon à résumer ces connaissances en faisant des liens avec les activités de la rubrique **PISTES D'OBSERVATION**.

Prise de notes

LA COHÉRENCE TEXTUELLE

Texte = tout cohérent

2 PRINCIPES DE BASE :

1. La ……………
2. La ……………

+

La non-contradiction

Autres éléments de cohérence :

– l'harmonis. des ……………
  Temps …………… + Temps ……………
  → Syst. du ……………, du ……………, ou du ……………

– les marqueurs de ……………
  exprim. lien de ……………, de ……………, de ……………, de ……………, etc.

– les indices d'organis. du texte
  → non ling., comme ……………, ……………, ……………, ……………, etc.
  → ling., comme ……………

1. Ex. de …………… par :

– pronom → F. Girard… → lui

– GN → noyau = nom

1. même nom → … le film «Le Violon rouge» → ……………
2. même famille → … a réalisé… → ……………
3. …………… → la vedette S.L. Jackson… → l'étoile américaine
4. …………… → le musicien… → …l'artiste
5. périphrase → le film… → ……………
6. …………… → Certains ont jugé… disant que ce film était inégal et ennuyeux → Cette condamnation

2. Ex. de …………… par :

– même thème + info nouv.

– thème différent mais déjà exprimé + info nouv.

– thème …………… en rel. avec qqch. déjà exprimé + info nouv.

F. Girard présente une installation…
→ Il + blablabla
→ …………… + blablabla
→ Son sujet + blablabla

La cohérence textuelle

Dans un texte, les phrases sont organisées en séquences et s'enchaînent de façon à former un tout, une unité cohérente. La cohérence textuelle se fonde sur deux principes de base.

LES PRINCIPES DE BASE ASSURANT LA COHÉRENCE TEXTUELLE	
La reprise de l'information	**La progression de l'information**
Le texte doit contenir des éléments qui reviennent d'une phrase à l'autre, de manière à en assurer la continuité.	Les phrases doivent apporter de l'information nouvelle les unes par rapport aux autres de manière à faire progresser le texte.

François Girard *est le cinquième artiste en résidence au* ***Musée d'art contemporain****. Le Musée l'a approché alors qu'il faisait la mise en scène de l'opéra* Œdipus Rex *à Toronto en 1997.*

information nouvelle

À ces principes de base s'ajoute le principe de la **non-contradiction**.

La non-contradiction			
Les phrases d'un texte ne doivent pas contenir d'éléments contradictoires ou incompatibles entre eux, c'est-à-dire **des éléments qui iraient à l'encontre :**			
• **de l'objet** du texte [ou de ce qui est énoncé précédemment dans le texte] (le thème traité; les caractéristiques des personnages, des lieux, des objets; la thèse défendue).	• **de l'univers** du texte (univers fantastique, univers de science-fiction ou univers vraisemblable; récit d'époque ou récit contemporain).	• **de la situation de communication** (communication orale ou écrite; texte paru dans un journal hebdomadaire ou dans une revue mensuelle).	• **des connaissances généralement admises** que l'on a sur certains éléments du texte.

Des ~~dix~~ **sept** *péchés capitaux, pourquoi la paresse ? Pourquoi pas l'envie, l'orgueil ou l'avarice ?*

/REMARQUE/ Dans la phrase ci-dessus, il s'agit d'un élément contradictoire selon les connaissances généralement admises : il n'y a que sept péchés capitaux (l'avarice, la colère, l'envie, la gourmandise, la luxure, l'orgueil et la paresse).

La constance du **point de vue** (voir *PR 105 – Le point de vue*) et l'intégration de **discours rapportés** (voir *GOC 306 – Le discours rapporté*) participent aussi à la cohérence du texte. De plus, d'autres éléments contribuent à l'enchaînement, au regroupement et à la mise en relation des phrases pour qu'elles forment un texte cohérent. Parmi ces éléments, on trouve :

- l'harmonisation des **temps verbaux ;**
- les **marqueurs de relation ;**
- certains indices qui révèlent l'organisation du texte (des indices linguistiques comme les **organisateurs textuels**, et des indices non linguistiques comme la **disposition graphique** et les **procédés typographiques**).

1 LA REPRISE DE L'INFORMATION ET LA PROGRESSION DE L'INFORMATION

La reprise de l'information et la progression de l'information sont des principes de cohérence textuelle intimement liés.

1.1 LA REPRISE DE L'INFORMATION

On appelle reprise de l'information le fait de reprendre **quelque chose qui a déjà été exprimé dans le texte**. Cette reprise se fait à l'aide :

- **d'un mot ou d'un groupe de mots désignant la même chose** que ce qui est exprimé ;
- **d'un mot ou d'un groupe de mots désignant quelque chose en relation** avec ce qui est exprimé.

La reprise de l'information permet d'assurer la continuité du texte. Elle se fait principalement au moyen de pronoms, de GN et de GAdv.

Ex. : ***François Girard*** *présente une installation multimédia. Le jeune créateur avait toutes les libertés et une grande salle à sa disposition. Il a décidé de donner l'espace à l'artiste George Molnar qui performe dans un tableau vivant.*

LES PRINCIPAUX ÉLÉMENTS DE REPRISE DE L'INFORMATION

Élément de reprise	**... désignant la même chose que *ce qui a déjà été exprimé***	**... désignant quelque chose en relation avec *ce qui a déjà été exprimé***
PRONOM (Le pronom peut être accompagné d'expansions.)	- ***François Girard*** *a réalisé le film* Le Violon rouge. *Ce film lui a valu huit Génies et neuf Jutras en 1999.* - *Girard a réalisé* ***quatre films****. Certains sont excellents, d'autres laissent plutôt indifférents. Celui que j'ai préféré est* Trente-deux films brefs sur Glenn Gould. Dans l'exemple ci-dessus, il s'agit de **reprises partielles** de l'information. - ***Certains ont jugé sévèrement* Le Violon rouge*, disant que ce film était inégal et ennuyeux****. Cela n'a pas empêché son succès.*	- ***Mon cinéaste préféré*** *est François Girard. Quel est le tien ?* - *Je préfère* ***les films de Woody Allen et de Coline Serreau*** *à ceux de Jean-Luc Godard.*

<table>
<tr><th colspan="2">LES PRINCIPAUX ÉLÉMENTS DE REPRISE DE L'INFORMATION (suite)</th></tr>
<tr><th>Élément de reprise ▼ … désignant la même chose que ce qui a déjà été exprimé</th><th>… désignant quelque chose en relation avec ce qui a déjà été exprimé</th></tr>
<tr><td colspan="2">GN dont le noyau est un nom</td></tr>
<tr><td>Par rapport à ce qui a déjà été exprimé, le nom peut être:
• le même;
François Girard a réalisé le film Le Violon rouge. Ce film raconte l'histoire d'un violon exceptionnel créé en 1681 par le célèbre luthier Niccolò Bussotti.
• de même famille;
François Girard a réalisé Le Violon rouge. Cette réalisation lui a valu huit Génies et neuf Jutras en 1999.
• synonyme;
Girard a confié à la vedette Samuel L. Jackson un rôle important. Dans ce film, l'étoile américaine joue l'expert chargé de vérifier l'authenticité du fameux violon rouge.
• générique (dont le sens englobe celui d'autres mots);
Le musicien Joshua Bell a collaboré au film de Girard. Le cinéaste a fait appel à l'artiste pour faire du doublage, pour entraîner les acteurs et pour les conseiller sur leur façon de manier le violon.
• synthétique (qui résume la portion du texte qu'il reprend).
Certains ont jugé sévèrement Le Violon rouge, disant que ce film était inégal et ennuyeux. Cette condamnation n'a pas empêché son succès.
Il peut aussi s'agir d'une périphrase (un GN constitué d'une série de mots, souvent imagés, désignant une réalité que l'on peut exprimer à l'aide d'un seul mot: le septième art pour le cinéma).
Le film de Girard propose un voyage sur trois continents, à travers trois siècles. Pour réaliser cette œuvre cinématographique, le réalisateur a tourné en cinq langues, dans cinq pays.</td><td>- Certains critiques ont jugé sévèrement le film Le Violon rouge. Cela n'a pas empêché son succès.
- Ce film propose un voyage sur trois continents, à travers trois siècles. Dans un souci d'authenticité, le réalisateur a tenu à ce que la bande sonore soit en cinq langues différentes.</td></tr>
<tr><td colspan="2">GAdv</td></tr>
<tr><td>En septembre 1999, François Girard a fait son entrée au Musée d'art contemporain en créant un tableau vivant interprété par George Molnar. Molnar était là tous les jours pendant les heures d'ouverture du MAC.</td><td>J'ai été captivé par ce film, mais mon ami, non.</td></tr>
</table>

/REMARQUES/ 1. Dans le GN qui reprend l'information, le déterminant est généralement un <u>**déterminant référent**</u> (ex.: *ce, cette, ces; le (l'), la (l'), les; son, sa, ses*).

- Pour introduire un nom désignant la même chose que ce qui a été exprimé, on peut employer un déterminant référent comme *ce* ou *le*.

  Ex.: ***Le musicien Joshua Bell*** *a collaboré au film de* **Girard**. *<u>Le</u> cinéaste a fait appel à <u>cet</u> artiste pour faire du doublage.*

- Pour introduire un nom désignant quelque chose en relation avec ce qui a été exprimé, on peut employer un déterminant référent comme *son* ou *le*.

  Ex.: ***Ce film*** *propose un voyage sur trois continents, à travers trois siècles. Dans un souci d'authenticité, <u>son</u> réalisateur a tenu à ce que <u>la</u> bande sonore soit en cinq langues.*

2. Pour éviter une ambiguïté ou par souci d'employer le mot juste, on se servira d'un terme synthétique plutôt que du pronom *cela* (*ça, ce* ou *c'*) pour reprendre une phrase ou une portion de texte.

Ex.: ***Certains ont jugé sévèrement* Le Violon rouge**, ***disant que ce film était inégal et ennuyeux.*** *Cette condamnation* ~~*Cela*~~ *n'a pas empêché son succès.*

QUELQUES RÈGLES À RESPECTER LORS DU CHOIX D'UN ÉLÉMENT DE REPRISE

L'élément de reprise doit toujours être choisi en fonction du contexte.

- Si l'on choisit un pronom, on doit pouvoir identifier facilement son <u>antécédent</u> ou l'élément du texte qu'il désigne, par exemple, en employant un pronom:
  - ayant le même **genre** et le même **nombre** que son <u>antécédent</u>;

    <u>Le public</u> *a apprécié* Le Violon rouge*; sans doute a-* ~~*ont*~~*-il* ~~*ils*~~ *été charmé*~~*s*~~ *par ses images et sa musique.*
  - permettant de **discriminer** <u>l'antécédent</u> s'il y a plus d'un antécédent possible.

    Girard a réalisé trois longs métrages: Cargo, Trente-deux films brefs sur Glenn Gould *et* **<u>Le Violon rouge</u>**. *Ce dernier* ~~*Il*~~ *a été écrit en collaboration avec Don McKellar, qui, de plus, figure dans le film.*

- Si l'on choisit un GN dont le noyau est un nom, on doit pouvoir associer facilement le nom ou les expansions du nom à des éléments du <u>contexte</u>;

  Certains critiques *<u>ont eu un coup de foudre pour la trame sonore du</u>* <u>Violon rouge</u>. *Ces mélomanes* ~~*Ces censeurs*~~ *ont sans doute grandement apprécié la collaboration du virtuose Joshua Bell.*

/REMARQUE/ Lorsqu'il désigne un ou une critique sévère qui condamne ou qui ne relève que les fautes, le mot *censeur* peut être employé comme synonyme du mot *critique*, mais pas dans le contexte ci-dessus.

1.2 LA PROGRESSION DE L'INFORMATION

Les éléments de reprise assurent la continuité du texte, mais ils ne peuvent pas, à eux seuls, en assurer la cohérence. La **progression de l'information** d'une phrase à l'autre contribue aussi à la cohérence du texte. Les phrases doivent apporter de l'<u>**information nouvelle**</u> pour éviter que le texte soit une longue suite de répétitions.

Ex.: *François Girard <u>présente une installation multimédia</u>. Le jeune créateur <u>avait toutes les libertés et une grande salle à sa disposition</u>. Il <u>a décidé de donner l'espace à l'artiste George Molnar qui performe dans un tableau vivant</u>.*

1.2.1 Trois façons de faire progresser l'information

On choisira la façon de faire progresser l'information en fonction de l'élément sur lequel on veut apporter de l'information nouvelle dans une phrase. Voici trois façons de faire progresser l'information.

- L'information nouvelle peut être greffée à un **même thème** repris d'une phrase à l'autre.

  François Girard présente une installation multimédia. Le jeune créateur avait toutes les libertés et une grande salle à sa disposition. Il a décidé de donner l'espace à l'artiste George Molnar qui performe dans un tableau vivant.

- L'information nouvelle peut être greffée à un **thème différent** qui reprend ***quelque chose qui a déjà été exprimé***, en désignant la même chose que cet élément.

  *Girard a décidé de donner l'espace à **l'artiste George Molnar qui performe dans un tableau vivant**. Molnar bouge avec une lenteur extrême.*

- L'information nouvelle peut être greffée à un **thème différent** qui reprend ***quelque chose qui a déjà été exprimé***, en désignant quelque chose en relation avec cet élément.

  Molnar bouge à peine, selon ses états d'âme, et avec une lenteur exagérée. Ses cheveux blancs ont poussé jusqu'à recouvrir tout le plancher.

> Le **thème** d'une phrase est la partie de la phrase qui constitue **ce dont il est question dans cette phrase, ce sur quoi on veut apporter de l'information nouvelle**; il s'agit généralement du **point de départ** de la phrase. Cette partie contient souvent une **information connue**, déjà exprimée dans le texte ou en relation avec une information déjà exprimée.
>
> L'information nouvelle, quant à elle, est généralement greffée au thème; elle est contenue dans la partie de la phrase qui constitue **ce qu'on veut exprimer sur quelque chose ou sur quelqu'un** (on appelle cette partie le **propos** de la phrase).

1.2.2 La place de l'information nouvelle dans la phrase

Dans la phrase de type déclaratif, l'information nouvelle se trouve souvent dans le **GV** (et dans le **Gcompl. P**); le plus souvent, elle ne se trouve pas en début de phrase.

Ex.: *Le cinéaste François Girard a présenté hier sa dernière réalisation.*
*Monsieur **fait son entrée au musée avec une installation inspirée d'un péché dont il se confesse publiquement: la paresse**.*

Dans la phrase de type déclaratif, le **GNs** peut aussi contenir une information nouvelle; il s'agit, le plus souvent, de l'expansion du noyau du GNs.

Ex.: *Le cinéaste François Girard a présenté hier sa dernière réalisation.*
***Le réalisateur du Violon rouge** dit à qui veut l'entendre qu'il est paresseux, qu'il fait tout pour meubler son temps* [...]

Pour faire un lien avec ce qui précède ou pour mettre en évidence une information nouvelle, on peut la placer au début de la phrase en ayant recours à la **phrase de forme emphatique** ou au **simple détachement**.

Ex.: *Le cinéaste François Girard a présenté hier sa dernière réalisation.*
(phrase emphatique →) ***C'est au Musée d'art contemporain qu'on peut aller contempler cette installation multimédia.*** (détachement →) ***Sur Internet**, on a également tout le loisir d'observer cette œuvre.*

/REMARQUE/ Pour mettre davantage l'accent sur une information nouvelle, on peut avoir recours à la phrase impersonnelle ou à la phrase à présentatif.

Ex. : - *Le cinéaste François Girard a présenté hier sa dernière réalisation.* (phrase impersonnelle →) ***Il s'agit d'une installation multimédia.***

- *Girard est le cinquième artiste en résidence au Musée d'art contemporain.* (phrase à présentatif →) ***Avant lui, il y avait eu Robert Lepage et Diane Dufresne, entre autres.***

1.3 ANALYSER LA REPRISE ET LA PROGRESSION DE L'INFORMATION MISES EN PLACE DANS UN TEXTE POUR CARACTÉRISER UN PERSONNAGE, UN LIEU OU UN OBJET

Les **éléments de reprise** (les GN essentiellement) peuvent aider, dans un texte, à **caractériser un personnage, un lieu ou un objet**. Par exemple, l'emploi de noms synonymes ou génériques (ex. : *violoniste, virtuose, instrumentiste, musicien*), ou encore la présence d'expansions dans le GN (ex. : *ce* ***talentueux*** *musicien* ***hollandais de 32 ans***) permettent d'introduire une ou plusieurs caractéristiques liées à l'élément qui est repris. La caractérisation est aussi assurée par l'ajout d'information d'une phrase à l'autre du texte, à l'aide des GV, notamment.

On peut analyser la reprise et la progression de l'information mises en place pour caractériser un personnage, un lieu ou un objet :

- en repérant la **chaîne de reprises** liée à un élément, c'est-à-dire en relevant tous les mots et les groupes de mots de reprise qui font référence au personnage, au lieu ou à l'objet dont on veut connaître les caractéristiques;
- en identifiant, dans les mots et les groupes de mots de reprise, chacune des **caractéristiques** introduites;
- en puisant, parmi ce qu'on dit du personnage, du lieu ou de l'objet, l'**information nouvelle pertinente** qui sert à le caractériser.

2 L'HARMONISATION DES TEMPS VERBAUX

La cohérence d'un texte est renforcée par le choix d'un **système de temps** approprié, c'est-à-dire d'un ensemble de temps verbaux permettant de situer dans le temps les actions, les événements ou les faits évoqués les uns par rapport aux autres. Un système de temps est constitué :

- d'un **temps principal** choisi parmi trois temps de l'indicatif : le **présent** pour signifier que l'action se déroule au moment où on l'évoque; le **passé simple** ou le **passé composé** pour signifier que l'action s'est déjà déroulée;
- de **temps d'accompagnement**, choisis parmi tous les autres temps.

Les temps verbaux permettent aussi de mettre en relief des éléments qui constituent la trame du texte, c'est-à-dire des actions ou des événements de premier plan (à l'aide du temps principal) et de placer d'autres éléments en arrière-plan (à l'aide des temps d'accompagnement).

2.1 LE SYSTÈME DU PRÉSENT

On choisit le système du présent principalement pour raconter, décrire, expliquer quelque chose comme si cela se déroulait **au moment où on l'évoque** (même s'il s'agit de quelque chose qui est passé).

LE SYSTÈME DU PRÉSENT	
Temps principal	**Temps d'accompagnement**
Présent	Selon l'ordre d'apparition dans le texte ci-dessous : • Passé composé • Présent à valeur de passé récent • Plus-que-parfait • Futur

Les critiques de cinéma **considèrent** François Girard comme un virtuose de l'image. Issu de l'École du vidéo d'art et de la production expérimentale, concepteur visuel inventif, capable de véritables tours de force au montage de ses œuvres, ce jeune cinéaste de trente-six ans a déjà fait de la mise en scène d'opéra, et ne **cache** pas son vif intérêt pour la réalisation de vidéos d'artistes et de films publicitaires. Il vient de voir son troisième long métrage, *Le Violon rouge*, rafler neuf Jutras à Montréal et huit Génies à Toronto lors des derniers galas annuels du septième art. Tourné en cinq langues, *Le Violon rouge*, présenté au Festival de Tokyo l'an dernier, avait obtenu le Prix de la meilleure contribution artistique, et à Montréal, au Festival international du nouveau cinéma, le Prix du public. Il avait également été déclaré meilleur film canadien. Il **poursuit** sa carrière planétaire et **recueille** les applaudissements dans les salles de Paris, d'Oslo, de Londres et bientôt d'Espagne comme de Taïwan.

[…]

Depuis huit ans, François Girard **collabore** avec un producteur de Toronto, Niv Fichman. «J'**aime** travailler avec lui, **dit**-il, mais je **vis** et je **travaille** toujours à Montréal.» Parmi les projets qu'il **se prépare** à proposer à des producteurs «pour les faire rêver, c'**est** le meilleur moyen de convaincre les financiers», il y **a** un scénario bien à lui, comme d'habitude, mais aussi un livre qu'il **songe** à adapter, et un autre scénario en coécriture. Deux projets d'opéra **sont** aussi dans l'air, l'un à Paris, l'autre à Toronto. Et plus près de nous, une installation au Musée d'art contemporain qui sera présentée en septembre prochain.

[…]

Jean-Paul Soulié, «François Girard», *La Presse*, 28 mars 1999.

/REMARQUE/ Le système du présent convient à **tous les types de textes** : les textes narratifs et descriptifs (littéraires ou courants), et les textes explicatifs, argumentatifs et dramatiques. De plus, c'est le système de temps le plus fréquemment employé dans le discours rapporté direct.

2.2 LE SYSTÈME DU PASSÉ SIMPLE

On choisit le système du passé simple principalement pour raconter, décrire, expliquer quelque chose qui **a déjà eu lieu au moment où on l'évoque** et pour signifier que cela n'a aucun lien avec le présent. On crée ainsi un effet de distanciation par rapport à ce qui est relaté.

LE SYSTÈME DU PASSÉ SIMPLE	
Temps principal	**Temps d'accompagnement**
Passé simple	Selon l'ordre d'apparition dans le texte ci-dessous : • Imparfait • Plus-que-parfait • Passé antérieur

[…]

[Le soldat] **se réveilla** alors que l'horloge sonnait douze coups. La table et le festin avaient disparu. Deux domestiques apportaient une table ronde qu'ils **déposèrent** au centre de la pièce. Ils **sortirent**. Alors, douze messieurs **firent** leur entrée. Ils **s'assirent** autour de la table et **se mirent** à distribuer des cartes. Depuis son canapé, le soldat **vit** que les douze personnages étaient tous vêtus de noir, qu'ils avaient des yeux de braise, des griffes en guise d'ongles et des sabots de cheval en guise de pieds. Le soldat **comprit** que c'était douze démons. Il **se leva**, **prit** son jeu de cartes et **s'approcha** de la table :

— Si ces messieurs le **permettent**, j'**aimerais** me joindre à eux, leur **dit**-il.

Les démons l'**invitèrent** à s'asseoir, puis le soldat leur **demanda** :

— Pardon, **puis**-je voir vos cartes ? Oh, qu'elles **sont** usées ! **Laissez**-moi vous prêter les miennes. J'**ai** ici un jeu tout neuf.

Et sans attendre, il **battit** son propre jeu et **distribua** les cartes. Les démons se regardaient d'un air entendu, certains de pouvoir facilement tromper cet innocent. Mais le soldat **gagna** la première partie, puis la seconde, et la troisième et toutes les autres !

Quand les diables eurent perdu tout leur argent, l'aîné **se leva** et **ordonna** d'enlever la table. Puis il **dit** au soldat :

— Celui qui **joue** avec nous **doit** aussi danser avec nous, **allez**, **entre** dans la danse !

Mais le soldat **s'excusa** : il était fatigué et il préférait jouer du violon pour ces messieurs. Et, sans attendre, il **s'empara** de son instrument. Un air joyeux **résonna** dans le vieux salon, et les démons **se mirent** à danser de façon endiablée. Ils sautaient et piétinaient le sol comme des boucs. Leurs yeux étincelaient et ils criaient.

[…]

Le Violon, le Jeu de cartes et le Sac, adapté du conte de Grimm, dans *Mille ans de contes, tome 2, Histoires et Légendes à raconter aux enfants avant d'aller dormir*, © Éditions Milan, 1991.

/REMARQUE/ Le système du passé simple est réservé presque exclusivement à **l'écrit** ; il est employé surtout dans les **textes narratifs littéraires** et dans certains textes descriptifs à contenu historique. Dans ces textes, on se sert généralement du passé simple comme temps principal pour relater les actions, les événements ou les faits, et de temps d'accompagnement comme l'imparfait et le plus-que-parfait pour décrire les lieux, les personnages et les objets. Dans ces textes, le discours rapporté direct a son propre système verbal, le plus souvent celui du présent.

2.3 LE SYSTÈME DU PASSÉ COMPOSÉ

On choisit le système du passé composé, comme celui du passé simple, principalement pour raconter, décrire, expliquer quelque chose qui **a déjà eu lieu au moment où on l'évoque**. Le système du passé composé, qui s'emploie tant à l'oral qu'à l'écrit (contrairement au système du passé simple, qui s'emploie presque exclusivement à l'écrit), remplace le système du passé simple dans plusieurs contextes. Toutefois, il ne crée pas le même effet de distanciation que le passé simple.

LE SYSTÈME DU PASSÉ COMPOSÉ	
Temps principal	**Temps d'accompagnement**
Passé composé	Selon l'ordre d'apparition dans le texte ci-dessous : • Plus-que-parfait • Imparfait • Présent • Conditionnel

[...]

On **a dit** longtemps que la formule du vernis de la lutherie crémonaise avait été gardée secrète par ses inventeurs et qu'elle était aujourd'hui perdue. Certains **sont** même **allés** jusqu'à attribuer l'admirable sonorité du violon de Crémone à la qualité de son vernis; mais le vernis des luthiers italiens du dix-huitième siècle **a** toujours **été** loué principalement pour sa beauté : une transparence et un lustre extraordinaires joints à une merveilleuse richesse de tons allant de l'or au brun sombre, de l'orange au marron d'un velouté profond. Un bon violon peut être gâché par l'emploi d'un vernis de mauvaise qualité et manquant d'élasticité; mais le plus beau et le plus souple des vernis n'a pas le pouvoir d'améliorer un violon médiocre : tout au plus le rend-il un peu moins pitoyable que ne le ferait un vernis pour pont de navire !

[...]

Le Grand Livre du violon, édition préparée par Dominic Gill,
© Phaidon Press Ltd., 1984.

/REMARQUE/ Le système du passé composé est employé dans plusieurs **textes narratifs littéraires** comme le roman, le conte et la nouvelle. Il est aussi employé dans plusieurs **textes courants** (de type descriptif ou explicatif) et dans les **séquences dialogales** et les **discours rapportés**.

2.4 LES VALEURS DES TEMPS DE L'INDICATIF

Lorsqu'on choisit un temps verbal, il faut tenir compte de ses différentes valeurs.

LES VALEURS GÉNÉRALES DES TEMPS DE L'INDICATIF

Le PRÉSENT peut évoquer quelque chose:

- qui coïncide avec le moment de l'écriture;
  Ce film ***est*** *à l'affiche dans plusieurs salles.*
- qui est toujours vrai, qui dure, qui est éternel;
  On ***dit*** *du cinéma qu'il* ***est*** *le septième art.*
- qui se répète, qui est habituel;
  Il ***achète*** *ses films préférés lorsqu'ils* ***sortent*** *en vidéocassettes.*
- qui remonte loin dans le passé (présent historique);
  Les frères Lumière ***présentent*** *la première projection cinématographique publique en 1895.*
- qui est très rapproché dans le passé;
  Le cinéaste ***revient*** *d'une tournée internationale. Il* ***vient*** *de sortir son nouveau film.*
- qui est prévu dans le futur.
  Le film ***sort*** *en salle la semaine prochaine. Il* ***va*** *sortir dans sa version originale seulement.*

/REMARQUES/ 1. Le verbe *venir* suivi de la préposition *de* et d'un infinitif (ex.: *Il* ***vient*** *de sortir son nouveau film*) et le verbe *aller* suivi d'un infinitif (ex.: *Il* ***va*** *sortir dans sa version originale seulement*) jouent le rôle d'auxiliaires d'aspect (voir *GOC 304*). *Aller* suivi d'un infinitif est aussi appelé futur proche. À l'oral, il s'emploie couramment à la place du futur simple (ex.: *On* ***va*** *t'amener au cinéma* / *On t'****emmènera*** *au cinéma*); à l'écrit son emploi relève d'un registre plus familier.

2. Lorsque le présent évoque un événement passé ou futur, d'autres **indices de temps** précisent souvent le moment où cet événement se déroule (ex.: *Les frères Lumière* ***inventent*** *le cinéma* ***en 1895***).

Le PASSÉ COMPOSÉ peut évoquer quelque chose:

- d'achevé, mais en lien avec le présent;
  - *Elle* ***s'est dépêchée****, de sorte qu'elle est à l'heure à la représentation.*
  - *Il* ***a pensé*** *à toi toute la journée.*
- de complètement achevé, sans lien avec le présent.
  - *Les frères Lumière* ***ont présenté*** *la première projection cinématographique publique.*
  - *J'****ai vu*** *le premier film de Méliès.*

Le PASSÉ SIMPLE peut évoquer quelque chose:

de complètement achevé, sans lien avec le présent. Il peut s'agir:

- de quelque chose de momentané;
  Les frères Lumière ***présentèrent*** *la première projection cinématographique publique.*
- de quelque chose qui a duré et dont on connaît le début et la fin.
  Dès 1896, Georges Méliès ***s'appliqua*** *à mettre au point les premiers truquages cinématographiques.*

Le PASSÉ ANTÉRIEUR peut évoquer quelque chose:

de complètement achevé, qui a eu lieu avant un autre événement du passé (généralement évoqué au passé simple).
Après qu'Edison ***eut inventé*** *le télégraphe, le phonographe, le microtéléphone et la lampe à incandescence, il inventa le kinétoscope.*

L'IMPARFAIT peut évoquer quelque chose :

- de passé en insistant sur son déroulement ou sa durée, même s'il s'agit d'un événement momentané;
  En 1906, le cinéma ***faisait*** *son entrée au Québec.*
- qui s'est répété dans le passé;
  Avant l'arrivée de la télévision, les gens ***allaient*** *plus souvent au cinéma.*
- d'hypothétique (le plus souvent employé avec *si*).
  - *Aujourd'hui, si on* ***coupait*** *des scènes pour ne pas offenser l'Église, la population protesterait massivement.*
  - *Si les gens* ***encourageaient*** *davantage le cinéma local, aussi !*
  - *Si on* ***allait*** *au cinéma ?*

Le PLUS-QUE-PARFAIT peut évoquer quelque chose :

- de passé qui a eu lieu avant un autre événement du passé;
  En 1928, après l'incendie du cinéma Laurier dans lequel 78 enfants ***avaient péri****, on interdisait le cinéma aux enfants de moins de seize ans.*
- d'hypothétique (le plus souvent employé avec *si*) par rapport à un autre événement du passé.
  *Si les producteurs américains n'****avaient*** *pas* ***occupé*** *tant de salles de cinéma, le Québec aurait eu accès aux grandes productions internationales.*

Le FUTUR SIMPLE peut évoquer quelque chose :

- à venir, quelque chose qu'on envisage;
  Quand je ***serai*** *grande, je* ***deviendrai*** *cinéaste.*
- de passé qui est à venir par rapport à d'autres événements passés.
  Ses inventions ***feront*** *d'Edison l'un des inventeurs les plus prolifiques de notre histoire.*

/REMARQUE/ À l'oral, on utilise souvent le verbe *aller* au présent suivi d'un infinitif pour évoquer quelque chose à venir (*Elle* ***va*** *réaliser son premier film*). Voir la REMARQUE 1, page 47.

Le FUTUR ANTÉRIEUR peut évoquer quelque chose :

à venir, mais avant un autre événement du futur.
*Nous nous reparlerons quand j'****aurai réalisé*** *mon premier film.*

Le CONDITIONNEL PRÉSENT peut évoquer quelque chose :

- qui pourrait se produire (une conséquence) à partir d'une hypothèse;
  Aujourd'hui, si on coupait des scènes pour ne pas offenser l'Église, la population ***protesterait*** *massivement.*
- à venir ou à prévoir dans le passé.
  L'Église croyait que le cinéma ***pervertirait*** *la jeunesse.*

Le CONDITIONNEL PASSÉ peut évoquer quelque chose :

qui n'a pas eu lieu dans le passé, mais qui aurait pu se produire (une conséquence) à partir d'une hypothèse.
Si les producteurs américains n'avaient pas occupé tant de salles de cinéma, le Québec ***aurait eu*** *accès aux grandes productions internationales.*

3 LES MARQUEURS DE RELATION

Certains **coordonnants** ou **subordonnants** indiquent de façon explicite le lien qui existe entre les phrases qu'ils joignent. Ces **marqueurs de relation** jouent un rôle particulier dans la cohérence du texte : ils contribuent à présenter les phrases comme les éléments d'un tout, et non comme une série d'énoncés sans lien, mis bout à bout.

LES TYPES DE LIENS EXPRIMÉS PAR LES MARQUEURS DE RELATION	
Temps *avant que, après que, quand, alors que, comme, lorsque, puis, ensuite,* etc.	*Dans les années vingt,* ***alors que*** *le Bureau de censure et les milieux cléricaux œuvraient de paire pour la censure des films, le septième art québécois tentait de se faire une place dans les salles.*
But *pour que, afin que, de sorte que,* etc.	*Le Bureau de censure et les milieux cléricaux faisaient campagne* ***pour que*** *la censure soit toujours plus sévère.*
Cause *parce que, car, étant donné que, puisque,* etc.	*Les productions européennes avaient peu de chances de s'imposer,* ***car*** *les grandes compagnies américaines monopolisaient toute la distribution des films à succès au Québec.*
Conséquence *de sorte que, si bien que, au point que, par conséquent, donc, c'est pourquoi,* etc.	*À partir de 1922, les grandes compagnies américaines et leurs associés ont pris en charge les salles de cinéma québécoises.* ***Par conséquent****, même les productions canadiennes avaient peu de chance de s'imposer au Québec.*
Comparaison *ainsi que, comme, autant que, plus… que, moins… que,* etc.	*Aujourd'hui, on ne pourrait plus censurer les films* ***comme*** *on l'a fait avant la Révolution tranquille : la population protesterait massivement.*
Hypothèse *si, selon que, à condition que,* etc.	*En 1926, les distributeurs américains ont menacé de boycotter le Québec* ***si*** *la censure continuait à dénaturer les films.*
Concession *bien que, quoique, même si, or néanmoins,* etc.	***Bien que*** *le clergé eut souhaité faire interdire les films américains dans tout le Canada, le boycottage n'a pas eu lieu.*
Opposition *mais, par ailleurs, cependant, toutefois, par contre, alors que, tandis que,* etc.	*Les films québécois ne constituaient pas une menace pour les films américains;* ***cependant****, le Bureau de censure et le clergé en étaient de véritables.*
Addition *et, de plus, également, aussi,* etc.	*Deux compagnies locales ont dû être créées pour distribuer le film parlant français. Quelques compagnies américaines présentaient* ***également*** *des films en français dans leurs salles.*

/REMARQUE/ Plusieurs prépositions établissent le même rapport de sens qu'un subordonnant.

EX. : *Aujourd'hui, on ne pourrait plus censurer les films comme on l'a fait* ***avant*** *(lien de temps) la Révolution tranquille. Le Bureau de censure et les milieux cléricaux font campagne* ***pour*** *(lien de but) une censure toujours plus sévère.*

4 L'ORGANISATION OU L'ARTICULATION DU TEXTE

Les différentes parties d'un texte doivent être organisées de façon à former un tout cohérent. Certaines doivent être regroupées; d'autres doivent être séparées. Pour concrétiser l'organisation d'un texte, certains indices linguistiques et non linguistiques sont nécessaires.

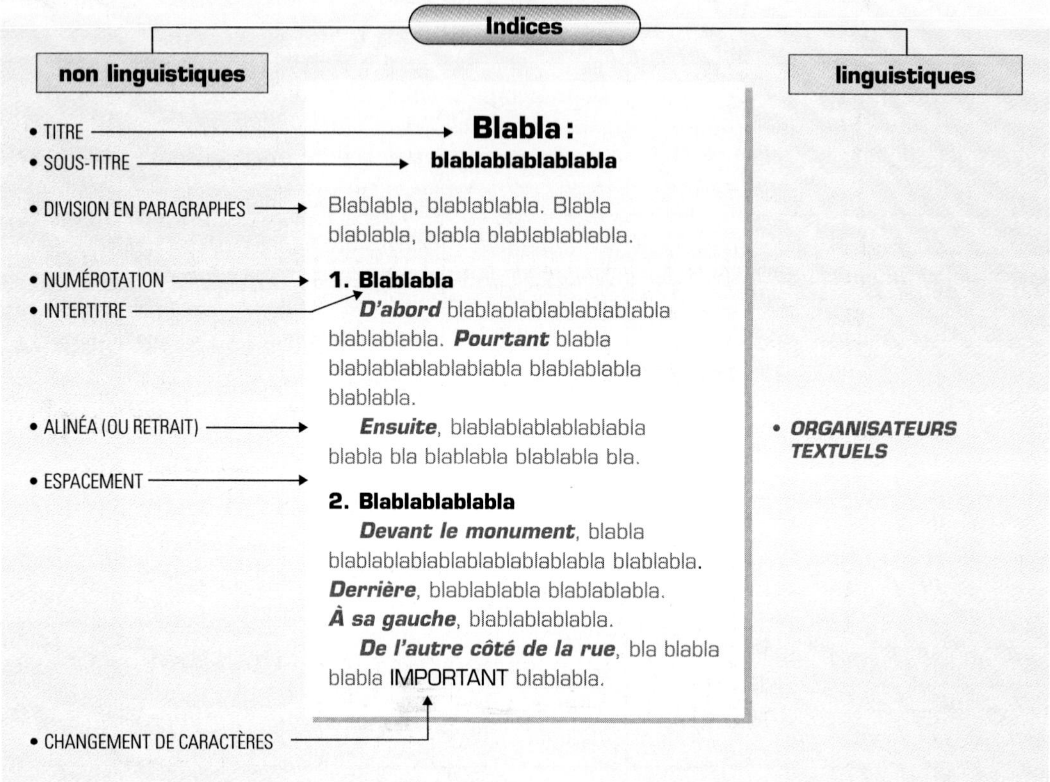

LES INDICES D'ORGANISATION DU TEXTE		
Les indices non linguistiques		
• Intitulés (titre, sous-titre, intertitres) • Changements de caractères (italique, gras, majuscules, etc.)	• Division en paragraphes • Alinéas • Numérotation • Espacements	• Tableaux • Illustrations et graphiques

Les indices linguistiques : les organisateurs textuels	
Les organisateurs textuels qui organisent dans :	
• l'espace	***Dans les salles de cinéma canadiennes**, la plupart des films projetés proviennent des États-Unis. **En France**, un plus grand pourcentage des projections provient du cinéma local, mais la majorité des films étrangers sont des productions américaines. **Même au Japon**, le cinéma américain prend de l'essor.*
• le temps	«**Au début du mois de juillet 1992**, Air Canada projetait *Black Robe* sur ses vols Paris-Montréal. C'était la première – et jusqu'à maintenant unique – fois au cours des quelque vingt vols effectués sur les avions de cette compagnie ces trois dernières

Les indices linguistiques : les organisateurs textuels (suite)	
	années, que la principale société aéronautique canadienne présentait un film canadien. Sur tous les autres vols, les vidéoprojecteurs aériens étaient monopolisés par des produits hollywoodiens. Cette situation, qui est malheureusement loin d'être propre à cette compagnie et à ce pays, est toutefois révélatrice de la principale difficulté rencontrée par le cinéma canadien – et probablement par le Canada en général – : avoir pour voisin la principale puissance mondiale et le plus important fabricant d'images animées, les États-Unis d'Amérique.
• le temps	**Durant sa déjà longue histoire (les premières projections publiques se sont déroulées au Canada dès 1896)**, le cinéma canadien a dû exister contre ou malgré son homologue étasunien. Ceux qui doutent de la réalité de l'impérialisme culturel [des États-Unis] et de l'importance des ravages qu'il provoque seraient bien inspirés de venir faire un petit séjour au Canada [...]
Les organisateurs textuels qui annoncent : • l'ajout d'éléments	Nos Candides pourraient **aussi** constater que l'immense majorité des salles de cinéma canadiennes appartiennent à des circuits étasuniens et que, bien entendu, ces complexes diffusent essentiellement et dans certaines régions uniquement, des productions *made in USA*. En restant un peu plus longtemps et en étudiant la question, ils pourraient **également** observer que bon nombre de cinéastes canadiens n'ont pu ou voulu résister au chant des sirènes hollywoodiennes et travaillent de l'autre côté de la frontière. [...]
• la concession ou l'opposition	**Logiquement**, une telle situation aurait dû empêcher l'émergence d'une production canadienne autonome. **Et pourtant**, le Canada réalise chaque année plusieurs dizaines de longs métrages et des centaines de courts et moyens métrages. [...]
• l'ordre, la succession ou la hiérarchisation	Pour devenir réellement privé, le cinéma canadien aurait besoin d'un atout qui lui fait cruellement défaut : un véritable marché intérieur. Deux raisons expliquent l'absence de cet indispensable soutien. **Tout d'abord** un fait intangible à moyen terme : une population réduite, de vingt-quatre millions d'habitants inégalement répartis sur un territoire grand comme dix-neuf fois la France. **Ensuite et surtout**, l'indifférence de la population canadienne envers les productions locales. [...]
• l'explication	Dans un pays à l'avenir incertain où tous les belligérants des conflits antérieurs tentent de cohabiter tant bien que mal, les cicatrices de ces douloureux conflits sont loin d'être refermées. **C'est pourquoi** beaucoup d'auteurs et d'auteures, de producteurs, de responsables des organismes qui fournissent les subventions évitent les sujets polémiques. [...]» Sylvain Garel, «Un cinéma dans tous ses états», dans *Les Cinémas du Canada*, sous la direction de S. Garel et A. Pâquet, © Éditions du Centre Pompidou, 1993.
• le résumé ou la conclusion	***En d'autres termes***, *on pourrait dire que le cinéma québécois, voire canadien, est menacé par l'omniprésence des produits des États-Unis.*

/REMARQUE/ Les organisateurs textuels sont principalement des adverbes, des GPrép, des GN et des phrases subordonnées circonstancielles de temps. Ils sont souvent détachés en début de phrase. Certains n'ont pas de fonction syntaxique.

EXERCICES

1 Voici des résumés de films à compléter. En tenant compte des indications entre parenthèses, ajoutez le mot manquant dans chaque élément de reprise souligné de façon à reprendre l'information qui précède en caractères gras.

Les Ordres de Michel Brault

Pendant les événements d'Octobre 1970, le gouvernement canadien ***adopta la loi des mesures de guerre****. L'alibi des dirigeants dans* (nom de même famille que le verbe) *l'* **1** ___ *d'une position aussi excessive était la nécessité de contrer l'imminence d'une guerre civile.* ***Plus de quatre cents individus*** *furent arrêtés sans chef d'accusation précis.* (pronom) **2** ___ *furent relâchés plusieurs semaines plus tard, sans autre forme de procès.* Les Ordres *démontre à quel point, même en démocratie, la liberté et les droits individuels sont d'une extrême fragilité.*

Sonatine de Micheline Lanctôt

Deux adolescentes *vivent à la fois ce qu'elles pensent être un rejet de la part de* (déterminant) **3** ___ *parents et de la société en général, et* (déterminant) **4** ___ *premières émotions de jeunes femmes face à l'amour.* (pronom) **5** ___ *enregistrent* (déterminant) **6** ___ *aventures quotidiennes pour faire le constat d'un échec, ne trouvant pas vraiment ce qu'elles cherchent. Désillusionnées, elles* ***tenteront un dernier effort pour attirer sur elles le regard des autres****, payant de leur vie cette ultime* (nom de même famille que le verbe conjugué) **7** ___.

Secret Nation d'Edward Riche et Michael Jones

Une étudiante en histoire terre-neuvienne du nom de Frieda Vokey *quitte Montréal et revient chez* (pronom) **8** ___ *pour* ***terminer un doctorat sur le nationalisme à Terre-Neuve****. D'abord craintive face à ce* (nom qui résume – nom synthétique) **9** ___*, elle finit par mettre à jour une foule de renseignements accablants remontant jusqu'à la mort du politicien véreux Leo J. Cryptus. Les indices abondent à propos des tricheries des Britanniques lors du débat précédant le référendum autorisant le rattachement de Terre-Neuve au Canada en 1949. Tout au long de ses recherches,* (nom propre) **10** ___ *doit résoudre ses propres problèmes qui croisent le destin de son île.*

S. Garel et A. Pâquet (sous la direction de), *Les Cinémas du Canada*,

2 Dans les phrases suivantes, intégrez l'information contenue dans l'encadré soit en ajoutant une nouvelle phrase, soit en faisant un ajout à l'intérieur d'une phrase.

Un film est constitué d'un très grand nombre de petites images fixes, appelées photogrammes. En passant dans un projecteur, cette pellicule donne une plus grande image en mouvement.

Les petites images fixes, appelées photogrammes, sont disposées à la suite les unes des autres sur une pellicule transparente.

3 Dans la première phrase du texte de Pierre Véronneau reproduit ci-dessous, le mot ***quelqu'un*** remplace l'un des GN suivants:

① un électricien et projectionniste ambulant de vingt-huit ans, Léo-Ernest Brault
② une électricienne et projectionniste ambulante de vingt-huit ans, Léa-Ernestine Ouimet
③ un électricien et projectionniste ambulant de vingt-huit ans, Léo-Ernest Ouimet
④ un prêtre catholique orthodoxe de vingt-huit ans, le père Ouimet
⑤ un technicien en informatique de vingt-huit ans, Léo-Ernest Ouimet

En 1904, [**quelqu'un**] acquiert un projecteur et, devant le succès qu'il obtient, décide d'ouvrir, en janvier 1906, la première vraie salle de cinéma permanente du Canada, le Ouimetoscope. La population le plébiscite[1]. Quelques mois plus tard, il se procure une caméra pour alimenter ses programmes réguliers d'actualités québécoises. [Les manœuvres dilatoires des compagnies étasuniennes et l'opposition de l'Église catholique qui juge le cinéma immoral bloquent cependant son activité créatrice]. Ouimet doit se défendre sur ces deux fronts et il en sort quasiment ruiné. Prix de consolation, la Cour suprême du Canada lui donne raison et reconnaît, en 1912, le droit de projeter des films le dimanche.

[Pierre Véronneau, «Le Québec – De la fiction, dirent-ils», dans *Les Cinémas du Canada*, sous la direction de S. Garel et A. Pâquet, © Éditions du Centre Pompidou, 1993.

1. Plébisciter: Approuver à une très grande majorité.

A Relevez les éléments qui reprennent ***quelqu'un*** dans le texte.

B À l'aide des éléments de reprise relevés et du contexte, choisissez, parmi les GN ① à ⑤ ci-dessus, celui qui a été remplacé par ***quelqu'un*** et expliquez pourquoi vous avez rejeté les autres GN.

C Dans la phrase soulignée, relevez l'information connue (l'élément de reprise) et l'information nouvelle.

D Récrivez la phrase soulignée de sorte que l'information connue (l'élément de reprise) soit au début de la phrase et décrivez la transformation syntaxique apportée à cette phrase.

E Relevez le GN qui reprend le GN *les manœuvres dilatoires des compagnies étasuniennes et l'opposition de l'Église catholique qui juge le cinéma immoral*.

4 Le texte suivant raconte le mythe de Tantale. Lisez-le en prêtant une attention particulière aux temps verbaux employés.

> Tantale était le fils de Zeus. Parmi tous les autres enfants mortels du Seigneur de l'Olympe, il était le plus honoré. Les dieux lui permettaient de manger avec eux, à leur table, et de goûter à ce que seuls les immortels pouvaient savourer. Un jour, même, les dieux acceptèrent son invitation et condescendirent à dîner chez lui, dans son palais. En retour de ce privilège exceptionnel, il commit le geste le plus atroce et le plus répréhensible : il tua Pélops, son fils unique, puis le leur servit après qu'il l'eut fait bouillir dans un grand chaudron. Il semblerait que ce soit la haine que les dieux lui inspiraient qui l'incita à sacrifier son fils de façon à attirer sur eux l'horreur du cannibalisme. Cependant, ne jugeant pas les dieux à leur juste valeur, il ne pensa pas qu'ils se rendraient compte de la nature du mets répugnant qu'il leur offrait avec mépris.
>
> Les Olympiens ne se laissèrent pas berner et réprouvèrent sévèrement celui qui avait voulu les rendre indignes. Tantale fut condamné à demeurer éternellement au milieu d'un cours d'eau limpide sur lequel se penchent des branches d'arbres chargées des fruits les plus savoureux, mais chaque fois qu'il se baisse pour y boire, l'eau disparaît dans le sol et chaque fois qu'il tend la main vers un fruit, le vent élève les branches hors de sa portée.
>
> Les dieux ressuscitèrent son fils Pélops, à qui ils durent façonner une épaule d'ivoire, la sienne ayant été grignotée par inadvertance. Par la suite, Pélops connut le succès.

A Classez les 28 verbes soulignés dans un tableau semblable au suivant :

Passé simple	Passé antérieur	Imparfait	Plus-que-parfait	Présent	Conditionnel présent

B Quel temps verbal est employé pour mettre en relief certains éléments constituant la trame du texte et pour relater les principaux événements du récit ?

C Placez les verbes *tua*, *servit* et *eut fait (bouillir)* du premier paragraphe (lignes 5 et 6) dans l'ordre chronologique où se sont déroulées les actions, puis relevez les marqueurs de relation qui explicitent le lien de temps entre ces verbes.

D Quelle est la valeur du présent dans la dernière phrase du deuxième paragraphe (lignes 12 à 15) ? Justifiez votre réponse à l'aide d'un élément du texte.

E Lisez le texte en remplaçant le système du passé par le système du présent, puis, dans le tableau rempli en **A**,

- soulignez d'un trait les verbes qui passent au présent ;
- soulignez d'un double trait le verbe qui passe au futur.

F Si ce mythe était raconté au présent, quel temps verbal serait employé pour relater les principaux événements du récit ? Quel temps serait utilisé dans les passages descriptifs ? Que remarquez-vous ?

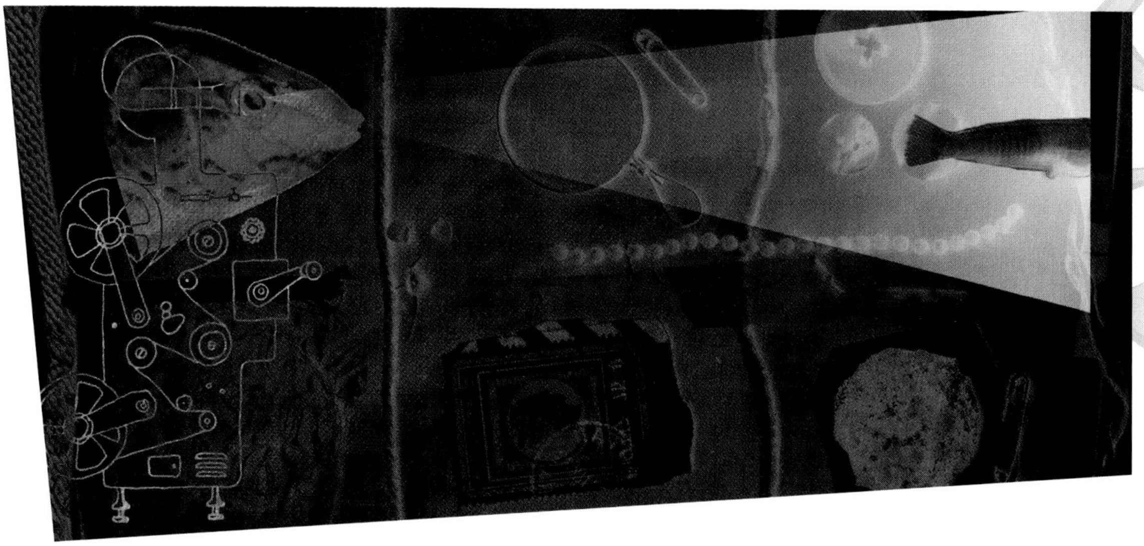

5 Voici un texte qui, dans sa version originale, est divisé en six paragraphes. Survolez-le en cherchant les éléments placés au début des phrases qui pourraient en révéler l'organisation.

Le muet québécois 1896-1938

Comme pour le reste de l'Amérique et une bonne partie de l'Europe, la période qui nous intéresse ici voit l'arrivée au Québec de la majorité des découvertes qui marquent en profondeur le XXe siècle: l'automobile et l'avion, l'électricité et la radio (déjà inventées, mais ne s'étendant et ne se démocratisant qu'à cette époque), qui viennent accentuer la transformation des communications et susciter de toutes nouvelles relations entre les individus et les communautés. Jamais les personnes comme les idées n'ont autant circulé au-delà des frontières et permis autant de communication entre les peuples. Parallèlement, les Québécois assistent à l'expansion de l'exploitation de leurs richesses naturelles, et, par conséquent, à l'augmentation de l'emploi, laquelle entraîne une nouvelle vague d'immigration (jusqu'à l'arrivée de la grande crise économique des années 30), à la montée du syndicalisme, à la fondation de plusieurs collèges et universités, à une urbanisation accélérée (elle aussi ralentie par la crise) et aux débuts timides des politiques sociales. Politiquement, on connaît alors une assez grande stabilité: la nouvelle constitution de 1867, encore toute jeune, commence à peine à donner ses fruits; à Ottawa comme à Québec, les partis libéraux s'assoient pour longtemps dans les fauteuils du pouvoir. Leur idéologie «libérale», au sens étymologique du terme, héritée de la tradition britannique, les porte à ne pas trop s'énerver devant les mouvements nationalistes francophones du Québec, animés surtout par de jeunes intellectuels foncièrement conservateurs comme l'abbé Lionel Groulx et ses collègues de *L'Action française*, lesquels s'accrochent alors davantage aux valeurs conservatrices qu'aux idées génératrices de changements. La formule de «la langue gardienne de la foi», et vice-versa, est principalement diffusée à cette époque et sert de leitmotiv au clergé catholique et aux partis politiques conservateurs.

Dans ce contexte, l'arrivée du cinéma, moyen de divertissement par excellence, de surcroît d'origine américaine pour la plus grande partie de ses manifestations, ne peut manquer de provoquer des remous. Pour cette première période (1896-1938), qui va de la naissance du cinéma à la création de l'Office national du film, je parlerai plutôt du cinéma au Québec que du cinéma québécois. C'est l'époque du cinéma muet jusque vers 1930, mais les Québécois y sont aussi, cinématographiquement, presque muets. En effet, à l'exception des premiers essais documentaires – films artisanaux surtout – de quelques valeureux pionniers, il ne se fait qu'une bien mince production au Québec avant 1940. Par ailleurs, des réseaux de distribution et d'exploitation sont créés et demeureront à peu près inchangés jusque dans les années 40, au moment où le «film parlant français» sera davantage diffusé. Comme l'histoire locale du cinéma commence par l'établissement de ces réseaux, c'est donc par leur histoire que débute, contrairement aux autres, cette partie. Enfin, le Parlement de Québec vote une législation de censure qui ne connaîtra que peu de modifications avant les années 60. La lutte que le clergé catholique mènera contre la diffusion du cinéma américain «corrupteur» et «dénationalisateur» sera très liée à cette législation.

[Yves Lever, *Histoire générale du cinéma au Québec*, © Les Éditions du Boréal, 1995.

À l'aide du plan ci-contre, rétablissez les six paragraphes du texte en relevant seulement les organisateurs textuels qui sont placés au début de chacun. Chaque idée énumérée dans le plan résume un paragraphe du texte.

Le muet québécois 1896-1938

1re idée: L'arrivée au Québec des grandes découvertes du XXe siècle et leurs conséquences sur le plan de la communication.

2e idée: Le climat socioéconomique et politique du Québec au moment où le cinéma muet fait son apparition.

3e idée: La réaction à l'arrivée du cinéma au Québec.

4e idée: Le cinéma au Québec pendant la période du muet.

5e idée: L'établissement des réseaux de distribution et d'exploitation du cinéma au Québec.

6e idée: L'attitude des dirigeants du Québec à l'égard du cinéma.

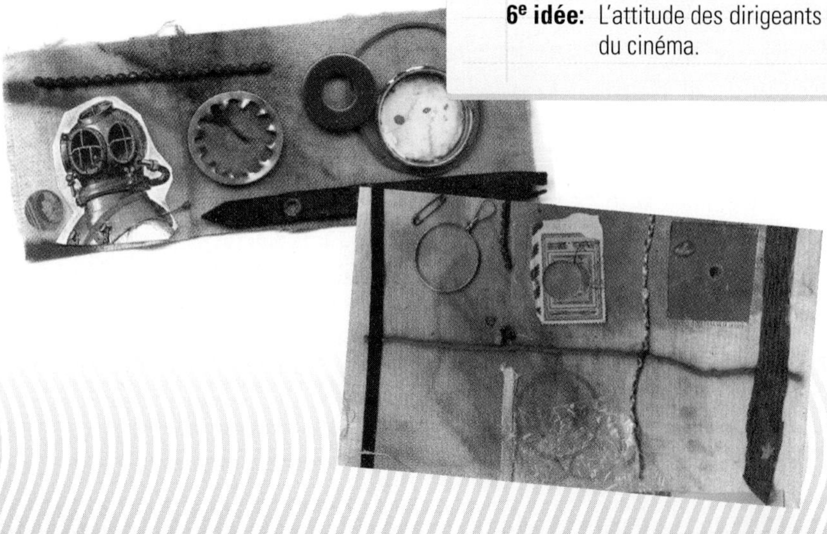

SYNTHÈSE

TEXTE DE RÉFÉRENCE
Le prix Médicis à Marie-Claire Blais, *TEXTES*, page 32.

▹ Reconnaître les éléments qui contribuent à la cohérence du texte aide à comprendre les liens qui existent entre les différentes parties d'un texte et entre ses phrases, ainsi qu'à dégager les buts du texte.

Illustration

Lorsqu'on lit le texte *Le prix Médicis à Marie-Claire Blais* en prêtant une attention particulière aux éléments qui en assurent la cohérence, on peut mettre en lumière les liens qui existent entre les différentes parties du texte et entre ses phrases, et comprendre le contexte dans lequel il a été écrit.

Observez l'organisation graphique du texte.

1 De quel genre de texte s'agit-il ? Précisez où et quand il a été écrit.

ARRÊT SUR TEXTE **Lisez les trois premiers paragraphes (lignes 1 à 13).**

2 Par rapport à ce qui est annoncé dans le titre de l'article, qu'apprend-on de nouveau sur Marie-Claire Blais et sur le prix Médicis dans la première phrase du texte ?

A En tenant compte de ce renseignement, relevez l'information sur laquelle on a voulu attirer l'attention au début de la première phrase.

B Indiquez la forme de phrase utilisée pour que cette information soit placée en début de phrase.

3 Quand précisément le prix Médicis a-t-il été remis à Marie-Claire Blais ? Justifiez votre réponse à l'aide d'éléments du texte.

4 Marie-Claire Blais a été la première auteure non européenne à recevoir le prix Médicis, un «prix littéraire français fondé en 1958 et décerné à un roman ou à un recueil de nouvelles d'un auteur de langue française encore peu connu» (*Le Petit Larousse illustré 1997*).

5 **A** Dans les deuxième et troisième paragraphes, on donne de l'information nouvelle sur l'événement constituant le sujet de l'article. De quel événement s'agit-il ?

B Où dans le texte mentionne-t-on pour la première fois qu'il sera question de cet événement ?

ARRÊT SUR TEXTE **Lisez le quatrième paragraphe (lignes 14 à 23).**

6 **A** La première phrase de ce paragraphe sert de transition entre deux parties du texte. Transcrivez cette phrase, encerclez l'information connue et soulignez l'information nouvelle.

B Indiquez quelle information est reprise comme thème dans la deuxième phrase du paragraphe et relevez l'élément de reprise.

C Dans cette deuxième phrase, il y a progression de l'information. Quelle est la nouvelle information ?

7 Sur quoi apporte-t-on de l'information nouvelle dans ce paragraphe : sur le prix qu'a reçu Marie-Claire Blais, sur le roman qui lui a valu ce prix ou sur sa vie ? Justifiez votre réponse à l'aide d'extraits du texte.

8 La première partie du texte (lignes 1 à 13) parle du prix Médicis. Selon vous, de quoi parlera la deuxième partie (à partir de la ligne 14) ?

9 Dans ce paragraphe, les pronoms *nous*, (ligne 18), *moi* (ligne 21) et *j'* (ligne 22) sont-ils des pronoms de reprise ? Expliquez leur présence dans l'article et indiquez qui ils désignent.

10 **A** Relevez les verbes qui ont une valeur de passé dans ce paragraphe.

B Expliquez l'emploi du présent dans les verbes des deux dernières phrases.

ARRÊT SUR TEXTE **Lisez les paragraphes 5 à 10 (lignes 24 à 65).**

11 Observez de quoi il est question dans la première phrase de chacun des paragraphes. De quoi s'agit-il dans la plupart des cas ? Votre réponse correspond-elle à celle que vous avez donnée au numéro **8** ?

12 Comparez l'emploi du présent dans les cinquième (ligne 24) et huitième (ligne 45) paragraphes. Quelle valeur peut-on y associer dans chaque cas ?

13 Notamment à l'aide des organisateurs textuels du texte, placez les événements suivants dans l'ordre chronologique et datez-les.

14 Le neuvième paragraphe (ligne 53) nous apprend que Marie-Claire Blais recherche la solitude. Cette information est en conformité avec ce qui précède dans le texte. Prouvez-le à l'aide d'un passage tiré du huitième paragraphe.

15 Le dixième paragraphe (ligne 60) commence par une phrase dont le thème n'est pas Marie-Claire Blais, mais la littérature. Qu'est-ce qui a été écrit précédemment pour justifier ce changement de thème ?

① Marie-Claire Blais reçoit le prix Médicis pour le roman *Une saison dans la vie d'Emmanuel.*
② Le roman *La Belle Bête* est publié au Canada.
③ Marie-Claire Blais publie une série de dix poèmes.
④ Marie-Claire Blais quitte l'école.
⑤ Le roman *Tête blanche* est publié au Canada et aux États-Unis.
⑥ Marie-Claire Blais écrit *L'Insoumise.*
⑦ Marie-Claire Blais publie les recueils *Pays voilés* et *Existences.*

ARRÊT SUR TEXTE **Lisez les onzième et douzième paragraphes (lignes 66 à 85).**

16 Cette partie du texte aurait pu être placée à la suite de la première partie, qui se termine à la ligne 13. Relevez un élément de reprise qui permet de relier le onzième paragraphe à ce dont il est question dans les lignes 1 à 13.

17 **A** Donnez le titre du livre dont il est question dans la première phrase du dernier paragraphe.

B Dans le dernier paragraphe, relevez les groupes de mots employés par Marie-Claire Blais pour désigner son livre et pour le caractériser.

18 Aux lignes 69, 74, 81 et 84, le marqueur de relation *mais* sert à marquer une opposition entre deux éléments. Dans chaque cas, indiquez ce qui s'oppose et précisez qui emploie ce marqueur.

Validation

Montrez que vous comprenez qu'un texte n'est pas qu'une série de phrases mises bout à bout arbitrairement, mais bien un enchaînement de phrases cohérent. Annotez un texte de votre choix de façon à en démontrer la cohérence. Mettez en évidence la reprise et la progression de l'information, le système des temps verbaux, les marqueurs de relation qui explicitent les liens entre les phrases ainsi que les indices qui révèlent l'organisation et l'articulation des différentes parties du texte.

PR 104 Les séquences textuelles

PR 101 Le lexique
PR 102 Les registres de langue
PR 103 La cohérence textuelle
PR 104 Les séquences textuelles
PR 105 Le point de vue

«L'étude des textes ne peut jamais être assez recommandée; c'est le chemin le plus court, le plus sûr pour tout genre d'érudition.»

Jean de La Bruyère

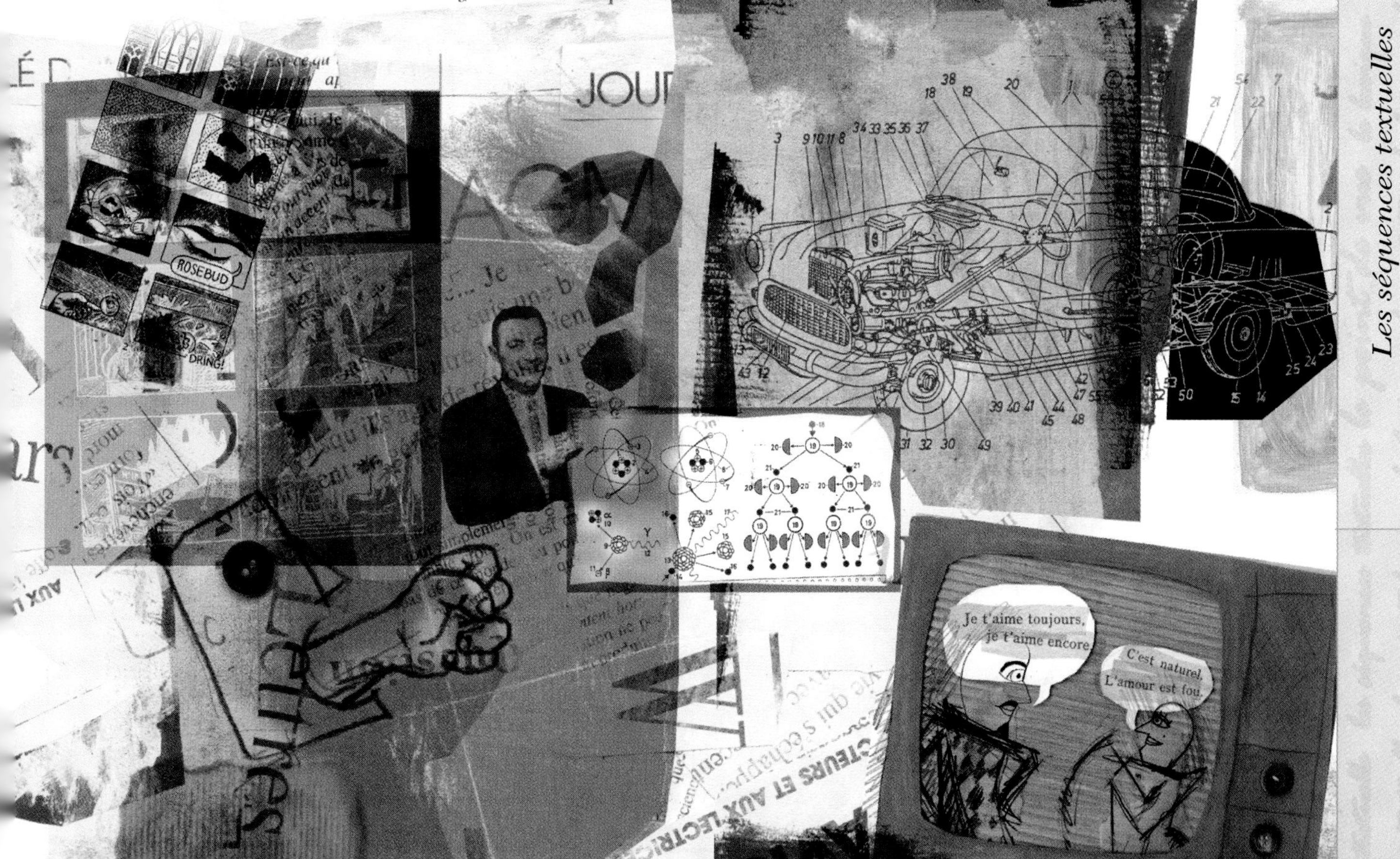

Parce que les textes sont souvent hétérogènes, on les comprend et on les apprécie mieux quand on comprend comment ils sont construits.

LeDroit

1 ARTICLE CRITIQUE

Star Wars

Episode 1: The Phantom Menace

Inutile d'étaler les superlatifs ou de faire de l'hyperbole. *Star Wars – Episode 1: The Phantom Menace* n'est pas le chef-d'œuvre du siècle. On y verra un divertissement de qualité, d'accord. Une réussite technique, sans l'ombre d'un doute. Mais, d'abord et avant tout, le début presque ordinaire d'une extraordinaire saga. Ne vous en faites pas, le meilleur reste à venir.

Les attentes étaient grandes. Forcément, il fallait s'attendre à être déçu. Même George Lucas, dépassé par l'événement, nous pressait l'autre jour de revenir sur terre, pour minimiser le vertige de la déception.

Malgré tout, c'est dans un état de fébrilité avancé qu'on s'est pointé à la première nocturne de *The Phantom Menace*. Et quand les lumières se sont éteintes, puis que s'est éclairé le grand écran, notre cœur n'a fait qu'un tour. Ça y était...

Au générique, un message d'intérêt public nous apprend que la République doit composer avec un différend commercial; la Fédération, au mépris du libre-échange, impose un embargo à la planète Naboo.

Pour dénouer l'impasse, deux chevaliers jedi sont appelés à jouer les médiateurs. Qui-Gon Jinn (Liam Neeson) et Obi-Wan Kenobi (Ewan McGregor) vont donc rencontrer les émissaires de la Fédération (deux moribonds empruntés aux *X-Files*).

Le conflit, plutôt que de se résorber, s'intensifie lorsque les intentions malveillantes de la Fédération deviendront claires: sous la botte de Darth Sidious, l'énigmatique et spectral méchant en chef d'*Episode 1*, les spadassins fédérés s'apprêtent à briser l'harmonie galactique.

Dès lors, Qui-Gon Jinn et Obi-Wan Kenobi devront prendre entre leurs mains le sort de la planète Naboo et protéger sa reine, l'élégante Amidala (Natalie Portman) des griffes de l'assaillant.

Si on vous raconte tout ça en schématisant un peu, c'est que, dans les faits, ce sont d'abord les effets spéciaux qui accaparent l'attention. Pour saisir le fin fond de l'histoire, arguait un ami qui nous accompagnait, il faudra revoir.

Ce qu'il importe de savoir, c'est que *The Phantom Menace* nous transporte 40 ans avant *Star Wars*. On y fait la rencontre d'un jeune Anakin Skywalker (Jake Lloyd), avant qu'il ne tourne mal – Darth Vader, ce sera lui. On renoue avec quelques personnages clés soumis à une cure de jouvence – Yoda, Obi-Wan Kenobi... Et puis on se familiarise avec la genèse d'un récit épique dont le dénouement nous est partiellement connu.

Pour le reste, disait-on, ce sont les trésors d'ingéniosité technique déployés par George Lucas et son équipe qui saisissent. On pense à cette époustouflante course de chars volants, disputée sur presque 20 minutes. Ou encore à cette bataille rangée entre fédérés et républicains, sorte de guerre napoléonienne essentiellement tournée en mode virtuel. Deux exemples parmi tant d'autres.

Du reste, la galerie de personnages du troisième type assemblée par Lucas est immense. Un véritable *who's who* de la bibitte intergalactique. De toutes ces créatures bizarroïdes, on n'oubliera pas de sitôt l'accaparant Jar Jar Binks, ce Gungan gaffeur qui sert de faire-valoir comique aux Jedis. En voilà un qui ne fera pas l'unanimité au sein du public...

Formellement presque parfait, *The Phantom Menace* souffre malheureusement de problèmes narratifs. Sa construction rappelle par trop celle de *Star Wars* – même structure épisodique, même progression linéaire, même dénouement... George Lucas voudra les en dissuader, mais ses fans invétérés verront en *Episode 1* une nouvelle pierre à poser sur un édifice filmique en construction. Les autres, de grands enfants comme vous et moi, y trouveront un divertissement de qualité supérieure, un point c'est tout. Ce qui ne les empêchera pas d'avoir hâte au prochain chapitre...

Michel Defoy, © *Le Droit*, 20 mai 1999.

2 NOUVELLE LITTÉRAIRE

Le Bingo

Elle jouait au bingo presque tous les soirs de la semaine. Cela lui passait le temps. Elle ne gagnait pas souvent. Mais pour rien au monde, elle ne manquerait son bingo.

Dans cette grande salle, dans cette chaleur étouffante où l'on entendait le claquement des jetons, madame Gagnon s'animait, les joues toutes rouges. Elle s'absorbait. Elle étalait ses nombreuses cartes sur la table, fumait une cigarette après l'autre. Elle convoitait ce mille dollars. Elle haletait. La sueur coulait sur son front. Parfois, ses mains moites tremblaient lorsqu'elle allumait une nouvelle cigarette. Les soirées de bingo étaient l'un des plus beaux moments de sa vie. Elle rêvait. Elle irait aux États-Unis avec l'argent gagné. Elle séjournerait dans cette Floride chaude, langoureuse, au bord de la mer. Elle étrennerait un nouveau maillot de bain, un bijou original lors de ses grandes soirées. Elle essaierait une nouvelle teinte de cheveux: blond platine. Bref, le bonheur lui montait à la tête.

— B 7

Le numéro fatal! Madame Gagnon avait en main le jeton gagnant. Toute nerveuse, chancelante, elle enleva la cigarette de sa bouche, l'écrasa sur la table. Et au lieu de placer le jeton sur le chiffre bienheureux, de crier BINGO, elle mâchouilla le jeton, en proie à une violente émotion. Il resta pris dans sa gorge.

Madame Gagnon mourait, coincée par le minuscule objet de ses rêves.

Louise de gonzague Pelletier, dans *XYZ, la revue de la nouvelle*, nº 11, automne 1987. © XYZ éditeur.

PISTES D'OBSERVATION

1 À quel mot, parmi les suivants, associeriez-vous le texte *Star Wars – Episode 1* ? Justifiez votre réponse.

DÉCRIRE – CRITIQUER – EXPLIQUER – DIALOGUER – RACONTER

2 À quel mot, parmi les suivants, associeriez-vous le texte *Le Bingo*? Justifiez votre réponse.

DÉCRIRE – CRITIQUER – EXPLIQUER – DIALOGUER – RACONTER

3 **A** Dans quel texte rapporte-t-on directement les paroles d'une personne ?

B Quelles sont ces paroles ?

C En tenant compte du contexte, déterminez qui prononce ces paroles.

4 Dans le texte *Star Wars – Episode 1*, on ne rapporte pas directement les paroles de George Lucas, mais dans le deuxième paragraphe, on le cite de façon indirecte.

A Imaginez la conversation qui aurait pu avoir lieu entre les journalistes et George Lucas.

B À quel mot, parmi les suivants, associeriez-vous les phrases que vous avez rédigées en **A**?

DÉCRIRE – CRITIQUER – EXPLIQUER – DIALOGUER – RACONTER

5 **A** Lorsque l'on parle de l'ingéniosité technique de Lucas, on donne l'exemple de deux scènes du film. Quelles sont les deux scènes citées en exemple ?

B À quel mot, parmi les suivants, associeriez-vous ces passages du texte ? Justifiez votre réponse.

DÉCRIRE – CRITIQUER – EXPLIQUER – DIALOGUER – RACONTER

6 Dans le texte *Le Bingo*, que décrit-on dans les passages suivants ?

A ligne 4

B lignes 5 à 9

C lignes 9 à 13

7 **A** Transcrivez et complétez les énoncés suivants à l'aide d'extraits du texte *Star Wars*.

- Les attentes du public étaient trop élevées. C'est la raison pour laquelle ✍.
- Pourquoi l'histoire de *Star Wars* est-elle, finalement, secondaire ? C'est parce que ✍.

B À quel mot, parmi les suivants, associeriez-vous ces deux affirmations ?

DÉCRIRE – CRITIQUER – EXPLIQUER – DIALOGUER – RACONTER

8 **A** Dans le texte *Star Wars*, relevez le passage où l'on résume le film (notez les numéros des lignes).

B Pour quelles raisons a-t-on inséré ce résumé ?

9 **A** Résumez l'essentiel de chaque texte en trois lignes seulement.

B À quels mots, parmi les suivants, associeriez-vous vos deux résumés ?

DÉCRIRE – CRITIQUER – EXPLIQUER – DIALOGUER – RACONTER

10 À l'école, dans les années précédentes, vous avez sans doute eu à lire ou à écrire des textes où il fallait DÉCRIRE – CRITIQUER – EXPLIQUER – DIALOGUER – RACONTER.

Détaillez ces expériences et déterminez en quelle année scolaire vous les avez vécues.

Ex. : *Nous avons lu un texte dans lequel on raconte l'histoire d'Ulysse en troisième secondaire.*

vers L'ESSENTIEL

Les deux textes du **CORPUS D'OBSERVATION** mettent en évidence les diverses séquences que peut contenir un texte. En réalité, la plupart des textes que vous lirez cette année sont constitués de plusieurs séquences de plusieurs types. Les pages suivantes présentent des connaissances sur les textes et sur les séquences qui les composent. Complétez la fiche *Prise de notes* de façon à résumer ces connaissances en faisant des liens avec les activités de la rubrique **PISTES D'OBSERVATION**.

Prise de notes

LES SÉQUENCES TEXTUELLES

Séquence textuelle = Ens. de phrases organisées pour

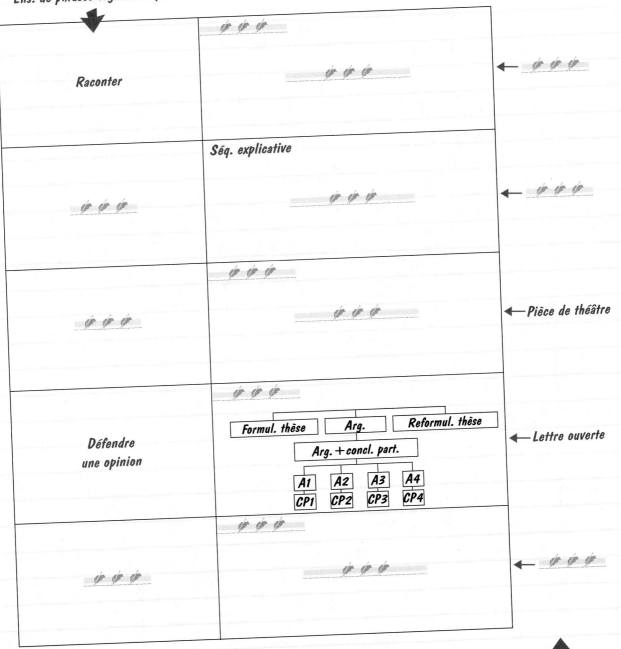

Séquence textuelle		Ex. de genre associé à chacune des séq.
Raconter	....	← ....
....	Séq. explicative	← ....
....	....	← Pièce de théâtre
Défendre une opinion	.... Formul. thèse – Arg. – Reformul. thèse Arg. + concl. part. A1 / CP1 – A2 / CP2 – A3 / CP3 – A4 / CP4	← Lettre ouverte
....	....	← ....

Ex. de genre associé à chacune des séq.

TYPE DE TEXTE : Déterminé par la séq. qui .... dans le texte.

INSERTION : Introduction d'une .... dans ....

Ex. d'insertions : – .... dans un roman pour ....

– .... dans .... pour faire comprendre les causes d'une catastrophe naturelle.

L'ESSENTIEL
Les séquences textuelles

1 LES SÉQUENCES TEXTUELLES

Une séquence textuelle est un ensemble de phrases organisées pour
- raconter (la narration) : séquence **narrative**;
- décrire (la description) : séquence **descriptive**;
- répondre à la question *POURQUOI ?* (l'explication) : séquence **explicative**;
- défendre une opinion ou critiquer (l'argumentation) : séquence **argumentative**;
- dialoguer (le dialogue) : séquence **dialogale**.

Les schémas de la page 65 illustrent la structure des cinq types de séquences textuelles.

2 LES TYPES DE TEXTES

Un texte peut être de type narratif, descriptif, explicatif, argumentatif ou dramatique selon la séquence dominante qui a servi à l'organiser.

Séquences dominantes	Types de textes	Genres de textes
Séquence narrative	Texte narratif	roman – conte – nouvelle littéraire – bande dessinée – poème narratif – récit de vie – biographie – autobiographie – etc.
Séquence descriptive	Texte descriptif	compte rendu d'événements – article de revue – article de journal – article de dictionnaire – article d'encyclopédie – guide de voyage – poème descriptif – livre de recettes – etc.
Séquence explicative	Texte explicatif	article d'encyclopédie – rapport de recherche scientifique – article de vulgarisation scientifique – documentaire – reportage – etc.
Séquence argumentative	Texte argumentatif	éditorial – lettre ouverte – pamphlet – article critique – chronique – texte d'opinion – etc.
Séquence dialogale	Texte dramatique	pièce de théâtre – téléroman – scénario de film – poème dialogué – etc.

/REMARQUE/ Le poème (ou le texte poétique) n'est pas un type de texte particulier. Un poème est organisé à partir d'un des cinq types (narratif, descriptif, argumentatif, explicatif ou dramatique). Toutefois, la plupart du temps, les poèmes sont soit descriptifs, soit narratifs.

LES CINQ TYPES DE SÉQUENCES TEXTUELLES

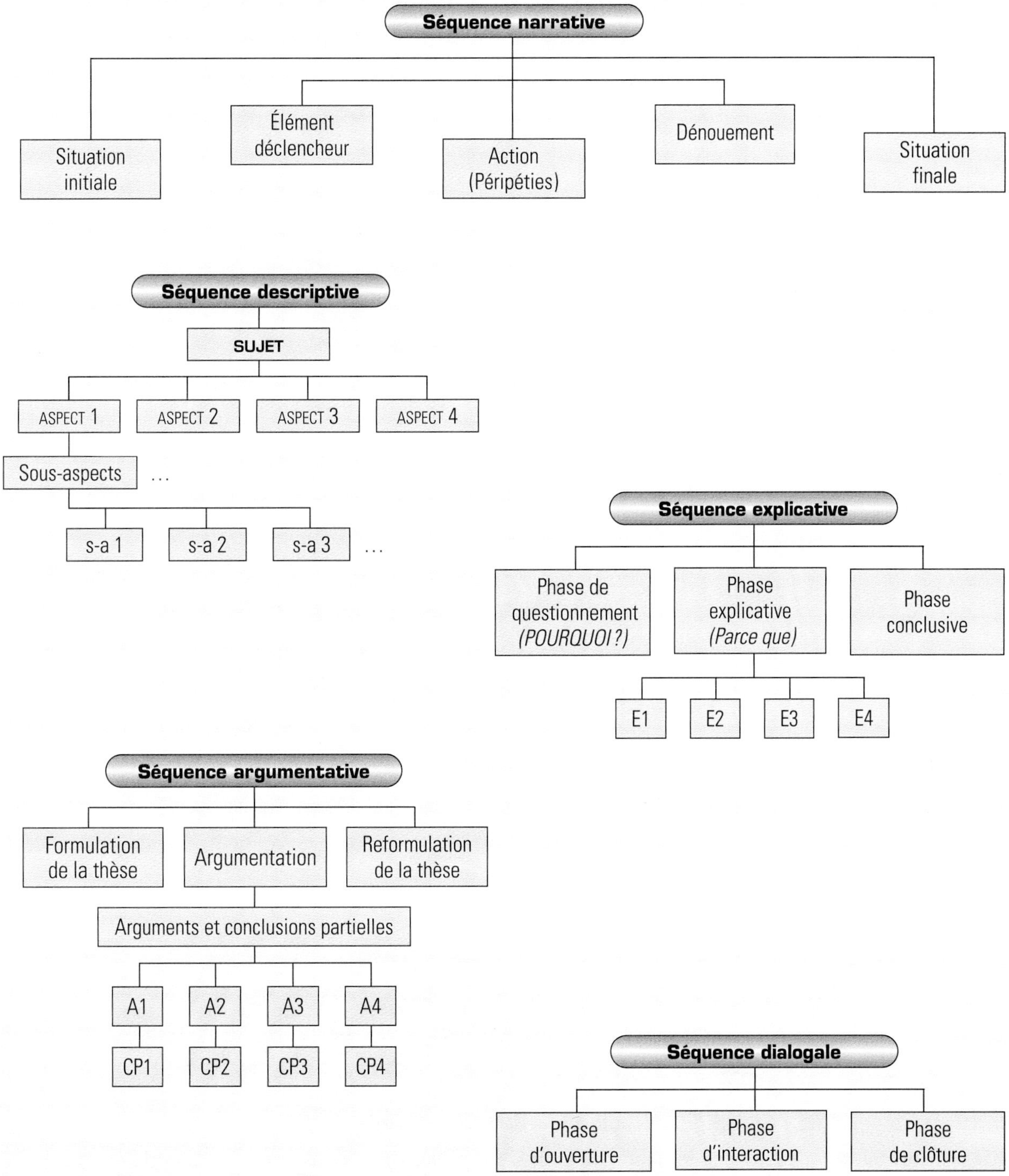

attention

Les séquences argumentatives et les séquences dialogales feront l'objet d'une étude plus approfondie dans les unités TT 201 et TT 203. L'unité PR 104 n'a pour but que de vous familiariser avec la notion de séquences textuelles. **Il ne faut donc pas s'attarder, à ce stade-ci, aux séquences argumentatives et aux séquences dialogales.**

3 L'INSERTION DE SÉQUENCES TEXTUELLES

Tous les textes sont constitués d'une séquence dominante dans laquelle peuvent s'insérer d'autres séquences, plus courtes, qui sont construites elles aussi à partir de l'un des cinq schémas présentés précédemment. On parle alors d'insertion de séquences à l'intérieur de la plus grande séquence qu'est le texte.

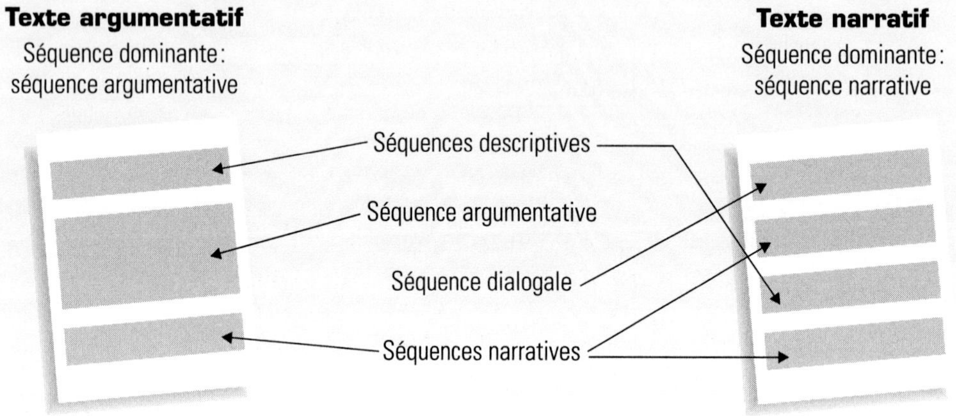

La plupart des textes sont **hétérogènes**. Chacun des types de textes peut donc accueillir différents types de séquences. Ces insertions de séquences peuvent avoir des rôles particuliers selon le texte.

Insertions	Rôles des insertions dans un texte narratif, descriptif, explicatif, argumentatif ou dramatique
Séquence narrative	• Évoquer le vécu d'une personne ou d'un personnage. • Illustrer par un récit un élément dont il est question dans le texte.
Séquence descriptive	• Représenter un objet, un lieu, une personne, une époque ou une situation. • Ralentir l'action ou créer un suspense. • Représenter un élément qui sera important pour la suite d'une histoire. • Mettre en contexte un élément.
Séquence explicative	• Faire comprendre le pourquoi d'un comportement, d'un fait ou d'un phénomène.
Séquence argumentative	• Présenter et défendre une opinion.
Séquence dialogale	• Créer un effet de réel. • Communiquer les sentiments, les pensées et les émotions des personnages. • Ralentir ou accélérer l'action dans une histoire.

3.1 LES INDICES QUI RÉVÈLENT L'INSERTION D'UNE SÉQUENCE

Il y a insertion d'une séquence lorsque l'on sent un **changement** dans l'organisation du texte, lorsque la séquence dominante (la narration, la description, l'explication, l'argumentation ou le dialogue) est suspendue pour laisser place à un **ajout d'information** organisé selon l'un des cinq types de séquences. Lorsque se termine la séquence insérée, on revient à la séquence dominante.

Dans un texte narratif, descriptif, explicatif, argumentatif ou dramatique...

Insertions	Annonces explicites	Éléments que l'on associe à la séquence	Indices qui révèlent l'insertion d'une séquence
Séquence narrative	- *Laissez-moi vous raconter...* - *Cette histoire commence...* - *Il se rappela ce qui était arrivé...*	Suite d'actions reliées entre elles, accomplies par des personnes ou des personnages	• Organisateurs textuels *Il était une fois, soudain, puis, un peu plus tard, alors, enfin,* etc. • Suite de verbes au présent, au passé simple ou au passé composé
Séquence descriptive	- *Laissez-moi vous décrire...* - *Voilà à quoi ressemble...* - *Il faut savoir que...*	Mise en évidence d'un objet, d'un lieu, d'une personne, d'une époque ou d'une situation à l'aide de caractéristiques qui le ou la distinguent	• Organisateurs textuels *à gauche, à côté, devant,* etc. • Présence de nombres, de couleurs, de propriétés, etc. • Présence de verbes qui introduisent des caractéristiques : verbes attributifs, verbes tels *ressembler, se comparer, se composer, compter, se diviser,* etc. • Suite de verbes à l'imparfait, au plus-que-parfait, au présent, etc.
Séquence explicative	- *Je vais vous expliquer...* - *Mais pourquoi... ?* - *C'est parce que...* - *Donnons les raisons de...*	Réponse à une question de type *POURQUOI ?*	• Marqueurs de relation *parce que, étant donné que, vu que, tellement que,* etc. • Mots exprimant des relations de causalité *pourquoi, raison, cause, conséquence, résultat, motif, corrélation,* etc.
Séquence argumentative	- *Laissez-moi vous convaincre...* - *Vous ne serez sans doute pas d'accord, mais...* - *J'aimerais bien que vous entendiez mes arguments...*	Prise de position accompagnée d'arguments	• Organisateurs textuels *en outre, de plus, premièrement,* etc. • Pronoms marquant le destinataire *vous, toi, nous,* etc. • Expressions modalisatrices *il faut, pouvoir, devoir, certes, bien entendu,* etc.
Séquence dialogale	- *Il lui demanda...* - *Voici des extraits de l'interview que nous a accordée la spécialiste...* - *Une conversation s'engagea...*	Échange de paroles entre deux ou plusieurs personnes ou personnages	• Signes de ponctuation (guillemets, tirets, deux-points) • Verbes introducteurs *rappela, répondit, rétorqua, ajouta,* etc. • Introduction d'un registre de langue différent de celui de la séquence dominante • Noms des personnes ou des personnages en majuscules, en italique, etc.

EXERCICES

1 Observez cette couverture d'un livre contenant plus de 300 pages.

Quelle sera vraisemblablement la séquence qui dominera dans ce livre ? Justifiez votre réponse.

2 Observez l'extrait suivant du livre *Le canard de bois*.

> Un matin, il annonça d'une voix énergique qu'on allait faire une ultime tentative pour amasser le pécule qu'il faudrait avoir en main pour affronter le seigneur et son chargé d'affaires.
>
> — On ira vendre notre bois au marchand Smith pour qu'il en fasse de la potasse.
>
> — Avec quoi on se chauffera l'hiver prochain ? avait demandé André.
>
> — Avec du bois qu'on ira couper de bonne heure cet automne, avait répondu le père.
>
> — Du bois vert ! Sacrebleu !
>
> — Vaut mieux du bois vert que pas de bois du tout.
>
> Les trois frères Bellerose firent comme le père avait dit. Ils chargèrent une pleine voiture de leur meilleur bois et ils s'en allèrent vers le Port Saint-François.
>
> [Louis Caron, *Le canard de bois*, Les Éditions du Boréal, coll. « Boréal compact », 1989. © Les Racontages L.C. inc.

A Quel verbe, dans le premier paragraphe, annonce que quelqu'un va prendre la parole ?

B De quelle ligne à quelle ligne trouve-t-on la séquence dialogale ?

C Quels signes typographiques permettent d'affirmer qu'il s'agit d'une séquence dialogale ?

D Quel indice vous a permis en **B** de déterminer où se termine la séquence dialogale ?

E On constate parfois qu'il y a séquence dialogale lorsqu'il y a présence dans un texte de phrases écrites dans le registre familier ou populaire. Relevez dans le dialogue un cas illustrant l'utilisation d'un de ces registres.

F Déterminez qui prend la parole après chaque tiret.

G Comment avez-vous deviné qui parle dans chacune de ces lignes ? Quels indices vous ont permis de faire ces déductions ?

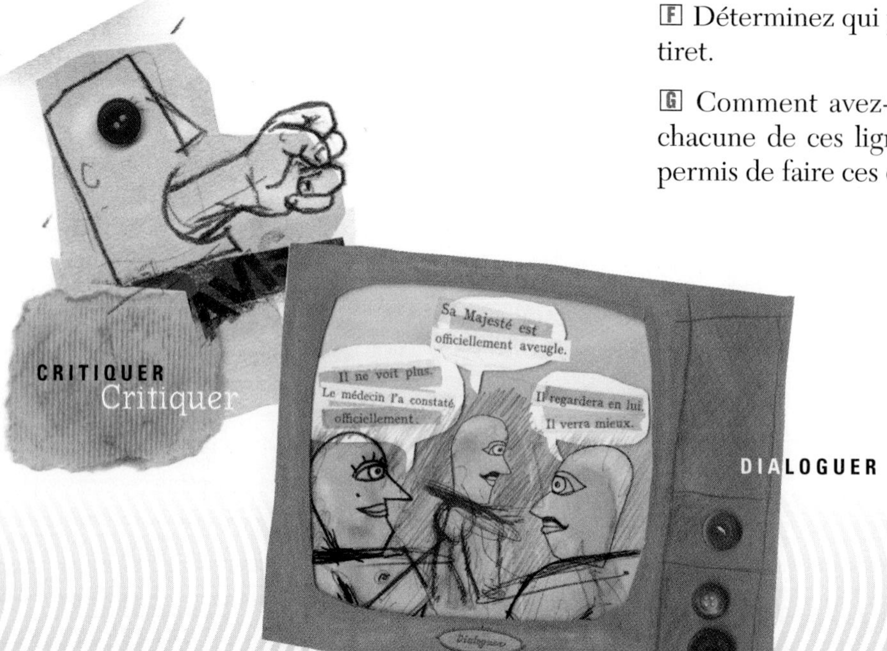

3 Lisez maintenant ce deuxième extrait du roman *Le canard de bois*.

Hyacinthe finit par comprendre qu'il frappait en vain. Il descendit de la galerie, prit la corde de la traîne, la main de l'enfant et se dirigea à grands pas vers l'église.

C'était une modeste église de bois tout au fond du village. Le prédécesseur de l'abbé Mailloux, qui l'avait fait construire, avait tenu à ce qu'elle se dresse au milieu du chemin qui va du Port Saint-François à Nicolet. La route la contournait. De cette façon, à l'aller comme au retour, les voyageurs marchaient vers leur église, et sa vue devait les inciter à élever leurs pensées vers Dieu.

Hyacinthe ouvrit toutes grandes les deux portes de l'église. En entrant à droite pendait le câble de la cloche. Il la fit sonner à toute volée.

[Louis Caron, *Le canard de bois*, Les Éditions du Boréal, coll. «Boréal compact», 1989. © Les Racontages L.C. inc.

A En lisant les deux premières lignes, quel type de séquence semble-t-on trouver ?

B Quel indice le laisse présager ?

C Quel type de séquence débute à la ligne 3 ?

D À quel temps la majorité des verbes de cette séquence sont-ils conjugués ?

E De quoi parle-t-on dans cette séquence ?

F À quoi s'attarde-t-on surtout dans le deuxième paragraphe ?

- À la construction de l'église.
- Au constructeur de l'église.
- À l'emplacement de l'église.

G Que signifie le mot *modeste* (ligne 3) ? Que permet-il d'apprendre sur la taille de l'église ?

H Dans le troisième paragraphe, on reprend la séquence dominante que vous avez identifiée en **A**. Quel indice permet de l'affirmer ?

I Dans ce troisième paragraphe, on apprend encore des choses qui permettent de mieux se représenter l'église. Relevez le passage qui ajoute à la description de l'église.

J La séquence portant sur l'église fournit un renseignement sur l'époque où se déroule le roman. Qu'apprend-on sur l'importance de l'église dans un village québécois ?

4 Voici un troisième extrait du même roman.

Pour une raison inexpliquée, Bruno refusa de voir son père. Celui-ci finissait ses jours dans la chambre du bas, celle qui donnait sur la cuisine. La porte était entrebâillée. Bruno passa vite devant et s'efforça de ne rien voir.

Sa mère se désespéra tout le jour.

— Il t'attend. C'est lui qui a insisté pour qu'on te fasse revenir. Qu'est-ce que tu as, que tu ne veux pas le voir ?

— Demain peut-être.

[...]

Bruno passa une partie de la nuit au bout de la table de la cuisine à essayer de démêler les raisons qui faisaient qu'il n'avait pas envie de voir son père. Il commença par se dire que les événements des derniers jours l'avaient trop bouleversé pour qu'il puisse en supporter davantage. Le lendemain, sans doute, il serait prêt à affronter cette épreuve. Mais pourquoi en était-ce une ?

Bien sûr, personne n'aime revenir à la maison pour trouver son père agonisant. À plus forte raison quand rien ne laissait présager cette fin prématurée quelques mois plus tôt.

À moins que Bruno n'ait associé l'idée de son départ à l'apparition de la maladie de son père ? Celui-ci avait dit :

— Je peux pas te retenir de force. Tu as quinze ans. Mais j'espère que tu t'apercevras vite que tous les gestes qu'on fait sont pleins de conséquences.

Comme s'il avait voulu le menacer. Bruno en était à se dire que son père avait toujours été un adversaire pour lui, qu'il leur avait été impossible de vivre en paix côte à côte. L'un des deux devrait l'emporter sur l'autre. Et maintenant, Bruno craignait que ce fût précisément cela qui était en train de se produire.

Un long frisson lui monta dans le dos quand il s'aperçut que, sans s'en rendre compte, il avait pris la place du père au bout de la table.

[Louis Caron, *Le canard de bois*, Les Éditions du Boréal, coll. «Boréal compact», 1989. © Les Racontages L.C. inc.

A Quelle est la séquence dominante de cet extrait ?

B À l'intérieur de la séquence dominante, l'auteur a inséré une séquence d'un autre type. Complétez l'organisateur graphique suivant à partir d'informations tirées de l'extrait.

POURQUOI ? ...

Parce que 1 : ...

Parce que 2 : ...

Parce que 3 : ...

Parce que 4 : ...

C Le schéma que vous avez complété en **B** permet de découvrir le type de la séquence insérée dans la séquence dominante. De quel type de séquence s'agit-il ?

D Quels mots associés à ce type de séquence l'auteur utilise-t-il dès le premier paragraphe ?

E Cet extrait contient deux insertions d'un autre type de séquence. Lequel ? Relevez les numéros de ligne où se trouvent ces deux insertions. Justifiez votre réponse à l'aide d'indices.

5 Lisez l'extrait qui suit en prêtant une attention particulière au temps où se déroulent les actions rapportées.

Pourtant, Gingras a été correct avec moi, se disait Bruno. Il m'a pas demandé mon âge. Il m'a regardé. Il a écrit quelque chose sur son petit carnet. Il a levé les yeux.

— Sais-tu signer ton nom ?

J'ai fait oui de la tête. Il m'a tendu la formule d'engagement. Il a mis son gros doigt dessus.

— Signe ici. Marque à côté : dix-sept ans.

C'est comme ça que j'ai été engagé.

Bruno Bellerose marchait maintenant dans le noir. Il en avait l'habitude. Il lui était arrivé plus d'une fois de rentrer au camp à la nuit tombée. Vaugeois le réprimandait :

— J'aime pas ça que tu rentres à la noirceur, le jeune ! Tu sais pas tout ce qui te guette dans le bois !

Gingras a toujours été correct avec moi. Mais Vaugeois, lui, c'est comme un père. Pas comme le père à la maison. Non. Comme celui que j'aurais voulu avoir. Un père qui parle.

Bruno se retourna tout en continuant de marcher. Dans son dos, une gigantesque aurore boréale le pointait du doigt.

[Louis Caron, *Le canard de bois*, Les Éditions du Boréal, coll. « Boréal compact », 1989. © Les Racontages L.C. inc.

A Résumez en quelques mots les lignes 1 à 5.

B De quel type de séquence s'agit-il ?

C Relevez dans l'extrait un passage qui décrit des événements qui se produisaient souvent dans le passé.

D Transcrivez et complétez l'énoncé suivant :

Dans cet extrait, Bruno **1** tout en se remémorant la fois où **2** et les fois où **3**.

Dans le premier cas, il s'agit d'une courte séquence **4**. D'ailleurs les verbes importants sont au **5**.

Dans le second cas, il s'agit davantage d'une séquence **6**, car on y relate des actions qui se produisaient fréquemment dans le passé. D'ailleurs, les verbes sont à l'imparfait.

Les séquences insérées ont pour rôle dans cet extrait d'aider le lecteur ou la lectrice à comprendre l'histoire. Il s'agit d'un procédé de **7**-en-arrière.

6 Finalement, lisez ce dernier extrait du roman *Le canard de bois*.

Maître Chapard achevait son réquisitoire.

— Il n'y a pas grand-chose à ajouter. Hyacinthe Bellerose est accusé de haute trahison. Nous avons fait la preuve qu'il a pris la tête d'un groupe d'insurgés barricadés dans l'église du Port Saint-François, dans le but de s'opposer à l'autorité légitime. Il est également accusé de meurtre. Nous avons fait la preuve que c'était bien lui qui avait tué le notaire Jean-Michel Plessis. Chacune de ces accusations justifie à elle seule la pendaison. Aussi ne me reste-t-il plus qu'une seule chose à réclamer : quand vous aurez prononcé la sentence de mort, monsieur le président et messieurs les assesseurs, veillez à ce qu'elle soit appliquée sans délai. L'ordre en dépend.

Chapard retourna à sa table tout empêtré dans les volutes de son éloquence. Il se prit la tête entre les mains comme quelqu'un qui vient de faire un geste grave. Il se redressa cependant pour écouter la défense de l'accusé.

[Louis Caron, *Le canard de bois*, Les Éditions du Boréal, coll. « Boréal compact », 1989. © Les Racontages L.C. inc.

A Quel est le sens du mot *réquisitoire* (ligne 1) ?

B Dans ce texte, le sens de ce mot permet de deviner le type de séquence textuelle qui suivra. De quel type de séquence s'agit-il ?

C Qui sont les destinataires de Maître Chapard ? Relevez le passage qui le prouve.

D À quelle ligne se termine la séquence introduite par le mot *réquisitoire* ? Quel indice permet de l'affirmer ?

E À quel type de séquence revient-on ?

DÉCRIRE

TEXTE DE RÉFÉRENCE
La Ménagerie de verre, *TEXTES*, page 198.

SYNTHÈSE

▷ Parce que les textes sont souvent hétérogènes, on les comprend et on les apprécie mieux quand on comprend comment ils sont construits.

Illustration

Le texte *La Ménagerie de verre* est hétérogène : on y trouve les cinq types de séquences textuelles.

Faites un survol du texte.

1 *La Ménagerie de verre* est une pièce de théâtre. Quels indices le prouvent ?

ARRÊT SUR TEXTE — Lisez les lignes 1 à 27.

2 De quel type est cette séquence ?

3 De quoi y est-il question ?

4 Quels aspects sont abordés dans chacun des paragraphes ?

ARRÊT SUR TEXTE — Lisez les lignes 28 à 44.

5 Faites la liste des organisateurs textuels qui révèlent que cet extrait fait partie d'une séquence descriptive.

6 Dans ce paragraphe, chaque phrase décrit un aspect différent. Quels sont ces aspects ?

7 On pourrait croire qu'à la ligne 44 une séquence dialogale commence.

A Qu'est-ce qui nous le fait croire ?

B Pourquoi cette impression est-elle fausse ?

ARRÊT SUR TEXTE — Lisez les lignes 45 à 64.

8 Transcrivez et complétez l'énoncé suivant :

Ce passage est important pour la personne qui fera la mise en scène. Le paragraphe décrit notamment ✎ .

9 Dans le paragraphe qui commence à la ligne 58, on apprend deux choses sur Tom. Lesquelles ?

ARRÊT SUR TEXTE — Lisez les lignes 65 à 82.

10 **A** Dans ce passage, un personnage prend la parole et parle avec le public, mais il ne s'agit pas d'un dialogue. Comment appelle-t-on une partie de texte où un personnage parle seul ?

B À la fin de ce passage, Tom conclut en nommant les deux aspects qu'il vient de décrire. Quels sont ces deux aspects ?

ARRÊT SUR TEXTE **Lisez les lignes 83 à 135.**

11 Le paragraphe débutant à la ligne 92 contient une séquence explicative. Rédigez une question de type *POURQUOI ?* afin de le démontrer.

12 Que décrit-on dans le paragraphe débutant à la ligne 98 ?

13 Dans le paragraphe débutant à la ligne 110, l'auteur a inséré une séquence narrative.

A À quelle ligne cette séquence narrative commence-t-elle ?

B À quelle ligne se termine-t-elle ?

C Qui est le personnage principal de cette séquence ?

D Quel est l'élément déclencheur de cette séquence ?

ARRÊT SUR TEXTE **Lisez les lignes 136 à 161.**

14 A Quel type de séquence débute à la ligne 150 ?

B Quel indice permet d'identifier le type de cette séquence ?

15 On assiste, dans cette partie du texte, à une transition importante. Non seulement change-t-on de type de séquence, mais le rôle de Tom change aussi. Décrivez ce changement spectaculaire.

ARRÊT SUR TEXTE **Lisez les lignes 162 à 179.**

16 Dans ce passage, Amanda essaie de convaincre son fils de modifier son comportement.

A De quel type de séquence s'agit-il ?

B Que veut changer Amanda dans le comportement de son fils ?

C Quels sont les deux arguments qu'elle utilise pour le convaincre ?

ARRÊT SUR TEXTE **Lisez les lignes 180 à 226.**

17 Qui sont Amanda et Laura ? Relevez la première séquence descriptive dans laquelle elles sont brièvement présentées.

18 Dans les dernières lignes de ce passage, on devine que l'auteur nous prépare à l'insertion d'une séquence narrative.

A Qu'est-ce qui nous le fait deviner ?

B Quelle histoire sera probablement racontée ?

Validation

Connaître le fonctionnement des séquences textuelles contribue à une meilleure compréhension des textes. À l'aide d'un texte de votre choix (un extrait de roman, un article de revue ou de journal, une critique de film, etc.), prouvez, en l'annotant, que vous pouvez reconnaître les séquences textuelles qui le constituent.

PR 105

Le point de vue

PR 101 Le lexique
PR 102 Les registres de langue
PR 103 La cohérence textuelle
PR 104 Les séquences textuelles
PR 105 Le point de vue

«que l'importance soit dans ton regard, non dans la chose regardée.»
André Gide
IMPORTANT

Reconnaître la manière dont un auteur ou une auteure traite un sujet permet de découvrir les buts et les finalités d'un texte.

1 Extrait d'ESSAI

La fureur de lire la presse

J'aurais beau écouter toutes les radios [...] et regarder toutes les télés, je ne pourrais pas me passer de lire la presse. Ce besoin irrésistible m'a parfois poussé, lors de vacances dans des pays lointains, à des expéditions longues et compliquées pour obtenir un journal quel qu'il soit ! quitte à acheter, dans des langues que je ne sais même pas lire, des quotidiens déjà périmés, parce que j'espérais y déchiffrer un semblant de la température du monde...

Certes, ce qui est considéré par mes proches comme l'équivalent d'une très grave maladie obsessionnelle («Papa est dans ses journaux!») relève aussi de la simple conscience professionnelle. Depuis que j'exerce les métiers de la communication, je ne peux pas commencer ma journée sans la lecture d'un ou plusieurs quotidiens. À la réflexion, je m'aperçois que cela vient d'avant mon entrée dans le monde du travail : dans l'université américaine, où j'ai appris les balbutiements du journalisme.

Déjà, mon vieux professeur nous admonestait : «Il faut commencer sa journée après avoir lu un quotidien !» Et si je remonte à plus loin encore, il se confirme que l'exemple majeur m'a d'abord été donné par mon père, dont je revois encore le visage penché sur son quotidien du matin et, en fin de journée, sur une autre publication du soir...

Ainsi ce devoir, ce goût, ce besoin de lecture de la presse trouvent leur origine dans la cellule familiale et dans l'exemple qui vous est donné par les aînés. Si, d'ailleurs, l'introduction de cet exercice se faisait suffisamment tôt à l'école (avec commentaires et comparaisons à l'appui), je suis sûr que, quel que soit l'univers audiovisuel et informatique dans lequel vivent désormais nos enfants, ils auraient aussi cette pulsion qui m'habite. Mais que m'apporte donc cette lecture de la presse, que les autres médias ne parviennent jamais tout à fait à m'offrir ?

Une organisation de l'actualité d'abord. Une sorte de hiérarchie des événements, de l'information, une synthèse. Ensuite l'explication, la pédagogie. Seule la presse écrite a le loisir et l'espace d'afficher des références, de faire se croiser tableaux, statistiques et commentaires afin d'élucider pour le lecteur un fait ou un déroulement des faits qui, livrés bruts par le son ou l'image, n'ont, parfois, aucun sens. La presse met en perspective. Elle seule peut prendre et donner un recul à l'histoire immédiate qui se fait au jour le jour. [...]

Dirais-je, enfin, qu'il existe une autre jouissance, beaucoup plus délicate à analyser, dans le maniement du papier imprimé – cette émotion que l'on ressent en allant de la première à la dernière page, en tournant et en feuilletant le corps d'un journal, de droite à gauche, de haut en bas, à l'idée que l'on possède entre ses mains le fruit d'un considérable travail effectué dans une salle de rédaction, et que derrière des milliers de mots, ces titres, ces intertitres, ces légendes, ces dessins et photos, se profile toute une profession faite d'artisans et parfois d'artistes, se dessine un univers très humain, l'héritage direct du grand Gutenberg ?

Philippe Labro, dans *Thèmes de culture littéraire et générale* d'Étienne Calais et René Doucet, Éditions Magnard, coll. «Organibac», 1995. © Philippe Labro.

2 Extrait de CHANSON

Actualités

Y a rien qu'des guerres et pis des crimes
Ça m'tombe su'es nerfs pis ça m'déprime
J'aime autant pas lire le journal
C'qu'on sait pas, ça nous fait pas mal

On n'est pas v'nus au monde
Pour se r'garder l'nombril
Mais quand y tombe des bombes
Faut ben s'mettre à l'abri

[...]

Détournements et enlèvements
J'marche pus dans'rue, j'prends pus l'avion
J'm'enferme dans mon appartement
Pis je r'garde la télévision

Téléjournal, téléroman,
C'est toujours du pareil au même
Quand ça devient trop assommant
Ben j'écoute la radio FM...

Là y jouzent rien qu'des tounes françaises
C'est toutt' fleur bleue, toutt' à l'eau d'rose
On peut pas dire que ça déniaise
Mais ça endort et pis ça r'pose !

On n'est pas v'nus au monde
Pour se r'garder l'nombril
Mais quand y tombe des bombes
Faut ben s'mettre à l'abri
[...]

Paroles : Luc Plamondon
Musique : François Cousineau
© Luc Plamondon (agissant à titre d'éditeur à compte d'auteur) et Les Éditions Peace of mind, 1975.
Couverture : Jacques Godbout, *Plamondon : Un cœur de rockeur*, © Les Éditions de l'Homme, coll. «Paroles d'ici», 1988.

3 Extrait d'OUVRAGE DOCUMENTAIRE

À l'origine d'Internet se trouve le projet intitulé ARPANET du Département de la Défense américaine (DOD). Né du besoin de jeter un pont entre la Défense américaine et les entreprises associées à la recherche militaire (au nombre desquelles de nombreuses universités disposant de subsides alloués par l'armée), et, partant, de bâtir un système de réseau sûr entre ces deux pôles, le projet a vu le jour voilà plus de 30 ans. Le nom d'ARPANET signifie *Advanced Research Projects Agency* que l'on peut traduire par «Centre de projets en recherche avancée», NET renvoyant bien sûr à *network*, donc à « réseau ».

4 Extrait de ROMAN

Aaron est un jeune Juif qui, devenu orphelin, est élevé par son grand-père Moishe de manière traditionnelle. Ce dernier passe ses journées seul à la maison, à faire des travaux de tailleur.

Le lendemain soir, Aaron arriva portant sous le bras un appareil de télévision qu'il avait acheté chez un regrattier de la rue Craig. Un tout petit appareil portatif.

Moishe regarda avec une suspicion non déguisée cette machine qui lui semblait vaguement sacrilège dans la maison.

— Ça te distraira, dit Aaron. Tout le jour, à travailler...

Le vieux ne comprenait pas.

— Qu'est-ce que c'est ?

Aaron s'affaira à installer l'appareil, allongea le fil de prise, découvrit l'endroit propice dans la pièce. Bientôt la musique jaillit, puissante, puis sur l'écran bleuté l'image électronique.

— Qu'est-ce que c'est ? répéta Moishe.

— La télévision, dit Aaron avec aisance. Maintenant que je travaille, tu n'as plus à coudre le soir. Tu pourras te distraire...

Moishe gémit, passa sa main sur les yeux.

Sur l'écran, des filles en tutu dansaient. Ensuite, quelqu'un se mit à chanter. Le décor stylisé montrait des bosquets fleuris où perchaient des oiseaux de vinylite.

— Tu as oublié, dit Moishe. Tu as tout oublié...

Aaron souriait.

— Qu'est-ce que j'ai oublié ?

— Des mots d'autrefois, des vérités, fit Moishe d'une voix morne. Sur le Sinaï, tout fut pourtant dit bien clairement. Écoute et tu te souviendras... *« Point ne te feras de statue, ni aucune image de ce qui est en haut dans les cieux, ni en bas sur la terre, ni dans les eaux, en dessous de la terre. »* Ai-je besoin d'y ajouter ?

Résolument, Moishe tourna le dos à l'écran. Et la soirée se passa ainsi. Le vieux, dos tourné, lut son journal pendant qu'Aaron, fasciné, ne quittait pas l'écran des yeux.

Yves Thériault, *Aaron*,

PISTES D'OBSERVATION

1 **A** Nommez le ou les médias d'information dont il est question dans chacun des quatre extraits.

B Précisez si le ou les médias sont présentés de manière favorable, défavorable ou neutre et justifiez votre réponse en citant des mots ou des passages de l'extrait.

2 Dans les extraits **1**, **2** et **4**, quelqu'un porte un jugement sur un ou plusieurs médias d'information. Dans chaque extrait,

A identifiez la personne qui porte un jugement: un narrateur externe, une voix créée par l'auteur pour exprimer une vision du monde, un auteur de textes courants;

B précisez sur quoi porte le jugement exprimé.

3 L'extrait **3** ne contient aucune appréciation de l'auteur. Toutefois, un mot révèle la présence de l'auteur. Quel est ce mot ?

vers L'ESSENTIEL

Les quatre textes du **CORPUS D'OBSERVATION** font ressortir différents points de vue et les activités ci-dessus ont permis de découvrir l'importance du point de vue dans un texte. Les pages suivantes présentent des connaissances sur le point de vue. Pour en savoir davantage sur ces notions, et parce que vous en aurez besoin toute l'année, complétez la fiche *Prise de notes* de façon à résumer ces connaissances en faisant des liens avec les activités de la rubrique **PISTES D'OBSERVATION**.

Prise de notes

LE POINT DE VUE

PV — A — N

POINT DE VUE ADOPTÉ PAR : ______ OU ______

PV distancié ou engagé selon :

1. ______
2. Rapport ______ / destinataire
3. Rapport ______ / sujet

PV ______ (objectif) → ______ de commentaires et de jugements qui révèlent l'attitude de A ou N

ou

PV ______ (subjectif) → ______ de commentaires et de jugements qui révèlent l'attitude de A ou N

	Dans un texte courant	Dans un texte littéraire
PV adopté par :	— ______ — ______	— ______ — ______

Destinataire : ______

Indices qui révèlent le PV :

1. ______
2. ______ :
   - — aux. de modalité
   - — adv. modalisateurs
   - — expressions modalisatrices
   - — vocabulaire (connotatif ou dénotatif)
   - — emploi du cond. ou du fut. ant.
   - — syntaxe (PV engagé : P transformées; PV distancié : P déclaratives)

	Textes courants	Textes littéraires
TON	— ______ — ______ — ______	— ______ — ______ — ______ — ______
VISÉE (but)	— ______ — ______	— ______ — ______

L'ESSENTIEL
Le point de vue

1 QU'EST-CE QUE LE POINT DE VUE ?

Le point de vue est **la manière adoptée par l'auteur ou le narrateur[1] pour se situer dans un texte**. Le point de vue peut être **distancié** ou **engagé**. Il se manifeste par:

• la présence ou l'absence de l'auteur ou du narrateur dans le texte;
• le rapport que l'auteur ou le narrateur établit avec son destinataire;
• le rapport que l'auteur ou le narrateur établit avec le sujet ou les thèmes dont il traite.

1.1 LA PRÉSENCE DE L'AUTEUR OU DU NARRATEUR

Dans un texte, la présence de l'auteur ou du narrateur est marquée par l'emploi de pronoms de la première personne (*je, j', me, m', moi, nous*) ainsi que par le recours à des marqueurs de modalité (voir la section 3.2, page 84). Lorsque le texte est écrit à la troisième personne (*il, elle, ils, elles, eux,* etc.) et qu'il ne contient pas de marqueurs de modalité, on dit que l'auteur ne manifeste pas sa présence dans le texte.

1.2 LE RAPPORT AUTEUR / DESTINATAIRE

Selon l'image qu'elle se fait du destinataire, la personne qui écrit **l'interpelle ou non** dans son texte (voir la section 2, page 83). La présence ou l'absence, notamment, de pronoms personnels de la deuxième personne du singulier ou du pluriel constitue un indice sur l'interpellation du destinataire.

Lorsque l'auteur confie la narration à un narrateur, celui-ci peut également interpeller ou non le destinataire.

1.3 LE RAPPORT AUTEUR / SUJET

Lorsque l'auteur ou le narrateur communique une information objective et neutre sur le sujet, ou raconte et décrit **sans ajouter de commentaires** manifestant le doute ou la certitude et **sans porter de jugements personnels** favorables ou défavorables, le point de vue est **distancié**.

Ex.: *Une organisation de l'actualité d'abord. Une sorte de hiérarchie des événements, de l'information, une synthèse.*

Le point de vue est **engagé** lorsque l'auteur ou le narrateur communique de l'information, raconte ou décrit **en ajoutant des commentaires** qui manifestent sa certitude, son incertitude ou une probabilité et **en portant des jugements personnels** qui marquent son appréciation positive (favorable) ou négative (défavorable).

Ex.: [...] *je ne pourrais pas me passer de lire la presse.*

1. L'utilisation du seul masculin dans les sections 1, 2 et 3 de cette unité n'a pour objet que d'en alléger la lecture: les mots «auteur» et «narrateur» ont à la fois valeur de féminin et de masculin.

1.4 QUI PEUT ADOPTER UN POINT DE VUE ?

Dans les textes courants, la personne qui écrit peut adopter un point de vue **distancié** ou **engagé** vis-à-vis du sujet traité. Quel que soit le type de texte (descriptif, explicatif ou argumentatif), c'est l'**auteur** qui adopte d'abord un point de vue par sa manière de décrire, d'expliquer ou d'argumenter. Dans les textes courants, il arrive très souvent que l'auteur rapporte les paroles d'autres personnes, généralement des **experts** ou des **témoins**, pour appuyer sa position ou pour présenter une position différente et exposer un autre point de vue.

Ex.: *Déjà, mon vieux professeur nous admonestait: « Il faut commencer sa journée après avoir lu un quotidien ! »*

Dans les textes littéraires de type narratif ou dramatique, c'est le **narrateur** à qui l'auteur a confié la narration qui décide de la manière de raconter, de décrire. On dit que le point de vue est **distancié** quand le narrateur ne fait que relater les événements, sans porter de jugements ou faire de commentaires; le point de vue est **engagé** quand le narrateur manifeste clairement son appréciation sur ce qu'il raconte ou décrit. Il peut le faire directement ou par l'intermédiaire des personnages dont il commente ou juge la psychologie, les gestes, les paroles et les attitudes.

Ex.: *Moishe regarda **avec une suspicion non déguisée** cette machine qui lui semblait vaguement **sacrilège** dans la maison.*

Dans les textes littéraires poétiques tels les poèmes et les chansons, c'est par **la voix qui parle** (la voix du texte) que se manifeste le point de vue.

Ex.: *C'est toutt' fleur bleue, toutt' à l'eau d'rose*

2 QU'EST-CE QUE LE DESTINATAIRE ?

Le destinataire est **la personne ou le groupe de personnes à qui un texte est destiné**. Par exemple, la littérature pour la jeunesse est destinée à un jeune lectorat, la revue *Jeu* à un lectorat amateur de théâtre, la revue *L'actualité* à un lectorat intéressé par des sujets d'actualité, etc.

Dans les textes courants, des indices linguistiques tels les pronoms, la ponctuation, les noms propres, les sources, etc. permettent d'identifier les destinataires.

Dans les textes littéraires, il arrive que le narrateur interpelle un ou plusieurs personnages, créant ainsi un destinataire identifiable, mais dans la plupart des cas, le destinataire se confond avec les lecteurs et les lectrices.

2.1 L'IMAGE QUE LE TEXTE DONNE DU DESTINATAIRE

La personne qui écrit utilise divers procédés pour indiquer qu'elle tient compte de ses destinataires et pour révéler l'image qu'elle se fait d'eux.

2.1.1 Les procédés qui établissent un rapport d'égalité

- L'emploi du pronom ***nous*** ou du pronom ***on*** dans la langue familière pour établir une complicité entre l'auteur et les lecteurs et lectrices.

  Ex.: ***Nous** le savons tous, la radio ne fait pas toujours tourner de la grande musique.*

- L'**interpellation** à l'aide de pronoms de la deuxième personne (*tu, vous*) ou à l'aide d'expressions telles que *comme moi, vous serez d'accord avec moi*, etc.

  Ex.: ***Comme moi, vous** croyez certainement que la presse écrite est le média d'information le plus complet.*

2.1.2 Les procédés qui établissent un rapport d'autorité

La personne qui écrit peut établir un rapport d'autorité en ayant recours à divers procédés comme la description, la comparaison, la définition, l'explication, le retour en arrière, le témoignage et la reformulation afin de mieux faire comprendre un élément du texte.

Ex. : (description →) *Seule la presse écrite a le loisir et l'espace d'afficher des références, de faire se croiser tableaux, statistiques et commentaires afin d'élucider pour le lecteur un fait ou un déroulement des faits qui,* (comparaison →) *livrés bruts par le son ou l'image, n'ont, parfois, aucun sens.*

2.1.3 Les registres de langue

Le recours à un registre de langue particulier peut révéler l'image que l'auteur ou le narrateur se fait du destinataire. Ainsi, la personne qui écrit ou qui raconte pourra utiliser un registre de langue familier si elle s'adresse à un public jeune ou un registre de langue soigné (spécialisé) si elle s'adresse à un public bien informé.

Ex. : - Registre de langue familier :
On n'est pas v'nus au monde
Pour se r'garder l'nombril

- Registre de langue soigné (spécialisé) :
[...] *se profile toute une profession faite d'artisans et parfois d'artistes,*
se dessine un univers très humain, l'héritage du grand Gutenberg ?

3 LES INDICES LINGUISTIQUES QUI RÉVÈLENT LE POINT DE VUE

3.1 LES PRONOMS

Dans les textes courants, l'emploi de pronoms de la première personne (*je, j', me, m', moi, nous*) marque la présence de l'auteur et, la plupart du temps, révèle un point de vue **engagé**, alors que l'emploi de pronoms de la troisième personne (*il, elle, se, soi, ils, elles, eux*) révèle généralement un point de vue **distancié**.

Dans les textes littéraires, l'emploi de pronoms de la première personne indique la présence d'un narrateur témoin ou participant, alors que l'emploi de pronoms de la troisième personne, de groupes du nom ou de noms propres pour désigner les autres personnages de l'histoire révèle que l'histoire est racontée par un narrateur externe. Que le narrateur soit externe, témoin ou participant, il peut adopter un point de vue **distancié** ou **engagé**.

3.2 LES MARQUEURS DE MODALITÉ

Les marqueurs de modalité sont les moyens utilisés pour exprimer l'**engagement** de l'auteur ou du narrateur de manière explicite ou implicite.

3.2.1 Les auxiliaires de modalité

Les auxiliaires de modalité comme les verbes *devoir, falloir, pouvoir, paraître* et *sembler* suivis d'un infinitif permettent de marquer de manière implicite l'**engagement** de la personne (auteur, narrateur ou voix) qui parle dans le texte.

Ex. : - *« Il **faut commencer** sa journée après avoir lu un quotidien ! »*
- *On **peut** pas **dire** que ça déniaise*

3.2.2 Les adverbes modalisateurs

Les adverbes modalisateurs sont des adverbes qui permettent à l'auteur, au narrateur ou à la voix d'exprimer sa position sur un fait ou un événement, révélant ainsi son **engagement**. Ces adverbes n'ont aucune fonction syntaxique dans la phrase. Le plus souvent, ils sont détachés en début de phrase.

Ex.: ***Résolument***, *Moishe tourna le dos à l'écran.*

3.2.3 Les expressions modalisatrices

Des expressions modalisatrices comme *à mon avis, d'après moi, à ma connaissance, il est important, avoir le mérite de* annoncent de façon explicite que la personne qui écrit portera un jugement ou fera un commentaire, révélant ainsi sa présence et son **engagement**.

Ex.: ***À mon avis***, *la télévision peut remplacer la presse écrite auprès des personnes qui, comme Moishe, ont de la difficulté à lire.*

3.2.4 Le vocabulaire

Les **adjectifs** (*formidable, désastreux, intéressant*, etc.) et les **noms** (*sagesse, ignares, froussards, compétence*, etc.) **connotatifs** mélioratifs ou péjoratifs permettent aussi de déceler la présence de l'auteur ou du narrateur dans le texte.

Ex.: - *Ce besoin* ***irrésistible*** *m'a parfois poussé* [...]
- *Lire la presse est une* ***nécessité absolue***.

Des **verbes** annonçant un **jugement** ou un **commentaire** (*espérer, prétendre, supposer, assurer, considérer, croire, penser, estimer, juger, trouver*, etc.) et des verbes exprimant un **sentiment** (*se féliciter, se désoler, regretter*, etc.) révèlent aussi une attitude **engagée** chez la personne qui écrit.

Ex.: - *Je* ***suppose*** *que tous les médias ont leur place dans la société actuelle.*
- *Aaron* ***regretta*** *d'avoir mal compris les valeurs de son grand-père.*

Lorsque l'auteur ou le narrateur adopte une attitude **distanciée**, il utilisera un vocabulaire **dénotatif**.

Ex.: *À l'origine d'Internet se trouve le projet intitulé ARPANET.*

3.2.5 L'emploi du conditionnel et du futur antérieur

L'emploi d'un verbe au conditionnel ou au futur antérieur peut indiquer que la personne qui écrit exprime un doute sur ce qu'elle affirme, révélant implicitement une attitude **engagée**.

Ex.: - [...] *ils* ***auraient*** (conditionnel) *aussi cette pulsion qui m'habite.*
- *Cette chanson* ***aura été*** (futur antérieur) *l'une des plus belles chansons du XXe siècle.*

3.2.6 La syntaxe des phrases

L'emploi de phrases transformées révèle parfois explicitement ou implicitement une attitude **engagée**. Ainsi, les phrases de type exclamatif peuvent exprimer un jugement de valeur, l'enthousiasme ou l'indignation; les phrases de type interrogatif peuvent interpeller le destinataire ou soulever un doute; les phrases de type impératif peuvent exprimer une certitude par le biais d'un ordre, etc.

Ex.: - *Mais que m'apporte donc cette lecture de la presse, que les autres médias ne parviennent jamais tout à fait à m'offrir?*
- *«Papa est dans ses journaux!»*

Les phrases à construction particulière comme les phrases non verbales, les phrases impersonnelles et les phrases emphatiques peuvent aussi contribuer à révéler le point de vue.

Ex.: - ***Merveilleux !*** *Cette nouvelle me réjouit.*
- ***C'est inacceptable. Voici une idée*** *que je refuse d'entendre.*

Dans un texte où le point de vue est **distancié**, les phrases seront plutôt de type déclaratif ou de forme impersonnelle, sans marqueurs de modalité.

Ex.: *Le nom d'ARPANET signifie* Advanced Research Projects Agency, *que l'on peut traduire par «Centre de projets en recherche avancée».*

4 LE TON

Le ton du texte contribue aussi à révéler le point de vue de l'auteur ou du narrateur.

Dans les textes courants, le ton est une marque de **distanciation** ou d'**engagement** de la part de la personne qui écrit. Le ton peut être:

- **neutre/didactique**, lorsque l'auteur ou l'auteure utilise de nombreux procédés pour décrire et expliquer clairement, à l'aide de faits vérifiables ou de données scientifiques;
- **critique**, lorsque l'auteur ou l'auteure exprime clairement son engagement par rapport au sujet dont il ou elle parle;
- **humoristique**, lorsque l'auteur ou l'auteure a recours à l'humour pour exprimer et faire comprendre ses propos ou ses opinions.

Dans les textes littéraires, le ton est rarement neutre; il constitue l'un des éléments qui donnent au texte sa couleur et qui contribuent à faire réagir le lecteur ou la lectrice, à toucher sa sensibilité, à l'amuser, à le ou la terroriser, etc. Le ton d'un texte littéraire peut être:

- **humoristique/ironique**, lorsque l'auteur ou l'auteure a recours à des jeux de mots, à la parodie, à la caricature;
- **dramatique/tragique**, lorsque l'auteur ou l'auteure a recours à un vocabulaire très connotatif et que les situations décrivent des émotions fortes comme la douleur, la terreur, la pitié, etc.;
- **poétique/lyrique**, lorsque l'auteur ou l'auteure a recours à un vocabulaire très expressif ou qu'il ou elle évoque des sensations liées à la nature;
- **familier**, lorsque l'auteur ou l'auteure a recours à un vocabulaire appartenant à la langue familière et à des procédés propres à l'oralité (interpellations, simplifications, jugements, commentaires explicites sur le déroulement de l'histoire ou sur les personnages, etc.).

5 LE BUT DU TEXTE

L'analyse du point de vue adopté dans un texte permet d'en découvrir le but. Ainsi, un texte peut être écrit dans le seul but de décrire un objet, un lieu ou une personne (texte de type descriptif), ou dans celui de mieux faire comprendre une affirmation, un fait ou un phénomène (texte de type explicatif). On dit alors que le texte a une **visée informative** et le point de vue est plutôt **distancié**.

En plus de raconter, de décrire ou d'expliquer, un texte peut aussi être écrit dans le but d'influencer les destinataires. On dit alors que le texte a une **visée argumentative** et le point de vue est plutôt **engagé**.

Les personnes qui écrivent des textes littéraires (des textes de type narratif ou dramatique, ou des textes poétiques) ont souvent pour but de satisfaire le besoin d'imaginaire ou d'esthétique des lecteurs et des lectrices. On dit que ces textes ont une **visée imaginaire** ou **esthétique**.

5.1 LES VALEURS

Les valeurs sont des **croyances**, des **convictions** et des **principes** qui guident les pensées et les gestes des personnes. Une valeur représente donc ce qui est vrai, beau et bien aux yeux d'une personne (ex. : l'amitié, la fidélité, l'argent, l'environnement, l'information, la famille, etc.).

Dans les textes courants où le point de vue est **engagé**, la personne qui écrit prend position en fonction de ses valeurs personnelles et elle les exprime, explicitement ou implicitement, par les opinions qu'elle émet et les jugements de valeur qu'elle porte. L'emploi des pronoms *je, j', nous* et *moi*, le recours à un vocabulaire connotatif et l'emploi de certaines expressions (*je crois sincèrement que, il faudrait peut-être que*, etc.) contribuent à révéler ses valeurs.

Dans les textes littéraires, les actions et les paroles des personnages sont guidées par des croyances, des convictions et des principes qui révèlent implicitement ou explicitement leurs valeurs.

6 ANALYSER LE POINT DE VUE

Pour faire l'analyse du point de vue adopté dans un texte, il faut tenir compte :

- de la **présence** ou de l'**absence** de l'auteur ou de l'auteure dans son texte ;
- du rapport que l'auteur, l'auteure ou le narrateur établit avec son **destinataire** ;
- du rapport que l'auteur, l'auteure ou le narrateur établit avec le sujet ou les thèmes traités dans le texte.

Dans les textes courants, il faut d'abord vérifier si l'auteur ou l'auteure manifeste clairement sa présence par des pronoms de la première personne et par des marqueurs de modalité exprimant des commentaires ou des jugements sur ce dont il ou elle parle. Il faut ensuite vérifier si le destinataire est interpellé et comment il l'est, et relever les passages qui révèlent l'image que l'auteur ou l'auteure se fait du destinataire. Finalement, on doit déterminer si ces différents indices révèlent un point de vue engagé ou distancié.

Dans les textes littéraires, il faut d'abord vérifier si l'auteur ou l'auteure a décidé de confier la narration à un **narrateur externe** (il ne fait pas partie de l'histoire et raconte ce que d'autres personnages ont vécu), à un **narrateur témoin** (il fait partie de l'histoire, mais il raconte ce que d'autres personnages ont vécu) ou à un **narrateur participant** (il fait partie de l'histoire et raconte ce qu'il a vécu lui-même). Il faut ensuite vérifier si le narrateur interpelle directement un destinataire et s'il exprime sa position par des commentaires ou des jugements sur ce qu'il raconte ou décrit, et citer des passages en exemple. Il faut enfin déterminer si ces différents indices révèlent un point de vue engagé ou distancié.

EXERCICES

1 Dans les extraits suivants, les expressions en caractères gras contribuent à révéler le point de vue de l'auteur ou du narrateur. Précisez quelle est la ressource linguistique utilisée à cette fin (voir la section 3, page 84).

attention
Il peut y avoir plus d'une ressource dans un même extrait.

A *C'était l'été* ***torride*** *de Montréal. La* ***moite*** *fraîcheur du soir qui succédait à l'****enfer de soleil*** *devenait l'unique et* ***trompeuse délivrance*** *accordée au peuple des* ***taudis*** *et des rues étroites.* (Yves Thériault, *Aaron*[1])

B *Et même si l'imprévisible événement dément ou détruit ce travail de la presse,* ***elle a, tout de même, le mérite de*** *cadrer les choses et d'explorer le passé, tout en rapportant le présent et en tablant sur l'avenir.* (Philippe Labro, *La fureur de lire la presse*)

C *Y a des enfants qui meurent de faim*
Au Bangla Desh, en Éthiopie,
« Mange ta main, garde l'aut' pour demain »
Quand ***j'y*** *pense,* ***ça m'coupe l'appétit***. (Luc Plamondon, *Actualités*)

D *Pour elle,* ***il fallait que*** *ce soit de l'art, que ce soit lourd d'un sens* ***austère****, presque* ***solennel****, sans quoi son théâtre serait devenu* ***tragiquement grotesque***. (Sergio Kokis, *L'Art du maquillage*)

E ***Il n'y a plus*** *de pensée, c'est ça qui est vraiment* ***douloureux***. (J.M.G. Le Clézio, *Les Géants*)

2 Dans les phrases suivantes, déterminez la valeur (voir la section 5.1, page 87) dénoncée ou défendue par la personne qui écrit ou celle qui parle, et relevez les mots qui la révèlent.

A *Comment être libre ? Comment échapper aux ordres qui viennent de toutes parts ?* (J.M.G. Le Clézio, *Les Géants*)

B Sans le savoir, sans le vouloir, les êtres sereins et heureux communiquent par leur bonté.

C Ce politicien joue au jeu de conduire les hommes. Quelquefois, le soir, il est fatigué et il se demande si son jeu n'est pas vain, si cela n'est pas un jeu sordide qu'il devrait laisser à d'autres.

D Ce personnage souffrait de sa tendresse bafouée, de sa blessure qui ne se cicatrisait plus. L'absence de tendresse le blessait démesurément.

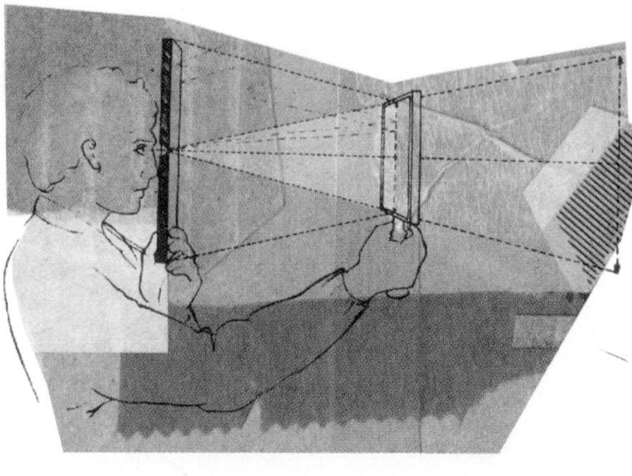

1. NOTE DE L'ÉDITEUR : Les références bibliographiques des textes cités aux numéros 1 et 2 sont fournies sur la 3e de couverture.

3 Lisez l'extrait du roman *L'Acquittement*, puis faites les activités qui s'y rattachent.

La catastrophe essentielle qui fonde la réalité du monde, c'est la mort inéluctable de ceux qu'on aime. À qui prétendrait croire à l'irréalité des choses, il suffirait de rappeler la réalité du deuil.

Louis rêvait à lui-même quand il était petit garçon. C'était l'été, il était debout sur la pelouse du jardin. Il répondait au signe de la main que son père lui faisait depuis l'autre côté de la rue (il s'apprêtait à monter en voiture). Lui-même, dans son corps piégé d'adulte de quarante-quatre ans, se tenait en retrait près d'un arbre et observait l'enfant qu'il avait été. À l'intérieur même de son rêve, il se demandait comment une telle chose était possible. Le père répétait indéfiniment son salut de la main, comme si ces secondes tournaient en rond dans l'éternité. Le petit garçon n'était visible que de dos. Peut-être n'avait-il déjà plus de visage ?

Une sensation d'engloutissement tira Louis du sommeil. Il ne comprit pas immédiatement où il se trouvait et demanda au chauffeur de répéter.

— La route est bloquée, monsieur. On ne peut plus avancer.

[Gaétan Soucy, *L'Acquittement*, © Les Éditions du Boréal, 1997.

A Quel type de narrateur Gaétan Soucy a-t-il choisi pour raconter son histoire ? Justifiez votre réponse.

B Même s'il ne fait pas partie de l'histoire, le narrateur marque sa présence dans le récit. Justifiez cette affirmation à l'aide d'extraits du texte.

4 Lisez l'extrait de l'article *Perdrons-nous la mémoire ?*, puis faites les activités qui s'y rattachent.

Perdrons-nous la mémoire ?

On n'a jamais produit et imprimé autant de papier que depuis l'essor du numérique.

Hervé Fischer
L'auteur est président de la Fédération internationale des associations de multimédia (FIAM).

Après s'être associé, comme il convient, aux divers éloges de la nouvelle civilisation numérique, il faut aussi considérer l'un de ses effets possibles les plus pervers : l'amnésie qu'elle prépare pour les prochaines générations, si l'on n'y prend garde.

[…]

Nous pouvons encore lire des manuscrits de la mer Morte, des inscriptions dans les tombes égyptiennes, des peintures rupestres qui datent de milliers d'années. Mais comment pourrons-nous lire dans seulement 10 ans un disque optique pour lequel il n'existera plus de lecteur, tandis que les logiciels actuels auront tellement progressé qu'ils ne sauront plus reconnaître le langage binaire d'un logiciel mis sur le marché en l'an 2000 ?

[…]

À ceux qui s'inquiètent de l'avenir du livre, au moment où s'annoncerait le triomphe d'Internet, il faut rappeler aussi qu'un nouveau médium ne fait pas disparaître les précédents. La photographie n'a pas tué la peinture, bien au contraire, ni la télévision le théâtre ou le cinéma : elles les soutiennent. Le livre numérique ne remplace aucunement le livre papier. Au contraire, il en assure une meilleure promotion et distribution grâce au commerce électronique, et il permet des micro-éditions.

[…]

A Sur quoi portent les jugements et les commentaires exprimés dans cet extrait ?

B En tenant compte des renseignements fournis sur l'auteur, qui sont les principaux destinataires du texte selon vous ?

C Relevez le passage qui révèle clairement les destinataires du troisième paragraphe.

D Dans le premier paragraphe, comment l'auteur perçoit-il la civilisation numérique ? Dans votre réponse, soulignez les mots que vous avez utilisés pour révéler le point de vue de l'auteur.

E Dans le deuxième paragraphe, quel type de phrase l'auteur utilise-t-il pour exprimer ses doutes sur la civilisation numérique ?

F Dans une phrase déclarative affirmative contenant des mots relevés dans le texte, résumez l'opinion exprimée dans le deuxième paragraphe.

G Selon vous, le point de vue de l'auteur est-il distancié ou engagé ? Justifiez votre réponse.

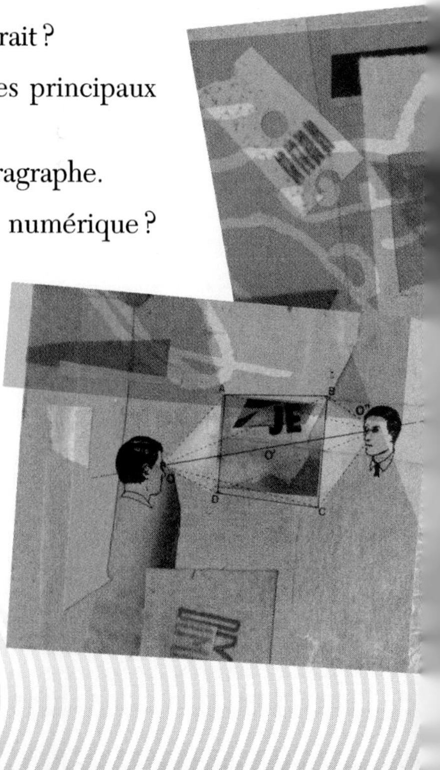

5 Lisez l'extrait de l'article *Au lecteur inconnu*, puis faites les activités qui s'y rattachent.

Au lecteur inconnu

[…]
À ce moment-ci de l'année, j'écris toujours ce genre de chose. C'est le moment de prendre congé de vous pour l'été. Prendre congé. Le mot congé signifie: fonction, charge. Prendre congé, c'est quitter sa charge.

Est-ce donc une **charge** que de vous écrire chaque semaine? Parfaitement. Une **lourde charge**, librement assumée, certes, mais charge quand même.

Pour vous, lecteur tourbillonnaire, c'est l'affaire de quatre ou cinq minutes que de passer diagonalement du titre à la signature. Il m'en faut cent fois davantage pour **sécréter** mes 877 mots hebdomadaires.

J'ai beau me parler tendrement, me **consoler**, me **dorloter**, je ne suis jamais sûr d'écrire comme du monde. Jamais assuré que ça vaut la peine. Bernanos disait: «Si je me sentais du goût pour la besogne que j'entreprends aujourd'hui, le courage me manquerait probablement de la poursuivre parce que je n'y croirais pas. Je ne crois qu'à ce qui me coûte. Je n'ai rien fait de passable en ce monde qui ne m'ait d'abord paru inutile, inutile jusqu'au ridicule, inutile jusqu'au dégoût. Le démon de mon cœur s'appelle «À quoi bon?».

Disant cela, ce n'est pas que je doute de vous, lecteur averti: c'est de moi que je doute.
[…]

Aussi bien, l'écrivain ne mérite aucun privilège particulier. Au contraire: l'accomplissement de son destin augmente sa substance – je ne dis pas son bonheur – tandis que beaucoup d'autres destins vont à l'usure de la substance. Écrire, c'est prendre de l'avance. Le risque, c'est de passer à côté. Car enfin, nous le savons bien, l'écrivain, au meilleur de sa chance, finit par se retrouver à l'endroit dont la plupart ne se sont jamais éloignés.

[Jean-Paul Desbiens, *La Presse*, 17 juin 1987.

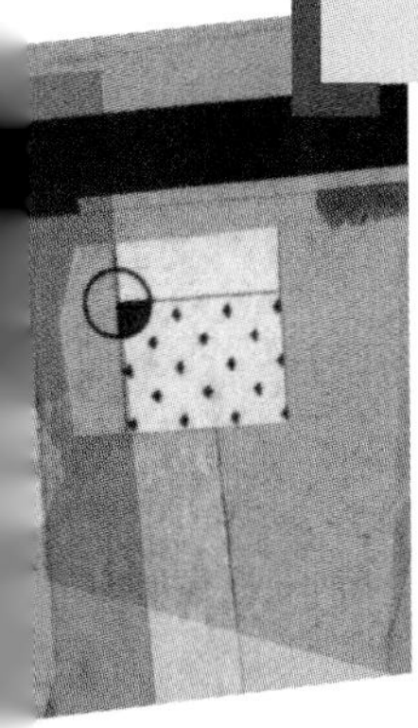

A Les pronoms personnels ci-contre réfèrent-ils à l'auteur, aux destinataires, à un témoin ou à un expert?

① *j'* (ligne 1), *m'* (ligne 13)
② *vous* (lignes 6, 10 et 29)
③ *je* (ligne 18), *me* (ligne 19)
④ *nous* (ligne 37)

B Qui sont les destinataires du texte? Citez deux passages qui l'indiquent clairement.

C Quel type de rapport auteur/destinataire le pronom *nous* (ligne 37) révèle-t-il: un rapport d'autorité ou un rapport d'égalité?

D Nommez les ressources linguistiques utilisées par l'auteur dans les passages suivants:

① Les mots en caractères gras qui révèlent son attitude sur son métier d'écrivain.
② Les passages soulignés qui expriment des jugements sur les lecteurs.
③ Les passages soulignés d'un double trait qui expriment des commentaires sur l'écrivain.

E Parmi les adverbes suivants, lequel est un adverbe modalisateur ? Pourquoi ?

toujours (ligne 1) – *Parfaitement* (ligne 7) – *librement* (ligne 8) – *tendrement* (ligne 15)

F Résumez en quelques mots la position de l'auteur sur le métier d'écrivain et soulignez les mots que vous avez utilisés pour exprimer cette position.

6 Lisez l'extrait du texte *Les Maîtres du langage*, puis faites les activités qui s'y rattachent.

Les Maîtres du langage

Les Maîtres du langage n'aiment pas les hommes. Ils écrivent leurs mots, des mots grands comme des immeubles, leurs terribles silencieux mots qui écrasent le monde. Ils inventent les syllabes qui endorment l'esprit, ils créent les phrases magiques qui persécutent. Derrière chacun de ces mots il y a le pouvoir, la force, la violence. Libérez-vous des mots ! Les mots sont pareils à des animaux féroces, ils cherchent à tuer. Les mots ont des gueules dévorantes. Les mots vont d'un bout à l'autre de la terre, en répétant leurs cris. Les mots guettent dans l'ombre, ils remplacent la lumière, la vie, l'amour. Vous regardez au-dehors et vous croyez voir la terre, le ciel, les hommes et les femmes qui marchent dans la rue; mais vous ne voyez que des mots, des mots. Comment être libre ? Comment échapper aux ordres qui viennent de toutes parts ? Il faudrait détruire tous les mots [...]

[J.M.G. Le Clézio, *Les Géants*, © Éditions Gallimard, 1973.

A Relevez dans le texte toutes les expressions et tous les mots liés à un vocabulaire connotatif péjoratif qui servent à révéler le point de vue de Jean-Marie Le Clézio.

B Relevez deux phrases qui ne sont pas de type déclaratif et qui servent à révéler le point de vue de l'auteur sur les mots. Précisez le type de chacune de ces phrases.

C Résumez en quelques mots la position de Le Clézio sur les Maîtres du langage.

7 Analysez le point de vue dans l'extrait suivant du roman *Les Roses sauvages*. Pour faire votre analyse, consultez la section 6 de la rubrique ***L'essentiel*** (page 87).

Une fois, par taquinerie, elle l'appela Baron et le surnom lui était resté car, loin de s'en piquer, il avait été plutôt flatté. C'était un beau grand jeune homme toujours bien mis, soignant son apparence sans ostentation, toujours poli et prévenant malgré son exubérance naturelle, mais surtout très avantageux; il prenait toute la lumière et ne parlait jamais de l'ombre. Dans la maison d'affaires où il était entré du collège, il avait obtenu de l'avancement; ses supérieurs appréciaient son travail et l'enthousiasme ingénu qu'il mettait à l'entreprise, parlant d'elle comme si elle était la sienne; sa situation restait modeste en comparaison de ce qu'elle deviendrait, assez belle déjà pour s'installer dans une banlieue respectable et épouser une jeune fille dont l'admiration pour lui l'avait séduit, qui l'aimait aussi sans doute, celle-là même qui l'avait appelé Baron pour taquiner, non sans ironie et un peu d'agacement.

[Jacques Ferron, *Les Roses sauvages*, VLB Éditeur, 1990. © Succession Jacques Ferron.

SYNTHÈSE

TEXTE DE RÉFÉRENCE
Bonheur d'occasion,
TEXTES, page 31.

▷ Reconnaître la manière dont un auteur ou une auteure traite un sujet permet de découvrir les buts et les finalités d'un texte.

Illustration

Lors de sa parution, les critiques ont été unanimes à louanger le roman de Gabrielle Roy, *Bonheur d'occasion*.

ARRÊT SUR TEXTE — Lisez les premier et deuxième paragraphes (lignes 1 à 26).

1 **A** Que révèle l'utilisation des pronoms sur la présence de l'auteur dans ce texte ?

B Cet usage des pronoms permet-il d'affirmer que Jean Béraud n'adopte pas un point de vue engagé ? Justifiez votre réponse à l'aide de trois passages relevés dans les lignes 1 à 26.

C Dans chacun des passages relevés en **B**, quelles ressources linguistiques l'auteur utilise-t-il pour exprimer un jugement ?

ARRÊT SUR TEXTE — Lisez le troisième paragraphe (lignes 27 à 36).

2 Dans ces lignes, l'auteur exprime clairement un jugement sur l'écriture du roman *Bonheur d'occasion*.

A Citez deux passages qui révèlent ce jugement.

B S'agit-il d'un jugement favorable ou défavorable ?

C Dans chacun des passages relevés en **A**, quelles ressources linguistiques l'auteur utilise-t-il pour exprimer son jugement ?

ARRÊT SUR TEXTE — Lisez les quatrième et cinquième paragraphes (lignes 37 à 78).

3 Dans les lignes 37 à 53, l'auteur présente les principaux personnages du roman de Gabrielle Roy et en donne une appréciation. À l'aide des stratégies proposées dans la section 6 de la rubrique ***L'essentiel*** (page 87), rédigez un court paragraphe dans lequel vous analyserez le point de vue adopté par Jean Béraud quand il parle des personnages.

4 Que révèle la dernière phrase du quatrième paragraphe (lignes 53 à 64) sur le rapport auteur/destinataire établi par Jean Béraud ? Justifiez votre réponse en citant deux passages du texte.

ARRÊT SUR TEXTE **Lisez le dernier paragraphe (lignes 79 à 86).**

5 Jean Béraud semble vouloir dissiper toute équivoque sur les motifs des personnages à la fin du roman de Gabrielle Roy.

A Quelle est cette fin ?

B Quels procédés d'écriture l'auteur utilise-t-il pour transmettre son message ?

6 **A** Quel ton l'auteur adopte-t-il dans la phrase *Bonheur d'occasion, acheté bien cher…* (ligne 84) ?

B Quel ton adopte-t-il dans l'ensemble du texte ? Justifiez votre réponse.

7 La dernière phrase révèle clairement la visée argumentative du texte. Pourquoi ?

Validation

Pour démontrer que vous comprenez l'importance de reconnaître la manière dont un auteur ou une auteure traite un sujet, trouvez un texte et, à l'aide d'annotations, analysez le point de vue qui y est adopté.

TT 201

Le texte argumentatif

TT 201 Le texte argumentatif
TT 202 Le texte narratif
TT 203 Le texte dramatique
TT 204 Le texte poétique

CORPUS D'OBSERVATION

❾ Stratégie argumentative : l'explication argumentative (Pourquoi est-ce souhaitable que les jeunes de 16 ans ne votent pas ?)

❶ SUJET → Le droit de vote à 16 ans

Moi, voter ? Quelle décision !

❸ Contre-thèse → On devrait accorder le droit de vote à 16 ans.

❷ Thèse / incitation

⓯ Organisateurs textuels

❹ Conclusion partielle 1

❺ Argument 1

***«MOI, VOTER ? JE NE CROIS PAS, MONSIEUR !»* VOILÀ CE QUE JE RÉPONDRAIS À CELUI QUI VIENDRAIT ME DIRE QUE LES JEUNES DE 16 ANS VOTERONT AUX PROCHAINES ÉLECTIONS.** **Pourquoi ?** Peut-être tout simplement **PARCE QUE** **JE NE ME SENS PAS PRÊTE À ASSUMER UNE TELLE RESPONSABILITÉ !** L'idée d'aller moi aussi remplir un bulletin de vote est pourtant très flatteuse… Elle donne une illusion d'importance, de maturité ! Pourtant, je ne crois pas que voter se résume à tracer une croix sur un bout de papier, et c'est pourquoi je demeure sceptique à l'idée que nous aussi, adolescents de 16 ans, puissions aller remplir ce «devoir» du citoyen. **Peut-on remettre l'avenir de notre pays entre des mains qui, hier encore, étaient occupées à coiffer la poupée Barbie ou à faire avancer un camion-jouet ?**

Demandez à ma génération de définir le mot «premier ministre». Demandez-lui de vous résumer en quelques mots le rôle des députés. Silence. Je ne pourrais même pas moi-même expliquer le

❺ Argument 1

fonctionnement de notre système gouvernemental ! Et pourtant, je ne vis pas en recluse au fond des bois ! Je fréquente un des meilleurs collèges de Montréal... **On a eu beau m'apprendre les axiomes d'Euclide ou les règles de grammaire, jamais on ne m'a parlé du gouvernement qui décide de notre vie à nous, Canadiens.** Et on voudrait que j'aille élire les prochains ministres ! C'est comme laisser à un poète la responsabilité de choisir un futur général d'armée !

❹ Conclusion partielle 2

❺ Argument 2

DE PLUS, NOUS, ADOLESCENTS, SOMMES TRÈS INFLUENÇABLES... Cette situation est tout à fait normale ! **Nous sommes à la recherche de nos goûts, de nos capacités et de notre personnalité.** Mais voilà... Certains adultes aux intentions pas toujours «catholiques» pourraient justement essayer d'en profiter pour nous convaincre de leurs idées ! Demandez aux jeunes s'ils étaient pour ou contre l'indépendance du Québec... Eh bien, vous constaterez qu'ils avaient la même opinion que leurs parents ou leurs professeurs. Avoir des idées semblables à celles de notre famille, c'est normal... Mais on tente d'en imposer à ceux qui ont moins de caractère ! Par exemple, lorsque les jeunes voient que leurs idoles ont telle ou telle opinion sur un sujet, ils se laissent influencer et en viennent à ne plus avoir d'opinion personnelle !

Malgré tout, nous serons les adultes de demain. Nous devons prendre notre avenir en main et ne pas toujours laisser aux adultes le soin de décider de notre vie future ! C'est pourquoi je crois que des séances d'information, des programmes éducatifs s'imposent dans les écoles si on veut permettre aux jeunes de 16 ans de voter. Nous avons grandement besoin d'être renseignés sur le gouvernement qui dirige notre pays avant de vouloir en élire les membres ! Après tout, comment faire les bons choix si le foulard de l'ignorance nous bande les yeux ? Le droit de vote n'est pas comparable au jeu de l'âne où, au hasard, on colle une queue en espérant qu'elle tombe sur le postérieur de l'animal. On ne peut pas se permettre de poser le «X» au mauvais endroit : c'est l'avenir du pays qui est en jeu !

❼ Conclusion/réaffirmation de la thèse

Élargissement du débat

VOTER À 16 ANS... NOUS, LES JEUNES, SOMMES-NOUS ASSEZ RESPONSABLES ? Quand je prends conscience du taux toujours plus élevé de décrochage scolaire et du problème de la drogue chez les adolescents, je me demande si on ne devrait pas apprendre aux jeunes à prendre en main leur propre avenir avant de leur demander de décider de celui du pays.

Karine Bélair, 4e secondaire, Collège Sainte-Marcelline,
Le Devoir, 23 janvier 1997.

❽ Stratégie argumentative : la démonstration (Est-ce vrai que l'étude est un antidote efficace contre le chômage ?)

L'instruction enrichit

← ❶ SUJET

Idée reçue : à quoi sert de s'instruire, puisqu'il n'y a pas d'emplois ? — ❸ Contre-thèse

«Des chômeurs instruits.» Cette expression a fait son apparition ces dernières années et se veut une réplique au slogan de la Révolution tranquille : «Qui s'instruit s'enrichit.» **ÉTUDIER NE SERAIT PLUS UN ANTIDOTE EFFICACE CONTRE LE CHÔMAGE.** [❸ Contre-thèse] **C'EST FAUX.** [❷ Thèse / constat] Le Bureau (aujourd'hui l'Institut) de la statistique du Québec a rendu publique l'an dernier une étude qui démontre que **LE CHÔMAGE ÉLEVÉ CHEZ LES JEUNES EST EN BONNE PARTIE LA CONSÉQUENCE DIRECTE D'UN MANQUE D'INSTRUCTION.** [❹ Conclusion partielle 1]

Par exemple, les auteurs constatent que, **en ce qui concerne les Québécois nés entre 1966 et 1971, le taux de chômage est deux fois plus élevé chez ceux qui n'ont pas dépassé le niveau des études secondaires que chez ceux qui possèdent un diplôme postsecondaire, soit 18 % contre 9 %.** [❺ Argument 1] L'étude montre encore qu'**entre ces deux catégories l'écart de revenu s'élargit d'année en année : il est passé de 2 400 à 5 500 dollars de 1981 à 1995.** [❺ Argument 1]

La conclusion des auteurs est claire : «**LA POURSUITE DES ÉTUDES AU-DELÀ DU SECONDAIRE (AVEC DIPLÔME) EST UN PRÉCIEUX ATOUT POUR DÉCROCHER UN EMPLOI BIEN RÉMUNÉRÉ ET PERMET DE SE PLACER DANS UNE POSITION PLUS FAVORABLE EN PÉRIODE DE CYCLE ÉCONOMIQUE DIFFICILE.**» [❹ Conclusion partielle 2]

Une dernière preuve : de 1982 à 1994, **ceux qui ont obtenu un diplôme de maîtrise ont profité d'un taux de placement qui avoisine les 95 %.** [❺ Argument 2] **DES CHÔMEURS INSTRUITS, IL N'Y EN A PAS TANT QUE ÇA !** [❼ Conclusion / réaffirmation de la thèse]

⓯ Organisateurs textuels

D'une génération à l'autre : évolution des conditions de vie, Bureau de la statistique du Québec, 1998.

❿ Stratégie argumentative : la réfutation.

❶ SUJET →

Le rire

Irénée est un provincial naïf qui rêve de devenir un grand tragédien. Engagé pour tourner un film, il invente une manière de jouer qui provoque le rire dans une scène qui n'est pas comique. Il est désespéré.

FRANÇOISE. — Votre succès va vous ressusciter.

IRÉNÉE. — Et vous croyez que je vais accepter un succès de comique ! Ah non. Pouah !

FRANÇOISE. — Mais pourquoi ?

IRÉNÉE. — Faire rire ! Devenir un roi du rire ! C'est moins effrayant que d'être guillotiné, mais c'est aussi infamant.

FRANÇOISE. — Pourquoi ?

IRÉNÉE. — Des gens vont dîner, avec leur femme ou leur maîtresse. Et vers neuf heures du soir, ils se disent : «Ah ! maintenant qu'on est repus, que l'on a fait les choses sérieuses de la journée, où allons-nous trouver un spectacle qui ne nous fasse pas penser, qui ne nous posera aucun problème et qui nous secouera un peu les boyaux, afin de nous faciliter la digestion ?»

FRANÇOISE. — Allons donc ! Vous exagérez tout...

IRÉNÉE. — Oh non, car c'est même encore pire : ce qu'ils viennent chercher, quand ils vont voir un comique, c'est un comique qui leur permette de s'estimer davantage. Alors pour faire un comique, le maquilleur approfondit une ride, il augmente un petit défaut. Au lieu de corriger mon visage, au lieu d'essayer d'en faire un type d'homme supérieur, il le dégradera de son mieux, avec tout son art. Et si alors j'ai un grand succès de comique, cela voudra dire que dans toutes les salles de France, il ne se trouvera pas un homme, si bête et si laid qu'il soit, qui ne puisse pas se dire : «Ce soir je suis content, parce que j'ai vu – et j'ai montré à ma femme – quelqu'un de plus bête et de plus laid que moi.» (*Un temps, il réfléchit.*) Il y a cependant une espèce de gens auprès de qui je n'aurai aucun succès : les gens instruits, les professeurs, les médecins, les prêtres. Ceux-là, je ne les ferai pas rire, parce qu'ils ont l'âme assez haute pour être émus de pitié. Allez, Françoise, celui qui rit d'un autre homme, c'est qu'il se sent supérieur à lui. **CELUI QUI FAIT RIRE TOUT LE MONDE, C'EST QU'IL SE MONTRE INFÉRIEUR À TOUS.**

❷ Thèse ⇕ ❸ Contre-thèse

FRANÇOISE. — **IL SE MONTRE, PEUT-ÊTRE, MAIS IL NE L'EST PAS.**

IRÉNÉE. — Pourquoi ?

FRANÇOISE. — Parce que l'acteur n'est pas l'homme. Vous avez vu Charlot sur l'écran qui recevait de grands coups de pied au derrière. Croyez-vous que dans la vie Charlie Chaplin accepterait seulement une gifle ? Oh non ! Il en donnerait plutôt... C'est un grand chef dans la vie, M. Chaplin.

IRÉNÉE. — **Alors, pourquoi s'abaisserait-il à faire rire ?** → ❺ Argument 1

FRANÇOISE. — **Quand on fait rire sur scène ou sur écran, on ne s'abaisse pas, bien au contraire.** Faire rire ceux qui rentrent des champs, avec leurs grandes mains tellement dures qu'ils ne peuvent plus les fermer; ceux qui sortent des bureaux avec leurs petites poitrines qui ne savent plus le goût de l'air. Ceux qui reviennent de l'usine, la tête basse, les ongles cassés, avec de l'huile noire dans les coupures de leurs doigts... Faire rire tous ceux qui mourront, faire rire tous ceux qui ont perdu leur mère, tous ceux qui la perdront...

→ ❻ Contre-argument 1

IRÉNÉE. — Mais qui c'est ceux-là ?

FRANÇOISE. — Tous... Ceux qui n'ont pas encore perdu la mère, la perdront un jour... **Celui qui leur fait oublier un instant les petites misères... la fatigue, l'inquiétude et la mort; celui qui fait rire des êtres qui ont tant de raisons de pleurer, celui-là leur donne la force de vivre et on l'aime comme un bienfaiteur...**

❻ Contre-argument 1

IRÉNÉE. — **Même si pour les faire rire il s'avilit devant leurs yeux ?**

❺ Argument 2

FRANÇOISE. — S'il faut qu'il s'avilisse, et s'il y consent, le mérite est encore plus grand, puisqu'**il sacrifie son orgueil pour alléger notre misère...** On devrait dire saint Molière, on pourrait dire saint Charlot...

❻ Contre-argument 2

IRÉNÉE. — **MAIS LE RIRE... C'EST UNE ESPÈCE DE CONVULSION ABSURDE ET VULGAIRE...**

❹ Conclusion partielle

FRANÇOISE. — Non, non, ne dites pas du mal du rire. Il n'existe pas dans la nature; les arbres ne rient pas et les bêtes ne savent pas rire... les montagnes n'ont jamais ri... il n'y a que les hommes qui rient... Les hommes et même les tout petits enfants, ceux qui ne parlent pas encore... **LE RIRE, C'EST UNE CHOSE HUMAINE, UNE VERTU QUI N'APPARTIENT QU'AUX HOMMES ET QUE DIEU PEUT-ÊTRE LEUR A DONNÉE POUR SE CONSOLER D'ÊTRE INTELLIGENTS...**

❹ Conclusion partielle

[...]

Marcel Pagnol, *Le Schpountz*, © Bernard de Fallois, 1938.

Le travail et les études

⓫ La séquence argumentative :

⓬ INTRO

⓬A Sujet amené

Nous observons, depuis quelques années, une augmentation du nombre de jeunes qui travaillent à temps partiel. Parallèlement à ce fait, nous prenons également conscience de l'inquiétante progression de l'échec et du décrochage scolaires chez les jeunes.

⓬B Sujet posé

Il est donc pertinent de s'interroger sur le lien entre ces deux situations et de se demander si le travail à temps partiel est compatible avec la réussite scolaire.

⓬C Formulation de la thèse

⓫ Formulation de la thèse

SELON MOI, CE N'EST GÉNÉRALEMENT PAS LE CAS ET CE POUR PLUSIEURS RAISONS.

⓬D Sujet divisé

Je parlerai ici plus particulièrement de la démotivation relativement à l'effort demandé et du manque de temps.

⓭ DÉVELOPPEMENT

⓫ ARGUMENTATION

Un jeune qui travaille à temps partiel ne peut le faire qu'en dehors des heures de cours, donc le soir et la fin de semaine. Ce faisant, il se prive du temps nécessaire à la rédaction de ses devoirs et à la préparation de ses examens, qu'il devra terminer rapidement, souvent tard le soir ou tôt le matin. Il est ainsi doublement pénalisé sur le plan scolaire puisque son travail est bâclé et également parce qu'il finira par manquer de repos et donc de concentration à l'école. **UN JEUNE QUI TRAVAILLE À TEMPS PARTIEL NE PEUT DONC PAS CONSACRER TOUT LE TEMPS ET L'ÉNERGIE NÉCESSAIRES À LA RÉUSSITE SCOLAIRE.**

⓯ Organisateurs textuels

De plus, contrairement à l'étude, le marché du travail offre des résultats immédiats à l'effort fourni : un salaire. Étant en mesure de comparer les deux systèmes, le jeune qui travaille est souvent séduit par la facilité que procure l'argent et par la possibilité de satisfaire ses besoins matériels. Ceci est d'autant plus vrai que notre société valorise énormément la possession de biens. Comparativement à l'effort que l'étudiant doit fournir à l'école pour atteindre un but mal défini, le travail rémunéré est donc attirant. **LE JEUNE RESSENT DONC UNE BAISSE DE MOTIVATION POUR LES ÉTUDES DONT IL VOIT MAL L'UTILITÉ.** De là la question souvent

DÉVELOPPEMENT

entendue dans la bouche des jeunes qui travaillent: «Pourquoi vouloir obtenir des diplômes quand on peut avoir de l'argent sans ces papiers?» Le jeune qui travaille à temps partiel perd de l'intérêt pour l'école et il est inutile de penser réussir dans ces conditions. De toute façon, il ne cherche même plus à réussir.

ARGUMENTATION

Bien sûr, on peut fournir des exemples du contraire, des gens qui performent à l'école tout en travaillant. Cependant, il faut également être réaliste: cette réussite nécessite une organisation et une rigueur que la grande majorité des jeunes ne possèdent pas, qu'ils travaillent ou non. Il ne faut pas fonder une opinion sur une exception, mais bien sur la situation du plus grand nombre. Or, dans ce cas, **LE PLUS GRAND NOMBRE NE SEMBLE PAS ÊTRE EN MESURE DE CONCILIER ÉTUDES ET TRAVAIL AVEC SUCCÈS**; il suffit de parler avec des jeunes pour prendre conscience des difficultés qu'ils éprouvent.

⓮ CONCLUSION

En conclusion, **JE NE PENSE PAS QU'IL SOIT POSSIBLE DE RÉUSSIR SES ÉTUDES TOUT EN TRAVAILLANT À TEMPS PARTIEL** puisqu'on manque alors de temps et de motivation pour fournir l'effort nécessaire au succès scolaire. Bien sûr, il ne faut pas croire pour autant que le travail soit la seule cause d'un échec ou d'un abandon des études, c'en est une parmi d'autres. Il ne servirait à rien d'empêcher les jeunes de travailler pour régler le problème, il faut s'attaquer à toutes ses causes et d'abord les découvrir.

⓫ Reformulation de la thèse

«Texte d'un étudiant», *Guide d'évaluation d'un texte argumentatif*, Ministère de l'Enseignement supérieur et de la Science, Québec, octobre 1993. Reproduit avec l'autorisation du ministère de l'Éducation du Québec.

Vers L'ESSENTIEL

Les mises en évidence et les annotations des textes du **CORPUS D'OBSERVATION** vous ont permis de découvrir les grandes caractéristiques des textes argumentatifs. Pour en savoir davantage sur ce type de texte, résumez les connaissances des pages 103 à 130 en reproduisant et en remplissant la fiche *Prise de notes* qui suit.

Prise de notes

LE TEXTE ARGUMENTATIF

1. LE CONTENU

Texte arg. : texte qui ______

______ : réalité qui peut susciter des prises de position différentes.

Démarche argumentative :

THÈSE	• Nature : – ______ – ______ – ______
↕	
______	• Fondés sur des ______, des ______ ou des ______
↕	
______	• Étapes importantes de l'argumentation en lien avec la ______
↕	
CONCLUSION / RÉAFFIRMATION DE LA THÈSE	• Conclusion générale, résultat de l'argumentation.

Arguments : ______

ATTENTION ! Tout argument doit être appuyé sur un ______

Les principales strat. arg. (modèles de raisonnement) :

– *______ : Si... Alors...*

– *l'explication argumentative : ______*

– *la réfutation : contre-arguments*

2. L'ORGANISATION

Intro : – sujet ______ – sujet ______ – formulation de la thèse – sujet ______

Dév. : argumentation.

Concl. : – ______ – ______

3. LE POINT DE VUE

Selon la distanciation établie vis-à-vis du sujet du texte arg., le ton peut être :

– *plutôt neutre*

– *plus ou moins ______ ou plus ou moins ______*

– *ironique, ______, ______, ______ ou ______*

Les buts du texte arg. :

Agir sur : – ______

– *______*

L'ESSENTIEL

Le texte argumentatif

(La lettre ouverte, l'article critique et l'exposé critique)

LA SITUATION ARGUMENTATIVE

Une situation est dite argumentative lorsque, à partir d'un sujet qui suscite des prises de position opposées, **une personne prend position** et élabore une **démarche méthodique pour convaincre** une autre personne ou un groupe de personnes du bien-fondé ou de la validité de sa position et l'amener à adopter cette position. Imaginons la situation suivante :

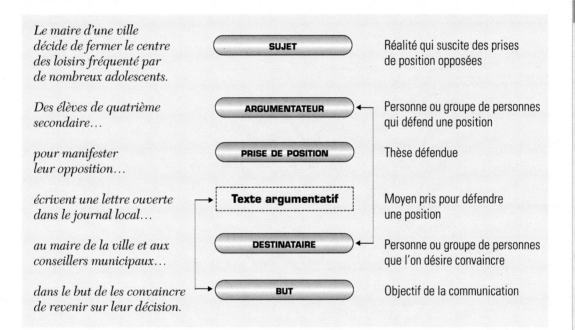

Le maire d'une ville décide de fermer le centre des loisirs fréquenté par de nombreux adolescents.	SUJET	Réalité qui suscite des prises de position opposées
Des élèves de quatrième secondaire…	ARGUMENTATEUR	Personne ou groupe de personnes qui défend une position
pour manifester leur opposition…	PRISE DE POSITION	Thèse défendue
écrivent une lettre ouverte dans le journal local…	**Texte argumentatif**	Moyen pris pour défendre une position
au maire de la ville et aux conseillers municipaux…	DESTINATAIRE	Personne ou groupe de personnes que l'on désire convaincre
dans le but de les convaincre de revenir sur leur décision.	BUT	Objectif de la communication

Toute situation argumentative peut être schématisée de la façon suivante :

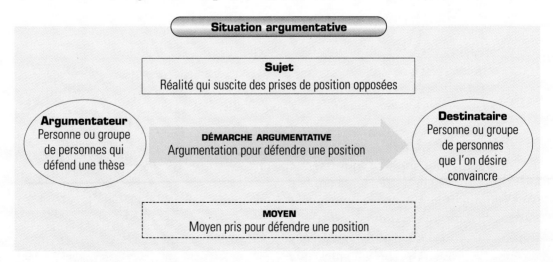

Situation argumentative

Sujet
Réalité qui suscite des prises de position opposées

Argumentateur
Personne ou groupe de personnes qui défend une thèse

DÉMARCHE ARGUMENTATIVE
Argumentation pour défendre une position

Destinataire
Personne ou groupe de personnes que l'on désire convaincre

MOYEN
Moyen pris pour défendre une position

LES FORMES DE TEXTES ARGUMENTATIFS

À l'instar de la situation argumentative, le texte argumentatif **présente et défend une position** sur un sujet dans le but d'**influencer le destinataire**.

Selon les raisons pour lesquelles ils sont élaborés, selon les sujets sur lesquels ils portent, selon les destinataires et selon le contexte dans lequel ils sont diffusés, les textes argumentatifs peuvent prendre différentes formes orales ou écrites, comme l'illustre le tableau suivant:

LES PRINCIPALES FORMES DE TEXTES ARGUMENTATIFS		
	Textes courants	**Textes littéraires**
Formes écrites	article critique – lettre ouverte – éditorial – commentaire – billet – essai – caricature – texte d'opinion – chronique – etc.	poème engagé – fable – pièce de théâtre – roman
Formes orales	discussion – exposé critique – débat	chanson engagée – pièce de théâtre

Les principales formes de textes argumentatifs

L'article critique est essentiellement un commentaire sur une manifestation artistique et culturelle. Dans ce genre de texte, une personne porte un jugement sur un spectacle qu'elle a vu, un roman qu'elle a lu, etc., et élabore une démarche argumentative pour justifier sa position et la faire accepter.

Pour aider les destinataires à se représenter ce sur quoi porte son jugement, la personne qui écrit un article critique y introduit souvent de longues séquences descriptives. Le jugement émis sur l'œuvre critiquée peut exprimer une appréciation positive, négative ou nuancée.

Ex.: - *Une histoire enracinée dans le quotidien* (*TEXTES*, page 12)
- *Gratien Gélinas nous donne une grande pièce de théâtre* (*TEXTES*, page 22)

La lettre ouverte est un texte argumentatif dans lequel un ou une spécialiste ou le ou la simple profane s'adresse à une personne ou à un groupe de personnes (les lecteurs et les lectrices d'un journal ou d'une revue, par exemple) qu'il ou elle désire convaincre de quelque chose. Dans les journaux, on trouve souvent des lettres ouvertes sous les rubriques *Opinions du lecteur, À votre tour, Qu'en pensez-vous?*, etc.

Ex.: - *Moi, voter? Quelle décision!* (*Corpus d'observation*, page 95)
- *Le courage de ses opinions* (*TEXTES*, page 228)

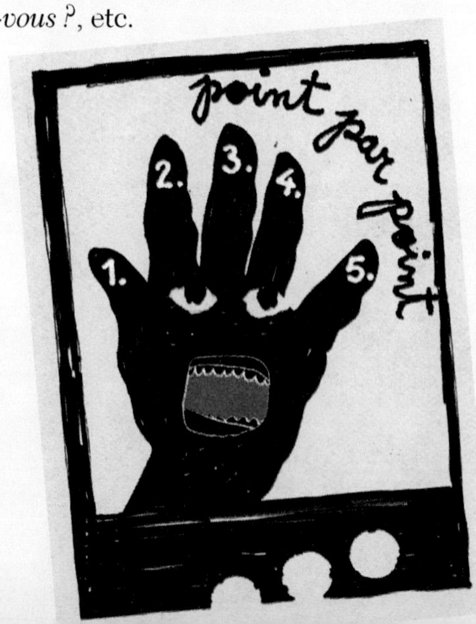

L'éditorial est un texte argumentatif portant sur un fait d'actualité important, qui vise à amener les lectrices et les lecteurs à adopter la position défendue par l'éditorialiste et, dans certains cas, les **invite à s'engager dans une action concrète**.

Ex.: - *Le Prozac des enfants* (*TEXTES*, page 254)
- *Les parcs québécois, un patrimoine à préserver* (*TEXTES*, page 242)

L'essai, contrairement à l'article critique, à la lettre ouverte et à l'éditorial, ne se trouve pas dans les journaux. Généralement plus long que les autres textes argumentatifs, l'essai présente la synthèse d'une opinion personnelle sur un sujet à caractère politique, économique, sociologique, culturel, etc. C'est la forme la plus libre du texte argumentatif; il peut s'agir d'une étude universitaire, d'un article de revue, d'un livre, etc.

Ex.: - *Les Insolences du frère Untel* (*TEXTES*, page 41)
- *L'Homme ou la nature?* (*TEXTES*, page 240)

/REMARQUE/ Plusieurs œuvres littéraires contiennent des séquences argumentatives, comme en fait foi l'extrait de la pièce de théâtre *Le Schpountz* de Marcel Pagnol à la page 98.

Les principales formes orales de textes argumentatifs

La discussion consiste en un échange plus ou moins structuré de propos à caractère argumentatif entre deux ou plusieurs personnes.

L'exposé critique permet, lors d'une intervention en public, de faire valoir un jugement sur un sujet en respectant la même démarche argumentative que celle qui est utilisée dans les formes écrites de textes argumentatifs.

Le débat est une situation formelle d'échanges structurés sur un sujet d'intérêt commun, qui soulève des questions parfois controversées, souvent émotives et même passionnées. Cette forme de discussion réunit deux groupes de participants et de participantes qui abordent le même sujet, mais qui défendent des positions opposées.

Ex.: *Au cours d'une discussion, un groupe se prononce en faveur du droit de vote à 16 ans tandis que l'autre groupe s'oppose au droit de vote à 16 ans.*

1 LE CONTENU DES TEXTES ARGUMENTATIFS

1.1 LE SUJET

▶ ❶ *– Moi, voter? Quelle décision! – L'instruction enrichit – Le rire*

Un texte argumentatif traite habituellement d'une **réalité qui peut susciter des prises de position différentes**. Il peut s'agir d'un **fait** (ex.: les films américains dominent sur les écrans de cinéma du monde entier), d'un **événement** (ex.: la grève des chauffeurs d'autobus), d'une **manifestation culturelle** (ex.: le dernier film de Manon Briand), d'un **phénomène** (ex.: la déforestation au Québec), ou de tout autre sujet qui peut susciter des désaccords et donner lieu à des prises de position opposées.

Le **sujet** du texte argumentatif désigne donc **la réalité dont traite le texte**. On peut habituellement découvrir le sujet dans le titre, dans le chapeau (s'il y a lieu) ou dans les premières phrases du texte. Les champs lexicaux contribuent aussi à le révéler.

1.1.1 Les aspects du sujet

Les regroupements d'arguments et de conclusions partielles dans un texte argumentatif peuvent porter sur des **aspects** du sujet de ce texte. Ainsi, dans un texte argumentatif dont le sujet serait *la fermeture du centre des loisirs de la ville*, les regroupements d'arguments et de conclusions partielles pourraient porter sur les aspects suivants: le manque de loisirs pour les jeunes, la fréquentation du centre des loisirs et l'augmentation des actes de délinquence chez les adolescents et les adolescentes.

Dans un texte argumentatif, les aspects du sujet peuvent se confondre avec les **aspects de la thèse**.

1.2 LES ÉLÉMENTS DE LA DÉMARCHE ARGUMENTATIVE

On appelle démarche argumentative l'**ensemble des moyens utilisés par la personne qui argumente pour défendre et faire admettre une thèse**. La démarche argumentative comprend l'ensemble ou une partie des éléments présentés dans le schéma suivant :

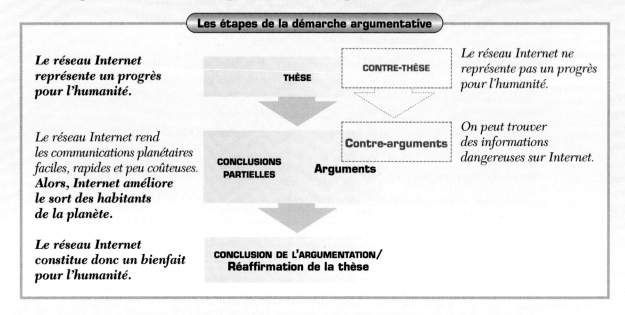

Les étapes de la démarche argumentative

Le réseau Internet représente un progrès pour l'humanité.	**THÈSE**	**CONTRE-THÈSE**	*Le réseau Internet ne représente pas un progrès pour l'humanité.*
Le réseau Internet rend les communications planétaires faciles, rapides et peu coûteuses. ***Alors, Internet améliore le sort des habitants de la planète.***	**CONCLUSIONS PARTIELLES** / **Arguments**	**Contre-arguments**	*On peut trouver des informations dangereuses sur Internet.*
Le réseau Internet constitue donc un bienfait pour l'humanité.	**CONCLUSION DE L'ARGUMENTATION/ Réaffirmation de la thèse**		

1.2.1 La thèse

TH ▶ ❷ – *Moi, voter ? Quelle décision !* – *L'instruction enrichit* – *Le rire*

La **thèse** est l'énoncé d'une **proposition** qui expose ce vers quoi tend tout le texte, **ce dont la personne qui argumente cherche à convaincre son destinataire**. Généralement, la thèse est énoncée de façon **explicite** au début d'un texte. Il existe aussi des thèses **implicites**, particulièrement dans les textes littéraires. La thèse peut être de nature différente, selon le type de proposition qu'elle représente. Comme l'illustre le tableau suivant, la thèse peut représenter un **constat**, une **évaluation** ou une **incitation**.

• *Le lait est un aliment nécessaire pour la santé.* • *Le cerveau de l'homme fonctionne différemment de celui de la femme.* • *L'instruction enrichit.*	**THÈSE/CONSTAT**	La thèse se présentant sous la forme d'un **constat** est un énoncé qui établit une **vérité** sur une réalité (fait, affirmation, phénomène) ou une relation entre des réalités. La personne qui argumente doit **prouver la véracité** de sa proposition (*Est-ce vrai ?*).
• *Le réseau Internet représente un* ***progrès*** *pour l'humanité.* • *On peut dire que la pièce* Les Belles-Sœurs *de Michel Tremblay est une œuvre* ***universelle****.* • *La Gaspésie est* ***la plus belle*** *région du Québec.*	**THÈSE/ÉVALUATION**	La thèse se présentant sous la forme d'une **évaluation** est un énoncé qui contient une **appréciation** (positive ou négative) d'une réalité (fait, affirmation, phénomène). La personne qui argumente peut **prouver la véracité** de sa proposition (*Est-ce vrai ?*) ou en **justifier le bien-fondé** (*Pourquoi est-ce souhaitable ? bien ? beau ?*).
• *Il faudrait que tous les jeunes Québécois et Québécoises fassent des études collégiales.* • *Le ministère du Tourisme devrait prioritairement favoriser le développement des régions.* • *On devrait permettre aux jeunes de 16 ans de voter.*	**THÈSE/INCITATION**	La thèse se présentant sous la forme d'une **incitation** est un énoncé qui conseille ou déconseille, recommande de faire ou de ne pas faire quelque chose. La personne qui argumente doit **justifier le bien-fondé** de sa proposition (*Pourquoi est-ce souhaitable ?*).

1.2.2 La contre-thèse

C-TH ▶❸ – *Moi, voter ? Quelle décision !* – *L'instruction enrichit* – *Le rire*

Si la personne qui écrit un texte argumentatif doit défendre sa thèse pour convaincre le destinataire, c'est donc qu'il existe ou qu'il peut exister une thèse opposée à la sienne : c'est la **contre-thèse**. On appelle contre-thèse **la thèse opposée à la thèse défendue** dans le texte. La contre-thèse peut être **explicite** : elle est alors clairement formulée ; sinon, elle est **implicite**, c'est-à-dire qu'elle n'est pas formulée. Pour trouver une contre-thèse implicite, il faut formuler un énoncé contenant une proposition contraire à celle défendue dans la thèse.

Ex. : • Thèse : *Le cerveau de l'homme fonctionne* ***différemment*** *de celui de la femme.*
- Contre-thèse : *Le cerveau de l'homme fonctionne* ***de la même façon*** *que celui de la femme.*

Qu'elle soit explicite ou implicite, la contre-thèse joue toujours un rôle important dans la démarche argumentative et dans le choix des arguments de la personne qui argumente.

1.2.3 Les conclusions partielles

CP ▶❹ – *Moi, voter ? Quelle décision !* – *L'instruction enrichit* – *Le rire*

Les conclusions partielles constituent des étapes importantes dans l'argumentation, car elles marquent les **différentes phases qui amènent le destinataire à adhérer à la thèse défendue**.

Dans les textes, les conclusions partielles peuvent être énoncées avant ou après les arguments.

1.2.4 Les arguments

A ▶❺ – *Moi, voter ? Quelle décision !* – *L'instruction enrichit* – *Le rire*

QU'EST-CE QU'UN ARGUMENT ?

Les arguments sont des **énoncés** qui constituent des **RAISONS** ou des **PREUVES** servant à appuyer et à valider une thèse. Tout argument doit être **appuyé sur un raisonnement**.

Observons les exemples suivants :

Exemple 1	Exemple 2
[À l'école] *on a eu beau m'apprendre les axiomes d'Euclide ou les règles de grammaire, jamais on ne m'a parlé du gouvernement qui décide de notre vie à nous, Canadiens.* Hors contexte, l'énoncé présente un fait, mais ne constitue pas un argument.	*Toute personne qui a le droit de vote devrait connaître le fonctionnement du gouvernement qui décide de notre vie.* ***Or,*** *je n'ai jamais entendu parler du gouvernement.* ***Donc,*** *je ne devrais pas avoir le droit de vote.* Dans cet exemple, le fait est mis en relation avec un autre énoncé pour dégager une conclusion : il s'agit d'un argument dont on peut reconstituer le raisonnement.

Un argument s'appuie sur un raisonnement qui prend la forme d'**énoncés permettant d'arriver à une conclusion**. Il existe deux formes principales de raisonnement: le raisonnement déductif et le raisonnement inductif. Ces deux types de raisonnement reposent sur des énoncés qui mènent à une conclusion.

L'argument de l'exemple 2 (page 107) est construit selon le modèle du **raisonnement déductif** qui va **du général au particulier**. Il prend la forme d'un syllogisme, modèle de raisonnement mis en place par Aristote, philosophe de l'Antiquité grecque. Le syllogisme se construit de la manière suivante:

- Un **énoncé général universel** appelé ——→ **prémisse majeure**

  Toute personne qui a le droit de vote devrait connaître le fonctionnement du gouvernement qui décide de notre vie.

- Un **fait particulier** vérifiable appelé ——→ **prémisse mineure**

  ***Or**, je n'ai jamais entendu parler du gouvernement.*

  qui, mis en relation avec l'énoncé universel,

- permet de dégager une ——→ **conclusion**

  ***Donc**, je ne devrais pas avoir le droit de vote.*

Le **raisonnement inductif** s'appuie sur un ensemble de faits particuliers à partir desquels on élabore une **généralisation**.

- Des **faits** ou des **cas particuliers** appelés ——→ **raisons**

  - *Je ne crois pas que voter se résume à tracer une croix sur un bout de papier.*
  - *Peut-on remettre l'avenir de notre pays entre des mains qui, hier encore, étaient occupées à coiffer la poupée Barbie ou à faire avancer un camion-jouet?*
  - *Je ne pourrais même pas moi-même expliquer le fonctionnement de notre système gouvernemental!*
  - *On a eu beau m'apprendre les axiomes d'Euclide ou les règles de grammaire, jamais on ne m'a parlé du gouvernement qui décide de notre vie à nous, Canadiens.*

- Un **énoncé général** appelé ——→ **conclusion**

  Je ne me sens pas prête à assumer une telle responsabilité!

Les fondements des arguments

Les arguments que l'on retient pour défendre une thèse peuvent être fondés sur des faits, des valeurs ou des principes logiques. On trouve le fondement d'un argument dans les **données** retenues pour le formuler.

▶ ❺ *L'instruction enrichit*

L'argument fondé sur des faits est un énoncé qui présente un ou des **faits vérifiables ou admis comme vrais** pour justifier le bien-fondé ou prouver la véracité de la thèse défendue. Un fait peut être un événement, une vérité admise par tous, un résultat d'observation (des statistiques, par exemple), etc. Ce type d'argument est **difficilement contestable** parce qu'il est fondé sur le vrai.

Ex.: *Une dernière **preuve**: de 1982 à 1994, ceux qui ont obtenu un diplôme de maîtrise ont profité d'un taux de placement qui avoisine les 95%.*

L'argument fondé sur des faits vise à montrer qu'il existe dans la réalité des faits confirmant ce qui est énoncé dans la thèse. Ces faits constituent en quelque sorte des **PREUVES**.

Dans les arguments fondés sur des faits, on trouve souvent des formules comme *à preuve, comme cela est démontré par, comme cela est confirmé par les faits suivants, comme l'illustre le fait que, comme l'a démontré telle personne, ces statistiques confirment que, les plus récentes études prouvent que*, etc.

▶ 5 *Moi, voter ? Quelle décision !*

L'argument fondé sur des valeurs énonce une **règle**, une **obligation**, un **idéal moral** duquel la personne qui argumente se réclame pour **justifier le bien-fondé** de sa thèse. Il arrive souvent que la valeur sur laquelle s'appuie l'argument ne soit pas énoncée explicitement dans le texte et qu'il faille l'inférer, c'est-à-dire la dégager en créant des liens entre les éléments du texte. Parce qu'ils reposent sur des jugements personnels, les arguments fondés sur des valeurs sont **plus facilement réfutables** que ceux fondés sur des faits. L'argument suivant, par exemple, sous-entend que l'authenticité d'un vote est importante en démocratie; on peut donc affirmer que cet argument est fondé sur une valeur: l'authenticité.

Ex.: *Certains adultes aux intentions pas toujours «catholiques» pourraient justement essayer d'en profiter pour nous convaincre de leurs idées !*

L'argument fondé sur des valeurs vise à mettre en évidence les **RAISONS** pour lesquelles la thèse est recevable; il fait partie d'une **démarche justificative**.

Dans les arguments fondés sur des valeurs, on trouve souvent des formules comme *parce que… il faut, si l'on pense que… il faut, il est permis de le penser, au nom de*, etc.

L'argument fondé sur des principes logiques n'est fondé ni sur un fait ni sur une valeur; il fait appel à la **logique** du destinataire. Par exemple, dans une démarche argumentative, on peut affirmer qu'*il est impossible d'être à la fois chômeur et employé de l'État*; l'argument repose alors sur la **loi de non-contradiction**. Une personne pourrait aussi affirmer qu'*une entreprise en faillite ne peut pas déclarer un bénéfice*; ce type d'argument fait appel à une **logique mathématique**.

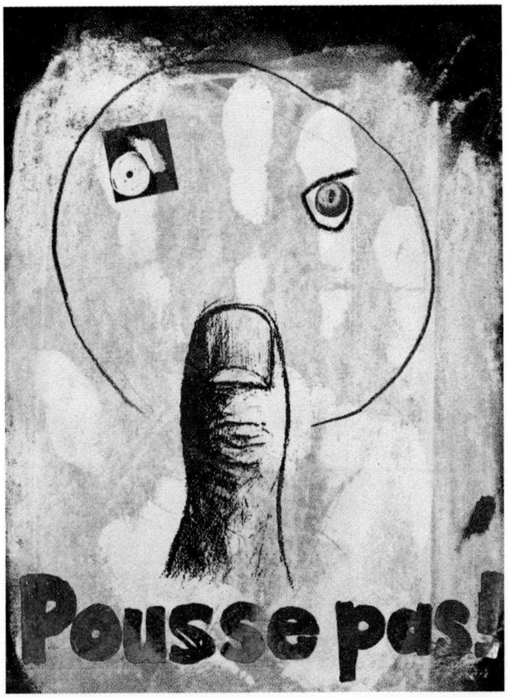

L'argument fondé sur des principes logiques peut aussi s'appuyer sur des **relations logiques** comme la comparaison, la cause, la conséquence, la concession, etc., pour susciter l'adhésion à une thèse.

Ex.:
- La cause et la conséquence: *Nous, adolescents, sommes très influençables… Certains adultes aux intentions pas toujours «catholiques»* ***pourraient justement essayer d'en profiter pour*** *nous convaincre de leurs idées !*
- La concession: ***Bien sûr, on peut*** *fournir des exemples du contraire, des gens qui performent à l'école tout en travaillant.* ***Cependant, il faut également*** *être réaliste. Cette réussite nécessite une organisation et une rigueur que la grande majorité des jeunes ne possèdent pas, qu'ils travaillent ou non.*

Comme l'illustre le tableau ci-dessous, ce type d'argument peut être exprimé, entre autres, à l'aide:

- de phrases ou de groupes de mots introduits par certains marqueurs de relation révélant la relation logique;
- de phrases subordonnées circonstancielles (ou de la réduction de telles subordonnées);
- d'un vocabulaire associé à la relation logique.

Relations logiques — Marqueurs de relation (exemples)	Subordonnées circonstancielles (GOC 301) (exemples)	Vocabulaire (exemples)
LA CAUSE		
car, en effet, en raison de, à cause de, grâce à, étant donné SUBORDONNANTS: *parce que, comme, puisque, vu que, étant donné que*	*Les populations des pays en voie de développement sont plus sensibles au VIH* ***parce que, souvent, les mauvaises conditions d'hygiène affaiblissent leur système immunitaire****.*	*cause, raison, motif, motivation, mobile, source, agent, découler (de), venir (de), être dû (à)*
LA CONSÉQUENCE		
donc, ainsi, alors, c'est pourquoi, en conséquence, par conséquent, par suite de, de là, d'où SURBORDONNANTS: *de sorte que, au point que, si bien que*	*Les conditions d'hygiène ne sont pas toujours bonnes dans les pays en voie de développement,* ***de sorte que les populations sont plus sensibles au VIH****.*	*conséquence, effet, résultat, incidence, implication, provoquer, susciter, entraîner, produire, mener (à), conduire (à)*
LA COMPARAISON		
comme, parallèlement SUBORDONNANTS: *de même que, comme, autant que, plus que, (aussi… autant… plus… moins…) que*	*Les dirigeants de ces pays devraient accorder à l'épidémie du sida autant d'importance* ***que s'il s'agissait de la menace d'une guerre****.*	*ressemblance, similitude, correspondance, comparer, rappeler, ressembler, s'apparenter, pareil (à), semblable (à), comparable (à), équivalent (à), tel*
LA CONCESSION		
certes, bien sûr, pourtant, or, malgré, en dépit de, néanmoins SUBORDONNANTS: *bien que, même si, malgré que, quoique*	***Bien qu'ils aient pris connaissance des statistiques alarmantes****, les dirigeants de ces pays continuent d'ignorer la menace que représente le sida pour leur population.*	*concéder, convenir, admettre*
L'OPPOSITION		
mais, or, cependant, toutefois, au contraire, en revanche, inversement SUBORDONNANTS: *alors que, tandis que, au lieu que*	*Certaines populations prennent les moyens nécessaires pour prévenir le sida,* ***tandis que d'autres n'ont même jamais été sensibilisées aux problèmes liés à cette maladie****.*	*opposition, conflit, désaccord, contester, nier, s'opposer (à), désapprouver, faire face (à), contraster, contradictoire*
LA RESTRICTION		
excepté, sauf	*Il* ***n'y*** *a* ***que*** *très peu de villes où la population est à l'abri de la menace du sida.*	*ne… que, seul, uniquement*

Les procédés pour étayer un argument Dans un texte argumentatif, **les arguments doivent être étayés**, c'est-à-dire qu'il faut les développer si l'on veut que le destinataire les comprenne bien et les accepte. Les **procédés** présentés dans le tableau qui suit peuvent servir à étayer un argument, à bien faire comprendre un raisonnement.

Procédés pour étayer un argument Définitions	Exemples	Dans le texte, on peut trouver
L'ACCUMULATION Dans un texte argumentatif, l'accumulation consiste à utiliser plusieurs éléments pour servir une même **PREUVE** ou une même **RAISON**.	*Faire rire* ***ceux qui*** *rentrent des champs, avec leurs grandes mains tellement dures qu'ils ne peuvent plus les fermer;* ***ceux qui*** *sortent des bureaux avec leurs petites poitrines qui ne savent plus le goût de l'air.* ***Ceux qui*** *reviennent de l'usine, la tête basse, les ongles cassés, avec de l'huile noire dans les coupures de leurs doigts...* (*Le rire*, p. 98)	**des marqueurs ou des formules comme:** *et puis, non seulement... mais en plus, d'abord... ensuite... enfin*, etc.
L'ANECDOTE Recourir à l'anecdote consiste à raconter un événement de la vie quotidienne. Dans un texte argumentatif, l'anecdote peut servir à illustrer et à appuyer un argument fondé sur des faits ou des valeurs.	***On raconte qu****'un journaliste qui avait demandé à un jeune s'il était pour ou contre l'indépendance du Québec se serait vu répondre: «Demandez à mon père!»*	**des formules comme:** *laissez-moi vous raconter, l'aventure suivante illustre bien, comme dans l'anecdote qui suit*, etc.
LA CITATION (ou appel à l'autorité) La citation consiste à rapporter, directement ou indirectement, le témoignage d'un témoin, d'un expert ou d'une experte. Dans un texte argumentatif, le recours à une citation peut servir à appuyer une **PREUVE** ou une **RAISON** invoquée dans un argument en recourant à une figure d'autorité ou à un témoin.	**Appel à l'autorité rapporté indirectement:** *Le Bureau (aujourd'hui l'Institut) de la statistique du Québec* ***a rendu publique l'an dernier une étude qui démontre que*** *le chômage élevé chez les jeunes est en bonne partie la conséquence directe d'un manque d'instruction.* **Appel à l'autorité rapporté directement:** *La conclusion des auteurs est claire: «La poursuite des études au-delà du secondaire [...]»* (*L'instruction enrichit*, p. 97)	**des indices textuels comme:** • des verbes introducteurs, des guillemets ou des tirets • des noms propres de personnes ou d'organismes
LA COMPARAISON La comparaison consiste à rapprocher des éléments qui sont semblables ou différents. Dans un texte argumentatif, la comparaison peut permettre de mieux faire comprendre un fait ou un énoncé général.	- *Et on voudrait que j'aille élire les prochains ministres! C'est* ***comme*** *laisser à un poète la responsabilité de choisir un futur général d'armée!* (*Moi, voter? Quelle décision!*, p. 95) - *Le droit de vote n'est pas* ***comparable au*** *jeu de l'âne où, au hasard, on colle une queue en espérant qu'elle tombe sur le postérieur de l'animal.* (*Moi, voter? Quelle décision!*, p. 95)	**des marqueurs ou des formules comme:** *semblable à, comme, pareil à, à la manière de, au même titre que, plus que, moins que, de même que, ainsi, comme si, de la même façon que*, etc. **des formules comme:** *ressembler à, paraître, correspondre, se rapprocher de, comparer, avoir en commun, opposer, différencier*, etc.

Procédés pour étayer un argument Définitions	Exemples	Dans le texte, on peut trouver
LA DÉFINITION		
La définition permet de répondre à la question *Que signifie tel mot, telle expression, tel concept?* Dans un texte argumentatif, la définition sert à produire un effet d'évidence, de vérité et, quelquefois, à préparer et même à structurer l'argumentation.	*Le dictionnaire* Robert ***définit*** *la maturité comme étant «la sûreté du jugement». Vu ainsi, on ne peut certes pas juger qu'un écolier est mature et qu'il peut prendre part aux grandes décisions de la société.*	**des formules comme:** *je parle de, c'est, cela signifie que, autrement dit, pour bien comprendre, il faut savoir que, c'est-à-dire, qui signifie, on définit,* etc.
LA DESCRIPTION		
La description consiste à présenter un élément (un être, un concept, une situation, un fonctionnement, une procédure, etc.) pour en faire connaître les principales caractéristiques. Dans un texte argumentatif, la description peut servir de **PREUVE** ou à renforcer une preuve. Elle peut également renforcer une **RAISON** ou en tenir lieu.	Dans l'extrait qui suit, Irénée décrit le travail du maquilleur pour appuyer sa thèse: le rire avilit. *Alors pour faire un comique, le* ***maquilleur*** *approfondit une ride, il augmente un petit défaut. Au lieu de corriger mon visage, au lieu d'essayer d'en faire un type d'homme supérieur, il le dégradera de son mieux, avec tout son art.* (*Le rire*, p. 98)	**des passages qui présentent ou caractérisent une personne ou une réalité**
LE RECOURS À L'EXEMPLE		
Le recours à l'exemple est un procédé qui consiste à recourir à une personne, à une chose ou à un fait pour illustrer un propos. Dans un texte argumentatif, le recours à l'exemple permet de faire comprendre concrètement un élément théorique ou un énoncé général.	*Non, non, ne dites pas du mal du rire. Il n'existe pas dans la nature; les* ***arbres*** *ne rient pas et les* ***bêtes*** *ne savent pas rire.* (*Le rire*, p. 98)	**des formules comme:** *par exemple, retenons, tel que, c'est le cas de, pour citer un exemple, dans l'exemple suivant,* etc.
LE QUESTIONNEMENT		
Le questionnement consiste à mettre en question un argument. Dans un texte argumentatif, le questionnement peut servir:		**des indices textuels comme:** • des points d'interrogation • des mots interrogatifs • l'expression *Est-ce que…* • des inversions de pronoms
• à proposer un choix;	- *Même si pour les faire rire il s'avilit devant leurs yeux?* (*Le rire*, p. 98)	
• à vérifier une **PREUVE** ou une **RAISON**;	- *Parce que l'acteur n'est pas l'homme. Vous avez vu Charlot sur l'écran qui recevait de grands coups de pied au derrière. Croyez-vous que dans la vie Charlie Chaplin accepterait seulement une gifle? Oh non! Il en donnerait plutôt... C'est un grand chef dans la vie, M. Chaplin.* (*Le rire*, p. 98)	
• à provoquer une réflexion.	- *Nous les jeunes, sommes-nous assez responsables?* (*Moi, voter? Quelle décision!*, p. 95)	

La qualité des arguments Qu'un argument soit fondé sur un fait, une valeur ou un principe logique, les **données** utilisées pour le formuler doivent être **valables**; elles doivent contenir :

- des **faits vérifiables**, démontrés par la science;

  Ex. : *Seul l'être humain possède la capacité de rire.*

- des **faits généralement admis** par un ensemble de spécialistes dans une discipline (les médecins, les linguistes, les géographes, les psychologues, etc.);

  Ex. : - Il est généralement admis par les psychologues que *l'adolescence est un âge caractérisé par la recherche de l'identité.*

  - Les gens de théâtre s'entendent pour dire que *l'universalité d'un texte de théâtre ne se situe pas dans l'endroit où ce texte a été écrit mais dans l'humanité qui s'en dégage, la pertinence de son propos, la beauté de sa structure.* (Michel Tremblay, *La Presse*, 27 mars 2000.)

- des **valeurs admises par une communauté** ou un ensemble de personnes de bonne foi;

  Ex. : La démocratie : *Après tout, comment faire les bons choix si le foulard de l'ignorance nous bande les yeux ? Le droit de vote n'est pas comparable au jeu de l'âne où, au hasard, on colle une queue en espérant qu'elle tombe sur le postérieur de l'animal. On ne peut pas se permettre de poser le «X» au mauvais endroit, c'est l'avenir du pays qui est en jeu !*

- des **relations logiques acceptables**.

  Ex. : - *Un jeune qui travaille à temps partiel ne peut le faire qu'en dehors des heures de cours,* ***donc*** *le soir et la fin de semaine.*

  - *Je ne pense pas qu'il soit possible de réussir ses études tout en travaillant à temps partiel* ***puisqu'****on manque alors de temps et de motivation pour fournir l'effort nécessaire au succès scolaire.*

1.2.5 Les contre-arguments

C-A ▶ ❻ *Le rire*

Les contre-arguments sont des **énoncés qui renforcent la contre-thèse**.

Ex. : • Argument : IRÉNÉE — *Alors, pourquoi s'abaisserait-il à faire rire ?*

• Contre-argument : FRANÇOISE — *Quand on fait rire sur scène ou sur écran, on ne s'abaisse pas,* ***bien au contraire****.*

1.2.6 La conclusion de l'argumentation / réaffirmation de la thèse

▶ ❼ – *Moi, voter ? Quelle décision !* – *L'instruction enrichit*

La conclusion de l'argumentation est la **conclusion générale** à laquelle arrive la personne qui argumente; c'est le résultat de la démarche argumentative. Elle correspond généralement à la thèse formulée au début de l'argumentation. Dans la conclusion de l'argumentation, la thèse est **réaffirmée**; elle peut aussi être **reformulée** de manière à être confirmée ou nuancée.

1.3 LES PRINCIPALES STRATÉGIES ARGUMENTATIVES

La personne qui argumente peut s'y prendre de différentes façons pour défendre sa thèse, c'est-à-dire qu'elle peut avoir recours à différentes stratégies argumentatives. Il existe trois principales stratégies argumentatives : la **démonstration**, l'**explication argumentative** et la **réfutation**.

1.3.1 La démonstration

▶ 8 *L'instruction enrichit*

La démonstration est une stratégie argumentative qui sert à **prouver la véracité d'une thèse**.

Dans la démonstration, le raisonnement s'appuie sur un **fait général** vérifiable ou admis comme vrai **qui doit être prouvé** ; cet énoncé n'apparaît pas toujours dans le texte. Viennent ensuite les arguments, c'est-à-dire les **faits particuliers** qui constituent des **PREUVES** à l'appui des conclusions partielles. Le dernier énoncé permet de **conclure** le raisonnement. Dans la démonstration, les énoncés peuvent être reliés par les marqueurs ***Si…*** et ***Alors…***

La démonstration est la stratégie argumentative privilégiée pour **prouver la véracité** de la proposition contenue dans une **thèse/constat** (Est-ce vrai que *l'étude est un antidote efficace contre le chômage ? Démontrez-le. Prouvez-le*). La démonstration peut aussi être utilisée pour appuyer une **thèse/évaluation** (Est-ce vrai que *la Gaspésie est la plus belle région du Québec ? Démontrez-le. Prouvez-le*).

Le schéma de la page suivante montre que l'argumentation présentée dans le texte *L'instruction enrichit* (page 97) repose sur la démonstration.

Titre du texte: ***L'instruction enrichit*** (page 97)

Stratégie argumentative: **LA DÉMONSTRATION**

THÈSE : **L'étude est un antidote contre le chômage.**

Est-ce vrai ?

CONCLUSION PARTIELLE

[…] *le chômage élevé chez les jeunes est en bonne partie la conséquence directe d'un manque d'instruction.*
(lignes 7, 8 et 9)

Est-ce vrai ?

Argument (FAIT/PREUVE)

[…] *en ce qui concerne les Québécois nés entre 1966 et 1971, le taux de chômage est deux fois plus élevé chez ceux qui n'ont pas dépasssé le niveau des études secondaires que chez ceux qui possèdent un diplôme postsecondaire, soit 18 % contre 9 %.*
(lignes 10 à 14)

Argument (FAIT/PREUVE)

[…] *entre ces deux catégories l'écart de revenu s'élargit d'année en année: il est passé de 2 400 à 5 500 dollars de 1981 à 1995.*
(lignes 15, 16 et 17)

CONCLUSION PARTIELLE

La poursuite des études au-delà du secondaire est un précieux atout pour décrocher un emploi bien rémunéré […]
(lignes 18 à 21)

Est-ce vrai ?

Argument (FAIT/PREUVE)

[…] *ceux qui ont obtenu un diplôme de maîtrise ont profité d'un taux de placement qui avoisine les 95 %.*
(lignes 24, 25 et 26)

POUR RECONNAÎTRE LA DÉMONSTRATION

- Relever la thèse du texte.
- Vérifier si on peut y associer la question *Est-ce vrai que…?*
- Relever les conclusions partielles et vérifier si on peut y associer la question *Est-ce vrai que…?*
- Vérifier si les arguments sont fondés sur des **FAITS** et constituent des **PREUVES** à l'appui de la thèse et des conclusions partielles.

1.3.2 L'explication argumentative

▶ ❾ *Moi, voter ? Quelle décision !*

L'explication argumentative est une stratégie qui sert à **justifier le bien-fondé d'une thèse**. Dans l'explication argumentative, le raisonnement repose sur un énoncé qui présente une situation ou un fait qui doit **être justifié**. Les autres énoncés contiennent des **RAISONS** qui justifient le fait ou la situation du premier énoncé. Dans l'explication argumentative, les énoncés peuvent être reliés par les marqueurs ***Parce que…*** et ***Alors…***

TEXTE EXPLICATIF	TEXTE ARGUMENTATIF organisé selon l'explication argumentative
J'ai beaucoup aimé le roman *Le canard de bois*.	**THÈSE/INCITATION :** Le roman *Le canard de bois* devrait faire partie des lectures obligatoires au secondaire.
Pourquoi ?	Pourquoi est-ce souhaitable ?
• ***Parce que*** j'adore les romans historiques. • ***Parce que*** je me suis reconnu dans le personnage de Hyacinthe Bellerose. • ***Parce que*** j'ai beaucoup aimé la manière dont l'auteur représente l'époque.	• ***Parce que*** ce roman relate une page importante de notre histoire. • ***Parce qu'***il représente un modèle de roman historique. • ***Parce que*** Louis Caron est un auteur important de notre littérature.

Cet exemple permet de constater qu'un texte argumentatif a toujours une **visée argumentative**, c'est-à-dire qu'il est écrit pour défendre une thèse. Le texte dont il est question dans la première colonne a essentiellement une visée informative, c'est-à-dire faire connaître les raisons pour lesquelles on a aimé un roman sans chercher à persuader le destinataire de partager la même vision.

Le schéma de la page suivante montre que l'argumentation présentée dans le texte *Moi, voter ? Quelle décision !* (page 95) repose sur l'explication argumentative.

Titre du texte :	***Moi, voter ? Quelle décision !*** (page 95)
Stratégie argumentative :	**L'EXPLICATION ARGUMENTATIVE**
THÈSE :	**Les jeunes de 16 ans ne devraient pas voter.**

Pourquoi ?

CONCLUSION PARTIELLE	[...] *je ne me sens pas prête à assumer une telle responsabilité !* (lignes 5 et 6)	[...] *nous adolescents, sommes très influençables...* (lignes 25 et 26)	**CONCLUSION PARTIELLE**
	Pourquoi ?	*Pourquoi ?*	
Argument (PARCE QUE.../RAISON)	*On ne peut pas remettre l'avenir de notre pays entre des mains qui, hier encore, étaient occupées à coiffer la poupée Barbie ou à faire avancer un camion-jouet.* (lignes 12, 13 et 14)	*Nous sommes à la recherche de nos goûts, de nos capacités et de notre personnalité.* (lignes 26 et 27)	**Argument** (PARCE QUE.../RAISON)
Argument (PARCE QUE.../RAISON)	*On a eu beau m'apprendre les axiomes d'Euclide ou les règles de grammaire, jamais on ne m'a parlé du gouvernement qui décide de notre vie à nous, Canadiens.* (lignes 20, 21 et 22)		

POUR RECONNAÎTRE L'EXPLICATION ARGUMENTATIVE

- Relever la thèse du texte.
- Vérifier si on peut y associer la question *Pourquoi est-ce souhaitable que...?*, *Pourquoi est-ce bien ?* ou *Pourquoi est-ce beau ?*
- Vérifier si les arguments constituent des **RAISONS** à l'appui de la thèse et des conclusions partielles.

1.3.3 La réfutation

▶ ⑩ *Le rire*

La **réfutation** est une stratégie argumentative qui consiste à élaborer une démarche argumentative pour défendre une thèse **en mettant en évidence les failles de la contre-thèse**. Selon les failles qu'elle décèle dans la thèse à laquelle elle s'oppose, la personne qui argumente peut utiliser une ou plusieurs des **techniques réfutatives** présentées dans le tableau suivant :

Techniques réfutatives	Définitions	Exemples	Dans le texte, on peut trouver
Déclarer ou montrer que la thèse à laquelle on s'oppose est dépassée ou mal fondée.	Il s'agit de **formuler un argument** qui fait voir, par exemple, que le principe sur lequel se fonde la thèse à laquelle on s'oppose n'est plus valable à la lumière d'études récentes ou de découvertes sur le sujet, ou encore qu'il ne tient pas compte de tous les aspects du sujet ou de toutes les possibilités envisageables, et de **tirer de cet argument une conclusion partielle favorable à la thèse**.	*Il y a une dizaine d'années, on a beaucoup parlé des problèmes d'adaptation des jeunes qui quittent le domicile familial,* ***mais la situation a considérablement changé****. Les problèmes d'adaptation des jeunes gens qui vivent en appartement relèvent aujourd'hui du mythe.* ***Les plus récentes études nous rassurent sur la question****.*	**des formules comme :** *les plus récentes études, les dernières recherches, vos statistiques datent déjà de, il s'agit d'une idée dépassée, les temps ont bien changé,* etc.
Opposer une exception à la thèse à laquelle on s'oppose.	Il s'agit de **formuler un argument** qui présente un cas qui entre en contradiction avec la thèse à laquelle on s'oppose, et de **tirer de cet argument une conclusion partielle favorable à la thèse**.	*On dit souvent que l'abandon des études mène au chômage.* ***Mais ce n'est pas toujours le cas****. Certaines personnes sont autodidactes. Elles apprennent mieux dans des situations où elles sont plus autonomes. Elles se sentent même brimées lorsqu'elles sont trop encadrées.*	**des formules comme :** *c'est une généralisation abusive, ce n'est pas toujours ainsi, on ne peut conclure que, ce n'est pas toujours le cas, il y a trop d'exceptions, qu'en est-il du cas de,* etc.
Taxer l'argumentation adverse de contradictoire.	Il s'agit de **formuler un argument** qui montre une contradiction dans les arguments de la thèse à laquelle on s'oppose, et de **tirer de cet argument une conclusion partielle favorable à la thèse**.	*D'une part, vous dites que les jeunes devraient se comporter de façon plus responsable et d'autre part, vous dites qu'ils sont incapables de voler de leurs propres ailes.* ***Il y a là une contradiction importante****. Il me semble que, justement, la vie en appartement permet aux jeunes de se responsabiliser.*	**des formules comme :** *votre argumentation est contradictoire, illogique, incohérente; il y a confusion; vous vous contredisez;* etc.

Techniques réfutatives	Définitions	Exemples	Dans le texte, on peut trouver
Retourner un argument contre la personne qui s'en est servi.	Il s'agit de **formuler un argument** dans le but d'affaiblir l'argument auquel on s'oppose en mettant en doute la crédibilité, l'honnêteté, les prétendues intentions de la personne qui le soutient, et de **tirer de cet argument une conclusion partielle favorable à la thèse**.	*La personne qui a écrit une lettre ouverte sur la question le 15 mars dernier* ***n'a sûrement jamais travaillé dans une école*** *pour affirmer une telle chose.* ***Cette personne bien connue*** *milite également contre le droit de vote à 16 ans. On comprend bien les motifs qui font qu'elle s'oppose à toute mesure permettant de responsabiliser les jeunes.*	**des formules comme :** *vous dites que, pourtant, justement, monsieur Un tel ne connaît pas, madame Une telle n'applique pas ses propres principes*, etc.
Concéder quelque chose pour mieux en tirer avantage.	Il s'agit de **formuler un argument** qui présente d'abord un énoncé favorable à l'argument auquel on s'oppose, puis d'apporter une restriction ou une objection à cet énoncé de manière à montrer les lacunes ou les faiblesses de l'argument auquel on s'oppose, et de **tirer de cet argument une conclusion partielle favorable à la thèse**.	***Je le concède****, il est difficile de vivre seul à 16 ans, sans ses parents; la vie est difficile pour tous.* ***C'est pour cela qu'****il s'agit d'une expérience valorisante, malgré tout. Les jeunes en sortent très souvent grandis.*	**des formules comme :** *il est vrai que, mais, certes, bien entendu, c'est justement, je vous le concède*, etc.
Élaborer des hypothèses pour mieux réfuter les conclusions qui découlent de la thèse à laquelle on s'oppose.	Il s'agit de **formuler un argument** qui propose des idées, des situations, des faits en les analysant à partir des principes sur lesquels se fonde la thèse à laquelle on s'oppose, et de **tirer de cette analyse une conclusion partielle favorable à la thèse**.	*Il y a des gens qui voudraient même empêcher les mineurs d'occuper un emploi à temps plein.* ***Imaginez un jeune qui se voit obligé*** *de quitter un domicile familial où il a toujours été couvé et encadré. Comment pourra-t-il survivre ?*	**des formules comme :** *supposons que, si jamais, dans le cas précis où, que ferait-on si, imaginez*, etc.
Recourir à l'emphase, au renforcement.	Il s'agit de **donner du poids à un argument** (ou à plusieurs arguments) en accentuant son importance à l'aide d'expressions qui marquent l'insistance (*surtout, et même, plus encore*, etc.) ou en revenant sur cet argument pour ajouter des nuances encore plus convaincantes, et de **tirer de cet argument une conclusion partielle favorable à la thèse**.	***Certes****, l'école est importante pour le développement de l'individu.* ***Mais*** *l'école de la vie, l'expérience, c'est aussi primordial, capital, essentiel.*	**des indices textuels comme :** • des énumérations • des répétitions **des formules comme :** *de plus, encore, somme toute, plus encore, il ne faut pas oublier que… et que, surtout, et même que*, etc.

Le schéma qui suit montre bien que dans le texte *Le rire* (page 98), la réfutation est la stratégie qui organise les propos de Françoise. On observera dans ce schéma que, dans le cas d'un échange de type conversation ou débat, on considère que la thèse défendue est celle de la première personne qui énonce une prise de position (dans ce cas-ci, Irénée). On considère alors les arguments de la personne qui s'oppose à la première thèse comme des contre-arguments défendant une contre-thèse.

Titre du texte :	***Le rire*** (page 98)			
Stratégie argumentative :			**LA RÉFUTATION**	
	THÈSE : Irénée — *Celui qui fait rire tout le monde,* ***c'est qu'il se montre inférieur à tous****.* (lignes 27 et 28)	↔	**CONTRE-THÈSE :** Françoise — *Il se montre, peut-être, mais* ***il ne l'est pas****.* (lignes 29 et 30)	
Argument	*Alors, pourquoi* ***s'abaisserait-il*** *à faire rire ?* (ligne 36)	↔	*Quand on fait rire sur scène ou sur écran,* ***on ne s'abaisse pas, bien au contraire****. […] Celui qui leur fait oublier un instant les petites misères… la fatigue, l'inquiétude et la mort; celui qui fait rire des êtres qui ont tant de raisons de pleurer, celui-là leur donne la force de vivre et on l'aime comme un bienfaiteur…* (lignes 37 et 38 et lignes 46 à 49)	**Contre-argument**
Argument	*Même si pour les faire rire* ***il s'avilit*** *devant leurs yeux ?* (ligne 50)	↔	[…] ***il sacrifie son orgueil*** *pour alléger notre misère…* (ligne 52)	**Contre-argument**
CONCLUSION PARTIELLE	*Mais* ***le rire… C'est*** *une espèce de convulsion absurde et vulgaire…* (lignes 54 et 55)	↔	***Le rire, c'est*** *une chose humaine, une vertu qui n'appartient qu'aux hommes et que Dieu peut-être leur a donnée pour se consoler d'être intelligents…* (lignes 59 à 62)	**CONCLUSION PARTIELLE**

POUR RECONNAÎTRE LA RÉFUTATION

- Vérifier si la thèse s'oppose à une contre-thèse.
- Vérifier si le texte contient des indices permettant d'identifier une concession, une nouvelle hypothèse, un procédé de renforcement qui sert à contre-argumenter ou une autre technique réfutative.
- Vérifier si les conclusions partielles sont défavorables à la thèse à laquelle on s'oppose.

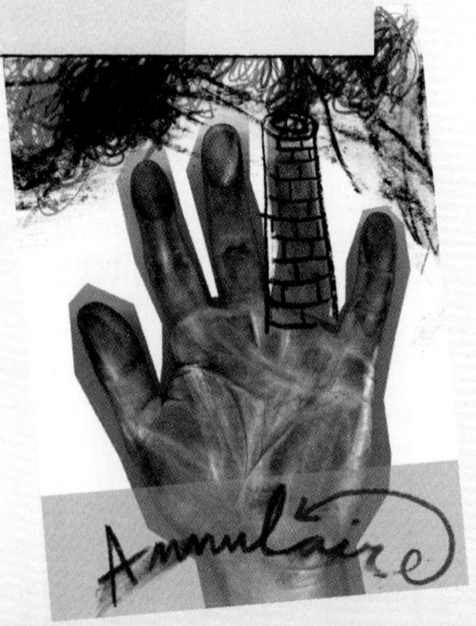

2 L'ORGANISATION DES TEXTES ARGUMENTATIFS

2.1 LA SÉQUENCE ARGUMENTATIVE

▶ ⓫ – *Moi, voter ? Quelle décision ! – L'instruction enrichit – Le rire – Le travail et les études*

Qu'il s'agisse d'une lettre ouverte, d'un article critique, d'un éditorial, d'un essai ou d'un échange d'opinions entre deux personnages dans un roman ou une pièce de théâtre, la démarche s'élabore toujours selon le modèle de la séquence argumentative illustrée par le schéma suivant :

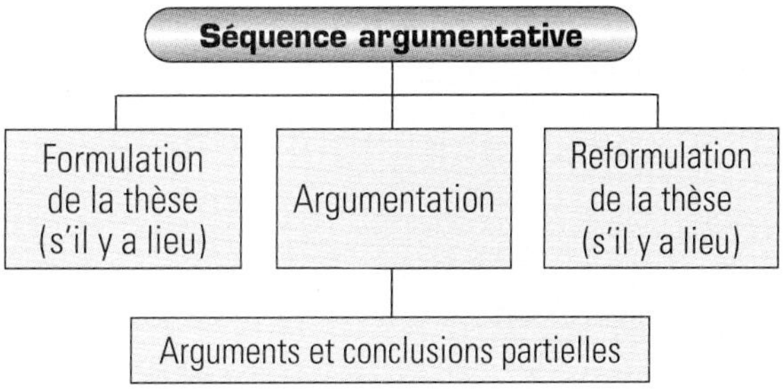

La première partie de la séquence argumentative est constituée de la **formulation de la thèse**; viennent ensuite les **arguments** et les **conclusions partielles**, dont l'ordre de présentation peut varier. La séquence argumentative se termine souvent par une **reformulation de la thèse** qui reprend la thèse telle quelle ou qui la nuance.

On peut trouver ce modèle de séquence argumentative dans un texte complet (texte argumentatif) ou dans une **partie de texte** correspondant à une séquence argumentative insérée dans un texte narratif, dramatique, poétique, etc.

2.2 LE PLAN D'UN TEXTE ARGUMENTATIF

Le plan d'un texte argumentatif rend compte de l'**organisation en paragraphes** des éléments de la séquence argumentative. Faire le plan d'un texte argumentatif, c'est rendre compte de son organisation selon le modèle suivant :

Titre du texte

INTRODUCTION
- Sujet amené (lignes)
- Sujet posé (lignes)
- Formulation de la thèse (lignes)
- Sujet divisé (lignes)

DÉVELOPPEMENT – L'argumentation
- Argument / Conclusion partielle (lignes)
- Argument / Conclusion partielle (lignes)
- Argument / Conclusion partielle (lignes)

CONCLUSION
- Reformulation de la thèse (résumé) (lignes)
- Élargissement du débat (ouverture) (lignes)

/REMARQUE/ Ainsi qu'on peut le constater dans les textes *Moi voter ? Quelle décision !* (page 95) et *L'instruction enrichit* (page 97), dans un texte, les conclusions partielles peuvent également **précéder** les arguments.

2.2.1 L'introduction

▶ 12 *Le travail et les études*

L'introduction d'un texte argumentatif peut comprendre les quatre éléments suivants, mais elle peut aussi n'en contenir qu'un ou deux.

Le sujet amené

▶ 12A *Le travail et les études*

Il s'agit de la présentation du contexte dans lequel se situe le sujet, par exemple un événement, une situation, un problème, etc., pour expliquer ou justifier qu'on s'intéresse à ce sujet.

Ex.: *Nous observons, depuis quelques années, une augmentation du nombre de jeunes qui travaillent à temps partiel. Parallèlement à ce fait, nous prenons également conscience de l'inquiétante progression de l'échec et du décrochage scolaires chez les jeunes.*

Le sujet posé

▶ 12B *Le travail et les études*

Il s'agit de l'annonce précise du sujet sur lequel portera l'argumentation.

Ex.: *Il est donc pertinent de s'interroger sur le lien entre ces deux situations et de* ***se demander si le travail à temps partiel est compatible avec la réussite scolaire****.*

La formulation de la thèse P.106

▶ 12C *Le travail et les études*

Il s'agit de la formulation de la thèse défendue dans le texte.

Ex.: *Selon moi, ce n'est généralement pas le cas et ce pour plusieurs raisons.*

Cette thèse est habituellement énoncée à l'aide d'une phrase déclarative, mais elle peut aussi être formulée à l'aide d'une phrase interrogative suivie d'une réponse qui devient la thèse du texte.

Ex.: *Moi, voter? Je ne crois pas, Monsieur!*

attention

Il arrive souvent que le sujet posé et la formulation de la thèse se confondent, c'est-à-dire qu'un seul énoncé permette de découvrir le sujet du texte ainsi que la thèse qui y est défendue.

Le sujet divisé

▶ 12D *Le travail et les études*

Il s'agit de l'annonce des différents aspects du sujet sur lesquels portera l'argumentation; chaque aspect fait l'objet d'un argument. Cette présentation ne se trouve généralement pas dans l'introduction des textes courts.

Ex.: *Je parlerai ici plus particulièrement de la* ***démotivation*** *face à l'effort demandé et du* ***manque de temps****.*

LES QUALITÉS D'UNE INTRODUCTION ACCROCHEUSE

- **Le sujet amené**
  - attire l'attention du destinataire et suscite son intérêt en présentant le sujet de manière originale;
  - permet à la personne qui argumente d'établir sa crédibilité en expliquant les raisons pour lesquelles elle s'intéresse au sujet et en précisant quelle est sa compétence pour défendre la thèse.
- **Le sujet posé** révèle clairement le sujet du texte.
- **La formulation de la thèse** est claire, sans équivoque.
- **Le sujet divisé** annonce les grandes parties de la démarche argumentative en présentant les aspects de la thèse qui seront défendus.

2.2.2 Le développement – L'argumentation

▶ 13 *Le travail et les études*

Le développement d'un texte argumentatif comprend l'essentiel de l'argumentation, c'est-à-dire les **conclusions partielles** et les différents **arguments** qui soutiennent la thèse. L'argumentation vise à défendre la thèse de manière à la faire accepter; sa construction dépend de la ou des stratégies argumentatives utilisées (voir la section 2.3 ci-dessous). Le développement peut aussi contenir les contre-arguments.

LES QUALITÉS D'UN DÉVELOPPEMENT CONVAINCANT

- Il y a autant de paragraphes que de **RAISONS** ou de **PREUVES** invoquées pour défendre la thèse.
- L'ordre de présentation des arguments est persuasif.
- Des organisateurs textuels permettent au destinataire de repérer les étapes de la démarche argumentative.
- Les conclusions partielles sont formulées clairement à l'aide de mots et d'expressions comme *donc, alors, bref, il faut, il me semble que, enfin, il est permis de conclure*, etc.
- Le destinataire peut reconstituer le raisonnement sur lequel s'appuie chaque argument (**RAISON** ou **PREUVE**) invoqué.
- Chaque conclusion partielle est liée à la thèse.

2.2.3 La conclusion

▶ 14 *Le travail et les études*

La conclusion met fin à l'argumentation en **réaffirmant la thèse** défendue dans le texte. Elle peut consister en une **reformulation de la thèse** qui est reprise telle quelle ou qui est nuancée.

La conclusion peut aussi proposer un **élargissement du débat** (une ouverture), c'est-à-dire suggérer la poursuite de l'argumentation dans une perspective différente ou sur un autre aspect du sujet.

Ex.: Dans le dernier paragraphe du texte *Moi, voter ? Quelle décision !*, Karine Bélair élargit le débat en ajoutant des aspects qui n'ont pas été abordés dans son argumentation : le décrochage scolaire et les problèmes de drogue.

LES QUALITÉS D'UNE CONCLUSION PERCUTANTE

- La thèse est réaffirmée avec conviction dans un résumé des arguments invoqués.
- On fait allusion à la contre-thèse et on la réfute brièvement.
- On présente un nouvel aspect de la thèse qui permettra au destinataire de prolonger sa réflexion sur le sujet.

2.3 LES MODES D'ORGANISATION DU DÉVELOPPEMENT

Selon la nature de la thèse et le but visé, la personne qui argumente peut décider de mener son argumentation en recourant à l'une ou l'autre des stratégies argumentatives présentées précédemment (la démonstration, l'explication argumentative et la réfutation, pages 114 à 120). Si l'ensemble du texte est organisé selon l'une de ces stratégies, on dira que la démonstration, l'explication argumentative ou la réfutation est la **stratégie argumentative dominante** du texte.

2.4 L'ORDRE DES ARGUMENTS DANS LE DÉVELOPPEMENT

Dans un texte argumentatif, l'ordre dans lequel la personne qui argumente présente ses arguments n'est pas laissé au hasard, comme l'explique le texte qui suit:

> Quand on dispose, pour étayer sa thèse, d'un certain nombre d'arguments, comment faut-il les disposer?
>
> **Trois ordres** ont été envisagés: l'ordre de **force décroissante** [l'argument le plus fort en premier], l'ordre de **force croissante** [l'argument le plus faible en premier] et enfin, le plus recommandé, l'ordre homérique, ou **nestorien**, appelé ainsi parce que Nestor[1] avait placé au milieu ses troupes les moins sûres, et selon lequel il faut commencer et finir par les arguments les plus forts.
>
> L'inconvénient de l'ordre croissant, c'est que la présentation, pour débuter, d'arguments médiocres, peut indisposer l'auditeur [le destinataire] et le rendre rétif. L'inconvénient de l'ordre décroissant est de laisser les auditeurs sur une dernière impression, souvent la seule restée présente à leur esprit, qui soit défavorable. C'est pour éviter ces deux écueils que l'on préconise l'ordre nestorien, destiné à mettre en valeur, en les offrant d'emblée ou en dernier lieu, les arguments les plus solides, tous les autres étant groupés au milieu de l'argumentation.
>
> Chaïm Perelman et Lucie Olbrechts-Tyteca, *Traité de l'argumentation*, © Éditions de l'Université de Bruxelles, 1988.
>
> 1. Héros de *l'Iliade*, récit épique écrit par Homère.

Quelle que soit la stratégie argumentative, il faut s'interroger pour trouver l'ordre de présentation des arguments. Il n'existe aucun modèle particulier: il faut **choisir celui qui est le plus susceptible d'inciter les destinataires à adhérer à la thèse**.

2.5 LA COHÉRENCE TEXTUELLE

(page 38) PR 103

Dans un texte argumentatif, la cohérence textuelle repose notamment sur:

- la reprise de l'information assurée par différents groupes de mots qui reprennent un élément du texte;
- la progression assurée par l'ajout d'information nouvelle;
- les liens entre les éléments de l'argumentation assurés par des marqueurs de relation ou des expressions qui indiquent un rapport logique.

Dans un texte argumentatif, la cohérence du texte repose aussi sur le rapport qui existe entre les arguments et les conclusions des raisonnements utilisés pour défendre la thèse. Les raisonnements sont-ils adéquats? Permettent-ils de prouver la véracité de la thèse ou d'en justifier le bien-fondé? Manque-t-il des liens pour rendre les raisonnements évidents? Les éléments implicites sont-ils faciles à inférer? Y a-t-il des répétitions inutiles?

2.5.1 Les organisateurs textuels

▶ ⓯ – *Moi, voter ? Quelle décision !* – *L'instruction enrichit* – *Le rire* – *Le travail et les études*

Les organisateurs textuels sont **des mots, des groupes de mots ou des phrases qui révèlent les articulations du texte** en indiquant l'ordre ou la progression des arguments.

Le tableau suivant présente des exemples de mots et d'expressions qui peuvent servir à organiser un texte en indiquant l'ordre ou la progression des arguments et des conclusions partielles.

LES ORGANISATEURS TEXTUELS POUVANT SERVIR À INDIQUER L'ORDRE OU LA PROGRESSION DES ARGUMENTS

Pour indiquer l'ordre des arguments:
- *d'abord, ensuite, puis, enfin*
- *premièrement, deuxièmement*
- *pour commencer, voyons maintenant, déterminons enfin*
- *après cette première conclusion, passons à*
- *avant de pousser plus avant, il reste à démontrer que*
- *la première question, ma deuxième observation*
- *maintenant qu'on a établi que… passons à*
- *d'une part… d'autre part*
- *d'un côté… de l'autre*

etc.

Pour marquer un argument plus important qu'un autre:
- *il faut souligner que*
- *j'attire particulièrement votre attention sur*
- *il est surtout important de se rappeler que*
- *il convient de remarquer que*
- *… mérite une attention particulière*

etc.

Pour conclure:
- *terminons par, pour conclure, au terme de*
- *on comprend maintenant*
- *notre hypothèse de départ*

etc.

2.6 L'INSERTION DE SÉQUENCES D'AUTRES TYPES

[page 66] ◀◀ PR 104

Comme tous les types de textes, le texte argumentatif peut être hétérogène. Il est alors formé d'une **séquence argumentative dominante** dans laquelle peuvent s'insérer une ou plusieurs des séquences suivantes: séquence explicative, descriptive, narrative ou dialogale. Ces séquences révèlent souvent l'utilisation de l'un ou l'autre des procédés présentés à la page 111 (accumulation, anecdote, définition, description, citation, comparaison, etc.).

Par exemple, dans les articles critiques, on trouve souvent de longues séquences descriptives qui permettent aux lecteurs et aux lectrices de mieux se représenter le sujet dont on parle: le résumé d'une pièce de théâtre, la description des grandes caractéristiques des toiles d'un ou d'une peintre, etc. Dans d'autres textes argumentatifs, un discours rapporté peut constituer un argument ou le renforcer. Dans une fable, la séquence narrative peut appuyer la thèse défendue.

3 LE POINT DE VUE DANS LES TEXTES ARGUMENTATIFS

(page 82) PR 105

Le texte argumentatif nécessite un **engagement** de la part de la personne qui l'écrit. Cet engagement peut être **plus ou moins manifeste** selon le point de vue adopté. Dans un texte argumentatif, le point de vue peut être **engagé, plus ou moins distancié** ou **distancié**. Le point de vue adopté dans le texte se manifeste:

- par la présence plus ou moins manifeste de la personne qui argumente;
- par le type de rapport qu'elle établit avec le destinataire;
- par son attitude vis-à-vis de son sujet;
- par les valeurs qui sont véhiculées dans son texte;
- par les buts de l'argumentation.

3.1 LA PRÉSENCE DE LA PERSONNE QUI ARGUMENTE DANS LE TEXTE

Dans le texte argumentatif, la personne qui argumente peut manifester sa présence ou non. Dans certains textes, comme la lettre ouverte ou l'article critique, la personne manifeste habituellement sa présence de façon évidente. Toutefois, dans des textes tels les éditoriaux, l'argumentation est faite au nom d'un journal ou d'une revue. Dans ce cas, on peut déceler un certain effacement de la part de la personne qui argumente. Il en va de même dans certains textes argumentatifs à caractère scientifique qui font appel à la démonstration.

L'emploi des pronoms personnels révèle la présence plus ou moins manifeste de la personne qui argumente dans son texte.

3.1.1 L'emploi des pronoms *je, j', me, m', moi*

Dans certains textes, on peut déceler de la part de la personne qui argumente une volonté manifeste de marquer son adhésion à la thèse défendue. Elle a alors recours aux pronoms *je, j', me, m'* ou *moi* pour se désigner (ainsi qu'aux déterminants *mon*, *ma* ou *mes*).

Ex.: - ***Moi**, voter ? **Je** ne crois pas, Monsieur !*
- [...] *jamais on ne **m'**a parlé du gouvernement* [...]

3.1.2 L'emploi du pronom *nous*

La personne qui argumente peut aussi avoir recours au pronom *nous* (ainsi qu'aux déterminants *notre* ou *nos*). Il faut alors se demander qui est désigné par ce pronom. Il peut s'agir:

- du ***nous*** dit **«de modestie»**, désignant la personne qui écrit le texte. Il est utilisé pour atténuer le côté trop personnel des propos énoncés lorsqu'ils se rapportent à une recherche personnelle. L'extrait suivant, par exemple, est tiré d'un texte écrit par une seule personne.

  Ex.: ***Notre** recherche **nous** amène à conclure qu'effectivement le taux de décrochage scolaire est plus alarmant à Montréal qu'en région.*

- du ***nous*** **désignant un groupe de personnes** auquel s'identifie la personne qui argumente:

  Ex.: *De plus, **nous**, adolescents, sommes très influençables.*

- du ***nous*** **désignant plusieurs personnes qui ont effectivement écrit** et signé le texte. L'extrait suivant, par exemple, est tiré d'une lettre ouverte écrite par un groupe de huit femmes œuvrant dans le domaine des arts visuels.

  Ex.: ***Nous** revendiquons l'équité dans les subventions accordées aux artistes dans le cadre de la politique du 1 %. Sous prétexte que les travaux architecturaux demandent souvent de la force physique, plusieurs de **nos** projets sont systématiquement refusés.*

3.1.3 L'emploi du pronom *on*

Il arrive aussi que la personne qui argumente utilise le pronom *on*. Ce pronom peut inclure ou non la personne qui argumente. Le pronom *on* peut désigner différentes réalités selon les objectifs visés.

ON

1. Nous	2. Tout le monde	3. Les tenants de la thèse à laquelle on s'oppose
• Moi qui argumente et mon destinataire ***On*** *admettra ensemble qu'ils ont tort.* • Moi qui argumente et les partisans ou les partisanes de ma thèse ***On*** *revendique l'équité salariale.*	***On*** *sait que la vie est fragile.*	***On*** *aura beau prétendre que la cigarette procure une détente, personne ne peut nier qu'elle est nocive.*
Le pronom *on* INCLUT la personne qui argumente.		**Le pronom *on* EXCLUT la personne qui argumente.**

3.2 LE RAPPORT QUE LA PERSONNE QUI ARGUMENTE ÉTABLIT AVEC LE DESTINATAIRE

La réussite de la démarche argumentative, c'est-à-dire l'adhésion du destinataire à la thèse défendue dans le texte, dépend parfois du statut de la personne qui argumente et du rapport qu'elle établit avec le destinataire.

3.2.1 Le statut de la personne qui argumente

La personne qui argumente peut être **spécialiste du sujet** dont elle traite. Il peut s'agir, par exemple, d'un ou d'une scientifique, d'un ou d'une critique de livres ou de spectacles; le ou la spécialiste se servira alors de sa notoriété pour établir sa crédibilité. La personne qui argumente peut aussi s'intéresser à une question **sans être experte en la matière**. Enfin, il arrive qu'un texte argumentatif soit rédigé par un ensemble de personnes, spécialistes ou simples profanes.

Le statut de l'auteur ou de l'auteure d'un texte argumentatif est parfois révélé explicitement dans la signature ou dans le texte même. Par exemple, la signature peut être suivie de la fonction de la personne (médecin, ministre de l'Environnement, professeure de littérature, etc.). Le statut peut aussi être révélé implicitement, c'est-à-dire indirectement, par le vocabulaire ou par des propos qui dénotent une connaissance plus ou moins approfondie du sujet.

3.2.2 Le rapport

Le ou la spécialiste qui écrit un texte argumentatif pour changer les mentalités ou faire évoluer la société établit généralement un **rapport d'autorité** avec le destinataire.

La personne qui écrit un texte argumentatif pour faire part de son opinion sans être une experte en la matière établit généralement un **rapport d'égalité**, parfois même de **complicité** avec le destinataire.

3.2.3 La présence de tierces personnes

GOC 306

La personne qui écrit un texte argumentatif peut parfois faire appel à des témoignages d'experts ou d'expertes :

- pour renforcer sa thèse ;
- pour appuyer un argument ;
- pour énoncer la contre-thèse.

Elle peut alors citer intégralement les propos de la tierce personne à l'aide du discours rapporté direct ou les intégrer à son propre discours à l'aide du discours rapporté indirect.

3.3 L'ATTITUDE DE LA PERSONNE QUI ARGUMENTE VIS-À-VIS DE SON SUJET ET LE TON

Lorsqu'elle défend sa thèse, la personne qui argumente a nécessairement un point de vue engagé, mais elle peut prendre plus ou moins de distance vis-à-vis du sujet. Cette distance varie principalement en fonction des **valeurs** de la personne qui argumente, de la **nature de la thèse** défendue et, conséquemment, de la **stratégie argumentative dominante**.

3.3.1 La distanciation manifeste

▶ *L'instruction enrichit*

Lorsqu'elle a recours à la **démonstration** comme dans le texte *L'instruction enrichit* (page 97) ou comme dans les textes argumentatifs à caractère scientifique, la personne qui argumente établit une **distanciation manifeste** entre elle et son sujet et fait appel à des **arguments** fondés sur des faits vérifiables ou généralement admis, qui constituent des **PREUVES** à l'appui de sa thèse.

La personne qui argumente adopte alors un **ton neutre, plutôt didactique**, c'est-à-dire qu'elle utilise de nombreux procédés pour décrire, expliquer ou prouver les faits qu'elle présente. Les phrases contiennent **peu de marqueurs de modalité** et sont plutôt impersonnelles ou déclaratives.

Dans un texte argumentatif où la personne établit une distanciation manifeste vis-à-vis de son sujet, le **lexique** est **univoque** (dénotatif), c'est-à-dire qu'il ne donne lieu à aucune interprétation, à aucune ambiguïté.

3.3.2 La distanciation plus ou moins grande

Lorsqu'elle a recours à l'**explication argumentative**, la personne qui argumente peut établir une **distanciation plus ou moins grande** entre elle et son sujet. Elle peut aussi faire appel à des arguments fondés sur des faits, des valeurs ou des principes logiques qui constituent des **RAISONS** à l'appui de sa thèse.

La personne qui argumente peut alors adopter un ton plus ou moins didactique ou plus ou moins familier. Le **ton plutôt didactique** permet d'établir une distanciation plus grande vis-à-vis de son sujet que le **ton familier**. Si elle adopte un ton familier, le texte pourra contenir de **nombreux marqueurs de modalité** et des procédés propres à l'oralité comme des interpellations, des jugements, des commentaires explicites, etc.

Dans un texte argumentatif où la personne établit une distanciation plus ou moins grande vis-à-vis de son sujet, elle pourra choisir un **lexique connotatif** (mélioratif ou péjoratif) pour exprimer des jugements ou prendre position.

3.3.3 L'engagement manifeste

▶ – *Moi, voter ? Quelle décision !* – *Le rire*

Enfin, lorsqu'elle a recours à la **réfutation** comme dans le texte *Le rire* (page 98) ou à l'**explication argumentative** comme dans le texte *Moi, voter ? Quelle décision !* (page 95), la personne qui argumente peut établir une **grande proximité** entre elle et son sujet et son **engagement** est alors **manifeste**. Elle peut adopter un **ton ironique, sarcastique, polémique** ou **hautain**.

Elle utilise alors des formulations plutôt expressives contenant de nombreux marqueurs de modalité et des arguments fondés surtout sur des valeurs ou des croyances.

Elle choisira un **lexique affectif**, c'est-à-dire qu'on trouvera dans le texte des mots ou des expressions qui renvoient à des émotions, à des sentiments et des phrases exclamatives qui lui permettront d'exprimer ce qu'elle ressent en plus d'argumenter.

3.4 LES VALEURS VÉHICULÉES DANS LE TEXTE

Sauf lorsqu'elle cite le témoignage d'une tierce personne, la personne qui argumente défend sa thèse en fonction de ses valeurs, c'est-à-dire en fonction de **ce qu'elle estime être vrai, bien, beau** et **valable**. Si les faits invoqués font référence à une réalité précise, les valeurs révèlent alors l'attitude de la personne qui argumente sur cette réalité. Les valeurs peuvent être explicites, mais elles peuvent aussi être révélées indirectement (implicitement) par le choix du sujet, des arguments et du vocabulaire. Dans l'extrait qui suit, par exemple, l'argument invoqué par Françoise dans le texte *Le rire* révèle implicitement que la bonté est une valeur importante pour elle.

Ex. : *Celui qui leur fait oublier un instant les petites misères… la fatigue, l'inquiétude et la mort; celui qui fait rire des êtres qui ont tant de raisons de pleurer, celui-là leur donne la force de vivre et on l'aime comme un bienfaiteur…*

Qu'elles soient implicites ou explicites, les valeurs de la personne qui argumente sont à l'origine des appréciations et des jugements formulés dans le texte.

S'il s'agit d'un **article critique**, ces valeurs seront d'ordre **esthétique**. Les arguments reposeront sur des valeurs telles que :

- **le beau;**

  Ex. : *Ce tableau répond à toutes les règles de la beauté.*

- **le vrai;**

  Ex. : *Les personnages de cette pièce sont authentiques.*

- **la créativité;**

  Ex. : *Jamais on n'a vu autant d'imagination dans un spectacle.*

- **le style;**

  Ex. : *L'écriture incomparable de Claire Martin réussit encore à nous toucher.*

etc.

Si le texte porte sur des sujets à **caractère social, politique** ou **économique**, les arguments mettront en évidence des **valeurs universelles** telles que:

- **la justice;**

  Ex.: *On ne peut abandonner au libre jeu du marché la lutte contre la faim dans le monde.*

- **l'égalité;**

  Ex.: *Tous les êtres humains ont droit à un abri décent.*

- **la tolérance;**

  Ex.: *Doit-on rejeter ces jeunes parce qu'ils sont différents des élèves modèles?*

- **la santé;**

  Ex.: *Les jeunes filles de certains pays africains et asiatiques mourront du sida parce que les dirigeants n'ont pas pris cette épidémie au sérieux.*

- **l'éducation;**

  Ex.: *Ce n'est que par l'éducation que les jeunes de certains pays en voie de développement échapperont à l'épidémie du sida.*

- **l'environnement;**

  Ex.: *Les artistes et les poètes sont les premiers à monter aux barricades lorsqu'il s'agit de protéger un lac, une forêt, une rivière, une montagne d'un développement économique destructeur.*

- **la liberté;**

  Ex.: *Prendre seule ses décisions, ne pas avoir à demander de permission à personne, penser ce qu'elle veut, voilà le rêve que chérit Pauline.*

etc.

3.5 LES BUTS DU TEXTE

Les textes argumentatifs sont tous écrits dans le but d'**amener le destinataire à adhérer à la thèse qui y est défendue**. Toutefois, la personne qui argumente peut viser non seulement à convaincre le destinataire, mais aussi à l'informer. Elle peut donc vouloir:

- **agir sur les connaissances** du destinataire, c'est-à-dire changer sa manière de percevoir, de voir et de comprendre certains aspects du monde qui l'entoure;

  Ex.: La personne qui veut convaincre un destinataire que *le cerveau de l'homme fonctionne différemment de celui de la femme* doit d'abord l'instruire du fonctionnement du cerveau de l'homme et de celui de la femme pour ensuite prouver la véracité de sa thèse. Elle doit agir sur les connaissances du destinataire en plus de le convaincre.

- **agir sur les comportements** du destinataire, c'est-à-dire changer sa manière d'agir. L'argumentation s'appuie alors sur des valeurs et des croyances; la démarche est basée sur la persuasion.

  Ex.: La personne qui veut convaincre un destinataire que *tous les Québécois et toutes les Québécoises devraient participer à la récupération* doit appuyer sa thèse sur des valeurs liées à l'environnement et mettre en lumière les bienfaits de la récupération.

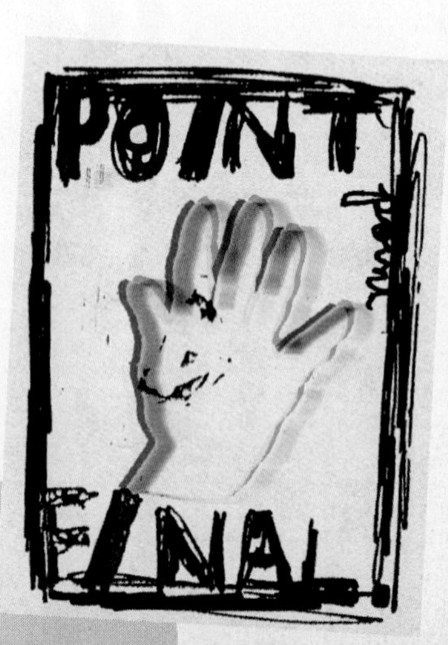

POUR LIRE ET RÉSUMER UN TEXTE ARGUMENTATIF

(Résumer une lettre ouverte ou un article critique)

PLANIFIER LA LECTURE DU TEXTE

1 Prévoir qu'il faudra lire le texte pour le **résumer** en tenant compte de son contenu, de son organisation et du point de vue adopté. Prévoir, si on le peut, plusieurs photocopies du texte pour l'annoter.

2 S'il y a lieu, se renseigner sur l'auteur ou l'auteure, sur l'événement ou sur le sujet qui est à l'**origine du texte**.

PRENDRE DES NOTES EN VUE DE L'ÉCRITURE DU RÉSUMÉ

3 Lire le texte pour prendre connaissance des éléments de la démarche argumentative. Au fil de la lecture, repérer le **sujet**, la **thèse** défendue et les principaux **arguments** invoqués.

RECONSTITUER LE CONTENU DU TEXTE

4 Repérer les **arguments** et les **conclusions partielles**, et les **reformuler** en vue de les résumer.

5 Noter les **marqueurs de relation** et les **organisateurs textuels** qui établissent des liens entre les éléments de l'argumentation.

6 Identifier la **stratégie argumentative dominante** (la démonstration, l'explication argumentative ou la réfutation) :
- en précisant la nature de la thèse (thèse/constat, thèse/évaluation ou thèse/incitation);
- en vérifiant la nature des arguments (**PREUVES** ou **RAISONS**).

7 Élaborer un **schéma** qui illustre la démarche argumentative du texte selon le modèle qui convient à la stratégie argumentative dominante (pages 115, 117 et 120).

RECONSTITUER L'ORGANISATION DU TEXTE

8 Repérer et délimiter l'**introduction** et la **conclusion** du texte.

9 Dans la partie du texte qui constitue le **développement**, délimiter les étapes de l'argumentation en tenant compte du nombre d'arguments invoqués et, s'il y a lieu, des conclusions partielles.

10 Élaborer le **plan** du texte selon le modèle de la page 121.

DISCERNER LE POINT DE VUE ADOPTÉ DANS LE TEXTE

11 Qualifier l'attitude de l'auteur ou de l'auteure (distanciation manifeste, distanciation plus ou moins grande ou engagement manifeste) vis-à-vis de son **sujet** et préciser le ton employé.

12 Déterminer le rapport établi entre l'auteur ou l'auteure et le **destinataire**.

RÉAGIR AU TEXTE

13 Noter si l'on **adhère** complètement, partiellement ou pas du tout à la thèse défendue dans le texte argumentatif et justifier son degré d'adhésion à l'aide de deux arguments ou de deux contre-arguments.

14 Évaluer la **force** et l'**efficacité** des arguments et la **qualité** de la démarche argumentative.

RÉDIGER LE RÉSUMÉ DU TEXTE

Résumer un texte argumentatif consiste à le **reformuler dans ses propres mots**, de manière concise, en restant fidèle au contenu du texte.

15 ▸ En consultant le schéma et le plan du texte élaborés aux numéros 7 et 10, présenter dans ses propres mots la thèse, les conclusions partielles et les arguments dans l'ordre où ils apparaissent dans le texte et selon une formule semblable à celle décrite dans le tableau suivant :

RÉSUMÉ D'UN TEXTE ARGUMENTATIF		
Formules pour résumer un texte argumentatif	**Notions théoriques**	**Suggestions de formulation**
L'auteur (ou l'auteure) affirme que ✍ en ✍.	• Thèse • Stratégie argumentative	*Dans l'introduction, l'auteur (ou l'auteure) affirme que* ✍. *La personne qui argumente invoque ensuite* (1, 2, 3...) ✍ (raisons ou preuves) ✍ *pour appuyer sa thèse.*
Premièrement, ✍.	• Arguments • Conclusions partielles	(Premièrement/D'abord/En premier lieu/Pour commencer/etc.) ✍, *la personne dit que* (1er argument) ✍, *ce qui lui permet de conclure que* (1re conclusion partielle) ✍.
Deuxièmement, ✍.	• Arguments • Conclusions partielles	(Deuxièmement/Ensuite/En deuxième lieu/Pour poursuivre son argumentation/etc.) ✍, *elle avance que* (2e argument) ✍ *et conclut en affirmant que* (2e conclusion partielle) ✍.
Troisièmement, ✍.	• Arguments • Conclusions partielles	(Troisièmement/Puis/En troisième lieu/Finalement/En dernier lieu/Dans son dernier argument/etc.) ✍, *cette personne prétend que* (3e argument) ✍, *ce qui l'amène à conclure que* (3e conclusion partielle) ✍.
Etc.	• Autres arguments • Autres conclusions partielles	
Pour clore, ✍.	• Conclusion/ réaffirmation de la thèse	(En terminant son argumentation/Pour clore son argumentation/À la fin de son texte/etc.) ✍, *la personne réaffirme sa thèse en disant que* ✍. *De plus, elle élargit le débat en faisant une nouvelle proposition, soit* ✍.
Moi, je ✍.	• Réagir au texte	(Moi/Pour ma part/En ce qui me concerne/Quant à moi/Si j'avais à me prononcer sur ce sujet/etc.) ✍, *j'adhère* (entièrement/tout à fait/sans condition/partiellement/en partie/etc.) ✍ *à la thèse de cette personne parce que* ✍ **ou** *je n'adhère pas à la thèse de cette personne parce que* ✍.

RELIRE SON RÉSUMÉ ET LE CORRIGER

16 ▸ En relisant, **éliminer :**
- tout ce qui répète ou étaye un argument;
- les citations ou les passages en discours rapporté utilisés par la personne qui argumente;
- les arguments ou les idées qui se répètent dans le texte.

17 ▸ Relire son résumé pour en **vérifier la clarté et la cohérence**.

18 ▸ Relire son résumé afin d'en **corriger la syntaxe et l'orthographe** à l'aide des stratégies de révision appropriées à ses propres difficultés.

19 ▸ Mettre le résumé **au propre** et le disposer de façon à en faciliter la compréhension.

L'éducation et l'information contre le sida

(*TEXTES*, page 257)

MODÈLES DE RÉSUMÉS

Prise de notes

Titre du texte : L'éducation et l'information contre le sida (TEXTES, page 257)

THÈSE : « La seule réponse à l'épidémie du VIH en Asie et en Afrique est l'éducation. » (lignes 52 et 53)

POURQUOI ?

(Explication argumentative)

CONCLUSION PARTIELLE : « [...] la conscientisation globale demeure le seul moyen de faire face à l'épidémie. » (lignes 75 à 78)

POURQUOI ?

Argument (PARCE QUE.../RAISON) : « [...] les perspectives en vue de trouver un vaccin demeurent faibles [...] » (lignes 73 à 75)

CONCLUSION PARTIELLE : « Nous devons changer les cultures de ces pays. » (ligne 111)

POURQUOI ?

Argument (PARCE QUE.../RAISON) : « Hélas ! trop de pays ne réalisent pas que leur ennemi majeur n'est pas une puissance voisine qui menace de les envahir, mais un virus plus puissant que des chars d'assaut ou des fusils. » (lignes 103 à 106)

L'éducation et l'information contre le sida

PLAN

INTRODUCTION (lignes 1 à 54)

- SUJET AMENÉ : État de la situation de l'épidémie selon l'ONU. (lignes 1 à 44)
- SUJET POSÉ : L'épidémie du sida est en hausse en Afrique et en Asie. (lignes 45 à 52)
- FORMULATION DE LA THÈSE : La seule réponse à cet état de fait est l'éducation. (lignes 53 et 54)
- SUJET DIVISÉ : Absent du texte.

DÉVELOPPEMENT – L'argumentation (lignes 54 à 120)

- 1re CONCLUSION PARTIELLE : La conscientisation globale est le seul moyen de faire face à l'épidémie du sida. (lignes 54 à 85)

  ARGUMENT : Les chances de trouver un vaccin sont faibles.

- 2e CONCLUSION PARTIELLE : Il faut changer les cultures de ces pays. (lignes 86 à 120)

  ARGUMENTS :
  – Beaucoup de pays (l'Inde, par exemple) ne réalisent pas que le sida est le plus dangereux de leurs ennemis.
  – La plupart des sociétés africaines et asiatiques sont plus conservatrices que les nôtres.

CONCLUSION (lignes 121 à 133)

- REFORMULATION DE LA THÈSE : Les dirigeants de ces pays doivent parler ouvertement du sujet à leurs citoyens.
- ÉLARGISSEMENT DU DÉBAT : La mobilisation des ressources permettra d'enrayer l'épidémie du sida.

L'éducation et l'information contre le sida

La personne qui argumente

Organisateurs textuels

Formules pour résumer

Dans l'introduction de son texte *L'éducation et l'information contre le sida*, Mark Wainberg affirme que la seule réponse à l'épidémie du VIH en Asie et en Afrique est l'éducation. Il invoque ensuite deux raisons principales pour appuyer cette thèse.

En premier lieu, il nous fait prendre conscience que les perspectives de trouver un vaccin demeurent faibles, ce qui lui permet de conclure que «la conscientisation globale demeure le seul moyen de faire face à l'épidémie».

Pour poursuivre son argumentation, le scientifique et chercheur avance que ces pays ne sont pas conscients que le sida est un plus grand ennemi que les chars d'assaut ou les fusils et que les sociétés africaines et asiatiques sont trop conservatrices. «Nous devons changer les cultures de ces pays», conclut-il.

Pour clore son argumentation, l'auteur réaffirme sa thèse en disant que les dirigeants de ces pays doivent avoir la volonté d'éduquer la population sur le sida et de mobiliser toutes les ressources pour le faire.

Pour ma part, j'adhère entièrement à la thèse de cette personne parce que je connais quelqu'un qui est mort du sida et je ne souhaite cela à personne. Je pense aussi que si on aidait ces populations à sortir de leur pauvreté, les dirigeants politiques et religieux pourraient peut-être plus facilement traiter l'épidémie du sida comme une priorité.

Stephan Laliberté, École Jacques-Sirois

résumé 2

Gratien Gélinas nous donne une grande pièce de théâtre

(*TEXTES*, page 22)

Prise de notes

Titre du texte : Gratien Gélinas nous donne une grande pièce de théâtre (TEXTES, page 22)

THÈSE : Tit-Coq est, en même temps qu'une œuvre typiquement canadienne, une pièce universelle susceptible d'affronter les années et les peuples. (lignes 19 à 23)

EST-CE VRAI ?

(Démonstration)

CONCLUSION PARTIELLE : «Canadienne, la pièce l'est [...]» (ligne 24)

EST-CE VRAI ?

Argument (FAIT/PREUVE) : «[...] son personnage principal, Tit-Coq, comme tous les autres personnages d'ailleurs, est essentiellement canadien.» (lignes 25 à 28)

CONCLUSION PARTIELLE : «Gratien Gélinas grave les lignes essentielles d'un problème universel, celui des enfants de l'amour [...]» (lignes 48 à 50)

EST-CE VRAI ?

Argument (FAIT/PREUVE) : Tout le résumé que l'auteur de l'article critique fait de la pièce en décrivant les actions importantes et l'évolution de Tit-Coq vient appuyer cette conclusion

Gratien Gélinas nous donne une grande pièce de théâtre

PLAN

INTRODUCTION (lignes 1 à 23)

- SUJET AMENÉ : – Description d'une œuvre dramatique (lignes 1 à 6)
  – Présentation de l'auteur et de son œuvre (lignes 7 à 15)
- SUJET POSÉ ET FORMULATION DE LA THÈSE : Tit-Coq est, en même temps qu'une œuvre typiquement canadienne, une pièce universelle, susceptible d'affronter les années et les peuples.
- SUJET DIVISÉ : – Œuvre typiquement canadienne. (lignes 15 à 23)
  – Pièce universelle.

DÉVELOPPEMENT – L'argumentation (lignes 24 à 106)

- 1re CONCLUSION PARTIELLE : La pièce est canadienne. (ligne 24)
  ARGUMENT : Les personnages, leur langue, leurs mœurs sont québécois. (lignes 25 à 41)
- 2e CONCLUSION PARTIELLE : La pièce est universelle par son thème. (lignes 42 à 52)
  ARGUMENTS : Séquence descriptive de la pièce. (lignes 53 à 106)

CONCLUSION (lignes 107 à 134)

- ÉLARGISSEMENT DU DÉBAT : La pièce est un succès sur tous les plans. (lignes 107 à 132)
- REFORMULATION DE LA THÈSE : Une pièce à voir et à revoir. (lignes 133 et 134)

Gratien Gélinas nous donne une grande pièce de théâtre

La personne qui argumente

Organisateurs textuels

Formules pour résumer

Dans l'introduction de l'article *Gratien Gélinas nous donne une grande pièce de théâtre*, le critique Jean Ampleman affirme que la pièce *Tit-Coq* est une œuvre à la fois canadienne et universelle. Dans son argumentation, il développe les deux aspects de sa thèse.

Dans la première partie de son texte, il démontre que les personnages, les situations qu'ils vivent, leur langue et leurs mœurs sont bien de chez nous, ce qui lui permet d'affirmer que la pièce est canadienne.

Dans la deuxième partie de son texte, le critique prouve, à l'aide d'une longue séquence descriptive, que la pièce aborde un thème universel, celui de la souffrance des enfants «bâtards»; cela l'amène à conclure que la pièce «grave les lignes essentielles d'un problème universel», et qu'il s'agit donc d'une pièce universelle.

En guise de conclusion, Jean Ampleman décrit le succès phénoménal de la pièce, de son auteur, des comédiens, etc., et renforce sa thèse en disant que «*Tit-Coq* est non seulement à voir, mais à revoir».

Moi, je n'ai pas vu la pièce *Tit-Coq*, mais je l'ai lue. J'adhère à la thèse du critique, à savoir que c'est une pièce universelle, mais j'ai des réserves sur la manière dont il traite la question des enfants abandonnés. On n'est plus en 1948 et, aujourd'hui, plusieurs enfants trouvent des familles d'adoption exemplaires qui leur permettent de s'épanouir autant que n'importe quel autre enfant.

Carlo Gomez, École L'Oiseau bleu

APPROPRIATION DES CONNAISSANCES

LA SITUATION ARGUMENTATIVE

1 Pour chaque situation décrite ci-dessous, imaginez les éléments de la situation argumentative (sujet, argumentateur, destinataire et moyen) et élaborez pour chacune un schéma selon le modèle du bas de la page 103.

A

Titulaire d'un diplôme d'agronome et vétérinaire depuis 20 ans, le Dr Charles Danten connaît bien, pour les avoir soignés, les animaux, tant les chiens et les chats que les oiseaux et les reptiles. Après avoir pris conscience du véritable visage de cette industrie, il a abandonné la pratique de la médecine vétérinaire pour se consacrer à l'amélioration des relations entre les êtres humains et les animaux.

© VLB éditeur et Charles Danten, 1999.

B **Pour une hausse du prix de l'essence**

[...] il faudrait continuer à augmenter les taxes sur l'essence. À bas l'utilisation excessive de carburant polluant !

Stéphane Ranger, lettre ouverte dans *L'Hebdomadaire*, 6 avril 2000.

C ***Eldorado***
Troublante jeunesse d'aujourd'hui

À son premier long métrage, le cinéaste Charles Binamé montrait déjà un souci marqué pour la jeunesse et ses tourments. [...] Tourné avec des moyens volontairement dérisoires mais un souci de vérité extraordinaire, *Eldorado* nous fait les témoins du parcours tortueux et torturé d'êtres en quête d'un sens à donner à leur vie, sur fond de jungle montréalaise. [...]

Normand Provencher, *Le Soleil*, 4 mars 1995.

2 Lisez le texte *Hymne à la beauté du monde* à la page 246 de votre manuel *TEXTES*.

A Quelle est la thèse défendue dans cette chanson ?

B Reproduisez et complétez le schéma suivant pour chacun des trois arguments invoqués dans la chanson pour défendre la thèse.

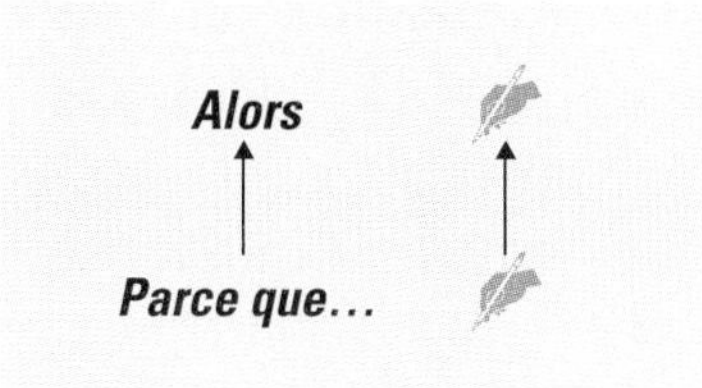

LES ÉLÉMENTS DE LA DÉMARCHE ARGUMENTATIVE

3 (page 106) ◀◀ L'ESSENTIEL 1.2.1 et 1.2.2

Précisez la nature des thèses suivantes et formulez une contre-thèse pour chacune.

A Nous exigeons un moratoire sur les recherches dans le domaine du clonage.

B Le maire Drapeau a beaucoup travaillé pour faire de Montréal une ville de renommée internationale.

C L'inexpérience des comédiens et des artisans explique l'insuccès de la pièce *Caligula* présentée au théâtre de l'Œil.

D Une hausse de la taxe sur les disques permettrait de sauver cette industrie.

E Les Vikings seraient les premiers Européens à avoir mis les pieds en Amérique.

F Kennedy a été victime d'un complot.

4 (page 107) **L'ESSENTIEL** 1.2.4 et 1.2.5

Déterminez si les énoncés suivants contiennent des arguments ou des contre-arguments pour les thèses du numéro 3 et justifiez vos réponses.

A Le clonage permettra d'élever des animaux qui seront plus résistants aux maladies.

B Sous l'administration Drapeau, le déménagement à Toronto du siège social de plusieurs multinationales a été désastreux pour la métropole du Québec.

C De plus, l'incohérence de la mise en scène plongeait les spectateurs dans un ennui profond.

D Cette taxe servirait à subventionner les jeunes talents pour qu'ils puissent à leur tour enregistrer des disques.

E Dans ses écrits, cet historien rapporte que des recherches archéologiques prouvent que les Vikings sont passés par Terre-Neuve en 1400, soit 92 ans avant Christophe Colomb.

F Il semble impossible que Lee Harvey Oswald ait agi seul étant donné ses rapports avec le gouvernement soviétique.

5 (page 107) **L'ESSENTIEL** 1.2.4

Déterminez si chacun des arguments ci-dessous **appuie** l'une des thèses de l'encadré ou s'il s'agit d'un argument à rejeter. S'il s'agit d'un argument à rejeter, expliquez pourquoi.

THÈSES

① Le roman *L'Amour au temps du choléra* de Gabriel García Márquez tient du chef-d'œuvre.

② Il est faux de prétendre que de plus en plus de jeunes se tuent sur les routes.

③ Le prêt-à-manger nous tue.

④ La peine de mort est ignoble.

A Il faut payer pour ce qu'on a fait de mal.

B Depuis 20 ans, le nombre de voitures sur les routes a sensiblement augmenté. Par conséquent, il y a plus d'accidents. Cependant, le pourcentage des accidents a baissé.

C L'abondance de gras saturé augmente le taux de cholestérol.

D L'auteur tire les ficelles de ses personnages avec une remarquable habileté.

E La passion entre les personnages de Fermina et Florentino est habilement décrite et rappelle les violents symptômes du choléra.

F Les gens qui conduisent dangereusement doivent payer.

G On ressent un profond ennui quand on parcourt les premières pages.

H À la télévision, on voit de plus en plus d'accidents impliquant des jeunes.

I Tous les êtres humains ont droit à la vie.

J Un hamburger contient à lui seul des aliments des quatre groupes alimentaires.

6 (page 106) **L'ESSENTIEL** 1.2.1

Formulez une phrase contenant la thèse défendue dans chacun des paragraphes suivants et qui pourrait être insérée au début du paragraphe. Précisez ensuite s'il s'agit d'une thèse/constat, d'une thèse/évaluation ou d'une thèse/incitation et justifiez votre réponse.

① Depuis le XVIIe siècle, les règles de l'orthographe française ont été simplifiées ou compliquées plus de cinq fois. Pourquoi refuser de le faire maintenant? Plusieurs pays l'ont fait au XXe siècle (l'Espagne, la Hollande, l'Allemagne, la Grèce, etc.) alors que d'autres ont carrément changé leur alphabet (le Viêtnam, la Turquie, l'Albanie). Ces langues n'ont rien perdu en richesse et ont beaucoup gagné en compréhension. Savez-vous que beaucoup d'enfants dans le monde renoncent à apprendre le français parce que notre orthographe les terrorise? Avouez qu'il est plus facile d'écrire *criantemo* en espagnol que *chrysanthème* en français.

Texte inspiré de «Pourquoi la nouvèle ortografe?» de Michel-Antoine Burrier, *Actuel*, octobre 1999.

② [...] *Ils mettent dans leurs cafés des succédanés de crème, sur leurs pizzas du fromage qui n'en est pas, ils étalent sur leur pain de la margarine couleur de beurre frais, ils recouvrent leurs légumes et leurs viandes de sauces concoctées en laboratoire. Pas surprenant que beaucoup soient si gras.* [...]

Pierre Brunet, lettre ouverte dans *L'actualité*, 15 avril 1999.

③ [...] *C'est aussi pour cette raison que lors de son spectacle au Spectrum, à l'occasion des dernières FrancoFolies, Jean Leloup est apparu tel qu'il est: guitare en bandoulière, simple t-shirt et jeans. Pas de fla-flas, pas de haut-de-forme, ni haut-le-cœur. Simple et naturel. Vivant.*

Laurent Saulnier, *Voir, 10 ans*, 1997.

④ [...] *Passons en revue quelques activités qui, à n'en pas douter, enrichissent le curriculum des élèves qui s'y inscrivent. D'abord, le journal de l'école mobilise une trentaine d'élèves intéressés à entreprendre des recherches, à rédiger des textes et à faire des mises en pages.* [...] *Dans le domaine de la communication, il faut aussi signaler l'existence de la radio scolaire qui touche également bon nombre d'élèves en difficulté.* [...] *Puis il y a le club d'astronomie animé par des enseignants de sciences qui se sont donné comme but d'éveiller la curiosité des élèves et de les amener à s'intéresser à différents aspects des sciences.* [...]

Luce Brossard, © Ministère de l'Éducation, *Vie pédagogique*, nº 106, février-mars 1998.

7 (page 107) ◀◀ L'ESSENTIEL 1.2.2 et 1.2.4

Supposez que vous deviez défendre des thèses opposées à celles formulées au numéro **6**.

A Formulez ces contre-thèses.

B Trouvez deux arguments pour appuyer chacune des nouvelles thèses.

8 (page 110) ◀◀ L'ESSENTIEL

Complétez le texte suivant:

A en remplaçant le pictogramme ✍ par un des organisateurs textuels ou des marqueurs de relation de l'encadré;

car – cependant – certes – comme – de plus – en effet – en revanche – et – étant donné qu' – la preuve – par conséquent – par exemple – parce que – voilà pourquoi – comme

B en ajoutant une conclusion partielle à la fin de chacun des paragraphes du développement (2e, 3e et 4e paragraphes).

Ce n'est pas du cinéma

À l'heure du cinéma maison et du vidéoclub, j'affirme avec certitude que voir un film au cinéma est encore la meilleure façon de vraiment l'apprécier.

Lorsqu'on va au cinéma, on nous présente une image qui respecte la vision du réalisateur. **1** ✍, les films sont tournés pour être projetés sur grand écran. Les écrans de télévision sont beaucoup plus petits. **2** ✍, quand on loue un film, on nous prévient que le film a été adapté pour la télévision. C'est ***donc*** que **3** ✍.

4 ✍, la qualité même de l'image est de beaucoup supérieure au cinéma. **5** ✍: louez un film qui comporte de nombreuses scènes nocturnes **6** ✍ vous aurez du mal à distinguer les personnages. **7** ✍, au cinéma vous pourrez apprécier ces scènes, car l'image y est plus contrastée; les couleurs, même sombres, sont plus précises. ***Donc***, **8** ✍.

Le cinéma est plus intéressant que la vidéocassette **9** ✍ l'ambiance permet au spectateur d'être plus attentif. Il n'y a pas de téléphone qui sonne, pas de voisin qui frappe à la porte, pas de stress de voir le ménage à faire, etc. **10** ✍, dans une salle de cinéma, les spectateurs sont dans un état d'esprit les rendant plus réceptifs **11** ✍ ils se sont déplacés volontairement pour aller voir le film. Au cinéma, le film est un peu **12** ✍ une cérémonie à laquelle on assiste dans le plus grand respect. **13** ✍, la vidéocassette permet plus de souplesse dans le visionnement. **14** ✍, on peut arrêter le film en tout temps. **15** ✍, ces avantages deviennent des défauts, **16** ✍ les gens s'habituent à être moins attentifs et moins concentrés. Quand on va voir un film, on comble un désir d'évasion et on se plonge dans l'histoire qui se déroule sous nos yeux. Pas question de se laisser distraire et d'arrêter le film. On est assis pendant deux heures; on oublie tout et on reste rivé à l'écran. C'est **17** ✍ si on faisait un voyage. On ne peut arrêter le film pour le remettre au lendemain. On est «dedans»; on vit l'instant présent. C'est l'évasion. ***Bref***, le cinéma **18** ✍.

9 (page 107) L'ESSENTIEL 1.2.2 et 1.2.3

Rédigez un court texte qui défendrait une thèse opposée à celle du texte précédent. Développez deux arguments pour défendre votre thèse. N'oubliez pas d'insérer des conclusions partielles dans le texte.

10 (page 106) L'ESSENTIEL 1.2.1 et 1.2.4

La caricature est un dessin essentiellement argumentatif. Observez les caricatures sur cette page.

A Formulez une thèse qui pourrait être appuyée par chacune des caricatures.

B Trouvez un argument à l'appui de chacune des thèses formulées.

LES ARGUMENTS

11 (page 107) L'ESSENTIEL 1.2.4

Dans les raisonnements suivants, ajoutez l'élément manquant signalé par le pictogramme.

A
- L'argent des billets de Loto-Québec enrichit le gouvernement.
- ***Or***, seulement un faible pourcentage de cet argent est remis à des gagnants.
- ***Donc***, s'il y avait plus de gagnants, le gouvernement ____.

B
- Les animaux ne sont pas dotés de la parole.
- ***Or***, la parole sert aux humains à communiquer entre eux.
- ***Donc***, les animaux et les humains ____.

Caricature 1

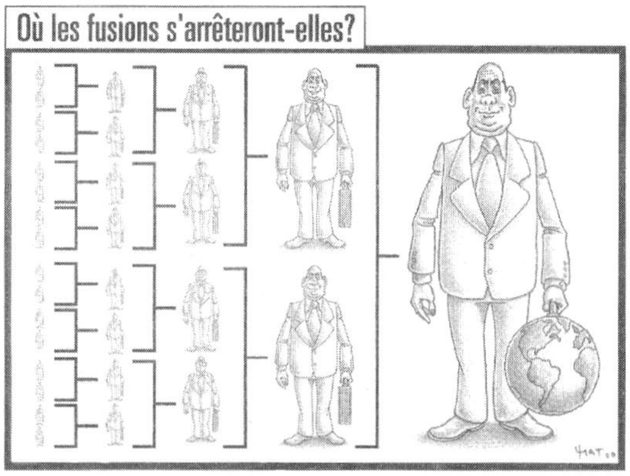

© Mathieu Bélanger, *Voir*, 20 au 26 janvier 2000.

Caricature 2

© Pascal Élie, *La Presse*, 15 novembre 1999.

Caricature 3

Serre, *100 dessins pour la liberté*,
Amnesty International, Éd. du Cherche Midi, © Serre.

C • Bien écrire est une forme de respect envers les personnes qui nous lisent.
• ***Or***, le respect .
• ***Donc***, les jeunes écrivent de moins en moins bien.

D • Les disciplines liées à l'informatique sont celles qui génèrent le plus d'emplois.
• ***Or***, les filles sont maintenant plus nombreuses .
• ***Donc***, les filles sont celles qui ont le plus de chances de se trouver un emploi.

12 Pour chacun des raisonnements déductifs du numéro 11, formulez une phrase qui pourrait être insérée dans un texte argumentatif. Certains éléments du raisonnement peuvent être implicites.

13 (page 107) L'ESSENTIEL

Les phrases suivantes constituent des arguments. Reconstituez les raisonnements sur lesquels s'appuient ces arguments et présentez-les comme dans l'activité du numéro 11.

A Ce politicien est très photogénique. Il ne devrait avoir aucun mal à remporter une élection.

B Parce qu'on a vu mille fois ces scènes de violence gratuite au cinéma, ce film n'est pas très original.

C Si le démarreur ne fait aucun bruit (clic!) quand on met le contact, c'est que la batterie est à plat.

D Le pH de ce lac est de 5,3, soit 0,7 plus bas que la norme. Les eaux sont donc trop acides pour la survie des espèces animales.

E Bien qu'il soit riche, la maladie rend oncle Paulo malheureux.

14 (page 108) L'ESSENTIEL

Selon le modèle du raisonnement inductif, imaginez des faits particuliers qui permettraient d'appuyer les conclusions suivantes. Ajoutez ces faits à la suite des conclusions.

A Depuis que le nouveau programme de français a été implanté, les résultats scolaires sont très encourageants. En effet, (fait fictif) .

B La fête internationale est une très grande réussite chaque année. (fait fictif) .

C Les garçons réussissent moins bien que les filles à l'école. On observe (fait fictif) .

D Les Vikings ont été les premiers Européens à mettre les pieds en Amérique. On a découvert (fait fictif) .

E Le succès du film *Titanic* est incontestable: (fait fictif) .

15 Selon le modèle du raisonnement inductif, formulez une conclusion qui pourrait être appuyée par les faits particuliers suivants:

A Au cours des derniers mois, le taux de chômage a sensiblement diminué et le nombre de maisons vendues a beaucoup augmenté.

B L'Association nationale des éditeurs de livres a récemment fait connaître les résultats de son étude. On y constate que le nombre de livres publiés au Québec est en augmentation, que les librairies ne font plus faillite aussi souvent que dans les années 1980 et que les émissions culturelles, tant radiophoniques que télévisuelles, sont de plus en plus nombreuses et populaires.

C Dans cette école, les enseignants, les enseignantes et les élèves ont un taux d'absence très faible, de nombreux parents assistent aux rencontres de remise des bulletins et plusieurs activités parascolaires sont connues de toute la population environnante.

16 (page 109) L'ESSENTIEL

Sur quelle valeur chacun des arguments suivants est-il fondé ?

A Il ne faut plus jamais manger de repas-minute. Il ne faut plus fumer. Il ne faut pas boire une seule goutte d'alcool. Il ne faut plus boire de boissons gazeuses.

B Il faut soutenir l'industrie militaire parce qu'elle crée plus de 65 000 emplois.

C Le gouvernement de l'époque a agi de façon honteuse en emprisonnant le chef de l'opposition.

D Il faut absolument arrêter le taxage dans cette école : c'est devenu alarmant !

E Je ne peux concevoir qu'un joueur de hockey gagne cent fois le salaire d'une infirmière.

F Je désapprouve le fait que les patrons d'entreprises puissent lire le courrier électronique de leurs employés et de leurs employées.

G À notre avis, on ne peut interdire aux journalistes l'accès à des documents légaux.

17 (page 109) ◀◀ L'ESSENTIEL

Complétez les arguments suivants en explicitant la relation logique entre les divers éléments qui les constituent.

A **Comparaison**

Chercher à ✎, c'est un peu comme chasser des mouches avec une carabine.

B **Rapport cause/conséquence**

Quand on a cessé d'administrer ce médicament aux enfants, on a remarqué une baisse des symptômes d'allergie. On a alors conclu que ✎.

C **Rapport cause/conséquence**

Myriam Belleville ne pouvait évidemment pas être en Australie et commettre un vol à Saint-Sauveur. On a donc déduit que ✎.

D **Comparaison**

La situation économique ressemble beaucoup à celle qui a précédé le krach de 1929. On constate que le billet d'autobus coûte plus cher mais que le salaire moyen a ✎. Toutes proportions gardées, le transport en commun est plus accessible qu'avant.

18 (page 111) ◀◀ L'ESSENTIEL

A Formulez la thèse défendue dans les arguments de l'encadré.

> ① Ricardo est un enfant de la ville. La semaine dernière, avec l'école, il est allé visiter une ferme. Imaginez, il n'avait jamais vu une vache de sa vie. ② Quand on parle de sortie scolaire éducative, on parle de ces journées extraordinaires où les élèves quittent l'école pour aller apprendre sur le terrain. ③ Vivriez-vous dans une école où l'on vous enferme dans une classe sans jamais vous laisser sortir ? ④ Les sorties pédagogiques comportent de nombreux avantages : elles permettent aux élèves de voir la réalité, d'être en contact avec d'autres adultes, et surtout, elles sont une grande source de motivation.

B Nommez le procédé utilisé pour étayer chacun des arguments de l'encadré.

19 Formulez deux arguments pour appuyer la thèse présentée dans l'encadré ci-dessous. Utilisez un procédé différent pour étayer chacun des arguments.

> La liberté d'expression est un droit qu'il faut limiter sur Internet.

LA QUALITÉ DES ARGUMENTS

20 (page 113) ◀◀ L'ESSENTIEL

Les arguments suivants sont douteux. Expliquez pourquoi il est bien difficile de se rallier aux conclusions. Pour répondre, vous aurez peut-être besoin de reconstituer le raisonnement à la base de l'argument.

A De plus en plus de gens achètent ce produit. Cela prouve que c'est un bon produit.

B L'astrologie, c'est vrai parce que mon médecin y croit.

C Ce type est sûrement coupable de ce vol. Je le connais, il est malhonnête.

D Tous les gens de cette ville sont racistes.

E Le maire de cette ville est un imbécile. Ce qu'il dit n'a aucun sens.

F Je joue à pile ou face et ça fait neuf fois que la pièce tombe du côté pile. Cette fois, il y a sûrement plus de chances qu'elle tombe du côté face.

G Les extra-terrestres existent; on n'a jamais prouvé le contraire.

H Je connais une fille à qui un médecin a dit qu'il n'y avait aucun risque à utiliser un téléphone cellulaire.

I Il faut subventionner le sport professionnel. On subventionne bien la culture.

J Les manèges de ce parc d'attractions sont en bon état. Je le sais, j'y suis déjà allé.

21 Les vers de l'encadré ci-dessous sont extraits de poèmes du manuel *TEXTES*. Dans leur contexte, ces vers pourraient constituer des thèses.

A Précisez la nature de la thèse (thèse/constat, thèse/évaluation ou thèse/incitation) évoquée dans chaque extrait.

B Dans chacun des poèmes, relevez un élément pour justifier que le texte est argumentatif.

① [...]
Il ne s'agit plus de comprendre le monde
il faut le transformer
[...]
(Claude Roy, «Jamais je ne pourrai» dans *Poésies*, © Gallimard, 1970. [*TEXTES*, page 229, lignes 32 et 33])

② [...]
Enfance d'eau vive, tes paradis ne sont pas
[*toujours verts.*
[...]
(Joseph Paul Schneider, «Alphabet», *L'Incertain du sable*, © Librairie-Galerie Racine, 1978. [*TEXTES*, page 232, ligne 5])

③ *Il est terrible*
le petit bruit de l'œuf dur cassé sur un comptoir
[*d'étain*
[...]
(Jacques Prévert, «La grasse matinée», *Paroles*, © Gallimard, 1948. [*TEXTES*, page 238, lignes 1 et 2])

22 (page 114) ◀◀ L'ESSENTIEL 1.3.1 et 1.3.2

Déterminez si la stratégie argumentative utilisée dans chacun des paragraphes suivants est la démonstration ou l'explication argumentative et justifiez votre réponse.

① Les malades en phase terminale sont en faveur de l'euthanasie parce qu'ils et elles ne veulent pas mourir dans des souffrances atroces.

② [...] *Rappelons aussi que la nature n'est pas accueillante, quoi qu'en puissent penser les touristes qui ne connaissent de la mer que ses plages, de la montagne que ses pistes ensoleillées, de la campagne que ses chemins ombragés. N'évoquons pas des «débordements de la nature», des «éléments déchaînés», des volcans, des tremblements de terre, des raz de marée, des typhons.* [...]

Bernard Oudin, *Plaidoyer pour la ville*, Éditions du Jour/Laffont, 1972.

③ [...] *Le portrait est pourtant assez éloquent puisque d'année en année nous répétons et revendiquons inlassablement les mêmes requêtes. À la lumière des décisions qui sont prises par nos décideurs, il y a lieu de croire que l'on nous entend mais que personne n'écoute puisque l'État continue à surresponsabiliser les membres de l'entourage pour le maintien de la personne atteinte* [de maladie mentale] *dans la communauté.*

Hélène Fradet, directrice, FFAPAMM, «De la déception à la colère», *La Presse*, 21 mars 2000.

23 (page 118) ◀◀ L'ESSENTIEL 1.3.3

A Dans le texte de l'encadré, relevez deux passages qui révèlent que la stratégie argumentative utilisée est la réfutation.

Certains pensent qu'au Québec, on devrait parler le même français qu'en Europe. Ils oublient que notre langue est vivante et qu'elle évolue. Elle emprunte des mots à l'anglais comme *hockey* et *baseball*, et elle invente des mots nouveaux comme *banc de neige, poudrerie, tuque* pour décrire nos réalités propres.

B À quelle thèse s'oppose-t-on dans ce texte ?

C À quelle technique réfutative la personne qui a écrit le texte a-t-elle eu recours ? Justifiez votre réponse.

D Quel procédé a-t-elle utilisé pour étayer son argument ? Justifiez votre réponse.

COMPRÉHENSION DE TEXTE

TEXTES

PAGE 240 *L'Homme ou la nature ?*

➲ Lisez le texte *L'Homme ou la nature ?* en prêtant une attention particulière à la DÉMARCHE ARGUMENTATIVE de l'auteur.

1 Quel est le sujet de ce texte ?

2 (page 103) ◀◀ L'ESSENTIEL

Fils du grand écrivain Edmond Rostand, Jean Rostand (1894-1977) est un biologiste français bien connu, auteur d'ouvrages sur l'importance de la biologie dans la culture humaine et précurseur de l'écologie. Reproduisez et complétez le schéma suivant de manière à faire ressortir les composantes de la situation argumentative de ce texte.

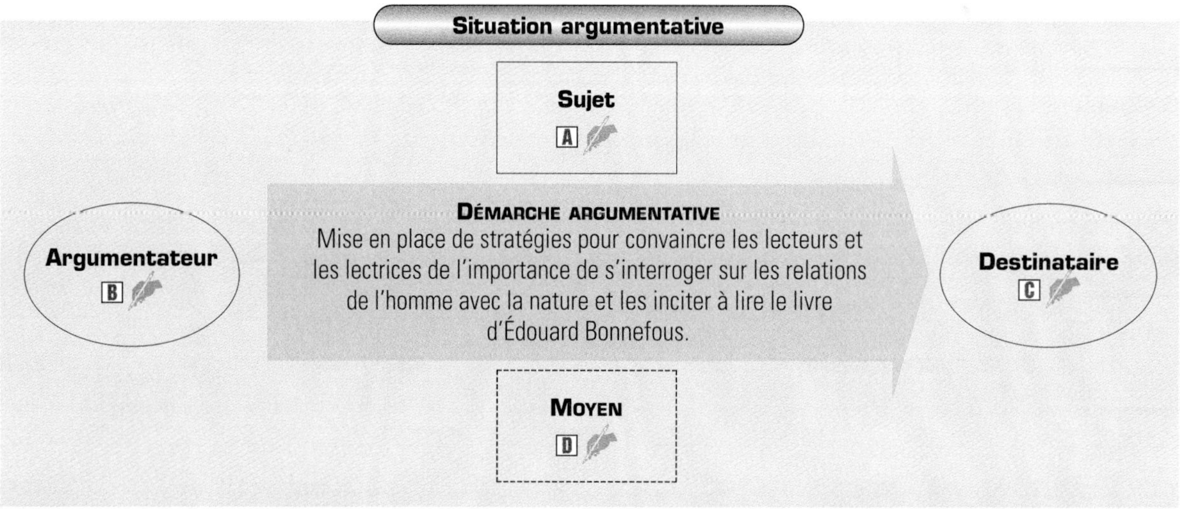
Situation argumentative
Sujet
A
Argumentateur
B
DÉMARCHE ARGUMENTATIVE
Mise en place de stratégies pour convaincre les lecteurs et les lectrices de l'importance de s'interroger sur les relations de l'homme avec la nature et les inciter à lire le livre d'Édouard Bonnefous.
Destinataire
C
MOYEN
D

3 Jean Rostand énonce sa thèse seulement à la ligne 20 de son texte: [...] *l'homme s'avise qu'*[...] *il lui faut surveiller, contrôler sa conduite envers la nature, et souvent protéger celle-ci contre lui-même.*

A Quelle est la nature de cette thèse: une thèse/constat, une thèse/évaluation ou une thèse/incitation ?

B Formulez une contre-thèse.

4 **A** À la fin de l'introduction (lignes 1 à 36), relevez la phrase que l'auteur utilise pour annoncer comment il défendra sa thèse.

B Dans le développement du texte (lignes 37 à 85), relevez trois mots ou expressions qui lient les arguments entre eux et qui révèlent l'organisation du texte.

5 Dans les lignes 37 à 54, Jean Rostand présente son premier argument.

A À la fin de cette partie du texte, quelle phrase peut servir de conclusion à cet argument ?

B Relevez les deux RAISONS que l'auteur invoque pour appuyer la conclusion partielle relevée en **A**.

C Quel procédé l'auteur a-t-il utilisé pour renforcer la deuxième RAISON invoquée dans cet argument ?

6 Le deuxième argument à l'appui de la thèse de Jean Rostand tient en une seule phrase (lignes 55 à 68).

A Résumez cette phrase de manière à obtenir un énoncé qui exprime clairement la RAISON invoquée par l'auteur pour défendre sa thèse.

B Relevez la partie de cette phrase qui contient les données de la conclusion partielle et formulez cette conclusion.

7 Le troisième argument est présenté dans les lignes 69 à 85.

A Dans cette partie du texte, relevez les deux RAISONS invoquées par l'auteur pour soutenir sa thèse.

B Formulez dans vos mots la conclusion partielle de cet argument.

8 Sur quoi chacun des trois arguments de l'auteur est-il fondé : sur un fait, sur une valeur ou sur un principe logique ? Justifiez vos réponses.

9 Quelle stratégie argumentative Jean Rostand utilise-t-il dans l'ensemble de son texte pour défendre sa thèse : la démonstration, l'explication argumentative ou la réfutation ? Justifiez votre réponse.

PROLONGEMENT

1. Dans l'introduction du texte (lignes 1 à 36), relevez les mots et les ensembles de mots à forte connotation utilisés par Jean Rostand pour susciter l'intérêt des lecteurs et des lectrices. Précisez l'effet produit par ces mots.
2. Relevez un passage qui donne la définition du mot *environnement* et qui révèle que ce mot n'était pas encore très utilisé au moment où ce texte a été écrit.

Le lexique ◀◀ PR 101

3. Démontrez que le registre de langue utilisé par l'auteur convient à une préface de livre à caractère scientifique.

Les registres de langue ◀◀ PR 102

4. Indiquez quel est le temps verbal principal dans ce texte et quelle est sa valeur. Trouvez deux autres temps verbaux et justifiez leur utilisation.
5. Dans le deuxième paragraphe (lignes 4 à 19), relevez tous les mots et les groupes de mots qui reprennent les groupes du nom *la nature* et *l'homme*.

La cohérence textuelle ◀◀ PR 103

6. Relevez la séquence descriptive contenue dans l'introduction (lignes 1 à 36). Précisez ce qu'elle décrit et le rôle qu'elle joue dans l'argumentation.

Les séquences textuelles ◀◀ PR 104

7. Le point de vue de Jean Rostand est-il engagé ou distancié ? Justifiez votre réponse en analysant la présence de l'auteur dans le texte.
8. Dans son premier argument, Jean Rostand fait référence à sa propre manière de voir les relations entre l'homme et la nature. De qui rapporte-t-il la manière de voir dans les deux autres arguments ?

Le point de vue ◀◀ PR 105

INTERTEXTUALITÉ

Comparez les thèmes abordés dans les textes *L'Homme ou la nature ?* (*TEXTES*, page 240) et *Aimer la vie, c'est aimer l'environnement* (*TEXTES*, page 249). Les thèses de ces deux textes s'opposent-elles ? Pourquoi ?

ACTIVITÉS DE GRAMMAIRE

LES PHRASES SUBORDONNÉES ET LA RÉDUCTION DE PHRASES ◀◀ GOC 301

1. a) Les lignes 10 (*Par suite de...*) à 19 du texte *L'Homme ou la nature ?* constituent une seule phrase. Récrivez cette phrase :
- en réduisant les deux subordonnées relatives en *qui* qu'elle contient;
- en remplaçant les marqueurs *soit que...* par le subordonnant *parce que...* et en faisant en sorte que ce subordonnant ne soit pas répété (n'oubliez pas de faire les autres changements nécessaires).

b) Comparez la phrase récrite en a) à celle du texte. Que constatez-vous sur le plan syntaxique et sur le plan du sens ?

2. Récrivez la phrase qui figure aux lignes 20 à 23 du texte en réduisant la subordonnée complétive.

TEXTES

PAGE 244 *Ouvrir les yeux dans l'eau*

➲ Lisez le texte *Ouvrir les yeux dans l'eau* en prêtant une attention particulière à la DÉMARCHE ARGUMENTATIVE de l'auteure.

1 A Quel est le sujet de ce texte ?

B Dans le premier paragraphe (lignes 1 à 12), relevez le passage qui contient la thèse défendue par Julie Perreault dans son éditorial.

C Quelle est la nature de cette thèse ?

D À première vue, en combien de parties l'argumentation se subdivise-t-elle ? Quels indices vous permettent de l'affirmer ?

2 Présentez les énoncés de l'encadré dans un schéma qui rendra compte du raisonnement sur lequel s'appuie l'argument invoqué par Julie Perreault dans **la première partie de son texte** (lignes 53 à 138). Utilisez les marqueurs ***Parce que... Alors...***

attention

Les passages qui ne sont pas en italique ne sont pas extraits intégralement du texte; ils ont été reformulés de manière à résumer les raisons invoquées par l'auteure.

① Les données liées à la consommation d'eau sont déficientes.

② *Il est urgent d'estimer sérieusement nos ressources et de suivre leur évolution.*

③ La demande en eau va s'accentuer, *la pression va s'accentuer.*

④ Personne ne peut dire exactement la quantité d'eau dont nous disposons.

3 Dans le huitième paragraphe (lignes 123 à 138), relevez le passage qui pourrait constituer une conclusion au premier aspect de l'argumentation de Julie Perreault.

4 Présentez les énoncés de l'encadré dans un schéma qui rendra compte du raisonnement sur lequel s'appuie l'argument invoqué par Julie Perreault dans **la deuxième partie de son texte** (lignes 139 à 193). Utilisez les marqueurs ***Parce que... Alors...***

① *Maître de notre eau, nous devons rester.*

② Nous devons choisir les récipiendaires de notre eau.

③ Nous devons être responsables *d'une utilisation plus rationnelle* de l'eau.

5 En analysant les réponses trouvées aux numéros 2, 3 et 4, formulez deux énoncés qui résumeront les raisons invoquées par l'auteure pour défendre sa thèse.

6 Précisez le procédé utilisé par Julie Perreault pour étayer les arguments contenus dans les paragraphes suivants et justifiez ces procédés.

A 3e paragraphe (lignes 28 à 52)

B 5e paragraphe (lignes 69 à 85)

C 10e paragraphe (lignes 171 à 193)

7 Quelle stratégie argumentative Julie Perreault utilise-t-elle dans l'ensemble de son texte pour défendre sa thèse ? Justifiez votre réponse.

PROLONGEMENT

1. Relevez tous les mots et les ensembles de mots de la première partie du texte (lignes 1 à 138) qui pourraient faire partie d'un champ lexical lié à l'eau et faites des regroupements que vous présenterez dans un organisateur graphique personnel et original. Le lexique PR 101

2. Selon vous, quelles sont les raisons pour lesquelles Julie Perreault a utilisé un registre de langue standard plutôt qu'un registre plus familier ? Les registres de langue PR 102

3. Cherchez dans le texte ce qui est repris par les GN suivants. Poursuivez votre recherche tant que vous n'aurez pas trouvé exactement ce que reprennent ces expressions. La cohérence textuelle PR 103
   a) *ce contexte* (ligne 49)
   b) *ces questions* (ligne 82)
   c) *Ces questions centrales* (ligne 89)
   d) *Ces données* (ligne 123)

4. Les lignes 13 à 27 contiennent une séquence descriptive. Précisez ce qui y est décrit et le rôle joué par cette séquence dans l'argumentation. Les séquences textuelles PR 104

5. a) Dans la première partie du texte, relevez un passage dans lequel l'auteure fait une mise en garde aux destinataires. Le point de vue PR 105
   b) Que révèle l'utilisation du pronom *nous* et des déterminants *notre* et *nos* sur le rapport que l'auteure désire établir avec ses destinataires ? Justifiez votre réponse à l'aide de quelques exemples.
   c) À partir des réponses trouvées en a) et en b), déterminez si le rapport auteur/destinataire est un rapport d'autorité ou un rapport d'égalité.

INTERTEXTUALITÉ

Quels liens faites-vous entre les textes *Aimer la vie, c'est aimer l'environnement* (*TEXTES*, page 249) et *Ouvrir les yeux dans l'eau* (*TEXTES*, page 244) ?

ACTIVITÉS DE GRAMMAIRE

LES PHRASES SUBORDONNÉES ET LA RÉDUCTION DE PHRASES GOC 301

1. a) Le premier paragraphe (lignes 1 à 12) du texte *Ouvrir les yeux dans l'eau* contient trois phrases graphiques. Résumez ce paragraphe en une phrase :
      - en remplaçant le point à la fin de la première phrase par un deux-points et en faisant les modifications nécessaires dans la suite du paragraphe;
      - en réduisant ou en supprimant la subordonnée relative contenue dans chacune des deux autres phrases.
   b) Comparez la phrase obtenue en a) à celle du texte. Que constatez-vous sur le plan syntaxique et sur le plan du sens ?
2. Transformez la phrase contenue dans les lignes 17 à 21 en une phrase matrice contenant une subordonnée circonstancielle de cause.
3. Lisez les lignes 151 à 170 du texte *Ouvrir les yeux dans l'eau.* L'auteure a eu recours à cinq subordonnées relatives qui, contrairement au bon usage syntaxique, ne sont pas contenues dans des phrases matrices.
   a) Par quel pronom commencent ces subordonnées relatives ?
   b) À quoi ce pronom relatif fait-il référence dans le texte ?
   c) Selon vous, pourquoi l'auteure a-t-elle procédé ainsi ? Justifiez votre réponse en précisant le rôle joué par ces subordonnées relatives dans le texte.
   d) **Un défi :** Essayez de ne former qu'une phrase avec le contenu des lignes 151 à 170 en réduisant certaines subordonnées relatives et en remplaçant certaines autres par un groupe de l'adjectif de sens équivalent.

ANALYSE ET RÉSUMÉ DE TEXTE

Trouvez un texte argumentatif qui vous semble particulièrement convaincant et intéressant. Analysez son **contenu** en vous référant aux numéros 4 à 7 de la fiche *Pour lire et résumer un texte argumentatif* (page 131). Élaborez un schéma de la démarche argumentative du texte selon l'un des modèles des pages 115, 117 ou 120.

Conservez ces notes avec le texte que vous avez choisi; vous en aurez besoin pour rédiger votre résumé.

ACTIVITÉ D'ÉCRITURE

HABILETÉS À DÉVELOPPER

- Élaborer une argumentation efficace basée sur la **réfutation**.
- Formuler et étayer des arguments convaincants.
- Utiliser correctement des subordonnées pour formuler des arguments (GOC 301).

DESCRIPTION DE L'ACTIVITÉ

Vous devez lire un texte argumentatif et le réfuter. Pour ce faire, vous devrez mettre en application toutes les connaissances que vous avez acquises sur le **contenu** des textes argumentatifs.

DÉROULEMENT

Pour les besoins de cette activité d'écriture, **vous serez en désaccord** avec l'auteure du texte *Le Prozac des enfants*. L'objectif de l'activité est de jouer le jeu de la réfutation et d'exercer votre esprit critique. Il est donc possible que vous écriviez un texte dont la thèse ne correspond pas à ce que vous pensez vraiment. On dit qu'un bon argumentateur ou une bonne argumentatrice est une personne capable de s'autoréfuter, de prévoir les contre-arguments qui lui seront servis. Il est donc intéressant de travailler sur des thèses auxquelles vous n'adhérez pas nécessairement.

Planifier l'écriture du texte

1 Lisez le texte *Le Prozac des enfants* à la page 254 de votre manuel *TEXTES*. Dégagez les principaux éléments de la démarche argumentative (la thèse, la contre-thèse, les conclusions partielles et la conclusion de l'argumentation). Si vous le pouvez, annotez le texte de manière à les mettre en évidence.

2 Exprimez spontanément votre opinion sur le sujet. Sur une feuille, notez tout ce que vous connaissez sur le Ritalin et qui n'est pas dit dans le texte. Témoignez également de votre rapport avec le Ritalin: en avez-vous déjà pris ? connaissez-vous quelqu'un qui en a pris ? Si oui, résumez ces expériences et dites ce que vous en pensez.

Se documenter

Prise de notes

3 Faites un survol des nombreux renseignements présentés dans les fiches qui suivent.

Il s'agit de notes prises au fil de la lecture de trois textes sur le Ritalin. Vous devrez construire vos arguments à partir de ces renseignements.

Le Ritalin (1)

TEXTE 1 : « Ritalin, ce qu'il faut savoir »
(Anne-Marie Simard, Québec Science, vol. 37, nº 1, septembre 1998, p. 18.)

Ritalin : nom commercial du méthylphénidate.

Usage : soigner les TDA/H (troubles de l'attention/hyperactivité).

Au Québec : – en 1990 : 37 000 ordonnances;
– en 1997 : + 183 000 ordonnances, soit 5 % des enfants d'âge scolaire (12 % dans les milieux défavorisés).

Augmentation attribuable à : – meilleur diagnostic;
– maladie mieux connue;
– mode de vie moderne (enfants sédentaires, jeux vidéo et zapping qui entraînent une mobilité de l'attention).

En Europe : moins de cas parce que système scolaire plus autoritaire.

Efficacité : – Les parents ont souvent tout essayé, sans résultats.
– « Le Ritalin a fait l'objet de milliers d'études scientifiques, et la plupart démontrent l'innocuité du médicament. » (Québec Science, 1998.)
– Ne crée pas d'accoutumance selon le Compendium des produits et spécialités pharmaceutiques.
– Les TDA/H seraient attribuables à un manque de dopamine dans le cerveau (hypothèse). Le Ritalin comblerait ce manque.

Effets secondaires : en doses fortes ⟶ étourdissements, maux de tête, crampes musculaires, nausées, etc.

Le Ritalin (2)

TEXTE 2 : « Le point sur le Prozac »
(Richard Chevalier, Le Bel Âge, vol. 9, nº 10, juillet-août 1996, p. 24.)

Ritalin ≠ Prozac
Prozac = antidépresseur = mauvaise presse
Prozac – appelé « pilule du bonheur »; – peu prescrit; – moins dangereux que d'autres antidépresseurs.

TEXTE 3 : « Le point sur le Ritalin »
(Dr François Raymond, pédiatre, Enfants Québec, vol. 12, nº 1, août-septembre 1999, page 16.)

Maladie mentale = tabou, donc sentiment de culpabilité chez les parents. La recherche progresse.

Selon le docteur François Raymond :
– « Les familles d'enfants souffrant des symptômes du déficit de l'attention sont en position difficile. Les décisions déchirantes concernant la prise en charge adéquate de l'enfant sont encore plus ardues à prendre à travers la guerre médiatique entre les tenants de la médication qui en exagèrent les avantages et les adversaires qui en grossissent les dangers. » (Énoncé du National Institute of Health)
– « Dans l'ensemble, ces études démontrent l'efficacité à court terme (trois mois) des stimulants [...] »
– « Les médicaments doivent absolument être combinés à la mise en place de stratégies d'encadrement. »
– « Il n'existe aucune preuve scientifique qu'un traitement prudent et adéquat soit dommageable. » (Énoncé du NIH)
– En attendant, il faut aider les enfants qui en souffrent. « [...] les stimulants demeurent probablement le traitement le plus efficace pour contrôler les manifestations du déficit de l'attention. »

Le Ritalin (3)

TEXTE 4: *« Le traitement d'enfants à l'aide du Ritalin: Le temps d'une paix »*
(Dr François Raymond, pédiatre, lettre ouverte dans Le Devoir, 5 juin 1998.)

L'enfant hyperactif: – vit un drame;
– est exclu;
– a peu d'estime de soi.

Les parents: – souffrent beaucoup;
– se sentent coupables à cause de la mauvaise presse du Ritalin;
– se sentent jugés.

Effets positifs du médicament: – améliore l'attention;
– fait vivre à l'enfant des expériences scolaires positives et permet d'améliorer les résultats scolaires;
– permet à l'enfant de se faire des amis.

Quand on compare le Ritalin à « une camisole chimique » ou à une « lobotomie pharmacologique », on juge aussi les parents qui l'administrent. « Et si ces mêmes critiques croient détenir la recette miracle pour venir en aide aux enfants souffrant d'un déficit de l'attention, alors qu'ils en fassent la démonstration et nous en informent publiquement. » (Dr F. R.)

TEXTE 5: *« Stimulants, statistiques et questions troublantes »*
(David Cohen, professeur et chercheur à l'Université de Montréal, lettre ouverte dans La Presse, 3 juin 1998.)

– Il n'y aurait pas 180 000 cas d'enfants prenant du Ritalin, il y aurait plutôt environ 180 000 ordonnances médicales de Ritalin (un individu renouvelle sa prescription de Ritalin tous les mois).
– Selon ses calculs, entre 56 100 et 89 760 enfants prennent le médicament.
– Selon D. C.: – dans le débat sur le Ritalin, on fait preuve d'ignorance par rapport au médicament;
– il faut étudier davantage comment le Ritalin est utilisé (diagnostic, rigueur dans le suivi des enfants, qualité de l'information transmise aux parents, etc.).

Rédiger le texte

- Rédigez votre texte à partir du tableau ci-contre. Ce tableau vous aidera à élaborer votre **réfutation** du texte *Le Prozac des enfants* et à étayer vos arguments.
- Choisissez des arguments pour arriver à la conclusion partielle proposée.
- Intégrez dans votre texte l'argument et la conclusion partielle **dans l'ordre qui vous convient le mieux**. Pour ce faire, inspirez-vous des énoncés suggérés dans la colonne *Mise en texte*.
- Pour construire votre argumentation, utilisez les renseignements contenus dans les notes de lecture (pages 149 et 150). Utilisez également vos propres connaissances sur le sujet.
- Surveillez particulièrement la syntaxe des subordonnées (GOC 301).

GUIDE POUR LA RÉDACTION D'ARGUMENTS BASÉS SUR LA RÉFUTATION		
Plan suggéré	**Procédés d'étayage ou techniques réfutatives suggérés**	**MISE EN TEXTE** **Complétez ✍ ou récrivez les arguments suivants à l'aide des renseignements donnés dans les deux premières colonnes**
Introduction		*J'ai lu avec intérêt l'éditorial du magazine* Châtelaine *sur le Ritalin. À mon avis, certains aspects de l'argumentation de Catherine Élie méritent d'être approfondis.*
1er aspect La mauvaise presse du médicament **Conclusion partielle** *Vous ne faites que présenter la situation telle qu'elle est toujours décrite dans une presse à sensation.*		*On le sait, le Ritalin a mauvaise presse. On aime donner l'impression que le Ritalin est un médicament qui abrutit les enfants. Pourtant ce médicament fonctionne.*
	• Recours à l'exemple	***Des exemples*** ✍.
	• Citation ou appel à l'autorité	***Selon*** *certains experts,* ✍.
2e aspect L'analyse de la situation **Conclusion partielle** *Voilà donc la véritable situation.*		*Rétablissons d'abord les faits.*
	• Définition	*Le TDA/H,* ***c'est*** ✍.
	• Déclarer que les arguments sont mal fondés	***Vous citez*** *une étude américaine,* ***mais*** *ici, la situation est différente.* ✍
3e aspect La comparaison avec le Prozac **Conclusion partielle** *Encore une fois, cette malheureuse comparaison contribue à semer le doute chez les gens.*		*La comparaison que vous faites avec le Prozac ressemble encore à une* ***tentative pour discréditer*** *le Ritalin.*
	• Comparaison	*En effet,* ***comparer*** *le Ritalin à* ✍.
	• Définition	*Le Prozac est* ✍.
4e aspect La maladie **Conclusion partielle** *Cette maladie est terrible et il faut faire quelque chose.*		*Les conséquences du déficit de l'attention sont graves.*
	• Recours à l'exemple et à l'anecdote	***Par exemple,*** ✍.
	• Questionnement	*Qu'est-ce qui est le pire ?* ✍ ?
5e aspect Les effets secondaires **Conclusion partielle** *Il faut comparer les effets du médicament et les effets de la maladie à long terme.*	• Citation ou appel à l'autorité	*La question des effets secondaires est toujours préoccupante.* ***Cependant,*** ✍.

GUIDE POUR LA RÉDACTION D'ARGUMENTS BASÉS SUR LA RÉFUTATION (suite)		
Plan suggéré	**Procédés d'étayage ou techniques réfutatives suggérés**	**MISE EN TEXTE**
6ᵉ aspect La hausse du nombre de cas	• Concession	*On ne peut nier que le nombre de cas est en hausse.*
Conclusion partielle *C'est pour toutes ces raisons que le nombre de cas a augmenté et non parce qu'on veut abrutir les enfants.*	• Citation	*Pourquoi ? J'y vois deux raisons : d'abord, on identifie mieux la maladie. En effet, ….*
	• Accumulation	***Une autre hypothèse** explique peut-être cette hausse : on vit dans un monde de plus en plus ….*
7ᵉ aspect L'efficacité du traitement **Conclusion partielle** *Il faudrait plus d'argent pour les écoles. Le Ritalin est un traitement qui doit être accompagné d'autres traitements.*	• Concession	***Certes**, le Ritalin doit être accompagné de …. **Il faut pourtant bien admettre que** dans les écoles, actuellement, peu d'argent est octroyé ….*
Conclusion		*Cela dit, votre éditorial pose des questions fort pertinentes et l'administration d'un médicament comme le Ritalin exige que l'on soit très prudent.*

Évaluer le texte

5 Échangez votre texte avec un ou une autre élève. Jugez de la qualité des arguments et de la **réfutation** en remplissant une grille semblable à la suivante pour chacun des aspects abordés dans le texte.

Aspect	Qualité de l'argument	Qualité de la réfutation	Emploi des subordonnées	Conseils pour améliorer l'argumentation
1. La mauvaise presse du médicament	■ /5	**Réussie :** **Oui** ■ **Non** ■	**Réussi :** **Oui** ■ **Non** ■	Par exemple : • Donner un exemple. • Expliquer davantage le lien entre… et… • Donner plus d'information. • Mettre la conclusion partielle au début du paragraphe. • Surveiller l'orthographe. • Ajouter des marqueurs de relation. • Surveiller la syntaxe. Etc.

6 En tenant compte des conseils qu'on vous a donnés, récrivez l'un de vos paragraphes de manière à rendre votre argumentation plus solide.

APPROPRIATION DES CONNAISSANCES

LE PLAN

1 (page 122) ◀◀ L'ESSENTIEL 2.2.1

Lisez ces trois paragraphes d'introduction et répondez aux questions qui s'y rattachent.

Introduction 1

L'activité physique dans les écoles d'avant la Révolution tranquille se résumait généralement à quelques bouffées d'air frais en levant les bras et en exécutant des flexions des jambes durant quelques minutes par jour.

Malgré tout, ces élèves affichaient une meilleure condition physique que ceux d'aujourd'hui avec leurs gymnases modernes, leurs piscines intérieures et leurs éducateurs formés à l'université.

[...]

[Vianney Duchesne, «La paresse envahit les Québécois», *Le Soleil*, 21 mai 1987.

◎

Introduction 2

L'activité physique dans les écoles d'avant la Révolution tranquille se résumait généralement à quelques bouffées d'air frais en levant les bras et en exécutant des flexions des jambes durant quelques minutes par jour.

Les élèves d'avant la Révolution tranquille affichaient une meilleure condition physique que ceux d'aujourd'hui avec leurs gymnases modernes, leurs piscines intérieures et leurs éducateurs formés à l'université.

Les choses ont bien changé avec le temps. Plusieurs facteurs peuvent être considérés pour expliquer cette dégradation de la santé des jeunes : la sédentarisation, la pollution, l'alimentation et même la toxicomanie, un phénomène relativement récent.

◎

Introduction 3

À votre avis, qui est en meilleure forme ? La jeune fille qui fréquentait un couvent dans les années 1950 ou celle qui, en 2000, fait de l'éducation physique dans le gymnase moderne de sa polyvalente ? Croyez-le ou non, les études démontrent que c'est la jeune fille d'avant la Révolution tranquille qui était en meilleure santé.

A Quel est le sujet de ces trois introductions ?

B Quelle thèse est présentée dans ces trois introductions ?

C Quelles introductions contiennent un sujet amené ?

D Quelles introductions contiennent un sujet posé ?

E Qu'est-ce qui caractérise l'introduction 3 ?

F Quelle introduction permet d'entrevoir les aspects qui seront abordés dans le texte (le sujet divisé) ?

2 (page 122) ◀◀ L'ESSENTIEL 2.2.1

La phrase de l'encadré constitue le sujet posé et la thèse de l'introduction d'un texte extrait de *Émile ou De l'éducation* de Jean-Jacques Rousseau, philosophe et écrivain célèbre du XVIIIe siècle.

Je ne conçois qu'une manière de voyager plus agréable que d'aller à cheval: c'est d'aller à pied.

Imaginez que vous devez écrire un texte argumentatif actuel sur le même sujet que celui de la citation de Jean-Jacques Rousseau.

A

Rédigez un paragraphe contenant le sujet amené d'un texte argumentatif qui défendrait la même thèse que celle de Jean-Jacques Rousseau et qui inclurait sa citation. Terminez votre paragraphe par l'énoncé de votre thèse (le sujet posé).

B Récrivez la thèse de Jean-Jacques Rousseau en introduisant une interrogation et la réponse à cette interrogation.

C Rédigez une phrase qui constituerait le sujet divisé de votre introduction. Considérez que les aspects de l'argumentation sont ceux présentés dans les phrases suivantes, extraites du texte de Jean-Jacques Rousseau:

- **1er aspect:** *On part à tout moment, on s'arrête à sa volonté…*
- **2e aspect:** *Combien de plaisirs différents on rassemble par cette agréable manière de voyager !*
- **3e aspect:** *Sans compter la santé qui s'affermit, l'humeur qui s'égaye.*

3 (page 123) ◀◀ L'ESSENTIEL 2.2.3

Lisez les conclusions suivantes et faites les activités qui s'y rattachent.

Conclusion 1

[...] Les jeunes qui ont le goût de réussir et de s'épanouir pleinement sont conscients que s'informer sur tout est essentiel au développement de leur intelligence pour devenir des êtres mûrs et réfléchis. Armés d'une solide instruction et du plein épanouissement de leurs aptitudes, ils pourront affronter les exigences du travail et auront toutes les chances possibles pour réussir à se tailler une place décente dans la société.

[Claire Labrecque, «L'information, une nécessité pour les jeunes», *Le Soleil*, 20 février 1985.

Conclusion 2

Mais on a beau souligner l'importance de l'information pour les jeunes, il reste néanmoins un problème qu'il faudra bien soulever: quelle est la qualité de l'information dont disposent les jeunes ? Sommes-nous assurés qu'on pourra traiter efficacement les informations qui nous sont transmises tous les jours ? Ces questions méritent un nouveau débat.

A Quel semble être le sujet commun qui a été développé dans les textes d'où sont tirées les conclusions 1 et 2 ?

B Quelle semble être la thèse commune qui a été défendue dans les textes d'où sont tirées les conclusions 1 et 2 ?

C Dans chacune des conclusions, relevez le passage qui semble reformuler la thèse du texte.

D Laquelle des deux conclusions présente un élargissement du débat ? Sur le plan linguistique, de quelle manière a-t-on invité les lecteurs et les lectrices à élargir le débat ?

E Après avoir analysé les conclusions, maintenez-vous la thèse que vous avez formulée en B ? Sinon, quelle serait la nouvelle thèse ?

F Relisez la conclusion qui présente un élargissement du débat et rédigez l'introduction d'un texte qui pourrait défendre une thèse issue de cet élargissement.

4 (page 123) ◀◀ L'ESSENTIEL 2.2.3
La phrase de l'encadré constitue la conclusion du texte de Jean-Jacques Rousseau dont il a été question à l'activité 2.

Quand on ne veut qu'arriver, on peut courir en chaise de poste; mais quand on veut voyager, il faut aller à pied.

Transformez cette conclusion en reformulant autrement la thèse de Jean-Jacques Rousseau et en ajoutant un énoncé qui élargit le débat.

5 (page 122) ◀◀ L'ESSENTIEL 2.2.1 et 2.2.3
L'article critique qui suit ne contient ni introduction ni conclusion.

A Pour cette critique de film, rédigez une introduction contenant un sujet amené, un sujet posé contenant la formulation d'une thèse et un sujet divisé.

B Rédigez une conclusion contenant une reformulation de la thèse et un énoncé qui ouvre la discussion sur d'autres questions.

Quasimodo d'el Paris : Un film qui cloche

Petit gros à moitié chauve, traînant ses éternels baskets et affublé d'une bosse dans le dos, Quasimodo réunit en sa personne tous les maux qui affligent, à l'âge dit ingrat, les adolescents boutonneux. Sa lutte contre son père adoptif, le méchant prêtre Frollo (Richard Berry, comme toujours réjouissant de verdeur), pour lequel il constitue une proie facile, manque décidément de suspense. Quant à Esméralda, kidnappée toute petite par des Cubains de Paris (encore un détail à ajouter aux autres incongruités du film), sa présence n'échappe pas aux clichés.

Faut-il prendre au sérieux ce *Quasimodo* de Patrick Timsit ? Victor Hugo aurait du mal à reconnaître ses propres enfants dans cette parodie aux ficelles si grossières qu'elles ne valent même pas la peine d'être dénoncées. Pour ce premier essai derrière la caméra, l'acteur qui joue ici à l'homme-orchestre n'a pas mis la barre très haute.

Cette parodie ado d'un classique de la littérature se cantonne dans un humour sans nuances et très terre à terre. On y verra en cherchant bien une quête de l'estime de soi et peut-être une vision gavroche de Paris. Mais, dans l'ensemble, l'œuvre manque terriblement de point de vue comique original. Quant à Timsit lui-même en Quasimodo, son triomphe en sonneur de cloches donne la mesure de ses ambitions. Déjà que, dirigé par d'autres, son jeu dépasse parfois les limites du bon goût, on le voit ici sombrer carrément dans l'hystérie. Je l'aimais décidément mieux dans *La crise*.

[Luc Perreault, *La Presse*, 15 avril 2000.

L'ORGANISATION

6 (page 121) ◀◀ L'ESSENTIEL 2.2

Situez les énoncés de l'encadré dans le plan ci-contre.

① De nombreuses études ont démontré des différences sur les plans physique, psychologique et intellectuel.

② Ces études démontrent donc qu'au-delà des apparences, le fonctionnement physiologique de l'homme et de la femme est bien différent.

③ Enfin, des chercheurs (Riepe et son équipe) ont observé le fonctionnement du cerveau d'hommes et de femmes devant accomplir des tâches identiques.

④ Ce sont aussi des hommes qui ont instauré les plus grandes tyrannies.

⑤ Pendant les années 1970, le mouvement féministe a soutenu que les hommes et les femmes étaient égaux.

⑥ Ensuite, ce sont les hommes qui ont inventé les guerres.

⑦ On ne peut donc plus prétendre que l'homme et la femme sont identiques en tous points.

⑧ Une conclusion s'impose: psychologiquement, le seuil de tolérance de la bêtise humaine est bien différent chez les hommes et les femmes.

⑨ D'abord, plusieurs études avancent que les hommes sont peut-être plus forts, mais que les femmes ont plus d'endurance.

⑩ Nous n'en croyons rien: l'homme et la femme sont bien différents l'un de l'autre.

⑪ Leurs différences justifient-elles les inégalités sociales qui persistent entre les hommes et les femmes?

⑫ Ils ont ainsi fait la preuve qu'il existe des différences notables entre le fonctionnement intellectuel des hommes et des femmes.

L'homme et la femme sont différents

PLAN

INTRODUCTION
- SUJET AMENÉ: A
- SUJET POSÉ ET THÈSE: B
- SUJET DIVISÉ: C

DÉVELOPPEMENT
- 1ER ARGUMENT: D
  - – CONCLUSION PARTIELLE: E
- 2E ARGUMENT: F
  G
  - – CONCLUSION PARTIELLE: H
- 3E ARGUMENT: I
  - – CONCLUSION PARTIELLE: J

CONCLUSION
- REFORMULATION DE LA THÈSE: K
- ÉLARGISSEMENT DU DÉBAT: L

L'ORDRE DES ARGUMENTS DANS LE DÉVELOPPEMENT

7 (page 124) ◀◀ L'ESSENTIEL 2.4

Imaginez que vous devez écrire un texte pour défendre la thèse suivante:

Il faut financer les hôpitaux davantage.

A Choisissez les cinq arguments les plus convaincants parmi ceux présentés dans l'encadré ci-dessous. Justifiez vos choix et dites pourquoi vous avez rejeté les autres arguments.

B Déterminez l'ordre dans lequel vous présenteriez vos cinq arguments pour rallier les destinataires à votre thèse.

Il faut financer les hôpitaux davantage

① parce que les hôpitaux possèdent des équipements désuets.
② parce que les listes d'attente sont trop longues.
③ parce que les urgences débordent.
④ parce qu'on ne peut accepter que des enfants souffrant de problèmes rénaux aient du mal à accéder à la dialyse.
⑤ parce que le gouvernement a trop d'argent.
⑥ parce que la santé, c'est payant à long terme.
⑦ parce que la santé est un droit fondamental.
⑧ parce qu'il y a une pénurie de main-d'œuvre.
⑨ parce que mon beau-frère a attendu quatre heures à l'urgence.
⑩ parce que les régions sont mal desservies.
⑪ parce que la population mérite un meilleur service.

LES ORGANISATEURS TEXTUELS

8 (page 125) ◀◀ L'ESSENTIEL 2.5.1

Les phrases présentées ci-contre sont extraites d'un article publié dans *L'actualité*. Reconstruisez les textes en plaçant ces phrases dans le bon ordre. Les organisateurs textuels peuvent vous faciliter la tâche.

attention

La première et la dernière phrase sont dans le bon ordre.

A

① ***Avant de permettre à un enfant de remettre des travaux sur ordinateur, on devrait s'assurer qu'il maîtrise bien la calligraphie et l'écriture manuelle.***
② *Lorsque l'élève utilise un crayon ou un stylo, il développe ce que l'on appelle une mémoire musculaire.*
③ *De plus, il apprend mieux à épeler s'il écrit et prononce chaque lettre.*
④ *Tous les sens contribuent à cet apprentissage et à la mémorisation de l'orthographe des mots.*
⑤ *Un des problèmes avec l'ordinateur, c'est justement que l'enfant n'a plus besoin de se concentrer pour remettre un texte au propre.*
⑥ *C'est sans parler des différentes études qui démontrent qu'après deux ou trois heures d'utilisation quotidienne, de nombreux enfants développent des problèmes physiques.*
⑦ ***Avant huit ou neuf ans, bien des enfants n'ont pas encore la coordination main-œil leur permettant d'effectuer les tâches qu'on exige d'eux.***

Propos de Alison Armstrong, recueillis par Pierre Lacerte, «École: souris tu m'inquiètes», *L'actualité*, 1er octobre 1998.

B

① ***Les fabricants d'ordinateurs ont réussi à nous inculquer l'idée qu'il faut initier très tôt les enfants à cette technique si on veut leur assurer un bel avenir.***
② *Ça ne tient pas debout.*
③ *Nous gaspillons une fortune et une énergie folle pour que les enfants apprivoisent une quincaillerie qui sera dépassée dans quelques années.*
④ *Bill Gates n'avait jamais vu la couleur d'un ordinateur avant d'entrer au secondaire.*
⑤ *Les enfants à qui on apprend à développer leur sens critique et qui ont accès à toutes sortes d'expériences concrètes n'auront aucun problème à se familiariser plus tard avec l'informatique.*
⑥ *Ça ne l'a pas empêché de réussir.*
⑦ ***Ce n'est pas parce que les enfants devront un jour conduire une voiture qu'on les installe au volant à huit ans.***

Ibid.

9 (page 125) ◀◀ L'ESSENTIEL 2.5.1

A Dans l'entrevue qui suit, Serge Mongeau, auteur du livre *La simplicité volontaire, plus que jamais...*, répond à une question d'une journaliste de la revue *RND*. Rétablissez l'ordre des paragraphes de cette entrevue et relevez les indices linguistiques qui vous ont permis de le faire.

La simplicité volontaire est-elle réservée à ceux qui sont conscients et solidaires des grands enjeux planétaires, ou peut-on la choisir en fonction de ses intérêts bien personnels ?

① *Et ce n'est pas parce que j'avais reçu un riche héritage ! Mais parce qu'en maintenant mon niveau de vie à un minimum, cela me donnait la possibilité de choisir mes emplois non pas en fonction du salaire, mais de l'intérêt. Cela me donnait aussi beaucoup de liberté face à mes employeurs. On n'a pas la même attitude vis-à-vis d'un patron quand on est aussi indépendant. Il faut quand même bien reconnaître que beaucoup de gens n'ont pas le choix. Il faut qu'ils gardent leur* job *parce qu'ils ont tellement de dettes ou parce qu'ils seraient incapables d'envisager un changement de style de vie. L'entrée d'importantes sommes d'argent est primordiale pour eux chaque semaine. La liberté passe ensuite.*

② *Troisième avantage : ma santé. Je pense que beaucoup des décisions que j'ai prises ont contribué effectivement à ma santé. Et même des décisions que j'avais prises avant tout pour des raisons d'économie. Par exemple, à une époque, nous avions deux automobiles pour la famille parce que nous demeurions en banlieue. Pour réduire les coûts, nous avons décidé de passer à une seule. Pour cette raison, je me suis mis à me déplacer beaucoup plus à bicyclette. C'est un excellent exercice physique qui m'a certainement aidé.*

③ *Paradoxalement, celui qui a moins besoin d'argent a non seulement plus de choix d'indépendance, mais il éprouve aussi plus de sécurité. Car dès qu'il a un travail ou un contrat, il va spontanément mettre un peu d'argent de côté pour les temps plus durs. C'est comme ça que j'ai toujours vécu et ça m'a procuré personnellement une grande sécurité.*

④ *En fait, la majorité des gens qui arrivent à la simplicité volontaire le font d'abord pour leur propre bénéfice. Et c'est ça qui est prometteur. Moi-même, le premier avantage que j'y ai trouvé a certainement été la liberté. Je n'ai jamais, dans ma vie, choisi ou conservé un emploi uniquement parce que j'étais obligé de gagner de l'argent. Le travail que j'ai fait, c'est toujours parce que c'était une tâche que je trouvais intéressante ou que je croyais nécessaire.*

⑤ *Le deuxième bénéfice que j'en ai retiré, c'est une plus grande qualité de vie. J'ai toujours pu m'organiser et négocier des conditions pour ne pas travailler trop et pour me garder du temps pour moi, pour ma famille, pour faire des choses que j'aime.*

Extrait d'une entrevue accordée par Serge Mongeau à la revue *RND*, nº 3, mars 2000.

B Après avoir reconstruit le texte, transcrivez et complétez le schéma suivant de manière à en résumer l'argumentation.

THÈSE :

1er argument	2e argument	3e argument

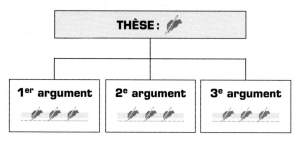

10 (page 125) ◀◀ L'ESSENTIEL 2.5.1

Imaginez que vous voulez écrire une courte lettre ouverte pour réfuter la critique de film présentée au numéro **5**. Même si vous n'avez pas vu le film, supposez que vous l'avez vu et que vous l'avez adoré. Quels arguments de Luc Perreault attaqueriez-vous ? Répondez en vous inspirant des organisateurs textuels présentés dans l'encadré.

Monsieur le critique,

C'est avec consternation que j'ai lu votre critique du film *Quasimodo d'el Paris* dans *La Presse*. Généralement, j'apprécie beaucoup votre travail, mais cette fois, vous êtes allé trop loin.

Vous dites d'abord que .

Vous osez également .

Quant à votre opinion sur .

LA COHÉRENCE TEXTUELLE

[page 38] PR 103

11 Lisez le texte suivant et, pour bien le comprendre, prêtez une attention particulière aux marqueurs de relation et aux éléments de reprise de l'information. Pour vérifier votre compréhension du texte, faites les activités qui s'y rattachent.

Les animaux ont-ils une âme ?

L'être humain n'est pas l'unique dépositaire de la conscience, disent aujourd'hui la majorité des scientifiques. Ronald Melzack, du département de psychologie de l'Université McGill, rappelle que les sites cérébraux de l'attention sont présents chez les êtres les plus humbles de la Création. «Une mouche n'est-elle pas attentive ? demande-t-il. Or, l'attention est une forme de conscience à laquelle il ne manque que le langage.»

Même la conscience de soi ne semble pas une exclusivité humaine. Les grands singes, c'est-à-dire le chimpanzé, le gorille et l'orang-outang, partageraient avec *Homo sapiens* la «faculté de connaître leur propre réalité et de la juger» (*Petit Robert*).

Plusieurs indices portent à le croire. Ces animaux peuvent mentir, ce qui implique qu'ils peuvent attribuer des pensées aux autres. De plus, ils apprennent à utiliser des symboles et à maîtriser des langages, comme celui des sourds-muets. «La pensée symbolique est un préalable nécessaire et peut-être suffisant à la conscience de soi», postule Bernard Chapais, du département d'anthropologie de l'Université de Montréal.

[...]

Michel Groulx, © *Québec Science*, vol. 34, nº 7, avril 1996.

A Dans le passage [...] *disent aujourd'hui la majorité des scientifiques* (lignes 1 et 2), quelle est l'importance du mot *aujourd'hui* ? Que devait penser la majorité des scientifiques dans le passé ?

B Qui sont *les êtres les plus humbles de la Création*? Quel est le sens des mots *humbles* et *Création* (ligne 4) dans ce texte ?

C Achevez le raisonnement amorcé à propos de la mouche (lignes 4 et 5) en complétant cet énoncé : ***Donc**, la mouche* .

D Relevez un GN employé au début du texte pour désigner la même réalité que *Homo sapiens* (ligne 7).

E À quoi le pronom *le* employé à la ligne 9 réfère-t-il ?

F À quoi fait-on référence quand on parle de *ces animaux* à la ligne 9 ?

G Dans cette même phrase, à quoi le pronom *ce* réfère-t-il ?

H Remplacez les mots soulignés dans les extraits suivants par des groupes de mots désignant ce à quoi ils réfèrent.

① [...] *ils peuvent attribuer des pensées aux autres.* (ligne 10)

② *celui des sourds-muets* (ligne 11)

I D'après le texte, qu'est-ce qu'un *préalable nécessaire* (ligne 12) ? Quel est le sens du mot *préalable*?

J Dans le troisième paragraphe, relevez un organisateur textuel qui marque l'addition. Complétez l'énoncé suivant pour mettre en évidence le rôle de marqueur en paraphrasant le texte.

Pour prouver que , on dit que ;
on ajoute ensuite que .

LE DISCOUR RAPPORTÉ ◀◀ GOC 306

12 Les activités qui suivent portent sur le texte *Les animaux ont-ils une âme* ? (numéro 11).

A Que révèlent les guillemets dans le texte ?

B Pourquoi peut-on faire confiance aux deux personnes citées dans ce texte ?

C Dans le premier paragraphe, relevez des paroles rapportées indirectement.

D Pourquoi l'auteur du texte n'a-t-il pas rapporté ces paroles directement ?

E Mis à part les deux personnes qui sont mentionnées en B, quelle autre source est citée dans ce texte ?

F À quoi sert cette citation ?

L'INSERTION DE SÉQUENCES D'AUTRES TYPES (page 66) ◀◀ PR 104

13 (page 125) ◀◀ L'ESSENTIEL 2.6

Les activités qui suivent portent sur le texte *Les animaux ont-ils une âme*? (numéro 11).

A On peut dire qu'une définition constitue en quelque sorte une très courte séquence descriptive. Quels sont les deux concepts définis dans le texte *Les animaux ont-ils une âme* ?

B Dans la séquence descriptive contenue dans les lignes 6, 7 et 8, le groupe du nom *Les grands singes* constitue-t-il un terme générique ou un terme spécifique ? Justifiez votre réponse.

14 (page 125) ◀◀ L'ESSENTIEL 2.6

A Lisez le texte suivant et précisez la thèse qui y est défendue.

Il était une fois, à Québec, un petit banc de bois qu'on avait aimablement posé sur le trottoir afin de permettre aux passants de se reposer. Ce n'était pas un banc public; c'était un banc privé qu'on avait mis à la disposition du public. Mais son propriétaire, bien intentionné, ne l'était pas au point de permettre aux passants d'y faire ce qu'ils voulaient et, tout particulièrement, il ne voulait pas qu'on y fume ! Aussi avait-il «scotchtapé», bien en évidence au milieu de son banc, un exemplaire de ce pictogramme trop bien connu des fumeurs. Investir l'espace public à ses propres fins, c'est une chose; vouloir contribuer à le rendre plus invitant, un beau geste. Mais qu'en est-il de prétendre y régler les comportements licites de tous ceux qui y passent ?

La lutte anti-fumeurs, peut-être issue de bonnes intentions, n'en est jamais restée à celles-ci. Il y a longtemps que l'antitabagisme est devenu une chasse aux sorcières ridicule, dont les mentors sont des mésadaptés sociaux qui trouvent là quelque baume à leur urticaire psychique. Ce qui est plus récent – et plus inquiétant –, c'est que certains de ceux-là se sont frayé un chemin jusque dans les sphères du pouvoir, soit d'une manière directe, soit en s'assurant de pouvoir tirer des ficelles en coulisse. Or les États sont toujours mauvais lorsqu'ils prêtent l'oreille à de mauvais conseillers. La folie anti-fumeurs est devenue une pandémie ! Quelle OMS, encore à créer, nous en guérira ?

[Yvon Corbeil, *Passage à tabac*,
© Lanctôt Éditeur, 2000,
4e de couverture.

B Quel type de séquence trouve-t-on au début du texte ? Quel indice vous a permis de l'identifier ?

C Résumez cette séquence en quelques mots.

D Quel rôle cette séquence joue-t-elle dans l'introduction de l'argumentation ?

15 (page 125) L'ESSENTIEL 2.6

Lisez le texte suivant et faites les activités qui s'y rattachent.

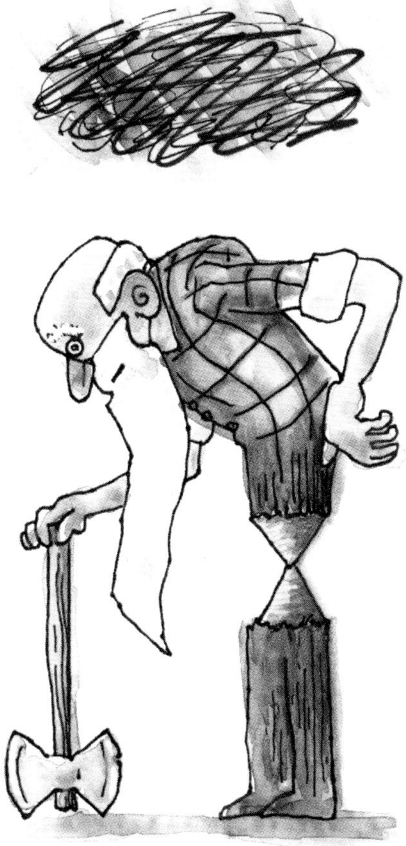

La mort et le bûcheron

Un pauvre Bûcheron, tout couvert de ramée,
Sous le faix du fagot aussi bien que des ans
Gémissant et courbé, marchait à pas pesants,
Et tâchait de gagner sa chaumine enfumée.
Enfin, n'en pouvant plus d'effort et de douleur,
Il met bas son fagot, il songe à son malheur.
«Quel plaisir a-t-il eu depuis qu'il est au monde ?
En est-il un plus pauvre en la machine ronde ?
Point de pain quelquefois, et jamais de repos.»
Sa femme, ses enfants, les soldats, les impôts,
Le créancier, et la corvée
Lui font d'un malheureux la peinture achevée.
Il appelle la Mort. Elle vient sans tarder,
Lui demande ce qu'il faut faire.
«C'est, dit-il, afin de m'aider
À recharger ce bois; tu ne tarderas guère.»

Le trépas vient tout guérir;
Mais ne bougeons d'où nous sommes:
Plutôt souffrir que mourir,
C'est la devise des hommes.

Jean de La Fontaine, *Fables* (1668), Classiques Hachette, 1992.

A Quel passage prouve qu'il s'agit d'un texte argumentatif ?

B Formulez dans vos propres mots la thèse défendue dans le texte.

C Quel est le type de la séquence insérée au début du texte ? Résumez cette séquence en une phrase.

D Quel rôle cette séquence joue-t-elle dans l'argumentation ?

E Quel rapprochement peut-on faire entre cette fable et le texte du numéro 14 ?

L'ORGANISATION

16 (page 121) ◀◀ **L'ESSENTIEL** 2.1

A Quelle est la séquence dominante du texte *Toute la vie* (*TEXTES*, page 75) ? Justifiez votre réponse.

B Les lignes 19 à 48 de cette nouvelle contiennent une séquence argumentative. Reproduisez et complétez le schéma de cette séquence.

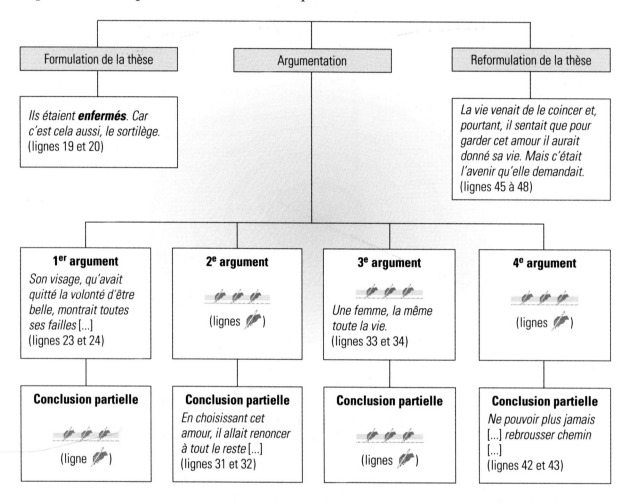

- **Formulation de la thèse**
  - *Ils étaient **enfermés**. Car c'est cela aussi, le sortilège.* (lignes 19 et 20)
- **Argumentation**
  - **1er argument** : *Son visage, qu'avait quitté la volonté d'être belle, montrait toutes ses failles* [...] (lignes 23 et 24)
    - **Conclusion partielle** : … (ligne …)
  - **2e argument** : … (lignes …)
    - **Conclusion partielle** : *En choisissant cet amour, il allait renoncer à tout le reste* [...] (lignes 31 et 32)
  - **3e argument** : … *Une femme, la même toute la vie.* (lignes 33 et 34)
    - **Conclusion partielle** : … (lignes …)
  - **4e argument** : … (lignes …)
    - **Conclusion partielle** : *Ne pouvoir plus jamais* [...] *rebrousser chemin* [...] (lignes 42 et 43)
- **Reformulation de la thèse**
  - *La vie venait de le coincer et, pourtant, il sentait que pour garder cet amour il aurait donné sa vie. Mais c'était l'avenir qu'elle demandait.* (lignes 45 à 48)

C Dans cette séquence, la thèse est-elle réaffirmée telle quelle ou est-elle nuancée ? Justifiez votre réponse.

17 **A** Quelle est la séquence dominante du texte *Tit-Coq* (*TEXTES*, page 24) ? Justifiez votre réponse.

B Relisez les lignes 22 à 54 de ce texte. De quoi le padre essaie-t-il de convaincre Tit-Coq et Marie-Ange ?

C Résumez dans vos mots le principal argument qu'il utilise pour les convaincre.

COMPRÉHENSION DE TEXTE

TEXTES

PAGE 235 *Les riches et les pauvres*

1 Lisez d'abord le texte *« Ils pourront couper toutes les fleurs... »* (*TEXTES*, page 234). Les deux premiers paragraphes (lignes 1 à 25) du texte constituent une séquence argumentative complète.

A Quelle est la thèse défendue par l'auteur dans cette séquence ?

B Reproduisez le schéma suivant et complétez-le à l'aide des renseignements fournis dans le premier paragraphe du texte de Jean Ziegler.

(Si)
↓
(Si)
↓
(Alors) *Les riches deviennent très rapidement beaucoup plus riches, les pauvres beaucoup plus misérables.*

C En poursuivant la lecture du texte, on se rend compte que Jean Ziegler présente une nouvelle thèse qu'il défend dans la suite du texte. Relevez la phrase qui résume cette nouvelle thèse dans le troisième paragraphe (lignes 26 à 33).

2 A Survolez les pages 235 et 236 de votre manuel *TEXTES* et dites quel est le sujet de ce texte.

B Parmi les éléments qui accompagnent le texte (photographies, graphique, titres, chapeau, etc.), relevez ceux qui révèlent l'aspect du sujet qui sera abordé.

➲ Lisez le texte *Les riches et les pauvres* en prêtant une attention particulière à son ORGANISATION.

3 Le deuxième paragraphe du texte (lignes 15 à 22) contient la thèse défendue par Claude Beauchamp.

A Rédigez une phrase déclarative de forme négative qui pourrait constituer l'énoncé de cette thèse.

B Précisez les deux aspects de cette thèse.

C Précisez la nature de cette thèse (thèse/constat, thèse/évaluation ou thèse/incitation).

D Quelle question pourrait accompagner cette thèse ?

E Quelle stratégie argumentative peut-on s'attendre à trouver dans ce texte ?

4 A Dans les deux premiers paragraphes (lignes 1 à 22) du texte *Les riches et les pauvres* de Claude Beauchamp, relevez le passage qui pourrait laisser supposer que l'auteur a écrit son texte pour réfuter la thèse défendue par Jean Ziegler dans les deux premiers paragraphes de son texte *« Ils pourront couper toutes les fleurs... »*.

B Soulignez la partie de ce passage qui évoque la thèse à laquelle s'oppose réellement Claude Beauchamp.

C Dans le premier paragraphe, relevez deux expressions modalisatrices qui expriment clairement que Claude Beauchamp réfutera cette thèse.

5 Dans la deuxième colonne de la page 236, relevez la phrase qui introduit le deuxième aspect de la thèse.

6 Pour bien comprendre l'interprétation des faits et des statistiques rapportés dans ce texte, il est important de savoir à qui ou à quoi réfèrent les mots employés pour assurer la cohérence. Quels passages du texte les éléments suivants reprennent-ils ?

A *celle-ci* (ligne 35)

B *ces questions* (ligne 45)

C *la même définition* (ligne 74)

D *l'époque* (ligne 80)

E *ces critères* (ligne 105)

F *Entre ces extrêmes* (ligne 111)

G *elle* (ligne 139)

7 Dans une argumentation basée sur la démonstration, les arguments sont des PREUVES constituées de faits vérifiables et les conclusions partielles évoquent les conséquences de ces faits.

Associez les énoncés de l'encadré ci-dessous de manière à obtenir trois regroupements contenant chacun un ou plusieurs arguments ***(Si)*** et une conclusion partielle ***(Alors)*** utilisés par l'auteur pour défendre le **premier aspect** de sa thèse (lignes 23 à 125). Les conclusions partielles sont en caractères gras.

① ***[...] le déplacement s'est fait vers les catégories supérieures de revenus et non vers le bas.*** (lignes 116 à 119)

② **Implicite dans le texte: les pauvres ne sont pas de plus en plus nombreux.**

③ *En une génération, au contraire, le pourcentage de la population canadienne qui vit sous le seuil de la pauvreté a diminué de moitié, passant de 9 % à moins de 5 %.* (lignes 23 à 29)

④ [...] *la proportion des riches et des «quasi-riches» a plus que doublé, passant à environ 3 % et 14 % respectivement de 1973 à 1994.* (lignes 105 à 110)

⑤ ***Il n'y a certes pas de quoi pavoiser quand 1,1 million de Canadiens vivent toujours dans la pauvreté, mais il est faux d'affirmer que celle-ci s'accroît.*** (lignes 29 à 35)

⑥ [...] *le nombre de riches a augmenté de près de 2 %, tandis que le nombre de pauvres a diminué de plus de 4 %.* (lignes 121 à 125)

⑦ [...] *un Canadien sur trois était pauvre en 1951, comparativement à un sur 25 aujourd'hui.* (lignes 75 à 79)

⑧ *Le pourcentage de quasi-pauvres (15 %) ne varie guère depuis 1973.* (lignes 95 à 97)

8 Les lignes 42 à 79 contiennent une séquence descriptive incluse dans un passage qui rapporte les résultats d'une recherche.

A De qui rapporte-t-on les propos ?

B Quels indices textuels le révèlent ?

C Quel rôle cette insertion joue-t-elle dans l'argumentation ?

9 Pour appuyer le **deuxième aspect** de sa thèse, l'auteur a retenu un seul argument. Dans les lignes 126 à 141, relevez cet argument et la conclusion partielle qui en découle, et complétez un schéma semblable au suivant:

(Si)	**Argument:**
↓	↓
(Alors)	**Conclusion partielle:**

10 Les trois derniers paragraphes (lignes 142 à 165) constituent la conclusion du texte.

A La conclusion contient-elle un passage qui réaffirme la thèse ? Si oui, lequel ?

B Quel passage contient un élargissement du débat ?

11 En tenant compte des réponses données aux numéros 3 à 10, reproduisez et complétez le schéma de la démarche argumentative retenue par Claude Beauchamp pour défendre sa thèse.

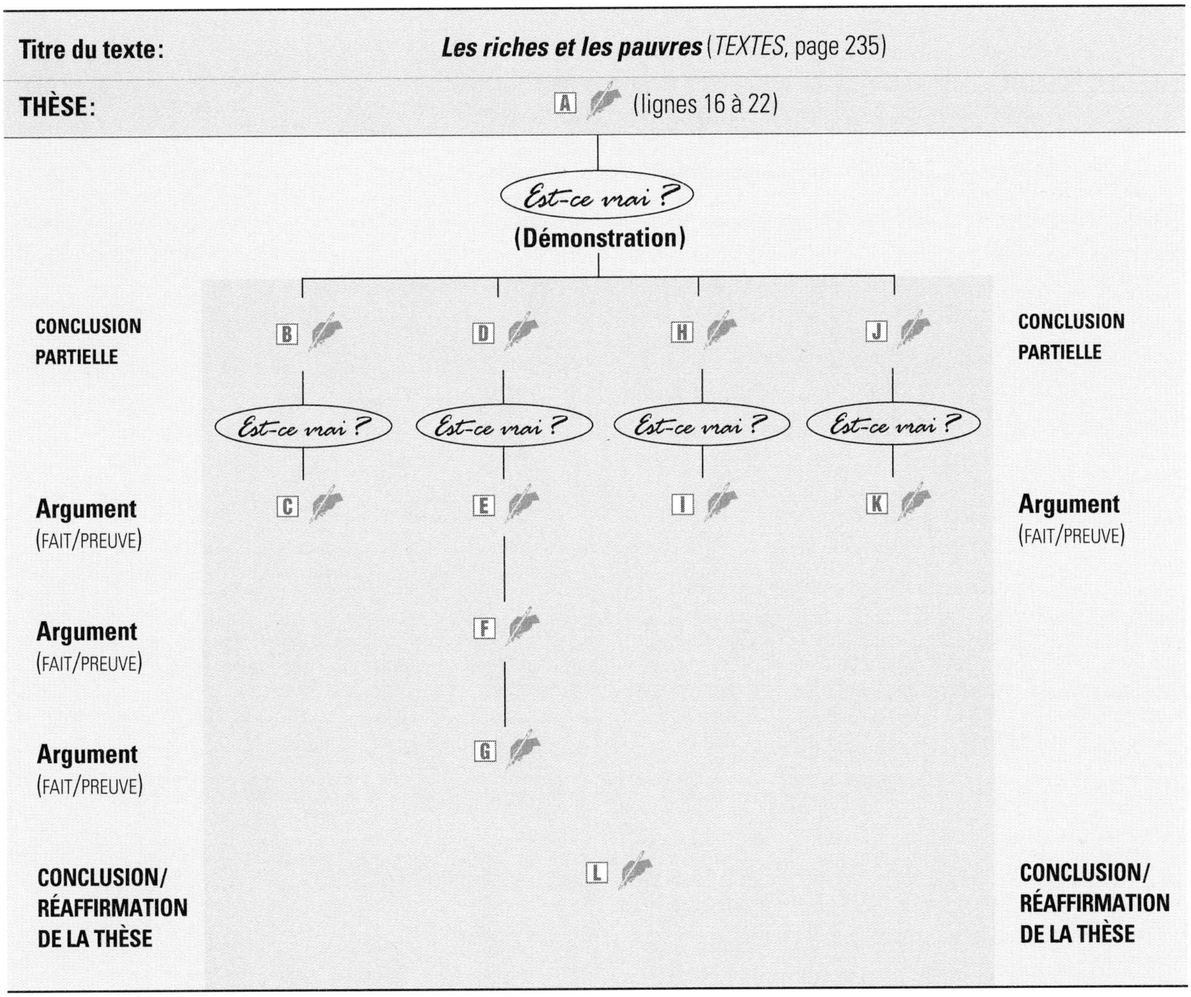

12 Élaborez le plan du texte *Les riches et les pauvres* selon le modèle présenté à la page 121 de la rubrique ***L'essentiel***. N'hésitez pas à reformuler les arguments et les conclusions partielles pour les résumer.

13 Supposez que Claude Beauchamp ait écrit la deuxième partie de son texte *Les riches et les pauvres* pour réfuter la thèse défendue par Jean Ziegler dans le premier paragraphe de son texte *« Ils pourront couper toutes les fleurs... »*. Reproduisez le schéma ci-contre et complétez-le en puisant des renseignements dans les textes des deux auteurs.

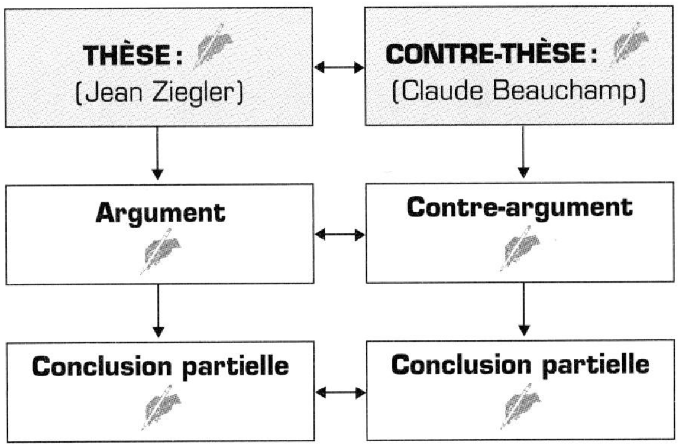

14 Comparez les dates de parution des deux textes et dites pourquoi Claude Beauchamp ne peut avoir écrit son texte pour réfuter la thèse de Jean Ziegler.

PROLONGEMENT

1. L'article de Claude Beauchamp, paru dans la revue *L'actualité*, apparaissait dans une chronique intitulée *L'économie*. Dans le texte, relevez un champ lexical lié à ce domaine qui permet de parler des riches et des pauvres. Présentez ce champ lexical dans un organisateur graphique dont vous déterminerez les éléments. Le lexique ◀◀ PR 101

2. Dans ce texte, bien que l'auteur utilise un registre de langue standard, on trouve des éléments qui appartiennent à un registre familier. Relevez une phrase dans le premier paragraphe, ainsi qu'un mot répété deux fois entre les lignes 29 et 147, qui appartiennent à ce registre. Les registres de langue ◀◀ PR 102

3. Relevez tous les passages qui indiquent que les données de l'argumentation de Claude Beauchamp reposent sur les résultats de recherche d'un spécialiste. Rédigez ensuite une ou deux phrases dans lesquelles vous présenterez ce spécialiste et ce qu'il fait. La cohérence textuelle ◀◀ PR 103

4. Selon vous, l'auteur de ce texte établit-il un rapport d'égalité ou un rapport d'autorité avec les destinataires ? Justifiez votre réponse. Le point de vue ◀◀ PR 105

5. Dans l'introduction (lignes 1 à 22) et dans la conclusion (lignes 142 à 165), relevez des exemples de vocabulaire expressif utilisé par Claude Beauchamp pour attirer l'attention des destinataires sur les réalités décrites et pour manifester son engagement.

INTERTEXTUALITÉ

Quel rapprochement faites-vous entre le texte *Les riches et les pauvres* (*TEXTES*, page 235) et le texte *La grasse matinée* (*TEXTES*, page 238) ?

ACTIVITÉS DE GRAMMAIRE

LES PHRASES SUBORDONNÉES ET LA RÉDUCTION DE PHRASES ◀◀ GOC 301

1. Rendez explicite la séquence explicative contenue dans la deuxième phrase du texte de Claude Beauchamp (lignes 9 à 14) en y introduisant des subordonnées circonstancielles commençant par le subordonnant *parce que*.

2. a) Réduisez la subordonnée complétive contenue dans les lignes 79 (*Et encore...*) à 86
   - en supprimant le complément de phrase dans la subordonnée relative ;
   - en remplaçant, notamment, le verbe de la subordonnée relative par un participe présent.

   b) Écrivez la nouvelle phrase ainsi obtenue.

3. Récrivez la phrase contenue dans les lignes 98 à 104 de manière que les subordonnées relatives en *dont* soient remplacées par des subordonnées relatives en *qui*.

TEXTES

PAGE 12 *Une histoire enracinée dans le quotidien*

1 Lisez d'abord le texte *Les Rébellions 1837-1838* à la page 2 de votre manuel *TEXTES*.

A De quelle période de l'histoire du Québec est-il question dans ce texte ?

B En une phrase, décrivez l'événement important qui résume tous les événements rapportés dans ce texte.

➲ Lisez l'article critique ***Une histoire enracinée dans le quotidien*** en prêtant une attention particulière à son **ORGANISATION**.

2 **A** Sur quoi l'article critique de Noël Audet porte-t-il ?

B Dans le premier paragraphe du texte (lignes 1 à 11), relevez la phrase qui contient la thèse défendue par Noël Audet.

C Soulignez la partie de cette phrase qui exprime clairement le jugement que pose l'auteur sur le sujet.

3 Les deux premiers paragraphes constituent l'introduction de cet article critique.

A Quel paragraphe contient le sujet posé et la formulation de la thèse ? Justifiez votre réponse.

B Quel type de séquence le deuxième paragraphe (lignes 12 à 21) constitue-t-il ?

C Quel rôle cette séquence joue-t-elle dans l'introduction de Noël Audet ?

D Dans le deuxième paragraphe, relevez la phrase qui laisse entrevoir l'appréciation de Noël Audet du roman qu'il critique.

4 Le dernier paragraphe constitue la conclusion de l'article.

A Relevez la phrase dans laquelle l'auteur réaffirme sa thèse.

B Dans cette phrase, soulignez le mot qui résume ce que pense Noël Audet de l'écriture de Louis Caron.

C Formulez un nouvel aspect de la thèse défendue par Noël Audet, qui pourrait servir à élargir le débat.

5 Dans le deuxième paragraphe, Noël Audet parle de *deux récits parallèles* (ligne 12): du *premier récit* (ligne 14) et du *récit principal* (ligne 19). Relisez ce paragraphe et, à l'aide du contexte,

A précisez ce que Noël Audet entend par le mot *récit*;

B précisez ce qui est raconté dans chacun de ces récits.

6 Relisez les parties du texte qui contiennent les phrases suivantes et récrivez chaque phrase en remplaçant les passages en caractères gras par des mots ou des ensembles de mots qui précisent ce qu'ils représentent dans le texte.

A ***Ici****, les enjeux sont habilement décrits* [...] (ligne 34)

B [...] ***ces derniers*** *pouvant seulement considérer qu'ils en font déjà trop pour de pauvres* ***bougres*** *qui ne semblent toujours pas disposés à se soumettre.* (ligne 43)

C ***Son étude préalable*** *amène enfin Caron à produire une véritable ethnographie de la vie quotidienne du temps.* (ligne 52)

D ***Tout cela*** *est raconté avec une extrême économie de moyens* [...] (ligne 121)

7 Dans la dernière partie du développement, on trouve deux passages rapportés.

A Précisez à quelles lignes se trouve chacun de ces passages.

B Quel indice vous a permis de les trouver ?

C Que contiennent ces passages ?

D Pourquoi Noël Audet les a-t-il rapportés dans son article critique ?

L'ORGANISATION

8 Le tableau suivant présente les aspects de la thèse abordés dans les arguments, les parties du texte dans lesquelles chaque aspect est développé ainsi que des extraits du texte qui constituent des arguments et des conclusions partielles. Les éléments sont placés dans le désordre.

Reproduisez un tableau semblable en replaçant les éléments dans les bonnes cases.

9 En tenant compte des réponses données aux numéros 4 et 8, reproduisez et complétez le schéma ci-dessous, qui rend compte de la démarche argumentative retenue par Louis Caron pour défendre sa thèse sur le roman *Le Canard de bois*.

Aspects de la thèse	Parties du texte	Arguments	Conclusions partielles
La langue du roman	lignes 22 à 61	• [...] *la sobriété du ton et du style plus proche de l'allusif que du débordement romantique convient parfaitement aux personnages et à l'époque peu bavarde qui est mise en scène.* • [...] *il brosse un tableau vraisemblable des rapports entre les citoyens canadiens et l'occupant anglais* [...]	*Son étude préalable amène enfin Caron à produire une véritable ethnographie de la vie quotidienne du temps.*
Le traitement historique	lignes 62 à 120	• [...] *Louis Caron ne se contente pas d'approximations, et s'il prend ses distances par rapport à l'histoire, c'est après l'avoir longuement méditée et s'être documenté sur les conditions sociales et politiques des années 1830, la vie économique, les mœurs, l'habillement.*	*Quant à la langue utilisée par Caron, elle me semble à la fois juste relativement au sujet traité, et suffisante, c'est-à-dire sans fioritures.*

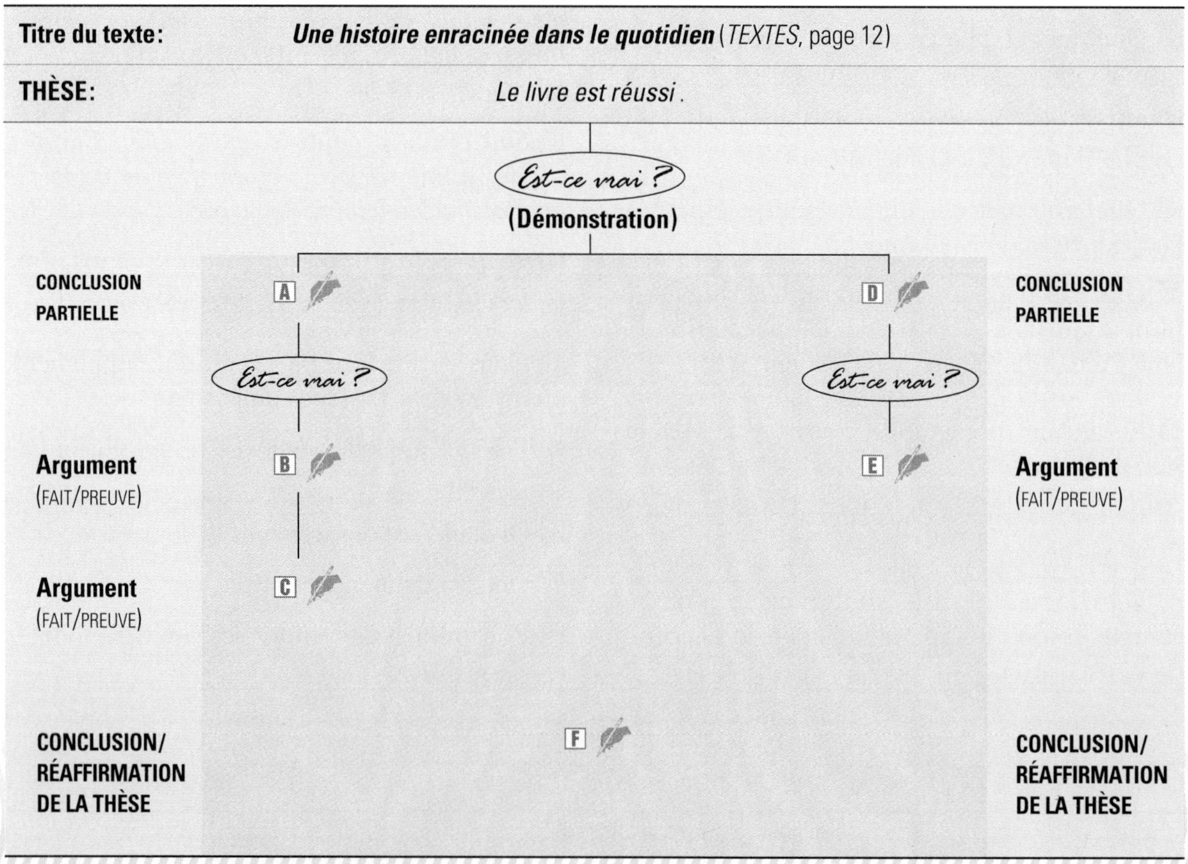

10 Élaborez le plan du texte *Une histoire enracinée dans le quotidien* selon le modèle présenté à la page 121 de la rubrique ***L'essentiel***. N'hésitez pas à reformuler les arguments et les conclusions partielles pour les résumer.

11 Si vous avez déjà lu le roman *Le Canard de bois*, dites si vous partagez la manière de voir de Noël Audet dans son article critique et justifiez votre réponse.

Si vous ne l'avez pas lu, dites si vous aimeriez le lire et justifiez votre réponse.

PROLONGEMENT

1. Le roman *Le Canard de bois* est un roman historique. Dans les lignes 1 à 35 de l'article critique, relevez tous les mots et les ensembles de mots que Noël Audet utilise pour rappeler cette réalité et qu'on ne trouverait pas dans la critique d'un roman contemporain.

Le lexique PR 101

2. Quel est le registre de langue utilisé dans les extraits du roman *Le Canard de bois* rapportés par Noël Audet ? Justifiez votre réponse en citant des exemples tirés de ces extraits.

Les registres de langue PR 102

3. Dans l'article critique *Une histoire enracinée dans le quotidien*, relevez tous les mots et les ensembles de mots qui révèlent l'engagement de Noël Audet et précisez quelle ressource linguistique a été utilisée dans chaque cas.

Le point de vue PR 105

INTERTEXTUALITÉ

Quel rapprochement faites-vous entre l'extrait de *La Complainte des hivers rouges* (*TEXTES*, page 4), l'article critique *La Complainte des hivers rouges : plus que du théâtre* (*TEXTES*, page 7) et l'article critique *Une histoire enracinée dans le quotidien* (*TEXTES*, page 12) ?

ACTIVITÉS DE GRAMMAIRE

LES PHRASES SUBORDONNÉES ET LA RÉDUCTION DE PHRASES

GOC 301

1. Les deux phrases contenues dans les lignes indiquées dans l'encadré contiennent un élément qui exprime une cause, mais dont la construction est différente.

   ① lignes 8 (*Le livre...*) à 11 ② lignes 49 à 51

   Repérez ces phrases dans le texte et pour chacune
   a) relevez l'élément qui exprime la cause ;
   b) indiquez quelle construction a employé Noël Audet pour exprimer la cause ;
   c) récrivez la phrase en exprimant la cause au moyen de l'autre construction identifiée en b).

2. Dans la première phrase du dernier paragraphe (lignes 121 à 123),
   a) relevez les subordonnées relatives ;
   b) réduisez la subordonnée relative en *qui* en effaçant le pronom relatif et en remplaçant le verbe par un nom de même famille ;
   c) remplacez l'autre subordonnée relative par un GPrép.

ANALYSE ET RÉSUMÉ DE TEXTE

Poursuivez l'analyse du texte que vous avez choisi à la page 148 en précisant les grandes caractéristiques de son **organisation** à l'aide des numéros 8, 9 et 10 de la fiche *Pour lire et résumer un texte argumentatif* (page 131). À l'aide de vos découvertes, élaborez le plan de votre texte.

Conservez ce plan avec le schéma de la démarche argumentative du texte élaboré dans l'activité de la page 148 et le texte lui-même. Vous en aurez besoin pour rédiger votre résumé.

ACTIVITÉ D'ÉCRITURE

HABILETÉS À DÉVELOPPER

- Élaborer une argumentation basée sur l'**explication**.
- Faire le plan détaillé d'un texte argumentatif.

DESCRIPTION DE L'ACTIVITÉ

Vous devez élaborer le plan détaillé d'un texte argumentatif. Pour ce faire, vous devrez mettre en application toutes les connaissances que vous avez acquises sur l'**organisation** des textes argumentatifs.

DÉROULEMENT

Se documenter

1 Lisez les textes sur le tabagisme à la page 256 de votre manuel *TEXTES*. Dégagez la thèse soutenue dans chacun des textes.

2 Déterminez à quelle thèse vous adhérez le plus. Discutez-en en classe avec vos camarades.

3 Répondez spontanément aux questions du sondage de la page suivante. Invitez d'autres personnes de votre entourage à y répondre.

4 Compilez les résultats du sondage.

Prise de notes

5 Analysez ces résultats et déterminez si, de façon générale, les répondants et les répondantes sont favorables à des interventions et des réglementations sévères de la part de l'État pour protéger les citoyens et les citoyennes. Notez vos conclusions de la manière suivante :

– % des répondants et des répondantes plutôt favorables :

Statistiques à l'appui :

– % des répondants et des répondantes plutôt défavorables :

Statistiques à l'appui :

Sondage

1. Le gouvernement a bien fait d'obliger les gens à porter la ceinture de sécurité.
1. Totalement d'accord.
2. Plutôt d'accord.
3. Plutôt en désaccord.
4. Totalement en désaccord.

2. Le gouvernement devrait prévoir des peines plus sévères pour les conducteurs et les conductrices coupables d'avoir conduit avec des facultés affaiblies.
1. Totalement d'accord.
2. Plutôt d'accord.
3. Plutôt en désaccord.
4. Totalement en désaccord.

3. Le gouvernement devrait interdire le permis de conduire aux mineurs et aux mineures.
1. Totalement d'accord.
2. Plutôt d'accord.
3. Plutôt en désaccord.
4. Totalement en désaccord.

4. Le gouvernement devrait taxer les produits du tabac davantage.
1. Totalement d'accord.
2. Plutôt d'accord.
3. Plutôt en désaccord.
4. Totalement en désaccord.

5. Le gouvernement devrait rendre le port du casque de vélo obligatoire partout et en tout temps.
1. Totalement d'accord.
2. Plutôt d'accord.
3. Plutôt en désaccord.
4. Totalement en désaccord.

6. Le gouvernement devrait interdire de circuler en patins à roues alignées sur les trottoirs.
1. Totalement d'accord.
2. Plutôt d'accord.
3. Plutôt en désaccord.
4. Totalement en désaccord.

7. Le gouvernement devrait imposer une amende sévère aux adultes qui jouent au hockey sans casque sur les patinoires extérieures.
1. Totalement d'accord.
2. Plutôt d'accord.
3. Plutôt en désaccord.
4. Totalement en désaccord.

8. Le gouvernement devrait surveiller la salubrité des restaurants et sévir contre ceux qui ne respectent pas les normes.
1. Totalement d'accord.
2. Plutôt d'accord.
3. Plutôt en désaccord.
4. Totalement en désaccord.

9. Le gouvernement devrait contrôler l'industrie pharmaceutique et interdire la vente de tout type de médicament (aspirine, créatine, antihistaminique, sirop contre la toux, etc.) aux mineurs et aux mineures.
1. Totalement d'accord.
2. Plutôt d'accord.
3. Plutôt en désaccord.
4. Totalement en désaccord.

10. Le gouvernement devrait faire davantage de publicité auprès des jeunes à propos des méfaits de l'alcool.
1. Totalement d'accord.
2. Plutôt d'accord.
3. Plutôt en désaccord.
4. Totalement en désaccord.

11. Le gouvernement a bien fait de sévir contre les commerçants qui vendent des billets de loterie aux mineurs et aux mineures.
1. Totalement d'accord.
2. Plutôt d'accord.
3. Plutôt en désaccord.
4. Totalement en désaccord.

12. Le gouvernement a raison de vouloir empêcher les compagnies de tabac de commanditer des événements sportifs et culturels.
1. Totalement d'accord.
2. Plutôt d'accord.
3. Plutôt en désaccord.
4. Totalement en désaccord.

13. Le gouvernement a bien fait d'imposer un contrôle sur les armes à feu plus sévère que celui qui existe aux États-Unis.
1. Totalement d'accord.
2. Plutôt d'accord.
3. Plutôt en désaccord.
4. Totalement en désaccord.

14. Le gouvernement devrait maintenir son programme de vaccination obligatoire pour prévenir les maladies contagieuses.
1. Totalement d'accord.
2. Plutôt d'accord.
3. Plutôt en désaccord.
4. Totalement en désaccord.

15. Le gouvernement devrait obliger, lorsque c'est nécessaire, un patient ou une patiente à subir une transfusion sanguine même s'il ou si elle refuse.
1. Totalement d'accord.
2. Plutôt d'accord.
3. Plutôt en désaccord.
4. Totalement en désaccord.

Planifier l'élaboration du plan

6 Choisissez l'une des deux thèses suivantes :

☐ *Le gouvernement devrait intervenir de façon plus sévère pour protéger la santé et la sécurité des citoyens et des citoyennes.*

☐ *Le gouvernement ne devrait pas intervenir autant pour protéger la santé et la sécurité des citoyens et des citoyennes.*

Prise de notes

7 En vous inspirant des fiches présentées aux pages 149 et 150, prenez des notes au fil de la lecture des textes suivants et formulez des arguments que vous pourriez utiliser comme **RAISONS** pour justifier le bien-fondé de la thèse retenue au numéro **6**.

Vous pouvez également, au fil de votre lecture, relever des formulations que vous aimeriez utiliser dans votre plan.

EXTRAIT 1

[...]

L'obsession de la santé à tout prix conduit à ce que l'on pourrait appeler la civilisation du *light*. Cigarettes ultra-légères, graisses allégées, édulcorants de synthèse, déodorants et *cyber sex*... De quoi la société contemporaine veut-elle donc s'alléger ? Le culte exacerbé d'un corps éternellement en bonne santé, mais de plus en plus inexistant puisqu'on lui dénie le droit à peser, à souffrir, à répandre des odeurs, à ressentir et peut-être même à mourir, débouche sur un monde de sensations virtuelles. Si ce nouvel hygiénisme est au départ une mode américaine dans laquelle on peut reconnaître les traits d'un certain puritanisme, il tend à s'étendre à l'ensemble du monde développé. La cigarette a été un fantastique instrument d'évasion du réel, de création d'univers virtuels. Sa disparition, ou la menace de cette disparition, pourrait être un signe précurseur du triomphe du virtuel, d'un affaiblissement du rapport au réel.

[...]

Michel de Pracontal, *La guerre au tabac*,

EXTRAIT 2

[...]

Un autre coût caché de l'intervention et de la tutelle étatiques se trouve dans la déresponsabilisation de l'individu. Comme une drogue, l'État crée une accoutumance et une dépendance. Si l'on en juge par les guerres et les catastrophes provoquées par les États au cours de l'histoire, cette dépendance est beaucoup plus périlleuse que la consommation de quelque herbe que ce soit. L'État que nous connaissons en cette fin de 20e siècle représente, bien davantage que le tabac, un problème criant pour la santé publique.

Pierre Lemieux, «Après la cigarette, ce sera au tour du café», lettre ouverte dans *La Presse*, 3 septembre 1996.
www.pierrelemieux.org

EXTRAIT 3

L'obsession panique de Pierre Lemieux, dans son article du 11 janvier, *La loi québécoise sur le tabac: une première historique ?*, devant ce qu'il voit comme des empiètements tyranniques de l'État sur les droits des individus ressemble de plus en plus à du délire.

Il ne lui vient naturellement pas à l'esprit que ces contrôles sont des mesures de santé publique au même titre que la vaccination, la pasteurisation et l'obligation de creuser son puits à une distance réglementaire de sa fosse septique. Ce sont des mesures de cette sorte que les libertaires ont combattues et qui ont permis à Pierre Lemieux de ne pas mourir en bas âge de diphtérie, de typhoïde ou de tuberculose.

[...]

Dr Marcel Boulanger, président du Conseil québécois sur le tabac et la santé, «La liberté n'est pas absolue», lettre ouverte dans *Le Devoir*, 25 janvier 2000.

EXTRAIT 4

[...]

Étrangement, toutefois, ils [les gens du gouvernement qui combattent le tabac] ne nous demandent pas de nous habituer à utiliser les transports en commun — la fumée de char, faut-il croire, est douce au poumon de l'humain. Étrangement, ils n'arrêtent pas de prolonger les heures d'ouverture de la Société des alcools. Et étrangement, on pourra continuer de fumer au casino.

[...]

Jean Dion, «Fume Kafka, c'est du bon», *Le Devoir*, 16 septembre 1999.

EXTRAIT 5

[...]

Tous les produits dangereux doivent faire l'objet d'une sévère réglementation. C'est pourquoi il est permis de vendre des armes à feu bien que plusieurs lois contrôlent tant leur vente que leur usage: on peut se procurer une arme à feu, mais seulement à certaines conditions, et on ne peut pas s'en servir n'importe où, n'importe quand et n'importe comment.

[...]

Victor Thibaudeau, *Logique et Expression de la pensée*, © Gaétan Morin Éditeur, 1997.

8 Relisez vos notes et choisissez au moins deux arguments ou faites des regroupements d'arguments. Élaborez ensuite un schéma pour mettre en évidence votre argumentation en vous inspirant de ceux qui sont présentés aux pages 115, 117 et 120 de la rubrique ***L'essentiel***.

9 Déterminez l'ordre de présentation de vos arguments: ordre de force décroissante, ordre de force croissante ou ordre nestorien.

Élaborer le plan

10 Dressez le plan détaillé de votre texte en suivant les étapes présentées dans le tableau ci-dessous.

GUIDE POUR L'ÉLABORATION D'UN PLAN DÉTAILLÉ EN VUE DE L'ÉCRITURE D'UN TEXTE ARGUMENTATIF		
Plan suggéré	**Exemple : le plan d'un texte argumentatif sur la violence dans les sports**	**Conseils pour élaborer le plan**
INTRODUCTION • **Sujet amené**	*Anecdote sur un incident violent à la patinoire.*	Essayez d'attirer l'attention du destinataire par une phrase-choc, une anecdote, un exemple, une séquence descriptive éloquente, etc.
• **Sujet posé**	*La violence dans les sports.*	Annoncez le sujet de votre texte de façon précise.
• **Formulation de la thèse**	*La violence dans les sports est intolérable.*	Formulez clairement votre thèse.
• **Sujet divisé**	*1. Les dangers de la violence.* *2. Les coûts sociaux importants engendrés par la violence.* *3. La violence entraîne la violence.*	Énumérez brièvement, dans l'ordre, les aspects sur lesquels portera votre argumentation.
DÉVELOPPEMENT **1er paragraphe** (org. text.) **1er argument** RAISONS : **Conclusion partielle :**	(Ordre nestorien) **1er paragraphe** *D'abord, parce que...* **1er argument** *Énumération d'exemples d'accidents graves dans les sports (hockey, boxe, cyclotourisme).* **Conclusion partielle :** *La violence est condamnable.*	**Questions auxquelles le plan du développement doit répondre** • Combien de parties le développement comprendra-t-il ? • Combien y aura-t-il de paragraphes ? • Quels organisateurs textuels vais-je utiliser pour marquer les étapes importantes de ma démarche argumentative ? • Dans quel ordre vais-je présenter mes arguments ? • S'il y a lieu, de quelles informations aurai-je besoin pour formuler chaque argument (données, citations, etc.) ? • À quel procédé aurai-je recours pour étayer chaque argument ?
2e paragraphe (org. text.) **2e argument** **Conclusion partielle :** RAISONS :	**2e paragraphe** *En outre, ce qui n'est pas négligeable, ...* **2e argument** **Conclusion partielle :** *La violence engendre des coûts sociaux importants :* *– statistiques à trouver;* *– citation d'un expert en coûts de la santé.*	
3e paragraphe	**3e paragraphe** *La violence devient banale.* (Anecdote)	

GUIDE POUR L'ÉLABORATION D'UN PLAN DÉTAILLÉ EN VUE DE L'ÉCRITURE D'UN TEXTE ARGUMENTATIF (suite)

Plan suggéré	Exemple : le plan d'un texte argumentatif sur la violence dans les sports	Conseils pour élaborer le plan
4e paragraphe (org. text.) **3e argument Conclusion partielle:** RAISONS :	**4e paragraphe** *Mais, surtout, il faut considérer que…* **3e argument Conclusion partielle:** • *La violence dans les sports entraîne d'autres formes de violence.* • *Les jeunes imitent leurs idoles.*	
CONCLUSION • **Reformulation de la thèse**	*Réaffirmation avec plus de force.*	Dans un style télégraphique : • dites si vous réaffirmerez la thèse telle quelle ou si vous la nuancerez à la lumière de l'argumentation;
• **Élargissement du débat**	*Respect des autres et de soi-même.*	• précisez le nouvel aspect de la thèse qu'on pourrait soulever pour relancer le débat.

Évaluer le plan

11 Échangez votre plan avec un ou une camarade et demandez-lui de l'analyser en attribuant une note sur 10 à chacun des éléments de la grille suivante :

L'INTRODUCTION

1. L'introduction du texte sera-t-elle accrocheuse ? ■ /10

LE DÉVELOPPEMENT

2. Le développement contiendra-t-il des arguments suffisamment convaincants ? ■ /10
3. Les arguments prévus dans le développement correspondent-ils à ceux annoncés dans l'introduction ? ■ /10
4. Les organisateurs textuels retenus sont-ils les meilleurs ? ■ /10
5. Les conclusions partielles sont-elles en lien avec la thèse ? ■ /10
6. Les procédés retenus pour étayer les arguments
   - sont-ils assez nombreux ? ■ /10
   - pourraient-ils être mieux choisis ? ■ /10

LA CONCLUSION

7. La conclusion est-elle assez percutante pour que l'on continue à s'interroger sur la thèse défendue dans le texte ? ■ /10
8. Le débat aurait-il pu être élargi de façon plus intéressante ? ■ /10

APPROPRIATION DES CONNAISSANCES

LA PRÉSENCE DE LA PERSONNE QUI ARGUMENTE DANS LE TEXTE

1 (page 126) ◀◀ **L'ESSENTIEL** 3.1

Lisez le texte suivant et faites les activités qui s'y rattachent.

> La vie n'est pas comme les médicaments, tous accompagnés d'une notice qui énumère les contre-indications et les doses à prendre. La vie nous est donnée sans ordonnance et sans notice. L'éthique ne peut pallier complètement cette défaillance, car elle est avant tout la chronique des efforts déployés par les humains pour y remédier. Un écrivain français, mort il n'y a pas longtemps, Georges Perec, a écrit un livre qui s'intitulait ainsi: *La Vie: mode d'emploi*. Mais il s'agissait d'une délicieuse et intelligente plaisanterie littéraire, pas d'un système éthique. C'est pourquoi j'ai renoncé à te donner des *modes d'emploi* sur des questions concrètes comme l'avortement, les préservatifs, l'objection de conscience et *tutti quanti*. De même, je n'ai pas eu le culot (si horriblement typique de ceux qui se prennent pour des «moralistes»!) de te faire de grands discours apitoyés ou indignés sur les «maux» de notre siècle: Ha, la consommation! Et le manque de solidarité, hein! Oh, la soif d'argent! Ouh, la violence! Et la crise des valeurs, ah, hein, oh, hou! J'ai mon opinion là-dessus, mais je ne suis pas l'«éthique»: je ne suis que papa.
>
> [Fernando Savater, *Éthique à l'usage de mon fils*, © Éditions du Seuil, 1994.

A Quel est le sens du mot *éthique*?

B Quelle est la thèse défendue dans ce texte?

C Dans ce texte, qui est désigné par le pronom *je*?

D À qui le pronom *te* (lignes 9 et 12) réfère-t-il?

E À qui le pronom *nous* (ligne 3) réfère-t-il?

2 **PR 105** (page 126) ◀◀ **L'ESSENTIEL** 3.1 et 3.2

Dans les deux lettres ouvertes de la page suivante, un lecteur et une lectrice réagissent à un article de journal portant sur la chiropratique.

Pour chacune des lettres ouvertes,

A précisez le statut (spécialiste ou simple profane) de la personne qui argumente et justifiez vos réponses en citant des passages des lettres;

B déterminez l'attitude des auteurs de ces lettres ouvertes à l'égard de la chiropratique en relevant des marqueurs de modalité et en précisant les ressources linguistiques utilisées;

C analysez l'emploi des pronoms de la première personne et du pronom *on*;

D dites si la personne qui argumente interpelle ses destinataires ou non. Si oui, relevez le passage qui le révèle et précisez le rôle de cette interpellation.

Lettre 1

Doit-on craindre les chiros ? Oui, comme on doit se méfier de tout professionnel. Parce que ce sont des humains et que, souvent, les humains sont malhonnêtes, incompétents ou ont un parti pris évident. J'ai pratiqué la chiropratique pendant 46 ans. J'ai traité des centaines d'enfants pour des otites et de multiples troubles de l'enfance, avec de très bons résultats. Le médecin honnête et renseigné constate souvent les résultats spectaculaires de la chiropratique dans nombre de cas où la médecine chimique est impuissante.

[Benoist Boisvert, d.c., Pointe-Lebel, «Les chiros : oui ou non ?», *L'actualité*, 15 mai 1999.

Lettre 2

Depuis 10 ans, je consulte une chiropraticienne qui m'a libérée de douleurs chroniques débilitantes. Je préfère, et de loin, recevoir des traitements en douceur plutôt que d'ingurgiter, à vie, des pilules contre l'inflammation ou la douleur. Un peu d'ouverture d'esprit et un soupçon d'humilité, messieurs les médecins, puisque la médecine traditionnelle n'a pas de réponse à tous nos maux.

[Lise Morand, Québec, *L'actualité*, 15 mai 1999.

3 (page 127) ◀◀ L'ESSENTIEL 3.1.3

Dans chacun des extraits suivants,

A analysez le contexte et dites à qui pourrait référer le pronom *on* ;

B validez les réponses trouvées en **A** en remplaçant le pronom *on* par ce à quoi il réfère dans les passages en caractères gras.

Extrait 1

[…]

Avant de permettre à un enfant de remettre des travaux sur ordinateur, ① **on devrait s'assurer qu'il maîtrise bien la calligraphie et l'écriture manuelle**. Tous les sens contribuent à cet apprentissage et à la mémorisation de l'orthographe des mots. Lorsque l'élève utilise un crayon ou un stylo, ② **il développe ce que l'on appelle une mémoire musculaire**. De plus, il apprend mieux à épeler s'il écrit et prononce chaque lettre. Un des problèmes avec l'ordinateur, c'est justement que l'enfant n'a plus besoin de se concentrer pour remettre un texte au propre. C'est sans parler des différentes études qui démontrent qu'après deux ou trois heures d'utilisation quotidienne, de nombreux enfants développent des problèmes physiques. Avant huit ou neuf ans, bien des enfants n'ont pas encore la coordination main-œil ③ **leur permettant d'effectuer les tâches qu'on exige d'eux.**

[…]

[Propos de Alison Armstrong, recueillis par Pierre Lacerte, «École : souris tu m'inquiètes», *L'actualité*, 1er octobre 1998.

Extrait 2

Il pleut toujours aussi acide. Pire, la situation s'est à peine améliorée depuis la fin des années 1970, alors que le Canada se prétendait en guerre contre les rejets industriels.

① **On sait que ce sont les rejets de SO_2 et de NO_x qui sont à l'origine de ce phénomène**. Pourtant, même si les émissions de SO_2 ont diminué de moitié depuis 1985, rien n'y fait, les pluies sont toujours aussi acides. ② **On soupçonne maintenant** la faible concentration d'ions de calcium, de magnésium et de potassium dans les pluies – ce sont eux qui neutralisent l'acidité – d'être la cause du problème. Mais où sont donc passés tous ces ions ? Mystère.

[...]

[Stéphane Guérard, «Coup d'épée dans l'eau», *Québec Science*, vol. 36, n° 2, octobre 1997.

Extrait 3

[...]

Aller vérifier dans le dictionnaire, c'est faire appel à une instance morale supérieure. ① **On se sert du dictionnaire parce qu'on croit que les mots ont un sens** et que le sens du monde est en bon ordre. ② **On croit savoir que derrière la cacophonie des sons** de tous les jours, il y a quelque part une logique qui permet d'arbitrer les désaccords de sens.

[...]

[B. Arcand et S. Bouchard, *Du pâté chinois, du baseball et autres lieux communs*, © Les Éditions du Boréal, 1995.

LE RAPPORT QUE LA PERSONNE QUI ARGUMENTE ÉTABLIT AVEC LE DESTINATAIRE

4 (page 127) ◀◀ L'ESSENTIEL 3.2.1

Dans l'encadré, on trouve les noms et les occupations de personnes qui auraient pu écrire des lettres ouvertes dans les journaux. Associez chaque signature à l'un des énoncés ci-contre et justifiez vos choix.

① Bill Choquette, avocat
② Mélissa Thibaudeau, Bushra Elzaid, Pierre Gendron, collectif contre la violence
③ Lucie Marien, mère monoparentale
④ Charles Picardo, élève de troisième secondaire
⑤ Marie-Chantale Lapierre, étudiante en médecine, Université Laval
⑥ Jacques Cobbet, coopérant au Mozambique

A Nous exigeons l'interdiction de la vente de ce dangereux jouet de guerre.

B La note de passage est trop élevée; bon nombre de mes camarades n'arriveront pas à compléter leurs études secondaires.

C Non, je ne veux pas que le gouvernement m'oblige à pratiquer en région.

D Un ami m'a fait parvenir votre reportage sur les inondations de l'an 2000 par courriel. Souhaitons qu'à la lecture de votre texte, les Canadiens et les Canadiennes forceront le ministre des Affaires internationales à intervenir.

E Après avoir payé le loyer et l'épicerie, il ne me reste plus beaucoup d'argent pour rembourser mon prêt étudiant.

F Dans ce cas très précis, la loi sur le patrimoine familial prévoit une disposition qui oblige le partage des biens.

5 (page 127) **L'ESSENTIEL** 3.2

Lisez la lettre suivante, tirée de la rubrique *Le dernier mot* du magazine *L'actualité*, et faites les activités qui s'y rattachent.

J'ai lu avec intérêt le court article sur la préhistoire (*Ma nuit chez les Iroquoiens*, 1er sept. 98). On y apprenait qu'on peut visiter une maison-longue à Lanoraie. J'ai le regret de vous dire que c'est faux. Il y a bien eu un site iroquoien inventorié au cours de l'après-guerre. Des objets façonnés y ont été trouvés. Mais il n'y a jamais eu de maison-longue et le site n'a jamais été mis en valeur.

[Bernard Lacroix, maire de Saint-Joseph-de-Lanoraie

NDLR : Les fouilles faites jadis à Lanoraie avaient dévoilé les vestiges d'une maison-longue datant de 1450, explique l'archéologue Michel Gagné, directeur des fouilles au village iroquoien de Saint-Anicet. Mais celle-ci n'a effectivement jamais été reconstruite ni le site exploité.

[*L'actualité*, 1er octobre 1998.

A Qui est l'auteur de la lettre ouverte ? Qui sont les destinataires ?

B Dans cette lettre, à qui le pronom *vous* réfère-t-il ?

C Quel rapport l'auteur de la lettre établit-il avec les destinataires ? Pourquoi ?

D Quel est le ton général de la lettre : agressif, courtois, moqueur, poli, ironique ? Justifiez votre réponse à l'aide d'éléments du texte.

E Que signifie l'abréviation NDLR ?

F Dans le passage NDLR, on répond à l'auteur de la lettre, Bernard Lacroix, en lui disant qu'il a à la fois tort et raison. Sur quel aspect lui donne-t-on tort ? Sur quel aspect lui donne-t-on raison ?

6 (page 127) ◀◀ L'ESSENTIEL 3.2

Lisez le texte suivant et faites les activités qui s'y rattachent.

La vie est un téléroman

Tout, aujourd'hui, est une forme de divertissement: la politique, l'amour, la guerre. Nous agissons comme si notre vie était un film. Et comme si le cinéma était la vie.

Avez-vous vu les films *La Rose pourpre du Caire* et *Pleasantville*? Dans le premier, réalisé par Woody Allen en 1985, le héros d'une comédie romantique sort de l'écran et débarque dans le vrai monde. Dans le second, réalisé l'an dernier par Gary Ross, deux adolescents entrent dans un téléviseur et sont transportés dans un *sitcom* des années 1950. Deux œuvres, un même va-et-vient entre la réalité et la fiction.

La vie ressemble de plus en plus à ces deux films: on ne sait plus ce qui est vrai et ce qui est faux. On met en scène de faux massacres en Irak, en Bosnie et au Kosovo; on intègre de vraies images du président des États-Unis dans un film de science-fiction (*Contact*); on demande à des comédiens professionnels d'interpréter de «vrais» citoyens dans des émissions d'affaires publiques; on transforme des scandales politiques en téléroman; on diffuse le quotidien d'un groupe de jeunes au petit écran (*Pignon sur rue*); on tourne des miniséries à clés qui traitent, sous une forme à peine déguisée, d'événements réels; on produit des longs métrages inspirés de vrais crimes et on commet de vrais crimes en s'inspirant de longs métrages... Bref, tout est sens dessus dessous.

[...]

[Richard Martineau, *L'actualité*, 1er avril 1999.

A Relevez le passage dans lequel Richard Martineau s'adresse directement aux destinataires. Quel indice vous a permis de relever ce passage ?

B Pourquoi l'auteur s'adresse-t-il aux destinataires ?

C L'auteur marque-t-il sa présence dans son texte ? Justifiez votre réponse.

D Quelle est la thèse de Richard Martineau ? Justifiez votre réponse en citant un passage du texte.

E À qui le pronom *on* (ligne 8) réfère-t-il ?

F À qui les autres pronoms *on* (lignes 9 à 15) réfèrent-ils : à des personnes qui partagent l'opinion de Richard Martineau ou à des gens qui pourraient défendre une opinion contraire ? Justifiez votre réponse.

L'ATTITUDE DE LA PERSONNE QUI ARGUMENTE VIS-À-VIS DE SON SUJET

7 (page 128) L'ESSENTIEL 3.3

Parmi les trois extraits suivants,

A lequel est écrit sur un ton ironique ? Justifiez votre réponse.

B lequel est écrit sur un ton didactique ? Justifiez votre réponse.

C lequel dramatise une situation ? Justifiez votre réponse.

Extrait 1

Le *junk food* nous tue à petit feu ! La multiplication des chaînes d'alimentation rapide est, en effet, partiellement responsable d'un problème de société bien visible, l'obésité. On savait déjà que manger trop de *junk food* est néfaste pour la santé, mais on imagine mal jusqu'à quel point ce type de nourriture perturbe notre système.
[...]

[Catherine Dubé, «Le *junk food*, pire que vous ne le pensiez !», *Québec Science*, vol. 38, no 3, novembre 1999.

◎

Extrait 2

[...]

Ces gras [ceux contenus dans le *junk food*] ont également un effet insidieux : ils produisent des radicaux libres, mis en cause dans plusieurs maladies dégénératives, comme l'arthrite et l'Alzheimer. Les radicaux libres abîment nos cellules, qui perdent leur efficacité et finissent par mourir. Résultat : les organes sont de moins en moins efficaces et s'affaiblissent.
[...]

[*Ibid.*

◎

Extrait 3

Des trottoirs à péage ?

Pourquoi pas ? Les récents articles publiés dans *La Presse* sur les frais imposés aux utilisateurs des parcs provinciaux (incluant les parcs urbains comme ceux de Saint-Bruno et de Boucherville) et des pistes cyclables m'ont ouvert les yeux.

Je pense maintenant que le gouvernement (et ses représentants) se prive de sources de revenus substantielles en n'imposant pas le principe utilisateur/payeur de façon plus systématique. Par exemple, pourquoi ne pas appliquer un tarif sur les portions routières de pistes cyclables (ce qui ne serait pas le cas actuellement, selon Mme Brigitte Foisy de l'ARCQ – voir *La Presse* du 1er avril) ? Un tel laxisme est très malheureux. Et les trottoirs ? Qui doit payer pour les entretenir ? Je propose une taxe pour les marcheurs, assortie d'amendes pour les contrevenants qui marcheraient dans la rue. Les municipalités pourraient collecter cette taxe (qui pourrait être appelée ticket-modérateur), et le gouvernement pourrait ensuite la récupérer par un de ses subtils subterfuges. Devant la situation catastrophique de nos finances publiques, il faut en fait se demander pour qui se prennent tous ces citoyens qui pensent que leurs taxes et impôts leur donnent droit à tous ces services. Nous vivons dans une société de profiteurs, et il est temps d'y mettre bon ordre ! Allez hop, un peu de courage !

[Michel Aubertin, Boucherville, lettre ouverte dans *La Presse*, 4 avril 2000.

8 (page 128) ◀◀ **L'ESSENTIEL** 3.3

A À votre avis, que pense vraiment l'auteur de la lettre ouverte *Des trottoirs à péage* ?

B Pourquoi a-t-il adopté ce ton particulier dans son texte ?

9 (page 128) ◀◀ **L'ESSENTIEL** 3.3

Lisez le texte *La fuite en avant* (*TEXTES*, page 241). L'argumentation de l'auteur de ce texte pourrait être qualifiée d'absurde.

A Donnez au moins deux exemples de groupes de personnes auxquels les pronoms *on* de la première colonne (lignes 1 à 50) pourraient référer.

B Quelle est la thèse défendue par François de Closets ?

C Cherchez le sens du mot *absurde* dans votre dictionnaire.

D Pourquoi, selon vous, l'argumentation de François de Closets peut-elle être qualifiée d'absurde ?

E Citez deux passages que vous trouvez particulièrement absurdes et justifiez votre choix.

F Dans quel but l'auteur a-t-il écrit ce texte ? Justifiez votre réponse.

10 (page 128) ◀◀ **L'ESSENTIEL** 3.3

Écrivez un texte d'environ 60 mots (6 lignes) dans lequel vous adopterez un ton ironique. Inspirez-vous de l'extrait 3 du numéro **7** et choisissez l'un des deux sujets suivants :

Sujet 1

Les citoyens et les citoyennes d'un quartier huppé veulent clôturer leur quartier et exiger que les gens qui voudront y circuler s'identifient à un gardien de sécurité posté en permanence à l'entrée du quartier.

Sujet 2

Les autorités municipales veulent fermer une discothèque pour les jeunes, ainsi que l'arcade du centre commercial.

LES VALEURS VÉHICULÉES DANS LE TEXTE

11 (page 129) ◀◀ **L'ESSENTIEL** 3.4

A Quelle valeur semble soutenir l'argumentation des deux textes sur la chiropratique (voir le numéro **2**) et des deux textes sur le *junk food* (voir le numéro **7**) ?

B Dans quel extrait des pages 176 à 181 l'écologie semble-t-elle être la valeur véhiculée par l'auteur ?

C Sur quelle valeur l'argumentation de Michel Aubertin, auteur de la lettre ouverte *Des trottoirs à péage ?*, est-elle basée ?

LES BUTS DU TEXTE

12 (page 130) ◀◀ **L'ESSENTIEL** 3.5

A Associez les affirmations de l'encadré à l'un des textes présentés dans les activités précédentes de manière à préciser le but de la personne qui a écrit le texte.

B Précisez pour chaque affirmation si la personne qui argumente désire agir sur les connaissances ou sur les comportements des destinataires.

① J'ai voulu informer les gens sur quelque chose de très mauvais pour eux.
② J'ai voulu rassurer les gens sur mon métier.
③ J'ai voulu témoigner de mon expérience personnelle.
④ J'ai voulu empêcher que le gouvernement n'impose une décision qui me paraît inacceptable.
⑤ J'ai voulu corriger les faits historiques.
⑥ J'ai voulu inciter les gens à changer leur manière d'éduquer leurs enfants.

COMPRÉHENSION DE TEXTE

TEXTES

PAGE 228 *Le courage de ses opinions*

1 Lisez d'abord le texte *Coup d'éclat aux Communes : Le député part avec sa chaise* (*TEXTES*, page 227). Résumez en une phrase l'événement dont il est question dans ce texte.

➲ Lisez le texte *Le courage de ses opinions* en prêtant une attention particulière aux éléments qui révèlent le POINT DE VUE de l'auteure.

2 **A** Quel est le sujet de ce texte ?

B Quelle est la thèse à laquelle Karine Prémont s'oppose ?

C Reformulez les lignes 6 à 12 du texte de manière à dégager en une phrase la thèse défendue par l'auteure.

3 L'auteure ne semble pas accorder une très grande valeur aux institutions gouvernementales. Relevez quatre passages de sa lettre qui le prouvent.

4 Précisez à qui réfère le pronom *nous*

A à la ligne 9;

B aux lignes 15, 16 et 17;

C dans le quatrième paragraphe (lignes 25 à 34).

5 Dans quel paragraphe pourriez-vous remplacer le pronom *nous* par le pronom *on* ? Justifiez votre choix.

6 Quel rapport l'auteure établit-elle avec ses destinataires en employant ces pronoms : un rapport d'autorité ou un rapport d'égalité ?

7 **A** Relevez le passage dans lequel l'auteure de la lettre s'adresse directement aux destinataires.

B Quel type de rapport établit-elle ainsi avec eux ?

8 **A** Relevez quatre mots ou ensembles de mots très expressifs utilisés par Karine Prémont pour marquer son engagement vis-à-vis du sujet traité.

B Relevez quatre exemples où l'auteure a eu recours à l'énumération (l'accumulation) pour étayer ses arguments.

C Dans le deuxième paragraphe (lignes 6 à 18) et dans le cinquième paragraphe (lignes 35 à 47), l'auteure a eu recours à des répétitions. Relevez trois exemples.

D Précisez l'effet qu'a voulu créer Karine Prémont en utilisant des énumérations et des répétitions.

E Quel ton le lexique expressif, les énumérations et les répétitions donnent-ils à ce texte ?

9 Le point de vue adopté dans ce texte est-il manifestement distancié, plus ou moins distancié ou manifestement engagé ? Justifiez votre réponse.

10 Partagez-vous l'opinion de Karine Prémont ?

Si oui, formulez un argument et une conclusion partielle pour appuyer son opinion.

Sinon, formulez deux contre-arguments que vous pourriez utiliser pour réfuter son opinion.

PROLONGEMENT

1. Dans ce texte, relevez les mots et les ensembles de mots qui servent le plus souvent à réfuter un argument ou une thèse dans un texte argumentatif. Le lexique ◀◀ PR 101

2. Quel est le registre de langue utilisé dans ce texte ? Justifiez votre réponse. Les registres de langue ◀◀ PR 102

3. Dans le texte, relevez tous les éléments qui font référence à Stéphan Tremblay. La cohérence textuelle ◀◀ PR 103

4. Le cinquième paragraphe (lignes 35 à 47) constitue une séquence explicative. Quel indice textuel permet de l'affirmer ? Présentez cette séquence dans un schéma semblable à celui de la page 65 de l'unité PR 104 et précisez le rôle de cette séquence dans la démarche argumentative de Karine Prémont. Les séquences textuelles ◀◀ PR 104

INTERTEXTUALITÉ

Comparez l'image des jeunes qui se dégage des textes *Moi, voter ? Quelle décision !* (page 95), *Le courage de ses opinions* (*TEXTES*, page 228) et *La fausse image qu'on se fait des jeunes* (*TEXTES*, page 230). Ces images sont-elles semblables ? Se complètent-elles ? Appuyez votre analyse sur quelques exemples puisés dans chacun des textes.

ACTIVITÉS DE GRAMMAIRE

LES PHRASES SUBORDONNÉES ET LA RÉDUCTION DE PHRASES ◀◀ GOC 301

1. a) Dans le troisième paragraphe (lignes 19 à 24), à quels moyens Karine Prémont a-t-elle recours pour exprimer la concession ?
   b) Que concède-t-elle et à qui le concède-t-elle ?
   c) Récrivez les deux phrases de ce paragraphe en une phrase matrice contenant une subordonnée circonstancielle de concession.
2. La deuxième phrase du troisième paragraphe (lignes 20 à 24) contient une subordonnée de cause et une subordonnée relative. Récrivez cette phrase
   - en remplaçant le subordonnant au début de la subordonnée circonstancielle de cause ;
   - en réduisant la subordonnée relative.
3. a) Dans le cinquième paragraphe (lignes 35 à 47), repérez les subordonnées circonstancielles de cause qui ne font pas partie d'une phrase matrice et reformulez ces phrases en les insérant dans la phrase matrice sans répéter le subordonnant qui exprime la cause.
   b) Selon vous, pourquoi Karine Prémont a-t-elle adopté ce style dans le troisième paragraphe ?

TEXTES

PAGE 50 *Un très grand film sur un très grand sujet*

1 Lisez d'abord le texte *De la révolution dite tranquille à la crise d'Octobre* (*TEXTES*, page 38).

A Sur quelles années de l'histoire du Québec ce texte porte-t-il ?

B Quelles sont les deux grandes époques évoquées dans ce texte ?

C Caractérisez brièvement ces deux époques à l'aide d'éléments du texte.

➲ Lisez le texte *Un très grand film sur un très grand sujet* en prêtant une attention particulière aux éléments qui révèlent le POINT DE VUE de l'auteur.

2 Justifiez le ton neutre des trois premiers paragraphes du texte de Robert Lévesque (lignes 1 à 21)

A en faisant l'analyse de l'emploi des pronoms personnels;

B en qualifiant le lexique utilisé;

C en précisant le rôle de ces paragraphes dans l'organisation du texte.

3 Les quatrième et cinquième paragraphes (lignes 22 à 35) introduisent le sujet posé et la formulation de la thèse défendue par Robert Lévesque.

A Quelle phrase énonce cette thèse ?

B Quels marqueurs de modalité l'auteur a-t-il utilisés pour énoncer clairement sa thèse ?

4 A À la fin du sixième paragraphe (lignes 36 à 41), quels ensembles de mots connotatifs permettent d'anticiper le contenu et les thèmes du film ?

B Dans le texte, relevez un champ lexical qui révèle que la liberté est la valeur fondamentale qui sous-tend le film *Les Ordres*.

5 À la ligne 49, Robert Lévesque dit que *Le sujet aurait pu se prêter à la surcharge*.

A Cherchez le sens du mot *surcharge* dans votre dictionnaire.

B Que signifie le mot *surcharge* dans ce contexte ?

C Dans le septième paragraphe (lignes 42 à 48), relevez les mots et les ensembles de mots qui désignent des éléments du film qui auraient pu créer une surcharge.

D Dans le neuvième paragraphe (lignes 55 à 61), relevez le mot qui révèle que la surcharge a été évitée.

6 Dans les lignes 62 à 85, relevez les mots et les ensembles de mots particulièrement connotatifs qui révèlent un engagement manifeste de l'auteur vis-à-vis de son sujet.

7 Justifiez l'affirmation de l'encadré ci-dessous

A en précisant le but poursuivi par Robert Lévesque dans son article critique;

B en commentant l'utilisation des pronoms dans l'ensemble du texte.

> Par ses connaissances, Robert Lévesque établit un rapport d'autorité avec les lecteurs et les lectrices de son article critique.

8 L'auteur utilise la première personne seulement à la fin de son texte.

A Relevez le passage où il utilise la première personne.

B À votre avis, pourquoi utilise-t-il la première personne ?

C Dans ce même passage, à qui le pronom *nous* réfère-t-il ?

9 Demandez à quelqu'un de votre entourage de vous raconter les événements d'Octobre 1970 et résumez-les en une ou deux phrases.

10 L'article critique de Robert Lévesque vous a-t-il donné envie de voir ce film ? Pourquoi ?

11 A Si vous le pouvez, visionnez ce film et faites-en un résumé à l'aide de la formule

C'est l'histoire de ⇨ Au début ⇨ Puis ⇨ Alors ⇨ Enfin

B Dites si vous partagez l'opinion de Robert Lévesque sur ce film. Justifiez votre réponse en invoquant deux arguments et en formulant une conclusion partielle.

PROLONGEMENT

1. Dans le texte, relevez tous les mots et les ensembles de mots liés au cinéma que vous pourriez utiliser pour écrire un article critique sur un film. — Le lexique ◀◀ PR 101

2. Dans son article critique, Robert Lévesque utilise un registre de langue standard. Pour le prouver, relevez trois phrases qui auraient pu aussi bien être employées à l'oral. Donnez les caractéristiques syntaxiques de chacune des phrases relevées. — Les registres de langue ◀◀ PR 102

3. Déterminez ce que désignent les passages suivants. Relevez ensuite les mots et les ensembles de mots qui vous ont permis de le trouver. — La cohérence textuelle ◀◀ PR 103
   a) *les «commandes»* (ligne 3)
   b) *la loi des mesures de guerre* (lignes 28 et 29)
   c) *tous ces témoignages, toutes ces sensations, toutes ces colères...* (lignes 36 et 37)
   d) *cet état* (ligne 65)
   e) *ce viol* (ligne 68)
   f) *ici* (ligne 89)
   g) *ce sujet* (ligne 92)
   h) *cet organisme fédéral* (ligne 117)

4. Relevez les lignes dans lesquelles est insérée la séquence narrative qui résume une scène de ce film. Expliquez pourquoi vous avez choisi cette séquence et précisez le rôle qu'elle joue dans le texte. — Les séquences textuelles ◀◀ PR 104

INTERTEXTUALITÉ

Quel rapprochement faites-vous entre l'extrait de la pièce *La Complainte des hivers rouges* (*TEXTES*, page 4) et le film *Les Ordres* dont il est question dans l'article critique *Un très grand film sur un très grand sujet* (*TEXTES*, page 50) ?

ACTIVITÉS DE GRAMMAIRE

LES PHRASES SUBORDONNÉES ET LA RÉDUCTION DE PHRASES ◀◀ GOC 301

1. Repérez la subordonnée relative contenue dans la première phrase du quatrième paragraphe (lignes 22 à 25) et réduisez-la.

2. Robert Lévesque, dans un grand souci de précision, a utilisé de nombreuses subordonnées relatives.
   a) Relevez cinq subordonnées relatives dont les pronoms relatifs sont différents.
   b) Justifiez le choix de chaque pronom relatif sur le plan syntaxique.

3. Remplacez le groupe complément de phrase de la phrase qui suit par une subordonnée circonstancielle exprimant la même chose.

   Pour faire vivre sa famille, il fait du taxi le soir. (ligne 16)

4. Qu'exprime le coordonnant *mais* utilisé dans les lignes 59 et 89 du texte ?

ANALYSE ET RÉSUMÉ DE TEXTE

1 Poursuivez l'analyse du texte que vous avez choisi à la page 148 en précisant les caractéristiques du **point de vue** adopté à l'aide des numéros 11 et 12 de la fiche *Pour lire et résumer un texte argumentatif* (page 131). Rédigez un paragraphe portant sur le point de vue.

2 Réagissez au texte en déterminant si vous adhérez à la thèse qui y est défendue et en évaluant la qualité de la démarche argumentative (voir les numéros 13 et 14 de la fiche *Pour lire et résumer un texte argumentatif*).

3 En vous inspirant des résumés des textes *L'éducation et l'information contre le sida* (page 134) et *Gratien Gélinas nous donne une grande pièce de théâtre* (page 136), et en vous référant aux numéros 15 à 19 de la fiche *Pour lire et résumer un texte argumentatif* (page 132), rédigez la version finale de votre résumé. Rédigez une introduction, relisez votre résumé et apportez les modifications nécessaires. Rédigez une conclusion.

ACTIVITÉ D'ÉCRITURE

HABILETÉS À DÉVELOPPER

- Élaborer une argumentation efficace en adoptant un **point de vue engagé**.
- Intégrer un discours rapporté dans l'argumentation (GOC 306).
- Utiliser correctement des subordonnées pour formuler des arguments (GOC 301).

DESCRIPTION DE L'ACTIVITÉ

Vous devez écrire un texte argumentatif d'environ 250 mots (25 lignes) comme s'il allait être publié dans la rubrique des lettres ouvertes de votre journal local. Vous défendrez le droit de parole et vous parlerez au nom de tous les jeunes. Pour ce faire, vous devrez mettre en application toutes les connaissances que vous avez acquises sur le **point de vue** adopté dans les textes argumentatifs.

DÉROULEMENT

Se documenter

1 Afin de vous préparer à écrire votre texte, lisez les textes suivants dans votre manuel *TEXTES* et relevez les éléments qui pourraient vous permettre de répondre à la question *Les jeunes ont-ils quelque chose à dire ?*

- *Coup d'éclat aux Communes : Le député part avec sa chaise* (page 227)
- *La fausse image qu'on se fait des jeunes* (page 230)
- *Alphabet, Défi à la force* et *Éloge de l'instruction* (page 232)

2 Dressez une liste d'arguments en réfutant chacun des énoncés de l'encadré.

• Les jeunes n'ont pas la maturité pour s'occuper des vrais problèmes. • Les jeunes n'ont aucune culture politique ou sociale. • Les jeunes devraient s'occuper essentiellement de leurs études. • Les jeunes n'ont aucune crédibilité; ils et elles n'ont aucune expérience. • Les jeunes ne peuvent pas savoir ce que sont les enjeux de demain. • Les jeunes ne savent même pas s'exprimer correctement. • Même si on donnait le droit de vote aux jeunes, ça ne changerait rien. • Les jeunes sont amorphes. Rien ne les révolte, rien ne les choque. • Les jeunes sont beaucoup moins conscientisés et conscientisées que nous l'étions à leur âge. • De toute façon, les jeunes ne pensent qu'à leur plaisir immédiat. • Les jeunes n'ont aucune culture. • Les jeunes ne font qu'adopter aveuglément les valeurs de leurs parents. • Il n'y a pas de tribune pour les jeunes. • Les jeunes n'ont jamais rien fait dans cette société. • Les jeunes sont complètement absents et absentes des débats de société. • Les jeunes ne savent même pas ce qu'ils veulent.

Prise de notes

3 Dans le texte que vous écrirez sur le droit de parole des jeunes, vous devrez insérer au moins deux citations.

Pour trouver des citations, cherchez sur Internet dans les sites consacrés à la jeunesse. Vous pouvez aussi citer des témoignages de vos proches ou encore rapporter des citations tirées des textes du manuel *TEXTES* que vous avez lus dans l'activité 1 ou de tout autre ouvrage traitant de la jeunesse. Vous pourrez rapporter ces citations en **discours direct** ou **indirect**.

Au fil de vos recherches, notez vos citations et classez-les selon le modèle suivant:

Citations en discours direct

QUI APPUIENT
LE DROIT DE PAROLE DES JEUNES

1. « Ma génération a tant d'histoires à raconter. » C'est ce que Luc De Larochellière chantait en 1990. Ces paroles me touchent beaucoup.
2. Mon grand-père, qui a vécu à Paris pendant la révolte des étudiants de mai 1968, m'a dit un jour: « Tu sais, dans la vie, il faut dire... »
3. Sur le site Internet du ministère des Affaires sociales, on peut lire que « la jeunesse constitue... »

Etc.

Citations en discours indirect

QUI APPUIENT
LE DROIT DE PAROLE DES JEUNES

1. La plupart de mes enseignants pensent que nous pouvons nous exprimer très justement sur beaucoup de sujets.
2. Cette sociologue affirme que les jeunes d'aujourd'hui sont plus ouverts sur le monde que ceux des années 1950.
3. Dans sa lettre « Le courage de ses opinions », Karine Prémont décrie ces attitudes.

Etc.

QUI N'APPUIENT PAS
LE DROIT DE PAROLE DES JEUNES
« Les manifestations étudiantes ne sont que la manifestation de têtes brûlées qui ne veulent qu'avoir un congé. » Voilà comment l'animateur Paul Giroux rapportait les événements du mois dernier. Il n'a pas compris que nous avions un message à livrer.
Etc.

QUI N'APPUIENT PAS
LE DROIT DE PAROLE DES JEUNES
L'autre jour, j'ai entendu à la radio une éditorialiste prétendre que les jeunes n'ont pas la maturité pour participer au débat sur la mondialisation. Tout ça me paraît bien absurde.
Etc.

Planifier l'écriture du texte

4 Choisissez une thèse parmi les suivantes ou formulez-en une qui porte sur le même sujet et que vous aimeriez défendre.

- ☐ *L'avis des jeunes est important dans une démocratie qui se respecte.*
- ☐ *Il faut qu'on laisse aux jeunes la chance de s'exprimer.*
- ☐ *Il faut multiplier les tribunes pour les jeunes.*
- ☐ *Moi, j'aimerais bien m'engager dans les grands débats de notre société.*
- ☐ *J'ai des choses à dire.*
- ☐ *Messieurs et mesdames les parlementaires, il nous faut un ou une porte-parole.*
- ☐ *Dans mon école, les jeunes ont droit de parole.*
- ☐ *Les médias véhiculent une fausse image des jeunes. On les présente comme des gens apolitiques et pourtant ils et elles ne le sont pas.*

5 Selon la thèse que vous avez choisie, construisez le schéma de votre argumentation sur le droit de parole des jeunes. Appuyez vos arguments sur des faits et des anecdotes comme dans les exemples suivants :

– Les jeunes de 16 à 20 ans, qui constituent tout de même une grande partie de la population, ...

– La semaine dernière, lors d'un débat au conseil municipal, on a refusé une jeune étudiante sous prétexte que...

Rédiger le texte

6 Rédigez votre texte en suivant les étapes présentées dans le tableau ci-dessous.

GUIDE POUR LA RÉDACTION D'UN TEXTE ARGUMENTATIF DANS LEQUEL LE POINT DE VUE EST MANIFESTEMENT ENGAGÉ	
Plan suggéré	**Conseils pour la rédaction du texte**
INTRODUCTION **• Sujet amené** **• Sujet posé** **• Formulation de la thèse**	• Faites une introduction courte et précise. • Composez une phrase accrocheuse qui attirera l'attention dès le début de votre texte. Amenez et posez ensuite le sujet, puis formulez clairement votre thèse. • Il n'est pas nécessaire, dans ce cas-ci, d'avoir un sujet divisé.
DÉVELOPPEMENT **1er argument** **Conclusion partielle :** **2e argument** **Conclusion partielle :**	• Allez droit au but et utilisez des arguments forts. Le texte est trop court pour dire des banalités. • N'hésitez pas à argumenter avec des émotions et des valeurs. Vous devez «sensibiliser» les gens à la cause des jeunes. Il faut donc les émouvoir. • N'oubliez pas d'insérer au moins deux citations dans votre texte. • Utilisez un vocabulaire expressif et des marqueurs de modalité pour que votre point de vue soit manifestement engagé. • Utilisez un lexique connotatif **mélioratif** pour parler des jeunes, par exemple *dynamiques, frondeurs, intelligents, novateurs, ouverts d'esprit, généreux, solidaires, attentifs, compréhensifs, optimistes, engagés, énergiques*, etc. • Déterminez si vous manifesterez votre présence dans le texte à l'aide des pronoms *je, j', m', moi* ou si vous utiliserez le pronom *nous*. • Décidez si vous voulez interpeller des destinataires, par exemple les adultes en général, les pouvoirs publics, les autres jeunes, etc. • Prêtez une attention particulière à l'utilisation du pronom *on*.
CONCLUSION	En une phrase-choc, résumez vos propos. Pour introduire votre conclusion, utilisez un organisateur textuel approprié, par exemple *bref, pour conclure, finalement, pour finir*, etc.

LES PHRASES SUBORDONNÉES ET LA RÉDUCTION DE PHRASES GOC 301

Au fil de l'écriture, en formulant vos arguments, souciez-vous d'intégrer des subordonnées bien construites. Si vos phrases vous semblent difficiles à comprendre parce qu'elles sont trop longues, réduisez les subordonnées lorsque c'est possible.

Évaluer le texte

7 Échangez votre texte avec un ou une camarade. Lisez son texte et évaluez la qualité de ses arguments et la qualité de la langue. Pour ce faire, utilisez la grille d'évaluation que votre enseignant ou votre enseignante vous fournira.

8 Imaginez qu'une personne a rédigé une lettre ouverte en réponse à celle de votre camarade. En tenant compte de votre évaluation, choisissez celle qui convient le mieux parmi les suivantes.

LETTRE OUVERTE 1

J'ai lu avec beaucoup d'intérêt votre lettre sur les jeunes. Je suis très étonnée qu'un jeune comme vous tienne des propos aussi pertinents sur la démocratie. Je suis aussi impressionnée par la qualité de votre langue et la clarté de vos phrases. J'ai 83 ans et je suis très heureuse de voir que des personnes de votre génération savent s'exprimer de façon si convaincante.

Marguerite Seinfeld, Acton Vale

LETTRE OUVERTE 2

J'ai lu avec consternation la lettre de cette jeune personne qui revendiquait le droit de parole pour les gens de sa génération. Moi, je connais les jeunes et ils ne sont pas comme on les décrit dans cette lettre. Ils me paraissent amorphes et peu intéressés aux grands débats de société.

Maurice Juneau, professeur au cégep de Claireville, Montréal

LETTRE OUVERTE 3

Enfin, il était temps qu'une jeune personne dise tout haut ce que plusieurs pensent. J'aurais voulu écrire ce que tu as écrit, mais je n'en ai jamais eu le courage. Dorénavant, je prendrai la parole. Je ne me laisserai pas intimider par les discours des gens de pouvoir. Tu m'as convaincu que mon avis vaut bien le leur.

Patricio Novega, 17 ans, Sudbury, Ontario

LETTRE OUVERTE 4

Si les jeunes veulent avoir le droit de parole, il faudrait d'abord qu'ils apprennent à s'exprimer. Les nombreuses fautes commises dans cette lettre ouverte et la complexité des phrases minent la crédibilité de cette personne qui prétend, peut-être avec raison, que les jeunes ont des choses «essentielles» à dire.

Suzanne O'Neil, Sainte-Foy

9 La lettre ouverte que vous avez choisie ne convient sûrement pas parfaitement. Adaptez-la de manière à rendre compte de votre appréciation de la lettre ouverte de votre camarade.

SYNTHÈSE

TEXTES DE RÉFÉRENCE

OGM : il faut arrêter, TEXTES, page 253.
OGM : il faut continuer, TEXTES, page 252.

Avant de lire

1 Si vous aviez à lire un texte sur ce sujet, quelle information importante souhaiteriez-vous y trouver ?

2 Observez les pages 252 et 253 de votre manuel *TEXTES*. Analysez tous les éléments qui accompagnent les textes : dates de parution, sources, illustrations, titres, auteurs. Que constatez-vous ?

A Selon vous, ces textes vous permettront-ils de trouver l'information qui vous intéresse ? Si tel n'est pas le cas, quel est le but de ces textes ?

B Lequel de ces deux textes avez-vous envie de lire en premier ? Pourquoi ?

3 Que savez-vous sur les OGM ? Depuis quand en avez-vous entendu parler ? Formulez une phrase dans laquelle vous vous déclarez pour ou contre l'intégration des OGM dans notre alimentation. Indiquez la raison de votre prise de position.

Prise de notes

Les notes qui suivent ont été prises par Alexandre Clément, l'auteur du texte *OGM: il faut arrêter*, lorsqu'il s'est documenté pour écrire son texte. Il a d'abord voulu savoir ce qu'étaient les OGM, puis il a tenté de relever les éléments importants du texte de Roch Côté afin de pouvoir réfuter sa thèse efficacement. La lecture de ces notes devrait faciliter votre compréhension du texte d'Alexandre Clément.

QUE SONT LES OGM?

O: Organisme (être vivant, animal ou végétal).

G: Génétiquement (transmission des caractères anatomiques et fonctionnels entre les générations d'êtres vivants).
↓
Gène: Segment de l'ADN responsable de l'hérédité (unité de base du vivant).
ADN → (Constituant du noyau cellulaire des êtres vivants.)

M: Modifié (changé).

- Débuts en 1973.
- «Frankenfood» = «Frankenstein food»
- «Organismes trop Gentils avec les Multinationales»
- Aliments, animaux, plantes TRANSGÉNIQUES.

EXEMPLES:
- Composition génétique (des cellules) des aliments modifiée pour qu'ils résistent aux maladies (pommes de terre, maïs, etc.).
  ↓ Ajout de gènes (bactéries ou champignons) greffés, empruntés aux plantes et parfois aussi aux animaux et aux êtres humains.
- Trafiquer un plant de café pour qu'il soit décaféiné dès sa cueillette.
- Arachides et noix débarrassées de leur substance allergène.
- Rendre des fruits capables de se conserver plus longtemps.

TEXTE LU : OGM : il faut continuer

(Roch Côté, Voir, 27 janvier 2000.)

- célébrants de Greenpeace
- ces croisés
- prétendus chiens de garde de la Terre
- l'église des écolos-des-derniers-jours
- le prince Charles
- le prince-aux-champs
- nouveaux obscurantistes de l'écologie
- vendeurs de chimères
- les éternels charlatans de l'apocalypse

ARRÊTER LES OGM ⟷ Roch Côté ⟶ IL FAUT CONTINUER

Approche raisonnée

1. Informer la population.
2. Consentir à l'étiquetage.
3. Expliquer ⟶ tirer le meilleur parti de la nature.

AVANTAGES

- Étendre le patrimoine génétique.
- Obtenir des aliments plus abondants.
- Éradiquer la famine.
- Créer de nouveaux vaccins.
- Supprimer les allergies.
- Conférer aux aliments des propriétés nouvelles et utiles à la vie humaine.

RISQUES ⟷ Oui, mais il y a aussi des RISQUES :
- à se faire vacciner;
- à se faire opérer;
- à prendre des antibiotiques;
- à manger le roquefort si cher à José Bové;

Les OGM n'ont encore tué personne.

Les promesses méritent qu'on continue.

➲ Lisez le texte *OGM : il faut arrêter.*

Reconstituer le contenu du texte

4 Le texte porte sur les OGM. Si l'on voulait désigner le sujet de façon plus précise, quel énoncé de l'encadré conviendrait ?

① La vraie nature des OGM.
② Les intérêts économiques des OGM.
③ Les dangers des OGM.
④ L'histoire des OGM.
⑤ La polémique entourant les OGM.

5 A Quelle est la thèse défendue par Alexandre Clément ?

B Dans le premier paragraphe (lignes 1 à 8), relevez le passage dans lequel la contre-thèse réfutée dans le texte est formulée.

C Cette formulation correspond-elle à la thèse défendue dans le texte de Roch Côté ? Relisez les notes d'Alexandre Clément (pages 193 et 194) avant de répondre.

6 A Dans le deuxième paragraphe (lignes 9 à 22), relevez l'argument de Roch Côté qu'Alexandre Clément rappelle avant de le réfuter.

B À quelle technique réfutative fait-il appel ?

C Cet argument d'Alexandre Clément s'appuie-t-il sur un fait, une valeur ou un principe logique ? Justifiez votre réponse en citant deux passages du texte.

7 Dans le troisième paragraphe (lignes 23 à 36), relevez la partie de phrase qui évoque une proposition énoncée par Roch Côté pour faire accepter les OGM.

8 A Dans le quatrième paragraphe (lignes 37 à 45), relevez le passage dans lequel Alexandre Clément utilise une hypothèse pour réfuter l'argument de Roch Côté.

B Quel indice linguistique prouve que c'est une hypothèse ?

9 A Reproduisez et complétez le schéma suivant afin d'illustrer la réfutation d'Alexandre Clément dans le cinquième paragraphe (lignes 46 à 59).

Argument de Roch Côté	Technique réfutative	Argument d'Alexandre Clément
←→	L'argument est mal fondé.	←→

B Sur quel fait Alexandre Clément appuie-t-il son argument ?

10 A Reproduisez et complétez le schéma suivant afin d'illustrer la réfutation d'Alexandre Clément dans le sixième paragraphe (lignes 60 à 75).

Argument de Roch Côté	Technique réfutative	Argument d'Alexandre Clément
Éliminer les allergies. ←→	←→	

B Dans ce paragraphe, sur quoi l'argument d'Alexandre Clément est-il fondé : sur un fait, une valeur ou un principe logique ?

11 Dans les septième et huitième paragraphes (lignes 76 à 98), Alexandre Clément élabore un raisonnement pour rallier les lecteurs et les lectrices à sa thèse.

A Résumez ce raisonnement.

B Sur quoi repose l'argumentation ?

12 Le premier paragraphe (lignes 1 à 8) constitue l'introduction du texte. Ce paragraphe contient-il le sujet amené, le sujet posé ou le sujet divisé ? Justifiez votre réponse.

13 Tout le développement du texte est construit sur le modèle de la réfutation. À votre avis, qu'est-ce qui a guidé Alexandre Clément dans le choix de l'ordre de ses arguments ? Choisissez la réponse qui convient dans l'encadré et justifiez votre choix.

① L'ordre nestorien.
② L'ordre de force croissante.
③ L'ordre de force décroissante.
④ L'ordre des arguments de Roch Côté.

14 Dans les sept dernières lignes du texte, relevez le raisonnement élaboré par Alexandre Clément pour réaffirmer sa thèse. Répondez en complétant le schéma suivant et mettez en évidence les marqueurs qui révèlent sa technique réfutative.

Argument de Roch Côté	Technique réfutative	Argument d'Alexandre Clément
←→	←→	

15 Dans les cinquième et sixième paragraphes (lignes 46 à 75), relevez deux courtes séquences explicatives dans lesquelles l'auteur étaye ses arguments. Précisez quels phénomènes sont expliqués.

16 Dans son texte, l'auteur n'a pas eu recours à des éléments de reprise pour désigner les OGM. Trouvez trois mots ou expressions qu'il aurait pu utiliser et précisez à quel endroit du texte chaque expression ou mot pourrait être inséré.

17 Que reprennent les éléments suivants dans le texte ?

A ***notre** alimentation* (lignes 8 et 18)

B *cela* (ligne 26)

C *Les gens* (ligne 33)

18 À qui le groupe du nom *ces groupes de pression* (ligne 15) réfère-t-il :

A dans le texte d'Alexandre Clément ?

B dans le texte de Roch Côté ?

Discerner le point de vue adopté dans le texte

19 Dans le cinquième paragraphe (lignes 46 à 59), relevez une expression appartenant à un registre de langue familier. Que révèle cette expression sur la perception qu'a Alexandre Clément des lecteurs et des lectrices de l'hebdomadaire *Voir* ?

20 Le texte est signé *Alexandre Clément, étudiant*. À votre avis, dans quel programme étudie-t-il et à quel niveau ce programme est-il offert ? Appuyez votre réponse sur des indices relevés dans le texte.

21 À qui s'adressent les nombreuses questions que l'auteur pose ?

22 L'auteur du texte *OGM : il faut arrêter* ne se désigne pas explicitement dans le texte.

A Le pronom *nous* utilisé dans les lignes 3, 24 et 93 inclut-il l'auteur ?

B Dans le dernier paragraphe, Alexandre Clément utilise quatre fois le pronom *on*. Lesquels de ces pronoms incluent l'auteur ?

23 Démontrez qu'en plus de chercher à convaincre ses destinataires, Alexandre Clément manifeste une volonté de donner à son argumentation un contenu informatif.

Réagir au texte

24 Attribuez une note sur 10 aux arguments d'Alexandre Clément développés dans les paragraphes 2, 3, 4, 5, 6, 7 et 8 afin de dégager celui que vous trouvez le plus percutant.

25 A Dans toute cette activité synthèse, qu'avez-vous appris de nouveau sur les OGM ?

B Les textes ont-ils fourni l'information que vous souhaitiez trouver (voir le numéro 1) ?

26 A La phrase que vous avez formulée au numéro 3 se rapproche-t-elle plus du texte de Roch Côté ou de celui d'Alexandre Clément ? Justifiez votre réponse.

B À la question du numéro 3, formuleriez-vous la même réponse ? S'il y a lieu, formulez une nouvelle réponse.

Évaluer sa démarche de lecture

27 **A** Remplissez une fiche semblable à la suivante afin de rendre compte de votre démarche de lecture et de déterminer si les difficultés que vous avez éprouvées sont attribuables aux caractéristiques du texte, à une mauvaise compréhension des connaissances sur le texte argumentatif ou aux activités elles-mêmes.

B Selon les difficultés décelées, précisez les moyens que vous prendrez pour améliorer vos résultats lors de l'évaluation sommative.

ÉVALUATION DE LA DÉMARCHE DE LECTURE

Le texte

- À la première lecture, le texte *OGM: il faut arrêter* m'a semblé (facile / difficile) ✍ parce que ✍.
- J'ai commencé à lire ce texte avec (beaucoup / plus ou moins / peu) ✍ d'intérêt parce que ✍.

Les connaissances

- Au fil de la lecture, j'ai pu (facilement / difficilement) ✍ utiliser les connaissances sur le texte argumentatif présentées dans la rubrique *L'essentiel*, notamment ✍.

Les activités

- De façon générale, les activités ont (beaucoup / plus ou moins / peu) ✍ facilité ma compréhension du texte.
- J'ai trouvé les consignes difficiles parce que:
  - ▫ les connaissances qui s'y rattachaient étaient obscures pour moi;
  - ▫ la formulation des questions me causait des difficultés;
  - ▫ je ne comprenais pas certains mots dans le texte ou dans les consignes.

TT 202

Le texte narratif

TT 201 Le texte argumentatif

TT 202 Le texte narratif

TT 203 Le texte dramatique

TT 204 Le texte poétique

TEXTE D'OBSERVATION

❺ THÈME → Le temps

Les Journées perdues

❷ Personnages ⓫ Narrateur externe ❻ SI ❼ ÉD ❽ Évolution psychologique

Quelques jours après avoir pris possession de sa somptueuse villa, ERNST KAZIRRA, rentrant chez lui, aperçut de loin UN HOMME qui sortait, une caisse sur le dos, d'une porte secondaire du mur d'enceinte, et chargeait la caisse sur un camion.

❽ P1 ❶ Vraisemblable

Il n'eut pas le temps de le rattraper avant son départ. **ALORS**, **IL LE SUIVIT EN AUTO**. Et le camion roula longtemps, jusqu'à l'extrême périphérie de la ville, et s'arrêta au bord d'un vallon.

KAZIRRA descendit de voiture et alla voir. L'INCONNU déchargea la caisse et, après quelques pas, la lança dans le ravin, qui était plein de milliers et de milliers d'autres caisses identiques.

❽ P2

Inquiétude

IL S'APPROCHA de l'homme et lui demanda: «Je t'ai vu sortir cette caisse de mon parc. **Qu'est-ce qu'il y avait dedans ? Et que sont toutes ces caisses ?**»

❹ Symbole du temps perdu

L'autre le regarda et sourit: «J'en ai encore d'autres sur le camion, à jeter. Tu ne sais pas ? CE SONT LES JOURNÉES.

❶ Fantastique

Surprise

— **Quelles journées ?**

— Tes journées.

— **Mes journées ?**

❶ Fantastique

— TES JOURNÉES PERDUES. Les journées que tu as perdues. Tu les attendais, n'est-ce pas ? Elles sont venues. Qu'en as-tu fait ? Regarde-les, intactes, encore pleines. Et maintenant... »

❸ Valeur de l'inconnu : le temps

Opposition

Kazirra regarda. Elles formaient un tas énorme. Il descendit la pente et EN OUVRIT UNE. ❽ P3

À l'intérieur, il y avait une route d'automne, et au fond Graziella, sa fiancée, qui s'en allait pour toujours. Et il ne la rappelait même pas.

❸ Le temps n'est pas une valeur pour Kazirra.

IL EN OUVRIT UNE AUTRE. C'était une chambre d'hôpital, et sur le lit son frère Josué, malade, qui l'attendait. Mais lui était en voyage d'affaires. ❽ P4

IL EN OUVRIT UNE TROISIÈME. À la grille de la vieille maison misérable se tenait Duk, son mâtin fidèle qui l'attendait depuis deux ans, réduit à la peau et aux os. Et il ne songeait pas à revenir. ❽ P5

Angoisse

Il se sentit prendre par quelque chose qui le serrait à l'entrée de l'estomac. Le manutentionnaire était debout au bord du vallon, immobile comme un justicier. ❾ D

❸ Le temps devient une valeur pour Kazirra.

« Monsieur ! cria Kazirra. Écoutez-moi. Laissez-moi emporter au moins ces trois journées. Je vous en supplie. Au moins ces trois. Je suis riche. Je vous donnerai tout ce que vous voulez. »

Désarroi

Le manutentionnaire eut un geste de la main droite, comme pour indiquer **un point inaccessible, comme pour dire qu'il était trop tard et qu'il n'y avait plus rien à faire.** PUIS IL S'ÉVANOUIT DANS L'AIR, ET AU MÊME INSTANT DISPARUT AUSSI LE GIGANTESQUE AMAS DE CAISSES MYSTÉRIEUSES. ❶ Fantastique

Et l'ombre de la nuit descendait. ❿ SF

Dino Buzzati, « Solitudes », dans *Les Nuits difficiles*, Le Livre de poche, 1975. Traduit de l'italien par Michel Sager.

vers L'ESSENTIEL

Les mises en évidence et les annotations du **TEXTE D'OBSERVATION** vous ont permis de découvrir les grandes caractéristiques des textes narratifs telles les nouvelles littéraires. Pour en savoir davantage sur ce type de texte, résumez les connaissances des pages 202 à 211 en reproduisant et en remplissant la fiche *Prise de notes* qui suit.

Prise de notes

LE TEXTE NARRATIF
(La nouvelle littéraire)

LE CONTENU

Le contenu des nouvelles = UNIVERS = ______

______ → Conforme à la réalité

______ → Présence d'éléments inexplicables

Les personnages

L'év. psych. du pers. princ. constitue le cœur de l'intrigue.

– Valeurs : ______
– Symboles : ______
– Thèmes : ______

L'intrigue ______

L'ORGANISATION

Schéma narratif :

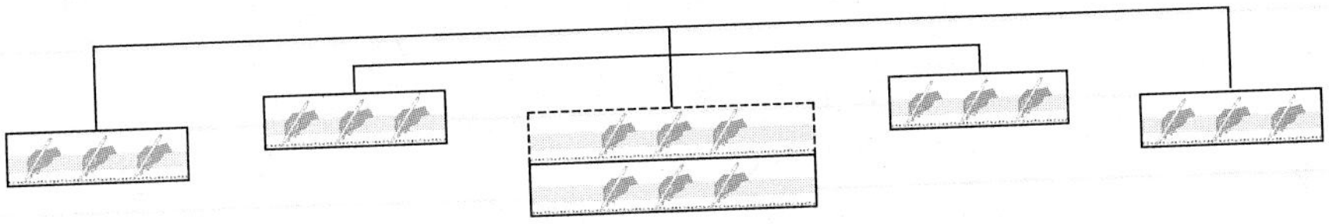

La cohérence textuelle

Histoire : ______
Récit : ______
Ce qui assure la cohérence textuelle dans un texte narratif :
– ______ – ______
– ______ – ______

Les séquences textuelles

Séq. dominante : ______
Autres séq. : – ______ – ______ – ______ – ______

LE POINT DE VUE

LE NARRATEUR
(Personnage créé de toutes pièces pour raconter l'histoire)

- ______ : raconte une histoire dans laquelle il ne joue aucun rôle.
- ______ : raconte une histoire dont il fait partie, mais dans laquelle il joue un rôle secondaire.
- ______ : raconte une histoire dont il fait partie et dans laquelle il joue un rôle important.

Point de vue du narrateur :
– ______ : le narr. raconte ou décrit de manière neutre, objective.
– ______ : le narr. raconte, commente ou décrit en recourant à des marques de subjectivité.

L'ESSENTIEL

Le texte narratif
(La nouvelle littéraire)

LE TEXTE NARRATIF

Le texte narratif littéraire est un texte qui met en scène des personnages imaginaires qui, placés dans certaines situations fictives, vivent un **processus de transformation psychologique**. Il existe de nombreux genres de textes narratifs littéraires: le roman, le conte, le mythe, la légende, la nouvelle littéraire, etc.

La nouvelle littéraire

La nouvelle littéraire n'a pas toujours été un genre reconnu. Ce n'est qu'au XIXe siècle qu'elle a véritablement acquis ses lettres de noblesse avec des auteurs comme Dumas, Balzac, Hugo, Gautier, Stendhal et Mérimée d'abord, puis Flaubert et Maupassant un peu plus tard. Avant eux, on considérait que la nouvelle littéraire était anecdotique, inspirée du fait divers, trop peu développée et destinée aux moins lettrés. Bref, la nouvelle ne faisait pas partie de la grande littérature. Pour qu'elle soit acceptée, il a d'abord fallu lui reconnaître une forme et lui donner une première **définition**.

La nouvelle littéraire est une forme d'écriture brève qui cherche à rendre plausible et vraisemblable ce qui est raconté. **L'intrigue de la nouvelle s'organise autour d'un événement unique et singulier qui agit sur l'état psychologique du personnage principal**.

1 LE CONTENU DES TEXTES NARRATIFS

1.1 L'UNIVERS NARRATIF

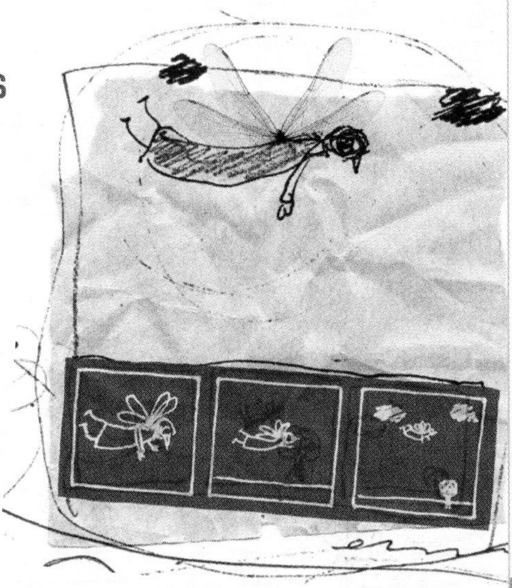

L'univers narratif correspond en quelque sorte au **contexte** dans lequel se déroule l'histoire racontée, qu'il s'agisse d'un roman, d'un conte ou d'une nouvelle. Ainsi, pour créer l'univers narratif d'une nouvelle littéraire, l'auteur ou l'auteure insistera, par exemple, sur l'état psychologique d'un **personnage**, sur la description de l'**époque**, des **lieux** ou de certains **objets**, ou sur la bizarrerie d'une **situation**. De façon générale, on peut classer une nouvelle littéraire dans l'un ou l'autre des deux grands univers narratifs suivants: le **vraisemblable** et le **fantastique**.

1.1.1 L'univers vraisemblable

Globalement, l'univers de la nouvelle littéraire est vraisemblable, c'est-à-dire que, le plus souvent, l'auteur ou l'auteure d'une nouvelle cherche à capter un instant du **réel** pour en rendre compte. L'univers de la nouvelle est vraisemblable quand les objets, les lieux, les personnages et leurs actions **pourraient exister réellement**.

1.1.2 L'univers fantastique

Contrairement au conte, dans lequel, de connivence avec le lecteur ou la lectrice, l'auteur ou l'auteure développe d'entrée de jeu un univers merveilleux, l'univers fantastique d'une nouvelle littéraire s'inscrit d'emblée dans la vraisemblance. Le glissement (souvent subtil) du vraisemblable vers le fantastique se fait généralement par l'introduction, dans la description des lieux, du temps ou des personnages, d'**éléments qui viennent troubler l'ordre normal des choses**. Cette introduction d'éléments **bizarres, insolites** et **inexplicables** vient troubler l'impression qu'un personnage a de la réalité. C'est alors que le réel glisse vers l'**irréel**. Un personnage de nouvelle fantastique (comme la lectrice ou le lecteur, d'ailleurs) en arrive ainsi à voir le réel d'une autre façon ou à basculer dans un monde paranormal. Même si, dans un premier temps, le personnage refuse d'admettre les phénomènes dont il est témoin, il finit par subir l'invraisemblable. L'univers fantastique est caractérisé notamment par la présence d'êtres étranges, de monstres et de visiteurs venus d'ailleurs, de lieux et d'objets qui se métamorphosent, changent de place et disparaissent inexplicablement.

1.1.3 Les indices qui permettent de distinguer l'univers narratif vraisemblable de l'univers narratif fantastique

▶ ❶ *Les Journées perdues*

La vraisemblance et le fantastique se distinguent particulièrement par les éléments (mots, phrases, etc.) qui servent à désigner et à caractériser les personnages, les objets, les lieux, les actions et le temps. Les mots forment parfois des **champs lexicaux** qu'on peut facilement associer à un univers ou à l'autre.

Ainsi, dans la nouvelle de Dino Buzzati, *Les Journées perdues* (pages 199 et 200), les mots *villa, Ernst Kazirra, homme, caisse, camion, auto, ville, vallon, ravin* et *milliers d'autres caisses identiques* plongent le lecteur et la lectrice dans un univers vraisemblable, **réel**. En revanche, le contenu des caisses révélé par les paroles de l'inconnu (*Ce sont les journées*; *Tes journées perdues*) et leur étrange disparition à la fin de l'histoire relèvent d'un univers fantastique, **irréel**.

1.1.4 Qu'en est-il de la science-fiction ?

Relevant à la fois de l'univers de la vraisemblance et de celui du fantastique, la science-fiction tente de répondre à la question sans réponse ***Que serait le monde si... ?*** Que serait le monde si les extraterrestres existaient ? Que serait l'humanité si elle ne se reproduisait que par clonage ? Si les capacités intellectuelles de l'être humain étaient pleinement exploitées ? Si la découverte d'un autre sens permettait l'exploration d'un monde parallèle ?

Comme elle est souvent **basée sur des découvertes scientifiques**, la science-fiction offre une part de vraisemblance. Toutefois, à cause des personnages, des lieux, des objets et du temps mis en scène, l'univers des romans de science-fiction peut s'apparenter au fantastique.

1.2 LES PERSONNAGES

1.2.1 Les personnages dans un texte narratif

Les personnages d'un texte narratif sont ceux qui vivent l'histoire, ceux qui justifient la raison d'être du récit. Souvent, les personnes qui écrivent disent qu'elles se laissent inspirer par leurs personnages. Souvent aussi les lecteurs et les lectrices entrent facilement dans la peau d'un personnage. C'est par les personnages que l'auteur ou l'auteure d'un texte narratif fait connaître les valeurs qu'il ou elle veut véhiculer dans son récit.

Pour faire connaître un personnage, son histoire, ses états d'âme, ses valeurs, etc., l'auteur ou l'auteure a recours principalement à deux procédés :

- la **description physique** et **psychologique** du personnage ;
- la présentation de la **fonction sociale** du personnage, son rôle, les motifs qui le poussent à agir et ses relations avec les autres personnages.

1.2.2 Les personnages dans une nouvelle littéraire

▶❷ *Les Journées perdues*

Dans une nouvelle littéraire, l'histoire s'articule souvent autour d'un **personnage central** qui, soudainement, voit sa **vie transformée**. Tous les renseignements sur les lieux et les autres personnages et toutes les actions rapportées visent à **faire progresser le personnage principal en améliorant ou en détériorant son état psychologique**.

1.3 LES VALEURS, LES SYMBOLES ET LES THÈMES

1.3.1 Les valeurs

▶❸ *Les Journées perdues*

Une valeur, que ce soit dans la vie courante ou dans une histoire fictive, est «ce qui est vrai, beau, bien, selon un jugement personnel plus ou moins en accord avec celui de la société de l'époque» (*Le Nouveau Petit Robert*, 1996).

Dans un texte narratif, les valeurs sont véhiculées par les personnages, leur position sociale et leur profession, par les **jugements** qu'ils peuvent porter sur d'autres personnages ou sur la situation qu'ils vivent et par les **motivations** qui les poussent à agir ou à emprunter tel comportement dans une situation donnée.

1.3.2 Les symboles

▶❹ *Les Journées perdues*

Dans les textes littéraires telles les nouvelles, les auteurs et les auteures attribuent une **dimension symbolique** à des personnages, des lieux et des objets. La présence de ces éléments symboliques amène le lecteur ou la lectrice habile à lire le récit à un autre niveau que celui de l'histoire. Par exemple, la présence d'un oiseau dans un contexte particulier peut symboliser la liberté ou l'espoir, l'eau peut symboliser la pureté ou la vie et l'air, la spiritualité. Ces éléments symboliques peuvent révéler certains aspects des personnages ou fournir des indices sur les thèmes de l'histoire.

1.3.3 Les thèmes

▶ ❺ *Les Journées perdues*

Le thème ou les thèmes d'un texte narratif, c'est **ce dont il est question dans l'histoire**. Plutôt que de reconnaître le «sujet» du texte comme dans un texte courant où «ce dont il est question» est clairement énoncé, on reconnaît le thème d'une nouvelle en considérant l'ensemble de l'histoire. Les principales actions, les personnages et leurs valeurs, les lieux et les symboles sont autant de signes qui révèlent le thème d'une nouvelle littéraire.

1.4 L'INTRIGUE

Tout texte narratif repose sur un **ensemble d'actions organisées de manière à développer une intrigue**. Dans un conte, l'action est souvent justifiée par l'obligation d'accomplir une mission, alors que dans la nouvelle littéraire, l'obligation d'agir est justifiée par un élément déclencheur qui amorce une transformation psychologique chez le personnage principal de l'histoire. Dans la nouvelle littéraire, **l'évolution psychologique du personnage principal** a une incidence sur l'évolution de l'intrigue et réciproquement.

2 L'ORGANISATION DES TEXTES NARRATIFS

2.1 LE PLAN D'UN TEXTE NARRATIF

L'organisation d'un texte narratif s'apparente à celle de la plupart des textes : introduction, développement, conclusion. Les grandes parties du plan d'un texte narratif correspondent à celles du schéma narratif : l'introduction correspond généralement à la présentation de la situation initiale et de l'élément déclencheur, le développement, aux péripéties et au dénouement, alors que la conclusion présente habituellement la situation finale.

2.2 LE SCHÉMA NARRATIF D'UNE NOUVELLE LITTÉRAIRE

Comme tout texte narratif littéraire, la nouvelle présente un récit structuré. Si l'on comparait l'organisation de plusieurs nouvelles littéraires, on parviendrait à dégager des similitudes qui pourraient être représentées à l'aide du schéma suivant :

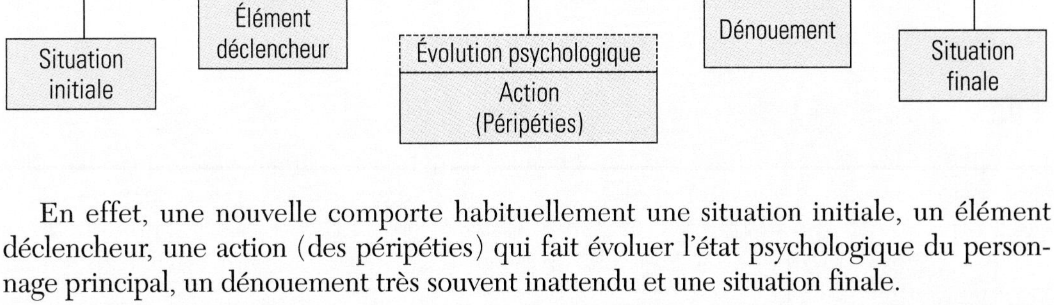

En effet, une nouvelle comporte habituellement une situation initiale, un élément déclencheur, une action (des péripéties) qui fait évoluer l'état psychologique du personnage principal, un dénouement très souvent inattendu et une situation finale.

2.2.1 La situation initiale

Si ▶ ❻ *Les Journées perdues*

Dans la situation initiale, on présente les personnages dans leur quotidien. On pourrait même dire qu'il y a un certain **équilibre psychologique** chez le personnage principal. Toutefois, il arrive qu'une nouvelle ne comporte pas de situation initiale; on dit alors que celle-ci est **implicite**, c'est-à-dire que le lecteur ou la lectrice apprend les éléments de départ à partir de renseignements fournis plus loin dans le texte. La première phrase de la nouvelle contient habituellement des renseignements qui révèlent la présence ou l'absence d'une situation initiale.

2.2.2 L'élément déclencheur

ÉD ▶ ❼ *Les Journées perdues*

L'élément déclencheur est un événement qui vient rompre l'équilibre de la situation initiale. Que la nouvelle soit vraisemblable ou fantastique, l'élément déclencheur cause un **déséquilibre psychologique** chez le personnage principal et le pousse à agir.

2.2.3 L'action (les péripéties) et l'évolution psychologique

P ▶ ❽ *Les Journées perdues*

Ce qui pousse un personnage à agir, c'est sa quête de stabilité, son envie d'un retour à l'équilibre. La nouvelle littéraire ne met pas l'accent sur les péripéties d'une aventure; l'intrigue se développe surtout autour de l'**évolution psychologique** d'un personnage et des motivations qui le poussent à agir. Les sentiments, les émotions et les états d'âme par lesquels passe le personnage principal amènent la lectrice ou le lecteur à se demander comment se terminera le récit.

2.2.4 Le dénouement

D ▶ ❾ *Les Journées perdues*

Le **dénouement inattendu** est sans doute, avec la vraisemblance, l'une des deux principales caractéristiques de la nouvelle littéraire. Le dénouement constitue l'aboutissement (bon ou mauvais) du déséquilibre psychologique du personnage causé par l'élément déclencheur. Le dénouement répond aussi aux questions que le lecteur ou la lectrice s'est posées tout au long du récit.

Les nouvelles reposent souvent sur un dénouement inattendu qui se traduit par une résolution surprenante de l'intrigue; c'est le moment où le suspense tombe. C'est pourquoi le dénouement s'appelle aussi la **chute** du récit.

2.2.5 La situation finale

SF ▶ ❿ *Les Journées perdues*

La situation finale présente un **nouvel équilibre** qui permet de connaître le résultat des transformations psychologiques et affectives du personnage principal. La situation finale est en quelque sorte un retour à la stabilité, mais elle n'existe pas explicitement dans toutes les nouvelles littéraires. Souvent, on préfère ne rien ajouter qui puisse diminuer l'impact du dénouement.

2.2.6 Tableau comparatif

Les comparaisons présentées dans le tableau suivant valent pour des textes organisés selon les règles «classiques» propres à chaque genre. Il faut savoir que certaines nouvelles, tout comme certains contes et romans, peuvent s'éloigner quelque peu des généralités proposées ici.

LE TRAITEMENT DES PERSONNAGES, DE L'ACTION ET DU DÉNOUEMENT DANS LE CONTE, LA NOUVELLE LITTÉRAIRE ET LE ROMAN

	Le conte	La nouvelle littéraire	Le roman
Les personnages	Les personnages sont **stéréotypés**: princes charmants, chevaliers, princesses en détresse, enfants naïfs, monstres, ogres, guerriers, les bons, les méchants, etc.	**Peu nombreux**, les personnages ont leur **individualité propre**, comme les hommes et les femmes qui nous entourent dans le quotidien.	Contrairement à la nouvelle, où le nombre de personnages est restreint, le roman présente un plus **grand nombre de personnages**; il parle de leur histoire présente ou passée, de leurs désirs et de leurs aspirations pour mieux faire comprendre la **complexité de leurs relations**.
L'action	• L'action se déroule dans un **univers merveilleux, magique**.	• L'action se déroule dans un **univers vraisemblable** ou **fantastique**.	• L'action se déroule dans une **infinité de situations** complexes ressortissant à l'univers du **vraisemblable** ou du **fantastique**.
	• L'action est souvent justifiée par l'**obligation d'accomplir une mission**.	• L'obligation d'agir est justifiée par un **élément déclencheur** qui amène une **transformation psychologique** chez le personnage principal de l'histoire.	• L'obligation d'agir se justifie par un **élément déclencheur** ou par une **suite d'éléments déclencheurs et de dénouements** qui poussent les personnages à **chercher une situation psychologique viable**.
	• L'action suit un **modèle stéréotypé**: la mission consiste à **surmonter différentes épreuves** malgré les opposants et avec l'aide des adjuvants.	• L'**évolution psychologique du personnage principal a une incidence sur l'évolution de l'action** et réciproquement.	• L'**évolution de l'action a une incidence sur l'état psychologique des personnages principaux** et réciproquement.
Le dénouement	• Le dénouement est généralement **heureux** et **moralement instructif**. • Le dénouement **confirme le succès ou l'échec de la mission** du héros ou de l'héroïne.	• Le dénouement est souvent imprévisible: on dit qu'il est **inattendu**. • Le dénouement **résout l'intrigue** qui tenait le lecteur ou la lectrice en haleine.	L'intrigue se construit autour d'une **suite de dénouements** plus ou moins prévisibles qui tiennent le lecteur ou la lectrice en haleine **jusqu'à sa résolution complète**.

2.3 LA COHÉRENCE TEXTUELLE

(page 38) PR 103

2.3.1 L'histoire et le récit

Dans un texte narratif littéraire ou courant, on doit bien distinguer deux éléments: l'histoire et le récit.

L'histoire, c'est **ce qui est raconté**, c'est-à-dire les événements qui se sont produits réellement si l'on raconte une histoire vraie, ou les événements tels qu'ils auraient pu se produire si l'on raconte une histoire fictive.

Le récit, c'est le compte rendu oral ou écrit de ces événements, la **façon de les rapporter**. Dans un texte narratif littéraire, les événements peuvent être racontés dans l'ordre où ils se seraient déroulés (l'ordre chronologique), ou le narrateur peut perturber l'ordre initial en faisant des retours en arrière ou des projections dans le futur. De même, il peut accorder beaucoup d'importance dans son récit (nombre de lignes, de pages ou de chapitres) à des événements qui n'auraient duré que quelques minutes dans la réalité ou, inversement, accorder très peu d'importance à des événements qui auraient occupé un temps très long dans la réalité (*Ils se marièrent et eurent beaucoup d'enfants*).

Supposons, par exemple, qu'une caméra de surveillance capte les images suivantes: *un homme entre dans un commerce à 22 h 53; à 22 h 55, il dépose un sac sur le comptoir près de la caisse et braque une arme; à 22 h 57, il ressort de l'établissement, emportant l'argent de la caisse dans son sac.* Les événements enregistrés par la caméra font partie de l'**histoire**. Selon que ces événements seront racontés par l'employé à son patron, rapportés par un journaliste dans la page des faits divers ou narrés dans une nouvelle littéraire de 10 pages, les trois **récits** seront différents.

2.3.2 La cohérence textuelle dans un texte narratif

Pour que l'histoire racontée dans un texte narratif soit cohérente, il faut que le texte respecte les principes de base de la cohérence textuelle, la reprise et la progression de l'information, et qu'il contienne d'autres éléments qui renforcent cette cohérence. La cohérence textuelle repose notamment sur les éléments suivants:

- la reprise de l'information assurée par différents groupes de mots qui reprennent un élément du texte;
- la progression assurée par l'ajout d'information nouvelle;
- l'harmonisation des temps verbaux selon le système retenu pour raconter (système du présent, du passé simple ou du passé composé);
- les indices de temps qui permettent d'organiser le récit et d'en faire varier la durée.

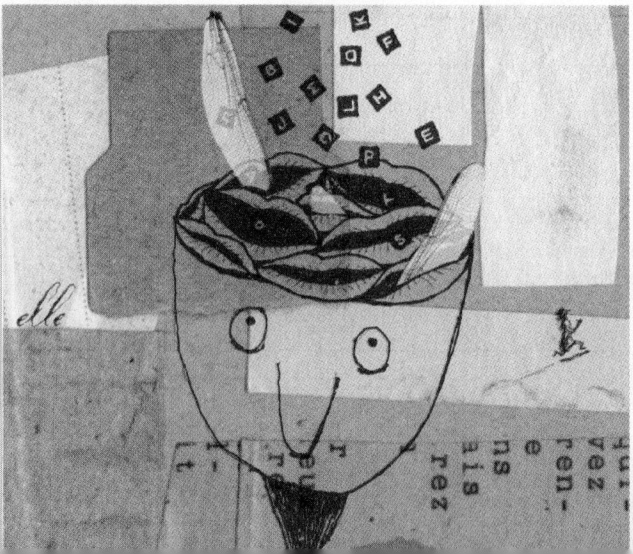

2.3.3 La cohérence textuelle dans une nouvelle littéraire

Comme tout texte narratif, une nouvelle littéraire doit respecter les principes de base de la cohérence textuelle et faire intervenir d'autres éléments pour renforcer cette cohérence, notamment un système des temps verbaux et la mise en place d'indices de temps.

Les principes de base de la cohérence textuelle : la reprise et la progression de l'information

La **reprise de l'information** est une façon d'**établir des liens d'une phrase à l'autre du texte en reprenant certains éléments déjà exprimés** dans le texte. Elle s'effectue principalement au moyen de pronoms (pronominalisation), de groupes du nom et de groupes de l'adverbe.

La **progression de l'information** consiste à **introduire graduellement, au fil des phrases, de l'information nouvelle** en lien avec ce qui a déjà été exprimé, de façon que le texte ne soit pas une longue suite de répétitions.

Le système des temps verbaux

Le système des temps verbaux détermine le moment de la narration, c'est-à-dire qu'il détermine si l'histoire est racontée au **passé** (passé simple ou passé composé) ou au **présent**, les temps principaux ou temps de premier plan possibles.

Histoire racontée au présent	Histoire racontée au passé	
Premier plan (temps verbal principal) • Présent	**Premier plan (temps verbal principal)** • Passé simple	**Premier plan (temps verbal principal)** • Passé composé
Arrière-plan (actions et événements secondaires) • Présent • Passé composé • Futur Etc.	**Arrière-plan (actions et événements secondaires)** • Imparfait • Plus-que-parfait • Passé antérieur Etc.	**Arrière-plan (actions et événements secondaires)** • Imparfait • Plus-que-parfait Etc.

Les indices de temps

Les indices de temps peuvent être des organisateurs textuels ou d'autres éléments du texte. Ils permettent :

• d'organiser le récit;	• L'auteur ou l'auteure **respecte l'ordre chronologique** des événements. • L'auteur ou l'auteure **brise le fil du temps** pour faire un retour en arrière ou une projection dans le futur qui peut fournir des renseignements sur les personnages, l'époque, les lieux, etc.
• de faire varier le temps pris pour raconter (la durée du récit) par rapport à la durée réelle des événements relatés dans l'histoire.	**Le temps qu'on prend pour raconter** (la durée du récit, représentée par le nombre de lignes, de pages, de chapitres) peut être : • **proportionnellement plus long** que la durée réelle des événements (le narrateur prend plus de temps pour décrire et raconter l'histoire que la durée réelle de son déroulement); • **approximativement égal** à la durée réelle des événements (le narrateur énumère chacune des actions pour ajouter de la vraisemblance, il insère des dialogues); • **proportionnellement plus court** que la durée réelle des événements. Comme il serait trop long de tout raconter et de tout décrire en détail, l'auteur ou l'auteure utilise des indices de temps pour résumer une longue période (*le lendemain matin, cinq ans passèrent ainsi, deux heures plus tard,* etc.).

2.4 LES SÉQUENCES TEXTUELLES

[page 64] PR 104

La séquence narrative domine dans les textes narratifs telles les nouvelles littéraires. Toutefois, l'auteur ou l'auteure peut insérer d'autres types de séquences pour:

- faire parler ses personnages (séquences dialogales);
- présenter les lieux, une époque, des objets et des personnages de façon détaillée (séquences descriptives);
- expliquer la raison de telle situation ou de tel état d'esprit (séquences explicatives);
- défendre une opinion (séquences argumentatives).

3 LE POINT DE VUE DANS LES TEXTES NARRATIFS

[page 82] PR 105

3.1 LE NARRATEUR

▶ 11 *Les Journées perdues*

Dans tout texte littéraire de type narratif, l'auteur ou l'auteure s'efface au profit d'un narrateur qui raconte l'histoire. Cette personne inventée de toutes pièces peut être un narrateur externe, un narrateur témoin ou un narrateur participant.

3.1.1 Le narrateur externe

Le narrateur externe n'est jamais un personnage de l'histoire. **Il raconte une histoire vécue par d'autres**. Le narrateur externe voit tout et sait tout, mais aucun indice textuel ne permet de l'identifier.

Le narrateur externe désigne les personnages du récit par leurs noms, par des groupes du nom les décrivant (*la jeune fille, l'étranger*) ou par des pronoms de la troisième personne (*il, elle, ils, elles,* etc.).

3.1.2 Le narrateur témoin

Le narrateur témoin est un personnage de l'histoire, mais il y joue un rôle secondaire. **Il raconte ce qui est arrivé aux personnages principaux**, ce qu'il a vu et entendu, ce que les personnages principaux ont ressenti, ce dont il a été témoin. Le narrateur témoin manifeste sa présence dans l'histoire en s'identifiant ou en utilisant des pronoms de la première personne (*je, j', me, moi*). Il désigne les autres personnages par leurs noms, par des groupes du nom les décrivant ou par des pronoms de la troisième personne.

3.1.3 Le narrateur participant

Le narrateur participant est un personnage important qui prend part à l'histoire: **il raconte ce qu'il a vécu**. Le narrateur participant se désigne lui-même par des pronoms de la première personne (*je, j', me, moi*). Lorsqu'il parle des autres personnages, il utilise la troisième personne.

3.2 LES RELAIS DE NARRATION

Dans un même récit ou une même nouvelle littéraire, il peut y avoir **plus d'un narrateur**. Lorsqu'un premier narrateur cède la place à un deuxième narrateur pour continuer le récit ou raconter une autre histoire, on parle de relais de narration. C'est le cas dans une nouvelle de Jorge Luis Borges intitulée *La Forme de l'épée*: un voyageur y raconte que des pluies diluviennes l'ont obligé, un jour, à demander refuge au propriétaire d'une grande ferme. Le voyageur rapporte le récit du fermier, qui relate comment il a été marqué d'une cicatrice. Il y a donc un relais de narration entre un premier narrateur (le voyageur) qui cède la parole à un second narrateur (le fermier).

3.3 LE DESTINATAIRE

Dans un texte narratif, le destinataire est la **personne à qui on raconte une histoire**. Ce peut être un personnage de l'histoire ou les lecteurs et les lectrices. Généralement, le destinataire d'une nouvelle littéraire n'est pas clairement identifié, mais il peut parfois l'être. C'est le cas dans une nouvelle de Guy de Maupassant, *Le Horla*: sous la forme d'une lettre à son médecin, le docteur Blanche, le personnage principal raconte ses hallucinations et demande de l'aide.

Quand le destinataire est clairement identifié, le narrateur l'interpelle à l'aide de pronoms de la deuxième personne (*tu, vous*) ou nomme le personnage à qui il s'adresse. Le narrateur peut aussi s'adresser directement au destinataire (*écoutez-moi attentivement, voilà ce qui m'arriva, je vous écris,* etc.).

3.4 LE POINT DE VUE DU NARRATEUR

Dans un texte narratif, le narrateur peut adopter un point de vue distancié ou engagé.

- Le point de vue est **distancié** quand le narrateur raconte ou décrit de manière neutre et **objective**.
- Le point de vue est **engagé** quand le narrateur manifeste sa présence, interpelle le destinataire, ou raconte, décrit ou commente de manière **subjective** pour signaler sa **certitude,** son **incertitude**, son **appréciation** ou son **jugement**.

3.5 LE TON

Le ton employé par l'auteur ou l'auteure contribue aussi à révéler son point de vue. Selon l'effet recherché, le ton d'une nouvelle littéraire peut être:

- **humoristique/ironique** lorsque l'auteur ou l'auteure a recours à des jeux de mots, à la parodie, à la caricature pour exprimer une certaine critique du monde qui l'entoure;
- **dramatique/tragique** lorsque l'auteur ou l'auteure a recours à un vocabulaire très connotatif et que les situations décrivent des émotions fortes comme la douleur, la terreur, la pitié, etc. liées aux grands drames humains;
- **poétique/lyrique** lorsque l'auteur ou l'auteure a recours à un vocabulaire très expressif pour révéler sa manière passionnée de sentir et de vivre;
- **familier** lorsque l'auteur ou l'auteure a recours à un vocabulaire appartenant à la langue familière et à des procédés propres à l'oralité (interpellations, simplifications, jugements, commentaires personnels explicites sur le déroulement de l'histoire ou sur les personnages, etc.).

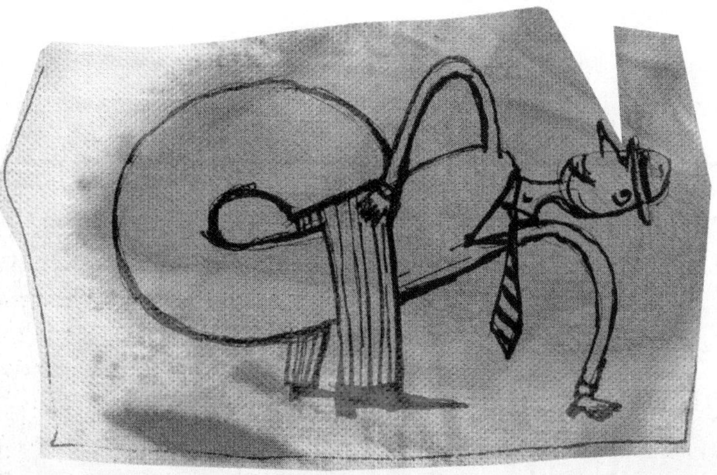

POUR LIRE ET ANALYSER UNE NOUVELLE LITTÉRAIRE

PLANIFIER L'ANALYSE

1 ▶ Déterminer la manière de noter les éléments qui serviront à préparer l'analyse et l'écriture du texte (fiches, feuilles volantes, carnet de notes, copie du texte à analyser en vue de l'annoter, etc.).

2 ▶ Préciser le ou les destinataires de l'analyse (l'enseignant ou l'enseignante, les élèves de la classe, les lecteurs et les lectrices d'une revue littéraire, d'un journal, etc.).

3 ▶ Se renseigner sur l'auteur ou l'auteure de la nouvelle et sur le genre de nouvelles littéraires qu'il ou elle écrit.

4 ▶ Trouver des renseignements sur la nouvelle (recueil dont elle est tirée, date d'écriture, origines de l'auteur ou de l'auteure, thèmes privilégiés, etc.).

ANALYSER LE TEXTE

Lire la nouvelle littéraire

5 ▶ Lire la nouvelle littéraire et l'annoter de manière à faire ressortir les caractéristiques qui la distinguent des autres nouvelles littéraires.

Trouver les caractéristiques du contenu de la nouvelle

6 ▶ Élaborer un organisateur graphique représentant les **personnages** de la nouvelle, leurs caractéristiques psychologiques, leurs valeurs, les liens qui les unissent et les rapports qu'ils entretiennent.

7 ▶ Relever des champs lexicaux mettant en lumière les composantes de l'**univers** (vraisemblable ou fantastique) dans lequel l'action se déroule.

8 ▶ Résumer l'**histoire** à l'aide de la formule suivante :

C'est l'histoire de ⇨ Au début ⇨ Puis ⇨ Alors ⇨ Enfin

Trouver les caractéristiques de l'organisation de la nouvelle

9 ▶ Élaborer le **schéma narratif** de la nouvelle.

10 ▶ Dégager les moments qui constituent des **points culminants** de l'histoire.

11 ▶ S'il y a lieu, relever les **séquences** descriptives, dialogales, explicatives ou argumentatives qui jouent un rôle important dans le déroulement de l'histoire.

Trouver les caractéristiques du point de vue adopté dans la nouvelle

12 ▶ Identifier le **narrateur** de la nouvelle et préciser ses principales caractéristiques.

13 ▶ S'il y a lieu, identifier le **destinataire** et préciser l'image qui en est donnée dans le texte.

14 ▶ Dégager les **thèmes** abordés dans la nouvelle.

15 ▶ Relever les passages qui révèlent le **point de vue** du narrateur et le caractériser (est-il distancié ou engagé ?)

FAIRE LE PLAN DE L'ANALYSE

16 ▶ Prévoir le contenu de l'**introduction** de l'analyse (**sujet amené :** présenter l'auteur ou l'auteure, les critères qui ont guidé le choix du texte, etc.; **sujet posé :** présenter le texte; **sujet divisé :** présenter les grandes divisions de l'analyse).

17 ▶ Prévoir le contenu du **développement** de l'analyse en retenant les éléments du **contenu**, de l'**organisation** et du **point de vue** qu'on juge les plus pertinents et les plus intéressants pour le ou les destinataires de l'analyse.

18 ▶ Prévoir le contenu de la **conclusion** de l'analyse (**résumé** de l'analyse, **appréciation** de la nouvelle, comparaison avec une autre nouvelle littéraire écrite par la même personne ou par quelqu'un d'autre, commentaires sur le cheminement suivi pour écrire le texte, invitation à lire des œuvres de l'auteur ou de l'auteure de la nouvelle littéraire, etc.).

RÉDIGER L'ANALYSE

19 ▶ Rédiger l'analyse et la relire après chaque partie importante afin d'en vérifier le **contenu**, la **cohérence** et l'**intérêt**.

RELIRE ET CORRIGER L'ANALYSE

20 ▶ Relire l'analyse afin de **corriger la syntaxe et l'orthographe** à l'aide des stratégies de révision appropriées à ses propres difficultés.

21 ▶ Mettre le texte au propre et le disposer de façon à en faciliter la compréhension (titre, sous-titre, intertitres, illustrations, schémas, photos, etc.).

MODÈLE D'ANALYSE

Nous sommes des salauds

(TEXTES, page 127)

INTRO

Sujet amené

Salarrué, l'auteur de la nouvelle *Nous sommes des salauds*, s'appelle en réalité Salvador Salazar Arrué. Il est né au Salvador (un pays d'Amérique centrale) en 1899. Il a écrit des poèmes, des romans, des nouvelles et des contes qui rendent admirablement compte de la vie des habitants de son pays.

Sujet posé

Il a aussi fait de la peinture. J'ai choisi d'analyser cette nouvelle parce qu'elle m'a beaucoup fait réfléchir sur la condition humaine.

Sujet divisé

Je vais tenter d'analyser la nouvelle *Nous sommes des salauds* en examinant son contenu, son organisation et le point de vue de l'auteur.

DÉVELOPPEMENT

I. Le contenu de la nouvelle (UNIVERS)

Personnages

Dans sa nouvelle, Salarrué raconte l'histoire de Goyo Cuestas et de son fils qui décident de partir pour le Honduras, on ne sait trop pourquoi, peut-être pour trouver du travail. Ils emportent avec eux un phonographe et des disques. C'est un univers vraisemblable, sans aucune connotation fantastique.

Lieux

L'auteur nous plonge vraiment dans l'univers du Honduras en nous décrivant de façon réaliste, et parfois poétique, l'environnement dans lequel se déroule l'histoire qu'il raconte. Voici quelques exemples: «les pins sonores et embaumés», «le bois de sapotilliers», «l'empreinte du serpent carrelia, étroite comme celle d'une lanière en cuir», «sous les ajoupas», «bourdonner les moustiques culs-bleus, énormes comme des araignées», «dans les bananeraies».

Les personnages de l'histoire sont peu nombreux: Goyo, son fils, qui semble être encore un enfant, et quatre bandits.

Thème

Selon moi, le thème de cette nouvelle est la cruauté des hommes; on comprendra mieux mon choix lorsque je parlerai de l'organisation et du point de vue dans mon analyse.

2. L'organisation de la nouvelle

En lisant cette nouvelle, on se rend compte qu'il manque une partie de l'histoire, celle où les voleurs attaquent Goyo et son fils. On pourrait dire que la nouvelle ne contient que la situation initiale, qui décrit le voyage, et la situation finale, qui nous annonce que Goyo et son fils sont morts. Toutes les péripéties et l'évolution psychologique des deux voyageurs sont absentes du texte. Il n'y a pas de développement; il y a seulement l'introduction et la conclusion.

La nouvelle commence lentement. La première partie (jusqu'à la ligne 72) est une longue (séquence descriptive) du voyage de Goyo et de son fils. On voit l'évolution psychologique du père qui, pendant le voyage, montre une affection toute nouvelle à son fils lorsque ce dernier a peur de s'endormir dans le noir. Il ne se passe pas grand-chose dans cette partie, mais on serait tenté de croire que les serpents seront les éléments qui perturberont le voyage. En effet, l'auteur nous met sur cette fausse piste en parlant d'un serpent (lignes 16 à 18) et en nous faisant part de la peur qu'éprouve l'enfant pour les serpents (lignes 35 à 39). Toutefois, l'auteur nous donne un autre indice dans le troisième paragraphe: «[...] les bandes de voleurs étaient constamment à la recherche des voyageurs.» Cet indice ne suscite pas chez les lecteurs le même doute que les serpents. La première partie se termine par la phrase «Le droit est nettement du côté du plus fort.» On ne sait pas encore ce qui arrivera aux deux voyageurs, mais cette phrase laisse tout supposer.

DÉVELOPPEMENT

La deuxième partie de la nouvelle, qui nous révèle le dénouement mais qui est en fait la situation finale, semble raconter une autre histoire, celle de quatre bandits. Mais on comprend quand même vite que ces bandits ont en main le phonographe de Goyo et de son fils. Que sont-ils devenus? Salarrué nous fait réaliser avec horreur que les bandits les ont assassinés: «Dans la proche ravine, Goyo et son enfant s'en allaient en lambeaux dans les becs des vautours; les tatous avaient élargi leurs blessures.» (lignes 95 à 98) Cette phrase révèle le thème de la nouvelle: la cruauté des hommes. On découvre alors que le titre de la nouvelle, «Nous sommes des salauds», peut être attribué aux hommes en général, capables des plus grandes atrocités.

Thème

DÉVELOPPEMENT

Mais il faut comprendre l'évolution psychologique des bandits pour saisir toute la portée du titre: ils ont tué Goyo et son fils, ils ont volé leur phonographe et ils décident de l'essayer. Ils font tourner un disque sur lequel un homme chante une chanson triste: «Elle avait des accents plaintifs, des hoquets d'amour et de grandeur. Les basses de la guitare gémissaient, soupirant de désir; désespérée, la chanterelle déplorait une injustice.» (lignes 112 à 115) Les bandits sont touchés par cette musique; l'un d'eux se met à pleurer et le plus vieux, se rappelant sans doute leur geste, dit: «Nous sommes des salauds.»

3. Le point de vue dans la nouvelle

Point de vue

Les pronoms personnels de la troisième personne nous révèlent que la personne qui raconte cette histoire est un narrateur externe qui semble toutefois bien connaître le Honduras, car il le décrit de façon réaliste. Les mots choisis pour décrire les divers éléments de l'univers narratif et les situations que vivent les personnages font ressortir le point de vue engagé du narrateur qui porte un jugement sur ce qui est arrivé à Goyo et à son fils et accentuent le thème (la cruauté humaine).

Le choix des mots contribue à faire ressortir le côté horrible de cette histoire. Par exemple, dans la première partie, les passages suivants nous préparent à l'horreur: «au Chamelecon sauvage» (ligne 15), «Le garçon pleurait, le père jurait» (ligne 22), «sans oser respirer, tremblant de froid et de peur» (ligne 33), «à moitié gelés, endoloris, engourdis de fatigue, avec les bouches laides ouvertes et baveuses» (ligne 55).

Dans la deuxième partie, le narrateur aurait pu omettre le passage qui décrit les vautours dévorant les cadavres des voyageurs et adopter une attitude plus distanciée, en se contentant de dire que les bandits les avaient assassinés pour les voler. On aurait alors moins ressenti le thème de la nouvelle.

CONCLUSION

Commentaires personnels

En conclusion, je voudrais dire que j'ai beaucoup apprécié la lecture de cette nouvelle et que l'écriture m'a paru très claire et parfois poétique. Toutefois, si Salarrué privilégie toujours des thèmes comme celui de la cruauté humaine, je ne pense pas que j'aimerais lire toutes ses œuvres. Il faudra que je vérifie.

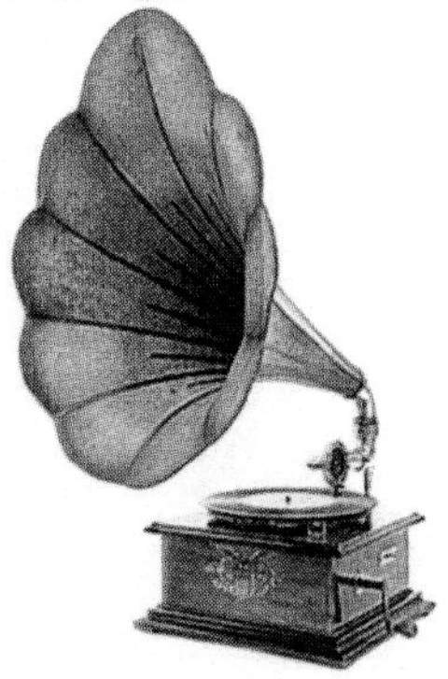

Le phonographe

Depuis que j'ai lu cette nouvelle, j'essaie d'imaginer ce qui s'est réellement passé, comment les bandits ont attaqué et tué Goyo et son fils.

Vincent Lanouette, 4e secondaire

APPROPRIATION DES CONNAISSANCES

TEXTES

PAGE 75 *Toute la vie*

➲ Lisez la nouvelle *Toute la vie.*

LE LIEU

1 Dès le début, l'auteure situe le lieu où se déroule l'intrigue. Quel est ce lieu ?

LES PERSONNAGES

2 A Combien y a-t-il de personnages dans cette nouvelle ? Qui sont-ils ?

B Le narrateur est-il l'un d'eux ? Comment le sait-on ?

3 Pour bien faire comprendre aux lecteurs et aux lectrices ce qui arrive aux personnages, l'auteure a inséré dans le premier paragraphe une séquence descriptive sur la passion.

A À quelles lignes cette description se trouve-t-elle ?

B Résumez la description en quelques mots.

4 Les deux personnes réagissent différemment à la passion qui les habite.

A Quelle est la réaction de la femme ? Quel passage du texte révèle cette réaction ?

B Quelle est la réaction de l'homme ? Citez une phrase du texte qui révèle explicitement cette réaction.

C À quelle conclusion l'homme en arrive-t-il ?

D Résumez le troisième paragraphe de manière à illustrer l'évolution psychologique qui a conduit l'homme à sa réaction finale.

5 Résumez la nouvelle à l'aide de la formule

C'est l'histoire de ⇨ Au début ⇨ Puis ⇨ Alors ⇨ Enfin

L'UNIVERS NARRATIF

6 L'univers de cette nouvelle littéraire est-il vraisemblable ou fantastique ? Justifiez votre réponse.

PROLONGEMENT

Relevez tous les mots et les ensembles de mots du texte qui révèlent des sentiments, et regroupez-les afin de mettre en évidence qui éprouve quoi.

ACTIVITÉS DE GRAMMAIRE

LA CONJUGAISON

GOC 304

Conjuguez les verbes suivants à un temps composé de votre choix et utilisez-les dans des phrases qui respectent le contexte dans lequel ils sont utilisés dans la nouvelle *Toute la vie.*

a) *devenir* (ligne 2)
b) *étiez* (ligne 6)
c) *débattre* (ligne 15)
d) *émouvait* (ligne 25)
e) *produire* (ligne 39)
f) *pouvoir* (ligne 42)

LE DISCOURS RAPPORTÉ

GOC 306

Dans la nouvelle *Toute la vie*, l'auteure termine la réflexion de l'homme par ces mots : *La vie venait de le coincer et, pourtant, il sentait que pour garder cet amour il aurait donné sa vie. Mais c'était l'avenir qu'elle demandait.* (lignes 45 à 48) Rédigez une conversation qui se déroulerait entre l'homme et la femme et qui pourrait remplacer ces deux phrases du texte pour transmettre la même réflexion. Utilisez le discours direct et variez les manières de mentionner l'émetteur de la réplique.

TEXTES

PAGE 97 *Le Passe-muraille*

➲ Lisez la nouvelle *Le Passe-muraille.*

L'UNIVERS NARRATIF

1 Dans la situation initiale (lignes 1 à 43), Marcel Aymé présente le personnage principal de la nouvelle : un homme nommé Dutilleul. Il précise qu'il est doté d'un pouvoir surnaturel.

A Relevez tous les passages de cette partie qui décrivent ce pouvoir.

B Dutilleul est inquiet lorsqu'il découvre son pouvoir et il consulte un médecin. Que lui prescrit le médecin ? Pourquoi ce détail est-il important pour comprendre la fin de la nouvelle ?

2 Dans les lignes 43 à 47, l'auteur annonce clairement qu'un événement est venu bouleverser la vie de Dutilleul et modifier ses rapports avec son pouvoir.

A Quel est cet événement ?

B Expliquez comment cet événement change la vie de Dutilleul.

3 Le pouvoir extraordinaire du personnage principal sert de toile de fond à toute son évolution psychologique.

- Résumez chacune des parties du texte indiquées ci-après en faisant ressortir le rôle de ce pouvoir dans l'évolution de Dutilleul et dans l'intrigue.
- Trouvez un groupe de l'adjectif pour préciser l'état dans lequel se trouve Dutilleul à chaque moment de l'histoire en utilisant la formule *Dutilleul est…*

Ex. : lignes 151 à 178

- *Dutilleul cherche un moyen d'assouvir son besoin de plus en plus pressant de passer à travers les murs afin de se valoriser.*
- *Dutilleul est* ***insatisfait de son sort****.*

A lignes 179 à 228

B lignes 229 à 293

C lignes 294 à 323

D lignes 324 à 363

E lignes 363 à 415

F lignes 416 à 463

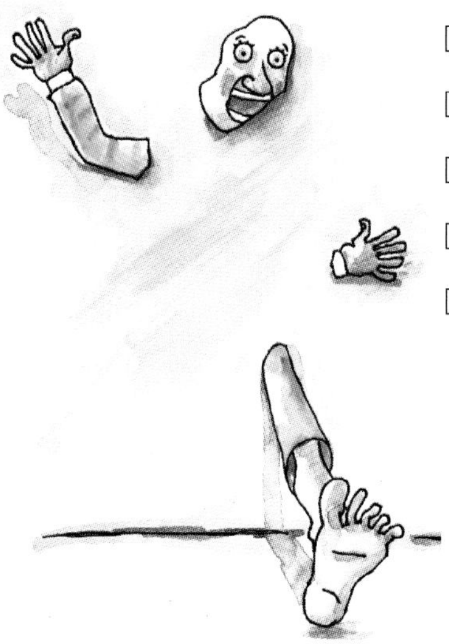

4 En vous fondant sur des passages du texte, rédigez un court paragraphe prouvant que l'affirmation de l'encadré s'applique à cette nouvelle.

D'emblée, **l'univers fantastique** s'inscrit dans la vraisemblance. Le glissement du vraisemblable vers le fantastique se fait généralement par l'introduction d'éléments qui viennent troubler l'ordre normal des choses.

PROLONGEMENT

1. Cette nouvelle publiée pour la première fois en 1943 a fait dire à un lecteur que le lexique employé était *vieillot*. Prouvez-le en relevant dans les lignes 1 à 76 des mots ou des expressions qui sont peu ou pas utilisés de nos jours et en les remplaçant par des mots qu'on emploierait aujourd'hui pour désigner une réalité semblable.
2. Relevez dans le texte un passage qui se distingue du reste du texte par le recours à un registre de langue très particulier et commentez.

ACTIVITÉS DE GRAMMAIRE

LA CONJUGAISON GOC 304

Récrivez les lignes 8 à 15 (... *muraille*) de la nouvelle *Le Passe-muraille* en utilisant le présent de l'indicatif pour relater les événements de premier plan. Faites les modifications nécessaires pour assurer la cohérence du texte.

LE DISCOURS RAPPORTÉ GOC 306

1. Relisez les lignes 215 à 228 de la nouvelle *Le Passe-muraille*. À la suite de la déclaration de Dutilleul (« *Vous savez, Garou-Garou, c'est moi* »), ajoutez un discours rapporté direct relatant les commentaires des collègues de ce dernier. Variez les types et les formes de phrases et surveillez particulièrement la ponctuation.
2. Transformez en discours indirect le contenu des lignes 318 à 323 du texte en vous assurant que tous les renseignements sont repris. Soignez particulièrement le choix des verbes introducteurs.

COMPRÉHENSION DE TEXTE

TEXTES

PAGE 105 *N'accusez personne*

➲ Lisez la nouvelle *N'accusez personne* en prêtant une attention particulière à l'UNIVERS créé.

LE CONTENU

1 Résumez ce texte en une phrase en commençant par les mots *C'est l'histoire de...*

2 Que pensez-vous de ce texte après une première lecture ?

➲ **Relisez le texte au fil des activités suivantes. Vous découvrirez que l'univers de cette nouvelle est VRAISEMBLABLE, mais que l'auteur a voulu créer une impression de fantastique.**

3 **A** Dans quel type d'univers (vraisemblable ou fantastique) les événements présentés dans les lignes 1 à 9 se déroulent-ils ? Justifiez votre réponse.

B Quelle est l'action principale du personnage dans cette partie du texte ?

4 **A** Dans les lignes 7 à 13, quelle expression laisse entrevoir sur quoi reposera tout le récit ?

B Dans ces mêmes lignes, relevez un passage qui pourrait laisser croire à un univers fantastique.

5 **A** Dans un tableau semblable au suivant, montrez l'évolution psychologique du personnage de la nouvelle.

- Dans la première colonne, indiquez les lignes qui correspondent à chacune des 11 phrases des lignes 13 (*Il tire...*) à 137.
- Dans la deuxième colonne, citez un court passage de la nouvelle qui révèle l'évolution de l'état psychologique du personnage.

Phrases du texte (lignes)	Passages qui révèlent l'état psychologique du personnage
Ex. : **Phrase 1 :** lignes 13 à 19	**Attitude :** inquiétude. **Passage qui le prouve :** *[...] <u>en se disant que le mieux serait</u> d'enfiler l'autre bras dans l'autre manche pour voir si c'est plus facile ainsi.*

B Résumez cette partie de la nouvelle (lignes 13 à 137) en complétant l'énoncé suivant :

Dans cette partie de la nouvelle, le personnage principal évolue psychologiquement ; il passe successivement de ✎ à ✎. Cela s'explique par le fait que ✎.

6 Les lignes 138 à 208 constituent une seule phrase qui présente le point culminant de l'histoire et son dénouement.

A Dans ces lignes, relevez deux passages qui laissent clairement entendre que le personnage pourrait être aux prises avec une présence surnaturelle.

B Selon vous, de quoi ou de qui s'agit-il ? Justifiez votre réponse à l'aide d'extraits du texte.

7 A Comment cette nouvelle se termine-t-elle ? Justifiez votre réponse à l'aide d'extraits du texte.

B Quelle partie de la longue phrase (lignes 138 à 208) laissait présager cette fin ?

C Quel effet l'auteur a-t-il voulu créer en écrivant une phrase aussi longue ?

D Expliquez le titre de la nouvelle.

8 Que pensez-vous maintenant de cette nouvelle ?

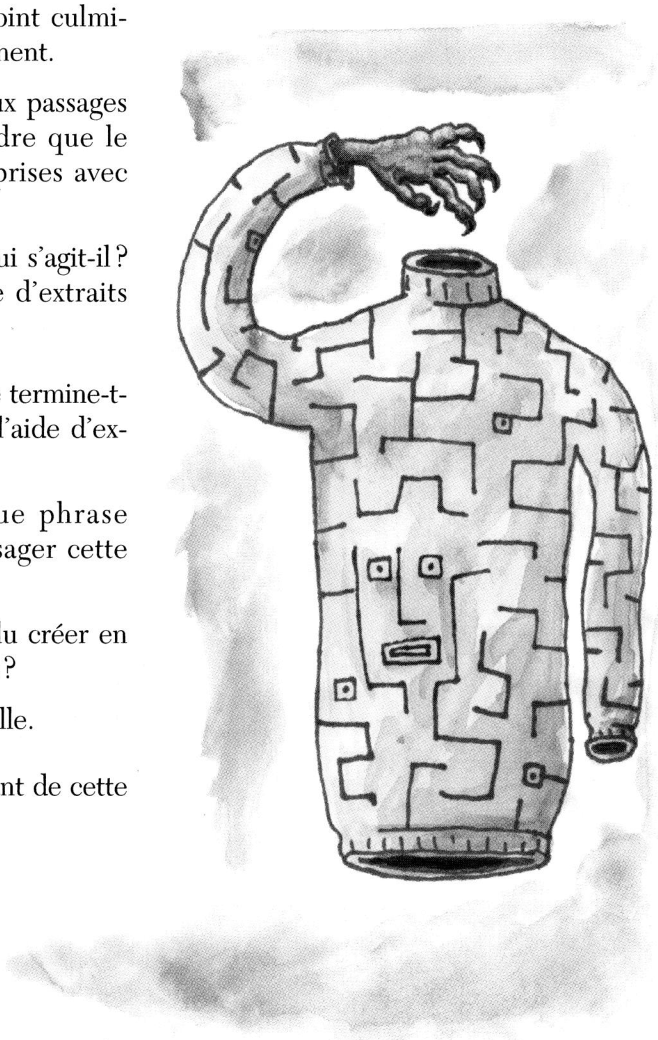

PROLONGEMENT

1. Relevez les mots et les ensembles de mots qui révèlent l'évolution psychologique du personnage.	Le lexique	**PR 101**
2. Prouvez que la nouvelle *N'accusez personne* est écrite dans un registre de langue soigné, particulièrement sur les plans lexical et grammatical.	Les registres de langue	**PR 102**
3. Analysez la reprise et la progression de l'information mises en place pour caractériser le personnage de la nouvelle *N'accusez personne*.	La cohérence textuelle	**PR 103**
4. L'auteur a parsemé son texte de très courtes séquences descriptives (phrases ou parties de phrases). Relevez-en quelques-unes et précisez ce qu'elles apportent au récit.	Les séquences textuelles	**PR 104**
5. Dans ce texte, les adverbes révèlent-ils le point de vue du narrateur ? Justifiez votre réponse.	Le point de vue	**PR 105**

ANALYSE DE TEXTE

TEXTES

PAGE 77 *La Parure* (Guy de Maupassant)
PAGE 83 *Un beau tumulte !* (Anton Tchekhov)
PAGE 131 *Un crime vraiment parfait* (Ray Bradbury)

Parmi les trois nouvelles littéraires proposées ci-dessus, choisissez celle que vous aimeriez analyser. Faites l'analyse de son **contenu** en vous référant aux numéros 6, 7 et 8 de la fiche *Pour lire et analyser une nouvelle littéraire* (page 212). En vous inspirant de l'analyse du texte *Nous sommes des salauds* présentée aux pages 213 à 215 de ce manuel, rédigez la première partie du développement de votre texte d'analyse de la nouvelle choisie.

ACTIVITÉS D'ÉCRITURE

1 Décrire un personnage

Ajoutez un paragraphe de cinq à six lignes au début de la nouvelle ***N'accusez personne*** (*TEXTES*, page 105) dans lequel vous donnerez les principales caractéristiques du personnage : son nom, son occupation, ses caractéristiques physiques et psychologiques.

Présentez le personnage de manière à assurer la progression de l'information sur ses caractéristiques.

Vous pourriez rédiger deux paragraphes différents : l'un dans lequel le personnage serait sympathique et l'autre dans lequel il serait antipathique.

LA CONJUGAISON ◀◀ GOC 304

Rédigez votre texte à l'imparfait, comme s'il s'agissait d'une séquence descriptive.

2 Créer du fantastique

Imaginez un autre pouvoir surnaturel que celui de passer à travers les murs. Précisez la nature de ce pouvoir et récrivez les lignes 101 (*Quittant son…*) à 120 (*… jusqu'au réduit*) du texte ***Le Passe-muraille*** (*TEXTES*, page 99) comme si Dutilleul possédait ce pouvoir.

LE DISCOURS RAPPORTÉ ◀◀ GOC 306

Insérez dans votre texte un discours rapporté direct constitué d'un échange d'au moins deux répliques entre Dutilleul et M. Lécuyer.

3 Modifier le cours de l'histoire

Modifiez la fin de la nouvelle ***Toute la vie*** (*TEXTES*, page 76). Transcrivez les trois premières phrases du dernier paragraphe et modifiez la suite du paragraphe selon l'une ou l'autre des situations suivantes :

Première situation

La femme se réveille et se rend compte que l'avion va s'écraser. Que se disent l'homme et la femme ?

LE DISCOURS RAPPORTÉ ◀◀ GOC 306

Insérez le dialogue à l'aide d'une phrase (ou d'un début de phrase) contenant un verbe introducteur.

Deuxième situation

L'avion ne tombe pas ; les passagers descendent de l'avion ; l'homme et la femme récupèrent leurs bagages. Que se passe-t-il ?

Dans un cas comme dans l'autre, vous devez tenir compte des réflexions des deux personnages au début de la nouvelle et prêter une attention particulière aux temps des verbes afin que votre texte soit cohérent avec l'ensemble.

APPROPRIATION DES CONNAISSANCES

TEXTES

PAGE 93 *Le Tableau*

➲ Lisez la nouvelle *Le Tableau*.

LES INDICES DE TEMPS

1 Dans un récit, les indices de temps permettent de situer les lecteurs et les lectrices. Dans la nouvelle *Le Tableau*, relevez trois indices de temps placés en début de phrase qui jouent un rôle important dans l'organisation du texte.

2 Ajoutez un indice de temps au début des phrases suivantes :

A *Quand vinrent les huissiers* [...] (ligne 101)

B *On l'a trouvé dans son fauteuil* [...] (ligne 182)

3 Les lignes 116 à 168 contiennent deux retours en arrière. Indiquez à quelles lignes se trouve chacun de ces retours en arrière et relevez les indices de temps qui permettent de les repérer. Précisez à quel moyen l'auteur a eu recours pour faire ces retours en arrière.

4 **A** Du début à la fin de l'histoire racontée par le narrateur, quelle est la durée approximative des événements racontés ? Justifiez votre réponse.

B Dressez un tableau semblable au suivant pour mettre en évidence la durée des événements et le nombre de lignes que l'auteur consacre à chacun.

Événements	Durée approximative	Nombre de lignes (lignes 00 à 00)

5 Quels indices autres que linguistiques permettent de dégager l'organisation de ce texte ?

LA REPRISE DE L'INFORMATION

(page 38) PR 103

6 Précisez le personnage auquel on fait référence dans les éléments de reprise en italique gras : Gryde, Warton, le narrateur ou le personnage du tableau.

> **attention**
> **Un même passage peut se rattacher à plus d'un personnage.**

[A] *Je veux parler de Gryde, **l'usurier**.* (ligne 1)

[B] [...] *la cent mille et unième **l'a tué*** [...] (ligne 5)

[C] [...] *je **le** trouvai dans **son cabinet*** [...] (ligne 17)

[D] *C'était **une grande figure d'homme nu*** [...] (ligne 45)

[E] [...] ***cette figure-là** j'en rêve depuis que je suis enfant* [...] (ligne 51)

[F] [...] ***quelque chose** bougea entre la fenêtre et moi...* (ligne 135)

[G] [...] *non, j'ai vu – **le bras de l'homme** sortir* [...] (ligne 142)

[H] [...] ***il** m'a pris le poignard !* (ligne 168)

7 Dans les phrases du numéro [6], les pronoms soulignés (*je*, *j'* et *m'*) sont-ils des pronoms de reprise ? Indiquez qui ils désignent.

8 [A] Dans l'ensemble du texte, relevez deux groupes du nom dont le noyau est un nom employé pour désigner Gryde.

[B] Relevez cinq groupes du nom dont le noyau est un nom employé pour désigner Warton.

[C] En considérant les groupes du nom relevés en [A] et [B], rédigez une phrase pour décrire ces deux personnages.

LE SCHÉMA NARRATIF

9 Reproduisez et complétez le schéma ci-dessous pour résumer le déroulement de la nouvelle, de la situation initiale jusqu'à son dénouement. Chaque fois qu'apparaît le pictogramme, vous devez écrire une réponse en tenant compte du texte *Le Tableau*.

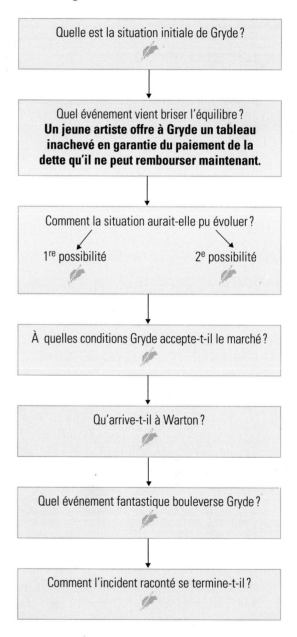

Quelle est la situation initiale de Gryde ?

↓

Quel événement vient briser l'équilibre ?
Un jeune artiste offre à Gryde un tableau inachevé en garantie du paiement de la dette qu'il ne peut rembourser maintenant.

↓

Comment la situation aurait-elle pu évoluer ?
1re possibilité — 2e possibilité

↓

À quelles conditions Gryde accepte-t-il le marché ?

↓

Qu'arrive-t-il à Warton ?

↓

Quel événement fantastique bouleverse Gryde ?

↓

Comment l'incident raconté se termine-t-il ?

10 Reproduisez le schéma narratif de cette nouvelle littéraire et complétez-le.

- **Situation initiale**
  - … (lignes 1 à 16)
- **Élément déclencheur**
  - Un jeune artiste offre à Gryde un tableau en garantie du paiement d'une dette. (lignes 17 à 97)
- **Évolution psychologique / Action (Péripéties)**
  1. L'artiste ne peut rembourser sa dette et se suicide. (lignes 98 à 115)
  2. … (lignes 116 à 159)
  3. Le personnage du tableau se manifeste une deuxième fois. (lignes 160 à 175)
  4. … (lignes 176 à 180)
- **Dénouement**
  - … (lignes 181 à 186)
- **Situation finale**
  - N'est pas explicitée dans le texte.

LE PLAN

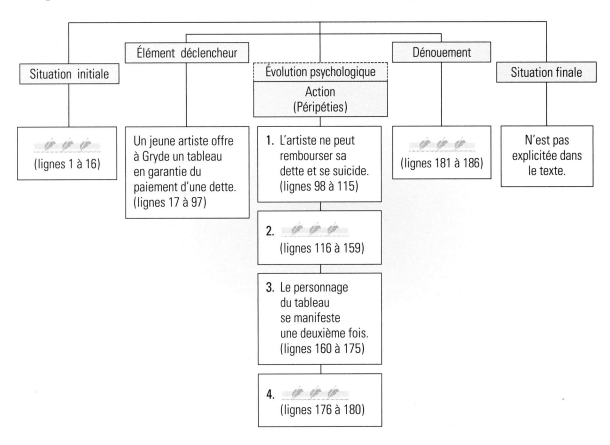

11 Élaborez le plan du texte selon le modèle suivant :

INTRODUCTION	
SITUATION INITIALE	(lignes)
ÉLÉMENT DÉCLENCHEUR	(lignes)
DÉVELOPPEMENT	
1RE PÉRIPÉTIE	(lignes)
2E PÉRIPÉTIE	(lignes)
3E PÉRIPÉTIE	(lignes)
4E PÉRIPÉTIE	(lignes)
DÉNOUEMENT	(lignes)
CONCLUSION	
SITUATION FINALE	(lignes)

L'ÉVOLUTION PSYCHOLOGIQUE DU PERSONNAGE

12 Comme dans toutes les nouvelles littéraires, l'histoire ne se serait pas déroulée de cette façon si le personnage de Gryde avait évolué autrement.

A Quelle valeur guide tous les agissements de Gryde ? Citez deux passages du texte qui le prouvent.

B Pour chaque étape du plan élaboré au numéro **11**, précisez l'état psychologique de Gryde et citez un passage du texte qui le révèle. Choisissez vos réponses dans l'encadré ci-dessous.

① vaincu ② audacieux, arrogant ③ effrayé
④ nerveux ⑤ méchant, sans remords
⑥ cupide et impassible ⑦ téméraire

2 L'ORGANISATION

LE SYSTÈME DES TEMPS VERBAUX

(page 43) PR 103

13 **A** Justifiez le temps des verbes de la première partie du texte (lignes 1 à 6).

B À quel temps la plupart des verbes de la deuxième partie (lignes 7 à 13) sont-ils conjugués ? Pourquoi sont-ils conjugués à ce temps ?

C Dans les lignes 17 à 44, relevez les verbes qui prouvent que le récit est écrit au passé.

D Justifiez l'emploi des temps verbaux dans la séquence de paroles des lignes 108 à 110.

LES SÉQUENCES TEXTUELLES

(page 64) PR 104

14 Les passages correspondant aux lignes indiquées ci-dessous contiennent des séquences dialogales.

- Nommez le ou les personnages qui parlent dans chaque séquence.
- Précisez le rôle de chacune des séquences dans l'évolution du récit.

A lignes 49 à 61

B lignes 92 à 95

C lignes 126 à 151

15 Les passages correspondant aux lignes indiquées ci-dessous contiennent des séquences descriptives.

- Précisez ce qui est décrit dans chaque séquence.
- Précisez le rôle de chacune des séquences dans l'évolution du récit.

A lignes 45 à 48

B lignes 126 à 143

C lignes 171 à 175

16 Les paroles de Warton «Appelez-le *Vengeance*» (ligne 109) pourraient justifier une séquence explicative.

A En vous référant à ce que vous avez appris dans la nouvelle, précisez les éléments qu'aurait pu contenir cette séquence explicative en reproduisant et en complétant l'organisateur graphique suivant :

B Rédigez la séquence explicative que l'auteur aurait pu insérer dans la nouvelle s'il avait voulu clarifier le suspense.

PROLONGEMENT

Dans les lignes 116 à 180 du texte *Le Tableau*, relevez les mots et les ensembles de mots qui révèlent la peur éprouvée par le personnage principal.

ACTIVITÉS DE GRAMMAIRE

LA CONJUGAISON GOC 304

Dans les lignes 160 à 186 de la nouvelle *Le Tableau*, relevez tous les verbes, conjugués ou non, et regroupez ceux qui obéissent aux mêmes règles de formation des temps simples (radical + terminaison). Faites précéder chaque regroupement de la règle commune.

LE DISCOURS RAPPORTÉ GOC 306

Analysez les verbes introducteurs utilisés par l'auteur de la nouvelle *Le Tableau* pour rapporter directement les paroles de Gryde et de l'artiste dans les lignes 45 à 97 afin de déterminer ce que leur emploi révèle.

TEXTES

PAGE 71 *Le Récit d'une heure*

➲ Lisez la nouvelle *Le Récit d'une heure.*

LE SCHÉMA NARRATIF

1 Associez les passages de la nouvelle *Le Récit d'une heure* indiqués ci-dessous aux étapes du récit énumérées dans l'encadré.

A première phrase

B deuxième phrase jusqu'à la ligne 11

C lignes 12 à 46

D lignes 47 à 59

E lignes 60 à 96

F lignes 97 à 119

G lignes 120 à 132

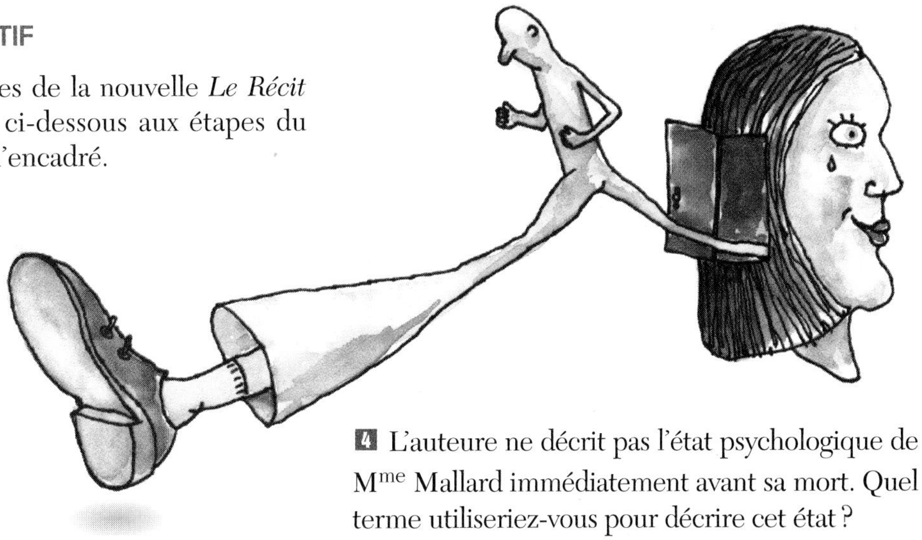

① 1re péripétie
② Dénouement
③ Situation initiale
④ 2e péripétie
⑤ Élément déclencheur
⑥ 3e péripétie
⑦ 4e péripétie

2 Résumez chacun des passages indiqués au numéro 1 à l'aide d'une courte phrase déclarative dont le groupe du nom sujet (GNs) sera toujours *Madame Mallard.*

Ex.: E *Madame Mallard s'abandonne, non sans remords, à ce sentiment de liberté.*

3 Dans cette histoire, Mme Mallard subit une profonde transformation psychologique.

A En considérant les lignes indiquées dans le numéro 1, précisez à quel passage du texte correspond chacun des états psychologiques mentionnés dans l'encadré ci-dessous.

B Relevez les mots et les ensembles de mots qui révèlent explicitement ces états.

C Expliquez la cause de chacun de ces états.

① exaltation
② souffrance
③ désespoir
④ triomphe

4 L'auteure ne décrit pas l'état psychologique de Mme Mallard immédiatement avant sa mort. Quel terme utiliseriez-vous pour décrire cet état ?

LES SÉQUENCES TEXTUELLES

(page 64) PR 104

5 Le premier paragraphe de la nouvelle *Le Récit d'une heure* (lignes 1 à 3) est constitué d'une séquence descriptive et d'une séquence narrative. Justifiez cette affirmation.

6 Les extraits correspondant aux lignes indiquées ci-dessous constituent des séquences descriptives.

- Précisez ce qui est décrit dans chacune des séquences.
- Énumérez les indices textuels qui permettent de dire qu'il s'agit de séquences descriptives.
- Indiquez le rôle de chacune de ces séquences dans le récit.

Consignez vos réponses dans un tableau semblable à celui qui est reproduit ci-dessous.

A lignes 23 à 33

B lignes 34 à 46

C lignes 47 à 53

D lignes 105 à 110

Partie du texte	Ce qui est décrit	Indices textuels	Rôle de la séquence

2 L'ORGANISATION

LE SYSTÈME DES TEMPS VERBAUX

(page 43) PR 103

7 Reproduisez le tableau suivant et remplissez-le afin de mettre en évidence les principales caractéristiques du système des temps verbaux de la nouvelle *Le Récit d'une heure*. Ajoutez un élément chaque fois qu'apparaît le pictogramme.

Indiquez à quelles lignes se trouvent les verbes que vous citez dans les exemples.

HISTOIRE RACONTÉE AU

Ex.: verbes

Premier plan

TEMPS VERBAL PRINCIPAL:

Ex.: verbes

Arrière-plan

IMPARFAIT

1er cas:
- Ex.: verbes
- Justification:

2e cas:
- Ex.: verbes
- Justification:

CONDITIONNEL
- Ex.: verbes
- Justification:

PRÉSENT
- Ex.: verbes
- Justification:

Autres remarques, s'il y a lieu:

LES INDICES DE TEMPS

8 Ce texte contient peu d'indices de temps permettant d'établir la durée des événements. C'est plutôt le titre du texte et le temps des verbes qui situent les lecteurs et les lectrices dans le temps.

En tenant compte du temps des verbes, récrivez les phrases suivantes en y insérant, au début ou à l'intérieur, un indice de temps qui fournirait des indications sur la durée des événements.

N'oubliez pas d'apporter les modifications que l'insertion d'un indice de temps peut entraîner.

A *C'est sa sœur Joséphine qui lui annonça la nouvelle* [...] (ligne 4)

B *Quand, enfin, elle s'abandonna, un mot* [...] (ligne 60)

C *Plus personne n'aurait d'autorité sur elle* [...] (ligne 81)

D *Agenouillée devant la porte close, la bouche collée* [...] (ligne 97)

E *Quelqu'un tournait une clé dans la porte.* (ligne 120)

F *Lorsque les médecins arrivèrent* [...] (ligne 130)

PROLONGEMENT

Dans ce texte, Mme Mallard éprouve des sentiments contradictoires: la peine et la joie. Relevez un champ lexical lié à chacun de ces sentiments.

INTERTEXTUALITÉ

Comparez le thème et l'histoire dans les nouvelles *Le Récit d'une heure* (*TEXTES*, page 71) et *Toute la vie* (*TEXTES*, page 75).

ACTIVITÉS DE GRAMMAIRE

LA CONJUGAISON GOC 304

Récrivez les trois premiers paragraphes de la nouvelle *Le Récit d'une heure* (lignes 1 à 17) en utilisant le présent de l'indicatif pour relater les événements de premier plan. Faites les modifications nécessaires pour assurer la cohérence du texte.

LE DISCOURS RAPPORTÉ GOC 306

1. Au début de la nouvelle, insérez un discours rapporté direct dans lequel Joséphine annonce à Mme Mallard la mort de son mari. Variez la manière de mentionner la personne qui parle.

2. Récrivez les lignes 97 à 104 en discours rapporté indirect.

COMPRÉHENSION DE TEXTE

TEXTES

PAGE 123 *Pauvre Petit Garçon*

➲ Lisez la nouvelle *Pauvre Petit Garçon* en prêtant une attention particulière à son **ORGANISATION**.

LE CONTENU

1 Certains renseignements sont nécessaires pour bien comprendre le sens et la portée de cette nouvelle. Faites une brève recherche dans le but de répondre aux questions ci-dessous.

A Qui était Adolf Hitler (origines, époque à laquelle il a vécu, rôle dans la société, etc.) ?

B Quel est le sens de l'expression *race aryenne* selon la théorie nazie ?

C Que voulait faire Adolf Hitler pour la race aryenne ?

D De quel prénom Dolfi est-il le diminutif ?

E Dolfi ne possédait pas les caractéristiques de la race aryenne décrites dans les lignes 75 à 90 du texte. Dans ces lignes, relevez les caractéristiques de Dolfi et celles de la race aryenne.

2 À l'aide des renseignements trouvés au numéro 1 et du premier paragraphe du texte, répondez aux questions suivantes :

A Quel âge a le héros de l'histoire racontée dans *Pauvre Petit Garçon* ?

B En quelle année et dans quel pays cette histoire se déroule-t-elle ?

L'ORGANISATION

3 Mis à part la première phrase, les deux premiers paragraphes de ce texte (lignes 1 à 11) sont des séquences descriptives qui constituent la situation initiale du récit.

A Indiquez à quelles lignes se trouve chacune de ces séquences descriptives.

B Qu'est-ce qui est décrit dans chacune des séquences ? Quelles sont les principales caractéristiques décrites dans ces passages ?

C Quel indice linguistique lié à la cohérence textuelle marque le début de la première séquence descriptive ?

D L'état psychologique du personnage principal, Dolfi, n'est pas explicitement décrit dans la situation initiale. Imaginez cet état et décrivez-le en une phrase.

4 **A** Quel indice de temps révèle que le récit commence vraiment ?

B Quel élément déclencheur vient briser l'équilibre décrit dans la situation initiale ?

C Quelle information inattendue est révélée dans le dénouement ? Comment cette information est-elle révélée ?

D Relevez cinq passages du texte qui pourraient constituer des indices sur l'identité réelle de Laitue pour une lectrice ou un lecteur averti.

L'ORGANISATION

5 **A** Le schéma suivant illustre l'organisation des péripéties du récit. Reproduisez-le et complétez-le en relevant des mots du texte qui révèlent explicitement l'évolution psychologique de Dolfi.

1RE PÉRIPÉTIE (lignes 14 à 90)
Même avec un fusil tout neuf, Dolfi ne joue pas avec les enfants. → **RÉACTION** Dolfi est .

↓

2^E^ PÉRIPÉTIE (lignes 91 à 131)
Les enfants invitent Dolfi à jouer à la guerre avec eux. → **RÉACTION** Dolfi est .

↓

3^E^ PÉRIPÉTIE (lignes 132 à 219)
Les enfants tendent un piège à Dolfi. → **RÉACTION** Dolfi est .

B Indiquez si chacune des réactions représente une amélioration ou une dégradation de l'état psychologique de Dolfi.

C Ajoutez une autre colonne dans le schéma pour suivre l'évolution psychologique de la mère de Dolfi à chacune des péripéties. Indiquez ses réactions et précisez si elles représentent une amélioration ou une dégradation de son état psychologique.

6 Élaborez le plan de la nouvelle *Pauvre Petit Garçon* selon le modèle de la page 223 (numéro **11**).

7 À quel temps les verbes employés pour relater les événements de premier plan sont-ils conjugués ? Justifiez votre réponse en citant deux exemples tirés de chacune des péripéties (six exemples en tout).

8 Indiquez à quel temps est conjugué chacun des verbes suivants et justifiez l'emploi de ce temps verbal.

- **A** *appelaient* (ligne 7)
- **B** *se mit* (ligne 14)
- **C** *ignorent* (ligne 17)
- **D** *remarquèrent* (ligne 31)
- **E** [*il*] *était* (ligne 32)
- **F** *se moquent* (ligne 64)
- **G** *cria* (ligne 159)

PROLONGEMENT

1. Relevez tous les mots du texte qui pourraient faire partie d'un champ lexical lié à la guerre et organisez-les de manière à faire ressortir différents aspects de la guerre.	Le lexique	**PR 101**
2. Dans la séquence dialogale des lignes 58 à 71, pourquoi peut-on dire que Dolfi et sa mère s'expriment dans un registre de langue familier ?	Les registres de langue	**PR 102**
3. Analysez la reprise et la progression de l'information mises en place dans le texte pour caractériser la personnalité de la mère de Dolfi.	La cohérence textuelle	**PR 103**
4. Choisissez une séquence autre que narrative, présentez ses caractéristiques linguistiques et justifiez son insertion dans le texte.	Les séquences textuelles	**PR 104**
5. Dans ce texte, on peut déceler le point de vue du narrateur. Relevez des passages qui révèlent ce point de vue et précisez chaque fois la ressource linguistique clairement utilisée.	Le point de vue	**PR 105**

ANALYSE DE TEXTE

TEXTES

PAGE 77 *La Parure* (Guy de Maupassant)
PAGE 83 *Un beau tumulte !* (Anton Tchekhov)
PAGE 131 *Un crime vraiment parfait* (Ray Bradbury)

Poursuivez l'analyse de la nouvelle littéraire que vous avez choisie à la page 220 en précisant les grandes caractéristiques de son **organisation** à l'aide des numéros 9, 10 et 11 de la fiche *Pour lire et analyser une nouvelle littéraire* (page 212). En vous inspirant de l'analyse du texte *Nous sommes des salauds* présentée aux pages 213 à 215 de ce manuel, rédigez la deuxième partie du développement de votre texte d'analyse.

ACTIVITÉS D'ÉCRITURE

1 Écrire une situation finale

Imaginez que les trois dernières lignes du texte ***Le Récit d'une heure*** (*TEXTES*, page 71) n'existent pas. Dans un paragraphe de huit à dix lignes, racontez comment Mme Mallard accueille son mari, puis faites un saut dans le temps et décrivez la situation dans laquelle se trouvent Brently Mallard et sa femme un an plus tard. Respectez l'évolution psychologique de Mme Mallard.

LA CONJUGAISON GOC 304

Surveillez particulièrement le choix des temps de verbes, leur formation et leur orthographe en vous assurant :

- que le temps verbal principal que vous utilisez est cohérent avec le reste du texte;
- que la projection dans le futur (un an plus tard) peut être repérée dans les temps des verbes employés.

2 Faire évoluer un personnage

Dans la nouvelle ***Le Tableau*** (*TEXTES*, page 93), imaginez que Gryde est un homme généreux, un véritable mécène. Refaites le schéma du numéro 9 de la page 222 en tenant compte de sa nouvelle personnalité. Écrivez un résumé de la nouvelle histoire à l'aide de la formule **C'est l'histoire de ⇨ Au début ⇨ Puis ⇨ Alors ⇨ Enfin** qui fera ressortir l'évolution psychologique du nouveau M. Gryde. N'hésitez pas à utiliser des mots qui décrivent des états d'esprit, des sentiments, des émotions.

LE DISCOURS RAPPORTÉ GOC 306

En tenant compte de la nouvelle personnalité de Gryde et en respectant les propos du jeune artiste, récrivez les répliques de Gryde dans la séquence dialogale des lignes 20 à 97. Modifiez les verbes introducteurs de manière qu'ils révèlent sa nouvelle personnalité.

3 Décrire un personnage

À la ligne 35 du texte ***Pauvre Petit Garçon*** (*TEXTES*, page 124), avant la séquence dialogale, insérez un paragraphe de quatre à cinq lignes dans lequel vous introduirez un personnage en remplacement de *L'un d'eux dit:*

Votre personnage doit avoir un nom approprié au contexte et des caractéristiques qui tiennent compte de la présentation des enfants faite dans les lignes 75 à 90. N'oubliez pas d'insérer un passage qui introduira la séquence dialogale.

LA CONJUGAISON GOC 304

Assurez-vous que le temps des verbes que vous utilisez révèle qu'il s'agit d'une séquence descriptive.

APPROPRIATION DES CONNAISSANCES

TEXTES

PAGE 109 *La Balade des siècles*

➲ Lisez la nouvelle *La Balade des siècles*.

LE NARRATEUR

(page 82) PR 105

1 A Dans les lignes 1 à 19 de la nouvelle, relevez les pronoms et les déterminants qui révèlent la présence du narrateur.

B Dans la phrase *Mais qui vous parle ?* (ligne 19), qui le pronom *vous* désigne-t-il ?

C Dans les lignes 21 à 34, relevez les passages qui permettent de deviner qui est le narrateur.

2 S'agit-il d'un narrateur externe, d'un narrateur témoin ou d'un narrateur participant ? Justifiez votre réponse.

LES VALEURS DES PERSONNAGES

3 Qui sont les deux personnages principaux de cette histoire ?

4 Dans ce texte, certaines valeurs guident les gestes et les décisions des personnages. Dans les lignes 69 à 340, relevez des passages qui révèlent les valeurs suivantes et nommez le personnage pour qui chaque valeur compte.

A la liberté
B la vie
C l'autorité
D la richesse
E le pouvoir

5 Quels sont les principaux thèmes abordés dans cette nouvelle ? Comment pouvez-vous l'affirmer ?

LE POINT DE VUE DU NARRATEUR

6 Dans les lignes indiquées ci-dessous, relevez des passages qui révèlent le point de vue du narrateur.

- Indiquez sur qui ou sur quoi le narrateur porte un jugement ou fait un commentaire dans chaque passage.
- Nommez la ou les ressources linguistiques utilisées par l'auteure pour exprimer ce jugement ou ce commentaire.

A lignes 1 à 17
B lignes 35 à 41
C lignes 54 à 68
D lignes 251 à 259
E lignes 265 à 273

PROLONGEMENT

1. Dans les lignes 1 à 17 du texte *La Balade des siècles*, relevez tous les mots et les ensembles de mots qui pourraient être utilisés pour écrire un texte sur l'archéologie.
2. L'histoire racontée dans cette nouvelle évoque deux univers distincts : l'univers de l'Égypte ancienne et l'univers contemporain du Caire, capitale de l'Égypte. Dans le texte, relevez des mots et des ensembles de mots qui vous permettraient de décrire ces univers et mettez-les en parallèle.

ACTIVITÉS DE GRAMMAIRE

LA CONJUGAISON

GOC 304

Dans les lignes 245 à 259 de la nouvelle *La Balade des siècles*, relevez tous les verbes, conjugués ou non, et regroupez ceux qui obéissent aux mêmes règles de formation des temps simples (radical + terminaison). Faites précéder chaque regroupement de la règle commune.

LE DISCOURS RAPPORTÉ

GOC 306

Relisez les lignes 145 à 166 de la nouvelle *La Balade des siècles* et justifiez l'affirmation suivante : *Dans cette séquence dialogale, l'auteure a varié la manière d'introduire les paroles des personnages.*

TEXTES

PAGE 169 *Le Champion*

➲ Lisez la nouvelle *Le Champion*.

LE NARRATEUR

(page 82) PR 105

1 Le narrateur de cette nouvelle est-il un narrateur externe, un narrateur témoin ou un narrateur participant ? Justifiez votre réponse à l'aide d'indices textuels relevés dans les lignes 1 à 47 et dans les lignes 70 à 79.

2 Dans les lignes 15 à 47, relevez un pronom qui révèle que le narrateur tient compte du destinataire. Selon vous, qui est ce destinataire ?

LE POINT DE VUE DU NARRATEUR

3 A Dans les lignes 1 à 14, relevez deux passages qui expriment clairement ce qui est le plus important pour Mario dans la vie.

B Dans le reste du texte, relevez un passage qui exprime clairement la même chose.

C Comment l'auteur dit-il que la vie de Mario a basculé ? Pourquoi a-t-elle basculé ?

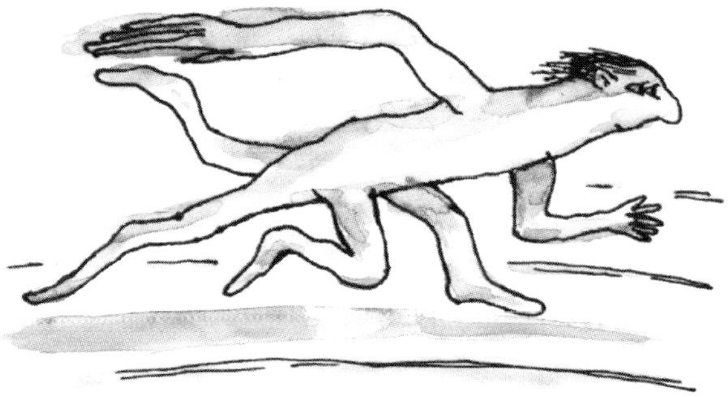

4 A Dans les lignes 1 à 14, quelle expression utilisée à deux reprises révèle le point de vue du narrateur sur le comportement de Mario ? Que révèle le ton ironique du narrateur ?

B Dans les lignes 15 à 47, relevez deux verbes particulièrement connotatifs qui renforcent le point de vue du narrateur sur le comportement de Mario.

C Dans la suite du texte, le narrateur répète encore trois fois l'expression relevée en A. Est-ce, dans chaque cas, pour les mêmes raisons ? Justifiez votre réponse.

5 Dans les lignes 50 à 79, relevez cinq mots ou ensembles de mots connotatifs qui révèlent le jugement favorable du narrateur sur les capacités de coureur de Mario.

6 Dans le paragraphe suivant (lignes 92 à 105), relevez un passage dans lequel le narrateur utilise deux comparaisons pour nous faire comprendre pourquoi il parle de Mario dans ces termes : *le formidable et fragile animal*... (ligne 82).

A Associez chacun des éléments de ces comparaisons au mot *formidable* ou au mot *fragile*.

B Que révèlent ces comparaisons sur le point de vue du narrateur ?

7 Certains textes littéraires ont une visée moralisatrice. Parfois les héros sont présentés comme des modèles à imiter, d'autres fois comme des modèles à éviter. Selon vous, quelle pourrait être la visée du texte *Le Champion* ?

PROLONGEMENT

Dans la nouvelle *Le Champion*, relevez les mots et les ensembles de mots liés à l'univers de la course.

ACTIVITÉ DE GRAMMAIRE

LE DISCOURS RAPPORTÉ

GOC 304

Relisez les lignes 1 à 29 de la nouvelle *Le Champion*. Rédigez une séquence dialogale qui pourrait être insérée dans le texte après la phrase *D'où nos refus*. Dans cette séquence dialogale, Mario doit confier ses malheurs à sa mère qui, elle, l'encourage et lui prodigue des conseils. Utilisez des verbes introducteurs qui révèlent l'état psychologique des personnages et tenez compte du système des temps verbaux qui précède l'insertion de la séquence.

COMPRÉHENSION DE TEXTE

TEXTES

PAGE 89 *Le Portrait ovale*

➲ Lisez la nouvelle *Le Portrait ovale* en prêtant une attention particulière aux éléments qui révèlent le POINT DE VUE du narrateur.

LE CONTENU

1 A Le texte d'Edgar Allan Poe commence par des séquences descriptives dans lesquelles le narrateur présente les principales composantes de l'univers narratif. Quelles sont ces composantes ?

B À quel temps la plupart des verbes de ces séquences descriptives sont-ils conjugués ?

C Dans ces séquences, à quel temps les verbes employés pour relater des événements de premier plan sont-ils conjugués ?

2 Après la lecture des lignes 1 à 31, l'univers de cette nouvelle vous semble-t-il vraisemblable ou fantastique ? Pourquoi ?

L'ORGANISATION

3 A En une phrase, résumez l'état psychologique du personnage principal dans la situation initiale.

B Quel événement vient perturber l'équilibre de ce personnage ? Indiquez à quelle ligne vous avez trouvé votre réponse.

4 L'extrait suivant évoque l'évolution de l'état du personnage principal du début à la fin de l'histoire : [...] *qui d'abord m'avait* ***fait tressaillir****, et finalement m'avait* ***confondu, subjugué, épouvanté****.* (ligne 96)

Dans les lignes 40 à 105, relevez les événements qui ont marqué les quatre étapes de cette évolution et les passages qui les révèlent.

5 A Parmi les séries d'événements suivantes, choisissez celle qui décrit le mieux l'organisation de cette nouvelle.

Série 1
- La blessure du voyageur
- La découverte du candélabre
- L'histoire du portrait ovale
- La mort du voyageur

Série 2
- L'arrivée du voyageur au château
- La découverte du portrait ovale
- L'histoire du portrait ovale
- La mort du modèle du portrait ovale

Série 3
- L'arrivée du voyageur au château
- La découverte du portrait ovale
- La vie du modèle du portrait ovale
- La mort du voyageur

B Quel est le dénouement de cette nouvelle ? Commencez votre réponse par *Le personnage principal découvre...*

6 La situation finale de cette nouvelle n'est pas rapportée.

A Quel mot de l'extrait cité au numéro 4 décrit l'état psychologique du personnage principal à la fin de la nouvelle ?

B Rédigez une ou deux phrases que vous pourriez ajouter à la fin du texte en guise de situation finale et qui pourraient constituer un dénouement inattendu de l'histoire du narrateur et de son valet.

7 Élaborez le schéma narratif de cette nouvelle.

8 Les lignes 66 à 84 (... *d'une personne vivante*) constituent une séquence descriptive.

A Qu'est-ce qui y est décrit ?

B Quels aspects de cet objet sont décrits ?

C Quelle impression se dégage de cette description (joie, tristesse, mystère, peur, etc.) ?

9 Récrivez la phrase qui commence par les mots *Et en vérité* (lignes 140 à 146) en conservant le même début, mais en remplaçant la suite par une séquence dialogale entre deux visiteurs qui échangeraient des commentaires sur le portrait qu'ils admirent.

Et en vérité, ceux qui contemplaient le portrait parlaient à voix basse :

10 Analysez la reprise et la progression de l'information mises en place dans le récit du deuxième narrateur (lignes 106 à 167) pour caractériser la jeune fille qui sert de modèle au peintre.

LE POINT DE VUE

11 Les événements de cette nouvelle sont rapportés par deux narrateurs.

A Indiquez les lignes dans lesquelles le premier narrateur raconte l'histoire.

B Indiquez les lignes dans lesquelles le second narrateur raconte l'histoire.

C Relevez deux indices textuels qui marquent le début du deuxième récit.

12 Les récits de ces deux narrateurs témoignent chacun d'un événement fantastique.

A De quel événement fantastique le premier narrateur témoigne-t-il ?

B De quel événement fantastique le second narrateur témoigne-t-il ?

C Quel est le lien entre ces deux événements ?

D Dans l'encadré qui suit, choisissez la raison pour laquelle l'auteur a fait intervenir le récit du second narrateur.

① Pour expliquer pourquoi le personnage principal est malade.
② Pour donner plus de crédibilité à l'événement fantastique dont a été témoin le premier narrateur.
③ Pour rassurer le premier narrateur.
④ Pour annuler l'effet de l'événement fantastique dont a été témoin le premier narrateur.

13 Le premier récit constitue un témoignage visuel de l'événement fantastique rapporté tandis que le second récit constitue un témoignage écrit. Répondez aux questions suivantes pour chacun des récits.

A Le récit est-il écrit à la première ou à la troisième personne ? Justifiez votre réponse.

B Qui fait le récit ?

C Dans quel lieu l'histoire se déroule-t-elle ?

D Le narrateur est-il un narrateur externe, témoin ou participant ? Pourquoi ?

14 Dans les lignes 1 à 31, relevez les passages qui révèlent ce que pense le narrateur du lieu où il se trouve et précisez à quelles ressources linguistiques l'auteur a eu recours pour exprimer ce point de vue.

PROLONGEMENT

1. a) Relevez tous les noms propres dans le premier récit, précisez ce qu'ils désignent et déterminez leur rôle. — Le lexique ◀◀ **PR 101**
b) Quelle est l'origine des mots *arabesque* (ligne 13) et *moresque* (ligne 76) ? À quel élément ces mots sont-ils associés ?

2. Dans la nouvelle, relevez les mots et les ensembles de mots liés à l'univers des arts visuels et qui révèlent l'utilisation d'un registre de langue soigné. — Les registres de langue ◀◀ **PR 102**

3. Analysez la reprise et la progression de l'information mises en place dans ce texte pour caractériser le portrait ovale. — La cohérence textuelle ◀◀ **PR 103**

4. Analysez les séquences textuelles des lignes 1 à 31 de la nouvelle en faisant ressortir le rôle de chacune dans l'évolution du récit. — Les séquences textuelles ◀◀ **PR 104**

5. Analysez le point de vue dans le deuxième récit (lignes 106 à 167). — Le point de vue ◀◀ **PR 105**

INTERTEXTUALITÉ

Comparez les nouvelles *Le Tableau* (*TEXTES*, page 93) et *Le Portrait ovale* (*TEXTES*, page 89) en faisant ressortir les ressemblances et les différences.

ANALYSE DE TEXTE

TEXTES

PAGE 77 *La Parure* (Guy de Maupassant)
PAGE 83 *Un beau tumulte !* (Anton Tchekhov)
PAGE 131 *Un crime vraiment parfait* (Ray Bradbury)

1 Poursuivez l'analyse de la nouvelle littéraire que vous avez choisie à la page 220 en précisant les caractéristiques du **point de vue** adopté à l'aide des numéros 12 à 15 de la fiche *Pour lire et analyser une nouvelle littéraire* (page 212). En vous inspirant de l'analyse du texte *Nous sommes des salauds* présentée aux pages 213 à 215 de ce manuel, rédigez la troisième partie du développement de votre texte d'analyse.

2 Rédigez la version finale de votre analyse en vous référant aux numéros 16 à 21 de la fiche *Pour lire et analyser une nouvelle littéraire.* Rédigez une introduction, relisez les parties déjà écrites sur le contenu, l'organisation et le point de vue et apportez les modifications nécesssaires. Rédigez une conclusion.

ACTIVITÉS D'ÉCRITURE

1 Adopter un point de vue engagé

Récrivez les lignes 1 à 13 de la nouvelle ***Le Portrait ovale*** (*TEXTES*, page 89) de manière que le narrateur exprime des jugements extrêmement favorables sur le château où il se réfugie. Utilisez les ressources linguistiques présentées dans la section 3.2 (page 84) de l'unité *PR 105 – Le point de vue.*

LA CONJUGAISON GOC 304

Modifiez le temps des verbes de cette partie du texte en utilisant le présent plutôt que l'imparfait comme temps verbal principal de la description. Faites les modifications nécessaires dans les verbes conjugués aux temps composés.

2 Adopter un point de vue distancié

Imaginez que Mario, le héros de la nouvelle ***Le Champion*** (*TEXTES*, page 169), laisse le narrateur complètement indifférent. Récrivez les lignes 51 à 69 (*Il envisagea* [...] *d'une beauté inouïe*) en adoptant ce point de vue.

LE DISCOURS RAPPORTÉ GOC 306

Insérez dans votre texte des paroles de l'instituteur de Mario qui révèlent le même point de vue. Rapportez ces paroles à l'aide du discours indirect.

3 Choisir un narrateur

Récrivez les lignes 54 à 62 et 69 à 77 de la nouvelle ***La Balade des siècles*** (*TEXTES*, page 110) comme si le narrateur était Amr.

LE DISCOURS RAPPORTÉ GOC 306

Dans votre texte, modifiez la ponctuation après [...] *sollicite doucement le gardien* (ligne 73) et insérez une parole rapportée en discours direct.

SYNTHÈSE

TEXTE DE RÉFÉRENCE
Le Fataliste,
TEXTES, page 117.

Avant de lire

1 **A** Que répondriez-vous à quelqu'un qui vous dirait que dans la vie, tout est fixé à l'avance, même l'événement le plus banal ?

B Qu'évoquent pour vous les mots *destin, prédestination, hasard, destinée, fatalité* et *synchronicité* ?

➲ Lisez la nouvelle *Le Fataliste*.

Reconstituer le contenu du texte

2 Dans les lignes 1 à 30 et 100 à 118, Isaac Bashevis Singer décrit de façon très précise l'univers dans lequel se déroule l'histoire.

A Présentez les éléments de cet univers (personnages, lieux, époque) et leurs principales caractéristiques.

B L'univers décrit est-il vraisemblable ou fantastique ? Pourquoi ?

3 **A** À quelle communauté religieuse les personnages de l'histoire appartiennent-ils ?

B Dans les lignes 1 à 99, relevez un champ lexical propre à cette communauté et écrivez les mots trouvés dans l'organisateur graphique suivant :

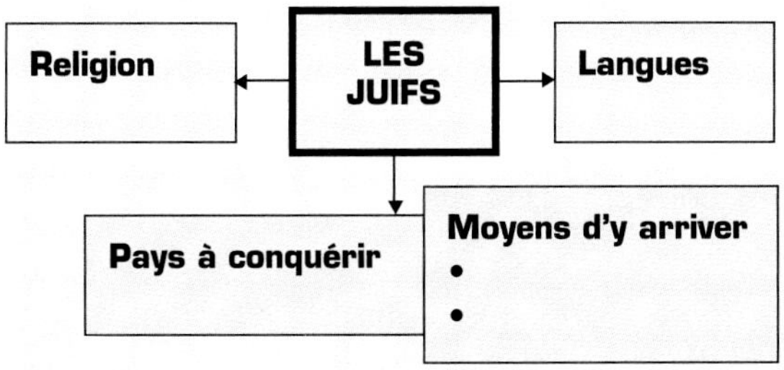

4 Cette nouvelle est construite autour d'une croyance du personnage principal.

A Justifiez cette affirmation à l'aide d'extraits du texte.

B Tout au long de l'intrigue, cette croyance régit l'attitude de Benjamin envers la vie. Que révèle la dernière phrase du texte sur l'évolution du personnage principal ? Imaginez les raisons de cette évolution.

Reconstituer l'organisation du texte

5 Élaborez le schéma narratif du texte *Le Fataliste* en tenant compte des divisions suivantes :

A lignes 1 à 99

B lignes 100 à 145

C lignes 146 à 162

D lignes 163 à 217

E lignes 218 à 288 (... *mes veines.*)

F lignes 288 (*À ce moment*...) à 302

G lignes 303 à 325

6 Si vous deviez faire le plan du texte *Le Fataliste*, quelles lignes constitueraient :

A l'introduction ?

B le développement ?

C la conclusion ?

7 Classez les événements de l'encadré :

A selon l'ordre dans lequel ils sont rapportés dans le récit ;

B selon l'ordre dans lequel l'histoire s'est réellement déroulée.

① Arrivée de Benjamin Schwartz dans la petite ville.
② Le secrétaire raconte l'histoire de Benjamin Schwartz, le Fataliste.
③ Heyele Minz regrette son défi.
④ L'occupation autrichienne prend fin.
⑤ Benjamin Schwartz propose à Heyele Minz de l'épouser.
⑥ Benjamin Schwartz relève le défi.
⑦ Heyele Minz lance un défi à Benjamin Schwartz.
⑧ Benjamin Schwartz pose des conditions avant de relever le défi de Heyele.
⑨ Heyele Minz se fiance à Ozer Rubinstein.
⑩ Le secrétaire tremble à la pensée des événements passés.
⑪ Benjamin Schwartz enseigne l'allemand.
⑫ Benjamin Schwartz est employé des archives.

8 L'auteur du texte *Le Fataliste* a utilisé des séquences descriptives pour présenter les deux personnages principaux de cette histoire.

A Dans quelles lignes présente-t-il Benjamin Schwartz pour la première fois ?

B Dans quelles lignes décrit-il Heyele Minz pour la première fois ?

C Pour chacun de ces extraits, reproduisez une fiche semblable à la suivante et remplissez-la.

- Ce qui est décrit :
- Temps de la plupart des verbes :
- Principales caractéristiques :

9 Dans les lignes 1 à 99, relevez la séquence explicative qui fait comprendre pourquoi Benjamin Schwartz était surnommé *le Fataliste* et présentez-la dans un organisateur graphique semblable au suivant :

POURQUOI ? → Parce que

10 Les passages correspondant aux lignes suivantes constituent des séquences dialogales.

- Précisez qui sont les interlocuteurs dans chacune de ces séquences.
- Relevez les indices qui vous ont permis de repérer chacune d'elles.
- Précisez le rôle de chacune dans le récit.

A lignes 56 à 69 **B** lignes 188 à 198 **C** lignes 308 à 325

11 En quoi la séquence dialogale des lignes 308 à 325 est-elle différente des deux autres séquences ?

Discerner le point de vue adopté dans le texte

12 Dans ce récit, il y a des relais de narration. Reproduisez un tableau semblable au suivant et remplissez-le de manière à montrer la présence des deux narrateurs dans le texte et les répercussions qu'entraînent les changements de narrateur.

Parties du texte et narrateur	Indices linguistiques	S'il y a lieu, pronoms et groupes du nom qui désignent ou qui reprennent : a) le premier narrateur c) Benjamin Schwartz b) le deuxième narrateur d) Heyele Minz
Ex. : Lignes 1 à 9 Premier narrateur (un professeur d'hébreu)	La présence de pronoms de la première personne.	a) Premier narrateur : *j'* (lignes 4, 5 et 9), *me* (ligne 12) b) Deuxième narrateur : *le secrétaire du Mouvement des Jeunes Sionistes* (ligne 8) c) Benjamin Schwartz : - *quelqu'un* (ligne 5) - *Benjamin «le fataliste»* (ligne 6) - *cet homme* (ligne 8) d) Heyele Minz : ne s'applique pas.

13 Lequel des deux récits constitue un retour en arrière : celui du premier narrateur ou celui du second ? Pourquoi ?

14 Analysez le point de vue du narrateur dans les lignes 163 à 207. Justifiez votre analyse à l'aide d'extraits du texte. Au besoin, référez-vous à la section 6 de l'unité *PR 105 – Le point de vue* (page 87).

Réagir au texte

15 Analysez la nouvelle *Le Fataliste* et dites ce que vous en pensez en vous appuyant sur des éléments du texte. Écrivez un paragraphe d'environ 100 mots (10 lignes) dans lequel vous parlerez de l'histoire (univers), des thèmes abordés, de la manière de raconter (organisation et point de vue) et de l'intérêt suscité par cette nouvelle. Commencez votre analyse par l'énoncé *Cette nouvelle est (bonne / médiocre) parce que…*

Évaluer sa démarche de lecture

16 A Remplissez une fiche semblable à la suivante afin de rendre compte de votre démarche de lecture et de déterminer si les difficultés que vous avez éprouvées sont attribuables aux caractéristiques du texte, à une mauvaise compréhension des connaissances sur le texte narratif ou aux activités elles-mêmes.

B Selon les difficultés décélées, précisez les moyens que vous prendrez pour améliorer vos résultats lors de l'évaluation sommative.

ÉVALUATION DE LA DÉMARCHE DE LECTURE

Le texte

- À la première lecture, le texte *Le Fataliste* m'a semblé (facile / difficile) parce que .
- J'ai commencé à lire ce texte avec (beaucoup / plus ou moins / peu) d'intérêt parce que .

Les connaissances

- Au fil de la lecture, j'ai pu (facilement / difficilement) utiliser les connaissances sur le texte narratif présentées dans la rubrique *L'essentiel*, notamment .

Les activités

- De façon générale, les activités ont (beaucoup / plus ou moins / peu) facilité ma compréhension du texte.
- J'ai trouvé les consignes difficiles parce que:
  - ▫ les connaissances qui s'y rattachaient étaient obscures pour moi;
  - ▫ la formulation des questions me causait des difficultés;
  - ▫ je ne comprenais pas certains mots dans le texte ou dans les consignes.

TT 203 Le texte dramatique

TT 201 Le texte argumentatif
TT 202 Le texte narratif
TT 203 Le texte dramatique
TT 204 Le texte poétique

TEXTE D'OBSERVATION

Knock

Knock est un faux médecin, nouvellement arrivé dans un village. ***Il prétend que toute personne en santé est un malade qui s'ignore.*** *Profitant d'une consultation gratuite, deux gars tentent de s'amuser à ses dépens.*

❺ Évolution psychologique

ACTE II, SCÈNE VI

KNOCK, LES DEUX GARS DE VILLAGE

❷ (Didascalie)

KNOCK, *à la cantonade.*

❶A Phase d'ouverture

Mais, Mariette, qu'est-ce que c'est que tout ce monde ? *(Il regarde sa montre.)* Vous avez bien annoncé que la consultation gratuite cessait à onze heures et demie ?

❹ Champs lexical : la médecine.

LA VOIX DE MARIETTE

Je l'ai dit. Mais ils veulent rester.

❶B Phase d'interaction

❷ (Didascalie)

KNOCK

Insouciance

Quelle est la première personne ? *(Deux gars s'avancent.* ***ILS SE RETIENNENT DE RIRE,*** *se poussent le coude, clignent de l'œil,* ***POUFFANT SOUDAIN****. Derrière eux, la foule s'amuse de leur manège et devient assez bruyante.* ***Knock feint de ne rien remarquer****.)* Lequel de vous deux ?

❼ Ton caricatural

❶A Phase d'ouverture

❶ 1re séquence dialogale (échange)

Insouciance

LE PREMIER GARS, *regard de côté,* ***DISSIMULATION DE RIRE ET LÉGÈRE CRAINTE.***

HI ! HI ! HI ! Tous les deux. **HI ! HI ! HI !**

❶B Phase d'interaction

KNOCK

Vous n'allez pas passer ensemble ?

LE PREMIER

Insouciance

SI ! SI ! HI ! HI ! SI ! SI ! ***(RIRES À LA CANTONADE.)***

KNOCK

Je ne puis pas vous recevoir tous les deux à la fois. Choisissez. D'abord, il me semble que je ne vous ai pas vus tantôt. Il y a des gens avant vous.

❶ 2e séquence dialogale

LE PREMIER

Ils nous ont cédé leur tour. Demandez-leur. HI ! HI ! ***(RIRES ET GLOUSSEMENTS.)***

LE SECOND, *enhardi.*

Nous deux, on va toujours ensemble. On fait la paire. **HI ! HI ! HI !** ***(RIRES À LA CANTONADE.)***

❸ Moteur de l'action But : déstabiliser.

KNOCK, *il se mord la lèvre et du ton le plus froid :*

Entrez. *(Il referme la porte. Au premier gars.)* Déshabillez-vous. *(Au second, lui désignant une chaise.)* Vous, asseyez-vous là. *(Ils échangent encore des signes, et gloussent,* ***MAIS EN SE FORÇANT UN PEU.)***

Incertitude

LE PREMIER, *il n'a plus que son pantalon et sa chemise.*

Faut-il que je me mette tout nu ?

KNOCK

Enlevez encore votre chemise. *(Le gars apparaît en gilet de flanelle.)* Ça suffit. *(Knock s'approche,* ***tourne autour de l'homme, palpe, percute, ausculte, tire sur la peau, retourne les paupières, retrousse les lèvres****. Puis il va prendre un laryngoscope à réflecteur, s'en casque lentement,* ***en projette soudain la lueur aveuglante sur le visage du gars, au fond de son arrière-gorge, sur ses yeux.*** *Quand l'autre est maté, il lui désigne la chaise longue.)* Étendez-vous là-dessus. Allons. Ramenez les genoux. *(Il palpe le ventre, applique çà et là le stéthoscope.)* Allongez le bras. *(Il examine le pouls. Il prend la pression artérielle.)* Bien. Rhabillez-vous. *(Silence. L'homme se rhabille.)* Vous avez encore votre père ?

❹ Champ lexical

❼ Ton caricatural

LE PREMIER

Non, il est mort.

18 Phase d'interaction

KNOCK

De mort subite ?

LE PREMIER

Oui.

KNOCK

C'est ça. Il ne devait pas être vieux ?

LE PREMIER

Non, quarante-neuf ans.

KNOCK

Incertitude

Si vieux que ça ! *(Long silence.* ***LES DEUX GARS N'ONT PAS LA MOINDRE ENVIE DE RIRE.*** *Puis Knock va fouiller dans un coin de la pièce contre un meuble et rapporte de grands cartons illustrés qui représentent les principaux organes chez l'alcoolique avancé, et chez l'homme normal. Au premier gars, avec courtoisie.)* Je vais vous montrer dans quel état sont vos principaux organes. Voilà les reins d'un homme ordinaire. Voici les vôtres. ***(Avec des pauses.)*** Voici votre foie. Voici votre cœur. Mais chez vous, le cœur est déjà plus abîmé qu'on ne l'a représenté là-dessus.

4 Champ lexical

7 Ton caricatural

Puis Knock va tranquillement remettre les tableaux à leur place.

Trouble

LE PREMIER, ***TRÈS TIMIDEMENT.***

Il faudrait peut-être que je cesse de boire ?

KNOCK

Vous ferez comme vous voudrez.

Un silence.

LE PREMIER

Est-ce qu'il y a des remèdes à prendre ?

KNOCK

Ce n'est guère la peine. *(Au second.)* À vous, maintenant.

LE PREMIER

Grande inquiétude

SI VOUS VOULEZ, MONSIEUR LE DOCTEUR, JE REVIENDRAI À UNE CONSULTATION PAYANTE ?

KNOCK

C'est tout à fait inutile.

LE SECOND, *TRÈS PITEUX.*

Je n'ai rien, moi, monsieur le docteur.

KNOCK

Qu'est-ce que vous en savez ?

LE SECOND, *IL RECULE EN TREMBLANT.*

Je me porte bien, monsieur le docteur.

KNOCK

Alors pourquoi êtes-vous venu ?

LE SECOND, *même jeu.*

Pour accompagner mon camarade.

KNOCK

Il n'était pas assez grand pour venir tout seul ? Allons ! déshabillez-vous.

❶c Phase de clôture

LE SECOND, *il va vers la porte.*

Panique

NON, NON, MONSIEUR LE DOCTEUR, PAS AUJOURD'HUI. JE REVIENDRAI, MONSIEUR LE DOCTEUR.

Silence. Knock ouvre la porte. On entend le brouhaha des gens qui rient d'avance. Knock laisse passer les deux gars, ***QUI SORTENT AVEC DES MINES DIVERSEMENT HAGARDES ET TERRIFIÉES*** *et traversent la foule soudain silencieuse comme à un enterrement.*

Terreur

RIDEAU

Jules Romains, *Knock ou Le triomphe de la Médecine*,
© Éditions Gallimard, coll. «Folio», 1989.

vers L'ESSENTIEL

Les mises en évidence et les annotations du **TEXTE D'OBSERVATION** vous ont permis de découvrir certaines caractéristiques des textes dramatiques telles les pièces de théâtre. Pour en savoir davantage sur ce type de texte, résumez les connaissances des pages 244 à 255 en reproduisant et en remplissant la fiche *Prise de notes* qui suit.

Prise de notes

LE TEXTE DRAMATIQUE
(La pièce de théâtre)

TEXTE DRAMATIQUE

Déf.: ______

______ : – tragédie – drame – comédie

Composantes: dialogues (dial.) et didascalies (did.).

LE CONTENU

1. ______ : personnages, action, cadre de l'action, objets.

2. <u>Les personnages</u>
   - Rapports: ______ ou ______
   - Valeurs: ______

3. <u>L'action</u>
   - Moteur de l'action: ______
   - Cadre de l'action: – ______ – ______ – ______

4. <u>Les indices qui révèlent l'univers:</u>
   – ______ – ______ – ______

L'ORGANISATION

Parties de texte qui ne sont pas des séquences dialogales: – ______ – ______ – ______

Divisions du TD: ______ , ______ et ______

Faire le plan, c'est ______

Schéma de la séq. dial.

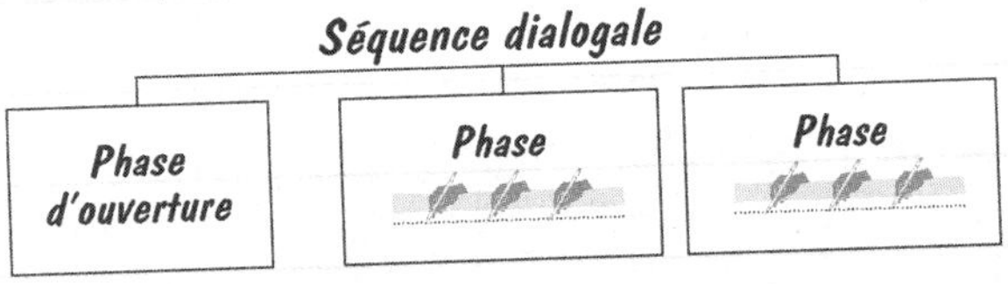

Histoire: ______

Récit: ______

Insertions de séq.: ______ : permettent, par d'autres moyens que les dial. et les did., de communiquer des renseignements importants de l'histoire.

LE POINT DE VUE

– Présence de l'auteur: absence dans les ______ mais ______ dans les did.

– Rapport auteur/sujet: attitude ______ ou ______

– Le ton: ______ , ______ , ______ , ______ , ______ ou ______

– But du texte: visée ______ ou ______

Le texte dramatique
(La pièce de théâtre)

LE TEXTE DRAMATIQUE

Depuis ses origines, qui remontent à l'Antiquité grecque, le théâtre a toujours été d'abord un spectacle, ce que confirme l'étymologie du mot *théâtre*, nom de la même famille que le verbe grec *theomai*, signifiant «regarder». La pièce de théâtre est aussi un texte littéraire qui peut être analysé indépendamment du spectacle qu'on peut en tirer.

En observant un **texte dramatique**, on se rend rapidement compte que sa présentation diffère de celle du conte, de la nouvelle ou du roman. En effet, le texte dramatique présente des caractéristiques textuelles spécifiques qui permettent de bien se représenter l'univers créé par l'auteur ou l'auteure. Bien qu'on puisse le lire comme une œuvre littéraire, il est d'abord conçu pour être **analysé par un metteur ou une metteure en scène**, puis **interprété par des comédiens et des comédiennes**.

La mise en scène

La mise en scène consiste à concevoir et à coordonner la **représentation** d'une pièce de théâtre. Le metteur ou la metteure en scène doit interpréter les indications scéniques de l'auteur ou de l'auteure et comprendre les thèmes de la pièce. Il ou elle prévoit le jeu des interprètes et les mouvements scéniques. Avec les personnes responsables des décors, des costumes, des éclairages, de la musique, etc., le metteur ou la metteure en scène prévoit aussi tous les autres aspects de la représentation.

Le metteur ou la metteure en scène prend parfois la liberté d'interpréter l'univers d'une pièce de théâtre et de le transformer tout en respectant le dialogue original. Ainsi, dans les années 1990, la pièce *Le Misanthrope* de Molière a été mise en scène par une troupe québécoise avec comme décor un salon de la fin du XXe siècle et des costumes contemporains.

Les genres de textes dramatiques

Selon les époques et les civilisations, la pièce de théâtre a revêtu diverses formes. De cette évolution nous proviennent trois grands genres de textes dramatiques possédant leurs caractéristiques propres (thèmes, organisation, écriture, etc.): la tragédie, le drame et la comédie.

La tragédie est une pièce de théâtre qui met en scène des personnages généralement illustres ou légendaires aux prises avec un destin malheureux et, le plus souvent, fatal. La tragédie vise à exciter la terreur ou la pitié par la représentation d'un grand malheur et des émotions qu'il provoque. Sophocle (*Antigone*, v. -442), William Shakespeare (*Roméo et Juliette*, 1595) et Racine (*Phèdre*, 1677) comptent parmi les plus grands tragédiens de l'histoire du théâtre.

Le drame est également une pièce de théâtre représentant des événements douloureux ou violents, mais, contrairement à la tragédie, il comporte des éléments réalistes, familiers et peut parfois comporter des éléments comiques comme dans les pièces *Tit-Coq* (1948) de Gratien Gélinas et *Bilan* (1969) de Marcel Dubé.

La comédie est une transposition dans laquelle on rit de certains travers humains en oubliant, le temps de la représentation, qu'on agit souvent de la même façon. Molière, avec des pièces comme *L'Avare*, *Tartuffe*, *Les Précieuses ridicules* et *Le Malade imaginaire*, peut être considéré comme le père de la comédie française. La farce, le vaudeville, le burlesque et le théâtre de boulevard sont des sous-genres de la comédie.

Les dialogues et les didascalies

Écrit en prose ou en vers, le texte dramatique est constitué de **dialogues** et d'indications de mise en scène appelées **didascalies**.

▶ ❶ *Knock*

Reflétant les caractéristiques de la conversation orale, les **dialogues** sont des **échanges de répliques** entre deux ou plusieurs personnages. Ils constituent l'essentiel du texte et révèlent plusieurs détails importants sur les personnages, les types de relations qu'ils entretiennent, les actions qu'ils accomplissent, l'époque, le temps et l'espace dans lesquels se déroulent les événements, et sur le point de vue adopté dans le texte. Cette organisation en dialogues permet de définir le texte dramatique comme une **structure hiérarchisée d'échanges** appelés **séquences dialogales**.

▶ ❷ *Knock*

Le mot *didascalie* vient du grec *didaskalia*, qui signifie «enseignement». Dans l'Antiquité, le poète dramatique donnait aux acteurs des instructions sur la manière dont ils devaient jouer une pièce. Les didascalies sont des **indications scéniques** insérées dans le texte pour aider le metteur ou la metteure en scène à reconstituer l'univers sonore et visuel de la pièce et pour guider les acteurs et les actrices dans leur interprétation. Pour les distinguer des dialogues, ces indications sont souvent mises entre **parenthèses** ou écrites en **italique**.

Tout comme les dialogues, les didascalies sont d'excellentes sources de renseignements sur les personnages, les liens qui existent entre eux, les rapports qu'ils entretiennent, les gestes qu'ils font (l'action), l'époque, le temps et l'espace dans lesquels se déroulent les événements, et sur le point de vue adopté dans le texte. Dans le ***Texte d'observation*** (pages 239 à 242), les didascalies sont en caractères de couleur verte.

1 LE CONTENU DES TEXTES DRAMATIQUES

1.1 L'UNIVERS NARRATIF

Comme le conte, la nouvelle et le roman, le texte dramatique raconte une **histoire** qu'on peut résumer, dont on peut analyser les personnages et qu'on peut reconstituer à l'aide d'un schéma narratif. Chaque texte dramatique évoque un univers narratif particulier dont les composantes sont les **personnages**, l'**action**, le **cadre de l'action** (l'**époque**, le **temps** et l'**espace**) et les **objets**.

1.1.1 Les personnages

Les caractéristiques des personnages

Dans les textes dramatiques, les didascalies et les dialogues aident à découvrir les caractéristiques des personnages.

Les **didascalies** fournissent des indications sur l'**aspect physique** des personnages et donnent des précisions sur leurs costumes. En outre, en précisant les gestes, la mimique, le débit et le ton que les personnages doivent adopter, les didascalies révèlent leurs **caractéristiques psychologiques, linguistiques** ou **socioculturelles**.

Ex.: Dans la pièce *Knock* (pages 239 à 242), c'est presque exclusivement à la lecture des didascalies qu'on découvre l'évolution des deux gars: ils sont d'abord joyeux et insouciants, mais ils finissent par être inquiets de leur santé.

Lors de la représentation scénique, les traces concrètes de l'existence des personnages résident principalement dans les **dialogues**. C'est par les conversations qu'on peut découvrir les **traits psychologiques**, **linguistiques** (accent, expressions particulières, utilisation d'anglicismes, de québécismes, etc.), **caractériels** (timide, prompt, colérique, etc.) ou **socioculturels** (rang social, profession, goûts, intérêts, registre de langue utilisé, etc.) d'un personnage.

LES RAPPORTS ENTRE LES PERSONNAGES

Au-delà des **caractéristiques** des personnages et des **liens** qui les unissent (frère/sœur, père/fille, mère/fils, patron/employé, etc.), il existe tout un système de relations dont dépendent les **rapports** entre les personnages et la compréhension de l'intrigue. Les rapports entre les personnages peuvent être harmonieux ou conflictuels.

Lorsque les personnages entretiennent des **rapports harmonieux**, ils se considèrent comme des égaux et se reconnaissent les mêmes droits. Les dialogues permettent de déceler qu'ils entretiennent des relations positives: **l'amour, l'entraide, la concession, le réconfort, la confiance, la solidarité, l'amitié,** etc.

Si les personnages entretiennent des **rapports conflictuels**, c'est qu'ils ne partagent pas les mêmes valeurs et que certains se reconnaissent des privilèges exclusifs. Les dialogues permettent de constater qu'ils prennent plaisir à se contrarier, qu'ils s'irritent constamment et qu'ils se confrontent parfois. Les relations sont tendues et reflètent **la haine, le blâme, l'agression, l'accusation, l'exploitation, la domination, l'influence,** etc.

Les didascalies permettent également de déduire les rapports entre les personnages. En effet, les indications de l'auteur ou de l'auteure sur les attitudes, les comportements, la posture, les gestes, le ton à adopter indiquent si les personnages entretiennent des rapports harmonieux ou conflictuels.

LES THÈMES ET LES VALEURS

(page 87) ◀◀ PR 105

Les thèmes sont **les sujets ou les idées dont il est question dans la pièce**. Ils reviennent fréquemment dans les dialogues et les réflexions des personnages. Un texte dramatique peut aborder plusieurs thèmes secondaires, mais il s'articule généralement autour d'un seul thème central, par exemple l'amour, la vengeance, l'honneur, etc.

Les valeurs se greffent sur le thème central. Ce sont les **croyances** auxquelles les personnages accordent beaucoup d'importance ou les **idéaux qu'ils cherchent à atteindre et à défendre**. Les personnages peuvent véhiculer des valeurs liées à la politique, à la culture, à l'économie, à l'amour, à l'amitié, etc.

Les valeurs peuvent aussi être associées aux **lieux** et à l'**époque** représentés dans le texte. Ainsi, selon que l'action se déroule dans un monastère ou dans une grande entreprise, les valeurs seront très différentes. Dans un monastère, la prière et le partage prédomineront alors que dans une grande entreprise, la réussite et l'ambition inciteront les personnages à agir.

1.1.2 L'action

Contrairement au texte narratif où les péripéties sont racontées par le narrateur, dans le texte dramatique, l'action (les péripéties) se déroule à travers les dialogues. Toute l'intrigue progresse à partir d'un élément qui **incite les personnages à agir**, le **moteur de l'action**, dans un temps et un espace donnés. Ce peut être, par exemple, un quiproquo, un chassé-croisé amoureux, une ruse, une fuite, un rapport conflictuel entre deux personnages, un événement historique ou un fait de société important.

Le moteur de l'action

▶ ❸ *Knock*

Le **moteur de l'action** entraîne les personnages à résoudre des conflits et à surmonter des obstacles pour atteindre un but précis. Le moteur de l'action est la **raison d'agir des personnages**.

Ex.: Dans le ***Texte d'observation*** (pages 239 à 242), Knock veut décontenancer les deux gars qui profitent de la consultation gratuite pour se moquer de lui. C'est la raison qui le fait agir, qui règle tous ses faits et gestes.

Les dialogues permettent de retracer le moteur de l'action.

1.1.3 Le cadre de l'action (l'époque, le temps et l'espace)

Pour préciser le cadre de l'action dans lequel se déroulent les événements d'un texte dramatique, il faut considérer l'époque, le temps et l'espace.

L'époque

Les didascalies qui décrivent l'époque à laquelle l'action se déroule sont souvent placées au début du texte ou au début d'un acte. Parfois l'époque n'est pas décrite précisément mais les **accessoires** et les indications relatives aux **costumes** et aux **décors** constituent de bons indices.

Au fil des dialogues, les personnages peuvent divulguer des renseignements sur l'époque à laquelle se déroule l'histoire (contexte social, économique, culturel, etc.). Les **expressions** et les **mots** utilisés (canadianismes, anglicismes, archaïsmes, etc.) constituent aussi d'excellents indices.

Les indices liés à l'époque sont essentiels, car ils permettent de placer le texte dans son **contexte historique** et aident souvent à mieux comprendre les causes des querelles, des agissements, des révoltes et, globalement, des attitudes des personnages.

Le temps

Les dialogues et les didascalies qui décrivent l'**éclairage** et le **décor** fournissent des indices de temps qui révèlent à quel moment de la journée ou de l'année se déroule l'action. Ces renseignements aident à comprendre la **chronologie** et la **durée** de l'histoire et des divers événements qui la composent.

L'espace (les lieux)

C'est souvent dans les didascalies que l'on trouve le plus de précisions sur les lieux où évoluent les personnages; on y décrit le **décor** et les divers éléments qui contribuent à créer l'atmosphère de la pièce: les **bruits**, la **musique**, etc. La didascalie suivante, par exemple, est intéressante, parce qu'elle donne des indications sur l'espace, le temps, la musique, l'attitude et le déplacement.

Ex.: *Dans une église, à la tombée de la nuit, Manuel entre. Il écoute la musique, regarde autour de lui, se met à genoux.*

François Cervantès, *On a marché sur la terre.*

Dans les dialogues, les personnages peuvent mentionner plusieurs lieux sans qu'ils soient représentés concrètement. Tous les lieux mentionnés peuvent aider à comprendre une situation particulière ou même toute l'intrigue. De plus, ils constituent parfois des indices sur l'époque.

1.1.4 Tableau comparatif

Tout comme la nouvelle littéraire, la pièce de théâtre se construit selon les règles du texte narratif. On y trouve des lieux, des personnages et des péripéties qui se déroulent dans un temps donné. Le tableau suivant présente un parallèle entre la nouvelle littéraire et la pièce de théâtre.

LE TRAITEMENT DES LIEUX, DES PERSONNAGES, DE L'ACTION ET DES DIALOGUES DANS LA NOUVELLE LITTÉRAIRE ET DANS LA PIÈCE DE THÉÂTRE

	La nouvelle littéraire	La pièce de théâtre
Les lieux et les personnages	Les descriptions des lieux et des personnages • sont intégrées au récit du narrateur ou de la narratrice; • sont écrites dans le même style que l'ensemble de la nouvelle; • servent: – à situer l'action, – à représenter l'atmosphère, – à faire connaître un personnage; • sont destinées aux lecteurs et aux lectrices.	Les descriptions des lieux et des personnages • précèdent habituellement les dialogues et sont insérées dans les didascalies; • sont écrites en italique ou placées entre parenthèses; • sont des indications: – pour la mise en scène, – pour la conception des décors et des éclairages, – pour les comédiens et les comédiennes; • sont destinées aux lecteurs et aux lectrices, mais surtout aux responsables de la représentation scénique.
L'action	• Le récit des péripéties est fait par le narrateur ou la narratrice et il est destiné aux lecteurs et aux lectrices. • L'action d'une nouvelle suit habituellement le rythme de l'évolution psychologique du personnage principal selon le modèle du schéma narratif. • Compte tenu de la longueur d'une nouvelle, le texte n'est généralement pas divisé en parties.	• Les péripéties sont représentées sur scène. L'auteur ou l'auteure fournit quelques indications scéniques, mais ce sont surtout les dialogues qui révèlent l'action. • L'action s'organise autour des rapports (harmonieux ou conflictuels) qui existent entre les personnages. • Le texte d'une pièce de théâtre se subdivise habituellement en actes et en scènes de longueurs variables.
Les dialogues	• Généralement, les dialogues n'occupent pas une grande place dans la nouvelle. Ils ne servent qu'à ponctuer le récit. • On y donne souvent de façon plus directe de l'information sur l'histoire ou sur certains personnages. • Les dialogues sont habituellement signalés par des tirets ou des guillemets, et accompagnés de phrases incises.	• Les dialogues constituent la matière première du texte dramatique. Ils expriment directement les rapports qui existent entre les personnages (lutte, conflit, alliance, etc.) et révèlent les événements mis en scène. • On y intègre souvent des séquences narratives pour révéler des événements passés utiles à la compréhension de l'intrigue. • Chaque réplique est habituellement précédée du nom du personnage qui la prononce.

1.1.5 Les indices textuels qui révèlent les caractéristiques de l'univers

En plus des renseignements fournis dans les didascalies, plusieurs indices textuels, explicites ou implicites, permettent de reconnaître les caractéristiques de l'univers d'un texte dramatique.

▶ ❹ *Knock*

Les champs lexicaux permettent de découvrir l'univers particulier dans lequel se déroule une histoire en révélant les **sujets** qui sont abordés dans les dialogues, en situant l'**époque** à laquelle se déroulent les **événements** racontés et en précisant les noms et les caractéristiques des **lieux** où évoluent les personnages. Les champs lexicaux permettent aussi de dégager les **thèmes** abordés par l'auteur ou l'auteure de la pièce de théâtre.

(page 6) ◀◀ **PR 101**

Le lexique, c'est-à-dire les **expressions** et les **mots** utilisés dans les dialogues et les didascalies, peut aussi permettre de découvrir l'univers dans lequel se déroule la pièce de théâtre. Ainsi, des mots empruntés à d'autres langues peuvent révéler que l'action se passe dans un pays étranger alors que des canadianismes ou des québécismes indiquent un contexte québécois. L'emploi d'archaïsmes et d'expressions vieillies peut fournir des indications sur le lieu et sur l'époque à laquelle se déroulent les événements mis en scène (voir, par exemple, *La Complainte des hivers rouges* de Roland Lepage, *TEXTES*, page 4).

(page 22) ◀◀ **PR 102**

Les registres de langue des différents personnages peuvent aussi fournir des indications utiles sur l'univers dans lequel ils évoluent et sur la nature de leurs rapports. Ainsi, si la pièce met en scène des bourgeois et leurs serviteurs, le registre de langue variera selon les personnages qui s'expriment. Le registre de langue peut aussi permettre de situer l'époque à laquelle se déroulent les événements.

2 L'ORGANISATION DES TEXTES DRAMATIQUES

2.1 LA SÉQUENCE DIALOGALE

▶ ❶ *Knock*

Le texte dramatique est construit selon une **structure hiérarchisée d'échanges** organisés selon le modèle de la **séquence dialogale**. La séquence dialogale est généralement constituée d'une **phase d'ouverture**, d'une **phase d'interaction** et d'une **phase de clôture** qu'on peut représenter à l'aide d'un schéma semblable au suivant :

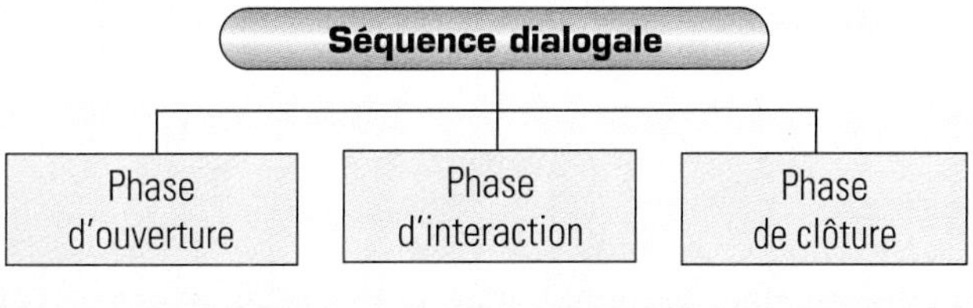

Les séquences dialogales sont souvent **délimitées** par le **départ** ou l'**arrivée** de deux ou plusieurs personnages. Par exemple, dans l'extrait de la pièce *Knock* (pages 239 à 242), il y a deux échanges, donc deux séquences dialogales : la première (lignes 2 à 8), très courte, dans laquelle Mariette et Knock échangent quelques paroles et la seconde (lignes 12 à 101), qui constitue la plus grande partie du texte, dans laquelle Knock et les deux gars échangent des paroles. Les séquences sont délimitées par la fin de l'échange avec Mariette, et par l'arrivée et le départ des deux gars.

▶ 1A *Knock*

- **La phase d'ouverture** est constituée de la réplique qui **initie** (commence) le dialogue entre les personnages.

  Ex.: *KNOCK — Mais, Mariette, qu'est-ce que c'est que tout ce monde ?*

▶ 1B *Knock*

- **La phase d'interaction** est constituée de l'**ensemble des répliques** échangées par les personnages avant que l'un d'eux quitte la scène (départ) ou avant qu'un autre personnage entre en scène (arrivée). La phase d'interaction est généralement la plus longue de l'échange.

  Ex.: *KNOCK — Vous avez bien annoncé que la consultation gratuite cessait à onze heures et demie ?*

  LA VOIX DE MARIETTE — Je l'ai dit. Mais ils veulent rester.

  KNOCK — Quelle est la première personne ?

▶ 1C *Knock*

- La **phase de clôture** est constituée de la **dernière réplique** d'un personnage ou de la première réplique d'un nouveau personnage.

  Ex.: *LE SECOND — Non, non, monsieur le docteur, pas aujourd'hui. Je reviendrai, monsieur le docteur.*

Certaines parties du texte dramatique ne sont pas construites selon le modèle de la séquence dialogale; il s'agit des monologues, des tirades et des textes dits par un chœur.

- **Le monologue** est un discours prononcé par un personnage qui fait des réflexions ou qui analyse ou commente une situation pour lui-même ou pour le public.

  Ex.: Le monologue de don Diègue dans la pièce *Le Cid* (*TEXTES*, page 174, lignes 1 à 25).

- **La tirade** est une longue suite de phrases ou de vers récités sans interruption par un même personnage.

  Ex.: La plus célèbre tirade du théâtre français est la tirade du nez dans *Cyrano de Bergerac* d'Edmond Rostand. Cyrano a un nez hors du commun et dans cette tirade, il répond aux moqueries de ses semblables en comparant son nez à des choses monstrueuses.

- **Le chœur** est constitué de textes dits par un groupe de comédiens ou de comédiennes commentant l'action ou le comportement des personnages.

  Ex.: Le chœur de *La Complainte des hivers rouges* (*TEXTES*, page 5).

Selon leur contenu et leur rôle, le monologue, la tirade et le texte du chœur peuvent être organisés selon le modèle de l'une ou l'autre des séquences suivantes: narrative, descriptive, explicative ou argumentative.

2.2 LES ACTES, LES SCÈNES ET LES TABLEAUX

Le texte dramatique est souvent divisé en grandes sections (entre 3 et 5) appelées **actes**. Les changements d'acte correspondent souvent à des **changements majeurs de lieu, de temps ou d'action.**

Généralement, les actes d'une pièce de théâtre sont subdivisés en **scènes** qui correspondent à l'arrivée ou au départ d'un ou de plusieurs personnages.

Dans certaines pièces, il est difficile de reconstituer la trame de l'histoire. Lorsque le texte dramatique est composé d'une **série d'images et de réflexions portant sur un même thème**, il est divisé en **tableaux** qui peuvent être juxtaposés sans constituer une histoire. Un changement de tableau correspond souvent à la création d'une nouvelle atmosphère. Par exemple, une pièce de théâtre pourrait être constituée de plusieurs tableaux dans lesquels différents personnages viendraient présenter diverses situations liées à la mort (angoisse, sérénité, peur, etc.), sans autres rapports entre elles que ceux que les spectateurs et les spectatrices établiront.

2.3 LE PLAN D'UN TEXTE DRAMATIQUE

Faire le plan d'un texte, c'est rendre compte de l'organisation des paragraphes selon les grandes divisions habituelles (l'introduction, le développement et la conclusion). Faire le plan d'un texte dramatique, **c'est rendre compte de l'organisation du texte** en représentant ses subdivisions, c'est-à-dire en répartissant les composantes de l'histoire dans le prologue et l'épilogue (s'il y a lieu), dans les actes, les scènes ou les tableaux. Voici à quoi pourrait ressembler le plan d'un texte dramatique qui contiendrait un prologue et un épilogue :

PROLOGUE • Description de l'époque • Présentation des personnages • SITUATION INITIALE	
ACTE I, scène 1	ÉLÉMENT DÉCLENCHEUR
ACTE I, scène 2	1RE PÉRIPÉTIE
ACTE II	2E PÉRIPÉTIE
ACTE III, scène 1	3E PÉRIPÉTIE
ACTE III, scène 2	DÉNOUEMENT
ÉPILOGUE	SITUATION FINALE

2.4 LE SCHÉMA NARRATIF D'UN TEXTE DRAMATIQUE

▶ 5 *Knock*

Le texte dramatique raconte une histoire à travers des dialogues; on peut donc reconstituer cette histoire en élaborant un schéma narratif semblable au suivant:

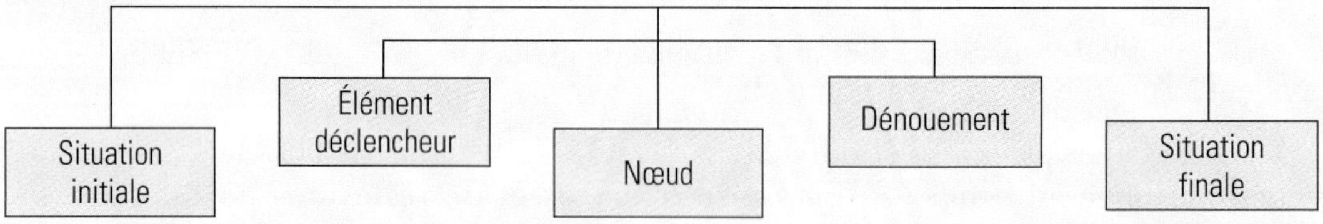

La **situation initiale** est la situation d'équilibre dans laquelle les personnages se trouvent avant que ne commence l'action. L'**élément déclencheur** est l'«étincelle» qui provoque le début de l'action; il bouleverse l'état d'équilibre initial. Le **nœud** constitue le cœur de l'histoire; il comprend les obstacles, les défis, les actions et les péripéties qui font évoluer les personnages vers un retour à l'équilibre initial et conduisent au **dénouement** qui résout l'intrigue. La **situation finale** présente les réactions des personnages par rapport au dénouement et peut se résumer à quelques répliques. Souvent aussi on laisse aux spectateurs et aux spectatrices le loisir d'imaginer la situation finale.

2.5 LA COHÉRENCE TEXTUELLE

2.5.1 L'histoire et le récit

Dans les textes dramatiques, comme dans les textes narratifs, l'**histoire** est la **suite des événements réels ou fictifs qu'on peut classer logiquement et chronologiquement**. Le **récit** est la **façon dont un auteur ou une auteure dramatique raconte et met en scène les événements d'une histoire**. On peut résumer les principales composantes de l'histoire mise en scène dans un texte dramatique en élaborant un **schéma narratif** ou en utilisant la formule **C'est l'histoire de ⇨ Au début ⇨ Puis ⇨ Alors ⇨ Enfin**.

L'auteur ou l'auteure peut décider de ne pas respecter l'ordre chronologique des événements et introduire des **retours en arrière** ou des **projections dans le futur**. Il ou elle peut aussi décider de respecter scrupuleusement l'ordre dans lequel se sont déroulés les événements de l'histoire.

Dans un texte dramatique, le temps que prend l'auteur ou l'auteure pour raconter l'histoire (ce temps se traduit en nombre de lignes, de pages, d'actes et de scènes) peut varier par rapport à la durée réelle des événements, même si les dialogues donnent l'impression qu'il y a correspondance entre la durée réelle des événements et leur récit.

2.5.2 La cohérence textuelle dans un texte dramatique

(page 38) PR 103

Pour qu'un texte dramatique soit cohérent, il faut que l'histoire racontée respecte certains critères de cohérence textuelle. Comme pour les textes de types narratif et argumentatif, la cohérence repose notamment sur les éléments suivants :

- la reprise de l'information assurée par différents groupes de mots qui reprennent un élément du texte;
- la progression assurée par l'ajout d'information nouvelle;
- l'harmonisation des temps verbaux;
- les indices linguistiques (organisateurs textuels) et non linguistiques.

Dans les textes dramatiques, certains éléments mentionnés dans les indications de mise en scène et qui sont en relation avec ce qu'on connaît déjà des personnages peuvent contribuer à assurer la cohérence. Par exemple, la mimique ou les gestes d'un personnage décrits dans une didascalie peuvent révéler un élément important de l'histoire ou un comportement psychologique qui dissipe toute équivoque.

2.6 LES SÉQUENCES TEXTUELLES

(page 64) PR 104

La **séquence dialogale** est la séquence qui organise les échanges entre les divers personnages. On trouve parfois, à l'intérieur même des dialogues, des monologues, des tirades et des textes de chœur, des parties de texte organisées selon le modèle d'autres types de séquences. Dans un texte dramatique,

- les **séquences descriptives** peuvent aider les spectateurs et les spectatrices à mieux se représenter un personnage, un lieu, un objet;
- les **séquences narratives** peuvent servir à raconter une action passée, à préparer une action future, ou à résumer une situation, une décision ou un changement important;
- les **séquences explicatives** peuvent servir à faire comprendre un fait, un phénomène ou une affirmation;
- les **séquences argumentatives** peuvent servir à justifier un geste, un événement ou une prise de position d'un des personnages.

3 LE POINT DE VUE DANS LES TEXTES DRAMATIQUES

(page 82) PR 105

Le point de vue de l'auteur ou de l'auteure dramatique est **la manière dont il ou elle se situe par rapport à l'histoire racontée**. Comme dans les autres types de textes, pour analyser le point de vue dans les textes dramatiques, il faut s'interroger sur la présence de l'auteur ou de l'auteure dans le texte, sur les rapports auteur/sujet et auteur/destinataire et sur le ton employé. Cette analyse permet de découvrir les valeurs et la vision du monde de l'auteur ou de l'auteure.

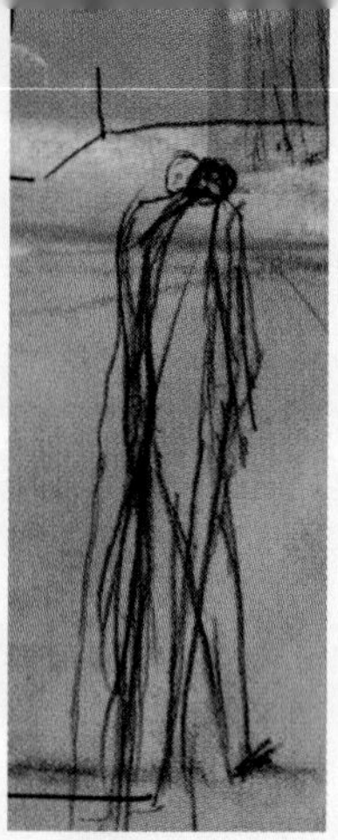

3.1 LA PRÉSENCE DE L'AUTEUR

Dans les textes littéraires de type narratif, l'auteur ou l'auteure confie à un narrateur la mission de raconter l'histoire. Dans les textes dramatiques, l'auteur ou l'auteure s'efface complètement au profit des personnages qui dialoguent. Il arrive par contre que certaines pièces de théâtre mettent en scène un narrateur ou un chœur qui est chargé de faire les liens entre les divers éléments de l'histoire.

Cependant, **la présence de l'auteur ou de l'auteure se fait toujours sentir dans les didascalies**. Il ou elle porte parfois des jugements sur les personnages et les actions, révélant ainsi ses valeurs, ses idées, sa vision du monde.

Il ne faudrait toutefois pas conclure que l'auteur ou l'auteure manifeste son point de vue dans toutes les indications scéniques. Il est important de faire la distinction entre une **didascalie neutre** et une **didascalie subjective**. Pour ce faire, il faut prêter une attention particulière à certaines classes de mots tels les adjectifs et les adverbes, au registre de langue utilisé et au type de phrase (emphatique ou neutre).

Ex.: • Didascalie neutre: *(Le gars apparaît en gilet de flanelle.)* (*Knock*, ligne 38)
• Didascalie subjective: [...] *et traversent la foule soudain silencieuse comme à un enterrement.* (*Knock*, ligne 105)

3.2 LE RAPPORT AUTEUR / SUJET

Dans un texte dramatique, comme dans un texte narratif, l'auteur ou l'auteure peut adopter une attitude **distanciée** ou **engagée** vis-à-vis de son sujet. Par exemple, si la pièce met en scène un personnage avare, sévèrement jugé par les autres personnages, on peut supposer que l'auteur ou l'auteure critique et dénonce les gens assoiffés d'argent. C'est donc par l'analyse des dialogues, des caractéristiques et des valeurs des personnages, et de l'évolution de l'intrigue qu'on peut évaluer l'engagement de l'auteur ou de l'auteure par rapport à son sujet.

Certains **indices textuels**, tant dans les dialogues que dans les didascalies, permettent de déterminer si l'attitude de l'auteur ou de l'auteure est engagée ou distanciée:

- un **vocabulaire dénotatif** révèle une attitude distanciée alors qu'un **vocabulaire connotatif** révèle une attitude engagée;
- la **ponctuation** ainsi que le type et la **forme** des phrases révèlent une attitude distanciée ou engagée;
- le **ton** révèle le rapport que l'auteur ou l'auteure établit avec son sujet.

3.3 LE RAPPORT AUTEUR / DESTINATAIRE

Toutes les pièces de théâtre sont destinées à un public dont on peut imaginer les caractéristiques en analysant le contexte dans lequel elles ont été créées. Ainsi, à l'époque où Michel Tremblay a écrit ses premières pièces de théâtre (fin des années 1960), la société québécoise était à un tournant important de son évolution et les créations littéraires reflétaient bien ce courant. On cherchait à déstabiliser les spectateurs et les spectatrices, à les attirer hors des sentiers battus et à les provoquer. On peut prétendre que les pièces de Michel Tremblay s'adressaient à un public qui pouvait comprendre le *joual*, langue populaire utilisée pour la première fois sur une scène. Jusqu'alors, personne n'avait osé utiliser un tel langage sur scène, même si c'était la langue des gens ordinaires.

Bref, les **valeurs** des personnages, la **langue parlée** et les **référents sociaux** évoqués dans les dialogues fournissent des indications sur le rapport auteur/destinataire dans une pièce de théâtre.

3.4 LE TON

▶ 7 Knock

Le ton employé par l'auteur ou l'auteure contribue aussi à révéler un point de vue distancié ou engagé. Selon l'effet qu'il ou elle veut créer et selon le genre de texte dramatique, le ton peut être :

- **lyrique** pour émouvoir le public. L'auteur ou l'auteure utilise alors des procédés propres à l'expression d'émotions et de sentiments liés à des thèmes comme l'amour, l'enfance, la mémoire, le bonheur, etc.;

  Ex.: - *Roméo et Juliette* (*TEXTES*, page 181)
  - Certains passages de la pièce *Les Quatre Morts de Marie* (*TEXTES*, page 214)

- **pathétique** pour inspirer au public de grandes émotions en rappelant des événements tristes et malheureux qui ont plongé un ou plusieurs personnages dans le désarroi;

  Ex.: *La Complainte des hivers rouges* (*TEXTES*, page 4)

- **épique** pour permettre au public de se représenter une situation, des actions ou des personnages idéalisés;

  Ex.: *Le Cid* (*TEXTES*, page 174)

- **comique** pour déclencher le rire ou provoquer une réflexion sérieuse par le rire. L'auteur ou l'auteure provoque le rire par le quiproquo, le malentendu, le comique de situation, de répétition, de caractère ou de geste;

  Ex.: *Les Fourberies de Scapin* (*TEXTES*, page 177)

- **ironique** pour exprimer, par raillerie, le contraire de ce que l'on veut faire comprendre au public;

  Ex.: Certains passages de l'extrait *Déjà l'agonie* (*TEXTES*, page 209)

- **caricatural** pour grossir les caractéristiques des éléments de l'univers de manière à en faire ressortir les bons et les mauvais côtés.

  Ex.: - *Les Belles-Sœurs* (*TEXTES*, page 44)
  - *Knock* (*Texte d'observation*, page 239)

3.5 LE BUT DU TEXTE

À la première lecture d'un texte dramatique, on comprend l'histoire racontée, mais cette histoire a aussi une **visée**, c'est-à-dire une portée qui dépasse les événements racontés. L'auteur ou l'auteure peut vouloir proposer sa vision du monde ou susciter un débat; on dit alors que le texte dramatique a une **visée argumentative** et on parle de **théâtre engagé**. L'auteur ou l'auteure peut aussi ne viser que le **divertissement**; c'est le cas des comédies légères, du vaudeville, des pièces policières, etc.

POUR LIRE ET ANALYSER UNE PIÈCE DE THÉÂTRE

PLANIFIER L'ANALYSE

1 ▶ Déterminer la manière de noter les éléments qui serviront à préparer l'analyse et l'écriture du texte (fiches, feuilles volantes, carnet de notes, copie du texte à analyser en vue de l'annoter, etc.).

2 ▶ Préciser le ou les destinataires de l'analyse (l'enseignant ou l'enseignante, les élèves de la classe, les lecteurs et les lectrices d'une revue littéraire ou du journal de l'école, les comédiens et les comédiennes qui ont joué la pièce, le metteur ou la metteure en scène, etc.).

3 ▶ Se renseigner sur l'auteur ou l'auteure de la pièce, sur le contexte historique dans lequel la pièce a été créée et sur le genre de pièces que cette personne écrit.

4 ▶ Trouver des renseignements sur la pièce de théâtre (date et lieu de sa création, première représentation, accueil réservé à la pièce, thèmes privilégiés, etc.).

ANALYSER LE TEXTE

Lire la pièce de théâtre

5 ▶ Lire la pièce de théâtre (ou l'extrait) et l'annoter de manière à faire ressortir les caractéristiques qui la distinguent des autres pièces.

Trouver les caractéristiques du contenu de la pièce de théâtre

6 ▶ Élaborer un organisateur graphique représentant les **personnages** de la pièce de théâtre ou de l'extrait, leurs caractéristiques psychologiques, leurs valeurs, les liens qui les unissent et les rapports qu'ils entretiennent.

7 ▶ Dans les dialogues et les didascalies, relever des champs lexicaux mettant en lumière les composantes de l'**univers dramatique** (lieux, objets, atmosphère, etc.).

8 ▶ Résumer l'**histoire** à l'aide de la formule suivante:

C'est l'histoire de ⇨ Au début ⇨ Puis ⇨ Alors ⇨ Enfin

Trouver les caractéristiques de l'organisation de la pièce de théâtre

9 ▶ Élaborer le **schéma narratif** de la pièce de théâtre ou de l'extrait.

10 ▶ Dégager les moments qui constituent des **points culminants** dans l'évolution de l'intrigue.

11 ▶ S'il y a lieu, relever les **séquences textuelles** autres que dialogales (monologues, tirades, chœurs).

Trouver les caractéristiques du point de vue adopté dans la pièce de théâtre

12 ▶ Dans les didascalies, relever les passages qui révèlent la **présence** de l'auteur ou de l'auteure et, s'il y a lieu, préciser les jugements portés sur les personnages.

13 ▶ Relever les passages des dialogues qui révèlent une **attitude engagée** de la part de l'auteur ou de l'auteure.

14 ▶ Imaginer les caractéristiques des **destinataires** en faisant une brève recherche sur le contexte social et culturel dans lequel la pièce a été écrite.

15 ▶ Relever les passages qui révèlent les **thèmes** abordés dans le texte et la **visée** du texte.

FAIRE LE PLAN DE L'ANALYSE

16 ▶ Prévoir le contenu de l'**introduction** de l'analyse (**sujet amené:** présenter brièvement l'auteur ou l'auteure, le contexte historique, les critères qui ont guidé le choix du texte, etc.; **sujet posé:** présenter le texte; **sujet divisé:** présenter les grandes divisions de l'analyse).

17 ▶ Prévoir le contenu du **développement** de l'analyse en retenant les éléments du **contenu**, de l'**organisation** et du **point de vue** qu'on juge les plus pertinents et les plus intéressants pour le ou les destinataires de l'analyse.

18 ▶ Prévoir le contenu de la **conclusion** de l'analyse (**résumé** de l'analyse; **appréciation**; comparaison avec un texte écrit par la même personne ou par quelqu'un d'autre; comparaison, s'il y a lieu, avec une adaptation filmique, un autre film, un roman, une émission de télévision ou une nouvelle littéraire; invitation à lire des œuvres de l'auteur ou de l'auteure de la pièce, etc.).

RÉDIGER L'ANALYSE

19 ▶ Rédiger l'analyse et la relire après chaque partie importante afin d'en vérifier le **contenu**, la **cohérence** et l'**intérêt**.

RELIRE ET CORRIGER L'ANALYSE

20 ▶ Relire l'analyse afin de **corriger la syntaxe et l'orthographe** à l'aide des stratégies de révision appropriées à ses propres difficultés.

21 ▶ Mettre le texte au propre et le disposer de façon à en faciliter la compréhension (titre, sous-titre, intertitres, illustrations, schémas, photos, etc.).

L'Opéra de quat'sous (*TEXTES*, page 194)

INTRO — Sujet amené

Auteur allemand, né à Augsbourg, en Allemagne, en 1898 et mort à Berlin en 1956, Bertolt Brecht a écrit des pièces de théâtre qui remettent en question la structure de la société de l'époque, cause de bien des injustices. Sa création la plus célèbre est *L'Opéra de quat'sous* (1928), à laquelle a collaboré le musicien Kurt Weill.

Sujet posé

Mon analyse portera sur un extrait de cette pièce, le début du premier acte.

Sujet divisé

Je vous parlerai du contenu, de l'organisation et du point de vue adopté par l'auteur dans cet extrait.

Bertolt Brecht

DÉVELOPPEMENT

1. *Le contenu de la pièce* (UNIVERS)

Personnages

Cet extrait met en scène deux personnages: Peachum, le «bienfaiteur», et Filch, le mendiant. À la lecture du texte, on constate que le rapport qui existe entre Peachum et Filch est un rapport d'opposition: Filch supplie Peachum de le laisser mendier et Peachum refuse dans un premier temps.

Lieu (Époque)

L'action se déroule dans une officine (un bureau) à une époque qui n'est pas précisée mais qu'on suppose être autour de 1928, année de parution de la pièce.

Thème

Dans le manuel *TEXTES*, l'extrait est accompagné d'un texte de présentation qui laisse croire que le thème traité est la misère humaine: «[...] les plus déshérités des déshérités [...]». Au début de la pièce, lorsque Peachum s'adresse au public, on pense que la misère et la charité sont les thèmes du texte de Bertolt Brecht. Pourtant, après avoir lu l'extrait, on constate qu'il est question de la charité érigée en système: on est plongé dans l'univers du monde des affaires où il faut obtenir une licence pour mendier.

Champ lexical: les affaires

Le vocabulaire employé tant dans le dialogue que dans les didascalies renforce cette impression, par exemple *panneau, maximes, écriteau, Peachum et Cie, directeur de la société, capital, les affaires prospèrent, secteur, registre, secteur n° 10, l'affaire, licences, professionnels, homme d'affaires, quatorze secteurs, profession, cinquante pour cent des recettes, meilleur marché, équipement, embaucher, essor industriel.*

2. *L'organisation de la pièce*

Schéma narratif

Le court extrait analysé ne permet pas de traiter de l'organisation complète de la pièce de théâtre ni d'en élaborer le plan. J'ai quand même élaboré le schéma narratif de cet extrait qui contient un début, un milieu et une fin. On peut dire que la situation initiale est

DÉVELOPPEMENT

comprise dans les lignes 1 à 44 et on peut la résumer à l'aide de l'énoncé suivant: «Peachum réfléchit à sa mission de bienfaiteur». L'arrivée de Filch constitue l'élément déclencheur: «Filch désire un emploi de mendiant». Vient ensuite le nœud de l'action (les péripéties) (lignes 47 à 144) qui conduit au dénouement (lignes 145 à 158): «Le marché est conclu entre Peachum et Filch». On peut considérer le monologue de Peachum à la fin de l'extrait comme la situation finale (lignes 159 à 186): ce credo de Peachum aurait tout aussi bien pu constituer un épilogue.

Séquences textuelles

Chœur

Monologue de type explicatif

J'ai ensuite analysé les séquences. Au début du texte (lignes 4 à 11), un chœur souligne l'atmosphère dans laquelle on sera plongé. Ensuite, Peachum s'adresse au public dans un monologue de type explicatif (lignes 12 à 44) où il fait comprendre aux spectateurs et aux spectatrices pourquoi son «métier devient impossible».

Séquence dialogale

Monologue de type descriptif

Ce monologue est suivi d'un dialogue entre Peachum et Filch (lignes 47 à 158) et l'extrait se termine par un deuxième monologue de Peachum (lignes 159 à 186), de type descriptif cette fois, dans lequel il décrit cinq mannequins de cire représentant cinq formes de misère humaine susceptibles d'attirer la pitié des gens. L'auteur a sûrement inclus ce monologue dans le but de faire comprendre aux spectateurs et aux spectatrices les croyances (valeurs) de Peachum qui sous-tendent la suite de l'histoire.

3. *Le point de vue dans la pièce*

Point de vue engagé

Mes recherches m'ont permis de découvrir que Bertolt Brecht a développé un théâtre engagé, qualifié de «théâtre didactique». Ses pièces constituent des démonstrations et contiennent des jugements explicites qui visent à dénoncer la misère, souvent par le cynisme, comme dans *L'Opéra de quat'sous*. On peut donc dire que l'auteur se manifeste dans son texte, qu'il a une attitude engagée vis-à-vis de son sujet: tous les échanges entre Peachum et Filch ont un caractère didactique et ironique.

CONCLUSION

Appréciation personnelle

Pour conclure, je dois dire que j'aimerais bien voir cette pièce de théâtre parce qu'elle me fait penser aux nombreuses manifestations de charité organisée en système (il suffit de penser aux téléthons et aux diverses campagnes de financement d'œuvres charitables) auxquelles nous sommes exposés chaque année et sur lesquelles nous sommes en droit de nous interroger, comme Brecht le fait dans sa pièce *L'Opéra de quat'sous*. La mise en scène de la pièce pourrait être modernisée pour refléter l'actualité de ce questionnement.

Chapeau melon représentant bien l'époque de L'Opéra de quat'sous.

Annie Depatie, 4e secondaire

APPROPRIATION DES CONNAISSANCES

TEXTES

PAGE 181 *Roméo et Juliette*

➲ Lisez l'extrait de la pièce de théâtre *Roméo et Juliette*.

1 Sur quel aspect les didascalies de cet extrait portent-elles ?

LE CADRE DE L'ACTION

2 À l'aide du texte de présentation de l'extrait (*TEXTES*, page 181), précisez où et quand se déroule l'action de cette scène de *Roméo et Juliette*.

LES PERSONNAGES

3 (page 22) ◀◀ **PR 102**

En vous fondant sur les variations lexicales du registre de langue utilisé, déterminez quelle image on veut donner des personnages. Justifiez votre réponse.

4 **A** Quelle est la nature des rapports qui existent entre Roméo et Juliette ? Justifiez votre réponse en citant des répliques des deux personnages.

B Dans le texte de présentation de l'extrait (page 181), on nomme des personnages qui n'interviennent pas dans cette scène. Élaborez un organisateur graphique pour expliquer qui sont ces personnages, les liens qui les unissent à Roméo et à Juliette et les rapports qui existent entre eux.

5 Le thème de cette pièce est l'amour contrarié. Qui contrarie l'amour de Roméo et Juliette ? Justifiez votre réponse à l'aide de passages relevés dans les lignes 35 à 109.

LE MOTEUR DE L'ACTION

6 Dans la biographie de William Shakespeare (*TEXTES*, page 185), on peut lire : *En vingt-trois ans, Shakespeare a écrit trente-sept pièces où se mêlent comédies, tragédies, pièces historiques ou romanesques*.

A Dans cette citation, relevez deux expressions qui s'appliquent à l'extrait de *Roméo et Juliette* que vous venez de lire.

B Expliquez pourquoi ces expressions s'appliquent à *Roméo et Juliette* en faisant référence au moteur de l'action de la pièce.

PROLONGEMENT

1. La langue de Shakespeare est très poétique. Prouvez-le en relevant des passages que vous trouvez particulièrement imagés, en les expliquant et en précisant leur rôle dans le texte.
2. Depuis sa création, la pièce *Roméo et Juliette* de Shakespeare a inspiré de nombreuses adaptations tant à la scène qu'à l'écran, dont un film mettant en vedette Leonardo DiCaprio. Si vous le pouvez, comparez l'univers du film avec celui que vous avez imaginé en lisant l'extrait de la pièce dans le manuel *TEXTES*.

ACTIVITÉ DE GRAMMAIRE

LES ACCORDS GOC 303

Justifiez l'accord des participes passés suivants en précisant, s'il y a lieu, le mot ou les mots avec lesquels ils s'accordent. S'il s'agit d'un pronom, précisez le groupe du nom qu'il remplace. Regroupez ensuite les participes passés qui s'accordent selon la même règle et faites précéder chaque regroupement de cette règle.

a) *blessé* (ligne 4)
b) *terminée* (ligne 28)
c) *caché* (ligne 69)
d) *déchiré* (ligne 76)
e) *bu* (ligne 78)
f) *terminée* (ligne 108)
g) *guidé* (ligne 111)
h) *entendue* (ligne 122)
i) *réservées* (ligne 140)
j) *révélé* (ligne 145)
k) *demandé* (ligne 180)
l) *assombrie* (ligne 226)
m) *enrouée* (ligne 237)

TEXTES

PAGE 202 *La Cantatrice chauve*

Lisez l'extrait de la pièce de théâtre *La Cantatrice chauve*.

1 À l'aide du texte de présentation de l'extrait (*TEXTES*, page 202), précisez où et quand se déroulent les événements de cette scène.

2 Les réponses du numéro 1 permettent-elles de déterminer si l'univers est vraisemblable ?

LES PERSONNAGES

3 A Nommez les personnages qui interviennent dans le dialogue.

B Y a-t-il des liens entre ces personnages ?

C À l'aide d'un organisateur graphique, illustrez les rapports qui existent entre eux.

4 Relisez les lignes 30 à 52. On y découvre que les deux couples compatissent au désarroi du pompier.

A Quelle est la cause de ce désarroi ?

B Que pensez-vous de cette situation ?

C Dans la suite de l'extrait, relevez trois autres situations semblables.

L'ACTION

5 Quel est le moteur de l'action dans cet extrait ?

6 Dans la biographie d'Eugène Ionesco (*TEXTES*, page 204), on dit que cet auteur est un *illustre représentant du théâtre de l'absurde*.

A Définissez le mot *absurde* et trouvez deux synonymes de ce mot.

B Définissez dans vos propres mots l'expression *théâtre de l'absurde*.

C Dans l'extrait, quels éléments (l'univers, la situation, les personnages, etc.) permettent de dire que *La Cantatrice chauve* appartient au théâtre de l'absurde ?

PROLONGEMENT

Claude Meunier, l'auteur de la série télévisée *La Petite Vie*, a déclaré un jour qu'Eugène Ionesco était l'auteur qui avait le plus influencé son écriture. Si vous connaissez les textes de Claude Meunier, justifiez ce rapprochement.

INTERTEXTUALITÉ

Comparez l'univers (personnages, lieux, action, époque) de la pièce *La Cantatrice chauve* d'Eugène Ionesco (*TEXTES*, page 202) à celui de la pièce *Fin de partie* de Samuel Beckett (*TEXTES*, page 205). Un conseil : lisez les textes qui accompagnent les extraits et les biographies des auteurs avant de faire cette activité.

ACTIVITÉ DE GRAMMAIRE

LES ACCORDS GOC 303

a) Quel est le genre du nom *incendie* ?

b) Dans les lignes 15 à 20, quel indice le révèle ?

c) Trouvez trois adjectifs qui peuvent être employés avec ce nom et utilisez chacun dans une phrase en l'accordant correctement.

COMPRÉHENSION DE TEXTE

TEXTES

PAGE 4 *La Complainte des hivers rouges*

Lisez l'extrait de la pièce de théâtre *La Complainte des hivers rouges* en prêtant une attention particulière à l'UNIVERS créé.

LE CONTENU

1 Ce texte est-il écrit en vers ou en prose ? Justifiez votre réponse.

2 Quel mot répété plusieurs fois dans le texte du chœur laisse présager que cette pièce de théâtre fera appel au patriotisme des spectateurs et des spectatrices ?

3 Le moteur de l'action de la pièce de Roland Lepage est un événement important dans l'histoire du Québec.

De quel événement historique s'agit-il ? Dans quel cadre l'action se déroule-t-elle ? Pour répondre, reproduisez le tableau suivant et remplissez-le.

ÉVÉNEMENT HISTORIQUE :		
Indices révélant :	**Extraits du dialogue**	**S'il y a lieu, extraits des didascalies**
L'époque		
Le lieu		
Le temps		
L'action		

4 Relisez le texte et, au fil de la lecture, notez les passages qui décrivent l'univers (habitations, moyens de transport, moyen de communication, métier) dans lequel les personnages évoluent.

5 En tenant compte des réponses données aux numéros 3 et 4, écrivez un paragraphe de six à huit lignes décrivant l'univers dans lequel se déroulent les événements dans cette pièce.

6 A En vous inspirant de la première didascalie (lignes 1 à 8), décrivez dans vos propres mots le décor que souhaitait Roland Lepage pour la représentation scénique du début de sa pièce.

B Que pourraient représenter les échafaudages ? Répondez en imaginant un contexte historique où des personnes devaient se protéger contre des assaillants.

7 A Dans la première didascalie, l'auteur donne des précisions sur l'éclairage. Relevez toutes les indications relatives à l'éclairage et qualifiez l'atmosphère que l'auteur veut ainsi créer.

B Dans les autres didascalies, relevez des indications relatives à l'éclairage. Ces indications viennent-elles renforcer ou diminuer l'effet créé initialement ?

8 Qui sont les personnages qui prennent la parole dans cet extrait de la pièce *La Complainte des hivers rouges*?

9 A Que signifie le mot *complainte* dans le contexte ?

B Ce mot est utilisé dans le titre de la pièce. Quelle caractéristique psychologique des personnages révèle-t-il ?

C Dans les dialogues et les didascalies, relevez cinq mots ou expressions qui illustrent cette caractéristique.

10 (page 22) PR 102

Le registre de langue utilisé par le chœur (lignes 9 à 29 et lignes 67 et 68) appartient à la langue populaire de l'époque à laquelle se déroulent les événements.

A Nommez une variation phonétique, une variation lexicale et une variation grammaticale associées à ce registre de langue et justifiez vos réponses en citant au moins deux exemples tirés du texte.

B En considérant le registre de langue, déterminez à quel milieu appartiennent les personnages.

C Relevez d'autres passages dans le texte qui révèlent à quel milieu appartiennent les personnages.

11 A Les personnages mis en scène évoquent un groupe d'individus qui n'intervient pas directement dans le texte. Dans le texte du chœur, relevez trois groupes du nom qui désignent ce groupe d'individus.

B Cet extrait présente deux clans : les personnages présents sur scène et les absents. Quel type de rapports y a-t-il entre ces deux clans ? Justifiez votre réponse.

C L'auteur ne donne pas de nom à ses personnages. En quoi cette observation complète-t-elle la réponse donnée en B ?

D Quel type de rapports les personnages présents sur scène entretiennent-ils ? Justifiez brièvement votre réponse.

12 Dans cet extrait, les rapports entre les personnages sont de deux ordres. Parmi les organisateurs graphiques ci-contre, choisissez le schéma qui traduit le plus clairement cette réalité. Justifiez votre réponse en reproduisant l'organisateur graphique choisi et en l'annotant à l'aide d'éléments du texte.

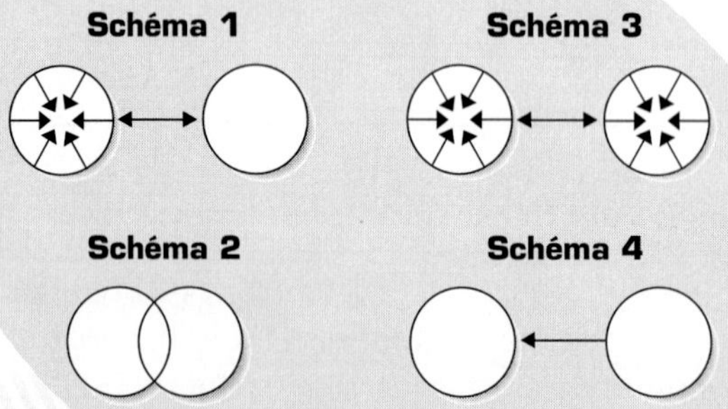

13 Vers la fin du texte, une femme dit: *On peut pas r'commencer à pâtir les mêmes miséres comme on'nn a enduré l'hiver darnier!* (ligne 83) Cette réplique laisse-t-elle présager une suite heureuse? Pourquoi?

14 L'univers dans lequel évoluent les personnages de *La Complainte des hivers rouges* est-il vraisemblable ou invraisemblable? Justifiez votre réponse.

15 Imaginez une didascalie où l'on introduirait un événement qui pourrait se dérouler à la suite de l'extrait étudié. Rappelez-vous qu'une didascalie doit aussi décrire le contexte qui entoure un événement (musique, éclairage, décor, expressions, déplacements des personnages, costumes, etc.). Supposez qu'il y a changement d'acte et que l'action se passe dans un autre lieu.

PROLONGEMENT

1. Dans un passage de la pièce *La Complainte des hivers rouges* qui pourrait vous inspirer si vous étiez artiste peintre et que vous désiriez représenter la scène sur une toile, relevez tous les mots et les ensembles de mots qui décrivent ce que vous pourriez représenter et faites un croquis. — Le lexique ◀ PR 101
2. Analysez le registre de langue utilisé par le chœur et les personnages de Roland Lepage dans cet extrait. — Les registres de langue ◀ PR 102
3. Dans les lignes 39 à 68, relevez les phrases dans lesquelles l'adjectif *rouge* est utilisé. Représentez ce mot et les groupes de mots dans lesquels il est inclus dans un organisateur graphique de manière à faire ressortir ce qui est rouge. — La cohérence textuelle ◀ PR 103
4. Dans les dialogues, relevez une séquence descriptive que vous trouvez particulièrement réussie et précisez son rôle dans la pièce. — Les séquences textuelles ◀ PR 104
5. Analysez le rapport auteur/sujet dans cet extrait. — Le point de vue ◀ PR 105

ANALYSE DE TEXTE

TEXTES

PAGE 24 *Tit-Coq* (Gratien Gélinas)
PAGE 177 *Les Fourberies de Scapin* (Molière)
PAGE 205 *Fin de partie* (Samuel Beckett)

Parmi les trois extraits proposés ci-dessus, choisissez celui que vous aimeriez analyser. Faites l'analyse de son **contenu** en vous référant aux numéros 6, 7 et 8 de la fiche *Pour lire et analyser une pièce de théâtre* (page 256). En vous inspirant de l'analyse de l'extrait de *L'Opéra de quat'sous* présentée aux pages 257 et 258 de ce manuel, rédigez la première partie du développement de votre texte d'analyse de l'extrait choisi.

APPROPRIATION DES CONNAISSANCES

TEXTES

PAGE 186 *Cyrano de Bergerac*

➲ **Lisez l'extrait de la pièce de théâtre *Cyrano de Bergerac*.**

L'ACTION

1 Parmi les situations énumérées dans l'encadré, laquelle représente le moteur de l'action ? Le texte de présentation de la page 186 vous aidera à répondre à cette question.

① Christian est amoureux de Roxane.
② Cyrano veut aider Christian à conquérir Roxane.
③ Christian a de la difficulté à trouver les mots pour déclarer son amour à Roxane.
④ Cyrano est amoureux de Roxane.
⑤ Cyrano et Christian jettent des cailloux dans la fenêtre de Roxane.

L'HISTOIRE ET LE RÉCIT

2 Dans la pièce d'Edmond Rostand, les événements se succèdent dans l'ordre suivant :

① Cyrano et Christian se cachent sous le balcon de Roxane.
② Cyrano appelle Roxane en jetant des cailloux dans sa fenêtre.
③ Christian déclare maladroitement son amour à Roxane.
④ Cyrano inspire Christian en lui soufflant des mots envoûtants.
⑤ Cyrano prend la place de Christian et continue à séduire Roxane.
⑥ Roxane, ravie et charmée, veut descendre rencontrer son prétendant.

A L'ordre des événements du récit correspond-il à celui de l'histoire ? Pourquoi ?

B Relevez les didascalies qui sont essentielles à la compréhension de la logique de ces événements.

LE SCHÉMA NARRATIF

3 Dans l'encadré du numéro **2**, relevez l'événement de l'histoire qui correspond :

A à l'élément déclencheur ;

B au dénouement.

4 A Pourquoi Cyrano ne veut-il pas que Roxane descende le voir ?

B Qui arrive vraiment à ses fins : Christian ou Cyrano ? Justifiez votre réponse.

LA COHÉRENCE TEXTUELLE

(page 38) ◂◂ PR 103

5 Quels mots ou ensembles de mots de l'extrait les éléments ci-dessous reprennent-ils ?

A *ce... nouveau-né* (ligne 39)

B *cette gymnastique* (ligne 69)

C *C'* (ligne 122)

6 A Dans le dialogue des lignes 55 à 67, relevez cinq passages qui désignent et caractérisent les *mots*. Présentez-les dans un tableau semblable au suivant :

Lignes	Les mots de Roxane	Les mots de Cyrano
Ex.: 54		*Vos mots* → **sont hésitants**.

B Que révèle le passage des lignes 55 à 67 sur l'évolution de l'intrigue ?

LES SÉQUENCES TEXTUELLES

7 Les lignes 193 à 214 constituent une tirade.

A Sur quel thème porte cette tirade ? Justifiez votre réponse à l'aide d'un champ lexical.

B Quel rôle cette tirade joue-t-elle dans l'évolution de l'intrigue ?

PROLONGEMENT

1. On appelle *scène du balcon* le genre de scène présentée dans les extraits de *Roméo et Juliette* et de *Cyrano de Bergerac* reproduits dans votre manuel *TEXTES* (pages 181 et 186). Comparez les deux textes et justifiez cette affirmation.
2. La pièce *Cyrano de Bergerac* a été adaptée pour le cinéma dans un film mettant en vedette Gérard Depardieu dans le rôle de Cyrano. Si vous le pouvez, visionnez ce film et comparez la représentation cinématographique de la scène du balcon avec le texte original. Les dialogues sont-ils les mêmes ? Les didascalies de l'auteur ont-elles été respectées ? L'effet produit à l'écran est-il le même que celui produit par la lecture du texte ?

ACTIVITÉ DE GRAMMAIRE

LES ACCORDS

GOC 303

Déterminez à quelle classe de mots appartiennent les mots suivants et justifiez leur accord en précisant, s'il y a lieu, le donneur ou les donneurs d'accord.

a) *cruel* (ligne 33)
b) *cruel* (ligne 35)
c) *tenté* (ligne 38)
d) *raillé* (ligne 128)
e) *parlé* (ligne 141)
f) *mignon* (ligne 145)
g) *passe-temps vains* (ligne 160)
h) *vient* (ligne 168)
i) *aimé* (ligne 182)
j) *Nouvelle* (ligne 202)
k) *enivrée* (ligne 219)
l) *audacieux* (ligne 240)

TEXTES

PAGE 207 *Zone*

➲ Lisez l'extrait de la pièce de théâtre *Zone*.

LES PERSONNAGES

1 A Qui sont les personnages principaux dans cet extrait ?

B Quels types de rapports entretiennent-ils ?

C Qui est François (ligne 41) ?

D Nommez d'autres personnages qui interviennent dans le récit.

L'HISTOIRE ET LE RÉCIT

2 A Quels sont les deux événements importants révélés dans les didascalies ?

B Résumez l'histoire racontée dans cet extrait à l'aide de la formule suivante :

C'est l'histoire de ⇨ Au début ⇨ Puis ⇨ Alors ⇨ Enfin

3 Ce texte contient des retours en arrière. Relevez-en un et précisez son rôle.

L'organisation

L'ACTION

4 Ⓐ Dans quel cadre (époque, lieu) les événements se déroulent-ils ?

Ⓑ Quel est le moteur de l'action ?

LE SCHÉMA NARRATIF

5 Ⓐ Associez chacun des événements de l'encadré à l'une des composantes du schéma narratif et précisez à quelles lignes du texte correspondent les événements.

① Tarzan décide de partir.
② La mort de Tarzan.
③ Ciboulette veut que Tarzan s'enfuie.
④ La complainte de Ciboulette.
⑤ L'arrivée des policiers.

Ⓑ Quelle composante du schéma narratif est absente dans ce texte ? Rédigez une phrase dans laquelle vous décrirez ce que pourrait être cet événement.

LES SÉQUENCES TEXTUELLES

6 Ce texte contient une séquence dialogale qui se termine par une tirade. Élaborez le schéma de la séquence dialogale selon le modèle de la page 249.

7 Le dialogue contient une séquence descriptive (lignes 46 à 49) qui permet aux lecteurs et aux lectrices de mieux comprendre ce que Tarzan représente pour Ciboulette. Dans cette séquence, relevez les caractéristiques de Tarzan et énumérez les procédés d'écriture utilisés pour les présenter.

PROLONGEMENT

Faites une transposition de l'extrait de *Zone* et présentez cette nouvelle histoire à l'aide de la formule **C'est l'histoire de ⇨ Au début ⇨ Puis ⇨ Alors ⇨ Enfin.**

Imaginez :
- des personnages différents ;
- une situation contemporaine semblable à celle de la pièce (autre que la contrebande de cigarettes) ;
- un autre cadre de l'action ;
- un autre moteur de l'action.

INTERTEXTUALITÉ

Lisez la nouvelle littéraire *Poldi* à la page 153 de votre manuel *TEXTES* et comparez les rapports amoureux évoqués dans cette nouvelle à ceux qui sont présentés dans l'extrait de *Zone* de Marcel Dubé. (Qui sont les personnages en présence ? Les rapports amoureux sont-ils heureux ou malheureux ? Pourquoi ?)

ACTIVITÉ DE GRAMMAIRE

LES ACCORDS ◀◀ GOC 303

Justifiez l'accord des mots suivants en précisant, s'il y a lieu, le donneur ou les donneurs d'accord. S'il s'agit d'un pronom, précisez le groupe du nom qu'il remplace.

a) *petit* (ligne 7)
b) *toutes* (ligne 34)
c) *pris* (ligne 66)
d) *restée* (ligne 69)
e) *voulu* (ligne 72)

COMPRÉHENSION DE TEXTE

TEXTES

PAGE 174 *Le Cid*

➲ Lisez l'extrait de la pièce de théâtre *Le Cid* en prêtant une attention particulière à son ORGANISATION.

1 Cet extrait est écrit en vers, forme qu'imposait le classicisme français au XVIIe siècle. Justifiez cet énoncé à l'aide d'extraits du texte.

LE CONTENU

2 A Nommez les personnages qui interviennent dans cet extrait.

B Nommez deux autres personnages qui sont mentionnés dans les dialogues.

C Quels liens et quels types de rapports y a-t-il entre tous ces personnages ?

D Élaborez un organisateur graphique pour représenter les liens et les rapports qui existent entre les personnages.

3 A Don Diègue veut que don Rodrigue venge son honneur. De quel affront veut-il être vengé ?

B Dans le texte, relevez tous les mots et les ensembles de mots qui désignent l'affront que don Diègue a subi et expliquez l'effet produit par cette accumulation de mots.

4 A Expliquez pourquoi don Diègue hésite à dévoiler à son fils le nom de l'ennemi.

B Cet extrait laisse supposer que don Rodrigue sera devant un dilemme. Quel est ce dilemme ?

L'ORGANISATION

5 Dans le récit, les événements importants de l'histoire se présentent dans l'ordre suivant :

① Don Diègue fait état du déshonneur qui l'afflige.
② Don Diègue demande à son fils de le venger.
③ Don Diègue décrit l'affront qu'il a subi.
④ Don Diègue hésite, puis révèle le nom de son ennemi.
⑤ Don Diègue implore une dernière fois son fils de le venger.

Le récit ne respecte pas l'ordre chronologique des événements. Par quel événement mentionné dans l'encadré l'histoire débute-t-elle ?

6 A Le texte dramatique peut être représenté par un schéma narratif semblable à celui de la nouvelle littéraire : situation initiale, élément déclencheur, nœud, dénouement, situation finale. Associez une composante du schéma narratif à chacun des énoncés présentés dans l'encadré du numéro 5, mais tenez compte du fait qu'il manque deux composantes dans l'extrait.

B Quelles sont les deux composantes du schéma narratif qui manquent dans l'extrait ?

C Imaginez des événements qui pourraient constituer ces deux composantes et rédigez pour chacune un dialogue de quelques lignes pour compléter l'histoire.

7 A Au début de l'extrait, don Diègue fait un monologue. Pourtant, à la ligne 20, il semble s'adresser à quelqu'un en particulier. À qui ou à quoi le pronom *toi* fait-il vraiment référence ?

B À quel personnage de l'histoire don Diègue fait-il référence lorsqu'il emploie le mot *Comte* aux lignes 14 et 16 ?

L'ORGANISATION

C Au début de l'extrait, le monologue de don Diègue aborde le thème de la vengeance. Relevez tous les mots et les ensembles de mots qui se rattachent à un champ lexical lié à ce thème.

D D'après vous, pourrait-on retrancher ce monologue sans nuire à la compréhension de l'extrait ? Justifiez votre réponse en relevant des indices dans le texte.

8 Cet extrait du *Cid* peut être divisé en deux séquences textuelles : la première va des lignes 1 à 25 et la seconde, des lignes 26 à 71. Précisez le type des deux séquences et élaborez le schéma de la deuxième.

12 Rédigez une didascalie pour le comédien qui interprète le rôle de don Rodrigue en lui indiquant l'expression, les gestes, les mimiques qu'il doit adopter lorsqu'il apprend que l'ennemi est le père de Chimène (ligne 61).

PROLONGEMENT

1. Au début de l'extrait (lignes 1 à 25), relevez les mots et les ensembles de mots qui révèlent les caractéristiques du cadre de l'action (lieu, époque) et présentez-les dans un organisateur graphique. Le lexique PR 101

2. Ce texte a été écrit au XVIIe siècle dans un registre de langue soigné. Analysez ce registre de langue en faisant ressortir quelques variations lexicales et grammaticales. Les registres de langue PR 102

3. Relevez tous les verbes conjugués dans les lignes 1 à 10 et justifiez l'emploi des temps verbaux. La cohérence textuelle PR 103

4. Rédigez un monologue de type narratif de 8 à 10 vers dans lequel don Diègue raconte en détail l'affront qui mérite vengeance. Reprenez les lignes 41, 42 et 43 et continuez le monologue. Les séquences textuelles PR 104

   D'un affront si cruel,
   Qu'à l'honneur de tous deux il porte un coup mortel :
   D'un soufflet.

5. Relevez les mots et les ensembles de mots connotatifs qui soulignent la gravité de l'offense faite à don Diègue. Que révèlent-ils sur le rapport auteur/sujet établi dans cet extrait ? Le point de vue PR 105

ANALYSE DE TEXTE

TEXTES

PAGE 24 *Tit-Coq* (Gratien Gélinas)
PAGE 177 *Les Fourberies de Scapin* (Molière)
PAGE 205 *Fin de partie* (Samuel Beckett)

Poursuivez l'analyse de l'extrait que vous avez choisi à la page 263 en précisant les grandes caractéristiques de son **organisation** à l'aide des numéros 9, 10 et 11 de la fiche *Pour lire et analyser une pièce de théâtre* (page 256). En vous inspirant de l'analyse de l'extrait de *L'Opéra de quat'sous* présentée aux pages 257 et 258 de ce manuel, rédigez la deuxième partie du développement de votre texte d'analyse.

APPROPRIATION DES CONNAISSANCES

TEXTES

PAGE 44 *Les Belles-Sœurs*

➲ Lisez l'extrait de la pièce de théâtre *Les Belles-Sœurs*.

LA PRÉSENCE DE L'AUTEUR

1 Dans les lignes 26 à 67 de l'extrait des *Belles-Sœurs*, Michel Tremblay fait intervenir un chœur de femmes entre les répliques de Lisette de Courval.

A À la page 250 de la rubrique ***L'essentiel***, relisez la définition du mot *chœur*. Peut-on dire que Michel Tremblay marque ainsi sa présence dans le texte ? Pourquoi ?

B Dans le chœur des femmes (lignes 111 à 141), relevez une phrase qui révèle explicitement le jugement porté sur la vie des femmes dans cette pièce.

C Lisez les didascalies de cet extrait. Y trouve-t-on des marques de la présence de l'auteur ? Justifiez votre réponse.

LE RAPPORT AUTEUR / SUJET

2 Un critique a déjà dit que Michel Tremblay méprisait ses personnages.

A Dans le monologue de Lisette de Courval (lignes 2 à 15), quelles phrases pourraient le laisser croire ?

B Autrefois, à quelle classe sociale appartenaient les personnes dont le nom de famille contenait la particule *de* ? Pourquoi croyez-vous que Michel Tremblay a donné ce nom de famille à Lisette ?

C Quel jugement Lisette de Courval porte-t-elle sur les personnes de son entourage ?

D Dans cet extrait, Lisette de Courval parle dans un registre de langue un peu plus soigné que les autres personnages, mais elle utilise aussi des tournures propres à la langue populaire. Justifiez cette affirmation à l'aide d'exemples et expliquez le message que l'auteur a voulu ainsi communiquer.

E Pensez-vous que Michel Tremblay partage la vision de Lisette de Courval sur ses personnages ? Pourquoi ?

3 Seriez-vous d'accord avec quelqu'un qui prétendrait que Michel Tremblay a utilisé un ton caricatural dans cet extrait ? Si oui, relevez des indices qui le prouvent.

4 Souvent, dans un texte dramatique, l'auteur ou l'auteure prête une dimension symbolique à des événements anodins. Dans l'ode au bingo (lignes 26 à 67), Michel Tremblay insiste sur le grand intérêt des belles-sœurs pour le bingo. Que représente le bingo pour ces personnages ?

LE RAPPORT AUTEUR / DESTINATAIRE

5 Dans l'article critique des *Belles-Sœurs* présenté à la page 47 du manuel *TEXTES*, Martial Dassylva écrit : *À condition de ne pas être trop allergique au «joual», on peut passer une bonne soirée au Rideau Vert.*

A Qu'est-ce que le joual ?

B Que révèle l'emploi du joual sur le rapport auteur/destinataire dans la pièce de Michel Tremblay ?

LE BUT DU TEXTE

6 Selon vous, lorsqu'il a écrit *Les Belles-Sœurs* en 1968, Michel Tremblay avait-il une visée argumentative ou voulait-il simplement divertir ? Justifiez votre réponse.

PROLONGEMENT

1. Analysez le registre de langue utilisé par les personnages de la pièce de Michel Tremblay en faisant ressortir les variations phonétiques, lexicales et grammaticales.

2. Dans l'article critique de Martial Dassylva (*TEXTES*, page 47), l'emploi du joual au théâtre est condamné. Trouvez dans cet article un argument en faveur et trois arguments contre cet emploi que vous pourriez utiliser dans un texte argumentatif.

INTERTEXTUALITÉ

Lisez l'extrait de l'essai *Les Insolences du Frère Untel* (*TEXTES*, page 41). Quels rapprochements faites-vous entre ce texte et l'extrait des *Belles-Sœurs* de Michel Tremblay ? Comparez les dates de parution, les thèmes abordés et les jugements portés sur la société.

ACTIVITÉ DE GRAMMAIRE

LES ACCORDS GOC 303

Dans les lignes 2 à 15 de la pièce *Les Belles-Sœurs*, relevez tous les participes passés et justifiez leur accord.

TEXTES

PAGES 212 ET 223 *Océan* et *Le Faucon*

Lisez les extraits des pièces de théâtre *Océan* et *Le Faucon*.

1 Pour chacun des extraits, précisez:

A quels sont les personnages mis en scène ou évoqués;

B les liens qui existent entre ces personnages;

C les circonstances qui les réunissent.

2 A Dans le texte *Océan*, relevez les passages qui révèlent les rapports qui existent entre la mère et ses enfants et précisez la nature de ces rapports.

B Ces rapports ont-ils toujours été les mêmes ? Justifiez votre réponse en citant des passages du texte.

C Quel autre type de rapports l'auteure aurait-elle pu retenir pour la circonstance ?

D Relevez la phrase clé qui révèle le message que l'auteure veut livrer en nous parlant ainsi de la mort.

3 A Dans le texte *Le Faucon*, relevez les passages qui révèlent les rapports qui existent entre les deux personnages et précisez la nature de ces rapports.

B Quel autre type de rapports l'auteure aurait-elle pu retenir pour la circonstance ?

C Relevez la phrase clé qui révèle le message que l'auteure veut livrer en nous parlant ainsi des relations père/fils.

4 Pour chacun des extraits, rédigez un énoncé semblable au suivant:

> Dans l'extrait de la pièce (titre du texte) ___, l'auteure parle de (sujet) ___. Les rapports qui existent entre les personnages nous laissent croire que (nom de l'auteure) ___ pense que ___ et manifeste ainsi une attitude (distanciée / engagée) ___ vis-à-vis du sujet traité.

INTERTEXTUALITÉ

Comparez les rapports parents/enfants dans les textes *Océan*, *Le Faucon* et *Victor ou les Enfants au pouvoir* (*TEXTES*, page 191). Nommez les personnages, précisez quels sont leurs liens et expliquez le type de rapports qu'ils entretiennent.

COMPRÉHENSION DE TEXTE

TEXTES

PAGE 209 *Déjà l'agonie*

➲ Lisez l'extrait de la pièce de théâtre *Déjà l'agonie* en prêtant une attention particulière aux éléments qui révèlent le POINT DE VUE.

LE CONTENU

1 À l'aide de l'extrait et du texte de présentation (*TEXTES*, page 209), précisez à quelle époque et dans quel lieu se déroulent les événements.

2 **A** Quel type de rapports les deux personnages entretiennent-ils ? Justifiez votre réponse en citant des passages du texte.

B Au fil de la scène, l'atmosphère devient tendue. Expliquez la cause de cette tension entre les deux personnages.

C Relevez des passages qui illustrent la cause de cette tension.

3 Le racisme est un thème qui peut être abordé sous divers aspects. Parmi les énoncés présentés dans l'encadré, choisissez celui qui définit le mieux l'aspect abordé dans la pièce de Marco Micone. Justifiez votre choix.

① l'injustice à l'égard des minorités visibles
② le caractère inhumain du racisme
③ la prétendue supériorité de la race blanche
④ l'intégration des immigrants

L'ORGANISATION

4 Élaborez le schéma de l'unique séquence dialogale de l'extrait.

5 L'analyse des dialogues et des didascalies permet de comprendre l'évolution psychologique des personnages et d'élaborer un schéma narratif.

A Précisez à quelles lignes de l'extrait correspond chacune des composantes du schéma narratif présentées dans l'encadré.

① Situation initiale
② Élément déclencheur
③ Nœud
④ Dénouement
⑤ Situation finale

B Résumez le contenu de l'extrait à l'aide de la formule suivante :

C'est l'histoire de ⇨ Au début ⇨ Puis ⇨ Alors ⇨ Enfin

LE POINT DE VUE

6 Dans cet extrait, les didascalies jouent un rôle important en révélant l'attitude des personnages. Le metteur ou la metteure en scène, et les comédiens et comédiennes doivent en tenir compte pour respecter la visée de l'auteur.

A Relevez les didascalies qui indiquent les attitudes des deux personnages et soulignez les mots qui les révèlent explicitement.

B Remplacez les mots soulignés de manière à fausser la visée de l'auteur.

❸ LE POINT DE VUE

7 **A** Dans la biographie de Marco Micone (*TEXTES*, page 211), relevez deux similitudes entre l'auteur et l'un des personnages de la pièce *Déjà l'agonie*.

B Si Danielle et Luigi avaient invité Marco Micone à participer à leur discussion, avec lequel des deux personnages l'auteur aurait-il établi un rapport de solidarité ? Justifiez votre réponse.

C En tenant compte des réponses données en **A** et **B**, le point de vue de Marco Micone vous semble-t-il distancié ou engagé ?

8 **A** Selon vous, à quels destinataires Marco Micone pensait-il lorsqu'il a écrit sa pièce ?

B Au cours des dernières décennies, de nombreux immigrants se sont installés dans la région montréalaise. Quel a été l'effet de cette immigration massive sur la ville de Montréal ?

C Selon vous, l'auteur de ce texte avait-il une visée argumentative ou voulait-il simplement divertir ? Justifiez votre réponse.

PROLONGEMENT

1. Relevez les mots et les expressions que vous pourriez utiliser dans un texte sur l'intégration des immigrants.	Le lexique	**PR 101**
2. Analysez le registre de langue des personnages en faisant ressortir les variations phonétiques, lexicales et grammaticales et précisez ce que ce registre révèle sur le milieu socioculturel des personnages.	Les registres de langue	**PR 102**
3. Indiquez quels temps verbaux sont employés entre les lignes 66 et 93 et précisez s'ils évoquent une réalité ou une hypothèse.	La cohérence textuelle	**PR 103**
4. Analysez la tirade de Luigi et précisez son rôle dans l'évolution de l'action.	Les séquences textuelles	**PR 104**
5. Transcrivez les lignes 5 à 26 de l'extrait de la pièce *Déjà l'agonie* en y insérant des marqueurs de modalité de manière à rendre évidente la perception qu'a Luigi de son père.	Le point de vue	**PR 105**

ANALYSE DE TEXTE

TEXTES

PAGE 24 *Tit-Coq* (Gratien Gélinas)
PAGE 177 *Les Fourberies de Scapin* (Molière)
PAGE 205 *Fin de partie* (Samuel Beckett)

1 Poursuivez l'analyse de l'extrait que vous avez choisi à la page 263 en précisant les caractéristiques du **point de vue** adopté à l'aide des numéros 12 à 15 de la fiche *Pour lire et analyser une pièce de théâtre* (page 256). En vous inspirant de l'analyse de l'extrait de *L'Opéra de quat'sous* présentée aux pages 257 et 258, rédigez la troisième partie du développement de votre texte d'analyse.

2 Rédigez la version finale de votre analyse en vous référant aux numéros 16 à 21 de la fiche *Pour lire et analyser une pièce de théâtre*. Rédigez une introduction, relisez les parties déjà écrites sur le contenu, l'organisation et le point de vue et apportez les modifications nécessaires. Rédigez une conclusion.

SYNTHÈSE

TEXTE DE RÉFÉRENCE
Les Quatre Morts de Marie,
TEXTES, page 214.

Avant de lire

1 Lisez les notes biographiques sur Carole Fréchette à la page 222 du manuel *TEXTES*.

A Connaissez-vous l'une de ses œuvres ? Si oui, laquelle ? De quoi y parle-t-on ?

B Dans ces notes, relevez les passages qui pourraient constituer des indices sur l'univers de la pièce *Les Quatre Morts de Marie* et expliquez ce qu'ils laissent croire.

➲ Lisez l'extrait de la pièce de théâtre *Les Quatre Morts de Marie*.

Reconstituer le contenu du texte

2 En tenant compte des indices fournis dans le prologue et dans les lignes 300 à 316, déterminez approximativement l'âge de Marie :

A au moment où elle raconte les événements ;

B au moment où les événements se sont déroulés.

3 **A** Relevez le nom de tous les personnages qui interviennent ou qui sont mentionnés dans cet extrait et présentez-les dans un organisateur graphique de manière à faire ressortir les liens qui les unissent à Marie.

B À la ligne 250, à qui le pronom personnel *il* fait-il référence ? Qu'est-ce qui vous permet de faire cette déduction ?

C Les rapports entre les personnages sont-ils harmonieux ou conflictuels ? Expliquez votre réponse.

4 Dans la scène qui se déroule sur le chemin de l'école et dans celle où Marie rencontre Pierrot Desautels, l'auteure fait ressortir les différences entre l'univers imaginaire de Marie et celui de Pierrot. Comment qualifieriez-vous chacun de ces univers ? Justifiez votre réponse à l'aide d'éléments du texte.

5 **A** Les scènes présentées dans cet extrait se déroulent à quatre endroits différents. Dans les didascalies, relevez les passages qui permettent d'identifier ces endroits.

B Quel autre lieu est mentionné dans les lignes 177 à 190 ?

6 On ne peut pas vraiment mourir quatre fois. Supposons que les quatre morts de Marie symbolisent des événements déterminants et malheureux de sa vie.

A Quel événement représente une mort pour Marie dans cet extrait ?

B Imaginez quels pourraient être les trois autres événements.

Reconstituer l'organisation du texte

7 On peut présumer que la pièce *Les Quatre Morts de Marie* est constituée de quatre tableaux relatant chacun une mort pour Marie, que chaque tableau contient plusieurs scènes et que la pièce se termine par un épilogue dans lequel Marie conclut.

A Combien de scènes y a-t-il dans le premier tableau de la pièce ? Quels indices vous ont permis de le déterminer ?

B Habituellement, un changement de scène coïncide avec un changement de lieu, de temps ou d'action, ou avec l'arrivée ou le départ d'un ou de plusieurs personnages. À l'aide des didascalies, résumez les scènes de l'extrait en reproduisant un tableau semblable au suivant et en le complétant.

Scène	Lieux	Action	Personnages
Ex. : **Scène 1** (lignes 24 à 79)	salle de bains et cuisine	Dialogue entre Marie, qui est dans la salle de bains, et Simone, sa mère, qui est dans la cuisine.	Marie et Simone

C Observez le tableau que vous avez dressé en **B** et dites quel type de changement donne lieu à des changements de scène dans cet extrait.

D En tenant compte des réponses fournies en **A** et **B**, faites un plan hypothétique de la pièce *Les Quatre Morts de Marie* en vous inspirant du modèle présenté dans la rubrique ***L'essentiel*** (page 251).

8 Dans la septième scène (lignes 434 à 532), Marie et Simone interviennent.

A Peut-on dire qu'elles dialoguent ? Pourquoi ?

B Dans cette scène, Marie fait une découverte qui bouleverse son univers : elle découvre les grands explorateurs. Ajoutez des didascalies fournissant des indications pour la comédienne qui incarne Marie afin que les spectateurs et les spectatrices comprennent qu'elle va de surprise en surprise en lisant le manuel d'histoire.

C Dans cette scène, Simone prend la décision de partir. On sent une augmentation de l'intensité dramatique. Ajoutez des didascalies pour le faire comprendre à la comédienne qui incarne Simone.

9 Le schéma ci-contre résume l'organisation des séquences textuelles de l'extrait de la pièce *Les Quatre Morts de Marie*.

Reproduisez ce schéma et complétez-le :

A en indiquant à quelles lignes correspond chacune des séquences textuelles ;

B en élaborant des schémas représentant les phases des deux séquences dialogales.

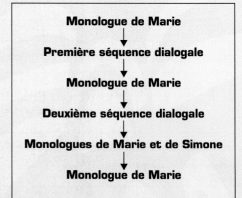

Monologue de Marie
↓
Première séquence dialogale
↓
Monologue de Marie
↓
Deuxième séquence dialogale
↓
Monologues de Marie et de Simone
↓
Monologue de Marie

Discerner le point de vue adopté dans le texte

10 **A** De quelle nationalité est Carole Fréchette ?

B Où sa pièce a-t-elle été créée ?

C Selon vous, à quels destinataires pensait-elle lorsqu'elle a écrit sa pièce ?

D Dans quelle partie du texte l'auteure s'adresse-t-elle directement aux destinataires par l'entremise d'un personnage ? Quels indices linguistiques vous permettent de l'affirmer ?

E Quel effet l'auteure veut-elle créer en utilisant ce procédé ?

11 Dans les notes biographiques sur Carole Fréchette (*TEXTES*, page 222), on peut lire : *L'écriture théâtrale de Carole Fréchette est à la fois prosaïque et poétique, et pleine de passion pour les choses de la vie.*

A Dans cette phrase, relevez l'ensemble de mots qui révèle que Carole Fréchette adopte un point de vue engagé dans ses œuvres.

B Comment cette phrase s'applique-t-elle à l'extrait de la pièce *Les Quatre Morts de Marie* ? Répondez à cette question en relevant quelques éléments du texte dans lesquels on peut déceler, explicitement ou implicitement, un jugement de l'auteure sur ses personnages ou sur les situations qu'ils vivent.

12 Les notes biographiques sur Carole Fréchette se terminent de la façon suivante : *Bien qu'ils soient campés dans une réalité plutôt ordinaire, ses personnages semblent mus par une mission à accomplir, et leur voix cherche à transcender le banal.*

A Dans cette phrase, relevez l'ensemble de mots qui révèle le but que cherche à atteindre Carole Fréchette lorsqu'elle crée des personnages.

B La visée de l'extrait que vous venez de lire est-elle argumentative ou Carole Fréchette voulait-elle simplement divertir ? Justifiez votre réponse à l'aide d'éléments du texte.

Réagir au texte

13 Que répondriez-vous à quelqu'un qui affirmerait que le personnage de Marie a toutes les caractéristiques des enfants québécois ? Est-ce que Marie agit comme les filles de son âge ? Connaissez-vous des enfants qui ont les mêmes caractéristiques que Marie ?

14 Les rapports entre Marie et sa mère sont particulièrement affectueux. Connaissez-vous des personnages de films, de nouvelles, de romans ou d'émissions de télévision qui entretiennent ce même type de rapports ? Présentez-les brièvement et expliquez pourquoi vous les avez choisis.

Évaluer sa démarche de lecture

15 A Remplissez une fiche semblable à la suivante afin de rendre compte de votre démarche de lecture et de déterminer si les difficultés que vous avez éprouvées sont attribuables aux caractéristiques du texte, à une mauvaise compréhension des connaissances sur le texte dramatique ou aux activités elles-mêmes.

B Selon les difficultés décelées, précisez les moyens que vous prendrez pour améliorer vos résultats lors de l'évaluation sommative.

ÉVALUATION DE LA DÉMARCHE DE LECTURE

Le texte

- À la première lecture, le texte *Les Quatre Morts de Marie* m'a semblé (facile/difficile) ✎ parce que ✎.
- J'ai commencé à lire ce texte avec (beaucoup / plus ou moins / peu) ✎ d'intérêt parce que ✎.

Les connaissances

- Au fil de la lecture, j'ai pu (facilement / difficilement) ✎ utiliser les connaissances sur le texte dramatique présentées dans la rubrique *L'essentiel*, notamment ✎.

Les activités

- De façon générale, les activités ont (beaucoup / plus ou moins / peu) ✎ facilité ma compréhension du texte.
- J'ai trouvé les consignes difficiles parce que:
  - ☐ les connaissances qui s'y rattachaient étaient obscures pour moi;
  - ☐ la formulation des questions me causait des difficultés;
  - ☐ je ne comprenais pas certains mots dans le texte ou dans les consignes.

TT 204

Le texte poétique

TT 201 Le texte argumentatif
TT 202 Le texte narratif
TT 203 Le texte dramatique
TT 204 Le texte poétique

CORPUS D'OBSERVATION

Avec l'encre couleur du temps...

❾ Poème en vers libres

❻ Répétitions → **J'ÉCRIS AVEC L'ENCRE NOIRE**, les **chagrins** de
tous les jours et leur trame
sans histoire, et leur éternel retour... J'écris
le **deuil** des saisons et le **mal de la raison**
et le jour près de **s'éteindre**.

J'ÉCRIS AVEC L'ENCRE VERTE un jardin que je
connais. **J'ÉCRIS** les feuilles et l'herbe que ❶ Mots évocateurs
le printemps remuait... **J'ÉCRIS** la lumière
douce des chemins de mon pays...

❹ Symboles associés aux couleurs

AVEC L'ENCRE VIOLETTE, **J'ÉCRIS** les soirs de ❻ Inversion
bruyères sur les terres désolées et **J'ÉCRIS** les
âmes fières de n'être pas consolées.

J'ÉCRIS AVEC L'ENCRE ROUGE tous les feux
qui m'ont brûlée et tous les rubis
qui bougent dans le fond des cheminées,
et le soleil qui se couche sur ses plus
longues journées, et toutes les roses qui
sur la mer s'en sont allées...

Germaine Beaumont, *Couleurs*.

Je ne suis qu'un cri

❽ Poème à forme fixe

Je ne suis pas littérature
Je ne suis pas photographie
NI décoration NI peinture
NI traité de philosophie

❷ Champ lexical : la culture.

Je ne suis pas ce qu'on **MURMURE**
Aux enfants de la bourgeoisie
Je ne suis pas saine lecture
NI **SIRUPEUSE** poésie

❶ MOTS ÉVOCATEURS

JE NE SUIS QU'UN CRI ❸ Métaphore

Non je n'ai rien de littéraire
Je ne suis pas morceaux choisis
Je serais plutôt le contraire
De ce qu'on trouve en librairie

Je ne suis pas guide ou bréviaire
NI baratin NI théorie
Qu'on range entre deux dictionnaires
Ou sur une table de nuit

JE NE SUIS QU'UN CRI

❻ RÉPÉTITIONS

Je n'ai pas de fil à la patte
Je ne viens pas d'une écurie
Non je ne suis pas diplomate
Je n'ai NI drapeau NI patrie

Je ne suis pas rouge **ÉCARLATE**
NI bleu NI blanc NI **CRAMOISI**
Je suis d'abord un **CRI PIRATE**
De ces **CRIS**-là qu'on interdit

JE NE SUIS QU'UN CRI

Je ne suis pas **CRI** de plaisance
NI **GUEULANTE** de comédie
Le **CRI** qu'on pousse en apparence
Pour épater la compagnie

Moi si j'ai rompu le silence
C'est pour éviter l'**ASPHYXIE**
Oui je suis un **CRI** de défense
Un **CRI** qu'on pousse à la **FOLIE**

JE NE SUIS QU'UN CRI

Pardonnez si je vous dérange — A
Je voudrais être un autre bruit — B
Être le **CRI** de la mésange — A
N'être qu'un simple **GAZOUILLIS** — B

❼ Rimes croisées

Tomber comme un flocon de neige ❸ Comparaison
Être le **DOUX BRUIT** de la pluie
Mais **JE SUIS UN CRI** qu'on abrège
Je suis la détresse infinie

JE NE SUIS QU'UN CRI

❺ Thème : la souffrance.

Paroles : Guy Thomas. Musique : Jean Ferrat.

vers L'ESSENTIEL

Les mises en évidence et les annotations des poèmes du **CORPUS D'OBSERVATION** vous ont permis de découvrir les grandes caractéristiques des textes poétiques. Pour en savoir davantage sur ces textes, résumez les connaissances des pages 280 à 290 en reproduisant et en remplissant la fiche *Prise de notes* qui suit.

Prise de notes

LE TEXTE POÉTIQUE

LE CONTENU

______ : êtres, objets, lieux, événements, situations, émotions.

Le texte poétique (TP) est engagé, c'est-à-dire ______

Lexique : – mots évocateurs
– jeux de mots
– champs lexicaux

Images : – ______ → rapprochement avec terme comparatif
– ______ → rapprochement sans terme comparatif
– métonymie → ______

Symboles : ______

Sonorités : sons clairs et sons sombres.

Thèmes : ______
Ex. : ______, ______, ______, ______, ______

L'ORGANISATION

Peut être organisé selon le modèle d'une séquence ______, ______, ______, ______ ou ______

Procédés qui révèlent l'organisation : répétition, allitération ou assonance, ellipse, inversion, détachement, forme ou construction particulière des phrases.

Versification : ______

Rimes : – ______ – ______ – ______

Trois formes de poèmes : – ______ – ______ – ______

LE POINT DE VUE

Voix du texte (VT) : ______

Désignation de VT : – ______ → 1re personne
– ______ → 3e personne

Attitude de VT : nécessairement engagée.
Marques linguistiques qui révèlent le point de vue : voir L'essentiel, p. 289.

Le ton du TP peut être : ______, ______, ______, ______, ______ ou ______

Buts du TP : – ______ – ______

L'ESSENTIEL
Le texte poétique

LE TEXTE POÉTIQUE

Au fil du temps, le poème, indispensable moyen d'expression des poètes, évolue et se transforme, comme sa matière première : la langue. Bien qu'il puisse revêtir de multiples formes, le poème n'est pas la seule forme du texte poétique. La poésie peut «imprégner» le roman, la nouvelle littéraire, la pièce de théâtre, la publicité, la chanson, etc.

Le texte poétique est **une aventure esthétique au pays de la langue et des émotions**. Avant tout, le texte poétique se veut beau, harmonieux, évocateur, comme peuvent l'être une peinture, une gravure, une sculpture, une pièce musicale, une danse, un film. L'intention première de celui ou de celle qui écrit un texte poétique est de créer en modelant des phrases et des mots; il s'agit en somme d'une façon de s'exprimer pour répondre à un besoin intense et personnel. Le texte poétique provoque aussi des réactions : il **émerveille**, réjouit, **attriste**, étonne, indigne, **amuse**, apaise, **ennuie**, révolte, encourage, **blesse**, etc. Ces réactions sont sans doute attribuables au fait que le ou la poète (comme l'auteur ou l'auteure de chansons), en livrant dans ses textes sa vision du monde, sa propre expérience des réalités sociales, politiques, économiques ou culturelles, propose aux lecteurs et aux lectrices une nouvelle vision du monde, exprimée avec une sensibilité toute particulière.

1 LE CONTENU DES TEXTES POÉTIQUES

1.1 L'UNIVERS POÉTIQUE

L'univers poétique est constitué à la fois **des êtres, des objets, des lieux, des événements, des situations, des émotions** que le ou la poète évoque, et des éléments de la langue qui ont été soigneusement choisis pour refléter une manière personnelle de percevoir ce qui est à la source du poème. Invraisemblable ou vraisemblable, l'univers poétique naît dans l'imaginaire de l'auteur ou de l'auteure et présente une nouvelle façon de voir les choses, sous un jour favorable ou défavorable, avec une pointe ou des accents de mélancolie, de gaieté ou de révolte. Le texte poétique **véhicule** donc **toute la subjectivité du ou de la poète**, ce qui en fait un texte engagé.

> «Le cœur contient la passion;
> le cœur contient le dévouement,
> le crime; l'imagination
> seule contient la Poésie.»
>
> Charles Baudelaire

1.2 LE LEXIQUE

(page 6) PR 101

Le lexique contient les **éléments de base** du texte poétique, c'est-à-dire les **mots** qui désignent et caractérisent les êtres, les objets, les lieux, les sentiments, etc. Le lexique permet de nommer ou de décrire de façon explicite en employant des termes neutres, précis, comme on le fait généralement dans un texte explicatif. Le lexique permet aussi d'**évoquer**, de **suggérer**. Dans un texte poétique, le choix des mots est souvent lié à leur **pouvoir évocateur**.

1.2.1 Les mots évocateurs

▶❶ – *Avec l'encre couleur du temps...* – *Je ne suis qu'un cri*

Les mots évocateurs sont ceux qui ont la **capacité d'éveiller, de suggérer une émotion**, soit parce qu'ils rappellent un événement vécu, soit parce qu'ils désignent une réalité qui est elle-même source d'émotions, soit encore parce qu'ils nous transportent dans un autre univers. Parmi ces mots, certains sont liés aux cinq sens; d'autres désignent des sentiments, des émotions. On trouve aussi des termes littéraires et exotiques, des archaïsmes, des néologismes, des régionalismes, des emprunts, etc., bref des mots dont la sonorité ou le sens est connotatif.

1.2.2 Les jeux de mots

Les jeux de mots permettant de créer des mots inusités, par exemple les mots-valises, ont aussi un pouvoir évocateur: ils amusent, surprennent ou **rendent compte d'une réalité de manière imagée**.

Ex.: [...]
Alors moi je déclarationne:
quand on a rien à dire
faut savoir se publicitaire
une fois pour toutes!

(Marc Favreau, Sol, «Du vent», © Les Éditions internationales Alain Stanké, 1978.)

1.2.3 Les champs lexicaux

▶❷ *Je ne suis qu'un cri*

Les champs lexicaux sont constitués d'**ensembles de mots** qui peuvent être associés à un même objet, à une même idée, à un même domaine, bref, à un même thème.

Ex.: Champ lexical lié à la culture:
littérature, photographie, décoration, peinture, philosophie, lecture, poésie, littéraire, morceaux choisis, librairie, guide, bréviaire, dictionnaires, comédie (Jean Ferrat)

1.3 LES IMAGES

▶❸ *Je ne suis qu'un cri*

Les images constituent des **représentations**, à l'aide des mots, **d'une manière de voir ou de ressentir les choses**. Elles sont créées notamment par des procédés stylistiques appelés **figures de style** dont on trouve trois exemples dans le tableau ci-dessous.

Figures de style	Définitions	Exemples
Comparaison	Figure de style qui consiste à rapprocher, à l'aide d'un **terme comparatif**, deux éléments qui se ressemblent ou qui se distinguent.	*Le violon frémit* ***comme*** *un cœur [qu'on afflige;* (Charles Baudelaire, «Harmonie du soir».) *Son regard est* ***pareil au*** *regard [des statues* (Paul Verlaine, «Mon rêve familier».)
Métaphore	Comparaison dans laquelle **le terme comparatif est omis**, la métaphore consiste à mettre en relation deux éléments qui ont une ressemblance, mais qui ne sont généralement pas associés. Elle permet de désigner un élément par un mot qui désigne habituellement autre chose en favorisant un transfert de sens.	*Pour ne pas sentir* ***l'horrible fardeau du Temps qui brise vos épaules et vous penche vers la terre****, il faut vous enivrer sans trève. Mais de quoi ? De vin, de poésie ou de vertu, à votre guise.* (Charles Baudelaire, «Enivrez-vous».)
Métonymie	Figure de style qui consiste à **remplacer un terme** par un autre qui lui est lié de façon logique.	***Mon bras*** *qu'avec respect toute [l'Espagne admire,* ***Mon bras****, qui tant de fois a sauvé [cet empire* (Corneille, *Le Cid*)

1.4 LES SYMBOLES

▶❹ *Avec l'encre couleur du temps...*

Les symboles sont **des mots, des êtres ou des objets auxquels on a recours pour représenter une idée**. Ainsi, l'oiseau est habituellement associé à la liberté, l'eau et le soleil à la vie, le feu à la passion ou à la destruction, la terre à la mère, l'enfance à l'innocence.

Les symboles sont des **images poétiques** très riches, mais très difficiles à traiter. En effet, c'est souvent l'ensemble du texte qui confère une valeur symbolique à un objet. Dans l'exemple suivant, la mort est symbolisée par la *faucheuse*.

Ex.: *Je vis cette faucheuse. Elle était dans son champ.*
Elle allait à grands pas moissonnant et fauchant,
Noir squelette laissant passer le crépuscule.

(Victor Hugo, *Les Contemplations*)

1.5 LES SONORITÉS

Les **différents sons que produisent les mots** lorsqu'on les prononce créent une certaine **musicalité**. En rappelant des bruits réels (un chuchotement, le chant des oiseaux, la pluie, le vent), certains **sons clairs** (par exemple, les sons voyelles «i», «é», «è» et les sons consonnes «ch», «v», «l», «m», etc.) peuvent devenir symboles de douceur, de légèreté. De même, les **sons sombres** donnent souvent une impression de dureté (par exemple, les sons consonnes «p», «t», «k», «b», etc.) ou de tristesse (par exemple, les sons voyelles «o», «u», «ou», «on», etc.). Dans l'exemple suivant, la répétition des sons «s» et «l» crée une impression de douceur, de langueur:

Ex.: *Sois **s**age, ô ma Dou**l**eur, et tiens-toi p**l**us tranqui**ll**e.*
*Tu réc**l**amais **l**e **S**oir; i**l** de**sc**end; **l**e voi**c**i:*
[...]
(Charles Baudelaire, «Recueillement», *Les Fleurs du Mal.*)

1.6 LES REGISTRES DE LANGUE

(page 22) PR 102

Chacun des registres de langue (populaire, familier, standard ou soigné) est naturellement associé à un groupe de personnes en particulier. Ainsi, dans un poème, le registre de langue peut révéler la façon dont la voix qui parle désire être perçue, ou encore, dans certains cas, indiquer à qui s'adresse le texte.

1.7 LES THÈMES

▶❺ *Je ne suis qu'un cri*

Le thème d'un texte est **ce sur quoi on s'exprime**. Les textes poétiques portent généralement sur les **facettes de l'existence** qui préoccupent l'auteur ou l'auteure parfois jusqu'à l'obsession, par exemple: la nature, l'amour, la solitude, la mort, la souffrance, la vie, la jeunesse, la liberté, la beauté, la paix, etc. Les champs lexicaux qui s'articulent autour d'une idée permettent notamment de dégager le ou les thèmes d'un texte poétique. La manière d'aborder un thème en recourant à des images, à des sonorités, à un lexique connotatif ou à tel ou tel registre de langue révèle le point de vue du ou de la poète. La répétition des thèmes dans l'œuvre de l'artiste et sa façon de les aborder révèlent sa vision du monde.

2 L'ORGANISATION DES TEXTES POÉTIQUES

2.1 LES ÉLÉMENTS QUI ORGANISENT LE TEXTE POÉTIQUE

Le texte poétique n'est pas un *type* de texte en soi: aucun modèle d'organisation ne lui est propre. Le plus souvent, il est organisé selon le modèle d'un texte de type narratif ou descriptif dans lequel peuvent s'insérer des séquences narratives, descriptives, argumentatives, explicatives ou dialogales.

2.1.1 Les procédés syntaxiques ou stylistiques

▶❻ – *Avec l'encre couleur du temps...* – *Je ne suis qu'un cri*

Divers procédés peuvent servir à l'organisation du poème. Par exemple, le ou la poète peut construire un texte en utilisant des procédés qui lui permettront de jouer avec les mots et de modeler la langue.

Le tableau de la page suivante présente les procédés qui servent le plus souvent à organiser un texte poétique.

Procédés pour organiser un texte poétique	Définitions	Exemples
La répétition	La répétition de mots, d'ensembles de mots ou de vers peut guider l'organisation d'un poème tout en créant un **effet de renforcement, d'insistance, d'importance**. La répétition d'un mot ou d'un ensemble de mots au début d'un vers (l'anaphore) peut servir à mettre un thème en évidence.	*Je suis une* ***cage*** *d'****oiseau*** *Une* ***cage*** *d'os* *Avec un* ***oiseau*** […] (Saint-Denys Garneau, «Cage d'oiseau», *Regards et Jeux dans l'espace.*)
L'allitération et l'assonance	L'allitération et l'assonance sont la **répétition d'un même son** dans les mots d'un vers ou de plusieurs vers (l'allitération est la répétition de consonnes et l'assonance, la répétition de voyelles). Ces procédés stylistiques peuvent constituer une façon de regrouper des vers selon l'effet créé par leur musicalité.	***L****es sang****l****ots* ***l****ongs* *Des vio****l****ons* *De* ***l****'automne* [...] (Paul Verlaine, «Chanson d'automne».)
L'ellipse	L'ellipse est la **suppression d'un élément qui, bien que nécessaire sur le plan grammatical**, ne rend pas le vers ou la phrase incompréhensible.	*À vingt ans, deuil et solitude* (Victor Hugo) À vingt ans, **je vivais le** deuil et **la** solitude
L'inversion	L'inversion résulte du **déplacement d'un élément par rapport à sa place habituelle** dans un ensemble de mots, un vers ou une phrase.	*Que sont mes amis* ***devenus****; que* *[j'avais de si près* ***tenus****…* (Rutebeuf) Que sont **devenus** mes amis, que j'avais **tenus** de si près...
Le détachement	Le détachement résulte du **déplacement d'un élément en début ou à la fin du vers ou de la phrase**; il est généralement marqué par la virgule.	[…] ***Les pieds dans les glaïeuls****,* *[il dort.* ***Souriant comme*** ***Sourirait un enfant*** *malade,* *[il fait un somme:* […] (Arthur Rimbaud, «Le dormeur du val».)
Certaines formes de phrases ou certaines phrases à construction particulière	Certaines formes de phrases ou constructions particulières peuvent aussi inspirer l'organisation d'un poème, par exemple la phrase de forme emphatique, la phrase de forme négative, la phrase infinitive, la phrase à présentatif et la phrase non verbale.	**Phrase à présentatif** ***C'est*** *l'extase langoureuse,* ***C'est*** *la fatigue amoureuse,* ***C'est*** *tous les frissons des bois* […] (Paul Verlaine, «Romances sans paroles».) **Phrase non verbale** *Tant de sueur humaine* *tant de sang gâté* *tant de mains usées* *tant de chaînes* […] (Raymond Queneau, «Tant de sueur humaine», *L'instant fatal*, © Éditions Gallimard, 1966.)

2.1.2 La versification

La versification est un mode d'organisation du texte propre à la poésie. Elle consiste à **disposer les mots en vers selon certaines règles** qui ont longtemps régi l'écriture de la poésie, mais qui sont rarement utilisées aujourd'hui. Ces règles indiquent, par exemple:

- le nombre de vers de chaque strophe;
- le nombre de pieds (de syllabes) de chaque vers;
- la façon particulière de compter ces syllabes;
- la manière de former des rimes et de les agencer dans le poème.

Le vers

Le vers est un **ensemble de mots agencés et mesurés pour créer un rythme**. Dans un poème ou un texte de chanson, les vers peuvent être de **différentes longueurs**, produisant ainsi **divers effets**. Les vers longs peuvent, par exemple, créer un effet de tristesse, de mélancolie alors que les vers courts s'associent plus facilement à la joie, à la légèreté, à l'énergie, à l'intensité ou à la simplicité. Le passage de vers longs à un vers très court peut accentuer un contraste dans les idées, un changement dans l'émotion.

La longueur d'un vers se mesure par le nombre de syllabes prononcées. Chaque syllabe prononcée correspond à une unité de mesure appelée *pied*. Selon le nombre de pieds, les vers portent un nom différent:

- un **alexandrin** ou **dodécasyllabe** est un vers de 12 pieds (ou syllabes);

  1 2 3 4 5 6 7 8 9 10 11 12
  Ex.: Je/ne/par/le/rai/pas, /je/ne/pen/se/rai/rien:
  1 2 3 4 5 6 7 8 9 10 11 12
  Mais/l'a/mour/in/fi/ni/me/mon/te/ra/dans/l'âme,

  (Arthur Rimbaud, «Sensation».)

- un **décasyllabe** est un vers de 10 pieds (ou syllabes);

  1 2 3 4 5 6 7 8 9 10
  Ex.: Ce/toit/tran/qui/lle, où/mar/chent/des/co/lombes,
  1 2 3 4 5 6 7 8 9 10
  En/tre/les/pins/pal/pite,/en/tre/les/tombes;

  (Paul Valéry, «Le cimetière marin».)

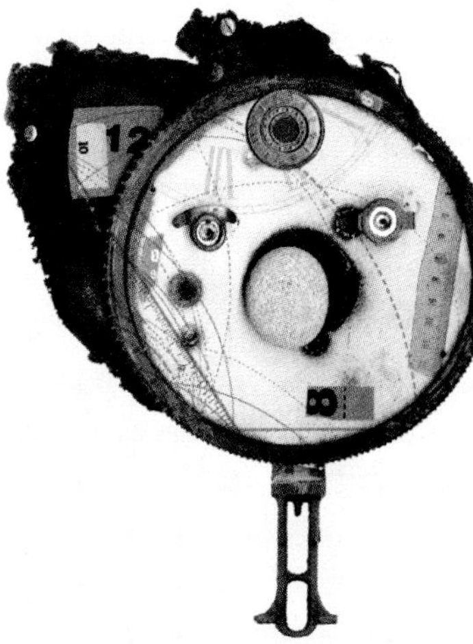

- un **octosyllabe** est un vers de 8 pieds (ou syllabes).

  1 2 3 4 5 6 7 8
  Ex.: Il/s'est/a/ssis/aux/soirs/d'hi/ver
  1 2 3 4 5 6 7 8
  En/mon/fau/teuil/de/ve/lours/vert

  (Émile Nelligan, «Le Spectre».)

Les poètes ont longtemps privilégié les vers longs ayant un nombre pair de pieds, jugeant que les vers ayant un nombre impair de syllabes étaient boiteux; les vers courts, c'est-à-dire les vers de quatre ou six pieds, étaient surtout réservés à la chanson. Dans les poèmes d'aujourd'hui, les vers sont de longueur variable et le nombre de syllabes est rarement déterminé d'avance.

La strophe

La strophe est un **regroupement de vers** qui équivaut à un paragraphe dans un texte en prose. Dans les chansons, une strophe s'appelle un **couplet**. La strophe qui est répétée après chaque couplet s'appelle le **refrain**.

La rime

▶❼ *Je ne suis qu'un cri*

La rime est la **répétition d'un certain nombre de sons à la fin de deux ou de plusieurs vers**. On appelle **rime riche** celle où trois sons successifs ou plus se répètent (ex.: *re-**c-u-le** / crépus-**c-u-le***), **rime suffisante** celle où deux sons successifs se répètent (ex.: ***ch-amp** / fau-**ch-ant***) et **rime pauvre** celle où un seul son se répète (ex.: *v-**ie** / plu-**ie***). La rime est dite **féminine** lorsqu'elle se termine par un *e* muet (ex.: ***vie** / **pluie***) et **masculine** dans tous les autres cas.

Il existe plusieurs façons de disposer les rimes dans un poème ou un texte de chanson. On distingue:

- **les rimes plates** (ou suivies);

  Ex.: *Dans le frais clair-obscur du soir charmant qui t**ombe**,* A
  *L'une pareille au cygne et l'autre à la col**ombe*** A

  (Victor Hugo, «Mes deux filles», *Les Contemplations*.)

- **les rimes croisées** (ou alternées);

  Ex.: *Je ne suis pas littéra**ture*** A
  *Je ne suis pas photogra**phie*** B
  *Ni décoration ni pein**ture*** A
  *Ni traité de philoso**phie*** B
  […]

  (Jean Ferrat, «Je ne suis qu'un cri»,
  © Productions Alleluia, Paris, 1982.)

- **les rimes embrassées**.

  Ex.: *Je n'ai plus que les os, un squelette je s**emble**,* A
  *Décharné, dénervé, démusclé, dépoul**pé**,* B
  *Que le trait de la mort sans pardon a frap**pé**;* B
  *Je n'ose voir mes bras que de peur je ne tr**emble**.* A

  (Pierre de Ronsard, *Derniers vers*.)

2.1.3 Les formes de poèmes

Le poème à forme fixe

▶❽ *Je ne suis qu'un cri*

Parfois, l'organisation du poème obéit à des **règles strictes fixées par la tradition**. Par exemple, le sonnet est un poème de quatorze vers répartis en deux strophes de quatre vers (deux quatrains) et deux strophes de trois vers (deux tercets). Les rimes obéissent aussi à des règles précises; elles doivent être présentées dans le même ordre dans les deux quatrains. Il existe d'autres poèmes à forme fixe, très anciens ou très modernes: le lai, le rondeau, la ballade, le pantoum, etc.

Le poème en vers libres

▶❾ *Avec l'encre couleur du temps...*

Le poème en vers libres est un poème **libre des contraintes** que constituent la disposition en strophes régulières, la mesure des syllabes et la rime. L'organisation d'un poème en vers libres ne se fait cependant pas au hasard. La recherche de sonorités, l'exploration des figures de style et des procédés stylistiques comme la répétition, l'ellipse, l'inversion et le détachement sous-tendent son organisation.

Le poème en prose

Le poème en prose est un poème qui n'est **organisé ni en vers ni en strophes, mais qui suit quand même un rythme**. Le poème en prose est généralement bref, mais ce qui y est évoqué est très intense; il se présente généralement sous la forme de quelques paragraphes, parfois même d'un seul paragraphe.

Ex.: *Regarde comme les toits entourés de verdure étincellent aux rayons du soleil couchant. Il se penche et s'éteint, le jour expire, mais il va porter autre part une nouvelle vie. Oh! que n'ai-je des ailes pour m'élever de terre et m'élancer après lui, dans une clarté éternelle! Je verrais à travers le crépuscule tout un monde silencieux se dérouler à mes pieds, je verrais toutes les hauteurs s'enflammer, toutes les vallées s'obscurcir, et les vagues argentées du fleuve se dorer en s'écoulant.* [...]

(Goethe, *Devant la porte de la ville*, traduction de Gérard de Nerval.)

2.2 LA COHÉRENCE TEXTUELLE

(page 38) PR 103

Bien qu'il puisse revêtir des formes très variées et que son sens ne soit pas souvent explicite, le texte poétique respecte généralement les **principes de base de la cohérence textuelle**.

2.2.1 La reprise de l'information

On entend par reprise de l'information l'**introduction dans le texte d'un mot ou d'un groupe de mots** (souvent un pronom ou un groupe du nom) **qui reprend quelque chose qui a déjà été exprimé**. Dans un poème, les reprises contiennent des **mots et des groupes de mots qui sont souvent choisis par métaphore** et qui évoquent différentes facettes de l'élément repris.

Ex.: *Regarde comme les toits entourés de verdure étincellent aux rayons du* ***soleil couchant****.* ***Il*** *se penche et s'éteint, le jour expire, mais* ***il*** *va porter autre part une nouvelle vie. Oh! que n'ai-je des ailes pour m'élever de terre et m'élancer après* ***lui****, dans une clarté éternelle!* [...] *Cependant* ***le dieu*** *commence à s'éclipser; mais un nouvel élan se réveille en mon âme, et je me hâte de m'abreuver encore de* ***son éternelle lumière****.* [...]

(Goethe, *Devant la porte de la ville*, traduction de Gérard de Nerval.)

2.2.2 La progression de l'information

La progression de l'information se fait par l'**ajout de nouveaux éléments d'une phrase à l'autre**. L'information peut se greffer à un même élément qu'on évoque tout au long du texte, contribuant ainsi à mettre en évidence le thème du texte, ou à différents éléments ayant un lien entre eux. Lorsque l'information se greffe à différents éléments, la progression peut se faire lentement ou brusquement, entraînant le lecteur ou la lectrice dans des directions inattendues, créant alors des effets particuliers.

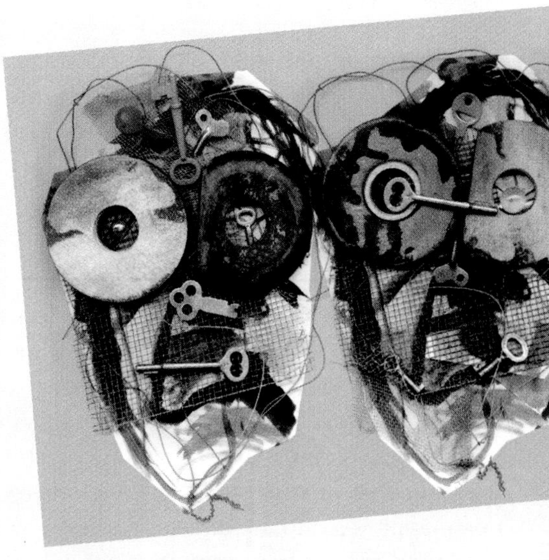

3 LE POINT DE VUE DANS LES TEXTES POÉTIQUES (page 82) ◀◀ PR 105

Le point de vue est la manière dont celui ou celle qui énonce le texte (la voix du texte) se situe dans ce texte.

3.1 LA VOIX DU TEXTE

Dans un texte poétique, le point de vue analysé n'est pas celui de l'auteur ou de l'auteure, mais celui de **la voix qui énonce le texte**, comme si le ou la poète créait un personnage et se mettait dans sa peau au moment d'écrire (il s'agit de l'équivalent du narrateur ou de la narratrice dans un texte de type narratif). Que la voix du texte se désigne ou non de façon explicite à l'aide de pronoms de la première personne, elle peut être à l'image de son créateur ou de sa créatrice ou être à l'opposé. Cette voix constitue un **filtre à travers lequel le ou la poète exprime sa perception de ce qui est évoqué dans le texte**.

3.2 LE POINT DE VUE

Dans un texte poétique, le point de vue est rarement distancié puisque le ou la poète, à travers la voix du texte, **exprime sa perception des choses**. Pour analyser le point de vue adopté dans le texte, il faut vérifier :

- si la voix **se désigne ou non** dans le texte;
- si cette voix **interpelle ou non** le destinataire;
- l'**attitude** ou la prise de position de la voix à l'égard de ce qui est évoqué.

Certains poèmes et certains textes de chansons expriment explicitement des prises de position sur des sujets à caractère social ou politique. Souvent, ces textes sont écrits par des auteurs et des auteures qui, par exemple, militent au sein d'organismes défendant les droits et les libertés ou des causes liées à l'environnement, ou qui, au Québec, veulent protéger la langue française. On parle alors de **chansons et de poèmes engagés**. Gaston Miron, Gilles Vigneault, Michèle Lalonde, Jean Ferrat, Clémence DesRochers, Victor Hugo, Boris Vian et Paul Piché, par exemple, appartiennent à la catégorie des poètes engagés.

3.2.1 La désignation de la voix

La voix du texte peut **se désigner explicitement** à l'aide de pronoms et de déterminants de la **première personne du singulier**. Dans un texte fortement engagé qui incite à l'action, la voix du texte peut aussi se désigner explicitement comme faisant partie d'un groupe de personnes avec qui elle partage sa perception des choses; dans ce cas, on trouvera des pronoms et des déterminants de la **première personne du pluriel** ou le pronom ***on***. La voix du texte peut aussi **ne pas se désigner explicitement** : le texte sera alors écrit à la **troisième personne**, mais on trouvera des marques subjectives révélant la présence de la voix dans le texte.

3.2.2 Le destinataire

Généralement, dans les textes poétiques, le destinataire n'est pas mentionné. En fait, un texte poétique est rarement destiné à une personne ou à un groupe de personnes en particulier : **le ou la poète l'écrit pour satisfaire un besoin personnel de créer**. Cependant, comme beaucoup d'autres textes où le point de vue est engagé, le texte poétique peut avoir un destinataire explicitement désigné à l'aide de pronoms et de déterminants de la deuxième personne. L'interpellation explicite du destinataire donne l'impression que la voix du texte entre en relation avec lui. L'image que le texte donne du destinataire est alors plus facile à dégager. Lorsque le destinataire n'est pas interpellé, on peut dégager son image notamment grâce à l'attitude de la voix dans le texte.

3.2.3 L'attitude de la voix du texte

La voix du texte qui exprime un **point de vue engagé** évoque des éléments selon sa façon de les percevoir, en prenant position. Ainsi, à l'aide de diverses marques linguistiques, la voix du texte peut exprimer:

- son appréciation ou son jugement (positif ou négatif) sur ce qu'elle évoque;
- la certitude ou l'incertitude, un doute ou une probabilité par rapport à ce qu'elle évoque.

3.3 LES INDICES QUI RÉVÈLENT LE POINT DE VUE ENGAGÉ DANS UN TEXTE POÉTIQUE

Certaines marques linguistiques comme les pronoms, les déterminants et les marqueurs de modalité, ainsi que le ton privilégié, révèlent le point de vue engagé dans un texte poétique.

3.3.1 Les principales marques linguistiques qui révèlent un point de vue engagé dans un texte poétique

Le tableau qui suit présente les principales marques linguistiques qui peuvent révéler le point de vue engagé de la personne qui écrit un poème ou un texte de chanson.

Principales marques linguistiques	Exemples
Pour **désigner** explicitement la **voix du texte**: • des pronoms et des déterminants de la **première personne**.	***je** suis un poème engagé* *conquistador de petites ruelles* […] (Louis Geoffroy, «Graffiti», © Geoffroy / L'Obscène Nyctalope, 1968.)
Pour **interpeller** explicitement le **destinataire**: • des **apostrophes**; • des pronoms et des déterminants de la **deuxième personne**; • des phrases de **type interrogatif**;	***Ô poète songeur**, si triste de **toi-même**;* *Qui pourrait **te** guérir et qui pourrait **t'**aimer?* […] (Albert Lozeau, «Mauvaise solitude».) […] *Sa vie Elle ressemble à ces soldats sans armes* *Qu'on avait habillés pour un autre destin* ***À quoi peut leur servir de se lever matin*** ***Eux qu'on retrouve au soir désœuvrés incertains*** […] (Louis Aragon, «Il n'y a pas d'amour heureux».)
• des phrases de **type impératif**.	***Écoutez**... **Faites silence**...* *La triste énumération* *De tous les forfaits sans nom,* […] (Robert Desnos, «Complainte de Fantomas».)
Pour exprimer une **appréciation**, un **jugement**: • des **mots connotatifs** (verbes, noms, adjectifs et adverbes évoquant un sentiment, une émotion);	[…] *la grande main qui nous **cloue** au sol* *finira par **pourrir*** […] *la grande main **pourrira*** *et nous pourrons nous lever pour aller ailleurs.* (Roland Giguère, «La main du bourreau finit toujours par pourrir», *L'Âge de la parole*, © TYPO et Roland Giguère, 1991.)

Principales marques linguistiques	Exemples
• des **marqueurs d'exclamation** et des **phrases de type exclamatif**;	*Lassitude,* **ô** *ma lassitude de vivre!* […] (Simone Routier, *Les Tentations*, La Caravelle, 1934.)
• des **guillemets** encadrant un mot ou une expression devant être pris dans un sens particulier, pour manifester, par exemple, l'ironie ou le sarcasme.	[…] *La négation je l'emploie fréquemment* *Et «**l'ego trip**» je le vis quotidiennement* […] (Paroles et musique de Kevin Parent, *La critique*, © Productions des Trois Têtus et Éd. Tacca.)
Pour exprimer la **certitude** ou l'**incertitude**, le **doute**, la **probabilité**, la **nécessité**, etc.; • des **verbes** comme *devoir, falloir, paraître, pouvoir, sembler*;	[…] *il* ***faut*** *aller plus loin que ce coin de rue* *descendre vers l'effloraison des lumières* […] (Michel Beaulieu, «Quand tu descendras les trottoirs de l'ivresse», Éditions du Jour, 1971.)
• des **verbes** conjugués au **conditionnel** et au **futur antérieur**. Il s'agit de marqueurs de modalité.	*Autour de moi, il y a la guerre* *La peur, la faim et la misère* *J'****voudrais*** *qu'on soit tous des frères* (Mouffe [Claudine Monfette], *Ordinaire*, © Éditions Gamma et Experience Publishing, 1970.)

3.3.2 Le ton

(page 86) PR 105

L'expérience humaine qui est à l'origine de l'écriture d'un poème ou d'une chanson et ce qu'elle inspire au poète ou à la poète ont une influence déterminante sur le ton du texte. Si l'expérience est triste, ou si elle inspire une grande émotion à la personne qui écrit, le ton sera **lyrique**; si elle est tragique, le ton sera **dramatique**; si elle est drôle, le ton sera **humoristique**. Dans le cas de poèmes engagés, le ton peut être **didactique, sarcastique** ou **revendicateur**. Les mots choisis, le rythme des phrases et l'interpellation du destinataire contribuent alors à donner un ton au texte.

3.4 LES VALEURS VÉHICULÉES DANS LE TEXTE

Que la voix du texte soit à l'image de la personne qui écrit ou qu'elle soit à l'opposé, le poème ou la chanson exprime toujours une vision du monde et les valeurs qui s'y rattachent. Les thèmes abordés et la façon dont ils sont traités révèlent ces valeurs, qui peuvent être d'ordre social ou d'ordre individuel. Une valeur, c'est **ce qui compte aux yeux d'une personne ou d'une société**. Dans un texte poétique, les valeurs sont souvent exprimées explicitement.

3.5 LES BUTS DU TEXTE

Le texte poétique est d'abord écrit dans le but de **satisfaire un intense besoin de s'exprimer, un besoin d'imaginaire et un besoin d'esthétique**. Cependant, dans sa volonté d'exprimer sa vision du monde, le ou la poète, consciemment ou non, peut aussi **chercher à influencer le destinataire**, à le pousser à agir ou, à tout le moins, à le faire réagir. Plus le point de vue engagé d'un texte est manifeste, plus l'influence recherchée est évidente.

POUR LIRE ET ANALYSER UN TEXTE POÉTIQUE

PLANIFIER L'ANALYSE

1 ▸ Déterminer la manière de noter les éléments qui serviront à préparer l'analyse du texte.

2 ▸ Préciser le ou les destinataires de l'analyse.

3 ▸ Se renseigner sur l'auteur ou l'auteure du texte et sur le genre de poèmes ou de chansons qu'il ou elle écrit.

4 ▸ Trouver des renseignements sur le texte (œuvre dont il est tiré, thèmes privilégiés, date à laquelle il a été écrit, etc.).

ANALYSER LE TEXTE

Lire le poème ou le texte de la chanson

5 ▸ Préciser ce que suggère le titre à la première lecture.

6 ▸ Lire le texte lentement, plusieurs fois à voix haute, puis noter les premières **impressions** qu'il suscite.

7 ▸ Résumer en quelques phrases l'**expérience** dont le texte témoigne.

Trouver les caractéristiques du contenu du texte

8 ▸ Relever les **mots évocateurs**, les regrouper en **champs lexicaux** et préciser ce qu'ils suggèrent.

9 ▸ Relever les termes comparatifs et les mots qui sont associés de façon inhabituelle afin de repérer les **images** contenues dans le poème et préciser si certaines ont une **valeur symbolique**.

10 ▸ Relire le poème à voix haute, noter les mots ou les vers qui contiennent des **sons semblables** et préciser ce que chaque ensemble sonore suggère.

11 ▸ Dégager une **impression générale** à partir des éléments relevés en 8, 9 et 10: impression de tristesse, de solitude, de mélancolie, de joie de vivre, d'enthousiasme, d'euphorie, etc.

12 ▸ Préciser le ou les **thèmes** du texte.

Trouver les caractéristiques de l'organisation du texte

13 ▸ Le texte est-il écrit selon une **forme fixe**? Si la réponse est oui, préciser et justifier. Si la réponse est non, préciser le nombre de strophes ou de paragraphes et leur organisation.

14 ▸ Le texte contient-il des **rimes**? Si oui, quelles sont les caractéristiques de ces rimes?

15 ▸ Relire le poème à voix haute et noter les endroits où l'on décèle une recherche particulière sur le plan des **sonorités** et du **rythme**. Essayer d'en trouver la cause et préciser l'effet produit.

16 ▸ Relever les éléments de l'**organisation** qui semblent significatifs: la longueur des vers, les énumérations, les répétitions, les ellipses, les inversions, etc.

17 ▸ Préciser le rôle de la **ponctuation** dans le texte.

Trouver les caractéristiques du point de vue adopté dans le texte

18 ▸ S'il y a lieu, préciser les caractéristiques de la **voix du texte** et l'image que le texte donne du **destinataire**.

19 ▸ Relever les **marques linguistiques** qui révèlent le point de vue adopté dans le texte.

20 ▸ Dégager les **valeurs** véhiculées dans le texte.

FAIRE LE PLAN DE L'ANALYSE

21 ▸ Prévoir le contenu de l'**introduction** de l'analyse (**sujet amené, sujet posé** et **sujet divisé**).

22 ▸ Prévoir le contenu du **développement** de l'analyse en retenant les éléments du **contenu**, de l'**organisation** et du **point de vue** qu'on juge les plus pertinents.

23 ▸ Prévoir le contenu de la **conclusion** (**résumé** de l'analyse, **appréciation** du texte, comparaison avec d'autres textes de l'auteur ou de l'auteure, ou avec d'autres œuvres littéraires, etc.).

RÉDIGER L'ANALYSE

24 ▸ Rédiger l'analyse et la relire après chaque partie importante afin d'en vérifier le **contenu**, la **cohérence** et l'**intérêt**.

RELIRE ET CORRIGER L'ANALYSE

25 ▸ Relire l'analyse afin de **corriger la syntaxe et l'orthographe** à l'aide des stratégies de révision appropriées à ses propres difficultés.

26 ▸ Mettre le texte au propre et le disposer de façon à en faciliter la compréhension (titre, sous-titre, intertitres, illustrations, schémas, photos, etc.).

Le relais (*TEXTES*, page 246)

INTRO

Sujet amené — Sujet posé — Sujet divisé

Gérard de Nerval, romancier et poète français, a vécu au XIXe siècle, de 1808 à 1855. Son plus grand roman est *Aurélia.* Parmi ses textes poétiques, j'ai choisi d'analyser le poème *Le relais* parce qu'il traite d'un sujet que j'aime particulièrement: les voyages. Je présenterai d'abord les caractéristiques du contenu de ce poème, puis celles de son organisation. Finalement, je parlerai du point de vue adopté dans ce poème. (Je)

DÉVELOPPEMENT

I. LE CONTENU du poème

Sujet — Il est facile de dégager le sujet de ce texte à l'aide du champ lexical lié au voyage: *voyage, arrête, descend, voiture, aventure, chevaux, route.* Pourtant, un deuxième champ lexical, lié à la nature (*verte, vallée, lilas, ruisseau, murmure, peupliers, herbe, odeur, foin, cieux*), laisse croire qu'il s'agit aussi d'un thème du poème.

Thèmes — Sonorités — L'analyse des sonorités confirme que les thèmes du voyage et de la nature s'opposent dans ce poème. Par exemple, lorsque la voix du texte parle du voyage dans la première strophe, on croit entendre les chevaux sur la route, particulièrement dans le troisième vers avec l'énumération et la répétition des «sons sombres» «d», «t» et «r» (***D****es chevaux,* ***d****e la* ***r****oute et* ***d****es fouets é****t****ou****rd****is*) et «g» (*L'œil fati****gu****é de voir et le corps en****g****ourdi*). Dans la deuxième strophe, lorsque la nature prend la vedette, les sons sont plus «doux», plus «clairs», particulièrement dans les mots ***s****i****l****en****ci****eu****s****e, hu****mi****de,* ***lil****as,* ***m****ur****m****ure,* et le rythme, plus lent. (On + 3[e] pers.)

Versification

2. L'ORGANISATION du poème

Le poème de Gérard de Nerval est organisé de la manière suivante:

- les trois strophes sont des quatrains;
- tous les vers sont des alexandrins (vers de 12 pieds);
- dans chaque strophe, les vers se terminent par des rimes plates: une rime féminine (*voiture / aventure, verte / couverte, vivre / s'enivre*) et une rime masculine (*étourdi / engourdi, peupliers / oubliés, cieux / messieurs*).

DÉVELOPPEMENT

On remarque aussi que toutes les rimes sont riches, c'est-à-dire qu'elles contiennent au moins trois sons semblables.

Ce poème à forme fixe est organisé selon le modèle d'une séquence descriptive parce que la voix du texte décrit une manière de voyager.

3. LE POINT DE VUE dans le poème

La voix du texte

Dans ce poème, la voix du texte ne se désigne pas; elle utilise le pronom *on* (vers 1, 2, 9, 10 et 11) pour désigner les personnages qui interviennent. Dans la dernière ligne du poème, l'interpellation «*En voiture, messieurs!*» laisse croire que le pronom *on* inclut la voix du texte et réfère aussi à tous les *messieurs* qui font partie du voyage dont il est question ou à tous les voyageurs en général.

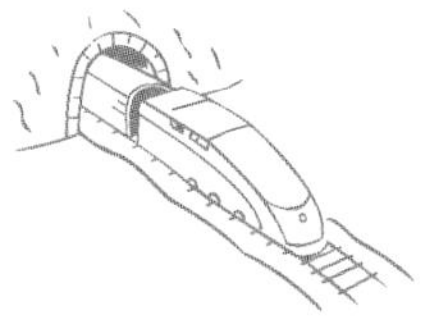

Mots évocateurs

En plus des effets créés par la sonorité des mots utilisés pour parler du voyage et de la nature, le sens même des mots révèle l'attitude de la voix du texte. Ainsi, pour parler du voyage, la voix du texte utilise les mots *étourdi, fatigué, engourdi* alors que pour parler des arrêts, elle utilise des mots qui évoquent des sensations agréables (*silencieuse, verte, humide, lilas, murmure, herbe, odeur, foin vert, s'enivre, cieux*). On peut donc dire que le recours aux mots connotatifs révèle qu'en voyage, la voix du texte préfère les arrêts. Le *Hélas!* du dernier vers le confirme explicitement.

CONCL.

Je

Pour conclure, je peux dire que ce poème, bien qu'il ait été écrit au XIXe siècle, est encore d'actualité parce que, même si on ne se déplace plus en voitures tirées par des chevaux, en voyage, on peut vivre des expériences semblables à celles décrites dans le poème de Gérard de Nerval.

Salem Abdallah, École Jean-Lesage

Poèmes de référence

POÈME 1

L'été à Montréal

Je suis déprimé
De façon internationale
J'ai le sourire déchiré
Comme un bas de nylon
Coquillage d'asphalte
Je roule sur les trottoirs de la ville
Qui n'a pas de mer
Je surveille le beau temps
Comme une orange
Mais j'éclate comme une grenade
Chaque jour est un week-end
Dans l'horizon platement estival
Le dactylo a beau crépiter comme
[une cigale
Le béton n'est pas tropical
Les parcs sont verts
Le ciel une piscine panoramique
Où je ne peux pas nager
J'ai soif d'un jet
D'un départ
Comme d'un amour
L'été à Montréal
Et l'écho d'une mer en ruine
On tourne en rond comme des débiles
On a beau se promener dans les mêmes rues
Les mêmes bars
Les mêmes restaurants
On vit suspendu
Entre la torpeur et l'ennui
Le cerveau se brûle sur place
Et tous ces beaux corps
Comme des grappes d'anges
Mais à l'arrière des paupières
Les yeux se cachent comme des ruelles mal
[famées
C'est le désespoir tranquille
Le désarroi d'un été manqué
Et dans toute cette richesse du climat
On se sent plus pauvre que jamais
Dans le désert de la ville
Les mirages s'effritent dans leurs vitrines
[poussiéreuses
Et quand l'été hésite
Se met à rire
Et retourne dans ses tropiques
Nous on reste là
Plantés comme des piquets de givre
À attendre
Bêtement
Qu'il revienne

Jean-Paul Daoust, *Poèmes de Babylone*,
© Écrits des Forges, 1982.

POÈME 2

Soirs d'Octobre

— Oui, je souffre, ces soirs, démons mornes, chers Saints.
— On est ainsi toujours au soupçon des Toussaints.
— Mon âme se fait dune à funèbres hantises.
— Ah ! donne-moi ton front, que je calme tes crises.

— Que veux-tu ? Je suis tel, je suis tel dans ces villes,
Boulevardier funèbre échappé des balcons,
Et dont le rêve élude, ainsi que des faucons,
L'affluence des sots aux atmosphères viles.

Que veux-tu ? je suis tel… Laisse-moi reposer
Dans la langueur, dans la fatigue et le baiser,
Chère, bien-aimée âme où vont les espoirs sobres…

Écoute ! ô ce grand soir, empourpré de colères,
Qui, galopant, vainqueur des batailles solaires,
Arbore l'Étendard triomphal des Octobres !

Émile Nelligan, *Poésies complètes* (1896-1899), Fides, 1966.

POÈME 3

Orée

C'est l'heure où la ville se dérhume
et crache un peu de sang
pour se dégager les bronches
la lumière du jour remplace
les néons qui s'éteignent
à l'heure où la ville prend son respir
et commence une autre journée sans elle
[…]

Gérald Godin, *Cantouques et Cie*, TYPO, 1991.

POÈME 4

Une allée du Luxembourg

Elle a passé, la jeune fille
Vive et preste comme un oiseau :
À la main une fleur qui brille,
À la bouche un refrain nouveau.

C'est peut-être la seule au monde
Dont le cœur au mien répondrait,
Qui venant dans ma nuit profonde
D'un seul regard l'éclaircirait !

Mais non, – ma jeunesse est finie…
Adieu, doux rayon qui m'as luit, –
Parfum, jeune fille, harmonie…
Le bonheur passait, – il a fui !

Gérard de Nerval

POÈME 5

À une passante

La rue assourdissante autour de moi hurlait.
Longue, mince, en grand deuil, douleur majestueuse,
Une femme passa, d'une main fastueuse
Soulevant, balançant le feston et l'ourlet :

Agile et noble, avec sa jambe de statue.
Moi, je buvais, crispé comme un extravagant,
Dans son œil, ciel livide où germe l'ouragan,
La douleur qui fascine et le plaisir qui tue.

Un éclair… puis la nuit ! – Fugitive beauté
Dont le regard m'a fait soudainement renaître,
Ne te verrai-je plus que dans l'éternité ?

Ailleurs, bien loin d'ici ! trop tard ! *jamais* peut-être !
Car j'ignore où tu fuis, tu ne sais où je vais,
Ô toi que j'eusse aimée, ô toi qui le savais !

Charles Baudelaire

LE LEXIQUE ET LES THÈMES

1 Les textes du volet *Aux quatre coins de l'univers* (*TEXTES*, pages 225 à 265) sont regroupés selon les quatre thèmes suivants:

A l'engagement personnel et social;

B les inégalités socioéconomiques;

C l'environnement;

D la santé.

Associez chacun de ces thèmes à six mots de l'encadré. Ces mots sont extraits des textes poétiques du volet *Aux quatre coins de l'univers*.

ambulance – argent – arme – chant – cigarette – cris – cœur – fièvre – jardin – lèvres – libère – luttes – malheurs – manque – misère – non – océan – orties – poing – repos – terre – vagabond – verte – volé

2 A Nommez les deux thèmes qui s'opposent dans le poème *L'été à Montréal* (page 294) et relevez un champ lexical lié à chacun.

B Un des thèmes nommés en A est aussi abordé dans le poème *Soirs d'Octobre* (page 295). Nommez ce thème et relevez le champ lexical qui s'y rattache.

LES IMAGES

3 Jean-Paul Daoust, l'auteur du poème *L'été à Montréal* (page 294), crée des images fortes en rapprochant de façon inhabituelle des mots liés à la ville ou à la nature. Relevez trois rapprochements que vous trouvez particulièrement surprenants et expliquez vos choix.

4 Les poètes qui ont écrit les vers ci-après ont utilisé des métaphores pour présenter leur vision du monde. Nommez ce qui est représenté dans chacun des vers et soulignez les mots ou les ensembles de mots qui vous ont permis de trouver la réponse.

A *Cette faucille d'or dans le champ des étoiles.*
(Victor Hugo)

B *Elles se posent, presse-papier*
de bronze, sur les larges feuilles de nénuphar.
(Jules Renard)

C *Le poisson rouge dans le bocal*
De ta voix
(Apollinaire)

D *Midi, Roi des étés, épandu sur la plaine,*
Tombe en nappes d'argent des hauteurs du
[ciel bleu.
(Leconte de Lisle)

5 Récrivez les phrases suivantes en éliminant les métonymies.

Ex.: Je t'invite à boire un verre.
Je t'invite à boire la boisson contenue dans un verre.

A J'ai lu un Victor Hugo.

B Ce soir-là, c'est moi qui étais au chaudron.

C Elle n'a pas fermé l'œil de la nuit.

D Mange ton assiette.

E Les poètes n'ont pas tous la plume facile.

6 Remplacez les ensembles de mots en caractères gras par des métonymies.

A Préfère-t-il **le vin blanc** ou **le vin rouge**?

B J'ai écouté le nouveau **disque compact de Zachary Richard**.

C L'enseignante a interrogé **les élèves de la classe**.

D Il porte un magnifique **manteau de fourrure en vison**.

E **Les soldats qui portent des casques bleus** sont là pour maintenir la paix.

7 A Parmi les poèmes de référence des pages 294 et 295, choisissez-en un qui contient plusieurs comparaisons. Relevez une comparaison qui vous semble particulièrement intéressante et justifiez votre choix.

B Dans le poème *Soirs d'Octobre* (page 295), relevez une comparaison construite avec un terme comparatif autre que *comme*.

C Repérez le poème de référence qui s'articule autour d'une métaphore dans laquelle le poète attribue les caractéristiques d'un être animé (humain ou animal) à un être inanimé, et précisez ces caractéristiques.

D Expliquez ce que désigne la métonymie dans le premier vers du poème *À une passante* (page 295).

LES SONORITÉS

8 Dans chacun des titres suivants, relevez les éléments qui jouent sur les sonorités.

A *Hanti(se) biotique*

B *Échos d'une économie coca-cola*

C *Entre le rêve et la révolte, la raison vacille*

D *Poèmes pour la pauvreté*

9 A Récrivez le poème *Sensations* d'Arthur Rimbaud en remplaçant les symboles par les sons qu'ils représentent.

attention
Un même son peut s'orthographier de plusieurs façons.
Indice : Le symbole ꕤ représente le son « é » (*é*, *ai*, *er*, etc.).

♦◎ l♈ soirs bleus d'ꕤtꕤ, j'irꕤ dans l♈ sentiꕤ,
♦icotꕤ ♦◎ l♈ blꕤ, foulꕤ l'♈rbe ✧en●:
R♈v✹, j'en sentirꕤ la fr♈ch✹ à ✧♈ piꕤ.
Je l♈sserꕤ le vent b♈gnꕤ ✧a t♈te n●.

Je ne ♦◎lerꕤ ♦as, je ne ♦enserꕤ ri☸:
✧♈ l'a✧our ☸fini ✧e ✧ontera dans l'a✧e,
ꕤ j'irꕤ lo☸, bi☸ lo☸, co✧e un bohꕤ✧i☸,
♦◎ la Nat●re, – heureux co✧e avec ●ne fe✧e.

B À partir de l'exemple présenté en A, récrivez les lignes 1 à 12 du poème *Ils cassent le monde* (*TEXTES*, page 248), en utilisant des symboles pour mettre en évidence les sons qui se répètent le plus souvent.

10 A Dans le titre *Soirs d'Octobre* (page 295), relevez deux sons qui se répètent plusieurs fois dans le poème et précisez l'effet qu'ils produisent.

B Relevez un autre son qui revient fréquemment dans ce poème et précisez l'effet qu'il produit.

LES REGISTRES DE LANGUE

(page 22) ◀◀ PR 102

11 Dans la table des matières du volet *Aux quatre coins de l'univers* de votre manuel *TEXTES*, relevez le texte poétique qui semble écrit dans un registre populaire. Quels éléments du titre ont guidé votre choix ?

12 Le poème *Orée* est écrit dans un registre standard, mais à quelques reprises le poète a recours à la langue populaire. Dans l'extrait de la page 295, relevez une expression qui n'appartient pas au registre standard.

L'UNIVERS POÉTIQUE

13 Il existe des points communs entre l'univers poétique du poème *Une allée du Luxembourg* de Gérard de Nerval (page 295) et celui du poème *À une passante* de Charles Baudelaire. Justifiez cette affirmation en citant des passages des deux poèmes.

14 La publicité utilise parfois des procédés propres à la poésie pour attirer l'attention. Donnez des exemples de publicités où l'on a eu recours à des champs lexicaux, à des jeux de sonorités, à des mots évocateurs, à des métaphores ou à des comparaisons.

COMPRÉHENSION DE TEXTE

TEXTES

PAGE 246 *Correspondances*

➲ Lisez le poème *Correspondances* en prêtant une attention particulière à son CONTENU.

Le premier précurseur du symbolisme est Baudelaire. Entre 1870 et 1880, il est considéré comme un maître par la plupart des jeunes poètes qui peuvent trouver dans son sonnet «Correspondances» une invitation à l'emploi du symbole. Pour Baudelaire, le poète est l'interprète d'une symbolique universelle qui, à travers chaque objet du monde, manifeste une Idée.

(*Dictionnaire des lettres*, Laffont-Bompiani, 1961.)

1 Dans le premier vers du poème, Baudelaire compare la nature à un temple.

A Dans les deux premiers vers, relevez le passage qui caractérise le temple dont il est question.

B Quel élément du texte est repris par le pronom *y* dans le troisième vers ?

C Quelle caractéristique du temple la voix du texte introduit-elle dans les vers 3 et 4 ?

2 Parmi les adjectifs de l'encadré, choisissez celui qui pourrait remplacer le mot *familiers* dans le quatrième vers sans trop modifier l'univers poétique.

désinvoltes – hostiles – respectueux – rêveurs – accueillants – méfiants – étonnés – distants

3 Dans la première strophe, relevez deux mots qui permettent d'associer la nature à une personne.

4 À quels éléments de la nature peut-on associer les expressions suivantes ?

A *de vivants piliers* (vers 1)

B *de confuses paroles* (vers 2)

5 Dans l'encadré ci-dessous, choisissez l'interprétation qui convient le mieux pour expliquer le sens de l'expression *de confuses paroles* (vers 2).

① La nature est trop complexe pour être entièrement comprise par l'homme.
② Les divers éléments de la nature contiennent des messages que l'on doit déchiffrer.

6 Dans la première strophe, quel rapprochement peut-on faire, sur le plan du sens, entre l'expression *de confuses paroles* (vers 2) et le mot *symboles* (vers 3) ?

7 Parmi les définitions de l'encadré, choisissez celle qui convient au mot *temple* dans le poème. Justifiez votre choix à l'aide des réponses précédentes et de la citation du *Dictionnaire des lettres* présentée au début des activités.

① Lieu de culte de la religion juive.
② Lieu matériel où l'homme entre en communication avec le monde spirituel.
③ Lieu de rencontre des adeptes d'une secte.

8 Dans la deuxième strophe, relevez trois éléments que l'on trouve dans le temple décrit dans la première strophe.

9 La deuxième strophe contient deux comparaisons. Qu'est-ce qui est comparé à de *longs échos*, à *la nuit* et à *la clarté* ?

10 **A** Dans la deuxième strophe, quelle expression peut être associée aux *confuses paroles* (vers 2) ?

B Trouvez un synonyme du verbe *se confondent* (vers 5).

C Dans la deuxième strophe, quelle expression permet de comprendre que, selon Baudelaire, les éléments de la nature forment un tout ?

11 **A** Auquel des cinq sens chacun des adjectifs en caractères gras dans les comparaisons suivantes peut-il être associé ?

① ***frais*** *comme des chairs d'enfants* (vers 9)
② ***doux*** *comme les hautbois* (vers 10)
③ ***verts*** *comme les prairies* (vers 10)

B Quel est l'élément de comparaison commun aux trois extraits de l'encadré ci-dessus ?

C Quel rapprochement inhabituel Baudelaire fait-il dans ces comparaisons ?

D Parmi les vers mentionnés dans l'encadré ci-dessous, choisissez celui qui permet de mieux comprendre ces rapprochements inhabituels. Justifiez votre choix.

① vers 1 ② vers 3 ③ vers 5 ④ vers 8

12 Les vers 11 à 14 marquent une opposition par rapport aux vers 9 et 10.

A Quelle expression introduit cette opposition ?

B Dans les vers 9 à 14, relevez les mots et les expressions qui caractérisent les parfums.

C En quoi les caractéristiques des vers 11 à 14 s'opposent-elles à celles évoquées dans les vers 9 et 10 ?

13 Si vous aviez à choisir le mot du poème qui est à l'origine d'une succession d'images et qui pourrait représenter le thème du texte, quel mot choisiriez-vous ? Justifiez votre choix.

14 **A** Les sons clairs et les sons sombres alternent dans les rimes du poème *Correspondances*. Justifiez cette affirmation en citant quelques exemples et précisez l'effet ainsi créé.

B Dans la deuxième strophe, relevez deux mots qui s'opposent et qui renforcent l'effet des sonorités décrit en **A**.

15 Le cinquième vers traduit une recherche évidente sur le plan des sonorités. Relevez deux répétitions de sons contenues dans ces vers. Identifiez les éléments sonores qui les composent et expliquez l'effet qu'elles produisent.

PROLONGEMENT

1. Dans le poème *Correspondances*, relevez les mots et les expressions qui font appel à l'un des cinq sens et classez-les dans un tableau semblable au suivant : Le lexique PR 101

Vue	Ouïe	Toucher	Odorat	Goût

2. Prouvez que le poème *Correspondances* est écrit dans un registre de langue soigné en citant des exemples de variations grammaticales et lexicales de ce registre. Les registres de langue PR 102

3. Dans le poème, que reprennent les pronoms suivants ? La cohérence textuelle PR 103
a) *où* (vers 1) b) *d'autres* (vers 11) c) *Qui* (vers 14)

4. Selon quel modèle de séquence ce poème est-il construit ? Justifiez votre réponse à l'aide d'un schéma. Les séquences textuelles PR 104

5. Dans le poème *Correspondances*, relevez des éléments qui confirment que la voix du texte a une attitude favorable vis-à-vis de la nature. Le point de vue PR 105

INTERTEXTUALITÉ

Comparez la manière de voir les arbres de Charles Baudelaire dans son poème *Correspondances* avec celle de Robert Desnos dans le poème *Il était une feuille* et celle de Jacques Charpentreau dans le poème *L'arbre* (*TEXTES*, page 247).

ACTIVITÉS DE GRAMMAIRE

LA PONCTUATION GOC 305

1. Justifiez l'emploi du point-virgule à la fin du vers 2.

2. Quel signe de ponctuation aurait pu être utilisé à la fin du vers 10 ? Justifiez votre réponse.

3. Justifiez l'emploi de chaque virgule dans le vers 13.

4. Justifiez l'emploi de la virgule à la fin du vers 11.

ANALYSE DE TEXTE

Trouvez un poème ou un texte de chanson qui vous semble particulièrement poétique et intéressant. Analysez son **contenu** en vous référant aux numéros 8 à 12 de la fiche *Pour lire et analyser un texte poétique* (page 291). En vous inspirant de l'analyse du poème *Le relais* présentée aux pages 292 et 293 de ce manuel, rédigez la première partie du développement de l'analyse du texte que vous avez choisi.

ACTIVITÉS D'ÉCRITURE

1 À la manière de Baudelaire

Pour décrire de manière symbolique ce que ressent l'homme au contact de la nature, Baudelaire a choisi de la comparer à un temple. D'autres lieux peuvent provoquer des réactions aussi fortes, par exemple une salle de spectacle, une ville, le sommet d'une montagne, la mer, etc.

À la manière de Baudelaire, écrivez un poème qui décrira de manière symbolique ce qu'une personne ressent dans l'un de ces lieux. Assurez-vous de trouver un élément aussi fort que celui de Baudelaire dans son premier vers: *La Nature **est un temple***.

Si votre sujet s'y prête, vous pouvez reprendre certains mots du poème de Baudelaire.

LA PONCTUATION GOC 305

Ponctuez votre poème de la même manière que Baudelaire.

2 La fusion des poèmes

Construisez un poème à l'aide de trois textes poétiques que vous choisirez dans le manuel *TEXTES*. Tous les mots de votre poème doivent être tirés des trois poèmes choisis. Vous pouvez reprendre des vers complets et même reproduire l'organisation d'un des poèmes. Assurez-vous de trouver des champs lexicaux et des jeux de sonorités intéressants.

LES ACCORDS GOC 303

Après avoir fusionné les éléments des divers poèmes, vérifiez les accords et apportez les changements nécessaires.

LA PONCTUATION GOC 305

Ponctuez votre poème afin d'en faciliter la compréhension.

3 Traduire et adapter un texte en français soigné

Le français parlé en France présente de grandes variations. L'auteur-compositeur-interprète Renaud, par exemple, a écrit des chansons en argot, c'est-à-dire en langue populaire. Récrivez les extraits de la chanson ci-dessous dans un registre standard.

Mon beauf'

On choisit ses copains mais rar'ment sa famille
Y'a un gonze mine de rien qu'a marié ma frangine
Depuis c'est mon beau-frère alors faut faire avec
Mais c'est pas une affaire vu qu'c't'un sacré pauv'mec
Mon beauf' Mon beauf'

[...]

Il a des rouflaquettes un costard à carreaux
Des moustaches une casquette et des pompes en croco
Y s'prend pour un vrai mec mais y craint un p'tit peu
Pour tout dire il est presque à la limite du hors-jeu
Mon beauf' Mon beauf'

[...]

Paroles: Renaud Sechan. Musique: Alain Ranval.

LA PONCTUATION GOC 305

Récrivez le texte de la chanson en le ponctuant. Conservez seulement les majuscules nécessaires pour le sens et la syntaxe.

APPROPRIATION DES CONNAISSANCES

Poèmes de référence

POÈME 1

Le buffet

C'est un large buffet sculpté; le chêne sombre,
Très vieux, a pris cet air si bon des vieilles gens;
Le buffet est ouvert, et verse dans son ombre
Comme un flot de vin vieux, des parfums engageants;

Tout plein, c'est un fouillis de vieilles vieilleries,
De linges odorants et jaunes, de chiffons
De femmes ou d'enfants, de dentelles flétries,
De fichus de grand'mère où sont peints des griffons;

– C'est là qu'on trouverait les médaillons, les mèches
De cheveux blancs ou blonds, les portraits, les fleurs sèches
Dont le parfum se mêle à des parfums de fruits.

– Ô buffet du vieux temps, tu sais bien des histoires,
Et tu voudrais conter tes contes, et tu bruis
Quand s'ouvrent lentement tes grandes portes noires.

Arthur Rimbaud

POÈME 2

Le message

La porte que quelqu'un a ouverte
La porte que quelqu'un a refermée
La chaise où quelqu'un s'est assis
Le chat que quelqu'un a caressé
Le fruit que quelqu'un a mordu
La lettre que quelqu'un a lue
La chaise que quelqu'un a renversée
La porte que quelqu'un a ouverte
La route où quelqu'un court encore
Le bois que quelqu'un traverse
La rivière où quelqu'un se jette
L'hôpital où quelqu'un est mort.

Jacques Prévert, *Paroles*,

coll. «Folio», 1994.

POÈME 3

Le bruit que fait
une voiture.

Le bruit qu'elle fait
quand on est à l'intérieur.
Le bruit qu'elle fait
Quand on l'entend venir.

Le bruit qu'elle fait
quand elle frappe un homme
le long d'un chemin de frontière
la nuit

Patrice Desbiens, *Amour Ambulance*,

POÈME 4

Un chant s'élève de chaque objet. L'artisan y a enfermé un peu de son corps qui avait bien connu l'amour, puis avait porté longtemps une maladie, à moins qu'il ne se fût simplement éteint de vieillesse. Chant du bois, de l'acier, du cuivre. On entend à travers les siècles ricaner les bourreaux, les filles rire d'une voix sauvage, les folles bêler, l'enfant gazouiller. L'objet ne s'évanouit pas. On trouve de si multiples choses dans les poches des voyageurs : des canifs, de petits carnets, une minuscule vis oubliée lors d'un démontage, un bout de ficelle entortillé, quelques graines de carotte ou de panais, de ces mêmes graines que l'homme, alors sédentaire et courbé vers la terre, lançait dans le petit sillon qu'il avait creusé dans la plate-bande de l'enclos. Devant les yeux du promeneur, l'horizon se dilue. Lui, porte en tête maint secret, des restes d'amour, des désirs un moment consistants, mais qui s'évaporent tandis que l'objet, même s'il l'a oublié, reste en poche comme un talisman. Fouillant un jour dans les vieux vêtements dans lesquels notre corps alourdi et guetté, fût-ce de très loin par la mort, n'entre plus, on retrouve le rouage d'une frêle machine dont on doit faire effort pour retrouver l'usage. On le retourne longtemps entre ses doigts alors qu'au loin se couche un soleil d'histoire.

Jean Follain, *Tout instant*,

2 L'ORGANISATION

LE MODÈLE D'ORGANISATION

1 **A** Associez les titres de poèmes et de chansons suivants, tirés du manuel *TEXTES*, à l'un des énoncés de l'encadré et justifiez vos associations.

- *La vie d' factrie* (page 237)
- *Il était une feuille* (page 247)
- *Je suis une cigarette* (page 260)
- *Alors regarde* (page 263)

> Ce poème
> ① raconte une histoire.
> ② décrit des gens, un événement ou une situation.
> ③ propose un changement.
> ④ explique une situation.

B Lisez les textes et dites si vous maintenez les associations faites en **A**. Justifiez vos réponses à l'aide d'éléments contenus dans les textes.

2 Déterminez quels poèmes de référence (pages 302 et 303) sont organisés selon le modèle d'une séquence narrative dominante et lesquels sont organisés selon le modèle d'une séquence descriptive dominante.

3 Résumez en quelques phrases l'histoire racontée dans le poème *Le message* (page 303).

4 Élaborez un organisateur graphique pour rendre compte de l'organisation du poème *Le buffet* (page 302) en mettant en évidence le sujet du poème et ses divers aspects.

LES FORMES DE POÈMES ET LA VERSIFICATION

5 Les schémas ci-dessous représentent l'organisation des poèmes de référence des pages 302 et 303. Associez chaque schéma à l'une des formes de poèmes mentionnées dans l'encadré.

> ① Un poème à forme fixe.
> ② Un poème en vers libres.
> ③ Un poème en prose.

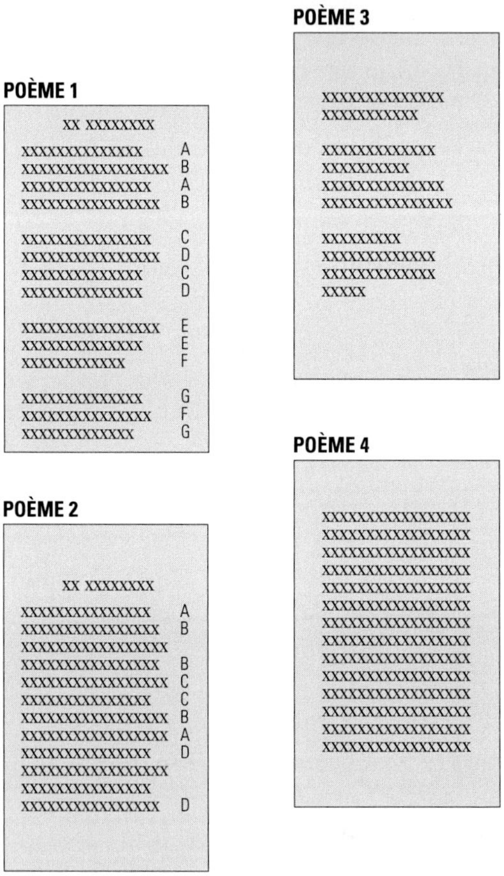

6 Dans les pages 232, 246 et 247 de votre manuel *TEXTES*, trouvez:

A un poème à forme fixe.

B un poème en vers libres.

C un poème en prose.

7 **A** Le texte suivant contient tous les vers d'un sonnet. Reconstituez ce sonnet en respectant sa disposition originale.

> ils perdirent l'Étoile un soir pourquoi perd-on L'Étoile pour l'avoir parfois trop regardée les deux Rois Blancs étant des savants de Chaldée tracèrent sur le sol des cercles au bâton ils firent des calculs grattèrent leur menton mais l'Étoile avait fui comme fuit une idée et ces hommes dont l'âme eut soif d'être guidée pleurèrent en dressant les tentes de coton mais le pauvre Roi Noir méprisé des deux autres se dit pensons aux soifs qui ne sont pas les nôtres il faut donner quand même à boire aux animaux et tandis qu'il tenait un seau d'eau par son anse dans l'humble rond de ciel où buvaient les chameaux il vit l'Étoile d'or qui dansait en silence.
>
> [Edmond Rostand, *Les Rois Mages.*

B Ajoutez les signes de ponctuation dans le sonnet que vous avez reconstitué.

LES PROCÉDÉS STYLISTIQUES

8 **A** Relevez un procédé stylistique dans chacun des poèmes suivants, qui sont reproduits dans votre manuel *TEXTES*.

① *Les petites gens*, vers 7 (page 237)
② *Les petites gens*, strophe 3 et vers 12 (page 237)
③ *Le relais*, vers 10 (page 246)
④ *Défi à la force* (page 232)

B **Dans le cas d'une inversion**, rétablissez l'ordre des éléments ou des vers.

Dans le cas d'une répétition, récrivez l'extrait sans la répétition, sans en changer le sens.

Dans le cas d'une ellipse, récrivez le vers en ajoutant l'élément qui manque.

Apportez toutes les modifications que ces changements entraînent : accords, ponctuation, etc.

9 **A** Pour écrire les poèmes de référence 2 et 3 (page 303), les poètes ont eu recours à la répétition d'une même construction syntaxique. Choisissez l'un de ces poèmes et illustrez son organisation à l'aide d'un organisateur graphique.

B Écrivez un nouveau poème en vous inspirant de cet organisateur graphique.

10 **A** Dans les deux premières strophes du poème *Le buffet* (page 302), relevez les deux phrases à présentatif qu'Arthur Rimbaud a utilisées pour introduire les deux aspects de l'objet dont il est question.

B Qu'ont en commun les deux phrases à présentatif relevées en **A** et la phrase de forme emphatique qui commence la troisième strophe ?

C Selon vous, pourquoi Rimbaud a-t-il formulé ainsi ces trois vers ?

LA COHÉRENCE TEXTUELLE

11 Reconstruisez le poème de Paul Verlaine qui suit en choisissant l'un des deux vers proposés pour chaque ligne. Portez une attention particulière à la cohérence du texte, aux rimes et au rythme.

Indices : • Chaque vers du poème original contient huit syllabes.
• Les rimes sont embrassées.

Quel est le bon vers ?

Si vous choisissez le vers de gauche, écrivez ***g***.		Si vous choisissez le vers de droite, écrivez ***d***.
1) Écoute la chanson bien douce	*ou*	Écoutez la chanson bien douce
2) Qui ne pleure que pour vous plaire.	*ou*	Qui ne crie que pour vous plaire.
3) Il est discret, il sait se taire :	*ou*	Elle est discrète, elle est légère :
4) Une jeune fille qui fait du pouce !	*ou*	Un frisson d'eau sur de la mousse !
5) La voix vous fut connue (et chère ?),	*ou*	La voix fut connue (cher notaire),
6) Mais à présent elle est voilée	*ou*	Mais hier elle était voilée
7) Comme une veuve capotée,	*ou*	Comme une veuve désolée,
8) Pourtant comme elle est encore fière,	*ou*	Et pourtant dure comme pierre,
9) Et dans les longs plis de son voile	*ou*	Et dans les longs plis de sa cape
10) Qui palpite aux brises d'automne,	*ou*	Qui palpite et puis l'attrape,
11) Cachent et montrent au cœur qui s'étonne	*ou*	Cache et montre au cœur qui s'étonne
12) La vérité comme une étoile.	*ou*	Le mensonge comme une étoile.
13) La voix reconnue, elle dit	*ou*	Elle dit, la voix reconnue,
14) Que la bonté c'est notre vie,	*ou*	Que le bon thé c'est notre vie,
15) Que de la haine et de l'envie	*ou*	Que de la haine et de la vie
16) Rien ne reste, la mort venue.	*ou*	La mort venue, rien ne reste.
17) Ils parlent aussi de la gloire	*ou*	Elle parle aussi de la gloire
18) D'être simple sans plus attendre,	*ou*	D'être super heureux sans attendre,
19) Et de noces d'or et du tendre	*ou*	Et de cette viande bien tendre
20) Bonheur d'une paix sans victoire.	*ou*	Tendre d'une paix sans victoire.
21) Accueillez la voix qui persiste	*ou*	Accueillez la voix qui persifle
22) Dans son terrible épidiascope,	*ou*	Dans son naïf épithalame,
23) Allez, rien n'est meilleur à l'homme	*ou*	Allez, rien n'est meilleur à l'âme
24) Que de faire une âme moins triste !	*ou*	Accueillez la voix qui persiste !
25) Nous ne sommes que de passage	*ou*	Elle est en peine et de passage
26) L'âme qui souffre sans colère,	*ou*	L'âme qui jadis a souffert,
27) Et comme son moral est clair !...	*ou*	Et comme sa morale est claire !...
28) Écoutez la chanson bien sage.	*ou*	Écoutez la chanson du sage.

COMPRÉHENSION DE TEXTE

TEXTES

PAGE 229 *Jamais je ne pourrai*

➲ Lisez le poème *Jamais je ne pourrai* en prêtant une attention particulière à son ORGANISATION.

1 Simplement en regardant le poème, dites s'il s'agit d'un poème en prose, en vers libres ou à forme fixe. Justifiez votre réponse.

2 **A** Lisez les cinq premiers vers du poème. Si vous lisiez ces vers à voix haute, feriez-vous une pause à la fin de chacun ? Si vous répondez non, indiquez où vous feriez des pauses.

B Lisez la suite de la strophe (vers 6 à 12) et indiquez où vous feriez des pauses.

3 Le premier vers, *Jamais jamais je ne pourrai dormir tranquille aussi longtemps*, nous incite à lire le poème comme si l'on était témoin du sommeil agité d'une personne. Parmi les éléments de l'encadré, lesquels contribuent à refléter l'agitation du sommeil dans le poème ?

① L'absence de ponctuation.
② Les répétitions.
③ L'emploi de phrases à la forme négative.
④ La division en vers.
⑤ L'emploi des pronoms *je* et *vous*.

4 Dans la première strophe, l'absence de liens apparents renforce l'impression de sommeil agité. Divisez cette strophe en deux parties ayant chacune un sens propre et relevez les éléments de reprise de l'information dans chacune de ces parties.

5 **A** Lisez la première et la deuxième strophe du poème. Quel signe de ponctuation mettriez-vous à la fin de la première strophe ?

B Relevez les éléments qui sont répétés au début de chaque vers de la deuxième strophe. Indiquez à quel groupe de mots ils se rattachent dans la première strophe.

6 **A** Quel procédé stylistique est à la base de l'organisation de la deuxième strophe ?

B Créez un organisateur graphique pour schématiser les vers de cette strophe.

C Cette organisation particulière produit-elle un effet d'atténuation ou un effet d'insistance ? Expliquez votre réponse.

7 Si vous lisiez la deuxième strophe de ce poème à voix haute, choisiriez-vous de la lire d'une voix plus douce ou plus forte que le reste du poème, ou hausseriez-vous la voix seulement au début ou à la fin de chaque vers ? Justifiez votre réponse.

8 **A** Dans le poème de Claude Roy, quel est le sens du mot *dépêche* (vers 20) ?

B AFP et REUTER sont des agences de presse. À la lumière de cette information, quelle pourrait être la signification du sigle AFP ?

C Si Claude Roy avait mis un deux-points après le mot *dépêche* et s'il avait séparé les éléments d'information contenus dans la troisième strophe (vers 20 à 31) par des virgules, où les aurait-il placées ?

D Quel effet l'énumération contenue dans cette strophe produit-elle ? Répondez en tenant compte du sens du poème.

9 Si vous lisiez la suite de cet extrait à voix haute, la liriez-vous d'une voix plus douce ou plus forte que le reste du poème ? Où feriez-vous des pauses ? Justifiez vos réponses.

10 L'auteur a utilisé plusieurs procédés stylistiques pour organiser les vers de son poème. Relevez

A deux énumérations;

B deux ellipses;

C deux répétitions.

L'ORGANISATION

11 **A** À qui la voix du texte s'adresse-t-elle dans la dernière partie de l'extrait (vers 26 à 35) ?

B Relevez les groupes de mots et les pronoms utilisés dans les vers 26 à 31 pour désigner la personne à qui est destiné le texte.

C Pourquoi Claude Roy a-t-il utilisé l'italique dans les vers 32 et 33 ?

12 Selon vous, les deux derniers vers de l'extrait laissent-ils croire que l'amour pour une personne est une ouverture sur l'amour pour l'humanité ou que l'amour pour l'humanité est une ouverture sur l'amour pour une personne en particulier ? Justifiez votre réponse.

13 À la fin de l'extrait, relevez le passage qui pourrait constituer la thèse d'un texte argumentatif.

14 Si Claude Roy avait le pouvoir de changer le monde, que changerait-il selon vous ? Appuyez votre réponse sur des éléments du texte.

PROLONGEMENT

1. Quel est le sens des mots *trique* (vers 15) et *triment* (vers 16) ? Par quels mots plus usuels pourrait-on les remplacer ? — Le lexique **PR 101**
2. Dans la deuxième strophe de ce texte, relevez des mots ou des tournures qui sont associés à un registre de langue plus familier que celui employé dans le reste du texte. — Les registres de langue **PR 102**
3. Indiquez quel est le temps verbal principal employé dans ce texte et quel est le temps d'accompagnement. — La cohérence textuelle **PR 103**
4. a) Dans quelle strophe trouve-t-on six courtes séquences explicatives consécutives ? — Les séquences textuelles **PR 104**
   b) Quel marqueur de relation est utilisé pour marquer l'explication ?
   c) Globalement, qu'est-ce qu'on explique dans ces séquences ?
5. Croyez-vous que les propos exprimés dans les subordonnées circonstancielles de cause de la deuxième strophe (vers 13 à 18) sont ceux du poète ? Si vous répondez non, précisez quelles personnes tiendraient de tels propos. — Le point de vue **PR 105**

INTERTEXTUALITÉ

Comparez les thèmes des poèmes *Jamais je ne pourrai* (*TEXTES*, page 229) et *La grasse matinée* (*TEXTES*, page 238) en relevant des éléments tirés des deux textes.

ACTIVITÉS DE GRAMMAIRE

LA PONCTUATION **GOC 305**

1. a) Dans la première strophe du poème *Jamais je ne pourrai*, relevez les deux parties de vers qui révèlent que l'auteur a recours au discours rapporté direct.
   b) Quels signes de ponctuation accompagnent habituellement le discours rapporté direct ?
   c) Récrivez les deux parties du texte relevées en a), en les ponctuant.
2. Récrivez les lignes 26 à 35 du poème en ajoutant un deux-points, des virgules et un point-virgule.

ANALYSE DE TEXTE

Poursuivez l'analyse du texte poétique que vous avez choisi à la page 301 en précisant les grandes caractéristiques de son **organisation** à l'aide des numéros 13 à 17 de la fiche *Pour lire et analyser un texte poétique* (page 291). En vous inspirant de l'analyse du poème *Le relais* présentée aux pages 292 et 293 de ce manuel, rédigez la deuxième partie du développement de votre texte d'analyse.

ACTIVITÉS D'ÉCRITURE

1 À la manière de Jacques Charpentreau

Lisez le poème *L'arbre* de Jacques Charpentreau (*TEXTES*, page 247) et vérifiez comment l'organisateur graphique suivant rend compte de son organisation.

Titre	**[GN désignant un élément de la nature]**
Vers 1	***Perdu*** [quelque part]
Vers 2	[GN du titre], ***à quoi sert-il ?***
Vers 3 à 6	[GN désignant une invention ou une création de l'être humain] ***c'est pour*** [verbe à l'infinitif]
Vers 7	**Répétition du vers 2**
Vers 8 à 11	**Répétition de la structure des vers 3 à 6**
Vers 12	**Répétition du vers 2**
Vers 13 à 16	**Répétition de la structure des vers 3 à 6**
Vers 17	**Répétition du vers 2**
Vers 18 à 21	**Répétition de la structure des vers 3 à 6**
Vers 22	**Répétition du vers 2**
Vers 23 et 24	***Il suffit de le demander*** ***À*** [un animal] ***qui*** [GV désignant une action de l'animal en harmonie avec un élément naturel]

Écrivez un poème selon le modèle du poème de Jacques Charpentreau. Choisissez un sujet simple comme *L'oiseau*, *La fleur*, *Les nuages*, *Le soleil*, etc. Vous pouvez emprunter des mots au texte que vous imitez.

LA PONCTUATION GOC 305

Relisez votre poème et vérifiez si la ponctuation correspond à celle de Jacques Charpentreau. Si vous avez utilisé les mêmes constructions syntaxiques, votre poème devrait être ponctué de la même manière.

2 Écrire un texte poétique inspiré de l'actualité

Inspirez-vous des vers 12 à 25 et des vers 32 à 35 du poème *Jamais je ne pourrai* (*TEXTES*, page 229) pour écrire un poème en vers libres. Dans son poème, Claude Roy a utilisé des formules empruntées à l'information journalistique. Faites de même en relevant dans un journal des extraits de nouvelles, de dépêches ou de faits divers et incorporez-les à votre texte.

Vous pouvez choisir un sujet parmi les suivants : les guerres, les inégalités sociales, les catastrophes naturelles et écologiques, etc.

LA PONCTUATION GOC 305

Le texte de Claude Roy n'est pas ponctué. Ponctuez le vôtre afin d'en faciliter la compréhension.

APPROPRIATION DES CONNAISSANCES

Poèmes de référence

POÈME 1

Du vent

Y en a qui ventent,
qui font du vent,
qui vendent du vent:
ça se vend bien,
le monde en a toujours besoin.

Y en a qui vendent la mèche
et les chauves sourient.
Ils vendent des peaux d'ours pas
[encore mortes
c'est chaud pour les pieds
mais ça coûte cher à nourrir

et puis c'est bête!

Y a aussi ceux qui vantent.
C'est pas toujours commode.
Bien sûr, vanter les choses que le
[monde connaît
ça va tout seul,
mais vanter l'inventable ça c'est dur;
l'inventable c'est ce qui reste
[à inventer,
si c'est pas encore inventé
on peut pas le vanter,
l'inventable est invantable.

Y a rien à dire sur l'inventable.

Alors moi je déclarationne:
quand on a rien à dire
faut savoir se publicitaire
une fois pour toutes!

Marc Favreau, Sol, «Du vent»,

POÈME 2

J'parl' pour parler

J'parl' pour parler..., ça, je l'sais bien.
Mêm' si j'vous cassais les oreilles,
La vie rest'ra toujours pareille
Pour tous ceux que c'est un' vie d'chien.

J'parl' pour parler pas rien qu'pour moi,
Mais pour tous les gars d'la misère;
C'est la majorité su' terre.
J'prends pour eux autr's, c'est ben mon droit.

J'parl' pour parler..., j'parl' comm' les gueux,
Dans l'espoir que l'bruit d'mes paroles
Nous engourdisse et nous r'console...
Quand on souffre, on s'soign' comme on peut.

J'parl' pour parler..., ça chang'ra rien!
Vu qu'on est pauvre, on est des crasses
Aux saints yeux des Champions d'la Race:
Faut d'l'argent pour être «homm' de bien».

J'parl' pour parler..., j'parl' franc' et cru,
Parc' que moi, j'parl' pas pour rien dire
Comm' ceux qui parl'nt pour s'faire élire...
S'ils parlaient franc, ils s'raient battus!

J'parl' pour parler... Si j'me permets
De dir' tout haut c'que ben d'autr's pensent,
C'est ma manièr' d'prendr' leur défense:
J'parl' pour tous ceux qui parl'nt jamais!

J'parl' pour parler... Si, à la fin,
On m'fourre en prison pour libelle,
Ça, mes vieux, ça s'ra un' nouvelle!
L'pays f'rait vivre un écrivain!

Jean Narrache (pseudonyme d'Émile Coderre),
J'parl' pour parler,

POÈME 3

Peuple inhabité

J'habite un espace où le froid triomphe de l'herbe, où la grisaille règne en lourdeur sur des fantômes d'arbres.

J'habite en silence un peuple qui sommeille, frileux sous le givre de ses mots. J'habite un peuple dont se tarit la parole frêle et brusque.

J'habite un cri tout alentour de moi —
pierre sans verbe —
falaise abrupte —
lame nue dans ma poitrine   l'hiver.

Une neige de fatigue étrangle avec douceur le pays que j'habite.

[…]

Yves Préfontaine, *Parole tenue, poèmes* (1954-1985),

POÈME 4

Les hommes de mon pays

Les hommes de mon pays sont au printemps de leur parole
Ils ont de grands cris étranglés
Dans leurs gestes
Dans leurs joies
Les racines de toutes choses sont pour eux traduites
Leur univers s'appelle néon
Alors que lettre
À lettre
Au bout d'eux-mêmes
Une enfance
De trois siècles
S'appelle France

Pour naître vrai
Il faut naître vieux

Cécile Cloutier, *Cannelles et craies*, Jean Grassin, 1969.

LA VOIX DU TEXTE ET LE POINT DE VUE

1 Précisez si la voix du texte se désigne ou non dans chacun des poèmes de référence (pages 310 et 311). Si elle se désigne, relevez les mots qui le révèlent.

2 Associez chacun des poètes décrits dans l'encadré à l'un des poèmes de référence.

Le ou la poète semble être
① une personne qui réfléchit sur son pays.
② une personne qui aime jouer avec les mots.
③ une personne qui a beaucoup de compassion pour les petites gens.
④ une personne qui est attachée à ses origines.

3 **A** De qui Jean Narrache parle-t-il dans son poème lorsqu'il dit *J'parl' pour tous ceux qui parl'nt jamais !* (poème 2, vers 24) ? Répondez en citant des vers tirés des strophes 1, 2, 3, 4 et 6.

B Dans le poème *J'parl' pour parler* (page 310), à qui ou à quoi les pronoms de l'encadré font-ils référence ?

① *ceux* (vers 4)	④ *on* (vers 26)
② *ceux* (vers 19)	⑤ *Ça* (vers 27)
③ *on* (vers 12 et 14)	⑥ *Nous* (vers 11)

4 Lisez le texte de la chanson *Je suis une cigarette* (*TEXTES*, page 260).

A Qu'apprend-on sur la personne qui parle dans cette chanson ?

B Quel est le sujet traité ?

C Relevez le champ lexical lié au sujet.

D Quelle est l'opinion de l'auteur sur le sujet ? Relevez les mots connotatifs qu'il utilise pour exprimer son opinion.

LE DESTINATAIRE

5 **A** À qui s'adresse la voix dans le poème *J'parl' pour parler* (page 310) ? Dans la première et la dernière strophe, quels mots désignent ce ou ces destinataires ?

B Relevez les vers qui révèlent que ces destinataires sont jugés plus ou moins réceptifs.

6 Nommez les deux ressources linguistiques utilisées pour interpeller le destinataire dans le poème *Éloge de l'instruction* (*TEXTES*, page 232) et citez trois exemples pour chaque ressource.

LES INDICES QUI RÉVÈLENT LE POINT DE VUE ENGAGÉ

7 On peut affirmer que les poèmes de référence 1 et 2 (*Du vent* et *J'parl' pour parler*) sont des poèmes engagés ayant pour thème *la parole*. Dans chacun de ces poèmes, relevez les vers qui révèlent la position de l'auteur sur ce thème.

8 On peut aussi affirmer que les poèmes de référence 3 et 4 (*Peuple inhabité* et *Les hommes de mon pays*) sont des poèmes engagés ayant pour thème *le peuple*. Dans chacun de ces poèmes, relevez les vers qui révèlent la position de l'auteur ou de l'auteure sur ce thème.

9 Dans la table des matières du volet *Aux quatre coins de l'univers* de votre manuel *TEXTES*, relevez les trois titres qui révèlent explicitement que la voix du texte présente sa propre vision des choses. Justifiez vos choix.

10 Lisez le poème *Que déjà je me lève en ce matin d'été* (*TEXTES*, page 263).

A Dans ce poème, relevez les quatre éléments qui sont évoqués sous un jour favorable.

B Relevez le groupe de mots qui révèle que la voix du texte a une attitude favorable vis-à-vis des éléments relevés.

11 Lisez le poème *Cette vie, la porter…* (*TEXTES*, page 262).

A Quel est le sujet de ce poème ?

B Relevez les vers qui résument le point de vue de la voix du texte sur ce sujet.

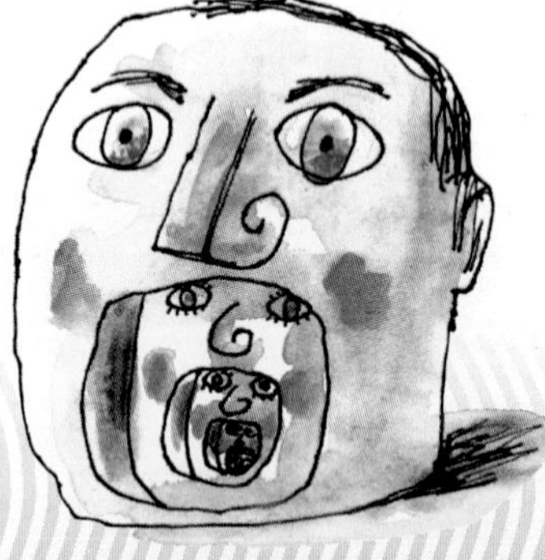

ACTIVITÉ SYNTHÈSE

12 **A** Dressez une liste de chansons dont le titre contient le pronom *Je* (*j'*).

B Dressez une liste de chansons dont le titre contient un verbe à l'impératif.

C Faites une mise en commun avec vos pairs et classez tous les titres dans l'une ou l'autre des catégories ci-contre.

Chansons d'amour	**Chansons introspectives**
Chansons d'amitié	**Chansons engagées**

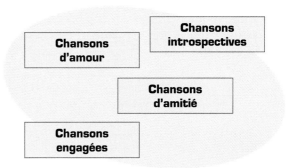

COMPRÉHENSION DE TEXTE

TEXTES

PAGE 237 *La vie d' factrie*

Lisez le texte de la chanson *La vie d' factrie* en prêtant une attention particulière aux éléments qui révèlent le POINT DE VUE adopté par la voix du texte.

1 **A** L'auteure de cette chanson, Clémence DesRochers, est à la fois comédienne, chansonnière et écrivaine. Selon vous, ce texte est-il inspiré de sa propre vie ou de celle d'autres personnes qu'elle a connues ?

B Dans les deux premiers vers, relevez les indices qui permettent d'affirmer que la voix du texte est féminine.

C Dans cette chanson, la voix du texte est-elle un personnage à l'image de l'auteure ou un personnage qu'elle a créé ? Justifiez votre réponse.

D Quels indices révèlent que le personnage mis en scène présente sa propre perception de la situation évoquée ?

2 **A** Le personnage de la chanson perçoit-il la situation évoquée de façon positive ou négative ? Justifiez votre réponse en citant des vers du texte.

B Le ton de la chanson est plutôt sarcastique. Cela révèle-t-il que le personnage est aveugle et borné ou conscient et critique vis-à-vis de la situation ?

C Relevez deux images qui révèlent l'attitude sarcastique du personnage.

D Parmi les éléments de l'encadré ci-dessous, lequel semble particulièrement affecter le personnage ? Justifiez votre réponse en citant des vers du texte.

le manque d'argent – la température –
le manque de valorisation sociale – le bruit

3 **A** Comment le personnage du texte se perçoit-il: comme une personne intéressante et radieuse ou insignifiante et terne ?

B Relevez une séquence descriptive qui révèle l'image que cette personne a d'elle-même et de sa vie.

4 **A** Selon vous, le mot *factrie* vient-il du mot français *manufacture* ou du mot anglais *factory* ?

B À quel registre de langue le mot *factrie* appartient-il ? Dans le texte, relevez d'autres mots, expressions ou constructions appartenant à ce registre de langue.

5 **A** Le registre de langue employé dans le texte renforce-t-il l'image que la voix du texte reflète ? Justifiez votre réponse.

B Dans le deuxième couplet de la chanson (vers 9 à 16), relevez une expression qui se démarque du principal registre de langue employé dans le texte. Relevez aussi l'élément modalisateur qui révèle que la voix du texte prend une certaine distance par rapport à cette expression.

3 LE POINT DE VUE

6 Parmi les valeurs énumérées dans l'encadré, lesquelles sont véhiculées dans la chanson ? Justifiez vos choix en citant des vers du texte.

l'éducation – la liberté – la servitude – la soumission – l'humilité – l'ambition – la protestation

7 A Relevez deux indices grammaticaux qui prouvent que le personnage interpelle directement le ou les destinataires.

B Selon vous, à qui le personnage du texte s'adresse-t-il : à des collègues de travail, à des patrons d'entreprise, à des recteurs d'université ou à M. et Mme Tout-le-monde ?

C Relevez des passages où le destinataire doit connaître la langue familière ou populaire québécoise pour comprendre.

8 Croyez-vous que ce texte puisse pousser le destinataire à agir ou à réagir ? Si oui, comment ?

PROLONGEMENT

1. Relevez un champ lexical lié à «la vie d' factrie».

Le lexique PR 101

2. Le mot *faiseuse* (vers 20) appartient au registre populaire. Trouvez trois autres mots comportant le suffixe *-euse* et appartenant aussi au registre populaire. Pour chacun de ces mots, trouvez un synonyme appartenant au registre standard et composez une courte phrase contenant ce mot.

Les registres de langue PR 102

3. Le personnage du texte parle toujours de lui-même en utilisant les pronoms *j'* et *m'*. Relevez tous les groupes du nom qui fournissent des renseignements sur le personnage à l'aide d'éléments de reprise, par exemple *mon allure* (vers 5).

La cohérence textuelle PR 103

4. Dans le troisième couplet de la chanson *La vie d' factrie* (vers 17 à 24), relevez deux courtes séquences explicatives et présentez-les dans un schéma semblable au suivant :

POURQUOI ? » Parce que…

Les séquences textuelles PR 104

INTERTEXTUALITÉ

En quoi la femme de la chanson *La vie d' factrie* (*TEXTES*, page 237) ressemble-t-elle aux personnes dont on parle dans le poème *Les petites gens* (*TEXTES*, page 237) ? Justifiez votre réponse.

ACTIVITÉ DE GRAMMAIRE

LA PONCTUATION GOC 305

Clémence DesRochers a utilisé seulement quatre virgules (vers 9, 19, 21 et 26) dans son texte. Justifiez l'emploi de chacune de ces virgules.

ANALYSE DE TEXTE

1 Poursuivez l'analyse du texte poétique que vous avez choisi à la page 301 en précisant les caractéristiques du **point de vue** adopté à l'aide des numéros 18, 19 et 20 de la fiche *Pour lire et analyser un texte poétique* (page 291). En vous inspirant de l'analyse du poème *Le relais* présentée aux pages 292 et 293 de ce manuel, rédigez la troisième partie du développement de votre texte d'analyse.

2 Rédigez la version finale de votre analyse en vous référant aux numéros 21 à 26 de la fiche *Pour lire et analyser un texte poétique*. Rédigez une courte introduction, relisez les parties déjà écrites sur le contenu, l'organisation et le point de vue, et apportez les modifications nécessaires. Rédigez une brève conclusion.

ACTIVITÉS D'ÉCRITURE

1 Des gens heureux

Récrivez la chanson *La vie d' factrie* de Clémence DesRochers (*TEXTES*, page 237) en remplaçant la voix du texte par la voix de quelqu'un qui est heureux et qui aime son travail. Trouvez un autre titre, par exemple *La vie d'enseignante, La vie de comédien, La vie de pompier, La vie d'infirmière, La vie d'explorateur, La vie de mère*, etc., et reprenez le texte de Clémence DesRochers en modifiant les passages qui ne conviennent pas.

LA PONCTUATION GOC 305

Relisez votre texte et ajoutez la ponctuation. Au besoin, modifiez la syntaxe des phrases.

2 J'parl' pour parler, et toi ?

Récrivez les strophes 1, 2, 3 et 4 du poème *J'parl' pour parler* de Jean Narrache (page 310) en utilisant un autre verbe pour organiser le texte. Apportez toutes les modifications que cette transformation nécessite tout en conservant certains passages du texte original. Vous pourriez utiliser les verbes *écrire*, *chanter*, *dessiner*, *peindre*, etc.

LA PONCTUATION GOC 305

Ponctuez votre texte en vous inspirant de la ponctuation de Jean Narrache.

3 Un joyeux pays

Le pays décrit par Yves Préfontaine dans son poème *Peuple inhabité* (page 311) ne semble pas très accueillant. Récrivez ce texte en créant un nouvel univers poétique :

- changez le mot *hiver* à la ligne 9;
- imaginez que ce pays est habité par des êtres épanouis et fiers d'être ce qu'ils sont.

Apportez toutes les modifications que ce nouvel univers nécessite.

LA PONCTUATION GOC 305

Lorsque vous aurez terminé la première version de votre texte, récrivez-le en prose et ponctuez-le.

SYNTHÈSE

TEXTE DE RÉFÉRENCE
Alors regarde,
TEXTES, page 263.

Avant de lire

1 A Connaissez-vous des artistes ou des personnalités publiques qui sont engagés dans une cause humanitaire ?

B Patrick Bruel est le coauteur de cette chanson. Normalement, quel est le rôle d'un chanteur ou d'une chanteuse populaire ? Peut-il ou elle tenir des propos engagés et défendre une cause ?

C Peut-on considérer les chanteurs et les chanteuses populaires comme des porte-parole sérieux ?

➲ Lisez le texte de la chanson *Alors regarde*.

Reconstituer le contenu du texte

2 Selon vous, à quel moment de la journée les événements évoqués dans la chanson *Alors regarde* se déroulent-ils ? Dans le premier couplet (vers 1 à 4), relevez un vers qui le révèle.

3 A Combien de personnages sont évoqués dans cette chanson ?

B Dans les vers 13 à 24, trouvez un mot qui prouve qu'un de ces personnages est une femme.

C L'univers poétique de cette chanson est réaliste et reflète un univers quotidien. Résumez le premier couplet en une phrase pour faire ressortir cet univers.

4 À quoi les mots suivants font-ils référence ?

A *tout ça* (ligne 5) B *là-bas* (ligne 6)

5 Dans le deuxième couplet, à qui s'adresse la voix du texte ? Justifiez votre réponse en relevant certains mots du texte.

6 Expliquez ce que les auteurs ont voulu dire dans les passages suivants :

A [...] *la neige a envahi l'écran* (vers 2)

B [...] *une terre qui recule* (vers 3)

C *Je vais pas me taire parce que t'as mal aux yeux* (vers 10)

D *Tu verras tout c' qu'on peut faire si on est deux* (vers 12)

7 Dans le refrain et le troisième couplet (vers 9 à 16), relevez des indices qui révèlent ce qui risque d'arriver aux deux personnages de la chanson.

8 **A** Dans le dernier couplet, quel mot révèle que l'humanité ne change pas, que tout est toujours pareil ?

B Résumez le dernier couplet pour faire ressortir l'état psychologique de la voix du texte.

9 Le thème de cette chanson est l'engagement. Avant de défendre une cause, il faut d'abord prendre conscience des problèmes et ensuite prendre la parole. Dans le refrain de la chanson *Alors regarde*, relevez les vers qui révèlent ces deux aspects de l'engagement.

10 Dans l'ensemble du texte, relevez cinq expressions appartenant au registre de langue familier et justifiez vos choix.

Reconstituer l'organisation du texte

11 Précisez les caractéristiques de l'organisation de la chanson *Alors regarde*

A en indiquant le nombre de syllabes contenues dans les vers;

B en décrivant l'organisation des couplets et des refrains;

C en commentant les rimes.

12 Relevez les répétitions qui servent à organiser le texte de cette chanson.

Discerner le point de vue adopté dans le texte

13 Qui les pronoms personnels suivants désignent-ils ?

A *je* et *j'* **B** *tu* et *t'*

14 En considérant les vers 1, 7, 10, 13, 14, 15 et 16, brossez le portrait de la personne à qui s'adresse la voix du texte.

15 **A** Dans la chanson, relevez deux vers qui révèlent l'attitude de la voix du texte vis-à-vis des situations évoquées dans le premier couplet.

B Relevez deux vers qui révèlent l'attitude de la personne à qui la voix du texte s'adresse vis-à-vis des mêmes situations.

16 Quels indices nous permettent de penser que la voix du texte pourrait être celle de Patrick Bruel lui-même ?

Réagir au texte

17 Si vous le pouvez, écoutez la chanson *Alors regarde* et dites si la mélodie et l'interprétation correspondent à votre compréhension du texte.

18 Effectuez une recherche sur les origines de l'auteur-interprète Patrick Bruel et expliquez pourquoi il réagit aussi fortement à propos des événements évoqués dans le texte.

19 **A** Que pensez-vous de l'attitude de la voix du texte ?

B Que pensez-vous de l'attitude de la personne à qui s'adresse cette voix ?

20 Relisez le poème *Jamais je ne pourrai* à la page 229 de votre manuel *TEXTES*.

A Faites un rapprochement entre les sept premiers vers de ce poème, et le premier couplet et le refrain de la chanson *Alors regarde*.

B Faites un rapprochement entre les lignes 26 à 31 de ce poème et les lignes 13 à 16 de la chanson *Alors regarde*.

Évaluer sa démarche de lecture

21 **A** Remplissez une fiche semblable à la suivante afin de rendre compte de votre démarche de lecture et de déterminer si les difficultés que vous avez éprouvées sont attribuables aux caractéristiques du texte, à une mauvaise compréhension des connaissances sur le texte poétique ou aux activités elles-mêmes.

B Selon les difficultés décelées, précisez les moyens que vous prendrez pour améliorer vos résultats lors de l'évaluation sommative.

ÉVALUATION DE LA DÉMARCHE DE LECTURE

Le texte

- À la première lecture, le texte *Alors regarde* m'a semblé (facile / difficile) ✎ parce que ✎.
- J'ai commencé à lire ce texte avec (beaucoup / plus ou moins / peu) ✎ d'intérêt parce que ✎.

Les connaissances

- Au fil de la lecture, j'ai pu (facilement / difficilement) ✎ utiliser les connaissances sur le texte poétique présentées dans la rubrique *L'essentiel*, notamment ✎.

Les activités

- De façon générale, les activités ont (beaucoup / plus ou moins / peu) ✎ facilité ma compréhension du texte.
- J'ai trouvé les consignes difficiles parce que :
  - ▫ les connaissances qui s'y rattachaient étaient obscures pour moi ;
  - ▫ la formulation des questions me causait des difficultés ;
  - ▫ je ne comprenais pas certains mots dans le texte ou dans les consignes.

CONNAISSANCES PRÉALABLES

Les phrases subordonnées

La subordination est l'une des façons de joindre une phrase à une autre (notamment avec la coordination et la juxtaposition). Elle consiste à insérer une phrase (la *phrase subordonnée*) dans une autre phrase (la *phrase matrice*), à la place de l'un de ses groupes constituants ou à l'intérieur de l'un d'eux. L'insertion de la phrase subordonnée se fait le plus souvent à l'aide d'un marqueur de relation (*qui*, *que*, *quand*, *comme*, etc.) qui a la fonction de **subordonnant** dans la phrase matrice.

phrase matrice

[phrase subordonnée]

subordonnant

Ex.: *L'être humain ne se souciait guère de la nature [avant qu' elle soit menacée].*

/REMARQUES/

1. La phrase *Elle est menacée* a été insérée à la place d'un groupe constituant facultatif de la phrase suivante:

GNs — GV

L'être humain *ne se souciait guère de la nature* ∅.

2. Lorsqu'on joint des phrases par subordination, il faut parfois mettre le verbe de la subordonnée au **mode subjonctif** (ex.: *Elle est menacée.* → *avant qu'elle soit menacée*).

phrase matrice

[phrase subordonnée]

subordonnant

Aujourd'hui, l'être humain s'avise [qu' il est dans son intérêt de protéger la nature].

/REMARQUE/ La phrase *Il est dans son intérêt de protéger la nature* a été insérée à l'intérieur du GV de la phrase suivante:

Gcompl. P — GNs — GV

Aujourd'hui, *l'être humain* *s'avise de quelque chose* ∅.

La subordonnée ne peut fonctionner seule, car elle **dépend d'un élément de la phrase matrice**. Aussi, elle **a une fonction dans la phrase matrice**.

[subordonnée (compl. de P)]

Ex.: *L'être humain ne se souciait guère de la nature [avant qu' elle soit menacée].*

* *Avant qu'elle soit menacée.*

/REMARQUE/ La subordonnée *avant qu'elle soit menacée* dépend du regroupement GNs + GV *L'être humain ne se souciait guère de la nature.*

[subordonnée (compl. indir. du V *s'avise*)]

Aujourd'hui, l'être humain s'avise [qu' il est dans son intérêt de protéger la nature].

* *Qu'il est dans son intérêt de protéger la nature.*

/REMARQUE/ La subordonnée *qu'il est dans son intérêt de protéger la nature* dépend du verbe *s'avise.*

Il existe **plusieurs sortes de subordonnées**, notamment la subordonnée relative, la subordonnée complétive et la subordonnée circonstancielle.

LA SUBORDONNÉE RELATIVE

La subordonnée relative dépend d'un mot de la phrase matrice : un **nom** ou un **pronom**. Elle a donc la fonction de **complément du nom** ou de **complément du pronom**. Son **subordonnant** (un pronom relatif : *qui, que, quoi, dont, où, lequel/laquelle/lesquels/lesquelles*) :

- a un antécédent;
- est parfois précédé d'une préposition (*de qui, à quoi, jusqu'où, avec lequel*, etc.) qui fait partie de la subordonnée;
- remplace (avec la préposition, s'il y a lieu) un groupe de mots dans la subordonnée et y a une fonction (sujet, complément direct du verbe, etc.).

[subordonnée relative (compl. du N *biologiste*)]

Ex. : *Le biologiste [qu' on cite dans cet article] était un amoureux de la nature.*

/REMARQUE/ Ici, *que* remplace un GN complément direct du verbe : *On cite ce biologiste dans cet article*; il a la fonction de complément direct du verbe *cite*.

[subordonnée relative (compl. du N *biologiste*)]

Le biologiste [de qui ou *dont* ou *duquel on parle dans cet article] était un amoureux de la nature.*

/REMARQUE/ Ici, *de qui, dont, duquel* remplacent un GPrép complément indirect du verbe : *On parle de ce biologiste dans cet article*; ils ont la fonction de complément indirect du verbe *parle*.

LA SUBORDONNÉE COMPLÉTIVE

La subordonnée complétive dépend d'un mot de la phrase matrice, le plus souvent un **verbe**, parfois un **adjectif**, un **nom** ou un **présentatif** (*c'est, voici*, etc.). Dans tous les cas, elle a la fonction de **complément** : complément direct ou indirect du verbe, complément du verbe impersonnel, complément de l'adjectif, complément du nom ou complément du présentatif. Son **subordonnant** (*que, si, quoi, quand, où, comme*, etc.) :

- n'a pas d'antécédent;
- est parfois précédé d'une préposition (*de qui, à quoi*, etc.) qui fait partie de la subordonnée;
- dans certains cas, remplace (avec la préposition, s'il y a lieu) un groupe de mots dans la subordonnée et y a une fonction.

[subordonnée complétive (compl. dir. du V *rappelle*)]

Ex. : *Ce biologiste nous rappelle [que l'être humain, en protégeant la nature, se protège lui-même].*

/REMARQUE/ Ici, *que* ne remplace aucun groupe de mots et n'a pas de fonction dans la subordonnée.

[subordonnée complétive (compl. dir. du V *sais*)]

Je sais [de qui on parle dans cet article].

/REMARQUE/ Ici, *de qui* remplace un GPrép complément indirect du verbe : *On parle de quelqu'un dans cet article*; il a la fonction de complément indirect du verbe *parle*.

Il existe **trois sortes de subordonnées complétives**.

1) La subordonnée complétive en *que* (ou en *à ce que*, *de ce que*).

   Ex.: *Désormais, l'être humain s'avise [qu'il est dans son intérêt de protéger la nature].*

2) La subordonnée complétive interrogative indirecte, qui commence par *si* ou par un marqueur d'interrogation (*qui*, *quand*, *pourquoi*, *combien*, etc.).

   Ex.: *Je me demande [quand la protection de la nature est devenue une préoccupation pour l'être humain].*

3) La subordonnée complétive exclamative indirecte, qui commence par un marqueur d'exclamation (*comme*, *combien*, *quel*, *si*, etc.).

   Ex.: *Depuis quelques années, l'être humain réalise [combien les conséquences de ses agressions contre la nature peuvent être terribles].*

La **subordonnée complétive en *que*** a parfois un fonctionnement particulier: elle peut occuper la place d'un groupe constituant obligatoire dans la phrase matrice, le GNs. Elle a alors la fonction de **sujet**.

[subordonnée complétive (sujet du V *satisfait*)]
Ex.: [*Que* *l'être humain, en protégeant la nature, se protège lui-même] satisfait à l'instinct de conservation de l'espèce.*

LA SUBORDONNÉE CIRCONSTANCIELLE

La subordonnée circonstancielle occupe généralement la place d'un groupe constituant facultatif dans la phrase matrice: un Gcompl. P. Elle dépend alors de l'ensemble **GNs + GV** de la phrase matrice et a donc la fonction de **complément de phrase**. Son **subordonnant** (*quand*, *pour que*, *parce que*, *de sorte que*, *comme*, etc.):

- peut exprimer le temps ou annoncer un but, une cause, une conséquence, une comparaison, etc.;
- n'a pas d'antécédent;
- ne remplace aucun groupe de mots dans la subordonnée et n'y a pas de fonction.

[subordonnée circonstancielle (compl. de P)]
Ex.: [*Quand* *la sauvegarde de la nature est devenue une préoccupation pour l'être humain], plusieurs espèces du règne animal étaient déjà disparues par sa faute.*

Il existe **différentes sortes de subordonnées circonstancielles**. Elles se distinguent entre elles selon ce qu'elles expriment: le temps, un but, une cause, une conséquence, une comparaison, une opposition, une hypothèse, etc.

La **subordonnée circonstancielle de conséquence en *que* ou en *pour que*** et la **subordonnée circonstancielle de comparaison en *que*** ont un fonctionnement particulier: elles dépendent d'un mot de la phrase matrice, généralement un **verbe**, un **adjectif** ou un **adverbe**. Ces subordonnées sont en relation avec un adverbe marquant une intensité ou un degré (*tellement*... *que*, *assez*... *pour que*, *aussi*... *que*, *moins*... *que*, etc.). De telles circonstancielles ont, avec l'adverbe d'intensité ou de degré, la fonction de **modificateur**: modificateur du verbe, modificateur de l'adjectif ou modificateur de l'adverbe.

Ex.: *Les conséquences de certaines agressions contre la nature ont été si funestes*
[subordonnée circonstancielle (modif. de l'Adj *funestes*)]
[que *l'être humain veille désormais à protéger son environnement*].

/REMARQUES/

1. On appelle ***corrélative*** une subordonnée circonstancielle qui est en relation avec un adverbe d'intensité ou de degré.

2. La subordonnée circonstancielle corrélative peut aussi être en relation avec un adverbe d'intensité ou de degré placé devant le déterminant ***de*** (autre forme des déterminants *du*, *des*, *de la*, *de l'*).

   Ex.: *L'être humain a commis tant **d'**agressions envers la nature* [*qu'il en a compromis l'équilibre*].

L'orthographe

Dans la langue française, on distingue:

- l'**orthographe d'usage**, qui s'applique aux mots hors contexte et qui est décrite dans les dictionnaires

et

- l'**orthographe grammaticale**, qui s'applique selon l'emploi du mot dans la phrase, en relation avec d'autres mots.

Les problèmes d'orthographe, d'usage ou grammaticale, que l'on rencontre aujourd'hui en français viennent essentiellement de l'écart entre la langue orale et la langue écrite, laquelle est le reflet approximatif du français tel qu'il pouvait être parlé au 13e siècle.

Comme le français parlé et le français écrit n'évoluent pas au même rythme, on trouve dans la langue écrite certaines traces, disparues de l'oral, s'expliquant par des choix qui se sont imposés au cours de l'évolution de la langue. Certains de ces choix, par exemple la présence de certaines lettres, peuvent renseigner sur l'étymologie d'un mot, comme le *p* de *loup*, qui vient de la forme latine du mot (*lupus*), le redoublement de certaines consonnes (*-ette*) qui marquait une différence de prononciation, etc.

Ce sont notamment ces traces de l'évolution du français qui ont fait en sorte qu'aujourd'hui, à l'écrit, on trouve, par exemple:

- des lettres muettes;

  Ex.: *elles sont jolies*

- plusieurs lettres qui forment un seul son;

  Ex.: «è»: *vrai, étais, était, étaient, préfet*

- plusieurs façons d'écrire un même son;

  Ex.: «s»: *saucisson, façon, attention*

- des lettres qui peuvent se prononcer différemment selon leur contexte (certaines peuvent même se prononcer comme plus d'une lettre).

  «ks» «gz»
  Ex.: *réflexion, xylophone*

Les difficultés orthographiques résultent aussi du fait que tous les mots ne se forment pas ou ne s'emploient pas selon les mêmes règles. La langue française comporte:

- des mots formés par dérivation (*écologiquement*), par composition (*acido-basique, pluies acides*), par abrègement (*écolo*), etc.;
- des classes de mots variables: le nom, le déterminant, l'adjectif, le verbe;
- des classes de mots invariables: la préposition, la conjonction, l'adverbe.

De plus, malgré le regroupement de mots en classes variables ou invariables, dans une même classe de mots, on trouve des sous-catégories pouvant présenter certaines particularités. C'est ainsi que dans la classe du nom, par exemple, on trouve:

- des noms communs (ex.: *terre*) et des noms propres (ex.: *Terrebonne, Terre-Neuve*);
- des noms de forme simple (ex.: *terreau*) et des noms de forme complexe (*terre-plein, ver de terre*);
- des noms comptables (ex.: *œil, jour, dollar*) et des noms non comptables (ex.: *simplicité, odorat*);
- des noms qui ne s'emploient qu'au singulier (ex.: *nord, sud, est, ouest*) ou qu'au pluriel (ex.: *aguets, confins, dépens, entrailles, funérailles, mœurs, Antilles*).

Les accords

Dans un GN ou dans un GV, il y a accord quand un mot variable, dit *receveur d'accord* (▼), reçoit d'un autre élément, dit *donneur d'accord* (●), son genre (M: masculin ou F: féminin) et son nombre (S: singulier ou P: pluriel), ou sa personne et son nombre [on dit aussi personne grammaticale] (1S, 2S, 3S, 1P, 2P ou 3P: 1re, 2e ou 3e personne du singulier ou du pluriel).

M3P FS FS
Ex.: *En 1994, en France, les députés ont voté la première loi sur la bioéthique.*

Un receveur d'accord (un déterminant, un adjectif, un participe passé ou un verbe) peut être en relation avec:

- **un seul donneur d'accord** (généralement un **nom** ou un **pronom**, ou encore une **subordonnée complétive en *que*** ou une **subordonnée infinitive** (ou un **GVinf**);

  3S
  Ex.: *En matière de clonage, trouver un terrain d'entente entre les pays devient très délicat.*

- **plusieurs donneurs d'accord** juxtaposés ou coordonnés (dans ce cas, en règle générale, l'accord se fait avec l'ensemble des donneurs d'accord, au pluriel).

  1P
  Ex.: *Les Allemands, les Français, les Italiens, les Anglais et nous n'avons pas les mêmes législations en matière de clonage.*

Les accords peuvent être répartis en deux catégories selon que le receveur d'accord se trouve :

- **dans un GN;** il peut alors s'agir d'un **déterminant**, d'un **adjectif** (ou d'un **participe passé** employé comme un adjectif)

ou

- **dans un GV;** il peut alors s'agir d'un **verbe**, d'un **adjectif** ou d'un **participe passé**.

Pour faire les accords dans un GN ou dans un GV, il faut :

1. identifier le ou les receveurs d'accord (▼);

puis, selon la règle d'accord de chaque receveur d'accord :

2. identifier, s'il y a lieu, le donneur d'accord (●), et déterminer son genre et son nombre (MS, MP, FS, FP), ou sa personne et son nombre (1S, 2S, 3S, 1P, 2P, 3P);
3. accorder le receveur d'accord avec son donneur d'accord, s'il y a lieu, et choisir les marques de genre et de nombre, ou de nombre et de personne appropriées.

Ex. : *La France a signé une convention pour harmoniser les pratiques de clonage entre les pays, mais, en janvier 2000, le Parlement ne l'avait pas encore ratifiée.*

(F3S : La France → a signé ; FS : une convention ; FP : les pratiques ; MP : les pays ; M3S : le Parlement → ne l'avait pas encore ratifiée ; FS : l' → ratifiée)

/REMARQUE/ Certaines classes de mots comme la **préposition**, la **conjonction** et l'**adverbe** sont toujours **invariables**, sauf exception (voir *GOC 302 L'orthographe*, page 358, 1.3 L'adverbe *tout*), et ne s'accordent pas. (Ex. : *La France a signé une convention* ***pour*** *harmoniser les pratiques* ***de*** *clonage* ***entre*** *les pays,* ***mais****,* ***en*** *janvier 2000, le Parlement* ***ne*** *l'avait* ***pas encore*** *ratifiée.*)

La conjugaison

La conjugaison est la variation des verbes en fonction de la **personne grammaticale** (1S, 2S, 3S, 1P, 2P ou 3P), du **temps** (présent de l'indicatif, passé composé, présent du subjonctif, passé du subjonctif, conditionnel présent, etc.) et du **mode** (indicatif, impératif, infinitif, etc.).

RAPPEL DES MÉCANISMES DE CONJUGAISON

LES TEMPS SIMPLES

Quand il est conjugué à un **temps simple**, le verbe est généralement constitué d'un seul mot formé de deux parties : le radical et la terminaison.

Le radical	La terminaison
Partie de gauche, exprimant le sens du verbe. **Ex. :** *je danse, tu cueillerais, elle conduira, que je sache, blaguant, sourire*	Partie de droite, changeant selon la personne, le temps et le mode du verbe. **Ex. :** *je danse, tu cueillerais, elle conduira, que je sache, blaguant, sourire*

PROCÉDURE POUR FORMER LES TEMPS SIMPLES

1. Isoler le radical du verbe à conjuguer

- Pour isoler le radical d'un verbe, on retranche sa terminaison à l'infinitif : *-er*, *-ir*, *-re* ou *-oir*.

  Ex. : *dans~~er~~, cour~~ir~~, souri~~re~~, voul~~oir~~*

- En principe, c'est le radical ainsi obtenu qui reçoit la terminaison requise pour conjuguer le verbe.

  Ex. : *dans/e, nous cour/ions, que vous souri/iez, il voul/ait*

- Cependant, il arrive que le radical d'un verbe conjugué à un temps simple diffère de celui du verbe à l'infinitif.

  Ex. : *je jett/e, jet/er ; elle meur/t, mour/ir ; nous pren/ions, prend/re*

2. Sélectionner la terminaison

Au radical du verbe à conjuguer, on greffe la terminaison appropriée :

Temps simples des modes personnels	Terminaisons					
Mode indicatif	**1S (je)**	**2S (tu)**	**3S (il / elle / on)**	**3P (ils / elles)**	**1P (nous)**	**2P (vous)**
Présent						
• verbes en *-er* sauf *aller* • verbes en *-ir* apparentés aux verbes en *-er*[1]	**-e**	**-es**	**-e**	**-ent**	**-ons**	**-ez**
• presque tous les autres verbes	**-s**	**-s**	**-t**			
Exceptions : *avoir, être, aller*[2]						
pouvoir, vouloir, valoir	**-x**	**-x**				
verbes en *-dre* (sauf les verbes en *-soudre* et en *-indre*)			ø			
convaincre, vaincre			ø			
dire						**-tes**
faire				**-ont**		**-tes**
Imparfait						
• tous les verbes	**-ais**	**-ais**	**-ait**	**-aient**	**-ions**	**-iez**
Futur simple						
• verbes en *-er* (sauf *aller, envoyer* et *renvoyer*) • verbe *cueillir* (et ses dérivés)	**-erai**	**-eras**	**-era**	**-eront**	**-erons**	**-erez**
• autres verbes, y compris *aller, envoyer* et *renvoyer*	**-rai**	**-ras**	**-ra**	**-ront**	**-rons**	**-rez**
Conditionnel présent						
• verbes en *-er* (sauf *aller, envoyer* et *renvoyer*) • verbe *cueillir* (et ses dérivés)	**-erais**	**-erais**	**-erait**	**-eraient**	**-erions**	**-eriez**
• autres verbes, y compris *aller, envoyer* et *renvoyer*	**-rais**	**-rais**	**-rait**	**-raient**	**-rions**	**-riez**
Passé simple						
• verbes en *-er*	**-ai**	**-as**	**-a**	**-èrent**	**-âmes**	**-âtes**
• autres verbes	**-s**	**-s**	**-t**	**-rent**	**-mes**	**-tes**

Temps simples des modes personnels (*suite*)	Terminaisons					
Mode impératif	1S (je)	2S (tu)	3S (il / elle / on)	3P (ils / elles)	1P (nous)	2P (vous)
Présent						
• verbes en *-er* • verbes en *-ir* apparentés aux verbes en *-er*[1] • *avoir, savoir, vouloir*[3]		**-e**[4]			**-ons**	**-ez**
• autres verbes		**-s**				
Exceptions: *dire, faire*						**-tes**
aller[5]		**ø**				
Mode subjonctif						
Présent						
• tous les verbes sauf *avoir* et *être*[6]	**-e**	**-es**	**-e**	**-ent**	**-ions**	**-iez**

1. Les verbes en *-ir* apparentés aux verbes en *-er* sont certains verbes en *-illir* comme *assaillir*, *cueillir*, *défaillir*; les verbes en *-vrir* comme *couvrir*, *ouvrir* et leurs dérivés; les verbes en *-frir* (*offrir*, *souffrir*).
2. Au présent de l'indicatif, le découpage radical/terminaison des verbes *avoir*, *être* et *aller* est délicat. Voici plutôt la conjugaison complète de ces trois verbes:
   - *avoir: j'ai, tu as, il/elle a, ils/elles ont, nous avons, vous avez;*
   - *être: je suis, tu es, il/elle est, ils/elles sont, nous sommes, vous êtes;*
   - *aller: je vais, tu vas, il/elle va, ils/elles vont, nous allons, vous allez.*
3. *Vouloir* a deux conjugaisons au présent de l'impératif: *veuille*, *veuillons*, *veuillez* et *veux*, *voulons*, *voulez*.
4. À l'impératif présent, un verbe qui se termine par *-e* à la 2e personne du singulier prend un *s* quand son complément est *y* ou *en* et qu'il est placé après ce verbe (ex.: *Man**ges**-en. Cueill**es**-en.*).
5. À l'impératif présent, *aller* fait *va* (ex.: *Va là-bas.*), mais *vas* quand son complément est *y* et qu'il est placé après ce verbe (ex.: *Vas-y.*).
6. Au subjonctif présent, *avoir* et *être* se conjuguent comme suit:
   - *avoir*: *que j'aie, que tu aies, qu'il/elle ait, qu'ils/elles aient, que nous ayons, que vous ayez;*
   - *être*: *que je sois, que tu sois, qu'il/elle soit, qu'ils/elles soient, que nous soyons, que vous soyez.*

LES TEMPS COMPOSÉS

Quand il est conjugué à un **temps composé**, le verbe est habituellement formé de deux mots:

- l'auxiliaire de conjugaison;

  Ex.: *j'ai lu, tu aurais ronflé, elle est partie, qu'il se soit trompé, avoir dormi*
- le participe passé.

  Ex.: *j'ai lu, tu aurais ronflé, elle est partie, qu'il se soit trompé, avoir dormi*

PROCÉDURE POUR FORMER LES TEMPS COMPOSÉS

1. Choisir l'auxiliaire de conjugaison approprié

Auxiliaires de conjugaison	
Avoir	Être
Il s'emploie pour former les temps composés de la majorité des verbes, y compris *avoir* et *être*. **Ex.:** *J'**ai** eu un violon.* *Tu **avais** été chanceux.* *Il **aura** dansé.* *Nous **aurions** filmé.* *Vous **aviez** joué.* *Elles **ont** écrit.*	Il s'emploie pour former les temps composés: • des verbes pronominaux (verbes comprenant, à l'infinitif, le pronom *se* qui, dans la phrase, se met à la même personne que le GNs); **Ex.:** *Je **me suis** levé. Tu **t'es** levé.* • de certains verbes sans complément direct – exprimant un changement d'état, une transformation, comme *naître, décéder*, etc.; **Ex.:** *Tu **es** né. Il **est** décédé.* – exprimant un mouvement, un déplacement, comme *aller, descendre, partir, passer, sortir, tomber*, etc. **Ex.:** *Nous **sommes** partis. Ils **sont** sortis.* **attention** **Certains verbes de mouvement décrivant une activité physique, comme *glisser*, *sauter*, etc., forment leurs temps composés avec l'auxiliaire *avoir* (ex.: *J'ai glissé*.).**

/REMARQUE/ Quelques verbes comme *descendre, entrer, monter, passer, ressusciter, retourner, sortir* se conjuguent parfois avec *avoir*, parfois avec *être*.
Si, dans la phrase, un tel verbe a un complément direct du verbe comme expansion, on choisit l'auxiliaire *avoir* (ex.: *J'**ai** monté ton violon.*); autrement, on emploie l'auxiliaire *être* (ex.: *Je **suis** monté à l'étage.*).

2. Déterminer la finale du participe passé au masculin singulier

Le tableau suivant donne la finale du participe passé non accordé, finale qui correspond au masculin singulier. (Pour les règles d'accord du participe passé, voir pages 372-373.)

Finales du participe passé au masculin singulier							
Verbes en *-er*	**Verbes en *-ir***		**Verbes en *-re***				**Verbes en *-oir***
-é	-i	-is	-i	-is	-it	-u	-u
ex.: *allé, dansé*	ex.: *fini, cueilli*	ex.: *acquis, conquis*	ex.: *suivi, nui*	ex.: *permis, pris*	ex.: *dit, cuit*	ex.: *lu, vendu*	ex.: *reçu, pu*
	Exceptions: *offrir*: *offert* *ouvrir*: *ouvert* *mourir*: *mort*		Exceptions: *être*: *été*; *naître*: *né* *faire*: *fait* *inclure*: *inclus*; *clore*: *clos* *absoudre*: *absous, absoute* *dissoudre*: *dissous, dissoute* verbes en *-indre* comme *teindre*: *teint*; *joindre*: *joint*; *craindre*: *craint*				Exceptions: *devoir*: *dû, due* *mouvoir*: *mû, mue* verbes en *-eoir* comme *asseoir*: *assis*

/REMARQUE/ Pour les finales homophones *-i*, *-is* et *-it*, la finale du participe passé masculin singulier est:
- *-i* si le participe passé se termine par le son «i» au féminin (ex.: *finie, fini; suivie, suivi*);
- *-is* si le participe passé se termine par le son «iz» au féminin (ex.: *permise, permis; acquise, acquis*);
- *-it* si le participe passé se termine par le son «it» au féminin (ex.: *cuite, cuit; dite, dit*).

3. Former des temps composés

Que l'auxiliaire de conjugaison soit *avoir* ou *être*, que le verbe soit pronominal ou non, la «recette» de la formation des temps composés est toujours la même.

Recette de formation des temps composés	
Temps composé	**Auxiliaire conjugué au temps simple correspondant au temps composé + participe passé**
Mode indicatif	
passé composé = Ex. : *j' ai écrit*	auxiliaire au présent de l'indicatif + participe passé *ai* *écrit*
plus-que-parfait = Ex. : *j' avais écrit*	auxiliaire à l'imparfait de l'indicatif + participe passé *avais* *écrit*
futur antérieur = Ex. : *j' aurai écrit*	auxiliaire au futur simple de l'indicatif + participe passé *aurai* *écrit*
conditionnel passé = Ex. : *j' aurais écrit*	auxiliaire au conditionnel présent de l'indicatif + participe passé *aurais* *écrit*
passé antérieur = Ex. : *j' eus écrit*	auxiliaire au passé simple de l'indicatif + participe passé *eus* *écrit*
Mode impératif	
passé = Ex. : *aie écrit*	auxiliaire à l'impératif présent + participe passé *aie* *écrit*
Mode subjonctif	
passé = Ex. : *que j' aie écrit*	auxiliaire au subjonctif présent + participe passé *aie* *écrit*
Mode participe	
passé[1] **=** Ex. : *ayant écrit*	auxiliaire au participe présent + participe passé *ayant* *écrit*
Mode infinitif	
passé = Ex. : *avoir écrit*	auxiliaire à l'infinitif présent + participe passé *avoir* *écrit*

1. Le participe passé peut avoir une forme simple ou une forme complexe (*écrit* ou *ayant écrit*).

La ponctuation

LA PONCTUATION LIÉE AU DÉTACHEMENT D'UN ÉLÉMENT

Voici la façon dont on détache un élément à l'aide de la virgule, selon sa place dans la phrase graphique.

L'élément se trouve…		
au tout début de la phrase	à la toute fin de la phrase	ailleurs dans la phrase
On le fait suivre d'une virgule. **Ex.:** *Selon l'ONU, près de deux milliards d'êtres humains vivent dans la pauvreté absolue.*	On le fait précéder d'une virgule. **Ex.:** *Près de deux milliards d'êtres humains vivent dans la pauvreté absolue, selon l'ONU.*	On l'encadre de virgules. **Ex.:** *Près de deux milliards d'êtres humains, selon l'ONU, vivent dans la pauvreté absolue.*

Les éléments que l'on détache à l'aide de la virgule sont les suivants.

- Les **compléments de phrase déplacés**, c'est-à-dire les Gcompl. P qui se trouvent ailleurs qu'à la suite du regroupement GNs + GV.

  Ex.: *Aux États-Unis, 750 000 personnes sont sans domicile fixe.*
  750 000 personnes sont sans domicile fixe aux États-Unis. (Ici, le compl. de P n'est pas déplacé.)

- Les **compléments du nom ou du pronom qui apportent une information non essentielle et de nature explicative**.

  Ex.: *Les femmes, qui sont dans l'ensemble plus pauvres que les hommes, ont souvent besoin d'une aide financière lors d'une séparation.* (Ici, le compl. du N *femmes* apporte une information non essentielle: sans lui, l'information demeure juste.)

  Les perspectives sont particulièrement sombres pour les femmes qui essaient d'échapper à la violence dans leur foyer. (Ici, le compl. du N *femmes* apporte une information essentielle: sans lui, l'information devient fausse. En effet, les perspectives ne sont pas sombres pour toutes les femmes.)

- Les **groupes de mots mis en emphase sans l'aide d'un marqueur d'emphase**.

  Ex.: *Les enfants et les adolescents sans abri, ils sont beaucoup plus nombreux qu'on ne le croit.*

  Les enfants et les adolescents sans abri sont beaucoup plus nombreux qu'on ne le croit. (Ici, le groupe *les enfants et les adolescents sans abri* n'est pas mis en emphase.)

- Certains **éléments qui n'ont pas de fonction** dans la phrase:
  - les apostrophes (elles précisent à qui l'on s'adresse);

    Ex.: *Monsieur Nelson Mandela, nous prenons aujourd'hui la plume pour vous signifier notre désir de prendre part à votre ambitieux projet de créer un partenariat mondial en faveur des enfants.*
  - certains organisateurs textuels;

    Ex.: *Nous savons, d'une part, que les ressources pour subvenir aux besoins de tous les enfants existent et sommes convaincus, d'autre part, qu'il est possible d'améliorer sensiblement leurs conditions de vie en une seule génération.*

– les phrases incises (elles précisent qui a énoncé les paroles rapportées directement);

Ex.: *« Les enfants sont le pivot d'un développement humain durable », affirmiez-vous lors d'une conférence.*

– les phrases incidentes et les groupes de mots incidents.

Ex.: *À notre avis, il est urgent que le monde honore enfin ses obligations envers les enfants.*

/REMARQUE/ Un **élément sans fonction**:
- ne fait partie d'aucun groupe constituant de la phrase;
- ne dépend d'aucun autre élément de la phrase (de même qu'aucun élément de la phrase ne dépend de lui);
- est supprimable (si on le supprime, la phrase demeure grammaticale).

LA PONCTUATION LIÉE À LA COORDINATION ET À LA JUXTAPOSITION

LA NOTION DE COORDINATION ET DE JUXTAPOSITION

La jonction par coordination ou par juxtaposition consiste à mettre côte à côte des éléments semblables (des phrases, des groupes de mots ou des subordonnées de même fonction, des mots de même classe grammaticale) et à les joindre les uns aux autres.

- Dans le cas de la **coordination**, les éléments sont joints à l'aide d'un marqueur de relation ayant la fonction de coordonnant (*mais*, *ou*, *et*, *donc*, *car*, *ni*, *puis*, *en effet*, *pourtant*, etc.).

Ex.: [*Le nombre d'enfants-travailleurs se chiffre en centaines de millions*]phrase coordonnée [*et*] [*il ne cesse de croître.*]phrase coordonnée

Beaucoup de ces enfants travaillent entre [*neuf*]mot coordonné (Dét) [*et*] [*vingt*]mot coordonné (Dét) *heures par jour !*

- Dans le cas de la **juxtaposition**, ces éléments sont joints à l'aide d'un signe de ponctuation seul (ce peut être une virgule, un deux-points ou un point-virgule).

Ex.: *Ces enfants n'ont pas droit* [*à un repos décent*]groupe juxtaposé (compl. indir. du V) [,] [*à des loisirs éducatifs*]groupe juxtaposé (compl. indir. du V) [,] [*au respect de leur corps*]groupe juxtaposé (compl. indir. du V)*.*

L'EMPLOI DE LA VIRGULE ET LA COORDINATION

Dans la coordination, on met généralement une virgule **devant les coordonnants autres que *et, ou, ni*** (par exemple, les coordonnants *mais, car, puis, donc, en effet, pourtant*).

Ex.: *On possède peu de statistiques sur les sans-abri,* [*mais*] *beaucoup de ceux que l'on a signalés sont des enfants et des adolescents.*

attention

Si un élément détaché se trouve au début de la seconde phrase coordonnée, cet élément est généralement encadré de virgules.

Ex.: ***On possède peu de statistiques sur les sans-abri,*** [*mais*] ***, malheureusement, beaucoup de ceux que l'on a signalés sont des enfants et des adolescents.***

/REMARQUE/ Dans certains contextes, les coordonnants *et, ou, ni* sont précédés d'une virgule. Par exemple:

- *et* est précédé d'une virgule s'il coordonne des phrases dont les GNs ne désignent pas la même réalité;

  Ex.: *Le travail des enfants est un grave problème,* [*et*] *notre génération a le devoir de s'y opposer vigoureusement.*

- si *et, ou* ou *ni* se répète devant les éléments coordonnés et que ces éléments sont au nombre de trois ou plus, le deuxième *et, ou* ou *ni* et le ou les suivants sont précédés d'une virgule.

  Ex.: *Ces enfants n'ont droit* [*ni*] (1) *à un repos décent,* [*ni*] (2) *à des jeux éducatifs,* [*ni*] (3) *au respect de leur corps.*

L'EMPLOI DE LA VIRGULE ET LA JUXTAPOSITION

Dans la juxtaposition, la virgule est utilisée pour **joindre des éléments entre lesquels il y a un rapport de sens**, généralement l'addition ou l'opposition.

Ex.: *Ces petits forçats ne jouent pas* [,] *ils ne vont pas à l'école* [,] *ils n'ont même pas droit à un repos décent et au respect de leur corps.* (addition)

Les riches deviennent de plus en plus opulents [,] *les pauvres de plus en plus miséreux.* (opposition)

attention

On évite d'utiliser la virgule pour juxtaposer des phrases comportant elles-mêmes des éléments détachés ou joints par la virgule.

À éviter: ***En Amérique latine, un enfant sur cinq travaille*** [,] ***en Afrique, un sur trois*** [,] ***en Asie, un sur deux!***

Correction possible: ***En Amérique latine, un enfant sur cinq travaille*** [;] ***en Afrique, un sur trois*** [;] ***en Asie, un sur deux!***

Le discours rapporté

Il y a deux manières de rapporter des paroles émises antérieurement dans un autre contexte: directement ou indirectement.

1. LE DISCOURS RAPPORTÉ DIRECT

Le discours rapporté direct sert à rapporter les paroles telles qu'elles ont été émises antérieurement; il se caractérise par l'emploi d'une ponctuation particulière et, dans certains cas, par le recours à la phrase incise (elle précise qui a émis les paroles rapportées).

/REMARQUES/

1. L'incise est minimalement composée d'un verbe introducteur suivi de son GNs.

   Ex.: *«Les pantalons portés démesurément bas sur les hanches, prétend-elle, ça vient des prisons où les criminels ne peuvent avoir de ceinture.»*

2. L'incise peut aussi contenir, entre autres, un ou des mots précisant comment les paroles ont été émises.

   Ex.: *«Les pantalons portés démesurément bas sur les hanches, prétend-elle le plus sérieusement du monde, ça vient des prisons où les criminels ne peuvent avoir de ceinture.»*

Exemples adaptés de «Québec hip-hop», Séverine Defouni, *L'actualité*, 1er avril 2000.

Si l'on rapporte une **simple parole**, et non un dialogue, la ponctuation dépend de l'endroit où l'on mentionne l'émetteur ou l'émettrice de la parole rapportée.

/REMARQUE/ L'émetteur ou l'émettrice des paroles est la personne ou le personnage qui a produit lesdites paroles.

Si l'on rapporte un **dialogue**, la ponctuation dépend de la manière dont on introduit ce dialogue.

Principales caractéristiques du discours rapporté direct	
Discours direct rapportant une simple parole	Exemples et remarques sur la ponctuation
L'émetteur de la parole est mentionné **avant** la parole rapportée. Un verbe introducteur* annonce cette parole.	*Suzanne Walsh a présenté une explication intéressante: «À l'origine, le rap est un mouvement politique. C'est devenu un moyen pour les jeunes de prendre la parole.»* Adapté de «Québec hip-hop», Séverine Defouni, *L'actualité*, 1er avril 2000. Le deux-points introduit la parole rapportée. Les guillemets l'encadrent. La ponctuation finale de la parole rapportée se place avant le guillemet fermant.

* Le **verbe introducteur** est un verbe de parole (ex.: *dire, proposer*) ou un verbe comme *penser, écrire*, etc. Les verbes de parole sont neutres (ex.: *dire, demander, expliquer*) ou expressifs (ex.: *claironner, ordonner, balbutier*). Ils peuvent indiquer le motif de la prise de parole (ex.: *dire, demander, ordonner*), le ton sur lequel les paroles sont prononcées (ex.: *supplier, murmurer*) ou le point de vue de la personne qui rapporte les paroles (ex.: *prétendre, laisser croire*).

(*suite*)

Principales caractéristiques du discours rapporté direct	
Discours direct rapportant une simple parole	Exemples et remarques sur la ponctuation
L'émetteur de la parole est mentionné **dans** la parole rapportée, à l'aide d'une incise.	*«À l'origine, le rap est un mouvement politique, explique Suzanne Walsh, qui enseigne la sociologie à l'Université du Québec à Montréal. C'est devenu un moyen pour les jeunes de prendre la parole.»* Tiré de «Québec hip-hop», Séverine Defouni, *L'actualité*, 1er avril 2000. Les guillemets encadrent la parole rapportée. Une virgule précède l'incise qui est placée à la toute fin d'une phrase dans la parole rapportée (deux virgules l'encadreraient si elle était placée ailleurs dans la phrase). Cette incise s'insère dans la parole rapportée; en conséquence, on ferme les guillemets seulement à la fin de la parole rapportée et non avant l'incise. La ponctuation finale de la parole rapportée se place avant le guillemet fermant.
L'émetteur de la parole est mentionné **après** la parole rapportée, dans une incise.	*«À l'origine, le rap est un mouvement politique. C'est devenu un moyen pour les jeunes de prendre la parole», explique Suzanne Walsh, qui enseigne la sociologie à l'Université du Québec à Montréal.* Adapté de «Québec hip-hop», Séverine Defouni, *L'actualité*, 1er avril 2000. Les guillemets encadrent la parole rapportée. On ne met pas de point à la fin de la parole rapportée, mais après l'incise. Une virgule précède l'incise. Par contre, si la parole rapportée se terminait par un signe de ponctuation autre qu'un point (c'est-à-dire par un point d'interrogation ou d'exclamation, ou par des points de suspension), on placerait ce signe avant le guillemet fermant et on omettrait la virgule précédant l'incise (ex.: *«Danse-t-on?» demanda-t-il.*)
Discours direct rapportant un dialogue	
Le dialogue est précédé d'une phrase (ou d'un début de phrase) contenant un <u>verbe introducteur</u>*.	*Le policier, chargé d'enquêter sur les allégations de fraudes commises par les organisateurs de la Fête de la musique, <u>lance</u> la première question au sujet de la programmation:* *«Quels styles musicaux seront au programme de la Fête?* *— Tous les styles, annonce la productrice de l'événement, apparemment détendue. Du country au jazz, du rock à la musique de chambre.* *— Présenterez-vous du rap? enchaîne un journaliste.* *— Certainement. On ne peut ignorer la contre-culture hip-hop.* *— Qu'est-ce qui la rend incontournable? continue le journaliste.* *— Depuis une dizaine d'années et même plus, explique la productrice, le hip-hop et le rap, son expression musicale prédominante, sont en émergence dans toutes les mégalopoles multiculturelles.»* Le deux-points introduit le dialogue. Les guillemets (facultatifs) s'ouvrent avant le premier mot rapporté et se ferment immédiatement après le dernier mot rapporté. Un tiret marque le début de toutes les répliques sauf de la première. De tels échanges comportent généralement des incises. L'incise est précédée d'une virgule si elle est placée à la fin d'une phrase, sauf si cette phrase se termine par un point d'interrogation, par un point d'exclamation ou par des points de suspension. L'incise est aussi suivie d'une virgule si elle est placée ailleurs dans la phrase.

* Voir note au bas de la page 332.

(suite)

Principales caractéristiques du discours rapporté direct	
Discours direct rapportant un dialogue	Exemples et remarques sur la ponctuation
Le dialogue est précédé d'une phrase ne contenant pas de verbe introducteur*.	*Le policier, chargé d'enquêter sur les allégations de fraudes commises par les organisateurs de la Fête de la musique, se mêle aux journalistes présents à la conférence de presse. La productrice de l'événement semble détendue.* *— Quels styles musicaux seront au programme de la Fête ? lance le policier.* *— Tous les styles. Du country au jazz, du rock à la musique de chambre.* *— Présenterez-vous du rap ?* *— Certainement. On ne peut ignorer la contre-culture hip-hop.* *— Qu'est-ce qui la rend incontournable ?* *— Depuis une dizaine d'années et même plus, le hip-hop et le rap, son expression musicale prédominante, sont en émergence dans toutes les mégalopoles multiculturelles.»* Aucun deux-points n'introduit l'échange. Il n'y a pas de guillemets encadrant l'échange. Un tiret marque le début de chaque réplique. Dans de tels échanges, la première réplique est le plus souvent suivie d'une incise précisant qui a pris la parole. L'incise est précédée d'une virgule si elle est placée à la fin d'une phrase, sauf si cette phrase se termine par un point d'interrogation, par un point d'exclamation ou par des points de suspension. L'incise est aussi suivie d'une virgule si elle est placée ailleurs dans la phrase.

2. LE DISCOURS RAPPORTÉ INDIRECT

Le discours rapporté indirect permet de rapporter des paroles en les reformulant. Cette manière de rapporter des paroles ne nécessite ni phrase incise ni ponctuation particulière.

Principales caractéristiques du discours rapporté indirect	
Les paroles sont intégrées à la suite d'un <u>verbe introducteur</u>* le plus souvent: • à l'aide d'une subordonnée complétive	Sub. complét. *Suzanne Walsh* *<u>explique</u>* [*qu'à l'origine le rap est un mouvement politique*]. Adapté de «Québec hip-hop», Séverine Defouni, *L'actualité*, 1er avril 2000.
ou • à l'aide d'un GVinf.	GPrép contenant un GVinf *Elle* *<u>propose</u>* [*de considérer le rap comme un moyen de prendre la parole*].

* Voir note au bas de la page 332.

GOC 301 Les phrases subordonnées et la réduction de phrases

GOC 301 Les phrases subordonnées et la réduction de phrases
GOC 302 L'orthographe
GOC 303 Les accords
GOC 304 La conjugaison
GOC 305 La ponctuation
GOC 306 Le discours rapporté

TEXTE D'OBSERVATION

Les yeux ouverts
ENTRETIENS
avec Matthieu Galey

La solitude pour être utile

MATTHIEU GALEY. – **Même s'**il est constamment accompagné dans la vie par ses personnages, l'écrivain est par nature un solitaire, en principe. L'êtes-vous ?

MARGUERITE YOURCENAR. – [Nous sommes tous solitaires devant la naissance (comme l'enfant qui naît doit se sentir seul !)]; [solitaires devant la mort]; [solitaires dans la maladie, **même si** nous sommes convenablement soignés]; [solitaires au travail, car même au milieu d'un groupe, même à la chaîne, comme les forçats ou l'ouvrier moderne, chacun travaille seul]. Mais je ne vois pas **que** l'écrivain soit plus seul qu'un autre. Considérez cette petite maison : il s'y fait presque continuellement un va-et-vient d'êtres : c'est comme une respiration. Ce n'est **qu'**à de très rares périodes de ma vie **que** je me suis sentie seule, et encore jamais tout à fait. [Je suis seule au travail, **si** c'est être seule qu'être entourée d'idées ou d'êtres nés de son esprit]; [je suis seule le matin, de très bonne heure, quand je regarde l'aube de ma fenêtre ou de la terrasse]; [seule le soir quand je ferme la porte de la maison en regardant les étoiles]. Ce qui veut dire qu'au fond je ne suis pas seule.

Mais dans la vie courante, de nouveau, nous dépendons des êtres et ils dépendent de nous. J'ai beaucoup d'amis dans le village; les personnes que j'emploie, et sans lesquelles j'aurais du mal à me maintenir dans cette maison après tout assez isolée, et manquant du temps et des forces physiques qu'il faudrait pour faire tout le travail ménager et celui du jardin, sont des amies; sans quoi elles ne seraient pas là. Je ne conçois pas qu'on se croie quitte envers un être **parce qu'**on lui a donné (ou qu'on en a reçu) un salaire; ou, comme dans les villes, **qu'**on ait obtenu de lui un objet (un journal mettons) contre quelques sous, ou des aliments contre une coupure. (C'est d'ailleurs l'idée de base de *Denier du rêve* : une pièce de monnaie passe de main en main, mais ses possesseurs successifs sont seuls.) Et c'est ce qui me fait aimer la vie dans les très petites villes ou au village. Le marchand de comestibles, **quand** il vient livrer sa marchandise, prend un verre de vin ou de cidre avec moi, **quand** il en a le temps. Une maladie dans la famille de ma secrétaire m'inquiète comme si cette personne malade, **que** je n'ai jamais vue, était ma parente; j'ai pour ma femme de ménage autant d'estime et de respect **qu'**on pourrait en avoir pour une sœur. L'été, les enfants de l'école maternelle viennent de temps en temps jouer dans le jardin; le jardinier de la propriété d'en face est un ami qui me rend visite quand il fait froid pour boire une tasse de café ou de thé. Il y a aussi bien entendu, hors du village, des amitiés fondées sur des goûts en commun (telle musique, telle peinture, tels livres), sur des opinions ou des sentiments en commun, mais l'amitié, quelles qu'en soient les autres raisons, me paraît surtout née de la sympathie spontanée, ou parfois lentement acquise, envers un être humain comme nous, et de l'habitude de se rendre service les uns aux autres. Quand on accueille beaucoup les êtres, on n'est jamais ce qui s'appelle seul. La classe (mot détestable, que je voudrais voir supprimer comme le mot caste) ne compte pas; la culture, au fond, très peu : ce qui n'est pas pour rabaisser la culture. Je ne nie pas non plus le phénomène qu'on appelle «la classe», mais les êtres sans cesse le transcendent.

Marguerite Yourcenar, *Les yeux ouverts, Entretiens avec Matthieu Galey*,

PISTES D'OBSERVATION

1 Comparez la construction des quatre phrases entre crochets jointes dans la phrase graphique comprise entre les lignes 5 et 13.

A Deux éléments habituellement essentiels ont été supprimés dans les 2e, 3e et 4e phrases entre crochets. Rétablissez ces éléments.

B Quel élément sert à joindre les phrases entre crochets ? Cet élément exprime-t-il un rapport de sens particulier ?

C Comment appelle-t-on la façon dont sont jointes ces quatre phrases entre crochets ?

2 A Aux lignes 11 et 47, relevez deux coordonnants qui permettent de joindre une phrase à une autre.

B À quoi sert chacun des coordonnants relevés : à établir un rapport de cause, de conséquence ou d'opposition entre les phrases, ou encore à ajouter une précision ou une justification ?

C Lesquels des subordonnants suivants ont un sens équivalent aux coordonnants relevés ?

lorsque – pour que – puisque – comme – alors que

3 A Entre les lignes 22 et 25, dans la deuxième phrase entre crochets, relevez trois constructions employées pour situer dans le temps ce qui est dit dans le reste de la phrase.

B Laquelle des constructions relevées est une phrase subordonnée circonstancielle ?

C Dans la phrase graphique comprise entre les lignes 20 et 27, relevez une autre subordonnée circonstancielle de temps.

4 Principalement, qu'est-ce qui distingue les subordonnées circonstancielles en couleur (dont le subordonnant est en gras) dans le texte : leur fonctionnement ou leur sens ? Justifiez votre réponse.

5 A Remplacez, s'il y a lieu, le subordonnant placé au début de chaque subordonnée circonstancielle en couleur par un autre de sens équivalent. (Attention ! Ce remplacement peut exiger un changement de mode pour le verbe de la subordonnée.)

Suggestions : lorsque – pour que – puisque – de sorte que – ainsi que – comme – à supposer que – à condition que – si – bien que

B Indiquez si le rapport de sens exprimé par chaque subordonnant est un rapport de temps, de but, de cause, de conséquence ou de comparaison, ou un autre rapport de sens (précisez-le alors dans vos mots).

6 Du point de vue du sens, les deux subordonnées relatives (en couleur) dans le GN aux lignes 32 à 34 n'ont pas la même valeur.

A L'une de ces subordonnées apporte une information essentielle : sans elle, on ne pourrait identifier de quelles personnes il s'agit. Laquelle est-ce ?

B L'autre subordonnée apporte une information non essentielle : elle sert à ajouter une précision qui caractérise les personnes dont il est question. Laquelle est-ce ?

C Justifiez le choix du pronom relatif dans chacune de ces subordonnées relatives et indiquez si un autre choix aurait été possible.

D Justifiez le choix de la préposition devant le pronom relatif *lesquelles* et indiquez quel groupe de mots est remplacé par l'ensemble préposition + pronom relatif.

E Quelles formes prendrait le pronom relatif *lequel* s'il remplaçait les GPrép *à ces personnes* et *de ces personnes* ?

7 Comparez la subordonnée complétive soulignée en pointillés aux lignes 39 à 44 du texte aux subordonnées complétives suivantes.

① Je suis étonnée **que certains ne manifestent aucune cordialité envers les autres**.

② **Que certains ne manifestent aucune cordialité envers les autres** est un signe d'indifférence.

③ Le fait **que certains ne manifestent aucune cordialité envers les autres** est un signe d'indifférence.

④ Je me demande **pourquoi certains ne manifestent aucune cordialité envers les autres**.

A Lesquelles de ces subordonnées complétives sont insérées dans un GV comme complément direct du verbe ?

B Laquelle est insérée en position de GNs ?

C Laquelle est insérée dans un GN comme complément du nom ?

D Laquelle est insérée dans un GAdj comme complément de l'adjectif ?

E L'une de ces subordonnées complétives a une valeur interrogative. Laquelle ?

F Pourquoi le verbe *croire* est-il écrit *croi**e*** dans la complétive commençant à la ligne 39 ?

8 Comparez l'emploi du subordonnant *que* (*qu'*) en gras aux lignes 14, 42, 55 et 58. Dans quel cas se trouve-t-il au début :

- d'une subordonnée relative ?
- d'une subordonnée complétive ?
- d'une subordonnée circonstancielle de comparaison en relation avec un adverbe marquant un degré ou une intensité ?
- d'une subordonnée circonstancielle de cause dont la première partie du subordonnant a été supprimée ?

9 **A** Dans laquelle des phrases ci-après le *que* en gras (avec un autre élément) :

- marque-t-il une restriction ?
- sert-il à mettre un groupe de mots en emphase ?

① C'est dans le Maine, sur l'île des Monts-Déserts, **que** Matthieu Galey est allé interviewer Marguerite Yourcenar.

② Pour Marguerite Yourcenar, si une anecdote n'est rapportée **que** pour « faire joli », elle n'a aucune valeur.

B Dans le texte, les deux *que* apparaissant en gras aux lignes 18 et 19 sont-ils des subordonnants ? Justifiez votre réponse.

10 Comparez les quatre éléments soulignés aux lignes 34, 35-37, 71 et 72-73 aux phrases subordonnées correspondantes ci-dessous :

- *qui est après tout assez isolée;*
- *parce que je manque du temps et des forces physiques qu'il faudrait pour faire tout le travail ménager et celui du jardin;*
- *qui est parfois lentement acquise;*
- *qu'on se rende service les uns aux autres.*

A Dans chaque cas, les constructions ont-elles un sens équivalent ?

B Décrivez les différences que vous observez entre la construction originale et la construction correspondante.

C Quelles constructions sont les plus concises et permettent notamment d'éviter la répétition : celles du texte ou celles présentées ci-dessus ?

L'ESSENTIEL
Les phrases subordonnées et la réduction de phrases

Les ressources de la langue nous offrent toujours plus d'un moyen d'exprimer une même chose. Les **phrases subordonnées** (elles apparaissent entre crochets [ ] dans les exemples de cette unité) sont des constructions que nous choisissons très souvent. Voici quelques contextes où l'on peut y recourir.

- Dans une **séquence explicative**, certaines subordonnées sont utiles pour exprimer les causes et les conséquences d'un phénomène ou pour le comparer à autre chose.

  Ex.: *L'île des Monts-Déserts porte ce nom [parce que Champlain l'a vue de son navire et, [comme il n'y a vu personne], [comme il ne semblait y avoir aucun campement sur la rive], il l'a appelée ainsi].*

- Dans une **séquence argumentative**, on peut employer certaines subordonnées pour présenter des arguments fondés sur des principes logiques (cause, conséquence, comparaison, concession et opposition); pour émettre une hypothèse qui affaiblit la contre-thèse (stratégie de réfutation); pour étayer un argument en rapportant indirectement un témoignage, en recourant à la définition, à l'anecdote, etc.

  Ex.: *L'île des Monts-Déserts, dans le Maine, où vit Marguerite Yourcenar, a influencé son œuvre. En effet, l'écrivaine pense [que [si elle était restée en Europe], elle se serait attachée de plus en plus aux aspects formels de la littérature, [parce que le milieu où elle vivait était extrêmement littéraire]].*

- Dans une **séquence descriptive**, certaines subordonnées servent à caractériser des personnes ou des personnages, des objets, des lieux, des phénomènes, etc.

  Ex.: *Le paysage entourant Petite-Plaisance, sa maison de l'île des Monts-Déserts, se confond avec le silence vert d'une grande pelouse, fermée par un taillis plein d'oiseaux, d'écureuils familiers, [qui viennent vous manger dans la main].*

- Dans une **séquence narrative**, certaines subordonnées peuvent servir à déterminer exactement ce qu'on veut désigner; d'autres, à insérer des paroles rapportées indirectement.

  Ex.: *L'histoire du premier groupe de jésuites français [qui a essayé de s'établir sur l'île des Monts-Déserts] constitue un bref épisode dans une nouvelle [que Marguerite Yourcenar a écrite]. On raconte [que les membres de ce groupe ont été dispersés ou tués par un pirate au service du roi d'Angleterre].*

Pour vérifier en contexte la construction ou l'emploi d'une phrase subordonnée et pour évaluer, à l'étape de la révision notamment, si cette construction permet de s'exprimer avec le plus de précision, de clarté et de concision possible, il est essentiel:

- de connaître, d'une part, les caractéristiques principales de chacune des phrases subordonnées et leurs principaux emplois;
- d'observer, d'autre part, les principales façons de procéder à la **réduction** de chacune des phrases subordonnées.

La réduction d'une phrase subordonnée

On entend par **réduction** le procédé permettant de remplacer une phrase subordonnée par une autre construction plus concise, mais de sens équivalent, et ce, en y **effaçant** ou en y **remplaçant** certains éléments, dont le verbe.

On recourt à la réduction notamment lorsque la phrase subordonnée cause une répétition inutile dans la phrase, ou qu'elle produit un effet de lourdeur ou de longueur dans le texte.

Ex.: *Le paysage qui entoure Petite-Plaisance se confond avec le silence vert d'une grande pelouse,*

venant

fermée par un taillis plein d'oiseaux, d'écureuils familiers, [~~*qui viennent*~~ *vous manger dans la main*].

Cependant, **ce ne sont pas toutes les subordonnées qui peuvent être réduites ou qui gagnent à l'être**; seul le **contexte** permet de déterminer si une réduction est **possible** et **souhaitable**.

Ex.: *Pour la réécriture de* Les songes et les sorts, *Marguerite Yourcenar avait rassemblé ceux de ses rêves*

RÉDUCTION POSSIBLE ET SOUHAITABLE (construction plus concise)

paraissant RÉDUCTION IMPOSSIBLE

[~~*qui*~~ *lui* ~~*paraissaient*~~ *les plus frappants*]; *les seuls* [*dont on se souvienne parfois toute une vie*].

RÉDUCTION IMPOSSIBLE

Marguerite Yourcenar affirme [*que l'amitié lui paraît née entre autres de l'habitude*

RÉDUCTION POSSIBLE ET SOUHAITABLE (répétition du *que* évité)

de *rendre*

[~~*que l'on*~~ *se* ~~*rende*~~ *service les uns aux autres*]].

RÉDUCTION POSSIBLE MAIS FACULTATIVE (construction plus concise)

[~~*Lorsqu'elle était*~~ *petite*], *Marguerite Yourcenar aimait passer du temps avec son père*

RÉDUCTION IMPOSSIBLE

[*parce qu'il lui lisait de grands romans*].

attention

Lorsqu'on procède à la réduction d'une phrase subordonnée, on supprime le plus souvent son GNs. Cependant, le GNs doit généralement remplir l'une de ces conditions pour pouvoir être supprimé:

1. **ce GNs fait référence au <u>GNs de la phrase matrice</u>;**

   Ex.: [~~***Lorsqu'elle était***~~ ***petite***], ***<u>Marguerite Yourcenar</u> aimait passer du temps avec son père.***

2. **ce GNs fait référence à un <u>autre élément de la phrase matrice</u> et sa suppression ne cause aucune ambiguïté;**

   Ex.: ***Elle s'efforce de faire le vide en elle-même pour y accueillir <u>ses personnages</u>, vivants à sa pensée*** [***au point***
   d' *être*
   ~~***qu'ils***~~ ***y*** ~~***sont***~~ ***constamment présents***].

3. **ce GNs est *on* et n'est pas employé à la place de «nous».**

   de *rendre*
   Ex.: ***Elle affirme que l'amitié lui paraît née entre autres de l'habitude*** [~~**que l'on**~~ **se** ~~**rende**~~ **service les uns aux autres**].

1 LA PHRASE SUBORDONNÉE RELATIVE

1.1 L'EMPLOI DE LA SUBORDONNÉE RELATIVE

La subordonnée relative est employée notamment pour :

- apporter une information qui caractérise le personnage, l'objet, le lieu, le phénomène, etc. dont il est question dans le GN, ou encore ajouter une explication à ce propos ;

  Ex. : *Son père, [avec qui elle aimait lire à voix haute de grands romans], se nommait Michel de Crayencour.*

- ajouter une précision permettant de déterminer exactement quel personnage, quel objet, quel lieu ou quel phénomène, etc. est désigné dans le GN, de sorte qu'il n'y ait aucun risque de confusion.

  Ex. : *Jusqu'à la publication des* Mémoires d'Hadrien, *Marguerite Yourcenar est restée assez mal connue, ne jouant pas le jeu habituel [qui permet de conquérir une place dans les journaux, puis dans les manuels scolaires].*

1.2 LA RÉDUCTION DE LA SUBORDONNÉE RELATIVE

D'autres constructions de sens équivalent peuvent remplacer la subordonnée relative, notamment quand celle-ci entraîne une répétition inutile ou qu'elle crée un effet de lourdeur ou de longueur dans le texte. On procède à la réduction de la subordonnée relative si le contexte rend possible et souhaitable cette réduction (voir encadré, page 339).

Quelques moyens de réduire une subordonnée relative	Exemples
La relative commençant par *qui*	
• **Supprimer** le **pronom relatif**. • **Supprimer** le **verbe** ***être*** (ou l'auxiliaire *être*).	*Ce livre, qui contient les entretiens entre Matthieu Galey et Marguerite Yourcenar, [**~~qui~~** ~~est~~ la première femme [**~~qui~~** ~~a été~~ admise à l'Académie française]], s'intitule* Les yeux ouverts.
• **Supprimer** le **pronom relatif**. • **Remplacer** le **verbe** (ou son auxiliaire) par un verbe au participe présent.	*Ce livre, [**~~qui~~** ~~contient~~* (contenant) *les entretiens entre Matthieu Galey et Marguerite Yourcenar], s'intitule* Les yeux ouverts.
La relative commençant par ***où*** ou par un **pronom relatif précédé d'une préposition** (***de qui, à laquelle***, etc.)	
• **Supprimer** le **GNs**. • **Remplacer** le **verbe** par un verbe à l'infinitif.	*Marguerite Yourcenar aime être entourée de plusieurs personnes, [**avec qui** ~~elle~~ ~~partage~~* (partager) *un peu de son temps].*

/REMARQUE/ Pour savoir dans quels cas on peut supprimer le sujet de la subordonnée relative commençant par *où* ou par un pronom relatif précédé d'une préposition, voir la rubrique *attention* dans l'encadré de la page 339.

Stratégies de révision de la subordonnée relative

En règle générale, l'étape de la révision exige de vérifier les éléments suivants.

- La **construction de la subordonnée relative**: on s'assure qu'on a tenu compte des caractéristiques (fonction, construction, trait animé ou non animé, genre et nombre) du groupe de mots que le pronom relatif remplace avec, s'il y a lieu, la préposition qui le précède.

trait non animé, MS
On doit apprendre à vivre avec ce sentiment

Ex.: *La peine éprouvée lors de la mort d'un être cher est un sentiment [avec lequel on doit apprendre à vivre], selon Marguerite Yourcenar.*

- La **possibilité de réduire la subordonnée relative**: on procède à certaines manipulations (effacement, remplacement) et on en évalue les effets en contexte.

RÉDUCTIONS POSSIBLES ET SOUHAITABLES

Ex.: *La peine [~~qui est~~ **éprouvée après la mort d'un être** [~~qui nous est~~ **cher**]] est un sentiment*

RÉDUCTION IMPOSSIBLE

*[**avec lequel on doit apprendre à vivre**].*

Quelques difficultés	Exemples
Si le groupe de mots que le pronom relatif remplace est introduit par une préposition, on emploie cette préposition devant le pronom relatif. Si le groupe de mots remplacé est constitué ainsi:	
1. préposition (sauf *de*) + ***cela, rien, grand-chose, autre chose***, on emploie la préposition devant le pronom relatif *quoi*;	*Matthieu Galey demande à Marguerite Yourcenar si c'est un effort, une souffrance que d'écrire; ce [à quoi* *Elle répond à cela qu'au contraire [...]* *elle répond qu'au contraire, c'est plutôt un travail et presque un jeu, une joie].*
2. préposition + **GN désignant un lieu ou un temps** (et répondant à la question *où?* ou *quand?*), on emploie la préposition (sauf *à*) devant le pronom relatif *où*;	*Un écrivain peut passer par plusieurs chemins pour être publié.* *Il y a plusieurs chemins [par où un écrivain peut passer pour être publié].*
3. préposition + **GN dont le noyau a le trait animé**, on emploie la préposition devant le pronom relatif *qui* ou *lequel / laquelle / lesquels / lesquelles*; **/REMARQUE/** Les prépositions *à* et *de* se soudent à *lequel / lesquels / lesquelles* pour former *auquel / auxquels / auxquelles* et *duquel / desquels / desquelles*.	*Son père et elle aimaient lire Selma Lagerlöf,* *Marguerite Yourcenar a écrit plus tard un essai sur S. Lagerlöf.* *[sur laquelle / sur qui Marguerite Yourcenar a écrit plus tard un essai].*

Stratégies de révision de la subordonnée relative (*suite*)

Quelques difficultés	Exemples
4. préposition + **GN dont le nom a le trait non animé**, on emploie la préposition devant le pronom relatif *lequel / laquelle / lesquels / lesquelles*.	Yourcenar *est l'anagramme de Crayencour* *Elle et son père […] sont tombés* *sur cette anagramme* […] [*sur laquelle* *elle et son père, Michel de Crayencour, sont tombés en cherchant un peu et en s'amusant*]. *Je vous ai parlé* *de cet ami* ou *de Marguerite* ? *duquel* ou *de laquelle* ?
/REMARQUE/ Lorsque la préposition est de, on peut généralement employer le pronom relatif *dont*, à moins qu'il n'y ait ambiguïté.	*L'ami de Marguerite,* [~~*dont*~~ *je vous ai parlé*], *est décédé à 38 ans.*

2 LA PHRASE SUBORDONNÉE COMPLÉTIVE

2.1 L'EMPLOI DE LA SUBORDONNÉE COMPLÉTIVE

La **subordonnée complétive en *que*** (ou *à ce que, de ce que*) est employée notamment:

- pour rapporter les paroles de quelqu'un (après un verbe comme *dire, raconter, soutenir, affirmer*, etc.);

  Ex.: *Marguerite Yourcenar ne croit pas aux écrivains qui* ***soutiennent*** [***qu'****ils consacrent tout leur temps à l'écriture*].

- pour exprimer quelque chose d'abstrait comme une volonté, une attente, un doute, un sentiment, une possibilité, une impossibilité, une nécessité (après un mot comme *vouloir, volonté, permettre, refuser, s'attendre, attente, douter, doute, douteux, heureux, souhaitable, probabilité, falloir, nécessité*, etc.) ou encore une certitude, une opinion, une déclaration, une perception, etc. (après un mot comme *sûr, certain, certitude, preuve, croire, voir, voici, voilà, sentir*, etc.).

  Ex.: *Elle* ***doute*** [***qu'****un écrivain puisse consacrer tout son temps à l'écriture*].

  Elle ***croit*** [***qu'****un écrivain doit prendre du temps pour bavarder, fumer, se détendre dans un salon ou un café*].

La **subordonnée complétive interrogative indirecte** est employée généralement pour formuler une interrogation, une demande de renseignement, une incertitude (après un verbe comme *se demander, deviner, dire, expliquer, ignorer, savoir*, etc.);

Ex.: *Certains* ***se demandent*** [***si*** *les écrivains doivent s'isoler complètement pour écrire*].

La **subordonnée complétive exclamative indirecte** permet, entre autres, d'exprimer avec force un jugement, une appréciation (après un verbe comme *constater, imaginer, regarder, se rendre compte, voir*, etc.).

Ex.: *Je* ***me rends compte*** [**combien** *Marguerite Yourcenar était une personne bienveillante et respectueuse*].

2.2 LA RÉDUCTION DE LA SUBORDONNÉE COMPLÉTIVE

Pour éviter une répétition ou alléger une phrase longue ou lourde, on peut réduire la subordonnée complétive, notamment en remplaçant son verbe par un verbe à l'infinitif ou en effaçant certains de ses éléments, si le contexte rend possible et souhaitable cette réduction (voir encadré, page 339).

Quelques moyens de réduire une subordonnée complétive	Exemples
La subordonnée complétive en *que*	
• **Supprimer** le **subordonnant**. • **Supprimer** le **verbe *être*** ou tout autre verbe attributif. **/REMARQUE/** La subordonnée ainsi réduite dépend d'un verbe comme *considérer, juger, supposer, trouver*, etc., lequel peut se construire avec un complément direct du verbe et un attribut du complément direct (ex.: *trouver QQCH./QQN + X*). (voir page 367)	*Je **trouve** [~~**que**~~ Marguerite Yourcenar ~~est~~ étonnante].*
• **Supprimer** le **subordonnant**, si la subordonnée dépend d'un verbe exprimant une sensation (*sentir, entendre*, etc.). • **Remplacer** son **verbe** par un verbe à l'infinitif.	*Elle **sent** [~~**que**~~ sa vie la ~~dépasse~~ (dépasser)].*
La subordonnée complétive en *que* et la subordonnée complétive interrogative indirecte	
• **Supprimer** le subordonnant, s'il s'agit de (*ce*) *que*. • **Supprimer** le **GNs**. • **Remplacer** le **verbe** (ou l'auxiliaire du verbe à un temps composé) par un verbe à l'infinitif.	*Marguerite Yourcenar **a affirmé** [~~**qu'elle**~~ ~~passait~~ (passer) plus de temps en compagnie de son personnage Zénon que de ses amis].*
/REMARQUES/ **1.** Selon le mot dont dépend la complétive, on doit parfois ajouter la préposition <u>de</u> avant le verbe à l'infinitif.	*Avec la version définitive des* Mémoires d'Hadrien, *Marguerite Yourcenar a eu le **sentiment** [~~**qu'**~~ (<u>de</u>) ~~elle~~ ~~n'~~ (ne) ~~aurait pu~~ (pouvoir) rien changer ni ajouter à l'ouvrage enfin terminé].*
2. Si le verbe de la subordonnée est suivi d'un verbe à l'infinitif, on conserve cet infinitif et on supprime le verbe et son GNs, dans la mesure où cela ne change pas le sens de la phrase.	*On ne **sait** [**comment** ~~on~~ ~~doit~~ interpréter sa décision de faire conserver une partie de ses notes et de sa correspondance sous scellés, jusqu'à cinquante ans après sa mort].*

/REMARQUE/ Pour savoir dans quels cas on peut supprimer le sujet de la subordonnée complétive, voir la rubrique *attention* dans l'encadré de la page 339.

Stratégies de révision de la subordonnée complétive

En règle générale, l'étape de la révision exige de vérifier les éléments suivants.

- La **construction de la subordonnée complétive interrogative indirecte**:
  - on s'assure qu'il ne s'agit pas d'une phrase de type interrogatif (avec *est-ce que* ou inversion du GNs et du verbe, par exemple);

  Ex.: *On se demande* [***comment*** ~~*est-ce qu*~~*'on doit interpréter sa décision de faire conserver une partie de ses notes et de sa correspondance sous scellés, jusqu'à cinquante ans après sa mort* ~~?~~].

  - on s'assure que son subordonnant n'est pas encadré de *c'est... que* ou de *c'est... qui*, ou suivi de *que* ou de *qui*, ou encore de *c'est que* ou de *c'est qui*.

  Ex.: *On se demande* [***comment*** ~~*qu*~~*'on doit interpréter sa décision de faire conserver une partie de ses notes et de sa correspondance sous scellés, jusqu'à cinquante ans après sa mort*].

- Le **mode du verbe dans la subordonnée complétive en *que***: on évalue le sens du mot dont dépend la subordonnée.

  (SENTIMENT → subjonctif)
  Ex.: *Je* ***crains*** [***qu'****on n'ait pas respecté entièrement la volonté de l'écrivaine*].

  (OPINION → indicatif)
  Je ***crois*** [***qu'****on n'a pas respecté entièrement la volonté de l'écrivaine*].

  /REMARQUE/ Le verbe de la subordonnée complétive en *que* se met généralement au **mode subjonctif** si la subordonnée est:
  - complément d'un mot exprimant (avec la négation qui l'accompagne parfois):
    - une volonté, une attente, un doute, un sentiment, une possibilité (ou une impossibilité), un mot comme *vouloir, volonté, permettre, refuser, craindre, heureux*, etc.;
    - une nécessité, une possibilité (ou une impossibilité) dans une phrase impersonnelle, un mot comme *falloir, nécessaire, se pouvoir, impossible*, etc.;
  - en position de GNs.

- La **possibilité de réduire la subordonnée complétive**: on procède à certaines manipulations (effacement, remplacement) et on en évalue les effets en contexte.

  RÉDUCTION NON SOUHAITABLE: ~~*à respecter*~~: autre sens
  RÉDUCTION POSSIBLE ET SOUHAITABLE: *de* *conserver*

  Ex.: *Marguerite Yourcenar* ***s'attendait*** [***à ce qu'****on respecte sa décision* [~~***qu'***~~ ~~*on*~~ ~~*conserve*~~ *sous scellés ses documents jusqu'en 2037, soit cinquante ans après sa mort*]].

/REMARQUE/ Le **subordonnant** de la subordonnée complétive (*que* ou certains subordonnants ayant un sens interrogatif (comme *qui, quoi, quand, combien, lequel, où*) est parfois précédé d'une <u>préposition</u> (*<u>à</u> ce* ***que***, *<u>de</u> ce* ***que***, *<u>avec</u>* ***qui***, *<u>par</u>* ***où***, etc.).

3 LA PHRASE SUBORDONNÉE CIRCONSTANCIELLE

3.1 L'EMPLOI DE LA SUBORDONNÉE CIRCONSTANCIELLE

On emploie la subordonnée circonstancielle notamment pour:

- situer dans le **temps** ce qui est énoncé dans le reste de la phrase matrice;

  Ex.: [*Lorsqu'elle a écrit son premier roman*], *Marguerite Yourcenar avait vingt-quatre ans.*

- exprimer un **but** à atteindre par rapport à ce qui est énoncé dans le reste de la phrase matrice, ou un résultat à éviter;

  Ex.: *Marguerite Yourcenar collabore volontiers à des campagnes de sensibilisation* [*pour que plus de gens participent à la préservation de l'environnement*].

- exprimer une **cause**, une raison ou une justification de ce qui est énoncé dans le reste de la phrase matrice;

  Ex.: *Marguerite est un prénom qui lui plaît* [*parce qu'il n'est d'aucune époque et d'aucune classe sociale*].

- énoncer une **conséquence**, un résultat de ce qui est énoncé dans le reste de la phrase matrice;

  Ex.: *Elle s'efforce de faire le vide en elle-même pour y accueillir ses personnages, vivants à sa pensée* [*au point qu'ils y sont constamment présents*].

- établir une **comparaison**: mettre un élément en lien avec ce qui est énoncé dans le reste de la phrase matrice, en signalant une ressemblance ou une différence;

  Ex.: *Les peines de cœur vieillottes ou les fureurs érotiques dont la littérature française fourmille paraissent à Marguerite Yourcenar aussi dépourvues d'intérêt* [*qu'il lui semble insensé de parler de soi à longueur de roman*].

- établir une **opposition** entre un fait et ce qui est énoncé dans le reste de la phrase matrice;

  Ex.: *Marguerite Yourcenar nous rappelle la manière naïve dont les Français parlaient de l'Allemagne des années 1940: ils s'imaginaient que Hitler apportait l'ordre* [*tandis qu'un grossier désordre régnait au milieu de l'autoritarisme*].

- énoncer une **concession**: convenir d'un fait en signalant qu'il est contraire à la logique de ce qui est énoncé dans le reste de la phrase matrice;

  Ex.: [*Bien que l'absence de soucis financiers ait été un privilège pour Marguerite Yourcenar*], *elle aurait pu aussi devenir un danger, ne l'ayant jamais incitée à faire les petites concessions nécessaires pour s'assurer plus vite un public.*

- énoncer une **hypothèse**, une éventualité, une supposition, ou encore une **condition** en rapport avec ce qui est énoncé dans le reste de la phrase matrice.

  Ex.: *Marguerite Yourcenar soutient que,* [*si l'on ne disposait pas de traductions*], *on serait très limité.*

Les subordonnées circonstancielles de **concession**, d'**opposition**, d'**hypothèse** et de **condition** partagent les caractéristiques principales des autres subordonnées circonstancielles (voir *Connaissances préalables*, p. 321-322).

Caractéristiques particulières des subordonnées circonstancielles de concession, d'opposition, d'hypothèse et de condition

La subordonnée circonstancielle de concession

- La subordonnée circonstancielle de concession commence par un **subordonnant** comme *même si, bien que, quoique.*
- Son verbe se met généralement au mode subjonctif avec les subordonnants *bien que* et *quoique*, à l'indicatif avec les autres subordonnants.

  Ex.: *Il faut penser amicalement à sa mort,* [***même si*** *on a une certaine répugnance instinctive à le faire*] mais [***bien qu'*** *on ait une certaine répugnance instinctive à le faire*].

La subordonnée circonstancielle d'opposition

- La subordonnée circonstancielle d'opposition commence par un **subordonnant** comme *alors que, tandis que, au lieu que.*
- Son verbe est généralement au mode indicatif.

  Ex.: *Jules César souhaitait mourir le plus vite possible* [***alors que*** *Marguerite Yourcenar a souhaité mourir d'une maladie assez lente, en pleine connaissance*].

Les subordonnées circonstancielles d'hypothèse et de condition

- La subordonnée circonstancielle d'hypothèse commence par un **subordonnant** comme *si, à supposer que, (en) admettant que*; celle de condition par un subordonnant comme *si, à (la) condition que, pourvu que.*
- Leur verbe se met au mode subjonctif si elles commencent par *à supposer que, supposé que, à moins que, (en) admettant que, pourvu que, pour peu que, à (la) condition que, moyennant que.*

  Ex.: [***Supposé qu'****il n'y ait jamais eu de traductions*], *on serait très limité.*

3.2 LA RÉDUCTION DE LA SUBORDONNÉE CIRCONSTANCIELLE

Outre le recours à la subordonnée circonstancielle, il existe plusieurs autres façons d'exprimer le temps, le but, la cause, la conséquence, la comparaison, la concession, l'opposition, l'hypothèse ou la condition. Par exemple:

- la concession: *Marguerite Yourcenar tient un journal personnel, elle en* ***convient****;* ***cependant****, elle peut le laisser pendant des intervalles de vingt ans.*
- l'opposition: *Marguerite Yourcenar avait noté dans son journal une phrase de Gide disant que l'artiste ne doit pas raconter sa vie comme il l'a vécue;* ***au contraire****, il doit la vivre comme il la racontera.*
- l'hypothèse: ***Supposons*** *que Marguerite Yourcenar n'ait pas tenu à brouiller les pistes de son existence, serait-il aussi intéressant d'ébaucher sa biographie ou de la lire?*

La réduction permet de remplacer une subordonnée circonstancielle par une autre construction tout en exprimant la même chose, mais de manière plus concise; le contexte doit toutefois rendre possible et souhaitable cette réduction.

Quelques moyens de réduire une subordonnée circonstancielle	Exemples
La subordonnée circonstancielle de temps, de cause, de comparaison, de concession et d'hypothèse	
• **Supprimer** le **subordonnant**. • Le plus souvent, **supprimer** le **GNs**. • **Supprimer** le **verbe** ***être*** (ou l'auxiliaire *être*). **/REMARQUE/** Pour réduire la subordonnée circonstancielle de concession, on doit ou conserver le subordonnant, ou ajouter un autre **marqueur de relation** exprimant la concession.	[~~Lorsqu'elle était~~ *petite*], *Marguerite Yourcenar aimait passer du temps avec son père parce qu'il lui lisait de grands romans.* [***Bien qu'*** [*e*] ~~*elle soit*~~ *dénommée «Monts-Déserts»*], *l'île où vit Marguerite Yourcenar est moins sauvage qu'on le croit.* [~~*Bien qu'elle soit*~~ *dénommée «Monts-Déserts»*], *l'île où vit Marguerite Yourcenar est* ***pourtant*** *moins sauvage qu'on le croit.*
La subordonnée circonstancielle de temps, de but, de cause, de conséquence, d'opposition et d'hypothèse	
• **Remplacer** le **subordonnant** par une préposition de sens équivalent, s'il y a lieu, ou le supprimer. • **Supprimer** le **GNs**. • **Remplacer** le **verbe** (ou son auxiliaire) par un verbe à l'infinitif. **/REMARQUE/** Pour remplacer le subordonnant, il suffit souvent de supprimer le *que* qu'il comporte ou de mettre <u>de</u> à la place.	[***Après*** ~~*qu'elle eut*~~ [*avoir*] *perdu deux de ses amis les plus chers*], *Marguerite Yourcenar dira que la mort lui est désormais indifférente.* *Elle s'efforce de faire le vide en elle-même pour y accueillir ses personnages, vivants à sa pensée* [***au point*** ~~*qu'ils*~~ [*d'*] *y* ~~*sont*~~ [*être*] *constamment présents*].
La subordonnée circonstancielle de temps, de cause, de concession et d'hypothèse	
• **Supprimer** le **subordonnant**. • **Supprimer** le **GNs.** • **Remplacer** le **verbe** (ou son auxiliaire) par un verbe au participe présent précédé, s'il y a lieu, de la **préposition** <u>*en*</u>. **/REMARQUE/** Pour réduire la subordonnée circonstancielle de concession, on doit ou conserver le subordonnant, ou ajouter un autre marqueur de relation exprimant la concession.	[~~*Parce qu'il*~~ *n'*~~*appartient*~~ [*appartenant*] *à aucune époque et à aucune classe sociale*], *Marguerite est un prénom qui lui plaît.* [~~*Si vous lisez*~~ [<u>*En*</u> *lisant*] Les yeux ouverts], *vous serez sans doute impressionnés par la grandeur d'esprit de Marguerite Yourcenar.* [***Bien qu'*** ~~*elle soit*~~ [*étant*] *dénommée «Monts-Déserts»*], *l'île où vit Marguerite Yourcenar est moins sauvage qu'on le croit.*

/REMARQUE/ Pour savoir dans quels cas on peut supprimer le sujet de la subordonnée circonstancielle, voir la rubrique *attention* dans l'encadré de la page 339.

Stratégies de révision de la subordonnée circonstancielle

En règle générale, l'étape de la révision exige de vérifier les éléments suivants.

- La **construction de la subordonnée circonstancielle**:
  - on s'assure qu'elle est bien insérée dans une autre phrase;
  - on s'assure que, du point de vue du sens, son subordonnant est approprié et, s'il s'agit d'un subordonnant de forme simple comme *quand* ou *comme*, qu'il n'est pas suivi de *que*.

  Ex.: *Il faut penser amicalement à sa mort* [même ***si*** *on a une certaine répugnance instinctive à le faire*].

- Le **mode du verbe dans la subordonnée circonstancielle**: on s'assure que le mode est approprié au subordonnant.

  Ex.: [***Bien qu'****on* ~~*croit*~~ *croie* *que les écrivains ont besoin de solitude*], *il est essentiel pour certains d'être entourés de gens.*

- La **possibilité de réduire la subordonnée circonstancielle**: on procède à certaines manipulations (effacement, remplacement) et on en évalue les effets en contexte.

  RÉDUCTION POSSIBLE ET SOUHAITABLE

  Ex.: [***Bien qu'***~~*elle soit*~~ *étant* *dénommée «Monts-Déserts»*], *l'île où vit Marguerite Yourcenar est moins sauvage* [***qu'****on le croit*].

  RÉDUCTION IMPOSSIBLE (qu'on le croit)

EXERCICES

1 Vérifiez le choix des six pronoms relatifs contenus dans les phrases suivantes. Pour ce faire:

- repérez chaque pronom relatif;
- identifiez l'antécédent du pronom relatif;
- notez le groupe de mots que le pronom relatif remplace;
- corrigez le choix du pronom relatif et, s'il y a lieu, de la préposition qui l'accompagne.

ATTENTION ERREURS

① Picasso s'est libéré de tout l'appareillage des lentilles, des miroirs, des chambres optiques à l'aide desquelles, depuis la Renaissance, les artistes avaient pensé pouvoir approcher la réalité de plus près.

② Tous les modèles que Picasso dessina ou peignit le portrait ont fait entrer quelque chose d'eux-mêmes dans l'art du peintre.

③ Le théâtre et le ballet, pour qui Picasso a beaucoup travaillé, lui ont donné des personnages en pleine lumière, lui ont offert des situations, c'est-à-dire lui ont proposé des spectacles.

④ Les expositions collectives où Picasso a participé ont été, pour la plupart, des expositions d'artistes espagnols exilés.

⑤ La guerre a été le thème que Picasso a pensé devoir s'exprimer sur le plus fortement, le thème à propos de quoi il a voulu communiquer le plus largement avec le public.

2 Afin d'éviter les répétitions dans les séries de phrases suivantes, transformez chacune d'elles en une seule phrase comportant une ou plusieurs subordonnées relatives.

① La première grande réalisation d'Ozias Leduc concerne l'église de son village. Il entreprend la décoration de cette église en 1864.

② En 1906, Ozias Leduc épouse sa cousine Louise Lebrun, veuve de Luidgi Capello, peintre décorateur. Il avait déjà travaillé pour Luidgi Capello.

③ Leduc puise surtout dans le courant symboliste. Il connaît ce courant par la revue *Art et décoration*. Il s'abonne sans interruption à cette revue de 1897 à 1939.

④ À l'âge de sept ans, Ozias Leduc a fréquenté l'école du rang des Trente. À cette école, il a reçu en guise de récompense un petit livre intitulé *L'Art au Moyen Âge*. Il a conservé toute sa vie ce petit livre, et la lecture de ce petit livre l'a beaucoup influencé.

3 **A** Parmi les subordonnées relatives entre crochets, relevez le numéro de celles qui peuvent être réduites:

- par effacement seulement;
- par remplacement entre autres du verbe par un verbe à l'infinitif et par effacement du GNs;
- par remplacement entre autres du verbe par un verbe au participe présent et par effacement du pronom relatif.

Toutes les histoires de la peinture au Canada ① [qui ont été publiées au cours des trente-cinq dernières années] ont fait une large place à Ozias Leduc.

Ozias Leduc, ② [qui était conscient de l'importance de la peinture et de son rôle dans la société], s'est toujours pleinement investi dans son travail.

Ozias Leduc, ③ [qui s'exprimait volontiers à l'aide de symboles], a publié dans la revue *Arts et Pensée* en 1954.

Ozias Leduc avait plusieurs amis et collaborateurs ④ [à qui il offrait ses dessins].

Le peintre trouvait toujours au flanc de la montagne un endroit ⑤ [où il préparait ses compositions] et ⑥ [où il trouvait les couleurs appropriées pour ses personnages religieux].

Plusieurs des sujets religieux de l'artiste rappellent au spectateur le décor ⑦ [où il élaborait ses compositions].

B Réduisez les subordonnées identifiées en **3** **A**.

C Notez, s'il y a lieu, le numéro de la subordonnée qu'on ne peut pas réduire et expliquez pourquoi sa réduction est impossible.

4 A Classez les subordonnées en *que* ci-dessous dans un tableau semblable à celui qui suit. N'inscrivez que les numéros correspondants.

***Que* remplace un groupe du nom**	
***Que* ne remplace pas un groupe du nom**	

Le fait ① [qu'Ozias Leduc ait opté pour un illusionnisme en trompe-l'œil] a conduit certains commentateurs à faire un rapprochement entre son œuvre et celle de son contemporain américain William Harnett.

Dans la plupart des décors religieux ② [qu'Ozias Leduc a fournis au Québec entre 1890 et 1955], les anges sont présents.

Très tôt, Ozias Leduc a exprimé sa crainte ③ [que ses amis ne le comprennent pas].

Ozias Leduc, ④ [que plusieurs décrivaient comme un ascète et un ermite], était aussi un homme d'action et de bonne compagnie.

B Parmi les subordonnées classées en 4 A, lesquelles sont des subordonnées relatives? des subordonnées complétives?

C Mis à part le fait qu'elles commencent toutes par le subordonnant *que*, qu'ont en commun ces subordonnées?

5 A Notez la fonction de chacune des subordonnées complétives entre crochets dans les phrases suivantes.

Avant le XIXe siècle, il était rare ① [qu'on trouve un artiste rebelle].

La pérennité et l'universalité d'un grand artiste tiennent ② [à ce qu'il a quelque chose d'exceptionnel à dire].

Un grand artiste travaille avec la conviction ③ [que sa peinture est un moyen d'aborder une vérité humaine fondamentale].

④ [Que François 1er ait reconnu le génie de Léonard de Vinci] et ⑤ [qu'il l'ait persuadé de s'installer en France] n'a rien d'étonnant.

Certains critiques considéraient ⑥ [qu'Édouard Manet était incompétent].

Les peintres défricheurs de l'art moderne, tels Picasso, Matisse, Kandinsky et Klee, étaient conscients ⑦ [qu'ils n'avaient pas leur place dans le monde de l'art officiel].

Wassily Kandinsky pensait ⑧ [que l'art abstrait pouvait atteindre la même profondeur que le plus grand art figuratif].

Henri Matisse a dit un jour ⑨ [qu'il se sentait comme un sculpteur taillant des blocs de couleur].

En décembre 1888, après une furieuse dispute, Van Gogh agresse Gauguin, se coupe l'oreille gauche et la dépose dans une maison close. On ne saura probablement jamais ⑩ [comment on doit expliquer ce geste].

B Parmi les subordonnées complétives en 5 A, relevez le numéro de celles qui peuvent être réduites:

- par effacement seulement;
- par remplacement entre autres du verbe par un verbe à l'infinitif.

C Réduisez les subordonnées identifiées précédemment.

D Notez, s'il y a lieu, le numéro des subordonnées qu'on ne peut réduire et expliquez pourquoi leur réduction est impossible.

6 Construisez une subordonnée complétive à partir des groupes de mots en caractères gras, puis vérifiez le mode du verbe dans chacune de ces subordonnées.

Ex.: *Je crains* ***sa vengeance****. (Je crains qu'elle se venge.)*

① Van Gogh désirait sans doute **un peu de compréhension**.

② Théo Van Gogh espérait **la guérison de son frère Vincent**.

③ Tous les passionnés d'opéra souhaitent **la venue de ce grand ténor**.

④ On annonce **l'annulation de ce vernissage**.

⑤ Nous déplorons tous **la disparition de cet artiste renommé**.

7 A Indiquez le rapport de sens qui lie chaque élément souligné à ce qui le précède ou à ce qui le suit.

① Je préfère Van Gogh à Cézanne, Lichtenstein à Warhol, Kline à Pollock. <u>Pourtant, je reconnais que ce sont tous de grands artistes.</u>

② Certains artistes vivent dans l'opulence; <u>d'autres sont toujours dans le besoin</u>.

③ Manet a soutenu avec vigueur les jeunes peintres impressionnistes, mais il ne s'est jamais rallié personnellement à leur cause.

④ À moins d'avoir des moyens de subsistance propres, peu d'artistes sont en mesure de travailler exclusivement pour leur compte, sans se soucier de plaire aux collectionneurs.

B Récrivez les phrases 1 à 4 de façon que le rapport de sens exprimé le soit à l'aide d'une subordonnée circonstancielle.

C Vérifiez le mode du verbe dans chacune des subordonnées construites en B.

8 Dans chacune des phrases suivantes, relevez le subordonnant placé au début d'une subordonnée circonstancielle. Puis, précisez la nature du rapport de sens exprimé par la subordonnée et son subordonnant.

① Après que ses études furent terminées, Ozias Leduc s'installa à Montréal.

② Comme il n'avait pas à solliciter les acheteurs, Ozias Leduc a pu réaliser ses tableaux intimes au gré de son inspiration.

③ Lorsque Ozias Leduc rendait visite à ses amis de Saint-Hilaire, il leur faisait cadeau de ses dessins.

④ Tandis que le peintre décorateur Georges de La Tour se plaisait visiblement dans le nocturne, le mystérieux et le dramatique, Ozias Leduc jouait avec l'obscurité et la lumière.

⑤ Parce qu'elle s'inscrit dans une tradition picturale dont Ozias Leduc est l'un des artisans les plus significatifs, son œuvre fait le lien entre deux siècles de production artistique au Québec.

⑥ Quoique certains critiques aient évoqué le nom de Corot au sujet d'Ozias Leduc, plusieurs ne sont pas convaincus de la justesse de ce rapprochement.

⑦ Pour Ozias Leduc, l'art s'inscrit dans une réalité et répond à des besoins essentiels s'il est motivé par la volonté et la passion.

⑧ Bien qu'il fût de nature timide, Ozias Leduc aimait partager sa conception de l'art avec des amis artistes.

⑨ Ozias Leduc s'est éteint le 16 juin 1955, avant qu'il n'ait pu terminer la décoration de l'église Notre-Dame-de-la-Présentation à Almaville, aujourd'hui Shawinigan-Sud.

⑩ Comme il a réalisé quantité de portraits d'hommes et de femmes de son époque, Ozias Leduc vit encore dans un grand nombre de foyers québécois et canadiens en plus de figurer dans la plupart des grands musées du pays.

9 A Parmi les subordonnées circonstancielles de l'exercice 8, indiquez celles qui peuvent être réduites :

- par effacement seulement;
- par remplacement entre autres du verbe par un verbe à l'infinitif;
- par remplacement entre autres du verbe par un verbe au participe présent.

B Réduisez les subordonnées classées précédemment.

C Notez, s'il y a lieu, le numéro des subordonnées qu'on ne peut pas réduire et expliquez pourquoi leur réduction est impossible.

10 A Dans chacune des phrases ci-dessous, indiquez la nature du rapport de sens qui lie la réduction de subordonnée en caractères gras au reste de la phrase.

① **Faisant preuve d'une grande finesse**, le portraitiste Yousuf Karsh produit des œuvres inoubliables.

② **En jetant un coup d'œil à un des ouvrages de Karsh**, vous serez séduit par la qualité de son travail.

③ **Ayant grandi en Arménie au milieu des massacres**, Karsh sait néanmoins traduire la beauté du monde.

④ **Ses photos de Winston Churchill publiées**, Karsh jouit d'une renommée internationale immédiate.

⑤ **En couleurs**, la célèbre photographie du «baiser de l'hôtel de ville» de Robert Doisneau aurait été moins saisissante.

B Écrivez la subordonnée correspondant à chacune des réductions de subordonnée en caractères gras.

C Vérifiez le mode du verbe dans chacune des subordonnées construites.

11 Complétez les extraits suivants en choisissant, parmi les constructions ⓐ ou ⓑ ci-dessous, celles qui permettraient d'éviter les répétitions inutiles et les lourdeurs de texte sans toutefois créer d'ambiguïté.

L'œuvre d'Anne Hébert m'apparaît se déployer à la frontière exacte de l'ombre et de la lumière.

La femme avait des airs d'éternelle jeune fille. La beauté de son regard **1** ✎ et de son sourire **2** ✎ nous traversait. [...]

La femme n'avait pas d'âge. Elle avait tous les âges. Elle puisait son inspiration dans l'enfance, là où se forme l'imaginaire, disait-elle. «L'enfance reste à la source de la vie de l'adulte», m'a-t-elle confié un jour, **3** ✎, qui est le titre de sa pièce la plus connue, **4** ✎ Son cousin, **5** ✎, **6** ✎, lui avait fait découvrir **7** ✎, m'avait dit Anne Hébert dans un entretien au *Devoir*.

Jean Royer, «Anne Hébert: le départ d'un grand écrivain», *Lettres québécoises*, Revue de l'actualité littéraire, n° 98, été 2000.

Parmi les écrivaines, Anne Hébert, qui en publication devança de quelques années les Gabrielle Roy et les Rina Lasnier, fait certes figure de pionnière, mais un milieu d'origine propice à la création, qui de surcroît s'intéressait aux textes de la jeune poète, favorisa quelque peu ce rôle. Il serait par ailleurs plus juste de dire que, **8** ✎ et **9** ✎, pour reprendre l'expression de Laurent Mailhot, Hébert contribua à ouvrir la voie à tous, et pas seulement aux femmes.

À ses débuts, l'œuvre hébertienne ne cherche guère, du reste, à redéfinir le monde à l'aune d'une lorgnette qu'on pourrait qualifier de féministe. Ainsi, dans la nouvelle «Le torrent», première – et fort célèbre – fiction, nous découvrons un univers maternel **10** ✎; François Perrault, le fils et le narrateur, s'en affranchira par le matricide. Dans ce texte dont la force violente décontenance les éditeurs et qu'Anne Hébert publie en 1950, à compte d'auteur, il est impossible **11** ✎.

D'après Francine Bordeleau, «Anne Hébert ou la volonté de libération», *Lettres québécoises*, Revue de l'actualité littéraire, n° 98, été 2000.

1 ⓐ qui était profond
ⓑ profond

2 ⓐ qui était très doux
ⓑ très doux

3 ⓐ alors qu'elle parlait du «temps sauvage de l'enfance»
ⓑ parlant du «temps sauvage de l'enfance»

4 ⓐ qui a été jouée au TNM en 1966
ⓑ jouée au TNM en 1966

5 ⓐ qui était le peintre et poète Saint-Denys Garneau
ⓑ le peintre et poète Saint-Denys Garneau

6 ⓐ qui était son aîné de quatre ans
ⓑ son aîné de quatre ans

7 ⓐ comment on habite le paysage
ⓑ comment habiter le paysage

8 ⓐ comme elle écrivait dans un Québec où la littérature en était encore à ses balbutiements
ⓑ écrivant dans un Québec où la littérature en était encore à ses balbutiements

9 ⓐ comme elle appartenait [...] à ce quatuor de «grands aînés»
ⓑ appartenant [...] à ce quatuor de «grands aînés»

10 ⓐ qui était marqué par «la dureté et le refus»
ⓑ marqué par «la dureté et le refus»

11 ⓐ qu'on ne voie pas une allégorie du Québec de la Grande Noirceur, du Québec en attente de libération
ⓢ de ne pas voir une allégorie du Québec de la Grande Noirceur, du Québec en attente de libération

GOC 302

L'orthographe

GOC 301 Les phrases subordonnées et la réduction de phrases
GOC 302 L'orthographe
GOC 303 Les accords
GOC 304 La conjugaison
GOC 305 La ponctuation
GOC 306 Le discours rapporté

TEXTE D'OBSERVATION

Extrait de LIVRE

La littérature

Les liens entre la France et son ancienne colonie [la Nouvelle-France], surtout pour ce qui relève de l'influence intellectuelle, demeurent très étroits tout au long du 19e **siècle**. Le livre français, qui connaît – avec les **journaux** – une diffusion accrue par les **perfectionnements** de l'imprimerie, parvient régulièrement et **abondamment** jusqu'aux rives du Saint-Laurent. [...] **Certes**, on apprécie les titres consacrés des grands auteurs – Balzac, Stendhal, Chateaubriand –, mais la vogue va nettement, dès les années 1830, au roman historique, **fantastique** et, plus tard, aux divers avatars des *Mystères de Paris*, ainsi qu'aux innombrables variations du mélodrame populaire. Le **public** est à tel point friand de ce genre que l'**écrivain** français Henri-Émile Chevalier, fraîchement débarqué à Montréal, s'empresse d'écrire les *Mystères de Montréal* (1885) et une douzaine d'autres romans qui combinent, sur une toile de fond exotiquement canadienne, tous les procédés français, américains et anglais contemporains.

Il est très difficile d'évaluer l'impact et la diffusion de cette littérature, dont les principaux ressorts sont les intrigues à rebondissements multiples,

les reconnaissances miraculeuses, les crimes mystérieux, les passions déchaînées, et dont les personnages types sont l'**orpheline** vertueuse, la **prostituée** repentie, l'aristocrate socialiste. Ces ouvrages, en effet, sont en vente non seulement dans les librairies de Montréal, Trois-Rivières et Québec, mais aussi sans doute dans la valise des colporteurs. De plus, c'est par les feuilletons dans les journaux qu'ils parviennent à la connaissance du public, un public restreint, évidemment, car les **analphabètes** sont encore très nombreux en 1867.

Il n'en demeure pas moins qu'au Québec même les publications de livres et de journaux augmentent régulièrement à cette époque. De fait, les années 1880 voient les débuts d'une presse populaire: *La Patrie* et *La Presse*, journaux quotidiens d'information créés sur des modèles européens et américains, doivent une part de leur succès à leur alléchante première page presque toute consacrée aux feuilletons romanesques. De même, *La Minerve*, l'*Événement*, le *Journal de Québec*, le *National* et le *Pays* puisent chaque jour dans Georges Ohnet, Alexandre Dumas, Eugène Sue et des dizaines d'autres auteurs populaires, afin de satisfaire le goût insatiable du public pour ces romans à épisodes.

[...]

L'un des genres florissants de l'époque est le récit bref – conte, légende, nouvelle – qui offre l'avantage de pouvoir être diffusé facilement par les journaux et de rejoindre ainsi un plus vaste public. [...] les meilleurs de ces récits sont ceux qui s'alimentent aux sources de la tradition folklorique encore vive dans maintes régions du Québec. Venue de France, cette tradition transmise de bouche à oreille s'est enrichie et plus ou moins modifiée en s'adaptant au contexte québécois. Elle se compose de contes merveilleux, de chansons, de croyances et de légendes. C'est surtout parmi ces dernières que puisent abondamment des écrivains désireux, comme le dit en 1861 le programme des *Soirées canadiennes*, d'«écouter les délicieuses histoires du peuple avant qu'il les ait oubliées». Créatures et phénomènes étranges qui peuplent la littérature orale – loups-garous, feux follets, diables danseurs, revenants et chasse-galerie – passent ainsi dans l'écrit, où ils sont traités sur un mode tantôt pieux, tantôt comique.

Linteau, Durocher, Robert, *Histoire du Québec contemporain*, tome I
«De la Confédération à la crise (1867-1929)»,

PISTES D'OBSERVATION

1 **A** Dans les deux premiers paragraphes du texte, lignes 1 à 24, quels mots en gras :

- varient en nombre ?
- varient en genre ?
- forment leur féminin ou leur pluriel selon la règle générale, c'est-à-dire respectivement par l'ajout d'un *e* ou d'un *s* ?

B Quelle caractéristique ont en commun les noms qui varient en genre ?

C Est-ce que tous les noms qui ont cette caractéristique varient en genre ? Justifiez votre réponse à l'aide d'un exemple tiré du texte.

2 Observez le contexte dans lequel sont employés les noms en couleur dans le texte, puis indiquez pourquoi on pourrait hésiter sur leur nombre en situation d'écriture.

3 **A** Relevez les noms de forme complexe soulignés dans le dernier paragraphe, puis encerclez les marques de nombre.

B À l'aide d'exemples, prouvez que tous les noms de forme complexe ne forment pas leur pluriel de cette façon.

4 **A** Parmi les mots qui figurent en gras dans le texte, relevez les noms qui appartiennent aussi à la classe des adjectifs.

B Employez les mots relevés en **A** comme adjectifs au féminin et au masculin.

C Parmi les adjectifs suivants, relevez ceux dont la variation en genre est la même que celle d'un des adjectifs employés en **B**.

discret – logique – coquet – concret – secret – muet – turc – hébraïque – grec – sec – complet – caduc

D Indiquez de quelle façon varient les adjectifs non relevés en **C**.

5 Faites trois regroupements de façon à mettre en évidence chaque fois une caractéristique commune à plusieurs des adjectifs apparaissant en gras dans les GN suivants.

- les rives **marron** du Saint-Laurent
- les rives **gris-beige** du Saint-Laurent
- les rives **brun foncé** du Saint-Laurent
- tous les procédés des romans populaires français, américains et **anglo-saxons** contemporains
- les livres et les journaux **franco-canadiens**
- les publications **semi-officielles**

6 Observez la forme des adjectifs avec lesquels l'adverbe *tout* est employé ci-dessous et à la ligne 30 du texte. Trouvez les deux caractéristiques communes aux adjectifs qui font varier l'adverbe *tout*.

- des journaux **tout** ouverts
- des revues **tout** ouvertes
- des journaux **tout** jaunis
- des revues **toutes** jaunies

7 **A** Relevez les trois noms composés figurant aux lignes 5, 11 et 20 et justifiez l'emploi de la majuscule dans chaque cas.

B Observez les noms de journaux figurant dans le troisième paragraphe (lignes 27 et 31), puis précisez pourquoi le déterminant qui les précède débute par une majuscule seulement lorsqu'il est en italique.

C Le nom de la revue mentionnée à la ligne 44 comporte un élément ne débutant pas par une majuscule. À quelle classe de mots appartient cet élément ?

D Parmi les noms propres de romans ou de journaux cités dans le texte, relevez un autre élément qui ne débute pas par une majuscule, puis indiquez à quelle classe de mots il appartient.

8 **A** Récrivez en toutes lettres l'abréviation figurant à la ligne 3 du texte ainsi que les abréviations suivantes.

1er, 1re, Mme, Mlle, M., c.-à-d., ex., tél., qqch., qqn, c^{ie}

B Indiquez ce qu'ont en commun les abréviations qui se terminent par un point.

C Indiquez ce qu'ont en commun les abréviations dont certaines lettres sont mises en exposant.

L'ESSENTIEL
L'orthographe

Il existe des règles générales qui décrivent la façon dont les mots variables varient en genre et en nombre et le contexte dans lequel ils varient; le contexte dans lequel s'emploie la majuscule; et la façon dont se forment les abréviations. Néanmoins l'orthographe de certains mots en contexte peut présenter une difficulté.

1 LA VARIATION EN GENRE ET EN NOMBRE, ET LES MARQUES DE FÉMININ ET DE PLURIEL

Le masculin et le singulier n'ont pas de marques particulières. Les marques les plus courantes du féminin et du pluriel sont, respectivement, le *e* et le *s*; elles s'appliquent à la majorité des noms et des adjectifs.

1.1 Le nom

En règle générale, le **nom** varie en nombre; seul le nom ayant le trait animé peut varier en genre. Le nom prend la marque du pluriel quand la réalité qu'il désigne est plurielle, autrement dit multiple. Il s'agit le plus souvent d'une réalité comptable.

*la **rive** du **fleuve**, les **rives** des **fleuves***

*le **sable** de la rive* (et non * *les sables de la rive*)

*le **riverain**, la **riveraine**, les **riverains**, les **riveraines***

Quelques difficultés	Exemples
1. Le **nom précédé d'une <u>préposition</u> et employé sans déterminant** dans le GPrép prend la marque du pluriel quand:	
• le MOT dont dépend le GPrép appelle la pluralité;	• *SE CONFONDRE <u>en</u> **remerciements**, <u>en</u> **excuses*** *une DIVERGENCE <u>d'</u>**opinions***
• la réalité que le nom désigne est plurielle, multiple;	• *sortir <u>en</u> **pantoufles***, mais *<u>en</u> **pyjama*** *un instrument <u>à</u> **cordes***, mais *un instrument <u>à</u> **vent*** *mordre <u>à</u> pleines **dents***
• la <u>préposition</u> appelle la pluralité.	• *dîner <u>entre</u> **amis**, <u>entre</u> autres **choses***
/REMARQUE/ La <u>préposition</u> **exprimant la négation** n'appelle pas nécessairement le singulier: le nom qui la suit prend le même nombre que si cette préposition exprimait l'affirmation.	*une robe <u>sans</u> **manches** (<u>avec</u> **manches**)*, mais *une robe <u>sans</u> **collet** (<u>avec</u> **collet**)*

1.1 Le nom (*suite*)

Quelques difficultés	Exemples
2. Le **nom de forme complexe** peut voir varier un ou plusieurs de ses éléments, ou n'en voir varier aucun. Dans le nom de forme complexe employé au pluriel, seuls le nom et l'adjectif (ou le participe passé employé comme un adjectif) prennent la marque du pluriel. Les autres éléments (adverbe, verbe, préposition, élément en *-i* ou en *-o* ainsi que *demi*, etc.) restent invariables. **/REMARQUE/** Dans plusieurs noms de forme complexe, le nom précédé d'un verbe ou d'une préposition a un nombre fixe.	*des* ***stylos-feutres*** (nom + nom) *des* ***comptes-rendus*** (nom + participe passé) *mes* ***arrière-grands-pères*** (adverbe + adjectif + nom) *des* ***mal-aimés*** (adverbe + participe passé) *des* ***taille-crayons*** (verbe + nom) *des* ***en-têtes*** (préposition + nom) *des* ***micro-ordinateurs*** (élément en *-o* + nom) *des* ***demi-lunes*** (*demi* + nom) *des* ***laissez-passer*** (verbe + verbe) *des* ***savoir-faire*** (verbe + verbe) *des* ***passe-partout*** (verbe + adverbe) *ces* ***je-ne-sais-quoi*** (phrase)
Il s'emploie: • au singulier quand la réalité qu'il désigne est unique ou non comptable;	• *un* ***chasse-neige*** / *des* ***chasse-neige*** *une* ***pomme de terre*** / *des* ***pommes de terre*** *un* ***laissé-pour-compte*** / *des* ***laissés-pour-compte*** *un* ***sans-cœur*** / *des* ***sans-cœur***
• au pluriel quand la réalité qu'il désigne est plurielle, multiple. Il est conseillé de vérifier dans un dictionnaire l'orthographe de ces noms de forme complexe.	• *un* ***serre-livres*** / *des* ***serre-livres*** *un* ***sans-papiers*** / *des* ***sans-papiers***
3. Le **nom formé à partir d'un acronyme** (sigle prononcé comme un mot, ex.: *ovni* et non *O.V.N.I.*) varie en nombre selon la règle générale quand il est employé comme un nom commun et qu'il est écrit en lettres minuscules. De même, les noms dérivés d'un sigle ou d'un acronyme varient selon la règle générale.	*un* ***ovni*** / *des* ***ovnis*** (**o**bjet **v**olant **n**on **i**dentifié) *un* ***cégep*** / *des* ***cégeps*** (**c**ollège d'**e**nseignement **g**énéral **e**t **p**rofessionnel) *un* ***radar*** / *des* ***radars*** («**ra**dio **d**etecting **a**nd **r**anging») *un, une* ***péquiste*** / *des* ***péquistes*** (du sigle **PQ**) *un* ***cégépien*** / *une* ***cégépienne*** *des* ***cégépiens*** / *des* ***cégépiennes***

1.2 L'adjectif

En règle générale, l'**adjectif** varie en genre et en nombre. Il prend la marque du féminin ou du pluriel quand il est en relation d'accord avec un nom ou un pronom au féminin ou au pluriel (voir *GOC 303 Les accords*, pages 368 à 370).

du sable ***argenté****, la grève* ***argentée****, les rochers* ***argentés****, les pierres* ***argentées***

Quelques difficultés	Exemples
1. Les **adjectifs en *-et*** *compl**et**, incompl**et**, concr**et**, désu**et**, discr**et**, indiscr**et**, inqui**et**, repl**et*** et *secr**et*** forment leur féminin ainsi: • remplacement du *e* par *è* + *e*.	• *complète, incomplète, concrète, désuète, discrète, indiscrète, inquiète, replète, secrète*
Les **autres adjectifs en *-et*** forment leur féminin ainsi: • doublement du *t* + *e* (ex.: *muet, simplet, coquet*).	• *muette, simplette, coquette*
/REMARQUE/ L'adjectif *obsolète* a la même forme au féminin et au masculin.	

1.2 L'adjectif (*suite*)

Quelques difficultés	Exemples
2. Les **adjectifs en *-c*** forment leur féminin ainsi : • remplacement du *c* par *che* pour *blan**c*** et *fran**c*** (dans le sens de *sincère*); **attention** **Le féminin de *sec* est *sèche*.** • remplacement du *c* par *que* pour *ammonia**c***, *cadu**c***, *fran**c*** (dans le sens de *relatif aux Francs*), *publi**c***, *tur**c***. **attention** **Le féminin de *grec* est *grecque*.**	• *blanche, franche* • *ammoniaque, caduque, franque, publique, turque*
3. Les **adjectifs de couleur** qui proviennent d'un nom ou qui sont de forme complexe sont invariables. **/EXCEPTIONS/** *écarlate, mauve, pourpre* et *rose*. **/REMARQUE/** Les adjectifs de couleur juxtaposés ou coordonnés à l'aide de *et* restent invariables si l'élément ou les éléments qu'ils qualifient présentent à la fois toutes les couleurs mentionnées.	*des abricots **orange**, une noix **marron**, des bananes **jaune vert**, des pommes **rouge vif**, de l'herbe **vert tendre**, des murs **vert bouteille**, des pots **terre de Sienne*** *des nappes à carreaux **rouge** et **blanc*** *des zèbres **blanc** et **noir*** mais *des poivrons **rouges** et **verts** (des poivrons **rouges** et des poivrons **verts**)*
4. Les **adjectifs de forme complexe** (autres que les adjectifs de couleur) voient généralement varier seulement le dernier de leurs éléments. Dans l'adjectif de forme complexe, seul l'adjectif (ou le participe passé employé comme un adjectif) varie. Les autres éléments (adverbe, préposition, élément en *-i* ou en *-o*, ainsi que *demi*, etc.), généralement placés en tête de l'adjectif, restent invariables. Les deux éléments de l'adjectif de forme complexe varient généralement quand le premier est un adjectif. **/REMARQUE/ *Nouveau*** et ***mort*** sont invariables dans *nouveau-né(e, s, es)* et *mort-né(e, s, es)*.	*des personnes **bien-pensantes*** *des médicaments **contre-indiqués*** *la lutte **gréco-romaine*** *des comprimés **anti-inflammatoires*** *des cheveux **mi-longs*** *des populations **semi-nomades*** *des verres **demi-pleins*** *une idéologie **nord-américaine*** *des sauces **aigres-douces*** *des publications **libres penseuses***

1.3 L'adverbe

En règle générale, l'**adverbe** est invariable.

*Elles sont devenues **complètement** inertes.*
***Certes**, cela est surprenant.*

Difficulté	Exemples
L'**adverbe *tout*** (*toute*, *toutes*) varie en genre et en nombre lorsqu'il accompagne un adjectif (ou un participe passé) commençant par une consonne (ou par un *h* aspiré) et accordé au féminin. Il prend alors le genre (féminin) et le nombre de cet adjectif.	*Il est devenu **tout** inquiet.* *Ils sont devenus **tout** inquiets.* *Elle est devenue **tout** inquiète.* *Elle est devenue **toute** blême.* *Elles sont devenues **toutes** blêmes.* *Elles sont devenues **toutes** honteuses.*

2 L'EMPLOI DE LA MAJUSCULE

La majuscule

En règle générale, la **majuscule** se place au début du premier mot d'une phrase graphique (en poésie, elle peut se placer au début de chaque vers, même si le vers ne constitue pas une phrase graphique); elle se place aussi au début des noms propres.

*En 1993, **F**rédéric **B**ack a fait un film d'animation consacré au fleuve **S**aint-**L**aurent.*

Quelques difficultés	Exemples
1. Dans les **noms de forme complexe désignant un lieu ou une réalité géographique**, la majuscule s'emploie:	
• au début de chaque mot formant le **nom propre**, sauf au début des <u>prépositions</u> et des <u>déterminants</u> qui sont placés entre des éléments du nom;	• *Saint-Jean-<u>de</u>-Matha, le Cap-<u>de</u>-<u>la</u>-Madeleine, La Tuque, le Saguenay–Lac-Saint-Jean, les États-Unis, le Moyen-Orient, les Hautes-Alpes*
• au début du **nom propre** mais non au début du <u>nom commun générique</u> qui précède le nom propre;	• *le <u>désert</u> du Sahara, l'<u>océan</u> Pacifique, la <u>baie</u> d'Ungava, le <u>golfe</u> du Mexique, la <u>rue</u> Suzor-Côté*
• au début du <u>point cardinal</u> dans le **nom propre**.	• *le pôle <u>Nord</u>, l'Afrique du <u>Sud</u>, les Cantons-de-l'<u>Est</u>, le boulevard Métropolitain <u>Ouest</u>*
2. La majuscule s'emploie dans les **noms propres** désignant:	
• un événement historique;	• *la crise d'Octobre, le scandale du Watergate, la guerre de Cent Ans*
• une époque;	• *l'Antiquité, le Moyen Âge, les Temps modernes*
• un établissement scolaire, culturel, hospitalier, etc.;	• *l'Université du Québec à Trois-Rivières, le musée Pointe-à-Callière, l'hôpital Hôtel-Dieu*
• une société, un organisme, une association, etc.	• *l'Office national du film, le Conseil de la langue française*
/REMARQUE/ L'adjectif qui fait partie du nom propre prend la majuscule seulement s'il précède un nom; les déterminants et les prépositions débutent généralement par une minuscule.	*la Première Guerre mondiale ou la Grande Guerre*
3. La majuscule s'emploie dans les **noms propres** désignant:	
• une œuvre; **/REMARQUE/** Le premier mot du titre débute généralement par une majuscule; l'emploi de la majuscule au début des autres mots doit respecter le titre original de l'œuvre.	• *Guernica (Picasso), La Ferme des animaux (George Orwell), La Petite Fadette (George Sand), Guerre et Paix (Léon Tolstoï), La Détresse et l'Enchantement (Gabrielle Roy), Pour qui sonne le glas (Ernest Hemingway)* mais *le Penseur (Rodin)*
• un journal ou un périodique (revue). **/REMARQUE/** Le déterminant placé devant le nom prend une majuscule s'il fait partie intégrante du nom. Les autres déterminants, les adjectifs et les prépositions débutent généralement par une minuscule.	• *Le Devoir, La Presse, le Journal de Montréal, le Journal de Québec, le Voir, le Hour, la Revue de la Cinémathèque, la Revue de l'ACLA, le Québec français, L'actualité*

Les abréviations

En règle générale, on peut former des **abréviations** de plusieurs façons:

- en conservant le début du mot (sa première lettre ou ses premières lettres) de façon que la coupure se fasse après une consonne et avant une voyelle, et en marquant cette coupure à l'aide d'un point;

  Ex.: *Monsieur*: ***M.***

  chapitre: ***chap.***

  français: ***fr.*** ou ***franç.***

- en conservant la première lettre du mot, et la fin du mot – que l'on place généralement en exposant – sans employer le point;

  Ex.: *Madame*: ***M***^{me} ou ***Mme***

  numéro: ***n***^{o} ou ***no***

  docteur: ***d***^{r} ou ***dr***

- en conservant la première lettre de chacun des mots d'une suite formant une unité et en marquant chaque coupure à l'aide d'un point;

  Ex.: *c'est-à-dire*: ***c.-à-d.***

  répondez s'il vous plaît: ***R.S.V.P.***

- en conservant les lettres (généralement des consonnes) dont la prononciation rappelle rapidement le mot ou la suite de mots. Le point est généralement employé si la dernière lettre ne correspond pas à celle du mot.

  Ex.: *quelque chose*: ***qqch.***

  quelqu'un: ***qqn***

Quelques difficultés	Exemples
1. Certaines **abréviations** peuvent être employées au **pluriel**. • On marque à l'aide d'un *s* le pluriel de certaines abréviations où l'on a conservé la dernière lettre.	 • *maître, maîtres*: ***M***^{e}, ***M***^{es} *mademoiselle, mesdemoiselles*: ***M***^{lle}, ***M***^{lles} *madame, mesdames*: ***M***^{me}, ***M***^{mes} *numéro, numéros*: ***n***^{o}, ***n***^{os}
• On marque le pluriel de certaines abréviations où l'on a conservé seulement une lettre en doublant cette lettre.	• *monsieur, messieurs*: ***M.***, ***MM.*** *page, pages*: ***p.***, ***pp.***
2. Les **abréviations** débutent généralement par une **majuscule** quand: • elles désignent un titre, une appellation, un nom propre; • elles viennent de certaines formules latines.	 • ***M***^{me}, ***M***^{e}, ***D***^{r}, ***Qc***, ***Ont.***, ***J. F.*** *Kennedy* • ***N. B.*** («nota bene»), ***P.-S.*** («post-scriptum»), mais ***etc.*** («et cetera»)

EXERCICES

1 Pour chacun des dix noms ci-dessous, trouvez deux groupes de mots ou expressions où ce nom est employé sans déterminant dans un GPrép. Si possible, dans l'une de ces expressions, le nom doit être au singulier et dans l'autre, au pluriel.

Ex.: • ***main***: *prendre une affaire* [*en **main***]GPrép
• *être* [*en bonnes **mains***]GPrép

① coup ② liberté ③ carreau ④ bord ⑤ terre
⑥ journal ⑦ pied ⑧ opinion ⑨ information ⑩ jour

2 Complétez de deux manières différentes les groupes de mots ci-dessous en leur ajoutant, si possible:
• un nom ayant le trait comptable
et
• un nom ayant le trait non comptable.

① un écoulement de (d')
② regorger de (d')
③ un ciel sans
④ une boîte à
⑤ mourir de (d')
⑥ une nuée de (d')
⑦ abonder en
⑧ manquer de (d')
⑨ un moulin à
⑩ fou de (d')

3 A Classez chacun des GN ci-après dans un tableau semblable à celui-ci.

GN dans lequel on peut ajouter une expansion qui ne complète que le dernier des éléments	GN dans lequel on ne peut pas ajouter d'expansion qui ne complète que le dernier des éléments
Ex.: un bol de soupe **chaude**	Ex.: un taille-crayons ~~à la mine~~

① un brise-fer ② un bain de soleil ③ un banc de neige ④ un banc de poissons ⑤ un verre de contact ⑥ un attrape-nigaud ⑦ un aide-mémoire ⑧ un arbre à fleurs ⑨ un homme de loi ⑩ un faire-valoir ⑪ un fer à cheval ⑫ un comité d'experts ⑬ un contre-jour ⑭ un demi-mal ⑮ des on-dit

B À l'aide du tableau que vous avez rempli en A, indiquez la caractéristique que partagent les noms de forme complexe.

C Employez au pluriel les noms de forme complexe que vous avez classés en A.

D Imaginez une définition aux deux noms de forme complexe suivants: *des béni-oui-oui, des suivez-moi-jeune-homme.*

4 Trouvez l'origine des acronymes suivants et employez-les dans une phrase, au pluriel si possible: *laser, ONU.*

5 Nuancez de trois manières différentes la couleur exprimée par chacun des adjectifs suivants en y greffant un élément qui en fera un adjectif de forme complexe. Faites les modifications orthographiques qui s'imposent.

Ex.: *des fleurs **rouges**: des fleurs **rouge pâle**, des fleurs **rouge carmin**, des fleurs **rouge écarlate***

① des yeux **verts** ② une ecchymose **bleue**
③ des chevaux **beiges** ④ des nuages **gris**
⑤ des maisons **blanches**

6 Récrivez les phrases suivantes en remplaçant les éléments en gras par un adjectif de forme complexe.

Ex.: *Elle a des cheveux **qui ne sont ni longs ni courts**. Elle a des cheveux **mi-courts** ou **mi-longs**.*

① J'aime la poésie **française qui vient de l'Ontario**.
② Il s'agit d'organismes **qui sont en partie publics et en partie privés**.
③ Le gouvernement favorise-t-il l'exploitation **relative à l'agro-industrie**?
④ Ces fillettes sont **aveugles depuis la naissance**.
⑤ Connaissez-vous ces histoires **à la fois tragiques et comiques**?

7 **A** Classez les mots numérotés dans le texte suivant selon qu'il s'agit d'un déterminant, d'un pronom ou d'un adverbe.

ATTENTION ERREURS

Le **1** **tout** petit livre intitulé «La fête des perles» amusera sans doute les **2** **touts**-petits et les plus grands. **3** **Tous** véridiques, les extraits de lettres qui le composent ont été recueillis par les fonctionnaires français, parmi **4** **toutes** les lettres adressées à l'Administration. L'absurdité ou la maladresse des propos tenus dans ces extraits feront sourire **5** **toute** personne ayant un peu d'humour. En **6** **toute** honnêteté, ces missives **7** **tout** crues et **8** **tout** originales iront jusqu'à vous faire rire aux éclats. En voici quelques exemples choisis **9** **touts** spécialement pour vous:

«Je me réveille **10** **tous** les matins après des nuits blanches.»

«**11** **Tout** allait pourtant bien dans ma vie à part l'accident où mon mari et mon fils sont morts...»

«J'aimerais bien être malheureux de la mort de ma femme, mais avec **12** **tout** le travail que j'ai je n'ai vraiment pas eu le temps...»

«Merci de m'envoyer la liste de **13** **tous** les livres que mes enfants pourront lire les yeux fermés...»

«Mon mari a changé **14** **tous** ses fusibles et pourtant ses plombs ont encore sauté.»

«Je n'ai pas grillé le feu rouge, je ne l'ai pas vu et je suis passé, c'est **15** **tout**!»

Extraits de Jérôme Duhamel, *La fête des perles*, Éditions J'ai lu, © Albin Michel, 1996.

B Orthographiez correctement chacun des adverbes numérotés.

8 Classez les noms propres dans le bas de l'encadré selon ce qu'ils désignent et rétablissez la ou les majuscules dans chacun d'eux.

ATTENTION ERREURS

ⓐ un lieu ou une réalité géographique
ⓑ un événement historique
ⓒ une époque
ⓓ un établissement scolaire, culturel, hospitalier, etc.
ⓔ une société, un organisme ou une association
ⓕ une œuvre
ⓖ un journal ou un périodique (revue)

1 la mecque, **2** amnistie internationale, **3** l'amérique latine, **4** le château frontenac, **5** saint-jean-sur-richelieu, **6** le musée canadien des civilisations, **7** l'île-du-prince-édouard, **8** le p'tit bonheur (Félix Leclerc), **9** la renaissance, **10** la croix-rouge, **11** la seconde guerre mondiale, **12** la revue protégez-vous, **13** la corée du sud, **14** le conseil national de la résistance, **15** les éditions cec inc.

9 Si la note suivante devait paraître dans la rubrique des *Petites annonces* du journal, elle prendrait trop d'espace. Récrivez-la de façon à la réduire, en employant le plus d'abréviations possible.

Vous reconnaîtrez-vous, madame? Vous marchiez en direction de la bibliothèque, sur le boulevard des Promenades Ouest. Nous nous sommes croisés au coin de l'avenue Boisée. Vous me rappeliez quelqu'un. Je vous ai suivie à l'intérieur de la bibliothèque et j'ai lu par dessus votre épaule, pendant environ deux heures, deux chapitres de votre livre, de la page 88 à la page 132. C'était une traduction magnifique. Jamais je n'oublierai ces heures ni ces pages. Si vous vous reconnaissez, répondez s'il vous plaît. Post-scriptum: Vous avez laissé tomber quelque chose ce jour-là. Si je ne vous l'ai pas remis, c'est parce que vous étiez déjà partie. Voici mon numéro de téléphone: 444-4444.

GOC 303

Les accords

GOC 301 Les phrases subordonnées et la réduction de phrases
GOC 302 L'orthographe
GOC 303 Les accords
GOC 304 La conjugaison
GOC 305 La ponctuation
GOC 306 Le discours rapporté

TEXTE D'OBSERVATION

science & nature — LE MAGAZINE DE L'ENVIRONNEMENT

Extrait de REVUE

Additifs, double jeu et faux-semblants

Pervers, les additifs le sont à plus d'un titre. Sous couvert de bons et loyaux services, ils contribuent à semer le doute sur la qualité, la saveur, la nature, et surtout la sécurité de ce que l'on mange couramment. Pain du boulanger, comme pizza surgelée, crème fraîche, comme boîte de petits pois. Tous contiennent bien autre chose que de la farine, des œufs, du fromage, des tomates, du lait, ou des petits **pois**. À un stade de leur fabrication, transformation, traitement, conditionnement, transport ou entreposage, on y a intentionnellement ajouté diverses **substances**, la plupart du temps inconnues du consommateur, parfois interdites, souvent non mentionnées sur les étiquettes ou d'appellation franchement incompréhensible. [...]

Des fraises en hiver

Selon la définition de l'Union européenne, sont considérées comme additifs alimentaires les substances habituellement non consommées comme aliments ou ingrédients caractéristiques de l'alimentation, à savoir tout ce qui est ajouté à une denrée pour la valoriser sur un plan donné: soit [pour] augmenter sa durée de conservation (conservateurs et antioxygène), soit [pour] améliorer sa présentation (agents de texture et colorants). Les additifs autorisés par une réglementation de l'Union européenne sont classés en 24 catégories, selon leurs effets. Tous indispensables ? C'est à voir… […] Exemple : pour plaire au consommateur, un jus de fruits doit contenir de la pulpe, cela fait plus naturel. Mais comme de la vraie pulpe de fruit, c'est trop cher, on mettra un additif qui troublera le jus, et le tour sera joué. […]

Les incertitudes de la chimie

E320 et E321 (autrement dit le butylhydroxyanisol – BHA – et le butylhydroxytoluène – BHT) «peuvent contenir des impuretés phénoliques. Lors d'essais sur des souris, on a constaté un effet inhibiteur sur le cancer. Chez d'autres rongeurs, par contre, ont été observées des tumeurs du pré-estomac. À forte dose, ils provoquent de l'engourdissement. Ils risquent également de s'accumuler dans les tissus graisseux de l'organisme. Certains auteurs les soupçonnent d'élever le taux de cholestérol dans le sang.

Ils sont par ailleurs suspectés de déclencher des réactions allergiques. L'IARC/CIRC (Centre international de recherche sur le cancer, dépendant de l'Organisation mondiale de la santé) classe le BHA parmi les cancérogènes possibles et le BHT au nombre des substances pour lesquelles l'innocuité en matière de cancérogénicité (sic) n'a pas pu être établie. Le BHA est également susceptible de perturber la fonction endocrine (effet œstrogénique).» Telle est l'opinion de Paul Lannoye, Maria Denil et Marie-Rose Cavalier, les trois auteurs du *Guide des additifs alimentaires*.

Cet **opuscule**, édité par le groupe des Verts au Parlement européen, au printemps 1999, répertorie les 354 additifs autorisés et les analyse en fonction du danger qu'ils présentent pour la santé ou du manque d'informations disponibles à leur sujet. […]

Tous ces **additifs** <u>sont</u> présents dans notre alimentation parce que des instances nationales et internationales (F.A.O., O.M.S.) les <u>ont jugés</u> utiles et inoffensifs, et ce, en dépit des restrictions qu'<u>émettent</u> par ailleurs ces mêmes organismes. Alors, pourquoi un groupe parlementaire vient-il jeter de l'huile sur le feu et semer le doute quant à la compétence des experts en charge de la sécurité de notre alimentation ?

Evelyne Simonnet et coll. «Additifs, double jeu et faux-semblants»,
Science & Nature, décembre 1999-janvier 2000.

PISTES D'OBSERVATION

1 Transcrivez le GN dont le noyau apparaît en gras à la ligne 5.

A Dans ce GN, identifiez les receveurs d'accord et reliez-les à leur donneur d'accord.

B Formulez dans vos mots les règles d'accord applicables dans le GN.

2 **A** Transcrivez les GN dont le noyau apparaît en gras aux lignes 34 et 37, puis faites le même exercice qu'en 1 A.

B Dans les GN transcrits, remplacez le nom *opuscule* par «brochure» et le nom *additifs* par «changement», puis faites les corrections qui s'imposent.

C Qu'est-ce qui fait que l'accord des déterminants *cet* et *tous* peut présenter une difficulté ?

3 Transcrivez le GN dont le noyau apparaît en gras à la ligne 7.

A Dans ce GN, identifiez les receveurs d'accord en relation avec le nom en gras et reliez-les à ce donneur d'accord.

B Qu'est-ce qui fait que l'accord des adjectifs (ou participes passés) dans ce GN peut présenter une difficulté ?

4 Comparez le GN *les cancérogènes possibles* (ligne 29) aux GN suivants: «le moins de cancérogènes possible», «le plus de cancérogènes possible». Observez la différence et tentez de l'expliquer.

5 **A** Transcrivez chacun des trois verbes soulignés dans le dernier paragraphe ainsi que le GNs avec lequel il est en relation.

B Formulez dans vos mots la règle d'accord du verbe (ou de l'auxiliaire si le verbe est conjugué à un temps composé).

C Lequel de ces verbes est en relation avec le donneur d'accord le plus facile à identifier ?

D Pourquoi le ou les donneurs d'accord des deux autres verbes sont-ils plus difficiles à identifier ?

E Dans le texte, relevez au moins cinq verbes dont l'identification du donneur d'accord peut présenter une difficulté, notamment parce qu'il peut être confondu avec un autre mot placé devant le verbe.

6 **A** Justifiez l'accord de l'adjectif *présents* apparaissant en couleur dans le GV à la ligne 37.

B Observez l'accord des adjectifs *utiles* et *inoffensifs* apparaissant en couleur dans le GV à la ligne 38. La justification de leur accord est-elle la même que celle de l'adjectif *présents* (ligne 37) ? Expliquez votre réponse.

7 **A** Observez les participes passés *constaté* et *jugés* apparaissant en couleur aux lignes 22 et 38 et justifiez leur accord, s'il y a lieu.

B Observez les participes passés *considérées* et *classés* apparaissant en couleur aux lignes 10 et 16 et justifiez leur accord.

C Pour l'accord du participe passé, dans quel cas faut-il tenir compte de la place du donneur d'accord ?

8 **A** Dans les phrases suivantes, observez l'accord des participes passés dans les verbes soulignés ayant une expansion [complément direct du verbe]. S'accordent-ils comme la majorité des participes passés employés avec l'auxiliaire *être* ou comme ceux employés avec l'auxiliaire *avoir* ?

> Certains experts <u>se sont interrogés</u> sur les effets des additifs alimentaires sur la santé. Ils <u>se sont communiqué</u> [les résultats de leurs recherches]. Leur indignation, [qu'] ils ne <u>se sont pas cachée</u>, s'est <u>révélée</u> partagée. Ils <u>se sont regroupés</u> et <u>se sont dit</u> [qu'il fallait agir].

B Dans les phrases ci-dessus, comment s'accordent les participes passés des verbes soulignés sans complément direct du verbe ?

C Même s'ils forment leurs temps composés à l'aide de l'auxiliaire *être*, ces verbes sont différents d'autres verbes comme *partir*, *rester*, *revenir* et *tomber*. Qu'est-ce que les verbes des phrases ci-dessus ont en commun que les autres n'ont pas ?

L'ESSENTIEL
Les accords

Il existe des règles générales qui permettent d'accorder tout receveur d'accord, dans la plupart des contextes. Cependant, la forme de certains receveurs et le contexte dans lequel ils sont employés peuvent nous faire hésiter quant à leur accord.

1 LE DÉTERMINANT: UN RECEVEUR D'ACCORD DANS UN GN

Le déterminant introduit le nom noyau d'un GN; il est toujours placé avant ce nom.

L'accord du déterminant

En règle générale, le **déterminant** reçoit le genre (M ou F) et le nombre (S ou P) de son donneur d'accord: le nom qu'il introduit.

MP MP FS
***Quelques** additifs comportent **certains** dangers pour **la** santé, mais sont essentiels*
MP
*pour conserver **plusieurs** aliments périssables.*

Quelques difficultés	Exemples
1. *Aucun* et ***chaque*** ne varient pas en nombre et ne s'emploient qu'avec un nom au singulier. **/REMARQUE/** ***Aucun*** ne reçoit la marque du pluriel que quand il introduit un nom toujours pluriel.	MS ***chaque** jour* MS ***aucun** problème* FS ***aucune** erreur* MP ***aucuns** frais*
2. *Tout* varie en genre et en nombre: • ***tout*** introduit un nom masculin au singulier; • ***toute*** introduit un nom féminin au singulier; • ***tous*** introduit un nom masculin au pluriel; • ***toutes*** introduit un nom féminin au pluriel. **/REMARQUE/** Lorsque ***tout*** est un nom, il s'écrit ***touts*** au pluriel: *un tout, des touts.*	MS MS • ***tout** ce temps, en tout temps* FS FS • ***toute** la vie, toute personne* MP • ***tous** ces jours* FP • ***toutes** les minutes*
3. *Quelque* varie en nombre: • ***quelque*** introduit un nom au singulier; **/REMARQUE/** ***Quelque*** s'emploie aussi dans certains mots de forme complexe ou dans certaines expressions: ***quelque** chose*, ***quelque** part*, *en **quelque** sorte*, et dans ***quelquefois***, qui s'écrit en un seul mot. • ***quelques*** introduit un nom au pluriel. Ce déterminant est remplaçable par un autre déterminant du même nombre: ***quelque*** par *ce (cet), cette, un, une* (ou encore *du, de l'* ou *de la*); ***quelques*** par *ces, des, plusieurs…*	MS • *J'ai **quelque** mal à croire que je ne connaîtrai* MS *pas, d'ici **quelque** temps, la nature de tout ce que je mange.* FP • *On a effectué **quelques** études pour examiner la consommation totale des additifs chez* FP ***quelques** populations.*

2 L'ADJECTIF (ou le participe passé employé comme un adjectif): UN RECEVEUR D'ACCORD DANS UN GN ET DANS UN GV

L'adjectif (ou le participe passé employé comme un adjectif) est le noyau d'un GAdj. Le GAdj peut être:

- **complément du nom ou du pronom** dans un GN

ou

- **attribut du sujet** ou encore **attribut du complément direct** dans un GV.

Les principales caractéristiques syntaxiques de l'attribut

L'attribut du sujet

Ces articles sur l'alimentation sont ***fort intéressants****.*
Ils ***le*** *sont vraiment.*

L'**attribut du sujet**:

- est généralement placé après le verbe attributif dont il dépend, sauf s'il s'agit d'un pronom (*le / l'* ou *en*);
- n'est pas supprimable;
- est parfois remplaçable par les pronoms *le / l'* ou *en*.

L'attribut du complément direct du verbe

Je trouve [ces articles sur l'alimentation] ***fort intéressants****.*
Je [les] trouve ***instructifs****.*

L'**attribut du complément direct du verbe**:

- est placé après le verbe et souvent après le [complément direct du verbe];
- est déplaçable avant le [complément direct] si celui-ci n'est pas un pronom placé avant le verbe;

  Ex.: *Je trouve* ***fort intéressants*** *[ces articles sur l'alimentation]*.
- n'est pas supprimable sans que le sens de la phrase ne change complètement;
- n'est pas remplaçable par un pronom.

Voici quelques verbes qui sont souvent le noyau d'un GV contenant un groupe (GAdj, GN ou GPrép) ayant la fonction d'**attribut du complément direct**: *trouver, juger, croire, savoir, appeler, nommer, rendre, tenir, prendre.*

/REMARQUE/ On peut illustrer la construction d'un GV contenant un attribut du complément direct à l'aide de la formule:

- V + [*QQCH./QQN*] + **X**

  Ex.: TROUVER [*QQCH./QQN*] **X**: *Trouver [un article]* ***intéressant****.*

  NOMMER [*QQN*] **X**: *Nommer [une personne]* ***rédactrice en chef d'une revue****.*

ou encore:

- V + [*QQCH./QQN*] + **Prép.** + **X**

  Ex.: PRENDRE [*QQCH./QQN*] **pour X**: *Prendre [une personne]* ***pour une autre****.*

L'accord de l'adjectif (ou du participe passé employé comme un adjectif)

Dans un GN	Dans un GV
En règle générale, l'**adjectif** (ou le **participe passé** employé comme un adjectif) noyau d'un GAdj **complément du nom ou du pronom** reçoit le genre et le nombre de ce nom ou de ce pronom. FP: *On attribue aux **différentes** catégories d'additifs* FP: *des doses **journalières acceptables, établies** selon* MP / MS: *des tests **toxicologiques** à **long** terme.*	En règle générale, l'**adjectif** (ou le **participe passé** employé comme un adjectif) noyau d'un GAdj: • **attribut du sujet** reçoit le genre et le nombre du nom ou du pronom noyau du GNs (ou de l'ensemble des GNs); MP: *Ces articles sur l'alimentation sont fort **intéressants**.* • **attribut du complément direct** reçoit le genre et le nombre du nom ou du pronom noyau du GN complément direct du verbe. MP: *J'ai trouvé ces articles fort **intéressants**.* MP: *Je les ai trouvés fort **intéressants**.*

Quelques difficultés	Exemples
1. Les **adjectifs de couleur** qui proviennent d'un nom ou qui sont de forme complexe sont invariables.	MP: *Les abricots frais sont **orange** et les secs, **marron**.* FP: *Applique-t-on quelque chose sur les pommes pour qu'elles soient **rouge vif**?*
D'autres **adjectifs de forme complexe** comportent cependant des particularités orthographiques (voir *GOC 302 L'orthographe*, page 358).	FP: *Avec quels ingrédients fait-on les sauces **aigres-douces** et **semi-piquantes**?*
2. ***Demi***, dans ***et demi***, reçoit seulement le genre du nom avec lequel il est en relation.	M: *deux ans **et demi*** F: *deux heures **et demie***
3. L'**adjectif *même*** peut être confondu avec l'adverbe ***même***. • L'**adjectif *même***: – dans un GN, s'accorde selon la règle générale (avec le nom, parfois le pronom, dont il est le complément); – dans un **pronom de forme complexe** (*le même, les mêmes, moi-même, nous-mêmes*, etc.), prend le nombre de ce qu'il désigne ou de ce à quoi il fait référence.	MP: • *La saccharine et le sucre n'ont pas les **mêmes** effets.* MS: *La saccharine a le **même** goût que le sucre, mais* MP: *ses effets ne sont pas **les mêmes**.*
attention ***Même*** **s'emploie au singulier dans les pronoms de forme complexe *nous-même* et *vous-même* s'ils désignent une seule personne.**	MS: *Lisez-le **vous-même**, cher ami.*
• L'**adverbe *même*** est toujours invariable. Il a le sens de *aussi, jusqu'à* ou *y compris*. Il est supprimable et souvent déplaçable. Il s'emploie aussi pour former divers mots de forme complexe: *à même (de), de même, tout de même, de même que, même si, quand même, quand bien même…*	• ***Même*** *des additifs naturels peuvent comporter des risques pour la santé.*

L'accord de l'adjectif (ou du participe passé employé comme un adjectif) (*suite*)

Quelques difficultés	Exemples
4. L'**adjectif employé comme un adverbe** est généralement invariable. **attention** **L'usage varie pour les adjectifs *frais, grand, large, dernier, premier* et *nouveau*, qui s'accordent souvent selon la règle générale.** **/REMARQUE/ L'adverbe employé comme un adjectif** est aussi invariable.	*des articles **fort** intéressants* *ces fraises sentent **bon**, ces fraises goûtent **bon*** FP *des fines herbes **fraîches** coupées* FS *une fenêtre **grande** ouverte* *les feux **arrière**, les feux **avant**, une femme **bien***
5. L'adjectif ***possible*** est invariable s'il est employé: • pour renforcer une EXPRESSION MARQUANT UN DEGRÉ DE COMPARAISON comme *les meilleurs, les pires, les moins, les plus, les mieux, le moins de, le plus de…*); **/REMARQUE/** Lorsque l'EXPRESSION MARQUANT UN DEGRÉ DE COMPARAISON précède DES et un <u>nom au pluriel</u>, l'accord se fait avec ce nom. • avec *QUE* dans des expressions comme *aussitôt QUE / dès QUE / autant QUE **possible*** et avec *SI* dans *SI **possible***. Dans les autres cas, l'adjectif ***possible*** s'accorde selon la règle générale (avec le <u>nom</u> ou le <u>pronom</u> avec lequel il est en relation).	• *Les OGM pourraient être LES PIRES additifs **possible**.* *Il faut informer LE PLUS DE gens **possible**.* *Il faut informer LE PLUS **possible** DE gens.* MP *Dans LE MEILLEUR DES <u>mondes</u> **possibles**, on ne consommerait aucun additif.* • *Vous lirez ces articles dès QUE **possible**.* MP *Connaissez-vous les <u>effets</u> secondaires **possibles** du glutamate monosodique?* MP *<u>Certains</u> sont **possibles**.* MS *<u>Celui-là</u> n'est pas **possible**.*
6. L'adjectif ***tel*** varie en genre et en nombre (***tel/telle/tels/telles***). • S'il est employé dans une comparaison ou pour introduire un ou des exemples: – **avec *que* (*qu'*), *tel*** s'accorde généralement avec le <u>nom</u> ou le <u>pronom</u> qui le **précède**; – **sans *que* (*qu'*), *tel*** s'accorde généralement avec le <u>nom</u> ou le <u>pronom</u> qui le **suit**. • Dans les autres contextes, l'adjectif ***tel*** s'accorde selon la règle générale (avec le <u>nom</u> ou le <u>pronom</u> avec lequel il est en relation). **/REMARQUE/** Dans *tel quel*, les deux éléments s'accordent de la même manière: *tel quel, telle quelle, tels quels, telles quelles*.	MP – *Certains <u>additifs</u> alimentaires **tels que** l'acide ascorbique, l'acide citrique et les colorants peuvent être produits à partir d'éléments transgéniques.* FP – *Ils mangent **telles** des <u>bêtes</u> affamées.* FP • *De **telles** <u>habitudes</u> alimentaires peuvent être dangereuses.* FS MS ***Telle** <u>mère</u>, **tel** <u>fils</u>.* MP *Certains <u>additifs</u> ne sont pas indispensables, mais passent pour **tels**.* FS ***Telle** est sa <u>décision</u>.*

L'accord de l'adjectif (ou du participe passé employé comme un adjectif) (*suite*)

Quelques difficultés	Exemples
7. L'**adjectif en relation avec plusieurs** donneurs d'accord de genres différents reçoit le masculin pluriel. **/REMARQUE/** On place de préférence le nom masculin le plus près de l'adjectif.	FS MS =MP *une consommatrice et un consommateur **avertis***
8. Les **adjectifs** en relation avec un nom au pluriel qui sont **coordonnés** pour éviter la répétition de ce nom s'accordent selon la réalité désignée par le GN dont ils font partie et selon leur sens dans le contexte.	*les gouvernements **fédéral** et **provincial** du Québec* *les gouvernements **fédéral** et **provinciaux** du Canada*
9. Quand l'**adjectif** est **séparé de son** donneur d'accord, les manipulations d'effacement, ou de remplacement et de déplacement permettent d'identifier le donneur d'accord.	*L'aspartame et le glutamate monosodique sont des* MP *exhausteurs de goût **incommodants** pour plusieurs personnes.* *(→ des exhausteurs ø **incommodants**)* MP *Un comité d'experts les a jugés **nocifs**, ces additifs.* *(→ a jugé ces additifs **nocifs**)*

3 LE VERBE (ou son auxiliaire) : UN RECEVEUR D'ACCORD DANS UN GV

Le plus souvent, le verbe noyau du GV (ou son auxiliaire) est placé après le GNs; il peut toutefois être placé avant, notamment dans certaines phrases subordonnées.

L'accord du verbe (ou de son auxiliaire)

En règle générale, le **verbe** conjugué à un temps simple (ou l'**auxiliaire** du verbe conjugué à un temps composé) reçoit la personne et le nombre du nom ou du pronom noyau du GNs, sauf à l'infinitif ou au participe.

3P 3P
*Les doses journalières d'additifs que les comités d'experts **jugent** acceptables **sont** valables pour les adultes en santé seulement.*

Quelques difficultés	Exemples
1. Quand le **verbe** est **en relation avec un GNs comprenant un nom collectif employé** : • **sans expansion**, il reçoit la 3e personne du singulier si le nom collectif est au singulier (même s'il désigne un regroupement de personnes ou de choses), et la 3e personne du pluriel si le nom collectif est au pluriel;	• *Il existe 354 additifs alimentaires autorisés en* 3P *Europe; des centaines **se retrouvent** dans notre alimentation quotidienne.* 3S *Une dizaine **a** des effets pervers sur les animaux.*

L'accord du verbe (ou de son auxiliaire) (*suite*)

Quelques difficultés	Exemples
• **avec une EXPANSION (un GPrép)**, il peut s'accorder avec le nom collectif ou avec le **nom noyau** du GN contenu dans le GPrép (on choisira l'accord avec le nom collectif pour insister sur l'ensemble exprimé par le collectif).	• *Parmi les centaines d'additifs alimentaires qui existent, seulement une dizaine D'ENTRE EUX* ***est*** *soupçonnée d'avoir des effets cancérigènes.* (3S) *Une dizaine D'ADDITIFS ALIMENTAIRES* ***sont*** *soupçonnés d'avoir des effets cancérigènes.* (3P)
/REMARQUE/ Dans certains contextes, le sens de la phrase rend obligatoire l'accord soit avec le nom collectif, soit avec le nom contenu dans son expansion.	*Le nombre DES ADDITIFS* ***augmente*** *chaque année.* (3S)
2. Quand le **verbe** est **en relation avec un GNs dont le nom noyau est introduit par un déterminant indéfini** comme:	
• *CHAQUE, N'IMPORTE QUEL* ou *N'IMPORTE QUELLE, TOUT* ou *TOUTE, PLUS D'UN* ou *PLUS D'UNE*, il reçoit la 3e personne du singulier;	• *PLUS D'UNE personne* ***doute*** *de la nocivité des additifs alimentaires.* (3S)
• *CERTAINS* ou *CERTAINES, QUELQUES, PLUSIEURS, (BON) NOMBRE DE, DIFFÉRENTS* ou *DIFFÉRENTES, DIVERS* ou *DIVERSES*, il reçoit la 3e personne du pluriel;	• *BON NOMBRE D'additifs alimentaires* ***sont*** *cancérigènes à forte dose.* (3P)
• *BEAUCOUP DE, LA PLUPART DE (DU/DES), PEU DE, TROP DE, PAS MAL DE, SUFFISAMMENT DE, TANT DE, TELLEMENT DE, DE PLUS EN PLUS DE*, il reçoit la 3e personne du singulier ou du pluriel selon le nombre du nom noyau du GNs (ces déterminants introduisent le plus souvent un nom au pluriel; ils introduisent un nom au singulier si celui-ci désigne une réalité non comptable comme *eau, bonheur, monde*).	• *LA PLUPART DES boissons gazeuses* ***contiennent*** *du benzoate de sodium, substance qui peut freiner la croissance.* (3P) *PEU DE monde* ***sait*** *décrypter les étiquettes.* (3S)
3. Quand le **verbe** est **en relation avec un ensemble de GNs** dont un pronom de la 1re ou de la 2e personne (***moi, toi, nous, vous***), ou avec le pronom *QUI* dont l'antécédent est équivalent à *nous* ou à *vous*:	
• il reçoit la 1re personne du pluriel si l'un des GNs est *moi* ou *nous*, ou si l'antécédent est équivalent à *nous*;	• *Toi et moi, QUI* ***voulons*** *manger sainement, lisons attentivement les étiquettes.* (**(nous)** 1P)
• sinon, il reçoit la 2e personne du pluriel.	• *Toi et tes camarades, QUI* ***voulez*** *manger sainement, lisez attentivement les étiquettes.* (**(vous)** 2P)
attention **Dans un cas comme *Celui d'entre nous QUI veut manger sainement doit lire attentivement les étiquettes*, l'antécédent du pronom *QUI* est *celui*; c'est pourquoi le verbe reçoit la troisième personne du singulier.**	
4. Quand le **verbe** est **en relation avec un GNs constitué d'une phrase subordonnée**, que ce soit une subordonnée complétive en *que* ou une subordonnée infinitive (ou un GVinf), il reçoit la 3e personne du singulier.	*Que les aliments contiennent des additifs* ***devrait*** *inquiéter certaines personnes.* (3S)

L'accord du verbe (ou de son auxiliaire) (*suite*)

Quelques difficultés	Exemples
5. Le **verbe** peut être **séparé de son <u>donneur d'accord</u>** par un ÉLÉMENT QUI FAIT ÉCRAN :	
• une EXPANSION DU NOYAU DU GNs;	• *Les <u>substances</u>* HABITUELLEMENT NON CONSOMMÉES COMME ALIMENTS OU INGRÉDIENTS CARACTÉRISTIQUES DE L'ALIMENTATION ***sont*** *considérées comme des additifs alimentaires.*
• un PRONOM placé avant le verbe dans le GV;	• *Le <u>consommateur</u>* LES ***connaît*** *mal, les additifs.*
• un GCOMPL. P;	• *Certains <u>additifs</u>,* LORSQU'ILS SONT EMPLOYÉS À FORTE DOSE, ***provoquent*** *de l'engourdissement.*
• un ÉLÉMENT SANS FONCTION dans la phrase, par exemple :	
– l'élément *QUI* du marqueur d'emphase *c'est / ce sont… qui*;	– *Est-ce <u>toi</u>* QUI ***as*** *écrit cet article ?*
– une APOSTROPHE, qui sert à désigner la ou les personnes à qui l'on s'adresse;	– *Le <u>consommateur</u>,* CHERS AMIS, ***devrait*** *être informé des effets des additifs qu'il consomme.*
– une PHRASE INCISE OU INCIDENTE, ou un ÉLÉMENT INCIDENT.	– *Les <u>additifs</u> alimentaires,* SELON LA DÉFINITION DE L'UNION EUROPÉENNE, ***sont*** *les substances, autres que des aliments, ajoutées à une denrée pour la valoriser sur un plan donné.*
attention Il peut y avoir PLUS D'UN ÉLÉMENT QUI FAIT ÉCRAN entre le <u>donneur d'accord</u> et le **verbe.**	*C'est <u>moi</u>* QUI VOUS LE ***dis*** *!*
6. Le <u>donneur d'accord</u> du verbe peut être placé après le verbe ou après le GV.	*Selon la définition de l'Union européenne,* ***sont*** *considérées comme des additifs alimentaires les <u>substances</u> habituellement non consommées comme aliments ou ingrédients caractéristiques de l'alimentation.*

4 LE PARTICIPE PASSÉ : UN RECEVEUR D'ACCORD DANS UN GV

Dans un GV, le participe passé peut être employé pour former les temps composés des verbes, pour former un verbe passif, ou encore comme adjectif à la suite d'un verbe attributif.

L'accord du participe passé dans un GV

En règle générale, le **participe passé** :

- employé <u>avec *être*</u> (l'auxiliaire ou le verbe pour former le verbe passif) ou <u>avec un verbe attributif</u> reçoit le genre et le nombre du nom ou du pronom noyau;
- employé <u>avec *avoir*</u>, reçoit le genre et le nombre du nom ou du pronom noyau du GN complément direct placé **avant** le verbe.

FP FP

Les doses journalières d'additifs que des comités d'experts <u>ont</u> ***jugées*** *acceptables <u>sont</u>* ***considérées*** *valables pour les adultes en santé seulement. On n'<u>a</u> pas encore* ***évalué*** *ces doses pour les enfants.*

L'accord du participe passé dans un GV (*suite*)

Quelques difficultés	Exemples
1. Le **participe passé d'un verbe pronominal** (un verbe formé d'un pronom de la même personne que le GNs: *je me…, tu te…, il / elle / on se…, nous nous…*, etc.):	
• **qui a une expansion complément direct du verbe** reçoit le genre et le nombre du nom ou du pronom noyau du GN complément direct placé **avant** le verbe (ou avant le participe);	• FP *Que de questions je me suis **posées** sur les additifs alimentaires!* MP *Les conseils qu'elles se sont **donnés** étaient judicieux.*
attention Le participe passé ne s'accorde pas si le complément direct est après le verbe.	*Elles se sont **donné** de judicieux conseils.*
• **qui n'a pas d'expansion complément direct du verbe** reçoit le genre et le nombre du nom ou du pronom noyau du GNs, sauf si le pronom compris dans le verbe pronominal est l'équivalent de *à QQCH./QQN*.	• FP *Elles se sont **départies** de leurs préjugés.* FS *Elle s'est **déprise** rapidement.* MP *Ils se sont **résignés** à récrire leur article.*
/REMARQUE/ Le verbe pronominal forme toujours ses temps composés avec l'auxiliaire *être*.	*Elles se sont **nui**. Ils se sont **parlé** toute la nuit.* NUIRE *à QQN* PARLER *à QQN*
2. Le **participe passé** reste **invariable**:	
• si le complément direct du verbe est le pronom *en*; **/REMARQUE/** Le pronom *en* est alors l'équivalent de *QQCH./QQN*.	• *Des lettres, ils en ont **lu** et ils s'en sont **échangé**!*
• si le complément direct du verbe exprime UNE DURÉE, UNE MESURE OU UN PRIX (avec un verbe comme *coûter, durer, mesurer, peser, régner, valoir, vivre*, etc.);	• *Les milliers de* DOLLARS *que ces recherches ont **coûté** sont un bon investissement.*
• s'il s'agit du **participe passé** d'**un verbe impersonnel**;	• *Combien de personnes a-t-il **fallu** pour faire ces recherches?*
• s'il s'agit du **participe passé** employé **pour former un auxiliaire à un temps composé** ou **pour former le verbe *être* à un temps composé**.	• *Elle s'est endormie après qu'on lui a **eu** administré un somnifère et qu'elle a **été** calmée.*

EXERCICES

1 **A** Associez les déterminants numérotés aux phrases de droite dans lesquelles ils peuvent être employés et, s'il y a lieu, accordez-les correctement.

B Un des déterminants ne peut être employé dans aucune des phrases ci-dessus. Identifiez ce déterminant et transformez deux des phrases de façon à pouvoir l'employer.

① Chaque
② Quelque
③ Aucun
④ Tout
⑤ Tout ce

a … personne est convaincue de l'efficacité des médecines parallèles.
b … personnes sont convaincues de l'efficacité des médecines parallèles.
c … individus sont convaincus de l'efficacité des médecines parallèles.
d … homme est convaincu de l'efficacité des médecines parallèles.

2 **A** À partir des expansions du <u>verbe</u> qui apparaissent en gras dans chacune des phrases ci-dessous, construisez une phrase dont le noyau du GV est le <u>verbe *être*</u>.

Ex.: *Les médecins <u>jugent</u>* ***certains traitements de chiropratique dangereux.***

Certains traitements de chiropratique <u>sont</u> dangereux.

① Au Canada, environ une personne sur dix <u>croit</u> la chiropratique capable de soulager les maux de dos.

② Les chiropraticiens <u>tiennent</u> les vertèbres mal alignées responsables de plusieurs maux.

③ Plusieurs chiropraticiens <u>jugent</u> leurs pratiques essentielles pour prévenir certains problèmes de santé.

④ Un groupe de médecins et de spécialistes <u>croient</u> la chiropratique douteuse d'un point de vue scientifique.

⑤ Les chiropraticiens <u>trouvent</u> dérangeant le docteur Murray Katz, un omnipraticien qui crie haut ses doutes quant aux effets des traitements de chiropratique.

B Dans les phrases que vous avez construites, reliez l'adjectif noyau du GAdj attribut du sujet à son donneur d'accord. Quelle est la fonction du groupe dont fait partie ce donneur d'accord?

C Dans les phrases ① à ⑤ précédentes, repérez le donneur d'accord de l'adjectif apparaissant en couleur et indiquez la fonction du groupe de mots dont il fait partie.

D Récrivez les phrases ① à ⑤ précédentes en y remplaçant le groupe de mots identifié en **C** par un pronom.

Ex.: *Les médecins* ***les*** *<u>jugent</u>* ***dangereux.***

E Illustrez la construction des GV dans les phrases ① à ⑤ précédentes à l'aide d'une formule.

Ex.: *Les médecins* **[les]** *<u>jugent</u>* ***dangereux.***

juger [*QQCH.*] *X*

3 Dans les phrases ci-dessous, si le mot numéroté est un adjectif (ou un participe passé employé comme un adjectif), relevez, s'il y a lieu, son donneur d'accord et accordez-le correctement.

ATTENTION ERREURS

Plusieurs personnes sont devenues **1 séropositif** à la suite d'une transfusion sanguine.

Les globules rouges donnent sa couleur **2 rouge brun** au sang.

Lorsqu'on centrifuge un échantillon de sang, les globules rouges forment, avec les globules **3 blanc** et les plaquettes, un dépôt dans une substance liquide translucide, plutôt **4 blanc cassé**, **5 appelé** plasma.

Les risques **6 possible** de contamination du sang sont-ils toujours **7 bien** évalués?

8 Même les doutes les plus **9 mince** quant aux dangers **10 possible** de contamination d'un échantillon de sang devraient être **11 pris** en compte.

Il faut sensibiliser le plus de gens **12 possible**: les donneurs et les donneuses de sang doivent être **13 scrupuleux**, **14 même** **15 irréprochable**.

Certains médecins jugent **16 risqué** la décision de refuser à tout prix une transfusion lors d'une intervention chirurgicale; ces **17 même** médecins admettent que plus de la moitié des transfusions **18 fait** au cours des interventions chirurgicales pourraient être **19 évité**.

Certains pourraient croire **20 insensé** une **21 tel** affirmation.

Employés pour opérer des Témoins de Jéhovah, des dispositifs **22 tel** le «recirculateur», qui aspire le sang s'écoulant au moment de l'intervention chirurgicale, le filtre et le réinjecte au patient, ont déjà fait leurs preuves.

Selon ses valeurs **23 socioculturel** et **24 religieux**, une personne peut choisir de recevoir ou non une transfusion.

En matière de transfusion, la plupart des citoyens **25 nord-américain** laissent le choix aux médecins.

4 À l'aide d'un ouvrage de référence comme un dictionnaire ou une grammaire, accordez, s'il y a lieu, les adjectifs (ou les participes passés employés comme des adjectifs) numérotés dans les phrases ci-dessous.

Ils aiment être **1 nu**-pieds, c'est-à-dire qu'ils apprécient avoir les pieds **2 nu**.

Il emploie une variété de langue **3 standard**.

Ces desserts sont **4 extra**.

Il s'agit d'une information **5 superflu**.

5 Dans les phrases suivantes, relevez les verbes conjugués à un temps simple (sauf à l'infinitif et au participe) ou les auxiliaires des verbes conjugués à un temps composé. Puis, identifiez le ou les donneurs d'accord de ces verbes.

① Les cochons – ces mammifères omnivores dont la tête se termine par un groin – habituellement domestiqués et élevés pour leur chair, partagent avec les humains plusieurs de leurs caractéristiques physiologiques et neurologiques.

② Connaître ces renseignements rendra peut-être plus acceptable ce qui suit.

③ Vous, chers amis et amies, qui croyez être au fait des découvertes les plus récentes, saviez-vous que, bientôt, la plupart d'entre nous pourront obtenir un organe d'un cochon transgénique ?

④ Que de tels propos vous surprennent ou vous indignent est tout à fait normal.

⑤ À l'aube du 21e siècle, bon nombre d'hommes et de femmes considèrent ces pratiques comme relevant de la science-fiction.

⑥ En outre, plus d'une personne a des doutes sur l'éthique de telles pratiques.

⑦ Selon des médecins, même, sont jugées comme hérétiques les manipulations génétiques sur un humain et un animal.

⑧ Que de telles manipulations puissent un jour faire partie de la médecine courante est aujourd'hui déconcertant.

⑨ Aucun membre de notre famille et aucun de nos amis n'ont jusqu'à ce jour envisagé la possibilité de recevoir un organe s'étant développé dans un animal.

⑩ Qui sait ce que l'avenir nous prépare ?

6 **A** Pour chacun des participes passés numérotés dans le texte ci-après, indiquez s'il s'agit d'un participe passé :

- employé avec *être* ou avec un verbe attributif ;
- employé avec *avoir* ;
- d'un verbe pronominal.

B Identifiez, s'il y a lieu, la ou les difficultés associées au participe passé et accordez-le correctement.

ATTENTION ERREURS

Je vais vous raconter l'histoire d'une femme qui s'est **1 réveillé** un matin avec des trous dans la tête, mais avec rien dedans. Atteinte de la maladie de Parkinson, cette dame avait **2 été 3 informé** qu'elle devait être **4 opéré** au cerveau. L'intervention chirurgicale qu'avait **5 prévu** son médecin était **6 censé** atténuer les symptômes de sa maladie. Cette intervention consistait à lui ouvrir la boîte crânienne et à lui insérer des implants particuliers dont l'efficacité avait été **7 prouvé**, semblait-il. Le moment venu, après qu'on l'a **8 eu 9 anesthésié**, la dame en question s'est **10 retrouvé** sur la table d'opération, le crâne perforé.

Jusqu'à ce moment, tout allait quand même bien ; à demi-consciente, elle aurait même **11 entendu** le médecin dire : «Passez-moi les implants.» Or, voilà la surprise, on lui a **12 refermé** le cerveau sans les y avoir **13 introduit**. Victime d'incompétence ? Non : «victime» d'une intervention placebo.

Dans les domaines scientifiques sont **14 expérimenté** depuis longtemps des traitements simulés appelés placebos, dans le but, le plus souvent, d'étudier par comparaison l'efficacité de nouveaux traitements. Lors de ces expérimentations sont **15 prescrit** à un groupe de malades des faux médicaments et, parallèlement, à un autre groupe atteint de la même maladie sont **16 administré** de vrais médicaments. Les placebos permettent aussi, dans certains cas, d'améliorer la santé d'une personne seulement parce qu'elle croit qu'on l'a **17 soigné**. Par exemple, l'état de la dame dont il est question dans cette histoire s'est **18 amélioré** après l'opération placebo ; les symptômes de sa maladie se sont réellement **19 atténué**. Mais imaginez comment elle s'est **20 senti** après avoir **21 appris** la supercherie. Imaginez toutes les questions que la dame dupée s'est **22 posé**, en repensant à toutes les années qu'elle avait **23 vécu** avec sa maladie, sans pouvoir en contrôler les symptômes. Mon histoire – véridique, il va de soi – vous a-t-elle **24 plu** ? La leçon que j'en ai **25 tiré** est qu'il ne faut pas douter de la force de la persuasion.

7 Construisez des phrases en respectant les contraintes ci-dessous.

GNs dont le noyau est introduit par le déterminant *aucune*	+	GV dont le noyau est un verbe attributif au présent
GNs dont le noyau est introduit par le déterminant *peu de*	+	GV dont le noyau est le verbe *lire* au passé composé
GNs dont le noyau est introduit par le déterminant *la plupart des*	+	GV dont le noyau est le verbe *se donner* au passé composé
GNs coordonné par *et* à un autre GNs	+	GV dont le noyau est le verbe *se rencontrer* au passé composé
GNs coordonné par *et* à un autre GNs	+	GV dont le noyau est le verbe *se mentir* au passé composé
GNs constitué d'une phrase subordonnée : une subordonnée complétive en *que* ou une subordonnée infinitive (ou un GVinf)	+	GV au choix
GNs dont le noyau est le pronom *qui* ayant un antécédent de la 1re ou de la 2e personne (équivalant à *moi, toi, nous* ou *vous*)	+	GV dont le noyau est le verbe *arriver* au passé composé
GNs au choix	+	GV dont le noyau est un verbe accompagné d'un complément direct et d'un attribut du complément direct

8 Dans les phrases suivantes, corrigez les déterminants, les adjectifs, les verbes et les participes passés qui sont mal accordés.

ATTENTION ERREURS

Depuis qu'ils sont tout petit, ils se sont baladé mainte fois dans les forêts, les journées chaudes d'automne, cherchant du regard les feuilles orangées ou rouges vif qu'on leur avaient si souvent décrit. Pourtant, à leur yeux, les arbres étaient tous plutôt marrons. Même si toute leur famille pointaient du doigt les feuillages colorées, ils ne les avaient jamais vu. Au début, ils s'étaient cru fou, ensuite, c'est leur famille qu'ils avaient jugé fou. Aujourd'hui, ils ont appris qu'à la naissance ils ont héritée d'une anomalie génétique : le daltonisme. Découvrir la raison pour laquelle ils voient si différemment des autres ont été soulageant, mêmes si c'est quelque années qu'il leur a fallues pour l'apprendre.

Les anomalies génétiques telles le daltonisme prennent leur source dans les chromosomes, aussi appelées molécules d'ADN. C'est dans l'ADN que se trouve les gènes. Chaques molécule d'ADN, c'est-à-dire chaques chromosome – nous en avons 46, ou 23 paires identique – sont enroulées sur elles-mêmes plus d'un million de fois. Vingts-trois chromosomes donc, pour toute le monde qui ne sont pas atteint d'une maladie chromosomique, sont transmis à l'enfant par la mère et autant par le père.

9 Choisissez trois difficultés par receveur d'accord et construisez une phrase pour illustrer chacune d'elles (vous pourrez ensuite soumettre vos phrases à d'autres élèves).

La conjugaison

GOC 301 Les phrases subordonnées et la réduction de phrases
GOC 302 L'orthographe
GOC 303 Les accords
GOC 304 La conjugaison
GOC 305 La ponctuation
GOC 306 Le discours rapporté

CORPUS D'OBSERVATION

Tableaux

1

Présent de l'indicatif	Présent de l'impératif
j'aim/e, tu aim/es	*aim/e*
j'émerg/e, tu émerg/es	*émerg/e*
je flott/e, tu flott/es	*flott/e*
je fini/s, tu fini/s	*fini/s*
je par/s, tu par/s	*par/s*
je voi/s, tu voi/s	*voi/s*
je ri/s, tu ri/s	*ri/s*
mais *je sai/s*	*sach/e*

2

Présent de l'indicatif (verbes en *-er*)	Présent du subjonctif (verbes en *-er*, en *-ir*, en *-re*, en *-oir*)
je dans/e	*que je dans/e, que je finiss/e, que je part/e, que je ri/e, que je voi/e*
tu dans/es	*que tu dans/es, que tu finiss/es, que tu part/es, que tu ri/es, que tu voi/es*
il dans/e	*qu'il dans/e, qu'il finiss/e, qu'il part/e, qu'il ri/e, qu'il voi/e*
elles dans/ent	*qu'elles dans/ent, qu'elles finiss/ent, qu'elles part/ent, qu'elles ri/ent, qu'elles voi/ent*
	mais *que je soi/s, que tu soi/s, qu'il/elle/on soi/t* et *qu'il/elle/on ai/t*

3

nous craignons	*je craignais, tu craignais, il craignait, elles craignaient, nous craignions, vous craigniez*
nous voyons	*je voyais, tu voyais, elle voyait, ils voyaient, nous voyions, vous voyiez*
nous vêtons	*je vêtais, tu vêtais, il vêtait, elles vêtaient, nous vêtions, vous vêtiez*
mais *nous sommes*	*j'étais, tu étais...*

4

Futur simple	Terminaisons de l'imparfait	Conditionnel présent
je perd/rai	*-ais*	*je perd/rais*
tu offri/ras	*-ais*	*tu offri/rais*
il ver/ra	*-ait*	*il ver/rait*
elles fe/ront	*-aient*	*elles fe/raient*
nous plac/erons	*-ions*	*nous plac/erions*
vous cour/rez	*-iez*	*vous cour/riez*

5

Verbes en *-aître* et en *-oître*
je parai/s, tu décroiss/ais, qu'il reconnaiss/e *j'accroît/rai, tu paraît/ras, elle apparaî/t*

6

Infinitif	Futur simple	Conditionnel présent
conquér/ir	*tu conquer/ras*	*tu conquer/rais*
mour/ir	*il mour/ra*	*il mour/rait*

7

Infinitif	Imparfait	Présent du subjonctif
cri/er	*nous cri/ions*	*que nous cri/ions*
mendi/er	*vous mendi/iez*	*que vous mendi/iez*

8

Verbes en *-dre*	Présent de l'indicatif	
	(1P)	(1S, 2S, 3S)
tordre	*nous tordons*	*je tords, tu tords, elle tord*
étendre	*nous étendons*	*j'étends, tu étends, il étend*
répandre	*nous répandons*	*je répands, tu répands, il répand*
résoudre	*nous résolvons*	*je résous, tu résous, il résout*
éteindre	*nous éteignons*	*j'éteins, tu éteins, elle éteint*

9

plong/er	*nous plonge/ons*	*plongeoir*
berc/er	*il berç/a*	*berçant*
recev/oir	*tu reç/us*	*reçu*
démantel/er	*tu démantèl/es*	*démantèlement*

10

1. *La ministre vient de parler.*
2. *La ministre est en train de parler.*
3. *La ministre est sur le point de parler.*

PISTES D'OBSERVATION

1 A Dans le corpus **1**, à quelles personnes sont conjugués les verbes de la première colonne ? ceux de la seconde ?

B Comparez les terminaisons des verbes des deux colonnes. Que remarquez-vous ?

C Que pouvez-vous conclure à propos de la terminaison du singulier du présent de l'impératif par rapport à celles du présent de l'indicatif ?

2 Les verbes du corpus **2** sont conjugués aux trois personnes du singulier et à la 3e personne du pluriel. Pour ces quatre personnes, comparez les terminaisons du présent du subjonctif avec celles des verbes en *-er* au présent de l'indicatif. Que remarquez-vous ?

3 A Dans le corpus **3**, à quel temps et à quelle personne sont conjugués les verbes de la première colonne ? ceux de la seconde ?

B En comparant le radical des verbes dans les deux colonnes, que remarquez-vous ?

4 A Dans le corpus **4**, comparez le radical des verbes de la première colonne à celui des verbes de la troisième colonne. Que remarquez-vous ?

B Quelle lettre est commune à toutes les terminaisons de la première et de la troisième colonne du corpus **4** ?

C Observez tout le corpus **4** et tentez de formuler la «recette» des terminaisons du conditionnel présent.

5 Écririez-vous *il connait* ou *il connaît* ? Avant de répondre, observez les verbes en *-aître* et en *-oître* dans le corpus **5**. Justifiez votre réponse.

6 Dans le corpus **6**, observez attentivement le découpage radical/terminaison des verbes et tentez d'expliquer pourquoi les deux verbes présentés doublent le *r* au futur simple et au conditionnel présent.

7 Dans le corpus **7**, observez attentivement le découpage radical/terminaison des verbes et tentez d'expliquer pourquoi les deux verbes présentés doublent le *i* à l'imparfait et au subjonctif présent.

8 Comment savoir si, au singulier du présent de l'indicatif, on garde ou non le *d* du radical de *répand/re* et de *résoud/re* ? Avant de répondre, observez les verbes du corpus **8**.

9 Dans la conjugaison, le radical de certains verbes peut subir des modifications plus ou moins importantes. Que révèle la troisième colonne du corpus **9** à propos des modifications de ces verbes ?

10 À quel énoncé du corpus **10** correspond chacune des affirmations suivantes ?

1. Ce qui est exprimé par l'infinitif est imminent.
2. Ce qui est exprimé par l'infinitif est en cours de réalisation.
3. Ce qui est exprimé par l'infinitif s'est produit récemment.

La conjugaison

1 DES STRATÉGIES DE CONJUGAISON

Voici diverses stratégies pouvant contribuer à la maîtrise de la conjugaison des verbes aux temps simples.

1.1 Observer des régularités...

... à propos du présent de l'indicatif	Exemples
1. Le **singulier** a principalement deux séries de **terminaisons**: • *-e*, *-es*, *-e* pour les verbes en *-er* (sauf *aller*) et les verbes en *-ir* apparentés aux verbes en *-er*; **/REMARQUE/** Les verbes en *-ir* apparentés aux verbes en *-er* sont certains verbes en *-illir* comme *assaillir*, *cueillir*, *défaillir*; les verbes en *-vrir*: *couvrir*, *ouvrir* et leurs dérivés; les verbes en *-frir*: *offrir*, *souffrir*.	*je pens/e, j'offr/e* *tu remarqu/es, tu cueill/es* *il trouv/e, elle couvr/e*
• *-s*, *-s*, *-t* pour presque tous les autres verbes. **/REMARQUE/** Le tableau des terminaisons aux pages 325-326 présente les quelques exceptions à cette règle.	*je voi/s, je m'assoi/s* *tu fini/s, tu prend/s* *il sai/t, elle connaî/t*
2. Au **pluriel**, les **terminaisons** sont les mêmes pour presque tous les verbes: *-ent*, *-ons*, *-ez*. **/REMARQUE/** Le tableau des terminaisons aux pages 325-326 présente les quelques exceptions à cette règle.	*ils pens/ent, elles offr/ent,* *ils voi/ent, elles s'assoi/ent* *nous trouv/ons, nous couvr/ons,* *nous connaiss/ons, nous sav/ons* *vous remarqu/ez, vous cueill/ez,* *vous pren/ez, vous finiss/ez*

... à propos du présent de l'impératif	Exemples
3. La **terminaison** du **singulier** est généralement: • *-e* pour les verbes en *-er* (sauf *aller*), *avoir*, *savoir*, de même que les verbes en *-ir* apparentés aux verbes en *-er*;	*trouv/e, pens/e, remarqu/e,* *ai/e, sach/e, cueill/e, couvr/e,* *offr/e*
• *-s* pour les autres verbes. **/EXCEPTIONS/** *Aller* fait *va*; *vouloir* fait *veux* ou *veuille*.	*voi/s, assoi/s, fini/s, prend/s,* *di/s, coud/s, soi/s*

4. Cette **terminaison** du **singulier** est généralement identique à celle de la 1re personne du singulier du présent de l'indicatif.

Indicatif présent (1S)	Impératif présent (2S)
je pens/e	*pens/e*
je couvr/e	*couvr/e*
je voi/s	*voi/s*
je fini/s	*fini/s*
je prend/s	*prend/s*
je coud/s	*coud/s*

1.1 Observer des régularités... (*suite*)

... à propos du présent de l'impératif	(*suite*) Exemples	
	Indicatif présent	Impératif présent
5. Au **pluriel**, les **terminaisons** du présent de l'impératif sont le plus souvent identiques à celles du présent de l'indicatif : *-ons*, *-ez* (parfois *-tes*).	**1P :** *nous pens/ons, nous offr/ons, nous couvr/ons, nous all/ons, nous finiss/ons, nous pren/ons, nous cous/ons, nous sav/ons*	**1P :** *pens/ons, offr/ons, couvr/ons, all/ons, finiss/ons, pren/ons, cous/ons, sach/ons*
	2P : *vous pens/ez, vous offr/ez, vous couvr/ez, vous all/ez, vous finiss/ez, vous pren/ez, vous cous/ez, vous fai/tes, vous di/tes*	**2P :** *pens/ez, offr/ez, couvr/ez, all/ez, finiss/ez, pren/ez, cous/ez, fai/tes, di/tes*

... à propos du présent du subjonctif	Exemples	
	Indicatif présent des verbes en *-er* (sauf *aller*)	Subjonctif présent de la plupart des verbes
6. Au **singulier**, de même qu'à la **3e personne du pluriel**, tous les verbes sauf *avoir* et *être* ont les **terminaisons** suivantes au subjonctif présent : *-e*, *-es*, *-e*, *-ent*. Ces terminaisons sont aussi celles des verbes en *-er* au présent de l'indicatif.	**1S :** *j'aim/e*	**1S :** *que je pens/e, que je sach/e, que je finiss/e, que j'écriv/e, que je cour/e*
	2S : *tu aim/es*	**2S :** *que tu pens/es, que tu sach/es, que tu finiss/es, que tu écriv/es, que tu cour/es*
	3S : *il aim/e*	**3S :** *qu'elle pens/e, qu'il sach/e, qu'elle finiss/e, qu'il écriv/e, qu'elle cour/e*
	3P : *elles aim/ent*	**3P :** *qu'elles pens/ent, qu'ils sach/ent, qu'elles finiss/ent, qu'ils écriv/ent, qu'elles cour/ent*
	Imparfait de l'indicatif	Subjonctif présent
7. À la **1re** et à la **2e personne du pluriel** du subjonctif présent, les **terminaisons** de tous les verbes, sauf *avoir* et *être*, sont identiques à celles de l'imparfait : *-ions*, *-iez*.	**1P :** *nous cri/ions, nous envoy/ions, nous finiss/ions, nous fais/ions, nous pouv/ions, nous sav/ions*	**1P :** *que nous cri/ions, que nous envoy/ions, que nous finiss/ions, que nous fass/ions, que nous puiss/ions, que nous sach/ions*
	2P : *vous cri/iez, vous envoy/iez, vous finiss/iez, vous fais/iez, vous écriv/iez, vous pouv/iez*	**2P :** *que vous cri/iez, que vous envoy/iez, que vous finiss/iez, que vous fass/iez, que vous écriv/iez, que vous puiss/iez*

1.1 Observer des régularités... (*suite*)

... à propos de l'imparfait de l'indicatif	Exemples
8. Une seule et même série de **terminaisons** vaut pour tous les verbes conjugués à l'imparfait de l'indicatif : *-ais*, *-ais*, *-ait*, *-aient*, *-ions*, *-iez*.	*je pren/ais, tu mett/ais, il connaiss/ait, elles moul/aient, nous craign/ions, vous résolv/iez*

9. Le **radical** des verbes à l'imparfait est identique à celui de la 1re personne du pluriel du présent de l'indicatif.

/EXCEPTION/ *Être.*

Présent de l'indicatif (1P)	Imparfait (toutes les personnes)
nous pay/ons	*je pay/ais, tu pay/ais...*
nous finiss/ons	*je finiss/ais, tu finiss/ais...*
nous fais/ons	*je fais/ais, tu fais/ais...*
nous pouv/ons	*je pouv/ais, tu pouv/ais...*
nous joign/ons	*je joign/ais, tu joign/ais...*
nous résolv/ons	*je résolv/ais, tu résolv/ais...*

... à propos du futur simple de l'indicatif	Exemples
10. La **terminaison** du futur simple de l'indicatif comporte un *r* à toutes les personnes pour tous les verbes ; c'est la marque du futur : *-rai*, *-ras*, *-ra*, *-ront*, *-rons*, *-rez*.	*je senti/rai, tu viend/ras, il percev/ra, elles li/ront, nous vainc/rons, vous fe/rez*
11. Dans les **terminaisons** des verbes en *-er* (sauf *aller*, *envoyer* et *renvoyer*) de même que dans celles du verbe *cueillir* (et de ses dérivés), un *e* muet précède le *r* : *-erai*, *-eras*, *-era*, *-eront*, *-erons*, *-erez*.	*je dans/erai, tu march/eras, il clopin/era, elles jou/eront, nous profit/erons, vous cueill/erez*

12. Au futur simple, le **radical** des verbes en *-re* est identique à celui de l'infinitif.

/EXCEPTIONS/ *Faire* (et ses dérivés), *satisfaire*.

Infinitif de verbes en *-re*	Futur simple de verbes en *-re*
boi/re	*je boi/rai*
peind/re	*tu peind/ras*
résoud/re	*il résoud/ra*
connaît/re	*elles connaît/ront*
condui/re	*nous condui/rons*
romp/re	*vous romp/rez*

... à propos du conditionnel présent de l'indicatif	Exemples
13. Les **terminaisons** du conditionnel comprennent le *r* du futur auquel on ajoute les terminaisons de l'imparfait. **/REMARQUE/** Comme au futur simple, dans les terminaisons des verbes en *-er* (sauf *aller*, *envoyer* et *renvoyer*) de même que dans celles du verbe *cueillir* (et de ses dérivés), un *e* muet précède le *r*.	*tu fini/rais, il enver/rait, elles li/raient, nous pour/rions, vous moud/riez, je mang/erais*

14. Le **radical** des verbes au conditionnel présent est identique à celui des verbes au futur simple.

Futur simple	Conditionnel présent
je prend/rai	*je prend/rais*
tu peind/ras	*tu peind/rais*
il résoud/ra	*il résoud/rait*
elles jou/eront	*elles jou/eraient*
nous condui/rons	*nous condui/rions*
vous romp/rez	*vous romp/riez*

1.1 Observer des régularités... (*suite*)

... à propos du passé simple de l'indicatif	Exemples
15. Les verbes en *-er* ont les **terminaisons** *-ai, -as, -a, -èrent, -âmes, -âtes.*	*j'all/ai, tu pêch/as, il mange/a, elles ram/èrent, nous échange/âmes, vous appel/âtes*
16. Les autres verbes ont les **terminaisons** *-s, -s, -t, -rent, -mes, -tes.*	*je fini/s, tu lu/s, il tin/t, elles pu/rent, nous fû/mes, vous eû/tes*
17. À la **1re** et à la **2e personne du pluriel**, il y a un accent circonflexe sur la voyelle qui précède le *m* ou le *t* de la terminaison.	*nous échange/âmes, vous appel/âtes, nous fî/mes, vous fî/tes, nous fû/mes, vous eû/tes, nous retîn/mes, vous vîn/tes*

1.2 Recourir au découpage radical/terminaison...

... pour résoudre des problèmes de conjugaison	
Exemples de problèmes	Solutions
À l'imparfait, écrit-on *Hier, nous craignions l'orage* ou *Hier, nous craignons l'orage*?	À la 1re personne du pluriel, tous les verbes à l'imparfait ont la terminaison *-ions.* (Réponse: *craign/ions*)
Doit-on écrire *Vous permettrez cela* ou *Vous permetterez cela*? *Vous écririez beaucoup* ou *Vous écrieriez beaucoup*?	Ce sont principalement les verbes en *-er* qui prennent, dans leurs terminaisons, un *e* muet avant le *r* du futur et du conditionnel présent; les verbes en *-re* n'en prennent jamais. (Réponses: *vous permett/rez, vous écri/riez*)
Au subjonctif, écrit-on *Je souhaite qu'il croie mon histoire* ou *Je souhaite qu'il croit mon histoire*?	Au subjonctif présent, à la 3e personne du singulier, la terminaison de tous les verbes (sauf *avoir* et *être*) est *-e.* (Réponse: *qu'il croi/e*)
Au passé simple, doit-on écrire *Il courut* ou *Il coura*? *Il écrivit* ou *Il écriva*? *Il aperçut* ou *Il aperceva*? *Il vint* ou *Il vena*?	Au passé simple, à la 3e personne du singulier, seuls les verbes en *-er* ont la terminaison *-a* (ex.: *elle roul/a*). (Réponses: *il couru/t, il écrivi/t, il aperçu/t, il vin/t*)

... pour expliquer des conjugaisons régulières qui semblent exceptionnelles	
Exemples de curiosités qui n'ont pourtant rien d'exceptionnel	Explications
Si *rire* n'a qu'un *i*, pourquoi y en a-t-il deux dans *Plus il pleurait, plus nous riions*?	Dans *nous ri/ions* (*rire* à l'imparfait), le premier *i* appartient au radical (*ri-*); le second, à la terminaison de l'imparfait (*-ions*).
Si *courir* n'a qu'un *r*, pourquoi y en a-t-il deux dans *Vous courrez demain*?	Dans *vous cour/rez* (*courir* au futur simple), le premier *r* appartient au radical (*cour-*); le second, à la terminaison du futur simple (*-rez*).

1.3 S'aider de l'oral…

… pour déterminer si les verbes en -*dre* comme *mord/re*, *résoud/re* et *joind/re* gardent le *d* de leur radical au singulier du présent de l'indicatif et de l'impératif

Si, à la 1re personne du pluriel du présent de l'indicatif, on entend ce *d*, on le garde au singulier du présent de l'indicatif et de l'impératif. Autrement, il n'y a pas de *d*.

Ex.: *nous mord/ons*, donc *je mord/s*, *tu mord/s*, *il mord/*; *mord/s*
mais *nous résolv/ons*, donc *je résou/s*, *tu résou/s*, *elle résou/t*; *résou/s*
nous joign/ons, donc *je join/s*, *tu join/s*, *il join/t*; *join/s*.

/EXCEPTIONS/ *Coudre*, *moudre* de même que les verbes en *-prend/re* comme *apprend/re* gardent le *d* de leur radical même si on ne l'entend pas à la 1re personne du pluriel: *je prend/s*, *tu apprend/s*, *il coud/*, *moud/s*.

/REMARQUE/ Le recours à la 1re personne du pluriel du présent de l'indicatif peut également être utile pour les verbes en *-tre* (ex.: *nous mett/ons*, donc *je met/s*; mais *nous connaiss/ons*, donc *je connai/s*, *tu connai/s*, *il connaî/t*; *connai/s*) et en *-pre* (ex.: *nous interromp/ons*, donc *tu interromp/s*, *elle interromp/t*; *interromp/s*).

… pour savoir où appliquer les particularités des verbes en -*e* + *consonne* + -*er* comme *appel/er*, *jet/er*, *lev/er*

Devant le *e* muet d'une terminaison, le *e* du radical se prononce «è», ce qui entraîne une modification du radical, à savoir le redoublement de la consonne finale du radical (pour la majorité des verbes en *-eler* et *-eter*) ou le remplacement du *e* par *è*.

Ex.: *appel/er*, *j'appel/ais*, mais *j'appell/e*; *harcel/er*, *tu harcel/ais*, mais *tu harcèl/es*;
jet/er, *elle jet/ait*, mais *elle jett/era*; *achet/er*, *il achet/a*, mais *elle achèt/erait*;
lev/er, *tu lev/ais*, mais *lèv/e*.

/REMARQUES/

1. Dans les verbes en *-é* + *consonne(s)* + *-er* comme *espér/er* et *célébr/er*, le *é* s'écrit *è* devant un *e* muet sauf au futur simple et au conditionnel présent (ex.: *j'espèr/e*, *tu célèbr/es*, mais *je céd/erai*).
2. Comme *aimer*, les verbes en *-ell/er* n'ont qu'un radical dans toute leur conjugaison, celui de l'infinitif (ex.: *interpell/er*, *j'interpell/e*, *tu interpell/as*, *interpell/ons*).

… pour savoir quand mettre un *s* aux verbes en -*er* (ainsi qu'aux verbes en -*ir* apparentés aux verbes en -*er*) conjugués au singulier du présent de l'impératif

- En général, les verbes en *-er* (et les verbes en *-ir* apparentés) se terminent par *-e* au singulier du présent de l'impératif.

  Ex.: *pens/e*, *mang/e*, *parl/e*, *accueill/e*.

- Cependant, quand le verbe a pour complément le pronom *en* ou *y* et qu'il est placé après le verbe, on entend un son «z» qu'il faut écrire.

  Ex.: *penses-y*, *manges-en*, *parles-en*, *accueilles-en*.

  /REMARQUE/ Le même phénomène se produit avec *aller*: *va*, mais *vas-y*.

1.4 Faire appel aux mots de même famille...

... pour constater que certaines particularités orthographiques rencontrées en conjugaison s'appliquent aussi à d'autres classes de mots

- Pour qu'un *c* se prononce comme un «s» devant les voyelles *a*, *o* et *u*, il doit prendre la cédille.

  Ex.: *il traça, nous traçons, elles tracent; traçage, traçoir, tracement;*
  tu reçois; un reçu.

- Pour qu'un *g* se prononce «j» devant les voyelles *a*, *o* et *u*, il doit être suivi d'un *e*.

  Ex.: *elle jugeait, nous jugeons; jugeable, jugeote;*
  tu gageais; gageure.

... pour constater que devant le e muet d'une terminaison, plusieurs verbes en -e + consonne + er se comportent comme d'autres mots de leur famille

Ex.: *nivel/er, je nivel/ais, je nivell/e; nivel/euse, nivel/age, nivell/ement;*
harcel/er, tu harcel/ais, tu harcèl/es; harcel/ant, harcèl/ement.

... pour favoriser la mémorisation de certaines particularités de verbes rarement employés

Ex.: *moudre* et *moulin* (machine servant à moudre le grain) sont des mots de même famille. Or, dans la conjugaison du verbe *moudre*, une des difficultés consiste précisément à retenir le radical *moul-*: *nous moul/ons, moul/ez, que je moul/e, tu moul/ais.*

1.5 Recourir à un dictionnaire usuel...

... pour consulter des tableaux de conjugaison

Les tableaux de conjugaison sont généralement regroupés au début ou à la fin de l'ouvrage. Au début de la définition de l'infinitif du verbe à conjuguer, un renvoi, souvent encadré ou placé entre crochets, indique le modèle de conjugaison à consulter.

Ex.: Pour conjuguer le verbe *connaître*, *Le Petit Larousse illustré de l'an deux mille* renvoie au modèle 71.

... pour connaître l'étymologie d'un verbe

L'étymologie (l'origine d'un mot) est habituellement indiquée au début de l'article.

Ex.: *Résoudre* vient du latin *resolvere*. Or, une particularité des verbes en *-soud/re* est précisément ce *-olv* que l'on retrouve au présent de l'indicatif, de l'impératif et du subjonctif (*nous résolv/ons, résolv/ez, que tu résolv/es*) de même qu'à l'imparfait (*je résolv/ais, vous résolv/iez*).

1.6 Mémoriser quelques particularités

- Les verbes en *-gu/er* gardent le *u* dans toute la conjugaison.

  Ex. : *vogu/er, je conjugu/e, elle navigu/ait, nous zigzagu/ons, que vous vous fatigu/iez.*

- Les verbes en *-aît/re* et en *-oît/re* gardent l'accent circonflexe sur le *i* devant le *t*.

  Ex. : *paraît/re, elle décroît/ra, il connaî/t,* mais *je parai/s, vous connaiss/ez, qu'ils décroiss/ent.*

  /REMARQUES/

  1. *Plaire* prend l'accent circonflexe sur le *i* devant le *t* : *il plaî/t.*

  2. L'accent circonflexe dans les formes *je croîs, tu croîs, il croît, je crûs, tu crûs, elle crût, ils crûrent* et *croîs* permet de distinguer le verbe *croître* du verbe *croire* (*je crois, tu crois, elle croit, je crus, tu crus, il crut, ils crurent* et *crois*).

- Le verbe *bouill/ir* laisse tomber le *-ill* de son radical au singulier du présent de l'indicatif et de l'impératif.

  Ex. : *je bou/s, tu bou/s, elle bou/t, bou/s,* mais *nous bouill/ons, tu bouilli/rais, bouill/ez, que je bouill/e.*

2 LES AUXILIAIRES

2.1 Les auxiliaires de conjugaison

- Les **auxiliaires de conjugaison** sont ***avoir*** et ***être***. Ils entrent dans la formation des verbes aux **temps composés**.

  Les verbes formés à l'aide d'un auxiliaire de conjugaison présentent l'action ou l'état exprimé par le verbe comme accompli ou achevé.

  Ex. : *J'**ai** composé une chanson. Il s'**est** ennuyé. Ce soir, il faut que j'**aie** résolu ce problème.*

- À l'opposé, la plupart des verbes aux **temps simples** présentent l'action ou l'état exprimé par le verbe comme inaccompli, inachevé.

  Ex. : *Je compose une chanson. Il s'ennuie. Ce soir, il faut que je résolve ce problème.*

2.2 Les auxiliaires d'aspect

- Les **auxiliaires d'aspect** sont des verbes (comme *aller*) ou des périphrases verbales (comme *être sur le point de*) qui précèdent un infinitif et qui permettent de saisir l'action ou l'état exprimé par cet infinitif à une étape de son déroulement (soit au début, soit en cours de réalisation, soit à la fin).
- Ils marquent, eux aussi, l'aspect accompli (ex.: *Il vient de sourire*) ou inaccompli (ex.: *Il est en train de sourire*) de l'action ou de l'état exprimé par le verbe.

Étapes du déroulement	Principaux auxiliaires d'aspect	Exemples
Au début		
• Ce qui est exprimé par l'infinitif se réalisera sous peu.	*aller...* *être à deux doigts de...* *être sur le point de...* *ne pas tarder à...*	*La journaliste ira rencontrer son lectorat ce matin.* *La journaliste était à deux doigts de devenir célèbre.* *La journaliste est sur le point de rencontrer son lectorat.* *La journaliste ne tardera pas à devenir célèbre.*
• Ce qui est exprimé par l'infinitif commence à peine.	*commencer à...* *se mettre à...*	*La journaliste commence à parler.* *La journaliste se met à parler.*
En cours de réalisation		
• Ce qui est exprimé par l'infinitif progresse.	*continuer à/de...* *être en train de...* *ne cesser de...*	*La journaliste continue de parler.* *La journaliste est en train de parler.* *La journaliste ne cesse de parler.*
À la fin		
• Ce qui est exprimé par l'infinitif est sur le point de se terminer.	*finir de...* *cesser de...*	*La journaliste finit de travailler.* *La journaliste cesse de retoucher son article.*
• Ce qui est exprimé par l'infinitif vient tout juste de se terminer ou de se produire.	*venir de...*	*La journaliste vient de relire son article.* *La journaliste vient de sourire.*

/REMARQUE/ Il existe aussi des **auxiliaires de modalité**. Ce sont des verbes comme *devoir* et *pouvoir* qui précèdent un infinitif et qui indiquent notamment que l'action exprimée par l'infinitif est probable, possible ou nécessaire (ex.: *Il n'est pas encore arrivé; il doit avoir manqué l'autobus. Il devra prendre le taxi. Elle pouvait avoir huit ou neuf ans quand cela s'est passé.*).

EXERCICES

1 Imaginez que les verbes suivants sortent tout droit de l'imaginaire d'un poète soucieux de réinventer son quotidien:

- *maringouiner* (importuner autrui);
- *arbrir* (orner d'arbres);
- *cœurtendre* (attendrir autrui);
- *se patinguer* (chausser des patins).

A Procédez au découpage radical/terminaison de chaque verbe.

B Conjuguez *cœurtendre* au présent de l'indicatif, aux trois personnes du singulier.

C Si *arbrir*, comme *cueillir*, s'apparentait aux verbes en *-er*, comment se conjuguerait-il au conditionnel présent? Après l'avoir conjugué, procédez au découpage radical/terminaison.

D Conjuguez *se patingu/er* à l'imparfait, aux trois personnes du singulier.

E Quel auxiliaire choisiriez-vous pour conjuguer *se patingu/er* au passé antérieur? Pour quelle raison?

F À quel temps cet auxiliaire serait-il conjugué?

2 Sans consulter d'ouvrage de référence, conjuguez à l'imparfait, aux trois personnes du pluriel, les verbes suivants: *nous acquérons, nous peignons, nous distrayons*. Procédez ensuite au découpage radical/terminaison.

3 Voici deux verbes homophones conjugués au futur simple: *nous confierons* et *nous confirons*.

A Quel est l'infinitif du premier?

B Prouvez-le en recourant à votre connaissance des terminaisons du futur simple.

C Quel est l'infinitif du second verbe?

4 Récrivez les phrases ci-dessous en mettant le verbe en gras au présent du subjonctif. Chaque phrase reformulée commencera ainsi: *Elle espère que Ziad...*

- Elle pense que Ziad **voit** juste.
- Elle estime que Ziad **croit** suffisamment en lui.
- Elle pense que Ziad **court** le cent mètres en moins de dix secondes.

5 Reformulez chaque courte phrase ci-dessous de manière à remplacer le complément du verbe par *en* ou *y*.

- Photographie des jardins.
- Va au musée.
- Ouvre des fenêtres.

6 **A** Dans le dictionnaire, trouvez des mots de même famille que *haleter* et *ruisseler*.

B Lesquels de ces mots vous aident à déterminer si *haleter* et *ruisseler* doublent ou non la consonne finale de leur radical devant un *e* muet?

C Conjuguez *haleter* et *ruisseler* à l'impératif présent.

7 **A** Trouvez, dans un dictionnaire, l'étymologie du verbe *absoudre*.

B Toujours dans le dictionnaire, consultez le tableau de conjugaison du verbe *absoudre*. En quoi l'étymologie de ce verbe pourrait-elle vous être utile en conjugaison?

C Étant donné la ressemblance, en français, entre *absoudre* et *dissoudre*, tentez de dégager par vous-même l'étymologie du verbe *dissoudre* à partir de celle du verbe *absoudre*. Vérifiez dans le dictionnaire l'exactitude de votre hypothèse.

D Sans consulter d'ouvrage de référence, conjuguez le verbe *dissoudre* à l'imparfait.

8 Rétablissez la version originale des extraits ci-dessous en corrigeant les erreurs de conjugaison qu'ils comportent. Pour ce faire, dans un tableau semblable au suivant :

- relevez chaque verbe mal conjugué ;
- donnez-en l'infinitif ;
- identifiez la régularité ou la particularité du verbe à prendre en compte pour corriger l'erreur ;
- corrigez l'erreur.

Extrait	Erreur	Infinitif du verbe fautif	Régularité ou particularité du verbe	Correction
Ex. : a)	*tiend*	*tenir*	Au présent de l'indicatif, à la 3e personne du singulier, la terminaison de la plupart des verbes en *-ir* est *t*.	*tient*

ATTENTION ERREURS

a

L'événement, qui en était à sa 17e livraison l'été dernier, dure un mois. Il tiend de la fête et du défi. Il réunie quinze peintres qui exécutent leurs œuvres en public.

b

Je sais aussi que, rendu au milieu de la patinoire, j'éprouvrai après quelques minutes le pur plaisir de me sentir littéralement enveloppé par les formes et les couleurs, entouré par les œuvres de grand et même de très grand format. Et presque observé par elles, moi qui suis venu pour les regarder...

c

Qui dit magie dit magicien. Et ici, magicienne. Celle qui a ouvert le Centre d'art et qui a «inventé» le Symposium s'appele Françoise Labbé.

d

Les «je pourrais bien en faire autant», les «je ne metterais pas ça chez moi», les «vous devez fumer de quoi pour barbouiller des affaires comme ça», les peintres en entendent souvent pendant les quatre semaines de leur «mise à nu». Mais ce qu'ils entendent aussi, et beaucoup, ce sont des visiteurs intéressés, ouverts, prêts à discuter avec eux, à les questionner, à parler du rôle de l'art dans la société et à l'époque où nous vivons.

e

Ce qui plait aussi beaucoup à Michel Herreria, comme en général à tous les participants du Symposium, c'est quelque chose que le public ne voie pas ou très peu : les échanges entre les artistes.

f

Enfant du village fascinée très jeune par la peinture, Françoise Labbé fait ses Beaux-Arts à Québec au début des années 60, avant de s'exiler pendant 12 ans à Paris. Un temps, elle peind. Mais elle accroche ses pinceaux parce qu'elle n'a pas envie de jouer le jeu des modes.

[*Ces six extraits sont tirés de l'article de* Yanick Villedieu, «Baie-des-artistes», *L'actualité*, 15 décembre 1999.

g

Une à une, les maisons avaient refusé d'endisquer cet Abitibien qui chante avec un accent à couper au couteau. À la même époque, Monique Giroux, animatrice des *Refrains d'abord* à la radio de Radio-Canada, siégeait au jury de MusicAction, une fondation qui accorde des bourses pour produire des disques. Tous les autres membres du jury avaient rejeté la candidature de ce drôle de zig qui faisait des chansons interminables sur la traversée du détroit de Béring (*Nataq*). Trop vieux. Pas la gueule. Pas le «son radio». Des chansons trop longues. «Je suis montée sur la table et j'ai dit que je n'en redescenderais pas tant que nous n'aurions pas accordé de subvention à Desjardins», dit l'animatrice.

h

Ses intimes insistent pour dire à quel point Desjardins peaufine ses textes. Tout semble facile après coup – c'est la marque des grandes œuvres –, mais pour trouver l'image juste ou la métaphore qui touchera droit au cœur, il déploit le zèle d'un parnassien.

[*Ces deux extraits sont tirés de l'article de* Pierre Cayouette, «Le brûlot abitibien», *L'actualité*, 15 décembre 1999.

9 Dans chacune des paires de phrases ci-après, expliquez la nuance de sens qu'apporte l'auxiliaire d'aspect de la seconde phrase.

- *Il jouait du violon. / Il s'apprêtait à jouer du violon.*
- *Elle a annulé sa leçon de piano. / Elle vient d'annuler sa leçon de piano.*
- *Tu travailles un morceau de violoncelle./ Tu es en train de travailler un morceau de violoncelle.*

GOC 305

La ponctuation

GOC 301 Les phrases subordonnées et la réduction de phrases
GOC 302 L'orthographe
GOC 303 Les accords
GOC 304 La conjugaison
GOC 305 La ponctuation
GOC 306 Le discours rapporté

L'ESSENTIEL
La ponctuation

1 L'EMPLOI DU DEUX-POINTS

Le deux-points est employé notamment dans les cas suivants:

- pour **juxtaposer deux phrases** entre lesquelles il y a un rapport de sens. La seconde phrase peut énoncer, par exemple, une explication, une cause ou une justification (parfois une conséquence ou une conclusion) en rapport avec ce que la première exprime;

  Ex.: *L'inégalité entre pauvres et riches est négativement dynamique: les riches deviennent de plus en plus opulents, les pauvres de plus en plus miséreux.* (explication)

  Les femmes risquent davantage que les hommes de se retrouver à la rue: dans l'ensemble, elles sont plus pauvres qu'eux. (cause ou justification)

/REMARQUE/ Le deux-points ainsi employé peut souvent être remplacé par un **marqueur de relation** tel que *c'est-à-dire que, en effet, car, parce que, étant donné que, puisque, de sorte que, par conséquent, donc.*

- pour **introduire des groupes de mots formant une énumération, parfois aussi un seul groupe de mots**, qui vient préciser un élément de la phrase qui précède le deux-points.

  Ex.: *Ce programme vise à protéger certains droits élémentaires des enfants: le droit d'avoir à manger pour vivre, le droit d'aller à l'école, le droit d'être protégé contre la violence et l'exploitation sexuelle.* (énumération)

  Cette organisation internationale tente d'éradiquer un grave problème: le travail forcé des enfants. (précision)

attention

1. On évite de séparer le noyau d'un groupe de mots et ses expansions par le deux-points (à moins que ces expansions ne soient présentées sous forme de liste).
À éviter: *Un enfant a le droit: d'avoir à manger pour vivre, d'aller à l'école, etc.*
Correction possible: *Un enfant a le droit d'avoir à manger pour vivre, d'aller à l'école, etc.*
ou: *Un enfant a des droits: le droit d'avoir à manger pour vivre, le droit d'aller à l'école, etc.*

2. On évite d'utiliser une succession de deux-points dans une même phrase graphique.
À éviter: *Cette organisation a un ambitieux projet: elle tente d'éradiquer un grave problème: le travail forcé des enfants.*
Correction possible: *Cette organisation a un ambitieux projet, en effet elle tente d'éradiquer un grave problème: le travail forcé des enfants.*

2 L'EMPLOI DU POINT-VIRGULE

2.1 L'EMPLOI DU POINT-VIRGULE ET LA COORDINATION

Dans la coordination, le point-virgule est souvent employé **devant des coordonnants tels que *or*, *cependant*, *en effet*, *ainsi*, *c'est pourquoi*, *mais*.**

EX.: *Comme les vivres sont abondants dans la plupart des pays industrialisés, on a l'impression que la malnutrition ne compte pas parmi les problèmes sociaux de ces pays; or, abondance de nourriture n'est pas toujours synonyme de bonne alimentation.*

/REMARQUE/ Précédés d'un point-virgule, certains coordonnants sont généralement suivis d'une virgule, notamment les coordonnants *or*, *cependant*, *en effet*, *ainsi*.

Dans la plupart des cas, le point-virgule ainsi employé pourrait être remplacé par un point ou une virgule.

2.2 L'EMPLOI DU POINT-VIRGULE ET LA JUXTAPOSITION

Dans la juxtaposition, le point-virgule s'emploie notamment dans les cas suivants:

- pour **joindre des phrases entre lesquelles il y a un rapport de sens très étroit**, généralement des phrases qui rendent compte des différents aspects d'une même idée, ou qui présentent une opposition;

EX.: *Notre organisation souhaite rallier à la cause des enfants diverses personnalités de renommée mondiale. Ces personnes ont le pouvoir d'influencer des individus de tous horizons; elles sont capables d'obtenir des engagements concrets de la part de ceux qui disposent de moyens.* (Les phrases juxtaposées présentent deux aspects d'une même idée: les gens qui jouissent d'une certaine renommée ont du pouvoir.)

«*La liberté totale du marché est synonyme d'oppression; la loi est la première garantie de justice sociale.*» Jean Ziegler (opposition: la liberté économique opprime / la loi libère)

/REMARQUE/ Dans certains cas, le point-virgule ainsi employé peut être remplacé par un **marqueur de relation** tel que *alors que*, *tandis que*, *cependant*, *mais*, *et*, *de plus*.

- pour **joindre des phrases ou des groupes de mots comportant eux-mêmes des éléments détachés ou joints par la virgule**;

EX.: *En Amérique latine, un enfant sur cinq travaille; en Afrique, un sur trois; en Asie, un sur deux!*

- pour **joindre les éléments d'une énumération disposés l'un au-dessous de l'autre**.

EX.: *Parmi les droits élémentaires des enfants, retenons ceux-ci:*
– le droit d'avoir à manger pour vivre;
– le droit d'aller à l'école;
– le droit d'être protégé en cas de guerre;
– le droit d'être protégé contre la violence et l'exploitation sexuelle.

EXERCICES

1 Ⓐ Dans chaque groupe de phrases numéroté, précisez si, par rapport à ce qu'exprime la première phrase juxtaposée, la seconde phrase énonce :

ⓐ une explication, une cause ou une justification ;

ⓑ une conséquence ou une conclusion ;

ⓒ une opposition.

① Il y a assez de nourriture pour alimenter toute la planète : l'équivalent de 2 kg de denrées est disponible par jour par personne. ② Les populations favorisées ne sont pas menacées par la réduction de la pauvreté ; elles le sont par son extension. ③ Les conditions de vie des enfants sont de bons indicateurs du degré de détresse sociale : elles permettent d'évaluer dans quelle mesure des progrès sociaux ont été accomplis.

Ⓑ Remplacez les deux-points et le point-virgule dans les phrases ci-dessus par l'un des marqueurs de relation suivants : *en effet, donc, mais*.

2 Les phrases ci-dessous sont difficiles à lire parce que la virgule a été utilisée pour juxtaposer des phrases comportant eux-mêmes des éléments détachés ou joints par la virgule.

① La lutte pour le respect des droits de l'enfant passe par la lutte pour la cessation de l'exploitation sous toutes ses formes, pour la justice sociale, elle ne peut être un combat isolé. ② En 1960, les 20 % de la population mondiale vivant dans les pays les plus riches avaient un revenu 30 fois supérieur à celui des 20 % les plus pauvres, en 1995, leur revenu était 82 fois supérieur !

Corrigez la ponctuation de ces phrases en remplaçant les virgules qui servent à juxtaposer des phrases par un point-virgule.

Ex. : *En Amérique latine, un enfant sur cinq travaille, en Afrique, un sur trois, en Asie, un sur deux !*

Correction : *En Amérique latine, un enfant sur cinq travaille; en Afrique, un sur trois; en Asie, un sur deux !*

3 Dans les phrases ci-dessous, le deux-points sépare le noyau d'un groupe de mots et ses expansions, ce qu'il faut éviter de faire.

① Les jeunes sans-abri courent deux fois plus de risques que les autres d'avoir : des affections chroniques (otites, infections pulmonaires), des troubles gastro-intestinaux, des maladies sexuellement transmissibles, etc. ② Les secteurs offrant les conditions de travail les plus inhumaines et dangereuses aux enfants-travailleurs sont : la prostitution, l'agriculture, les mines et certaines usines.

Ⓐ Corrigez la construction de ces phrases de façon à obtenir une phrase qui introduit correctement l'énumération.

Ex. : *Un enfant a le droit : d'avoir à manger pour vivre, d'aller à l'école, etc.*

Correction :

Un enfant a des droits : le droit d'avoir à manger pour vivre, le droit d'aller à l'école, etc.

ou

Un enfant a des droits tels que celui d'avoir à manger pour vivre, celui d'aller à l'école, etc.

Ⓑ Dans les phrases construites en Ⓐ, soulignez l'élément auquel l'énumération fait référence.

4 Les phrases ci-dessous comportent une succession de deux-points, ce qu'il est préférable d'éviter.

① Cette organisation s'efforce de combattre la faim dans le monde: elle a mis en place des programmes de développement dans trois secteurs: la production agricole, l'eau potable et l'irrigation, les soins de santé.
② La malnutrition est un problème qui concerne également les pays industrialisés: abondance de nourriture n'est pas synonyme de bonne alimentation, la preuve: les problèmes d'obésité auxquels sont confrontés de plus en plus de Nord-Américains.

A Corrigez chacune de ces phrases en remplaçant l'un des deux-points par un marqueur de relation approprié.

B Faites précéder le marqueur de relation d'une virgule, s'il y a lieu.

5 Dans les phrases suivantes, le coordonnant après le point-virgule a été supprimé. Indiquez lequel conviendrait dans chaque cas.

La faim fait des désastres: chaque année, 30 millions de personnes meurent de faim; ① 800 millions souffrent de sous-alimentation chronique.

Certains croient qu'il suffirait d'augmenter la production d'aliments pour mettre un terme à la faim; ②, cela ne change en rien le mécanisme économique qui détermine qui peut ou ne peut pas acheter de la nourriture.

Mère nature n'est pas responsable de la famine; ③, la vraie coupable est notre société qui place l'efficacité économique bien au-dessus de la compassion.

Nous devrions certes nous inquiéter qu'une crise écologique menace notre production alimentaire; ④ les besoins mondiaux ne sont pas tels qu'il nous faille sacrifier l'équilibre de la planète.

6 Indiquez la ponctuation qui convient à la place des numéros:

ⓐ une virgule;

ⓑ un deux-points;

ⓒ une virgule ou un point-virgule;

ⓓ un point-virgule.

La nourriture ne manque pas ① les denrées alimentaires n'ont jamais été aussi abondantes.

L'abondance de biens atteint des niveaux sans précédent ② cependant, le nombre de ceux qui n'ont pas de toit, pas de travail, pas assez à manger augmente sans cesse.

Pour que la lutte contre le travail des enfants soit fructueuse ③ la contribution de tous les partenaires sociaux est nécessaire ④ les syndicats, les organisations d'employeurs, les industries, les organisations philanthropiques, les éducateurs, etc.

Les syndicats jouent un rôle irremplaçable dans le combat contre le travail des enfants ⑤ en luttant contre le chômage des adultes, ils peuvent déjà contribuer à ce combat ⑥ en mettant leur fonction de surveillance à profit, ils peuvent freiner la distribution des produits fabriqués par les enfants ⑦ en repérant les enfants-travailleurs dans leur secteur, ils peuvent les protéger.

GOC 306

Le discours rapporté

GOC 301 Les phrases subordonnées et la réduction de phrases
GOC 302 L'orthographe
GOC 303 Les accords
GOC 304 La conjugaison
GOC 305 La ponctuation
GOC 306 Le discours rapporté

CORPUS D'OBSERVATION

Texte 1

Chicoutimi, le 4 mai 1999

Patrick,

Hier, Laurence m'a appris qu'Hélène sera à Montréal le 6 mai.

Lucie

Texte 2

J'appelle. Je dis: c'est Yann. Elle parle. Ça dure longtemps.

Extrait de *Cet amour-là*, Yann Andréa, Éditions Pauvert, 1999.

Texte 3

Hiroshi Nakajima, directeur général de l'OMS, estime que cette situation néfaste peut conduire à l'éclatement «d'une crise sanitaire impossible à gérer».

Adapté de «Les humains vivent plus vieux mais pas mieux», Laurent Mossu, *Le Figaro*, Genève, 10 mai 1991.

Texte 4

Aux yeux de Sartre, la révolte était l'ultime tentative d'arracher sa vie au hasard, pour Malraux un idéal humanitaire, pour Prévert une façon de rester en vie, pour les Résistants fusillés sous l'Occupation et pour un Mandela emprisonné le seul cri possible. «Je ne peux pas considérer comme libre un être n'ayant pas le désir de trancher en lui les liens du langage», estimait le Jack Kerouac de *Sur la route*.

Tiré de «Tous rebelles unis», Odile Tremblay, *Le Devoir*, 28 août 1999.

Texte 5

Hier, en entrevue, la gagnante du gros lot a partiellement dévoilé ses projets. «D'abord, j'acquitterai les dettes de tous les membres de ma famille.» Ensuite, elle séjournera quelques mois au Japon, son rêve de jeunesse. À son retour de voyage, elle laissera à la vie le soin d'organiser la suite des événements. «Toute ma vie, j'ai tout planifié dans les moindres détails. Maintenant que j'en ai les moyens, j'espère vivre au jour le jour, au gré de mes désirs», a conclu Mme Thibodeau.

Texte 6

«Ils ne lisent plus. Ils ne savent pas quoi faire de leur peau. Ils passent leur temps à perdre leur temps.» Combien tiennent encore un tel discours à propos des jeunes ? J'ai déjà eu l'occasion de souligner qu'en fait, une telle image péjorative des jeunes renvoyait à un modèle élitiste de la société, diffusé par la génération «instruite» des baby-boomers qui ne destinait ses enfants qu'à marcher sur ses traces.

Au contraire de la représentation négative qu'on a plus ou moins entretenue, l'article récent de Jean-Paul Baillargeon, dans la même série, indiquait clairement que les habitudes de lecture des jeunes se sont clairement modifiées. Ainsi, depuis les années 80, les taux de lecture de livres des 18-24 ans grimpent constamment, celui des 15-17 ans dépasse la moyenne de la population pour ce qui est de la lecture de magazines et de livres !

Tiré de «Pratiques culturelles : les jeunes sont actifs… à leur manière», Gilles Pronovost, *Le Devoir*, 1er novembre 1999.

Texte 7

Les contre-cultures d'aujourd'hui auxquelles l'auteure (professeure au département de sociologie de l'université d'Ottawa) fait référence dans l'extrait ci-dessous sont la contre-culture hip-hop et l'univers techno.

① Qu'en est-il des contre-cultures aujourd'hui ? ② Le débat reste ouvert. ③ Certains déclarent la question close et la scène alternative entièrement récupérée par un système de plus en plus conservateur. ④ Notre société narcissique aurait éradiqué du cœur et de l'esprit des jeunes de notre époque l'imagination et le feu de la passion. ⑤ Les jeunes seraient devenus plus pragmatiques, plus conservateurs, moins idéalistes et contestataires que nous, les baby-boomers, avons été à leur âge.

⑥ Aux antipodes de ces approches nihilistes, d'autres soutiennent que les jeunes contre-culturels poursuivent leur rôle critique. ⑦ Selon moi, le verdict de la mort des contre-cultures est intenable car il implique l'occultation fallacieuse d'une partie importante du vécu socio-politique des jeunes d'aujourd'hui qui, comme ceux d'hier, ont su se donner ces espaces parallèles d'expression que représentent les contre-cultures.

Tiré de «Les jeunes et la créativité : de l'utilité des contre-cultures», Diane Pacom, *Le Devoir*, 10 janvier 2000.

PISTES D'OBSERVATION

1 **A** Dans le texte **1**, qui est l'émetteur du message écrit le 4 mai 1999 ? Qui en est le récepteur ?

B Ce message écrit le 4 mai en reprend un autre émis antérieurement. Qui est l'émetteur de ce message rapporté ? Qui en est le récepteur ?

C Tentez de reformuler le message rapporté tel qu'il a été dit.

D À quelle date le message rapporté a-t-il été produit ? Comment le savez-vous ?

2 **A** Dans le texte **2**, relevez le discours direct.

B Quelles marques vous ont permis de repérer ce discours direct ?

C Les marques habituelles du discours direct sont-elles toutes utilisées ici ? Expliquez votre réponse.

3 Dans le texte **3**, on rapporte indirectement les propos de Hiroshi Nakajima. Cependant, ce discours indirect est interrompu par une citation mise entre guillemets. D'après vous, pourquoi le journaliste a-t-il inséré ce passage en discours direct ?

4 Dans le texte **4**, quelles voix Odile Tremblay choisit-elle de faire entendre pour définir la notion de révolte ?

5 Dans le texte **5**, le passage en bleu est-il, selon vous, du discours rapporté ? Pourquoi ?

6 Dans le texte **6** :

A Relevez les verbes introduisant les discours indirects.

B Relevez les discours indirects.

C Nommez l'émetteur de chacun de ces discours indirects.

7 Dans le texte **7**, à qui doit-on attribuer les propos dont il est question dans chacune des phrases numérotées ?

L'ESSENTIEL
Le discours rapporté

Grâce au discours rapporté, il est possible de faire intervenir plusieurs émetteurs dans un même texte. Dans un éditorial, par exemple, l'auteur peut choisir de faire entendre, en plus de sa propre voix, celle de témoins, d'experts, etc. Dans un récit, le narrateur peut céder la parole aux autres personnages. L'observation du discours rapporté dans un texte donné est donc une clé de lecture qui permet de distinguer les propos à mettre au compte de l'auteur (ou du narrateur) et ceux que l'on doit attribuer à d'autres intervenants.

Le discours rapporté : une situation de communication particulière

Sans discours rapporté, la situation de communication se résume à ceci : un émetteur communique un message à un récepteur.

Ex. :

Annie,

Il y aura un grand rassemblement au parc demain soir.

Laurent

Dans cet exemple, l'émetteur est Laurent, la réceptrice est Annie, le message est «Il y aura un grand rassemblement au parc demain soir».

Cependant, l'introduction d'un discours rapporté rend la situation de communication plus complexe. Elle se dédouble : un émetteur communique un message à un récepteur, mais ledit message a ceci de particulier qu'il en reprend un autre, formulé antérieurement.

Ex. : Après avoir reçu le message de Laurent, Annie écrit à Tran :

Rimouski, le 26 avril 1999

Tran,

Hier, Laurent m'a confirmé qu'il y aura un grand rassemblement au parc ce soir.

Annie

	Émetteur	**Récepteur**	**Autres informations sur le message**	**Contenu**
Message «rapportant»	*Annie*	*Tran*	• Écrit à Rimouski, le 26 avril 1999	*Hier, Laurent m'a confirmé qu'il y aura un grand rassemblement au parc ce soir.*
Message «rapporté» (formulé antérieurement)	*Laurent*	*Annie*	• Écrit la veille du 26 avril 1999 (Il a donc été produit **avant** l'autre message.)	*Il y aura un grand rassemblement au parc demain soir.*

Tout discours rapporté suppose donc:
- deux messages distincts (l'un «rapportant», l'autre «rapporté») produits à des moments différents;
- un couple émetteur-récepteur pour chaque message.

Faire intervenir plusieurs émetteurs dans un texte

Dans son texte, un émetteur peut faire intervenir d'autres émetteurs soit **explicitement** (les interventions des autres émetteurs sont alors repérables à l'aide de diverses marques: ponctuation particulière, verbe introducteur, élément incident, etc.), soit **implicitement** (auquel cas le repérage des interventions des autres émetteurs relève davantage de l'interprétation).

1 DES MOYENS POUR FAIRE INTERVENIR EXPLICITEMENT D'AUTRES ÉMETTEURS

1.1 LE DISCOURS DIRECT

Reconnaissable principalement à sa ponctuation particulière, le discours direct permet la reproduction, la citation de propos émis antérieurement dans un autre contexte.

Ex.: *Quand il parle de son projet, le jeune député de 24 ans s'enflamme, fait de grands gestes des bras et trépigne sur sa chaise. Il dit revivre ses premiers pas en politique fédérale. «C'est comme lorsque je me suis présenté dans l'investiture de mon comté du Lac-Saint-Jean. C'était complètement fou, j'avais 22 ans, deux ans de moins que Mario Dumont. Mais je trouvais que ça avait du bon sens que je me présente. C'est la même chose aujourd'hui, j'ai les mêmes brûlures d'estomac, je n'arrête pas de me remettre en question...»*

Tiré de «Le combat de Stéphan Tremblay ne fait que commencer»,
Judith Lachapelle, *Le Devoir*, 24 avril 1998.

Le discours direct s'emploie principalement:
- pour rapporter les propos d'autrui le plus objectivement possible;
- pour ajouter de la vivacité ou une touche d'humour à un texte (en citant, par exemple, les paroles d'une personne connue pour son langage «coloré»);
- pour créer un effet de réel, notamment dans le récit.

/REMARQUES/

1. Le discours direct peut être fictif.

Ex.: *Si on lui avait demandé ce qu'elle a pensé du geste de Tremblay quittant la Chambre des communes en emportant son siège, Lena aurait probablement répondu ceci: «Rien. Je n'en pense rien. Absolument rien.»*

2. Pour signaler qu'un second discours direct est englobé dans un premier discours direct lui-même guillemeté, on emploie les guillemets " ".

Ex.: *Le président sortant du Conseil permanent de la jeunesse, Michel Phillibert, s'est dit choqué des réactions de ceux qui disent que les jeunes ne se font pas entendre et qui rechignent lorsque ceux-ci remuent un peu trop. «C'est le même type de geste d'éclat que les réformistes qui ont fait les mariachi. Ça, on trouve ça drôle, mais quand un jeune sort avec un fauteuil pour parler de mondialisation, tout ce qu'on trouve à dire, c'est: "Ramène le fauteuil, ti-cul!"»*

Tiré de «Le combat de Stéphan Tremblay ne fait que commencer»,
Judith Lachapelle, *Le Devoir*, 24 avril 1998.

3. Il arrive, en particulier dans les œuvres contemporaines, que l'on utilise le discours direct sans toutes ses marques habituelles. Ainsi, dans l'exemple ci-dessous, le discours direct est introduit par le verbe crier et est délimité par l'*italique*.

Ex.: En temps normal, j'aime les bêtes, mais à ce moment j'avais l'amour des bêtes un peu à plat à cause de maman qui n'y était plus, et en me retournant j'ai crié au chat *j'ai l'air d'un hareng ou quoi ?* Puis j'ai repris ma promenade un peu honteux tout de même, à cause de maman qui m'avait pourtant appris à rester gentil malgré les embêtements.

Extrait de *Garage Molinari*, Jean-François Beauchemin, Éditions Québec Amérique, 1999.

1.2 LE DISCOURS INDIRECT

Habituellement intégré dans une phrase à la suite d'un verbe introducteur, le discours indirect permet la reformulation, la traduction, l'adaptation des paroles rapportées.

Ex.: *Hélène confesse, sourire en coin, qu'elle a joué la carte de la jeunesse.*

/REMARQUE/ Le discours indirect inséré dans cet exemple pourrait être la reformulation des propos suivants d'Hélène: «Je suis jeune, c'est mon privilège, et j'en profite.»

Le discours indirect s'emploie, entre autres:

- pour résumer, synthétiser les propos à rapporter, notamment quand l'espace alloué pour la rédaction d'un texte est réduit;
- pour rapporter des paroles dont la citation serait choquante ou inappropriée.

/REMARQUES/

1. Comme le discours direct, le discours indirect peut être fictif.

Ex.: *Si on me demandait ce que j'en pense, je répondrais que le coup d'éclat du jeune député me laisse indifférente.*

2. Le discours indirect peut être interrompu par une courte citation mise entre guillemets.

Ex.: *Un haut fonctionnaire a déclaré qu'il était satisfait de la décision de démanteler le «monstre virtuel».*

1.3 LA MISE ENTRE GUILLEMETS D'UN MOT (ou d'un groupe de mots)

Dans certains contextes, un mot ou un groupe de mots mis entre guillemets est en fait une courte citation qu'un émetteur attribue à un autre émetteur.

Ex.: *Un haut fonctionnaire a déclaré qu'il était satisfait de la décision de démanteler le «monstre virtuel».* («Monstre virtuel» qualifie un fichier central regroupant des données confidentielles.)

Ce type de mise entre guillemets s'emploie notamment lorsqu'un émetteur souhaite préserver une formulation originale qu'il juge évocatrice, puissante, adroite, choquante, etc., mais dont il veut se distancier.

1.4 L'ATTRIBUTION DE PROPOS À DES TIERS À L'AIDE D'ÉLÉMENTS INCIDENTS COMME *SELON LUI, POUR EUX, D'APRÈS LES EXPERTS*

L'élément incident permet d'attribuer explicitement à un autre émetteur ou à plusieurs autres émetteurs la responsabilité d'un énoncé sans pour autant utiliser les marques habituelles (ponctuation particulière, incise, verbe introducteur) du discours rapporté.

Ex.: *Selon trois fonctionnaires du ministère de l'Environnement* [ou *D'après Thomas* / *À en croire ma voisine* / *D'après les médias*, etc.], *la nécessité de partager nos réserves d'eau est officiellement reconnue.*

2 DES MOYENS POUR FAIRE INTERVENIR IMPLICITEMENT D'AUTRES ÉMETTEURS

2.1 LE DISCOURS DIRECT LIBRE

Il s'agit d'un discours direct dépourvu de ses marques habituelles (ponctuation particulière, verbe introducteur, incise, etc.). On le repère principalement grâce aux caractéristiques qu'il conserve de l'oral et aux indices (pronoms, précisions de temps et de lieu, temps verbaux) qui renvoient à une autre situation de communication.

Ex.: *Elle menace, vous n'avez rien ici, tout est à moi, tout, vous entendez, l'argent est à moi et je ne vous donnerai rien, pas un centime, vous êtes un double zéro, un nullard de première. Elle ne comprend pas pourquoi j'insiste, pourquoi je reste, là, avec elle, et elle seule avec moi.*

Extrait de *Cet amour-là*, Yann Andréa, Éditions Pauvert, 1999.

2.2 LE DISCOURS INDIRECT LIBRE

Le discours indirect libre rapporte, sans marque particulière, mais en les reformulant, les propos d'un autre émetteur. Son repérage relève de l'interprétation. Aucune marque, aucun trait propre ne permet de l'identifier à coup sûr, mais il est souvent amené par le contexte.

Ex.: *Hier, en entrevue, il* [*Stéphan Tremblay*] *s'est expliqué sur les circonstances de son coup d'éclat. D'abord, son geste était planifié. Prévu initialement pour le 25 mars à l'occasion du deuxième anniversaire de son élection, il a ensuite été repoussé jusqu'à lundi dernier, anniversaire de son arrivée à la Chambre des communes. Ensuite, le fauteuil, c'était son idée. «On savait que c'était "kamikaze"», reconnaît-il.*

Tiré de «Le combat de Stéphan Tremblay ne fait que commencer», Judith Lachapelle, *Le Devoir*, 24 avril 1998.

Dans cet exemple, le passage en bleu peut être interprété comme une reformulation des propos qu'a tenus Stéphan Tremblay pour expliquer son geste. D'ailleurs, ce passage peut être récrit en lui ajoutant le verbe introducteur caractéristique du discours rapporté indirect (D'abord, il a admis que son geste était planifié...) ou les marques du discours direct («Mon geste était planifié», a-t-il d'abord admis...).

EXERCICES

1 Dans le texte suivant, quelle voix chacun des passages en gras fait-il entendre ?

Le fauteuil du député Stéphan Tremblay a fait beaucoup jaser cette semaine. ① **Un peu trop même**, selon le principal intéressé, qui aimerait bien discuter de mondialisation et de pauvreté plutôt que de la couleur dudit objet. Le fauteuil sera de retour cette semaine au Parlement, mais le combat de Stéphan Tremblay, lui, ne fait que commencer. [...]

② **Stéphan Tremblay aura au moins réussi la première partie de son plan.** Les images de la télévision qui l'ont montré soulevant son fauteuil à bout de bras, avant d'être entouré par une meute de journalistes à sa sortie de la salle des débats, ont fait le tour du monde. Des appuis venus non seulement du Québec mais aussi de la France, de la Belgique, des États-Unis et de la Suède se sont mis à pleuvoir. ③ **On a admiré son courage de sonner l'alarme sur la mondialisation des marchés, sur l'augmentation de l'écart entre riches et pauvres ainsi que sur l'apparente impuissance des élus à régler le problème.**

[Tiré de «Le combat de Stéphan Tremblay ne fait que commencer»,
Judith Lachapelle, *Le Devoir,* 24 avril 1998.

2 Dans les trois extraits ci-après, relevez toutes les interventions imputables à d'autres émetteurs qu'à l'auteure du texte. Consignez vos réponses dans un tableau comme celui-ci :

Numéro de l'extrait	Moyen retenu pour faire intervenir un autre émetteur (discours direct, mise entre guillemets, etc.)	Marques permettant de repérer l'intervention de l'autre émetteur (verbe introducteur, incise, etc.)	Propos à attribuer à l'autre émetteur	Nom de cet autre émetteur

Extrait 1

Stéphan Tremblay avoue sans détour qu'il a joué la carte de la jeunesse. «Je me suis dit: "Si je n'y vais pas, quels regrets j'aurai plus tard ? Est-ce qu'à 40 ans je serai fier de moi ?"»

Extrait 2

«J'ai commencé mon mandat de parlementaire en me disant que je travaillerais dans l'optique de projeter dans l'avenir ce qui se passe aujourd'hui, poursuit Stéphan Tremblay. Or, quand je me promène dans mon comté et ailleurs au Québec, je vois que la pauvreté semble prendre davantage de terrain.»

Extrait 3

Nikolas Ducharme, président de la Fédération étudiante universitaire du Québec, a affirmé avoir aimé le symbole de «redescendre les chaises chez le peuple». Il dit aussi qu'il comprend le questionnement du bloquiste. «Stéphan est un idéaliste. Il a plongé très jeune dans la politique et il a vu des choses qui l'ont désillusionné. Je sais de quoi je parle, je vois ça tous les jours et ça me frustre!»

[Adapté de «Le combat de Stéphan Tremblay ne fait que commencer», Judith Lachapelle, *Le Devoir,* 24 avril 1998.

3 Pourquoi l'auteure de l'extrait ci-dessous a-t-elle mis un groupe de mots entre guillemets?

Je suis indignée de constater que les médias et les analystes politiques parlent constamment de manque de maturité et d'inexpérience en ce qui concerne le geste d'éclat posé par Stéphan Tremblay il y a quelques semaines.

Ce n'est pas son âge qui est responsable de ce geste symbolique. Ce n'est pas de «sympathiques facéties de carnaval d'étudiants» que nous avons vues. Simplement de la colère, de la frustration et, oui!, de l'impatience face à l'inertie d'un système obnubilé par la pensée unique de la globalisation.

[Tiré de «Le courage de ses opinions», Karine Prémont, *La Presse*, 1er juin 1998.

4 **A** Dans les phrases en couleur de l'extrait ci-dessous, qui la journaliste fait-elle intervenir?

Bien que le Québec soit composé de milliers de petits réservoirs naturels d'eau souterraine, personne ne s'entend sur la quantité d'eau qu'ils contiennent ni sur leurs cycles de régénération. On nage en pays méconnu. À Franklin, près de la frontière états-unienne, des experts hydrologues ne s'entendent pas sur l'importance de la source souterraine. Certains disent qu'elle dessert un bassin de 1,5 km de diamètre, d'autres croient que ce diamètre pourrait s'étendre jusqu'à 10 kilomètres à la ronde. [...] Dans ce contexte, il faut exiger un moratoire sur l'exploitation des ressources souterraines.

[Tiré de «Ouvrir les yeux dans l'eau», Julie Perreault, *Recto Verso*, septembre-octobre 1997.

B Si on supprimait les phrases en couleur, le texte aurait-il la même crédibilité? Expliquez votre réponse.

5 Récrivez l'extrait ci-dessous de manière à transformer le passage en couleur en discours direct en utilisant ses marques particulières.

> Elle menace, vous n'avez rien ici, tout est à moi, tout, vous entendez, l'argent est à moi et je ne vous donnerai rien, pas un centime, vous êtes un double zéro, un nullard de première. Elle ne comprend pas pourquoi j'insiste, pourquoi je reste, là, avec elle, et elle seule avec moi.
>
> [Extrait de *Cet amour-là*, Yann Andréa, Éditions Pauvert, 1999.

6 Le passage en couleur dans l'extrait ci-dessous peut être interprété comme du discours indirect libre. Expliquez comment le contexte permet une telle interprétation.

> Ils parlaient de ce qu'ils feraient plus tard, quand ils seraient sortis du collège. D'abord, ils entreprendraient un grand voyage avec l'argent que Frédéric prélèverait sur sa fortune, à sa majorité. Puis ils reviendraient à Paris, ils travailleraient ensemble, ne se quitteraient pas [...].
>
> [Extrait de *L'Éducation sentimentale*, Gustave Flaubert.

7 **A** Dans l'extrait suivant, à quel personnage attribuez-vous les discours directs entre guillemets ?

> Né sans bruit par un matin d'hiver, Emmanuel écoutait la voix de sa grand-mère. Immense, souveraine, elle semblait diriger le monde de son fauteuil. «Ne crie pas, de quoi te plains-tu donc ? Ta mère est retournée à la ferme. Tais-toi jusqu'à ce qu'elle revienne. Ah ! déjà tu es égoïste et méchant, déjà tu me mets en colère !» Il appela sa mère. «C'est un bien mauvais temps pour naître, nous n'avons jamais été aussi pauvres, une saison dure pour tout le monde, la guerre, la faim et puis tu es le seizième...» Elle se plaignait à voix basse, elle égrenait un chapelet gris accroché à sa taille. Moi aussi j'ai mes rhumatismes, mais personne n'en parle. Moi aussi, je souffre. Et puis, je déteste les nouveau-nés; des insectes dans la poussière ! Tu feras comme les autres, tu seras ignorant, cruel et amer... «Tu n'as pas pensé à tous ces ennuis que tu m'apportes, il faut que je pense à tout, ton nom, le baptême...»
>
> [Extrait de *Une saison dans la vie d'Emmanuel*, Marie-Claire Blais, Les Éditions du Boréal, coll. «Boréal compact», 1991.

B Le discours direct libre en couleur dans l'extrait ci-dessus est-il attribuable au même personnage qu'en **A** ou à un autre ? Expliquez votre réponse en précisant l'utilité des discours directs et du discours direct libre dans cet extrait.

LIT 401

Lire un roman historique

C'est toujours la même histoire...

Description de l'activité

Dans cette activité, vous lirez un roman historique que vous présenterez ensuite devant la classe dans un exposé oral à caractère argumentatif pour démontrer que, peu importe l'époque, les êtres humains et leurs histoires sont toujours les mêmes.

«On les reconnaît facilement: ils ont l'embonpoint facile, ils sont truffés de notes, de cartes, de documents, ils portent le lexique ou le glossaire plutôt long. Explorant par le menu les épisodes plus ou moins glorieux de l'aventure humaine, les romans «historiques» ont la cote. Peut-être parce qu'ils exigent du lecteur constance et fidélité au moment où tout le reste se présente en petits fragments éclatés...»

Michel Bélair, *Le Devoir*, samedi 7 mars 1998.

À CONSULTER
pour cette activité:
→ TT 202

Qu'est-ce qu'un roman historique ?

Le roman historique en tant que genre littéraire

Le roman historique attire beaucoup de lecteurs et de lectrices et bon nombre de titres figurent régulièrement sur les listes des meilleurs vendeurs en librairie. En lisant ce type de livres, les lecteurs et les lectrices font d'une pierre deux coups: **se divertir** et **se renseigner sur le passé**. L'**aspect documentaire** du roman historique permet en effet d'en apprendre davantage sur une période historique donnée. On tente d'y décrire fidèlement une époque en faisant référence à des événements passés (guerres, couronnements, inventions, découvertes, etc.) ou en donnant des détails précis et exacts sur les lieux et les mœurs d'autrefois (façon de s'habiller, de manger, de parler, de travailler, de penser, etc.). À l'opposé, dans les contes et les légendes, on ne trouve aucune information précise sur le lieu ou l'époque à laquelle se déroule l'histoire; personne ne sait, par exemple, dans quel pays ou en quelle année vivait Cendrillon.

Le roman historique met en scène des situations où des êtres humains vivent des drames et des joies qui trouvent écho dans la réalité actuelle. Le passé ressemble étrangement au présent.

Parmi les **repères historiques** de ce genre de romans, citons notamment:

- les personnages;
- les dates et les noms de lieux;
- l'emploi d'une terminologie (vocabulaire et expressions) propre à une période de l'histoire.

«Ceux qui mettent le roman historique dans une catégorie à part oublient que le romancier ne fait jamais qu'interpréter à l'aide des procédés de son temps un certain nombre de faits passés, de souvenirs conscients ou non, tissu de la même matière que l'Histoire.»

Marguerite Yourcenar

France, 1991.

Québec, 1995.

France, 1858.

Allemagne, 1971.

États-Unis, 1978.

France, 1858.

États-Unis, 1939.

Québec, 1999.

Comment distingue-t-on un roman historique d'un manuel d'histoire ?

1. Un **manuel d'histoire** présente **des faits et des personnages qui ont véritablement existé**. On y trouve des dates exactes et les événements sont ordonnés chronologiquement. Un tel ouvrage vise à **informer** les lecteurs et les lectrices. Les faits y sont exposés de manière **objective** dans la mesure du possible. L'auteur ou l'auteure s'efforce de garder une certaine distance par rapport à son sujet et décrit les événements sans émotion.

2. Le **roman historique** présente aussi des faits, des personnages et des dates précises, mais il comporte **une part d'invention**. Par exemple, même si un personnage a réellement existé, il est peu probable que tous les gestes et toutes les paroles que l'auteur ou l'auteure lui prête soient rigoureusement authentiques. La personne qui écrit joue un peu avec la précision historique. Son point de vue est donc beaucoup plus **subjectif** que celui de l'historien ou de l'historienne. Le roman historique vise à **émouvoir** le lecteur ou la lectrice en lui faisant partager les émotions des personnages et à lui faire **découvrir** une façon de vivre différente de la sienne.

Ainsi, dans un roman historique, on pourrait apprendre qu'au Moyen Âge, il y avait rarement des horloges dans les maisons et que, pour calculer le temps de cuisson, on utilisait la prière comme en fait foi cette recette de soupe d'anguille citée dans *Moi, Claude, empereur* de Robert Graves: «Dépouillez une anguille et coupez-la en petits tronçons. Passez-la sur feu doux, dans une casserole où vous aurez mis à frire un peu de très bonne huile. Salez et poivrez, tandis que, dans un mortier, vous pilez du gingembre et de la cannelle avec des clous de girofle, du poivre et du safran. Mettez ce mélange dans une bouteille de vin. Secouez et versez le tout dans la casserole. Laissez bouillir le temps de réciter dix *Pater* et trois *Ave*.»

Comment lire
un roman historique ?

Pour lire un roman historique, il faut bien saisir tous les enjeux de l'**intrigue** (le comment et le pourquoi des événements vécus par les personnages). En outre, il faut porter attention aux **repères** mentionnés à la page 406 pour identifier le temps et le lieu de l'action. Au fil de la lecture, il est bon de souligner ces indications. Vous pourrez ensuite répondre aux questions suivantes :

- Y a-t-il des noms de personnages qui ont réellement existé ?
- Les dates et les noms de lieux sont-ils vérifiables ?
- Le vocabulaire du narrateur et la façon de parler des personnages sont-ils caractéristiques d'une époque ?

Afin de relever les similitudes et les différences entre l'époque évoquée dans le roman et l'époque contemporaine, il faut faire une lecture attentive et observer comment l'auteur ou l'auteure décrit les événements.

Une lecture
Illustration d'une lecture d'un roman historique

La page ci-contre présente une illustration d'une lecture de la première page du roman *Notre-Dame de Paris* de Victor Hugo.

Aujourd'hui, les cathédrales continuent d'attirer beaucoup de gens, particulièrement des touristes.

Aujourd'hui, les nouvelles sont communiquées dans les journaux, à la radio, à la télévision, sur Internet. La peine de mort a été abolie depuis.

Les rois et les reines ont toujours été accueillis en grande pompe mais, de nos jours, ce sont les vedettes de cinéma et de la chanson qui reçoivent ce genre d'accueil.

Aujourd'hui remplacé par les feux d'artifice.

Aujourd'hui, le mot bourgeois est associé à la réussite matérielle et à un certain conformisme.

On retrouve ce genre de mouvements de foules à l'occasion des carnavals d'hiver et des festivals d'été.

LIVRE PREMIER
1

LA GRAND'SALLE

Il y a aujourd'hui trois cent quarante-huit ans, six mois et dix-neuf jours que les Parisiens s'éveillèrent au bruit de toutes les cloches sonnant à grande volée dans la triple enceinte de la Cité, de l'Université et de la Ville.

Ce n'est cependant pas un jour dont l'histoire ait gardé souvenir que le 6 janvier 1482. Rien de notable dans l'événement qui mettait ainsi en branle, dès le matin, les cloches et les bourgeois de Paris. Ce n'était ni un assaut de Picards ou de Bourguignons, ni une châsse menée en procession, ni une révolte d'écoliers dans la vigne de Laas, ni une entrée de *notredit très redouté seigneur monsieur le roi*, ni même une belle pendaison de larrons et de larronnesses à la Justice de Paris. Ce n'était pas non plus la survenue, si fréquente au quinzième siècle, de quelque ambassade chamarée et empanachée. Il y avait à peine deux jours que la dernière calvacade de ce genre, celle des ambassadeurs flamands chargés de conclure le mariage entre le dauphin et Marguerite de Flandre, avait fait son entrée à Paris, au grand ennui de Monsieur le cardinal de Bourbon, qui, pour plaire au roi, avait dû faire bonne mine à toute cette rustique cohue de bourgmestres flamands, et les régaler, en son hôtel de Bourbon, d'une *moult belle moralité, sotie et farce*, tandis qu'une pluie battante inondait à sa porte ses magnifiques tapisseries.

Contexte politique
Objets religieux
Autorité du roi
Contexte politique
Charles VIII
Duchesse de Savoie et gouvernante des Pays-Bas
De Flandre (française, belge ou hollandaise)
Divertissements

Le 6 janvier, ce qui *mettait en émotion tout le populaire de Paris*, comme dit Jéhan de Troyes, c'était la double solennité, réunie depuis un temps immémorial, du jour des Rois et de la Fête des Fous.

Sorte de carnaval
Contexte religieux
Fête religieuse

Ce jour-là, il devait y avoir feu de foie à la Grève, plantation de mai à la chapelle de Braque et mystère au Palais de Justice. Le cri en avait été fait la veille à son de trompe dans les carrefours, par les gens de monsieur le prévôt, en beaux hoquetons de camelot violet, avec de grandes croix blanches sur la poitrine.

Place de Paris
Pièce de théâtre à caractère religieux
Fonction
Costume (veste)

La foule des bourgeois et des bourgeoises s'acheminait donc de toutes parts dès le matin, maisons et boutiques fermées, vers l'un des trois endroits désignés. Chacun avait pris parti, qui pour le feu de joie, qui pour le mai, qui pour le mystère. Il faut dire, à l'éloge de l'antique bon sens des badauds de Paris, que la plus grande partie de cette foule se dirigeait vers le feu de joie, lequel était tout à fait de saison, ou vers le mystère qui devait être représenté dans la grand'salle du Palais bien couverte et bien close, et que les curieux s'accordaient à laisser le pauvre mai mal fleuri grelotter tout seul sous le ciel de janvier dans le cimetière de la chapelle de Braque.

Classe sociale associée au commerce
Contexte religieux

Le peuple affluait surtout dans les avenues du Palais de Justice, parce qu'on savait que les ambassadeurs flamands, arrivés de la surveille, se proposaient d'assister à la représentation du mystère et à l'élection du pape des fous, laquelle devait se faire également dans la grand'salle.

Point culminant de la fête

Victor Hugo, *Notre-Dame de Paris*, © Hachette, 1979.

Grille de lecture
d'un roman historique

France, 1863.

Pistes pour la prise de notes au fil de la lecture

1 L'ÉPOQUE

- À quelle époque les événements racontés dans le roman se déroulent-ils ?
- À quoi ressemblait la société de l'époque sur les plans politique, religieux et social ?
- Comment vivaient les gens ?
  - – Quels métiers ou quelles professions exerçaient-ils ?
  - – Que mangeaient-ils ?
  - – Quel genre de maisons habitaient-ils ?
  - – Comment se déplaçaient-ils ?
  - – À quoi ressemblait la vie familiale ?
- À quels grands problèmes la société devait-elle faire face (famine, épidémie, guerre, censure, etc.) ?
- Quelles caractéristiques de la société de l'époque retrouve-t-on dans la société d'aujourd'hui ?

France, 1829.

2 L'HISTOIRE

- Quels grands événements historiques sont évoqués dans le roman ?
- Le roman contient-il des événements fictifs ? Si oui, lesquels ?
- De quelles grandes péripéties l'intrigue est-elle constituée ?
- Comment s'articule le récit (situation initiale, élément déclencheur, péripéties, situation finale) ?

France, 1844.

3 LES PERSONNAGES

- Qui sont les personnages importants du roman ?
- Quel est le personnage principal ?
  - – Avec quels autres personnages est-il en conflit ?
  - – Qui sont ses alliés ?
- Quelles caractéristiques des personnages (leur statut social, leurs valeurs, leurs aspirations) se rattachent à l'époque à laquelle se déroule l'histoire ?
- Quelles sont les caractéristiques communes entre les personnages du roman et les gens d'aujourd'hui ?

France, 1844.

4 LES THÈMES

- Quels sont les principaux thèmes du roman ?

Comment résumer un roman historique ?

France, 1946.

Il existe plusieurs façons de résumer un roman historique. On peut le faire à la manière d'un **synopsis de film** comme on en trouve dans les horaires (on peut nommer le ou les personnages principaux et évoquer en quelques phrases les grandes lignes de l'intrigue); on peut aussi faire un **résumé plus élaboré** de manière à rendre compte du contexte historique dans lequel les événements se déroulent et développer les diverses péripéties qui constituent l'intrigue, comme dans l'exemple qui suit.

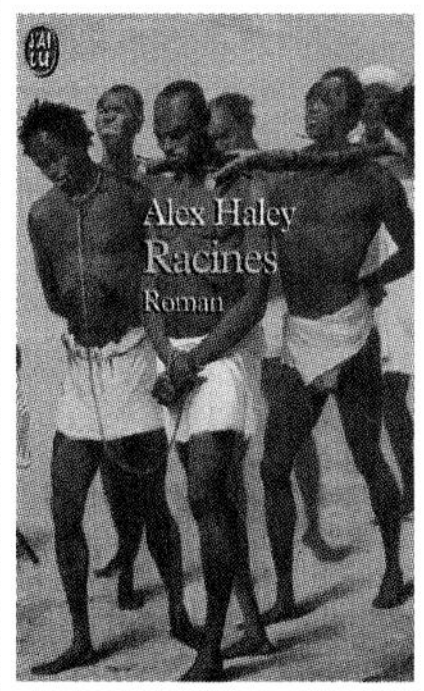

États-Unis, 1976.

TITRE ET AUTEUR OU AUTEURE

Notre-Dame de Paris, roman de Victor Hugo (1802-1885)

L'ÉPOQUE

L'action du roman *Notre-Dame de Paris* se déroule au Moyen Âge, plus particulièrement au XVe siècle à l'époque du règne de Louis XI (1461-1483). C'est une époque empreinte de foi et de pratiques religieuses, une époque aussi où la France connaît une floraison des lettres et des arts.

Dans chaque grande ville, on trouve une cathédrale qui est considérée comme le monument important de la cité; sa construction mobilise des milliers de personnes durant des années.

Québec, 1999.

L'HISTOIRE

L'histoire racontée dans *Notre-Dame de Paris* est celle d'Esmeralda, une bohémienne, qui, pour gagner sa vie, danse sur les places publiques et prédit l'avenir. Esmeralda est aimée du capitaine Phœbus, chef des archers. Elle est aussi courtisée par Claude Frollo, l'archidiacre de Notre-Dame, qui l'aime passionnément.

Claude Frollo a élevé un bossu, borgne et sourd, appelé Quasimodo, à qui il a confié le travail de carillonneur de la cathédrale. Quasimodo est fasciné par Esmeralda dont il est aussi amoureux.

Repoussé par Esmeralda et jaloux de l'intérêt qu'elle porte à Phœbus, Frollo poignarde le capitaine en présence d'Esmeralda qui s'évanouit. Frollo laisse accuser Esmeralda du meurtre de Phœbus. Elle est emprisonnée. Quasimodo réussit à l'enlever et la recueille dans la cathédrale. Le peuple réclame Esmeralda et assaille Notre-Dame. Esmeralda s'enfuit, mais elle est reprise par les gardes et pendue.

Fou de rage, Quasimodo précipite Claude Frollo du haut des tours de la cathédrale. Sous la potence de Montfaucon, Quasimodo se laissera mourir enlacé à Esmeralda.

Québec, 1971.

DESCRIPTION de l'activité

Après avoir lu un roman historique, vous devrez le présenter devant la classe dans un exposé oral à caractère argumentatif et démontrer que, peu importe l'époque, les êtres humains et leurs histoires sont toujours les mêmes.

C'EST TOUJOURS LA MÊME HISTOIRE…

déroulement

1 Formez des équipes de trois.

2 Convenez du roman historique à lire. Les trois membres de l'équipe liront le même. Vous devez faire une lecture attentive; il est même conseillé de souligner certains passages et de les annoter dans la marge afin de vous préparer pour votre exposé oral.

3 Chacun des membres de l'équipe doit choisir un élément dans la catégorie A et un dans la catégorie B. Au cours de la lecture, il faudra porter une attention particulière aux deux éléments que vous avez privilégiés.

CATÉGORIE A	CATÉGORIE B
a À quoi ressemble la société décrite dans le roman ? Comment vivent les gens à cette époque ?	**a** Rédigez un bref résumé de l'œuvre.
b Que revendiquent les personnages de l'histoire ? Quelles sont leurs aspirations ? Quels moyens prennent-ils pour atteindre leurs objectifs ?	**b** Faites le portrait de l'auteur ou de l'auteure.
c Comment peut-on définir le système social présenté dans ce roman (sur les plans politique et religieux) ?	**c** Présentez les caractéristiques physiques et psychologiques des personnages principaux.

4 Après avoir colligé vos réponses, vous pourrez:

- déterminer les points communs entre l'époque actuelle et l'époque à laquelle se déroule l'histoire en vous penchant sur les aspirations des personnages, leurs questionnements, leurs combats, leur vision de l'amour, du bonheur, du malheur;
- préciser en quoi les deux époques sont différentes;
- expliquer si, à vos yeux, les êtres humains sont plus heureux aujourd'hui qu'autrefois. Vous devrez chercher à convaincre vos destinataires à l'aide d'arguments percutants et d'exemples vérifiables.

5 Il ne vous reste plus qu'à présenter votre exposé oral selon les modalités que vous indiquera votre enseignant ou votre enseignante.

6 Une discussion avec la classe peut suivre la présentation des travaux.

39 SUGGESTIONS DE LECTURE

Micheline Bail, ***L'Esclave***, Libre Expression, 1999.

Harriet Beecher-Stowe, ***La Case de l'oncle Tom***, Le Livre de poche, 1986.

Simone de Beauvoir, ***Tous les hommes sont mortels***, Folio, Gallimard, 1998.

Jeanne Bourin, ***La Chambre des dames***, Le Livre de poche, 1986.

Maryse Condé, ***Moi, Tituba, sorcière***, Folio, Gallimard, 1988.

Régine Deforges, ***La Bicyclette bleue***, Le Livre de poche, 1984.

Léo-Paul Desrosiers, ***Les Engagés du grand portage***, Bibliothèque québécoise, 1988.

Maurice Druon, ***Les Rois maudits***, Le Livre de poche, 1971.

Alexandre Dumas, ***Le Comte de Monte-Cristo***, Folio, Gallimard, 1981.

Alexandre Dumas, ***Les Trois Mousquetaires***, J'ai lu, 1993.

Paul Féval, ***Le Bossu***, J'ai lu, 1997.

Michel Folco, ***Dieu et nous seuls pouvons***, Seuil, coll. «Points», 1996.

Claude Fournier, ***Les Tisserands du pouvoir***, Québec Amérique, 1988.

Théophile Gautier, ***Le Capitaine Fracasse***, Pocket, 1991.

Théophile Gautier, ***Le Roman de la momie***, Pocket, 1998.

Virgil Gheorghiu, ***La vingt-cinquième heure***, Pocket, 1997.

Alex Haley, ***Racines***, J'ai lu, 1999.

Anne Hébert, ***Kamouraska***, Seuil, coll. «Points», 1997.

Victor Hugo, ***Le dernier jour d'un condamné***, Folio, Gallimard, 1999.

NOTE DE L'ÉDITEUR : Les références données dans ces pages renvoient aux éditions dont le format est le plus approprié pour cette activité de lecture, mais toute édition (passée ou nouvelle) des ouvrages peut être utilisée.

Lecteurs et lectrices TIMIDES

Lecteurs et lectrices DISPONIBLES

Lecteurs et lectrices TÉMÉRAIRES

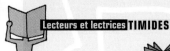

Joseph Joffo, ***Un sac de billes***, Le Livre de poche, 1982.

William Kirby, ***Le Chien d'or***, Stanké, 1989.

Arthur Kœstler, ***Spartacus***, Le Livre de poche, 1995.

Micheline Lafrance, ***Le Roman de Julie Papineau***, Québec Amérique, 1995.

Hypolite Lanctôt, ***Souvenirs d'un patriote exilé en Australie***, Septentrion, 1999.

André Lebel, ***La Corriveau***, VLB éditeur, 1990.

Margaret Mitchell, ***Autant en emporte le vent***, Folio, Gallimard, 1976.

James A. Michener, ***Chesapeake***, Seuil, coll. «Points», 1997.

Elsa Morante, ***La Storia***, Folio, Gallimard, 1980.

Francine Ouellette, ***Au nom du père et du fils***, La Presse, 1984.

Madeleine Ouellette-Michalska, ***L'Été de l'île de Grâce***, Québec Amérique, 1995.

John Steinbeck, ***Les Raisins de la colère***, Folio, Gallimard, 1999.

Ilona Slutsztejn-Gruda, ***Quand les grands jouaient à la guerre***, Actes Sud, 2000.

Patrick Süskind, ***Le Parfum***, Le Livre de poche, 1988.

Fred Uhlman, ***L'ami retrouvé***, Folio, Gallimard, 1999.

Sigrid Undset, ***Christine Lavransdatter***, Stock, 1998.

Jules Verne, ***Famille sans nom***, Stanké, 1978.

Marie-Paule Villeneuve, ***L'enfant cigarier***, VLB éditeur, 1999.

Lewis Wallace, ***Ben-Hur***, Pocket, 1984.

Richard Wright, ***Black Boy***, Folio, Gallimard, 1974.

NOTE DE L'ÉDITEUR : Les références données dans ces pages renvoient aux éditions dont le format est le plus approprié pour cette activité de lecture, mais toute édition (passée ou nouvelle) des ouvrages peut être utilisée.

LIT 402

Lire un recueil de nouvelles

Une nouvelle, un recueil, un univers

Description de l'activité

Dans cette activité, vous devrez lire un recueil de nouvelles, découvrir le fil conducteur qui relie les nouvelles entre elles, puis faire connaître votre interprétation dans un exposé oral à caractère argumentatif.

Dans un recueil, les nouvelles sont reliées les unes aux autres «par un fil rouge […] de telle sorte qu'elles se répondent, interagissent les unes sur les autres.»

Pierre Mertens, *Pour la nouvelle*, Éditions Complexe, 1991.

À CONSULTER
pour cette activité :
→ TT 202

Qu’est-ce qu’un recueil de nouvelles ?

La nouvelle en tant que genre littéraire : un bref rappel

> *« Une nouvelle, c’est la flèche et sa cible aussitôt atteinte. »*
>
> Pierre Mertens, *Pour la nouvelle*, Éditions Complexe, 1991.

La nouvelle est un bref récit. **La précision et la concision sont les clés de son efficacité**. Elle se résume généralement à deux ou trois pages et porte bien le nom de *short story* que les Américains lui ont donné. Toutefois, elle peut parfois compter plus de 100 pages ; dans ce cas, les Anglo-Saxons la définissent autrement et parlent de *novella*.

La nouvelle s’apparente facilement aux contes et aux légendes par sa brièveté, mais elle n’impose pas de morale au lecteur ou à la lectrice. Elle n’a pas pour but d’éduquer, mais plutôt de proposer des tranches de vie qui relèvent fréquemment de l’anecdote, où aucun jugement n’est posé sur les personnages : le lecteur ou la lectrice doit former ses propres opinions. **La nouvelle sollicite le lecteur ou la lectrice et cherche à l’inquiéter.**

Contrairement au roman, où plusieurs voix narratives peuvent se mêler au récit et où plusieurs personnages sont mis en scène, la nouvelle se contente généralement d’une seule voix narrative et présente peu de personnages. Compte tenu de sa brièveté, la nouvelle ne peut contenir autant de péripéties que le roman. En revanche, elle mise sur **l’effet de surprise**. Elle doit donc séduire très rapidement, capter l’attention et offrir un **dénouement** rapide et tout à fait **inattendu**.

Italie, 1963.

Allemagne, 1969.

Chili, 1984.

Québec, 1988.

Québec, 1996.

Québec, 1998.

Les caractéristiques d'un recueil de nouvelles

C'est au Moyen Âge, sous l'influence italienne, que naît la nouvelle. Au XIVe siècle, Boccace, un écrivain italien, a écrit le *Décaméron* (entre 1349 et 1353), un recueil de 100 nouvelles dont se sont inspirés par la suite de nombreux écrivains et écrivaines. À l'époque de la Renaissance, par exemple, c'est du *Décaméron* que s'inspire le célèbre *Heptaméron* (1559), un recueil de 72 nouvelles écrit par Marguerite d'Angoulême, reine de Navarre.

Dans la seconde moitié du XIXe siècle, la nouvelle est devenue un genre particulièrement populaire avec des auteurs comme Guy de Maupassant, Honoré de Balzac, Edgar Allan Poe et Gustave Flaubert, qui, entre deux romans, rédigeaient des nouvelles. La plupart de ces nouvelles étaient publiées dans les journaux avant d'être réunies dans un seul ouvrage: le **recueil**. Les recueils n'étaient alors qu'un ensemble de nouvelles réunies en un seul ouvrage, sans égard au sujet.

Ce n'est qu'au XXe siècle que le terme «recueil» prend le sens qu'on lui connaît aujourd'hui, c'est-à-dire **un ouvrage réunissant des textes qui ont un dénominateur commun**. Le recueil réunit donc un ensemble de récits liés par un élément commun qui peut être le thème, la forme, l'univers évoqué, etc. Par exemple, on peut privilégier le thème de l'enfance et écrire un ensemble de nouvelles qui évoquent des moments marquants de l'enfance. L'élément commun peut aussi être un lieu (*Les Aurores montréales* de Monique Proulx), une vision du monde (*Les Machines à bonheur* de Ray Bradbury), etc.

Un recueil de nouvelles peut être écrit par une seule personne, mais il peut aussi réunir des nouvelles écrites par différents auteurs et auteures: on parle alors d'un recueil de nouvelles collectif.

Comment lire
un recueil de nouvelles ?

Les nouvelles réunies dans un recueil constituent un ensemble bien structuré. Par conséquent, lire un recueil de nouvelles, c'est aussi déceler les indices qui permettent de dégager le lien ou l'élément commun qui les unit et qui assure la cohésion. Pour mener à bien l'activité proposée, on peut tenir compte des six éléments suivants :

- **la narration** qui permet d'identifier le type de narrateur (récits au *je*, *il* ou *elle*);
- **les lieux** qui facilitent la compréhension et qui peuvent fournir des indices révélateurs sur la psychologie des personnages;
- **le temps** (l'époque) qui joue un rôle primordial en livrant des renseignements pertinents sur les mœurs, le contexte social et l'évolution psychologique des personnages;
- **les personnages** qui, tout en étant différents d'une nouvelle à l'autre, peuvent posséder des caractéristiques communes;
- **les thèmes** que l'auteur ou l'auteure peut reprendre dans chacune des nouvelles sous des formes diverses;
- **l'univers narratif** qui peut varier d'un récit à l'autre, ou reprendre un élément commun à toutes les nouvelles. Il peut être fantastique, vraisemblable ou relever de la science-fiction.

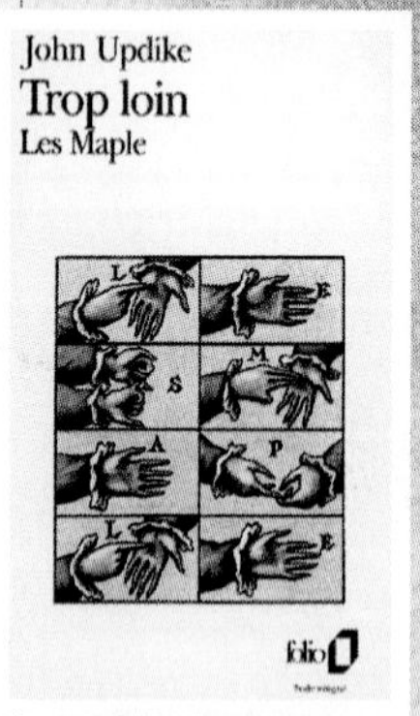

États-Unis, 1979.

Tchécoslovaquie, 1915.

États-Unis, 1944.

Une lecture
Illustration d'une lecture d'un recueil de nouvelles

Le tableau de la page 419 résume les principales composantes de l'univers des neuf nouvelles du recueil *La Maison Tellier* de Guy de Maupassant. Cet exercice permet de dégager le dénominateur commun des textes réunis dans ce recueil.

Québec, 1963.

Prise de notes

La Maison Tellier (Guy de Maupassant, 1881)

Titres	Élément à l'origine du titre	Narration	Lieux	Temps (époque)	Personnage principal	Mots clés	Thème	Univers
La Maison Tellier	Lieu de l'action	Narrateur absent	Fécamp et Virville	Fin du XIXe siècle	Madame	• Clandestinité • Joie de vivre	La tolérance	Vraisemblable
Les Tombales	Lieu de l'action	Narrateur externe	Paris	Fin du XIXe siècle	Joseph de Bardon	• Cimetière • Veuve	La séduction	Vraisemblable
Sur l'eau	Lieu de l'action	• 1er narrateur témoin • 2e narrateur participant	Campagne française	Fin du XIXe siècle	Un canotier	• Eau • Mystère	L'effroi	Fantastique
Histoire d'une fille de ferme	Référence au personnage principal	Narrateur externe	Campagne française	Fin du XIXe siècle	Rose	• Préjugés • Mère célibataire	La trahison	Vraisemblable
En famille	Référence à la famille du personnage principal	Narrateur externe	Paris	Fin du XIXe siècle	M. Caravan	• Convoitise • Hypocrisie	La cupidité	Vraisemblable
Le Papa de Simon	Référence au père du personnage principal	Narrateur externe	Campagne française	Fin du XIXe siècle	Simon	• Mépris • Abandon	La paternité	Vraisemblable
Une partie de campagne	Référence à l'action	Narrateur externe	Campagne française	Fin du XIXe siècle	Henriette	• Chaleur • Langueur	Le désir	Vaisemblable
Au printemps	Référence à la saison où se déroule l'action	• 1er narrateur témoin • 2e narrateur participant	Au bord de la Seine	Fin du XIXe siècle	Un jeune homme	• Passion • Faux-semblants	L'amour	Vraisemblable
La Femme de Paul	Référence à la maîtresse du personnage principal	Narrateur externe	Campagne française	Fin du XIXe siècle	Paul Baron	• Passion • Femmes	La jalousie	Vraisemblable

Grille de lecture
d'un recueil de nouvelles

Pistes pour la prise de notes au fil de la lecture

1 LA NARRATION

- De quel type de narrateur s'agit-il ?
- Y a-t-il des voix narratives qui reviennent dans l'ensemble du recueil ?

2 LES LIEUX

- Où se situe l'action ?
- Quels sont les indices qui permettent de situer l'endroit ou les endroits où se déroule l'action ?
- Les lieux sont-ils similaires d'une nouvelle à l'autre ?

3 LE TEMPS (L'ÉPOQUE)

- Quels sont les indices qui permettent de déterminer la période à laquelle se déroule l'action dans les nouvelles ?
- Les nouvelles se situent-elles toutes dans le même cadre temporel ?

4 LES PERSONNAGES

- Quels liens y a-t-il entre les personnages principaux de chacune des nouvelles ?
- Ont-ils des caractéristiques communes ?

5 LE THÈME

- Quel est le thème de chacune des nouvelles ?
- En regroupant ces nouvelles, quel thème a-t-on privilégié ?
- Quels sont les signes ou les indices susceptibles de révéler ce thème ?

6 L'UNIVERS

- Quel est l'univers narratif dominant du recueil : est-ce un univers vraisemblable, un univers fantastique ou un univers qui relève de la science-fiction ?

Québec, 1991.

Angleterre, 1962.

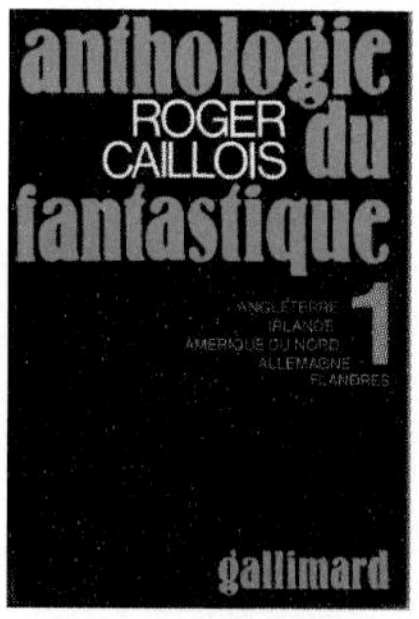

Italie, 1970.

Comment résumer
un recueil de nouvelles ?

Compte tenu de la brièveté du récit et de la nature même de l'histoire racontée, il est souvent possible de résumer une nouvelle en une seule phrase.

France, 1946.

La Maison Tellier de Guy de Maupassant (1881)

▶ La Maison Tellier
Une peinture réaliste des mœurs des filles de joie dans une maison close.

▶ Les Tombales
Un homme croise une femme énigmatique dans un cimetière et se laisse séduire par ses charmes.

États-Unis, 1843.

▶ Sur l'eau
Un homme découvre le cadavre d'une femme dans la rivière.

▶ Histoire d'une fille de ferme
Rose, une jeune fille de ferme, tombe enceinte et le père de l'enfant disparaît sans laisser de trace.

▶ En famille
Croyant sa mère morte, M. Caravan et sa femme s'approprient ses biens.

▶ Le Papa de Simon
Un jeune garçon est tourmenté par ses camarades parce qu'il n'a pas de père.

Russie, 1845.

▶ Une partie de campagne
Au cours d'une randonnée à la campagne, une jeune fille se fait séduire par un canotier.

▶ Au printemps
Un jeune homme est mis en garde contre l'amour par un autre homme qui lui raconte son histoire.

▶ La Femme de Paul
Un jeune homme riche est rongé par la jalousie lorsque sa maîtresse le trompe.

DESCRIPTION de l'activité

Dans cette activité, vous devrez d'abord lire un recueil de nouvelles et dégager le lien qui unit les récits. Ensuite, dans un exposé oral à caractère argumentatif, il faudra présenter l'élément retenu et justifier votre choix en expliquant comment cet élément assure l'unité du recueil.

UNE NOUVELLE, UN RECUEIL, UN UNIVERS

déroulement

1 Formez des équipes de deux.

2 Lisez et analysez la description de l'activité.

3 Dans les suggestions de lecture présentées aux pages 423 et 424, choisissez le recueil de nouvelles que vous lirez.

4 Élaborez un tableau semblable à celui de la page 419 afin de prendre des notes pendant la lecture du recueil.

5 Après avoir lu une nouvelle, chacun des membres de l'équipe remplit la partie correspondante dans le tableau.

6 Après avoir rempli le tableau, relevez tous les points communs des nouvelles.

7 Après avoir lu le recueil, un membre de l'équipe résume chacune des nouvelles. L'autre membre effectue une brève recherche sur la vie et la carrière de l'auteur ou de l'auteure du recueil et rédige un compte rendu.

8 Après avoir lu le recueil, chacun des membres de l'équipe formule une hypothèse concernant l'élément qui crée l'unité sans la dévoiler à l'autre. Dans l'exposé oral, chacun donne son interprétation et défend son opinion, alimentant ainsi la discussion.

9 Les étapes de la présentation orale :

- Présentation de l'auteur ou de l'auteure du recueil.
- Bref résumé de chaque nouvelle.
- Confrontation de votre interprétation respective du recueil. À ce propos, référez-vous au tableau pour prouver et soutenir votre vision du recueil de nouvelles.
- Discussion, s'il y a lieu.

45 SUGGESTIONS DE LECTURE

Anthologie de la science-fiction québécoise contemporaine, Bibliothèque québécoise, 1988.

Isabel Allende, ***Les Contes d'Eva Luna***, Le Livre de poche, 1992.

Gilles Archambault, ***Enfances lointaines***, Boréal, 1992.

Peter Bichsel, ***Histoires enfantines***, Gallimard, coll. «Du monde entier», 1987.

Nadine Bismuth, ***Les gens fidèles ne font pas les nouvelles***, Boréal, 1999.

Ambrose Bierce, ***Morts violentes***, Grasset et Fasquelle, coll. «Les Cahiers Rouges», 1957.

Daniel Boulanger, ***Fouette, cocher !*** Folio, Gallimard, 1980.

Ray Bradbury, ***Les Chroniques martiennes***, Denoël, 1997.

Jean-Marie G. Le Clézio, ***Mondo et autres histoires***, Folio, Gallimard, 1982.

Hugues Corriveau, ***Autour des gares***, L'instant même, 1991.

Julio Cortázar, ***Les Armes secrètes***, Folio, Gallimard, 1973.

Francine D'Amour, ***Écrire comme un chat***, Boréal, 1994.

Roald Dahl, ***Kiss Kiss***, Folio, Gallimard, 1989.

Roald Dahl, ***Mieux vaut en rire***, Gallimard Jeunesse, 1999.

Michel Dupuis et Pierre Maury, ***Les 20 meilleures nouvelles de la littérature mondiale***, Marabout, 1987.

Madeleine Ferron, ***Cœur de sucre***, Bibliothèque québécoise, 1988.

Roger Caillois, ***Anthologie du fantastique***, Tome 1, Gallimard, 1966.

Gabriel Garcia Márquez, ***Douze contes vagabonds***, Le Livre de poche, 1995.

Nicolas Gogol, ***Nouvelles de Pétersbourg***, La bibliothèque, Gallimard, 1998.

Anne Hébert, ***Le Torrent***, Bibliothèque québécoise, 1989.

NOTE DE L'ÉDITEUR : Les références données dans ces pages renvoient aux éditions dont le format est le plus approprié pour cette activité de lecture, mais toute édition (passée ou nouvelle) des ouvrages peut être utilisée.

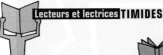

Lecteurs et lectrices TIMIDES

Lecteurs et lectrices DISPONIBLES

Lecteurs et lectrices TÉMÉRAIRES

Alfred Hitchcock, ***Histoires pour tuer le temps***, Le Livre de poche, 1990.

Suzanne Jacob, ***La Survie***, Bibliothèque québécoise, 1989.

Franz Kafka, ***La Métamorphose et autres récits***, Folio, Gallimard, 1999.

Micheline La France, ***Le Fils d'Ariane***, Typo, 1996.

Bernard Lévy, ***Un sourire incertain***, Triptyque, 1996.

André Major, ***La Folle d'Elvis***, Boréal, coll. «Boréal compact», 1997.

André Pieyre de Mandiargues, ***Le Musée noir***, Folio, Gallimard, 1974.

Claire Martin, ***Avec ou sans amour***, Éditions E.L.V.O., 1985.

Guy de Maupassant, ***Les Contes de la bécasse***, Pocket, 1998.

Prosper Mérimée, ***Tamango, Matéo Falcone et autres nouvelles***, Flammarion, 1983.

Elsa Morante, ***Le châle andalou***, Folio, Gallimard, 1984.

Dorothy Parker, ***La Vie à deux***, 10 / 18, Denoël, coll. «Domaine étranger»,1999.

Edgar Allan Poe, ***Histoires extraordinaires***, Folio, Gallimard, 1985.

Alain Roy, ***Le Grand respir***, Boréal, 1999.

Gabrielle Roy, ***Rue Deschambault***, Boréal, 1993.

Gabrielle Roy, ***Ces enfants de ma vie***, Boréal, 1993.

Jérôme David Salinger, ***Nouvelles***, Pocket, 1996.

Giorgio Scerbanenco, ***Profession : salopard***, 10 / 18, Denoël, coll. «Grands détectives», 1985.

Antonio Skármeta, ***Le cycliste de San Cristobal***, Seuil, Série point-virgule, 1984.

Patrick Süskind, ***Un combat et autres récits***, Le Livre de poche, 1997.

Anton Tchekhov, ***La Dame au petit chien et autres nouvelles***, Littérature classique, Gallimard, 1999.

Michel Tremblay, ***Les Vues animées***, Leméac, 1990.

Sylvain Trudel, ***Les Prophètes***, Quinze, 1994.

John Updike, ***Trop loin***, Folio, Gallimard, 1994.

Manon Vallée, ***Celle qui lisait***, Triptyque, 1998.

NOTE DE L'ÉDITEUR : Les références données dans ces pages renvoient aux éditions dont le format est le plus approprié pour cette activité de lecture, mais toute édition (passée ou nouvelle) des ouvrages peut être utilisée.

LIT 403

Lire une pièce de théâtre

Une pièce de théâtre : mille mises en scène

DESCRIPTION DE L'ACTIVITÉ

Dans cette activité, vous lirez une pièce de théâtre et, dans un exposé à caractère argumentatif, vous présenterez et défendrez un projet de mise en scène de la scène clé de la pièce.

«Le théâtre, en principe, n'est pas conçu pour être lu, mais pour être vu comme un spectacle total joué sur la scène. Nous visualisons les scènes, donnons un corps et un visage aux personnages, nous leur prêtons même "une voix" sur notre scène imaginaire.»

Michel Viegnes, *Le théâtre : problématiques essentielles*

À CONSULTER
pour cette activité :
→ TT 203

Qu'est-ce qu'une pièce de théâtre ?

La plupart des théoriciens de théâtre s'entendent pour dire qu'**une pièce de théâtre n'est pas conçue pour être lue, mais pour être mise en scène dans le cadre d'un spectacle**. C'est grâce à la vision d'une metteure ou d'un metteur en scène et d'une équipe de créateurs que la pièce de théâtre devient un spectacle. Une telle entreprise vise à rendre compte d'une lecture toute personnelle. Qu'il s'agisse d'une nouvelle pièce présentée pour la première fois ou d'un chef-d'œuvre mille fois représenté, cela exige un long travail.

Contrairement aux romans, aux contes ou aux nouvelles littéraires où le texte est lu tel qu'il a été écrit par l'auteure ou l'auteur, la pièce de théâtre, lorsqu'elle est présentée sur scène, est filtrée à travers la vision d'une metteure ou d'un metteur en scène et l'interprétation des comédiennes et des comédiens. La pièce de théâtre requiert non seulement la compréhension de l'histoire racontée et des personnages qui en font partie, mais aussi l'appréciation de tous les aspects, tant sonores que visuels, qui rendent compte de la mise en scène imaginée par la ou le responsable du spectacle.

La mise en scène : un élément clé au théâtre

Jacques Copeau, célèbre metteur en scène français du XXe siècle, définit la **mise en scène** comme «la totalité du spectacle scénique émanant d'une **pensée unique** qui la conçoit, la règle et l'harmonise». La metteure ou le metteur en scène est en quelque sorte la personne responsable de la représentation de l'œuvre. À partir de sa vision de la pièce, elle imagine les personnages et distribue les **rôles**; elle conçoit avec l'équipe de production les **décors** dans lesquels les personnages évolueront, les **costumes** qu'ils porteront, l'**éclairage** et, s'il y a lieu, la **musique** qui créeront l'atmosphère correspondant à l'univers de la pièce. Elle choisit chacun des membres de l'équipe avec qui elle concrétisera cette «pensée unique» pour donner vie au texte de l'auteure ou de l'auteur.

France, 1673.

Québec, 1974.

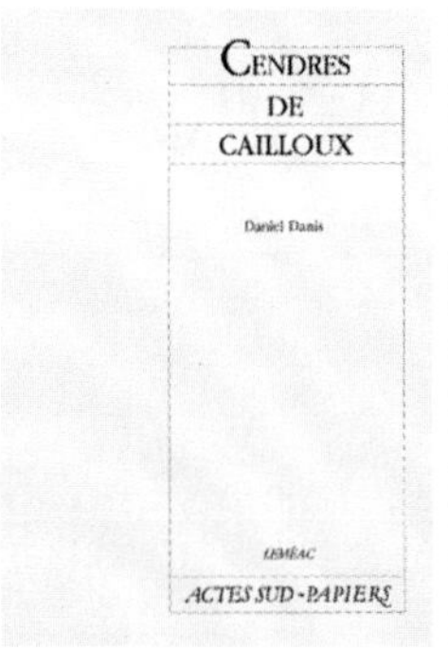

Québec, 1992.

France, 1944.

France, 1730.

France, 1943.

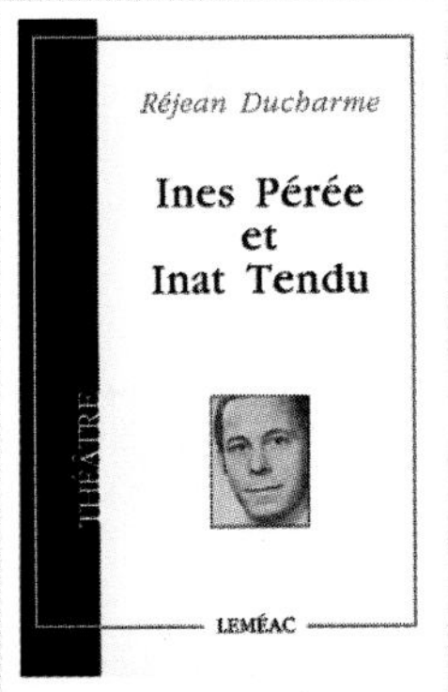

Québec, 1976.

Comment lire
une pièce de théâtre ?

On peut lire une pièce de théâtre comme un roman et ne s'intéresser qu'à l'histoire, à la psychologie des personnages et à la dimension littéraire de l'œuvre : son originalité, son écriture, ses thèmes, etc. Toutefois, cette façon de lire évacue une dimension importante de l'œuvre : sa représentation sur une scène.

On peut aussi lire une pièce de théâtre en essayant d'imaginer à quoi elle pourrait ressembler si elle était présentée sur scène, comme si l'on se plaçait devant une scène vide avant un spectacle. Il faut tout imaginer, tout inventer. Un peu comme la metteure ou le metteur en scène, il faut distribuer les rôles, concevoir le décor, donner vie à chacun des personnages, régler le débit et l'intonation de chacune des répliques, se représenter les déplacements des comédiens, imposer un rythme au spectacle. Cette façon de lire permet de se rapprocher davantage de l'œuvre telle qu'elle a été imaginée par l'auteure ou l'auteur. Elle exige toutefois une certaine connaissance du théâtre et de la mise en scène.

Une lecture

Illustration d'une lecture d'une pièce de théâtre

Les documents qui suivent illustrent le travail d'un metteur en scène de la pièce *Le Mariage de Figaro* écrite par Pierre Augustin Caron de Beaumarchais en 1784. Les notes de la mise en scène et le croquis de l'espace scénique montrent le type de lecture qui préside à la mise en scène d'une pièce de théâtre.

ACTE PREMIER

Le théâtre représente une chambre à demi démeublée; un grand fauteuil de malade est au milieu. Figaro, avec une toise, mesure le plancher. Suzanne attache à sa tête, devant une glace, le petit bouquet de fleurs d'oranger appelé chapeau de la mariée.

SCÈNE PREMIÈRE[1]

Figaro, Suzanne

FIGARO. Dix-neuf pieds sur vingt-six.

SUZANNE[2] . Tiens, Figaro, voilà mon petit chapeau: le trouves-tu mieux ainsi ?

FIGARO[3]. Sans comparaison, ma charmante. Oh ! que ce joli bouquet virginal, élevé sur la tête d'une belle fille, est doux, le matin des noces, à l'œil amoureux d'un époux !...[4]

SUZANNE. Que mesures-tu donc là, mon fils ?

FIGARO. Je regarde, ma petite Suzanne, si ce beau lit que Monseigneur nous donne aura bonne grâce ici.

SUZANNE. Dans cette chambre ?

FIGARO. Il nous la cède.

SUZANNE. Et moi, je n'en veux point.

FIGARO[5]. Pourquoi ?

SUZANNE. Je n'en veux point.

FIGARO[6]. Mais encore ?

SUZANNE. Elle me déplaît.

FIGARO. On dit une raison.

SUZANNE[7]. Si je n'en veux pas dire ?

FIGARO. Oh ! quand elles sont sûres de nous !

SUZANNE[8]. Prouver que j'ai raison serait accorder que je puis avoir tort[9]. Es-tu mon serviteur, ou non ?

FIGARO. Tu prends de l'humeur contre la chambre du château la plus commode, et qui tient le milieu des deux appartements. La nuit, si Madame est incommodée, elle sonnera de son côté; zeste ! en deux pas tu es chez elle. Monseigneur veut-il quelque chose ? Il n'a qu'à tinter du sien; crac ! en trois sauts me voilà rendu.

Pierre Augustin Caron de Beaumarchais,
Le Mariage de Figaro, © Éditions du Seuil, 1953.

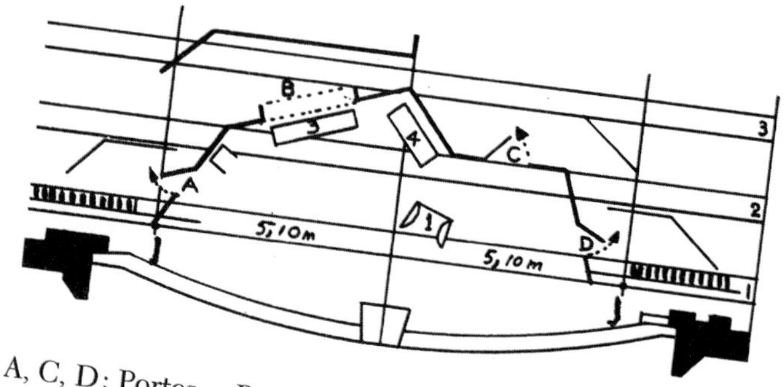

A, C, D : Portes. – B : Fenêtre à deux battants – 1 : Fauteuil. – 2 : Chaise volante – 3 : Banquette – 4 : Petit bahut

ACCESSOIRES :

Coulisse Cour :

Figaro : Une toise.

Bartholo : Canne.

Chérubin : Romance.

Suzanne (2e entrée) : Un carré de tissu, un bonnet, un ruban.

Au régisseur : Une sonnette.

SCÈNE I

1. Au lever du rideau, Figaro se trouve à l'extrême-gauche de l'avant-scène jardin, accroupi, sa toise allongée parallèlement à la rampe. Il mesure ainsi jusqu'à l'extrême-droite, se redresse tenant sa toise de la main gauche, dos au décor et à la porte D, puis il parle.
2. Suzanne entre vivement par C, ferme la porte et descend à Figaro, très heureuse.

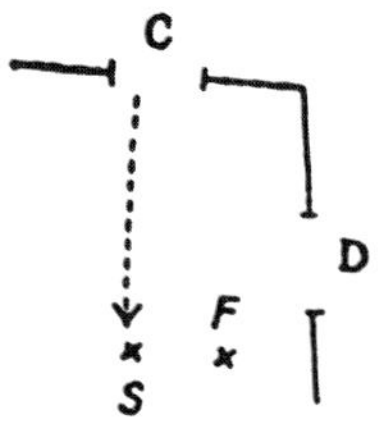

3. Figaro prend Suzanne par la main droite et l'entraîne en courant devant la banquette 3, ce qui les fait changer de numéro en passant devant le fauteuil 1. Ceci afin de placer Suzanne dans la lumière.

4. Figaro embrasse Suzanne dans le cou, et lui tournant le dos, s'accroupit pour mesurer, de la banquette vers la rampe pendant que Suzanne dégage, se dirigeant vers la porte D ; elle passe devant le fauteuil qu'elle dépasse largement.
5. Figaro, toujours accroupi, tourne la tête vers Suzanne.
6. Il va à Suzanne, tenant toujours sa toise. La chose est encore pour lui sans grande importance.
7. Suzanne lui répond en pleine figure, puis se dirige vers la fenêtre B en passant devant le fauteuil.
8. Suzanne se retourne vers lui, par l'intérieur.
9. Elle descend d'un pas vers lui.

Roumanie, 1951.

Québec, 1987.

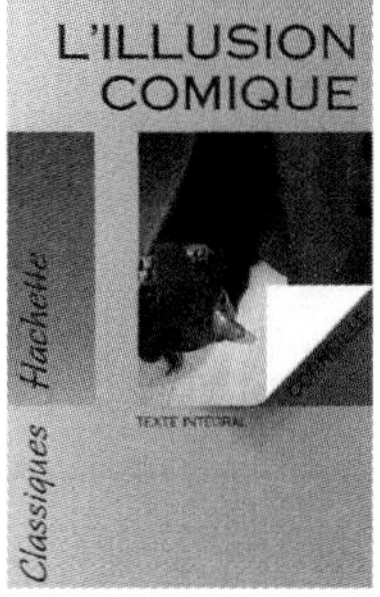

France, 1636.

Grille de lecture
d'une pièce de théâtre

Pistes pour la prise de notes au fil de la lecture

1

- Lire attentivement tous les **renseignements** qui accompagnent la pièce:
  - la préface, s'il y a lieu;
  - la liste des personnages;
  - les indications liées aux décors et aux costumes.

2

- Imaginer l'**univers** dans lequel se déroule l'histoire.

3

- Lire la **première scène** et relever les renseignements importants qu'elle contient sur:
  - les personnages;
  - l'intrigue;
  - le conflit annoncé, s'il y a lieu.

4

- Lire la **pièce au complet** en essayant de dégager:
  - les caractéristiques psychologiques de chacun des personnages;
  - les valeurs que chacun défend;
  - les types de rapports (harmonieux ou conflictuels) qui existent entre les personnages.

Québec, 1986.

France, 1958.

Québec, 1960.

Irlande, 1953.

Québec, 1984.

États-Unis, 1949.

Québec, 1970.

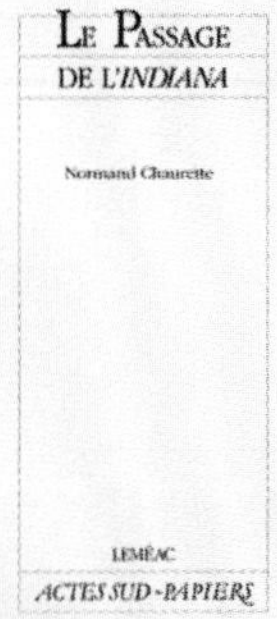

Québec, 1996.

5

- Pour **chaque scène**, identifier :
  - où elle se déroule ;
  - ce qui s'y passe d'important :
    - du point de vue de l'intrigue ;
    - du point de vue de l'évolution des personnages.
  - l'atmosphère qui s'en dégage.

6

- Retracer l'**évolution psychologique** des personnages importants.

7

- Chercher la **scène clé** de la pièce, c'est-à-dire :
  - celle qui représente le mieux l'univers ou le style de la pièce ;

  ou

  - celle qui représente le point culminant de l'intrigue (affrontement, résolution du conflit, etc.).

8

- Si c'est possible, **lire** la scène clé **à voix haute**.

9

- Relever les **thèmes** importants de la pièce.

10

- Dégager le **but visé** par l'auteure ou l'auteur de la pièce :
  - simplement divertir ;
  - faire réfléchir ;
  - proposer une nouvelle manière de voir et de faire les choses.

Comment résumer une pièce de théâtre ?

Le résumé d'une pièce de théâtre peut prendre la forme d'un résumé de texte narratif et accorder une importance prédominante aux actions qui se déroulent dans l'histoire; la dimension scénique de la pièce est généralement exclue du résumé.

Le Mariage de Figaro

(Pierre Augustin Caron de Beaumarchais, 1785)

PERSONNAGES PRINCIPAUX

Statut social

Certains traits psychologiques

- **Le Comte Almaviva**, maître du château d'Aguas-Frescas, séducteur.
- **La Comtesse**, son épouse, séduite dans *Le Barbier de Séville*.
- **Figaro**, valet habile et rusé, serviteur du Comte.
- **Suzanne**, servante de la comtesse et fiancée de Figaro.
- **Marceline**, servante plus âgée, amoureuse de Figaro.
- **Le docteur Bartholo**, barbon amoureux de Rosine dans *Le Barbier de Séville*, ancien amant de Marceline.
- **Chérubin**, jeune page, amoureux de la Comtesse.
- **Bazile**, maître de musique et «âme damnée» du Comte.
- **Antonio**, jardinier du château.
- **Fanchette**, jeune paysanne, sa fille.

RÉSUMÉ

Acte I

Au château du Comte Almaviva, dans le sud de l'Espagne,[1] Figaro et — *Où ?*
Découpage de la pièce — Suzanne s'[2]apprêtent à convoler en justes noces.[3] Mais le Comte veut — *C'est l'histoire de 1*
faire de Suzanne sa maîtresse dès qu'elle sera mariée. Marceline, — *Au début 2*
une autre servante, plus âgée, a quant à elle des vues sur Figaro. Le — *Puis 3*
Péripétie — docteur Bartholo promet à Marceline de l'aider à empêcher ce
Péripétie — mariage. Figaro parvient à obtenir du Comte qu'il s'engage publiquement à respecter l'honneur de Suzanne. — *Alors*

Acte II

Figaro veut rendre son maître jaloux en lui faisant croire qu'un
Péripétie — inconnu fait la cour à la Comtesse. Le Comte fait irruption dans la chambre de celle-ci; or le jeune page Chérubin, amoureux de sa belle maîtresse, s'y trouvait, et a juste le temps de s'enfuir. Figaro
Péripétie — parvient à faire croire au Comte que c'est lui que l'on a vu sauter par la fenêtre de la chambre. Sur ce, Marceline vient demander justice
Péripétie — au Comte : Figaro s'était engagé par écrit à l'épouser s'il ne remboursait pas une somme qu'il lui avait empruntée.

Acte III

Péripétie — Ravi de pouvoir faire obstacle au mariage, le Comte organise un procès. Coup de théâtre : alors même que Figaro se croit perdu,
Péripétie — Marceline se rend compte qu'il n'est autre que le fils qu'elle a eu jadis de Bartholo, et qu'elle a été obligée d'abandonner.

Acte IV

Péripétie — La Comtesse ordonne à Suzanne d'accepter le rendez-vous galant que le Comte lui avait donné après la noce. C'est la Comtesse elle-même qui s'y rendra, en se faisant passer pour sa servante.

Acte V

Péripétie — Figaro croit que Suzanne s'apprête à le tromper. Il exprime son désespoir dans un long monologue. En fait, le Comte est berné et se
Péripétie — retrouve, sans le savoir, avec sa propre épouse, pendant qu'une explication sérieuse a lieu entre Suzanne et Figaro. Enfin, les couples se réconcilient et tout rentre dans l'ordre. — *Enfin*

Michel Viegnes, *Le Mariage de Figaro, profil d'une œuvre*, Hatier, 1999.

DESCRIPTION de l'activité

Dans cette activité, vous devrez lire une pièce de théâtre et, dans un exposé oral à caractère argumentatif, vous devrez présenter et défendre un projet de mise en scène de la scène clé de la pièce.

UNE PIÈCE DE THÉÂTRE: MILLE MISES EN SCÈNE...

déroulement

1 Formez des équipes de trois.

2 Dans les suggestions de lecture présentées aux pages 435 et 436, choisissez une pièce de théâtre qui vous intéresse. Les trois membres de l'équipe doivent choisir la même pièce et la lire.

3 Après avoir lu la pièce, choisissez la scène qui vous semble la plus représentative: il peut s'agir d'une scène qui illustre bien l'univers et le style de la pièce **ou** de la scène qui représente le point culminant de l'intrigue. Notez les raisons de votre choix.

4 Déterminez qui effectuera chacune des tâches suivantes:

1re TÂCHE LA PRÉSENTATION DE L'AUTEURE OU DE L'AUTEUR
Il faut présenter l'auteure ou l'auteur de la pièce en évoquant ses principales œuvres, ses thèmes préférés, son influence, s'il y a lieu, et quelques éléments biographiques.

2e TÂCHE LA PRÉSENTATION DE LA SCÈNE CLÉ DE LA PIÈCE
Cette tâche consiste à présenter un bref résumé de la pièce, puis à présenter la scène choisie soit en la résumant, soit en en faisant une lecture expressive (chaque membre de l'équipe s'attribue un rôle). Cette présentation doit être accompagnée d'une argumentation démontrant qu'il s'agit bien de la scène clé de la pièce.

3e TÂCHE LA MISE EN SCÈNE
Le troisième membre de l'équipe doit présenter sa vision de la scène clé en indiquant comment elle pourrait être mise en scène:

- Comment imagine-t-il le décor?
- Quelles comédiennes et quels comédiens connus pourraient interpréter les divers rôles?
- Quelles indications importantes donnerait-il aux comédiennes et aux comédiens?
- Quel effet essaierait-il de produire chez les spectatrices et les spectateurs?

Etc.

Les membres de l'équipe pourraient illustrer les choix susceptibles de mieux faire comprendre la vision de la metteure ou du metteur en scène.

5 Présentez le travail à la classe.

6 Une discussion avec la classe peut suivre la présentation des travaux.

34 Suggestions de lecture

Jean Anouilh, ***Antigone***, La table ronde, 2000.

Jean Anouilh, ***Le Bal des voleurs***, Folio, Gallimard, 1972.

Jean Anouilh, ***Le Voyageur sans bagage***, Folio, Gallimard, 1996.

Jean Barbeau, ***Ben-Hur***, Leméac, 1987.

Pierre Augustin de Beaumarchais, ***Le Barbier de Séville***, Librio, 1996.

Pierre Augustin de Beaumarchais, ***Le Mariage de Figaro***, Folio, Gallimard, 1999.

Samuel Beckett, ***En attendant Godot***, Minuit, 1999.

Pierre Corneille, ***L'Illusion comique***, Hachette Éducation, 1994.

Albert Camus, ***Le Malentendu***, Folio, Gallimard, 1998.

Normand Chaurette, ***Le Passage de l'Indiana***, Actes Sud, Leméac, coll. «Papiers», 1996.

Daniel Danis, ***Cendres de cailloux***, Actes Sud, Leméac, coll. «Papiers», 1994.

Marcel Dubé, ***Florence***, Leméac, 1998.

Marcel Dubé, ***Bilan***, Leméac, 1968.

Réjean Ducharme, ***Ines Pérée et Inat Tendu***, Leméac, 1994.

Georges Feydeau, ***Le Dindon***, Le Livre de poche, 1965.

Federico García Lorca, ***Noces de sang***, Folio, Gallimard, 1973.

Gratien Gélinas, ***Bousille et les justes***, Typo, 2000.

NOTE DE L'ÉDITEUR : Les références données dans ces pages renvoient aux éditions dont le format est le plus approprié pour cette activité de lecture, mais toute édition (passée ou nouvelle) des ouvrages peut être utilisée.

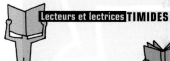

Lecteurs et lectrices TIMIDES

Lecteurs et lectrices DISPONIBLES

Lecteurs et lectrices TÉMÉRAIRES

Eugène Ionesco, ***La Leçon***, Folio, Gallimard, 1999.

Eugène Ionesco, ***Rhinocéros***, Folio, Gallimard, 1999.

Roland Lepage, ***Le Temps d'une vie***, Leméac, 1974.

Marie Laberge, ***L'Homme gris***, Boréal, 1995.

Marie Laberge, ***Oublier***, Boréal, 1993.

Eugène Labiche, ***Un chapeau de paille d'Italie***, Le Livre de poche, 1967.

Françoise Loranger, ***Une maison... un jour***, ERPI, 1970.

Pierre de Marivaux, ***Le Jeu de l'amour et du hasard***, Folio, Gallimard, 1996.

Arthur Miller, ***Mort d'un commis voyageur***, Actes Sud, Leméac, 1995.

Molière, ***Le Misanthrope***, Flammarion, 1997.

Molière, ***Le Malade imaginaire***, Hachette Éducation, 1999.

Luigi Pirandello, ***Chacun sa vérité***, Le Livre de poche, 1969.

Jean-Paul Sartre, ***Huis clos***, Folio, Gallimard, 1999.

Bernard Shaw, ***Pygmalion***, L'Arche, 1997.

Anton Tchékhov, ***La Mouette***, Le Livre de poche, 1963.

Michel Tremblay, ***Albertine, en cinq temps***, Leméac, 1997.

Michel Tremblay, ***Le Vrai Monde ?***, Leméac, 1991.

NOTE DE L'ÉDITEUR : Les références données dans ces pages renvoient aux éditions dont le format est le plus approprié pour cette activité de lecture, mais toute édition (passée ou nouvelle) des ouvrages peut être utilisée.

LIT 404

Lire un roman contemporain

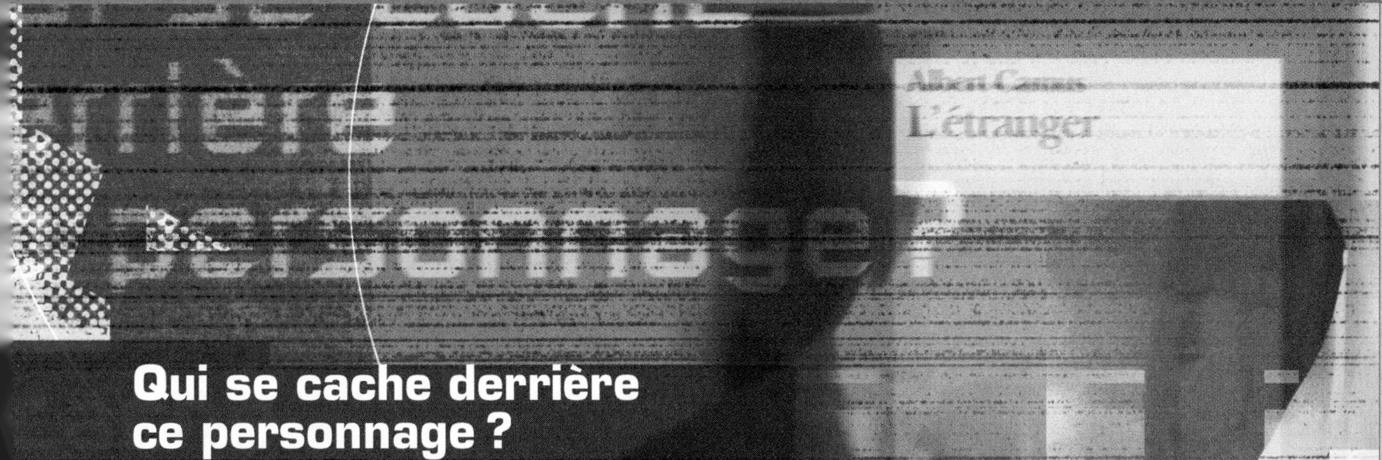

Qui se cache derrière ce personnage ?

Description de l'activité

Dans cette activité, vous devrez lire un roman contemporain écrit à la première personne qui vous dévoilera l'intimité d'un personnage, puis présenter votre vision de ce personnage dans un exposé oral à caractère argumentatif.

«Le romancier, plutôt que de faire vivre aux personnages des aventures exceptionnelles, se contente de les regarder à la loupe et dévoile alors une richesse de caractères que l'on n'aurait pas soupçonnée. Les personnages se livrent peu à peu, et leur devenir anodin gagne progressivement en épaisseur et en signification.»

Laurent Flieder, *Le Roman français contemporain*, © Seuil, 1998.

À CONSULTER
pour cette activité :
→ TT 201 – TT 202

Qu'est-ce qu'un roman contemporain écrit à la première personne ?

La seconde moitié du XXe siècle a été le témoin de l'éclatement des genres littéraires. Contrairement aux siècles précédents où les artistes étaient regroupés selon leur adhésion à un courant ou à une école de pensée (le romantisme, le symbolisme ou le naturalisme, par exemple), l'appartenance à un «groupe» se fait maintenant plus rare.

Les romans contemporains, même s'ils subissent certaines influences, sont davantage le résultat de **démarches individuelles**. Ce phénomène entraîne une **grande liberté** chez les romanciers et les romancières tant sur le plan de la forme (l'écriture) que du contenu (les thèmes, l'histoire, etc.).

Sur le plan formel, on a vu apparaître une volonté d'explorer notamment les modes de narration. La narration classique mettant en scène un narrateur omniscient ayant recours à la troisième personne (*il*, *elle*) pour désigner les personnages a cédé la place à une narration au *je*, où le narrateur se confond souvent avec l'auteur ou l'auteure.

Le **roman contemporain écrit à la première personne** se distingue des autres romans par son **ton intimiste**. Le personnage principal dévoile des secrets, fait part de ses angoisses, de ses joies, de ses peines, des difficultés qu'il éprouve dans ses relations avec les autres. Le récit ressemble à un journal intime que le lecteur ou la lectrice parcourt de manière presque indiscrète.

Ce genre de roman peut aussi être comparé à une **confidence** que le narrateur/auteur fait à un personnage imaginaire (le lecteur ou la lectrice), confidence dans laquelle est révélée une **vision unique du monde** qui demande à être partagée par le lecteur ou la lectrice.

Québec, 1997.

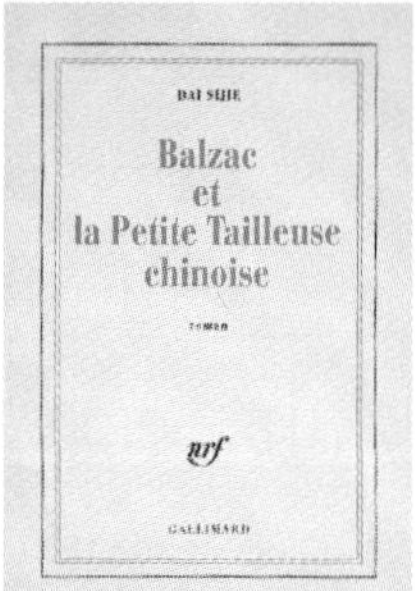

Chine, 2000.

Ontario, 1998.

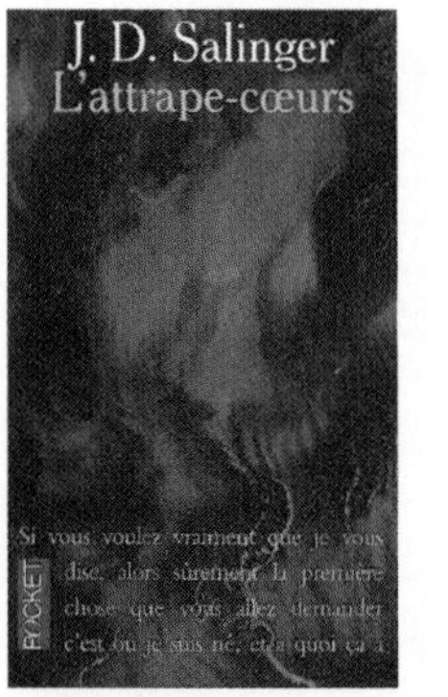

États-Unis, 1945.

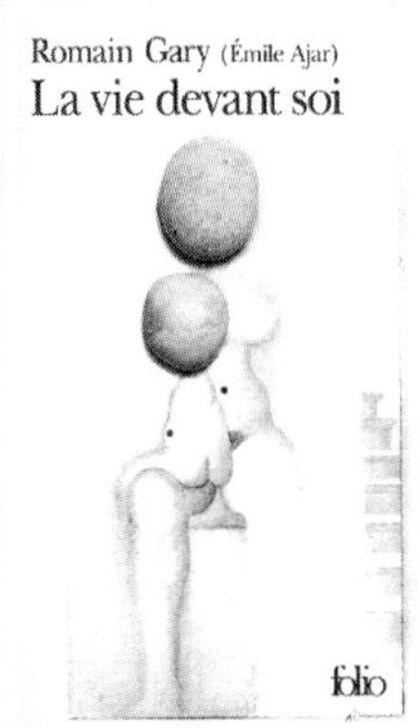

France, 1975.

Québec, 1986.

États-Unis, 1976.

Les formes et le contenu du roman contemporain écrit à la première personne

Les formes du roman écrit à la première personne

L'autobiographie
Cette forme ne pose aucun doute sur l'identité du narrateur; il s'agit bel et bien de l'auteur ou de l'auteure qui raconte des expériences vécues, même si elles sont parfois transformées pour s'inscrire dans le récit. La forme romanesque devient alors un artifice qui permet de mêler des événements réels et des événements fictifs.

Le journal intime
Cette forme porte le masque du cas vécu, mais le narrateur n'est pas nécessairement l'auteur ou l'auteure. Il faut se méfier de ce *je* qui joue parfois à cache-cache avec le lecteur ou la lectrice.

Le récit fictif
Dans le récit fictif, l'histoire racontée est imaginaire sans aucun lien apparent avec la vie de l'auteur ou de l'auteure.

Les préoccupations du narrateur d'un récit écrit à la première personne

1. **Le personnage narrateur s'interroge sur lui-même; il analyse ses comportements et ses réactions.**
Ce narrateur effectue une véritable introspection; il cherche à percer les secrets angoissants de son for intérieur sans que son entourage soit véritablement intégré dans sa démarche.

2. **Le personnage narrateur s'interroge sur sa relation avec la société; il évalue sa participation au sein d'une collectivité.**
Le personnage narrateur se pose des questions sur ses propres perceptions, mais il se présente comme faisant partie d'une collectivité qu'il interroge, qu'il conteste, qu'il voudrait changer.

Comment lire
un roman contemporain écrit à la première personne ?

Il faut lire un roman contemporain écrit à la première personne comme si l'on menait une enquête. Il suffit de prêter attention à tous les renseignements que le **personnage narrateur** fournit sur lui-même, sur les autres et sur ses expériences, de façon à dégager ses **valeurs** et sa **vision du monde**.

Pour ce faire, il faut :

- Analyser le **comportement** du personnage narrateur, c'est-à-dire ses réactions dans les différentes situations qu'il vit. Tout au long de la lecture, il faut s'interroger sur les mobiles du personnage narrateur et sur son comportement **en société et dans l'intimité**. Est-il un être sociable ou mésadapté ?
- S'attarder à tous les renseignements qui concernent le **contexte socioculturel** dans lequel évolue le personnage narrateur, c'est-à-dire identifier tous les éléments qui sont étroitement liés aux relations familiales, à la classe sociale à laquelle il appartient, bref à tout ce qui gravite autour de lui et qui l'influence.
- Préciser quelle est la **vision des choses** du personnage narrateur. Comment perçoit-il la vie : avec enthousiasme ou avec consternation ? Pourquoi ?
- Se concentrer sur les **problèmes** du personnage narrateur. Qu'est-ce qui est à l'origine de ses préoccupations, de ses angoisses ? Quel est le secret qu'il n'ose avouer ? Qu'est-ce qui l'agace, le tourmente, le harcèle ?
- Essayer d'imaginer comment le personnage narrateur pourrait **régler ses problèmes** ou ce qui le rendrait heureux.

Québec, 1986.

France, 1994.

Québec, 1991.

Une lecture

Illustration d'une lecture d'un roman contemporain écrit à la première personne

Prise de notes

L'Étranger (Albert Camus, 1942)

Aujourd'hui, maman est morte. Ou peut-être hier, je ne sais pas. J'ai reçu un télégramme de l'asile: «Mère décédée. Enterrement demain. Sentiments distingués.» Cela ne veut rien dire. C'était peut-être hier.

L'asile de vieillards est à Marengo, à quatre-vingts kilomètres d'Alger. Je prendrai l'autobus à deux heures et j'arriverai dans l'après-midi. Ainsi, je pourrai veiller et je rentrerai demain soir. J'ai demandé deux jours de congé à mon patron et il ne pouvait pas me les refuser avec une excuse pareille. Mais il n'avait pas l'air content. Je lui ai même dit: «Ce n'est pas de ma faute.» Il n'a pas répondu. J'ai pensé alors que je n'aurais pas dû lui dire cela. En somme, je n'avais pas à m'excuser. C'était plutôt à lui de me présenter ses condoléances. Mais il le fera sans doute après-demain, quand il me verra en deuil. Pour le moment, c'est un peu comme si maman n'était pas morte. Après l'enterrement, au contraire, ce sera une affaire classée et tout aura vêtu une allure plus officielle.

– Contexte familial: Le décès de la mère du narrateur, dont le nom est Meursault.

– Comportement du narrateur: Il n'habitait plus avec sa mère, il vivait éloigné d'elle puisqu'elle habitait dans un asile à 80 km de son domicile.

– Sa vision des choses:

- *Il n'admet pas que son patron affiche du mécontentement parce qu'il demande deux jours de congé. Il s'innocente immédiatement («Ce n'est pas de ma faute») et reproche à son patron de ne pas lui offrir ses condoléances. Est-ce vraiment un reproche?*
- *Il ne semble pas réaliser que sa mère est morte. Il n'en a pas la preuve. Il fait toutefois montre d'un certain détachement, voire d'une certaine indifférence relativement à cette mort. L'enterrement lui paraît une simple formalité qui ne l'émeut guère. Est-ce normal de réagir ainsi à la mort de sa mère?*

Plus loin dans le récit, Meursault, le narrateur, est accusé d'homicide volontaire.

Au début de ma détention, pourtant, ce qui a été le plus dur, c'est que j'avais des pensées d'homme libre. Par exemple, l'envie me prenait d'être sur une plage et de descendre vers la mer. À imaginer le bruit des premières vagues sous la plante de mes pieds, l'entrée du corps dans l'eau et la délivrance que j'y trouvais, je sentais tout d'un coup combien les murs de ma prison étaient rapprochés. Mais cela dura quelques mois. Ensuite, je n'avais que des pensées de prisonnier. J'attendais la promenade quotidienne que je faisais dans la cour ou la visite de mon avocat. Je m'arrangeais très bien avec le reste de mon temps. J'ai souvent pensé alors que si l'on m'avait fait vivre dans un tronc d'arbre sec, sans autre occupation que de regarder la fleur du ciel au-dessus de ma tête, je m'y serais peu à peu habitué. J'aurais attendu des passages d'oiseaux ou des rencontres de nuages comme j'attendais ici les curieuses cravates de mon avocat et comme, dans un autre monde, je patientais jusqu'au samedi soir pour étreindre le corps de Marie. Or, à bien réfléchir, je n'étais pas dans un arbre sec. Il y avait plus malheureux que moi.

– Avec le temps, sa vision de l'enfermement se métamorphose. De l'être qui aspirait à la liberté, il est maintenant devenu un homme constamment habité par «des pensées de prisonnier». Est-ce normal de réagir de cette façon sans chercher à clamer tout haut son innocence?

– Tant bien que mal, son comportement se modifie et il semble s'adapter à ce milieu où il se trouve coincé mais pas nécessairement malheureux. Il dit que même s'il devait vivre dans un tronc d'arbre sec, il pourrait s'y habituer. L'immobilité, symbole de son emprisonnement, ne semble pas lui déplaire. Est-ce normal de ne pas chercher à se défendre? De plus, Meursault n'offre pas véritablement sa vision des faits. Il ne semble nullement concerné par ce qui devrait normalement le préoccuper.

– Pourquoi consacre-t-il toutes ses énergies à s'adapter à sa situation en apparence étouffante? Pourquoi ne perd-il pas son sang-froid? Pourquoi ne se révolte-t-il pas? Serait-ce le germe d'une révolte intérieure?

Grille de lecture
d'un roman contemporain écrit à la première personne

Chili, 1985.

Pistes pour la prise de notes au fil de la lecture
afin de cerner le personnage principal d'un roman

1

- Quel est son **nom** ? Quelle est sa **place dans la société** ?
- Occupe-t-il une fonction importante ?
- Vit-il en marge de la société sans trop communiquer avec ses semblables ?
- Quelles sont ses **principales caractéristiques physiques** ?

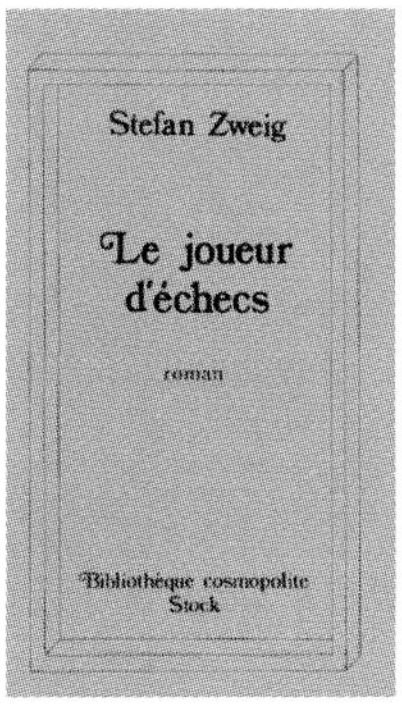

Suisse, 1943.

2

- Quelles **valeurs** semble-t-il privilégier ?

3

- Quelle est la nature de ses **relations** avec ses pairs, avec sa famille : sont-elles harmonieuses ou tendues ?

4

- À quoi ressemble son **milieu de vie** ?
- Est-il contraint de se taire ou peut-il s'exprimer librement ?
- Est-ce un milieu où la liberté d'expression en public est permise ou interdite ?

Québec, 1991.

5

- Dans quel contexte socioculturel évolue-t-il ?

6

- Le personnage a-t-il des **habitudes** ou des **manies** qui le distinguent des autres personnages ? Quelles sont-elles ?

Grille de lecture
d'un roman contemporain écrit à la première personne
(suite)

7
- **Comment se perçoit-il** : a-t-il une image positive ou négative de lui-même ?

8
- Par qui ou par quoi est-il affecté, tourmenté ?

9
- Quel **événement de sa vie passée** semble avoir joué un rôle déterminant dans sa vie ?

10
- Quelles **solutions** envisage-t-il pour mettre fin à ses angoisses ?

11
- Est-il entièrement **démuni et vulnérable** ou, au contraire, est-il **téméraire et prêt à améliorer son sort**, bref à chasser les démons intérieurs qui le hantent ?

12
- Quel mot pourrait le mieux définir ce personnage ?

13
- Ce personnage pourrait-il être votre ami ? Pourquoi ?
- Si vous aviez à lui donner des conseils, quels seraient-ils ?

France, 1995.

France, 1983.

Québec, 1973.

Italie, 1994.

France, 1976.

États-Unis, 1992.

Québec, 1990.

Comment résumer
un roman contemporain écrit à la première personne ?

L'Étranger d'Albert Camus (1942)

Personnage — *Contexte de vie* — *Statut* — *Habitudes* — *Caractéristique psychologique*

Meursault, le personnage narrateur, est un homme plutôt jeune, dans la trentaine. Il vit en Algérie et, bien qu'aucune date ne soit donnée, certains indices révèlent que l'action se déroule à l'époque où le roman fut écrit, soit au début des années 1940. Il occupe un poste de bureaucrate et travaille dans la capitale. Il mène une vie particulièrement rangée, qui laisse peu de place à l'imprévu. Il semble fréquenter peu de gens. C'est un solitaire. Dès la première ligne du roman, [il nous apprend la mort de sa mère] *[Élément déclencheur]* qui vivait à l'asile depuis quelques années. Il assiste à son enterrement mais ne semble pas particulièrement affligé. [Il rencontre un homme du nom de Raymond,] *[Péripétie]* un dur à cuire, qui deviendra son ami. *Valeur : l'amitié* Par la suite, [il fréquente une femme prénommée Marie,] *[Péripétie]* qui est amoureuse de lui. *Caractéristique psychologique* Meursault aime être à ses côtés, mais il n'est pas homme à afficher ses émotions spontanément. Il est plutôt mystérieux. Évidemment, cela affecte Marie qui aimerait bien se marier avec lui.

[Raymond invite Meursault et Marie à prendre quelques jours de repos au bord de la mer chez des amis.] *[Péripétie]* Durant ce séjour, Raymond et Meursault ont une altercation avec un groupe d'Arabes et [Meursault, pour défendre son ami, assassine froidement l'adversaire.] *[Péripétie]* Il se retrouve en prison, accusé d'homicide volontaire. *Caractéristique psychologique* Meursault ne plaide pas non coupable et ne fait pas appel à un avocat. Il se défend très mal car, curieusement, son histoire ne semble pas l'intéresser. [Au moment de sa condamnation, il réagit, mais trop tard.] *[Situation finale]*

DESCRIPTION de l'activité

Dans cette activité, vous devrez lire un roman contemporain écrit à la première personne qui vous dévoilera l'intimité d'un personnage. Dans un exposé oral à caractère argumentatif, vous présenterez le personnage principal du roman et amènerez la classe à partager votre vision de ce personnage. Vous devrez illustrer, à l'aide de l'information recueillie, la vision ou la perception des choses du personnage en question et défendre ou condamner son comportement.

QUI SE CACHE DERRIÈRE CE PERSONNAGE ?

déroulement

1 Formez des équipes de deux.

2 Lisez et analysez la description de l'activité.

3 Dans les suggestions de lecture présentées aux pages 447 et 448, choisissez un roman contemporain qui pique votre curiosité ou qui répond à vos intérêts personnels. Les deux membres de l'équipe doivent choisir le même roman.

4 Avant de procéder à la lecture du roman, procurez-vous un cahier où vous pourrez prendre des notes selon la méthode proposée dans les parties *Comment lire un roman contemporain écrit à la première personne ?* (page 440) et *Grille de lecture d'un roman contemporain écrit à la première personne* (page 443).

5 Après avoir lu le roman, déterminez qui en fera le résumé et qui présentera l'auteur ou l'auteure (bref aperçu de sa carrière, thèmes privilégiés, etc.).

6 Chacun des membres de l'équipe doit identifier le problème du personnage et juger son comportement.

7 Les deux membres de l'équipe présentent ensuite deux visions du personnage : l'un démontre qu'il est en accord avec la manière d'être, d'agir et de penser du personnage principal tandis que l'autre démontre tout le contraire. Que vous approuviez ou que vous désapprouviez le comportement du personnage, vous devez justifier votre affirmation à l'aide d'arguments tirés du texte. Notez qu'il ne s'agit nullement d'une confrontation ou d'une polémique, mais de deux visions différentes. En somme, vous devez simplement vous prononcer sur le comportement du personnage : est-il condamnable ou acceptable ? Pensez au rôle de l'avocat qui doit défendre son client ou sa cliente. Vos arguments doivent être convaincants et vous devez avancer des preuves qui soutiennent vos affirmations.

L'enquête peut maintenant commencer.

42 suggestions de lecture

André Alexis, ***Enfance***, Fides, 1998.

Paul Auster, ***Mr Vertigo***, Le Livre de poche, 1997.

Hervé Bazin, ***Vipère au poing***, Le Livre de poche, 1996.

Nina Nikolaevna Berberova, ***L'Accompagnatrice***, Libris, 1998.

Gérard Bessette, ***Le libraire***, Éditions Pierre Tisseyre, 1999.

Geneviève Brisac, ***Petite***, Seuil, coll. «Points», 1996.

Pearl Buck, ***Vent d'Est, vent d'Ouest***, Le Livre de poche, 1994.

Howard Buten, ***Quand j'avais cinq ans je m'ai tué***, Seuil, Série point-virgule, 1981.

Inès Cagnati, ***Génie la folle***, Folio, Gallimard, 1979.

Jérôme Charyn, ***Poisson-chat***, Seuil, coll. «Points», 1983.

Ying Chen, ***L'Ingratitude***, Leméac, 1999.

Louise Desjardins, ***La Love***, Leméac, 1993.

Réjean Ducharme, ***L'hiver de force***, Folio, Gallimard, 1999.

Annie Ernaux, ***La place***, Folio, Gallimard, 1986.

José Fréchette, ***Le Père de Lisa***, Quinze, 1987.

Romain Gary, ***La vie devant soi***, Folio, Gallimard, 1998.

Jacques Godbout, ***Salut Galarneau***, Seuil, coll. «Points», 1995.

Bruno Hébert, ***C'est pas moi, je le jure !***, Boréal, 1997.

Susan Eloise Hinton, ***Les Outsiders***, Le Livre de poche, 1984.

David Homel, ***Il pleut des rats***, Actes Sud, coll. «Babel», 1999.

Julius Horwitz, ***Journal d'une fille de Harlem***, Seuil, coll. «Points», 1987.

NOTE DE L'ÉDITEUR : Les références données dans ces pages renvoient aux éditions dont le format est le plus approprié pour cette activité de lecture, mais toute édition (passée ou nouvelle) des ouvrages peut être utilisée.

Lecteurs et lectrices TIMIDES

Lecteurs et lectrices DISPONIBLES

Lecteurs et lectrices TÉMÉRAIRES

Bohumil Hrabal, ***Une trop bruyante solitude***, Seuil, coll. «Points», 1997.

John Irving, ***Le Monde selon Garp***, Seuil, coll. «Points», 1998.

Suzanne Jacob, ***L'Obéissance***, Boréal, 1999.

Agota Kristof, ***Le Grand Cahier***, Seuil, coll. «Points», 1995.

Dany Laferrière, ***Pays sans chapeau***, Lanctôt, 1999.

Robert Lalonde, ***Une belle journée d'avance***, Boréal, 1998.

Björn Larsson, ***Le Capitaine et les Rêves***, Grasset, 1999.

Amélie Nothomb, ***Les Catilinaires***, Le Livre de poche, 1995.

Alice Parizeau, ***L'Amour de Jeanne***, Éditions Pierre Tisseyre, 1986.

Gilberto Flores Patiño, ***Esteban***, Boréal, 1987.

Daniel Picouly, ***Le champ de personne***, J'ai lu, 2000.

J. D. Salinger, ***L'attrape-cœurs***, Pocket, 1999.

Jacques Savoie, ***Les Portes tournantes***, Boréal, 1998.

Dai Sijie, ***Balzac et la Petite Tailleuse chinoise***, Gallimard, 2000.

Antonio Skármeta, ***Une ardente patience***, Seuil, Série point-virgule, 1988.

Susanna Tamaro, ***Va où ton cœur te porte***, Pocket, 1996.

Sylvain Trudel, ***Le souffle de l'harmattan***, Typo, 1998.

Élise Turcotte, ***Le Bruit des choses vivantes***, Actes Sud, coll. «Babel», 1998.

José Mauro de Vasconcelos, ***Mon bel oranger***, Hachette, coll. «Le Livre de poche jeunesse», 1989.

Guillaume Vigneault, ***Carnets de naufrage***, Boréal, 2000.

Stefan Zweig, ***Le joueur d'échecs***, Stock, Bibliothèque cosmopolite, 1994.

NOTE DE L'ÉDITEUR: Les références données dans ces pages renvoient aux éditions dont le format est le plus approprié pour cette activité de lecture, mais toute édition (passée ou nouvelle) des ouvrages peut être utilisée.

TP 501

Profession : critique

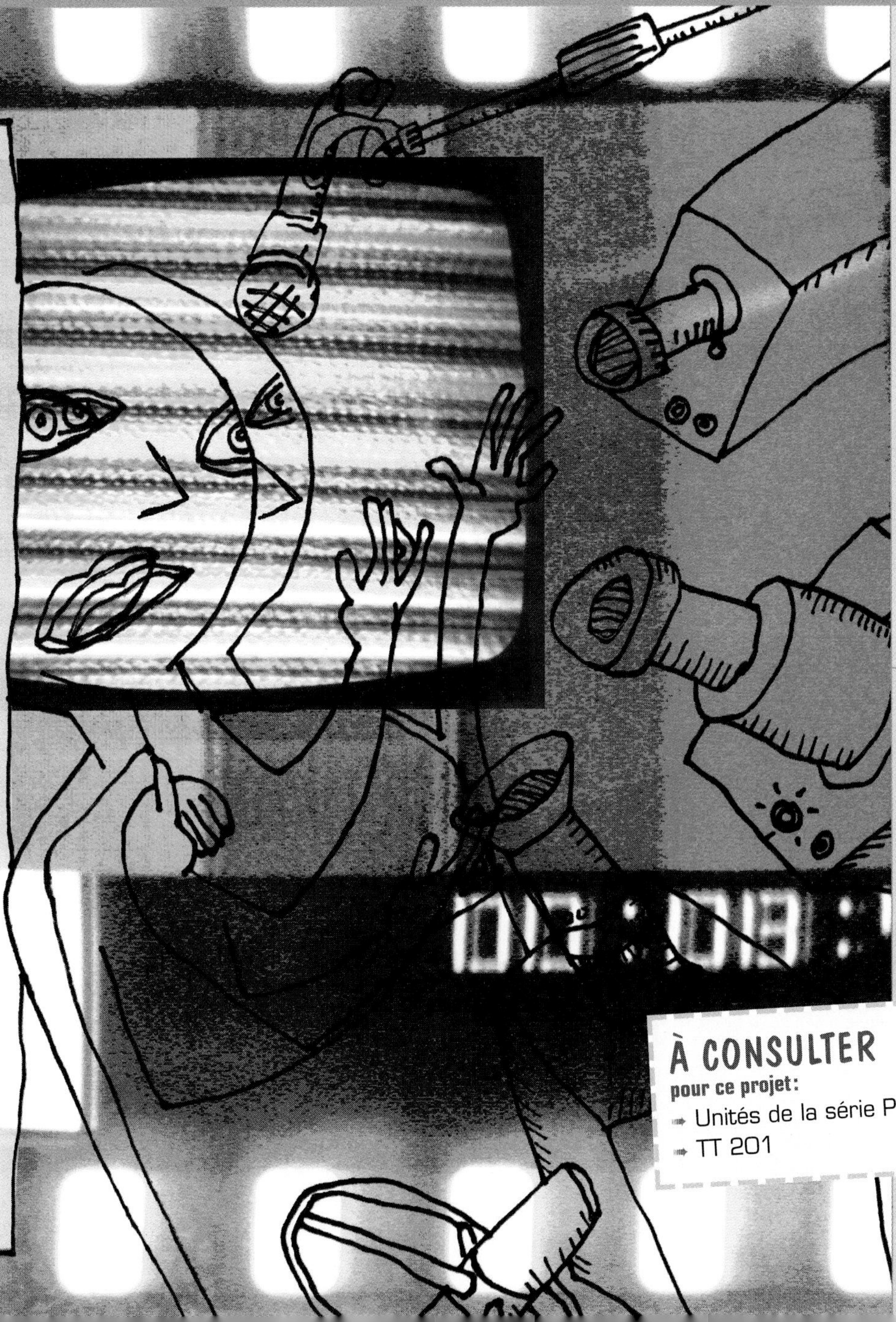

DESCRIPTION DU PROJET

Dans ce projet, vous devrez faire un exposé critique. Pour y arriver, on vous propose un jeu de rôle. Vous devrez imaginer que vous voulez devenir critique pour la télévision… Vous répondrez d'abord à une offre d'emploi parue dans un journal. La lettre que vous écrirez visera à convaincre l'employeur que vous avez toutes les qualités nécessaires pour faire la critique d'un livre, d'un film, d'une pièce de théâtre, etc.

Après avoir rédigé votre lettre, vous devrez faire un exposé oral dans lequel vous ferez une critique comme si vous aviez obtenu le poste. L'exposé de 5 à 10 minutes portera sur une œuvre de votre choix.

À CONSULTER

pour ce projet:

- Unités de la série PR 100
- TT 201

déroulement
POUR RÉDIGER UNE LETTRE DE DEMANDE D'EMPLOI

1 Planifier l'écriture de la lettre de demande d'emploi.

a) Prendre connaissance d'une offre d'emploi fictive.

Convainquez-vous d'abord que vous êtes le candidat idéal ou la candidate idéale pour le poste. Notez les renseignements importants contenus dans l'annonce. Faites le portrait de la personne idéale recherchée par cet employeur fictif.

document *1* ▶▶ (page 453)

b) Déterminer ce que doit contenir la lettre de demande d'emploi.

Examinez des modèles de demandes d'emploi. La lettre de demande d'emploi est un texte argumentatif. Consultez donc l'unité TT 201. Trouvez des raisons pour lesquelles on devrait vous engager et notez-les sur une feuille. Ce sera le point de départ de votre plan.

document *2* ▶▶ (page 454)

c) Choisir des arguments.

À partir de la thèse «Je suis la personne qu'il vous faut », déterminez quelle stratégie argumentative vous adopterez et quels arguments vous permettront d'obtenir l'emploi. Pour les besoins de l'activité, vous pouvez parler de compétences, d'expériences et d'études fictives. Dressez un plan sommaire du texte que vous allez écrire.

2 Rédiger le texte et le réviser.

Rédigez votre lettre en vous inspirant du mode d'emploi et du modèle que vous avez choisi dans le document 2. Personnalisez votre texte.

Il faut toujours faire lire une lettre de demande d'emploi par une autre personne. On s'assure ainsi de n'avoir rien oublié d'important. Demandez à quelqu'un de lire votre lettre et de vérifier si elle est claire et surtout, convaincante. Demandez-lui de dégager la thèse et les arguments. À la lumière des commentaires que vous aurez reçus, récrivez les passages les moins réussis.

Soignez particulièrement l'orthographe. Un employeur peut rejeter une lettre pour une simple coquille.

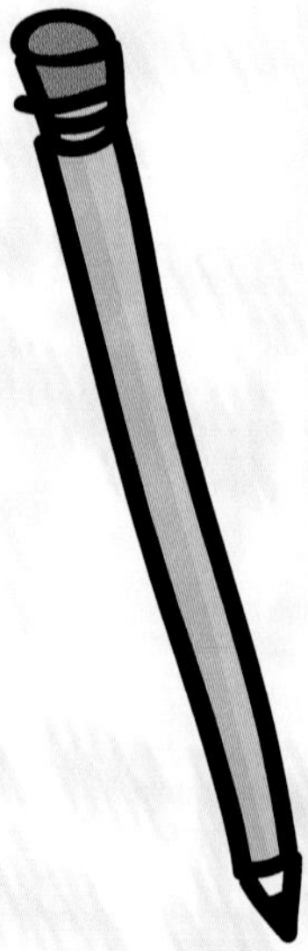

3 Mettre le texte au propre.

Certains employeurs éliminent d'emblée les demandes d'emploi manuscrites. Soignez donc la présentation de votre lettre.

4 Évaluer la démarche d'écriture.

Demandez à vos pairs d'évaluer si votre lettre est convaincante ou non. Faites une simulation. Demandez à vos camarades «d'engager» quelqu'un à partir de cinq ou six lettres non signées, écrites par différents élèves, et de justifier leur choix.

Discutez ensuite avec vos collègues de votre démarche d'écriture. Est-ce facile d'écrire une offre de services ? Que ferez-vous la prochaine fois, lorsque vous devrez écrire une lettre pour obtenir un emploi ?

déroulement
POUR FAIRE UN EXPOSÉ CRITIQUE

1 Planifier l'exposé.

a) S'interroger sur le travail de critique.

Dressez la liste des critiques que vous connaissez et précisez où vous les avez vus ou lus. Définissez votre rapport avec les critiques. Expliquez dans quelle mesure les critiques influencent vos choix culturels (achat de disques, location de films, achat de billets de spectacle, lecture de livres).

document *3* (page 456)

b) Choisir une œuvre pour en faire la critique.

Choisissez un livre, une pièce de théâtre, un film ou un disque de chansons françaises. Choisissez une œuvre que vous avez adorée ou une œuvre que vous avez détestée : la critique sera plus facile.

c) Effectuer une recherche sur l'auteur ou l'auteure et analyser l'œuvre à critiquer.

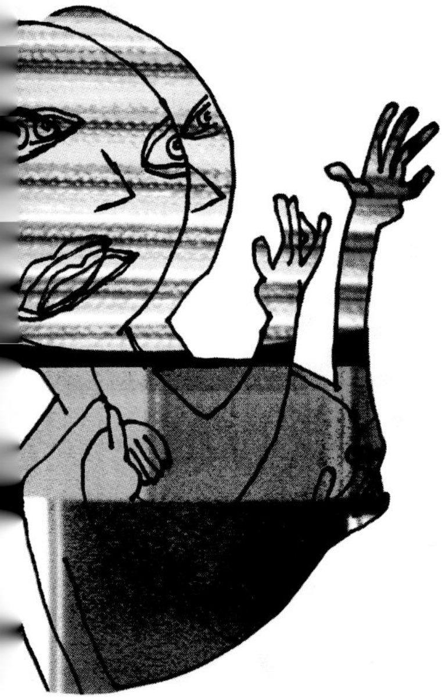

Recueillez de l'information sur la personne qui a écrit ou produit l'œuvre. Cherchez sur Internet, dans les encyclopédies, à la bibliothèque, dans les journaux. Ces renseignements peuvent jeter un éclairage différent sur l'œuvre. (Par exemple, les événements difficiles qu'un romancier a vécus peuvent se refléter dans son œuvre. La vie du créateur ou de la créatrice aide souvent à comprendre l'œuvre.)

Analysez l'œuvre. Considérez-la sous tous ses aspects. Cherchez des critiques qui ont déjà été faites sur cette œuvre. Inspirez-vous-en.

Vous ne vous servirez sans doute pas de tous les éléments d'information recueillis, mais il vaut mieux bien connaître son sujet pour pouvoir improviser ou s'adapter à son auditoire.

document *4* (page 458)

d) Formuler une thèse et faire le plan de la critique.

La critique est un texte argumentatif. Trouvez une thèse à défendre, une thèse qui résume votre appréciation globale de l'œuvre. Choisissez des mots qui vous permettront d'étoffer votre critique.

Faites un plan en choisissant les éléments d'information les plus pertinents compte tenu du temps dont vous disposez. Éliminez les aspects moins importants de l'œuvre. Ce premier plan sera modifié plusieurs fois, car vous devrez vous exercer et retoucher votre exposé.

document *5* (page 459)

e) Observer des modèles de critiques.

Consultez les critiques dans la partie *visions d'artistes — regards critiques* du manuel *TEXTES*. Choisissez-en une et regardez comment elle est construite.

Écoutez également une émission culturelle à la télévision ou à la radio et observez le travail des critiques à l'aide d'une grille d'écoute.

document *6* (page 460)

f) Préparer des notes pour l'exposé.

Préparez des fiches qui présentent les grandes articulations de l'exposé : une fiche pour l'introduction, plusieurs fiches pour le développement, une fiche pour la conclusion. Ces fiches devront être concises et faciles à lire et à consulter.

document 7 ▶▶ (page 461)

2 S'exercer.

Vous pouvez vous exercer en solo ou avec quelqu'un qui vous donnera des conseils. Vous pouvez aussi vous enregistrer afin de fignoler la présentation de l'exposé et corriger certains tics. Attention ! un exposé critique exige un registre de langue plus soutenu. Il faudra y penser au moment de la présentation.

document 8 ▶▶ (page 462)

3 Finaliser sa préparation.

Préparez bien votre matériel pour l'exposé. Pensez à apporter un support visuel (le livre critiqué, une photo, le boîtier d'une vidéocassette, etc.). Souciez-vous de votre posture (assis ou assise, debout, les épaules droites, le sourire aux lèvres). Soignez votre tenue vestimentaire comme le font tous les gens qui travaillent à la télévision.

4 Faire son exposé et participer à une discussion.

Demandez à vos camarades de remplir une grille d'écoute pendant votre exposé. Quand vous aurez terminé, participez de façon active à la discussion qui suivra votre exposé. Pour provoquer la discussion, posez des questions comme : « Avez-vous déjà vu, lu ou entendu cette œuvre ? Connaissez-vous d'autres œuvres de cette personne ? Êtes-vous d'accord avec ma critique ? Avez-vous envie d'en savoir plus ? »

document 6 ▶▶ (page 460)

5 Évaluer sa démarche.

Imaginez qu'après avoir entendu votre critique, votre employeur vous congédie... Cette personne prétend que vous n'avez pas répondu à ses attentes et que votre exposé était faible sur plusieurs points. Écrivez-lui une lettre pour lui dire qu'elle commet une erreur. Dans votre lettre, admettez quelques lacunes, mais insistez sur vos points forts. En d'autres mots, réfutez les commentaires négatifs qu'elle vous a adressés.

documentation

document *1* Une offre d'emploi

Vous devez répondre à cette petite annonce... Vous êtes la personne idéale pour le poste. Votre cours de français de quatrième secondaire vous a permis d'acquérir les connaissances nécessaires pour occuper une telle fonction.

TÉLÉ-BIP

Tu te plains que personne ne t'écoute...
Télé-Bip t'offre la chance de t'exprimer
devant des dizaines de milliers de personnes!

Critique recherché(e)

Tu es jeune, dynamique. Tu aimes le théâtre, le cinéma, les livres, les expositions. Télé-Bip t'offre la possibilité de faire une chronique culturelle en participant à l'émission «Jeunes et cultivés».

Exigences

- Bonne culture générale.
- Solides connaissances dans l'un des domaines suivants : littérature, cinéma, théâtre, musique.
- Capacité à faire des exposés critiques.
- Excellente maîtrise du français oral et écrit.
- Capacité à travailler en équipe.

Nature du travail

- Voir ou lire des pièces de théâtre.
- Visionner des films.
- Lire des œuvres littéraires.
- Écouter des disques de chansons françaises.
- Faire des exposés intéressants en ondes.

Rémunération

- À déterminer selon tes compétences.

Rédige une lettre convaincante pour nous inciter à retenir ta candidature.

Fais parvenir ta candidature par Internet à l'adresse suivante : textes@ceceditions.com

document 2

Des offres de services

Pour répondre à l'annonce, il faut rédiger une lettre de demande d'emploi convaincante. Il existe des règles pour ce genre de textes : des choses à faire et d'autres à ne pas faire...

Lisez le mode d'emploi ci-dessous et déterminez laquelle des lettres proposées à la page suivante convient le mieux pour décrocher un emploi (texte A, texte B ou texte C). Justifiez votre réponse.

La lettre de présentation : essentielle

Vous présenteriez-vous tout nu à une entrevue ? Il ne faut pas plus envoyer un C.V. sans lettre de présentation.

« Celle-ci doit être courte et précise, et comporter trois sections », explique Liette Faubert, conseillère en gestion de carrière. Dans le premier paragraphe, elle recommande de préciser le type d'emploi désiré et d'indiquer comment on a eu vent de l'ouverture (référé par telle personne, annonce dans tel journal, à la suite d'un appel, etc.). Il importe de se renseigner sur le titre exact du poste convoité, précise-t-elle, les mêmes fonctions ne font pas référence au même titre partout. Une secrétaire comptable dans une compagnie, par exemple, peut être un commis-comptable ou un agent de comptabilité dans une autre.

Dans le deuxième paragraphe, elle suggère d'expliquer pourquoi le poste nous intéresse et pourquoi nous aimerions travailler pour l'entreprise. « La lettre doit être assez personnalisée pour que l'employeur reconnaisse le poste et l'intérêt porté à sa firme. Cela présume que le candidat a déjà fait une recherche sur l'emploi à combler et l'entreprise.

« Plutôt que de répéter les compétences décrites dans le C.V., il faut expliquer la relation entre sa formation, ses expériences de travail et l'emploi postulé. Si on a des qualifications particulières (si on est trilingue par exemple), ou si on a accompli des réalisations particulières, on peut les faire ressortir si elles ont un rapport avec l'emploi désiré. Si par contre on réoriente sa carrière, on peut alors faire état de sa capacité de s'adapter au changement et de sa volonté de relever de nouveaux défis. » Le but ? Intéresser suffisamment le lecteur pour qu'il ait le goût de lire le C.V.

Dans le troisième paragraphe, enfin, le candidat demande de façon polie et respectueuse s'il peut être reçu en entrevue. « Il faut faire attention de ne pas frustrer l'employeur, insiste Mme Faubert. Il ne faut pas donner des ordres du genre : Veuillez me téléphoner mercredi entre 9 h et 11 h, ou Je vous appellerai mardi entre 15 h et 16 h, veuillez me répondre... »

La lettre de présentation doit contenir des informations essentielles que l'on ne trouve pas dans le C.V., renchérit Jean-Marie Beauchemin, conseiller au Club de recherche d'emploi de la Rive-Sud. « Il faut faire en sorte que l'employeur ne puisse jeter la lettre à la poubelle et ne garder que le C.V., car il perdrait des informations.

« Le C.V. est une froide description de son expérience professionnelle complémentaire à sa formation et ses connaissances techniques, résume-t-il. La lettre de présentation, elle, a une âme. Les employeurs peuvent voir à travers le texte si les candidats ont confiance en eux. »

Danielle Bonneau, *La Presse*, Cahier spécial, mercredi 6 octobre 1999.

A

Bonjour. Je m'appelle Albain. J'ai lu votre annonce. Elle me plaît. Je n'ai encore jamais travaillé dans une librairie, mais j'ai eu beaucoup affaire aux gens dans mon métier précédent. Je leur vendais des casseroles, je pourrais donc très bien leur vendre des livres. Qui peut le moins peut le plus – ou l'inverse. Qu'en pensez-vous ? Je vous laisse mon adresse, je vous salue bien.

Christian Bobin, *Geai*, © Éditions Gallimard, 1998.

B

Le 20 novembre 20…

Madame Françoise Côté
Directrice des ressources humaines
Librairie Pattes de mouche
2346, rue Commerciale
Sainte-Gemma-des-Habitudes
U8B 3H1

Objet : Demande d'emploi

Madame la Directrice,

J'ai relevé dans le journal *La luciole* du 14 novembre dernier l'annonce dans laquelle vous demandiez un libraire à temps partiel. Je suis la personne qu'il vous faut. Permettez-moi donc de vous soumettre ma candidature.

Je connais la littérature. L'année dernière, mon enseignante de français m'a donné envie de lire Molière, Rimbaud, Tremblay, Laberge, Pennac, Jardin et tous les autres. Je ne serai jamais prise au dépourvu si un client me demande de lui suggérer un titre.

D'ailleurs, avec la clientèle, je n'ai aucune crainte. Je suis polie et sympathique. J'ai donc tout ce qu'il faut pour travailler dans le domaine de la vente.

Finalement, cet emploi de libraire, c'est un peu un rêve d'enfance pour moi. Mon grand-père possédait lui aussi une librairie sur la rue Principale. Aujourd'hui, il est décédé et son commerce a été transformé en atelier de tatouage. J'aurais l'impression de lui rendre hommage si j'exerçais le même métier que lui.

Dans l'espoir que vous voudrez bien prendre ma demande en considération et m'accorder une entrevue, je vous prie d'agréer, Madame la Directrice, l'expression de mes sentiments distingués.

Fanny Rozon
Fanny Rozon

2332, rue Utah
Sainte-Gemma-des-Habitudes
U8B 3H1

p.j. Curriculum vitæ

C

Bonjour, ne me jetez pas dans la corbeille à papiers. Je crois qu'il ne faut jamais rien négliger, c'est même cette croyance qui me fait vous écrire pour le poste d'informaticien. Je ne connais rien à l'informatique, je suis prêt à tout apprendre en un temps record. Vous demandez une lettre de motivation. Ma motivation, c'est de gagner de l'argent. Pas trop, juste le nécessaire. Il reste bien sûr à définir ce qui est «nécessaire». Rencontrons-nous, parlons-en. Ma lettre devrait vous arriver demain. Je vous appelle après-demain, vers quatorze heures. Merci.

Christian Bobin, *Geai*, © Éditions Gallimard, 1998.

Les critiques

**Qui sont les critiques ? Quel est leur rôle ?
Quels sont leurs rapports avec les artistes ?**

Extrait 1

Haro sur la critique…

Voici des extraits d'un long reportage de Pascale Millot sur les critiques publié dans* L'actualité *en 1997.

Les reproches qu'on leur adresse sont multiples: ils sont blasés… ils prennent plaisir à démolir en deux colonnes le travail d'une vie… ils jugent les œuvres au coup par coup sans tenir compte de la démarche de l'artiste… Ce sont des artistes manqués — «des ratés sympathiques», comme le chante Robert Charlebois…

«On se dirige vers un monde sans critiques, vers un journalisme de "plogues"», estime Odile Tremblay, critique de cinéma au quotidien *Le Devoir*.

«Les critiques vivent dans la peur au Québec», dit Robert Lévesque, qui exerça ce métier dans la controverse pendant plus de 10 ans dans le domaine du théâtre au *Devoir*.

Peur de quoi ? De qui ? Peur d'être détestés par leurs «victimes». Peur qu'une compagnie de théâtre, un éditeur mécontent ou un distributeur frustré cessent d'annoncer dans le journal, lui faisant ainsi perdre des revenus publicitaires. Peur d'être responsables de l'échec d'un spectacle, d'un film ou d'un livre. «Si on continue à le massacrer, le théâtre québécois n'existera plus», va jusqu'à dire Jean-François Limoges, attaché de presse de la Compagnie Jean Duceppe.

Le Québec est petit. Artistes et journalistes se rencontrent souvent pour des entrevues, se croisent aux premières de spectacles, se respectent parfois et s'apprécient de temps en temps. «La critique s'est discréditée à force d'être complaisante. Nous connaissons les gens du milieu, nous les aimons. Ce qui pousse certains journalistes à modifier leurs critères pour juger les films québécois, par exemple», dit Odile Tremblay.

«Il faut se poser la question, dit Odile Tremblay: Pour qui écrit-on ? Ni pour les artistes ou son patron, mais pour ses lecteurs. Le public est-il prêt à accepter qu'on lui fasse croire que tout le monde il est beau, tout le monde il est gentil ?»

Pascale Millot,
«Ne tirez pas sur le critique»,
L'actualité, vol. 22,
n° 9, 1er juin 1997,

Extrait 2

La critique

L'information culturelle est importante pour les lecteurs puisque des sondages révèlent qu'ils la classent au quatrième rang derrière les informations locales, nationales et internationales.

Lorsqu'un consommateur s'intéresse à un produit, il compare différentes marques entre elles afin de savoir quoi acheter. Un consommateur de cinéma, de télévision, de livres ou de théâtre se comporte de la même manière : il recherche l'avis du spécialiste afin de se faire aider dans ses choix ou pour comparer son appréciation avec la sienne. Cette opinion, il la trouve dans la section des arts et spectacles quand il lit une critique.

Contrairement à la nouvelle, qui exige du journaliste qu'il disparaisse derrière les faits, la critique ressemble à son auteur. Elle s'accommode bien d'un style imaginatif et personnalisé. Sa valeur repose d'ailleurs davantage sur son contenu, sur ses arguments que sur son style.

Il va de soi, donc, que celui qui rédige une critique doit être compétent dans son domaine d'activité. S'il critique des œuvres littéraires, il lui faut identifier le genre d'ouvrage et faire ressortir certains éléments du fond et de la forme. S'il est critique de théâtre, il doit posséder des connaissances pour traiter de la mise en scène, de la technique, des décors, du jeu des comédiens et du texte.

Bien sûr, s'il écrit pour un journal populaire, il ne pourra faire l'étalage d'une érudition trop grande, car le lecteur moyen ne le suivra pas. Non pas que celui-ci soit ignare, mais parce qu'il apprécie un livre, une pièce de théâtre ou un disque à partir de critères qui diffèrent de ceux d'un spécialiste. Pour cette raison, certains médias préféreront retenir les services d'un simple journaliste plutôt que d'engager un spécialiste qui risquerait d'écrire pour quelques initiés seulement. La situation sera évidemment tout autre dans une revue spécialisée.

Le critique joue un rôle social important parce que le lecteur en vient à bien le connaître et ses textes deviennent en quelque sorte l'occasion d'un échange à propos des événements culturels de l'heure entre lui et le lecteur.

Aurélien Leclerc, *L'entreprise de presse et le journalisme*,
© Presses de l'Université du Québec, 1991.

« La critique est facile,
mais l'art est difficile. »

document 4

Des aspects qui intéressent les critiques

Les critiques connaissent généralement bien leur domaine. Ils sont capables d'analyser une œuvre sous différents aspects.

Le créateur ou la créatrice de l'œuvre

Sa naissance
Son origine
Les événements qui ont marqué sa vie
L'époque à laquelle il ou elle a vécu
Ses influences culturelles
Ses autres œuvres
Ses thèmes de prédilection
Ses succès
Ses échecs
Son style et son univers

une pièce de théâtre

Le résumé de l'histoire
La construction de la pièce
La mise en scène
Les personnages
Le registre de langue
Le jeu des acteurs
Les costumes
La scénographie
Les éclairages
Les maquillages
La réaction des spectateurs
La chorégraphie, s'il y a de la danse
La musique, s'il y en a
Les moments forts
Les moments faibles

un livre

Le résumé de l'histoire
L'éditeur et la collection
La longueur
Le style
Les meilleurs extraits
Les extraits moins convaincants

un disque

Les textes
Les procédés stylistiques
Le registre de langue
Les destinataires des chansons
Les thèmes abordés
La voix
L'instrumentation
La qualité du son
Le boîtier et le livret d'accompagnement
Les meilleures chansons, les «succès»
Les chansons moins réussies

un film

Le résumé de l'histoire
Le scénario
La construction narrative du film
La photographie
Le montage
Les coûts de la réalisation
Les personnages
Les acteurs
Les émotions que le film suscite
La musique
Les moments forts
Les moments faibles

document 5

Des thèses de critique

«J'aime», «j'aime pas»... Évidemment, les critiques ne se contentent pas d'une appréciation aussi simple. Généralement, ils arrivent à résumer en une phrase leur impression générale. Voici 20 modèles de thèses (on peut remplacer le *X* par le nom d'une œuvre):

X apparaît comme une œuvre universelle.
X devrait être enseigné dans les écoles.
X témoigne bien de notre époque.
X témoigne bien d'une époque révolue.
X est une œuvre courageuse.

X surprend par son originalité.
X ressemble à une œuvre inachevée.
X pèche par ambition.
X est criant de vérité.
X nous laisse sur notre faim.

X déçoit, ne répond pas aux attentes.
X deviendra une œuvre-phare dans l'histoire.
X est une œuvre mineure si on la compare à d'autres œuvres traitant du même sujet.
X a des prémisses intéressantes, mais l'intérêt s'émousse rapidement.
X est un brillant exercice de style.

X est une œuvre exigeante, mais qui vaut tout de même la peine.
X est une œuvre prétentieuse et nombriliste.
X constitue ni plus ni moins qu'un chef-d'œuvre.
X révèle un nouveau nom qui s'imposera rapidement.
X est une aventure désolante.

Le vocabulaire des critiques

Voici une série de mots souvent employés par les critiques:

Exceptionnel / Magistral/ Colossal/ Étonnant / Magique / Sublime / Convaincant / Brio / Maîtriser / Crédible / Adoré / Réussite / Habile / Prometteur / Œuvre-phare / Chef-d'œuvre / Séduisant / Plaisir / Intelligent / Fin / Richesse / Raffiné / Étoffé / Vraisemblable / Justesse / Remarquable

Décevant / Platitude / Pauvre / Prétentieux / Minable / Raté / Invraisemblable / Incohérent / Paradoxal / Ennuyant / Faiblesse / Navet / Four / Bide / Risible / Ridicule / Grotesque / Consternant / Navrant / Décevant / Ennui / Mineur / Flou / Longueur

document 6

Pour écouter les critiques

Cette grille toute simple peut servir à rendre compte d'une critique, que ce soit celle d'un professionnel ou le travail d'un ou d'une élève.

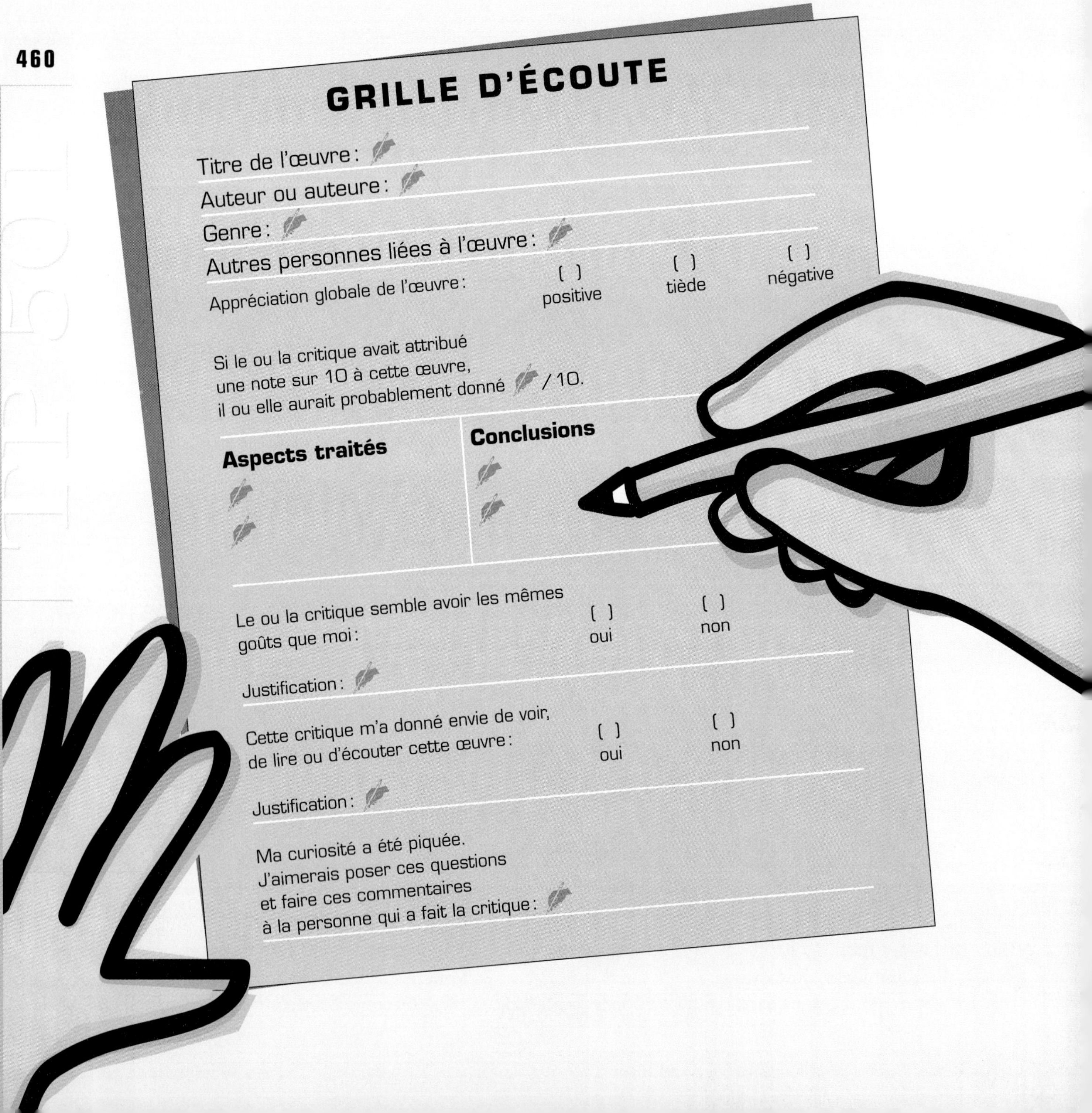

GRILLE D'ÉCOUTE

Titre de l'œuvre :

Auteur ou auteure :

Genre :

Autres personnes liées à l'œuvre :

Appréciation globale de l'œuvre : ( ) positive ( ) tiède ( ) négative

Si le ou la critique avait attribué une note sur 10 à cette œuvre, il ou elle aurait probablement donné / 10.

Aspects traités	**Conclusions**

Le ou la critique semble avoir les mêmes goûts que moi : ( ) oui ( ) non

Justification :

Cette critique m'a donné envie de voir, de lire ou d'écouter cette œuvre : ( ) oui ( ) non

Justification :

Ma curiosité a été piquée. J'aimerais poser ces questions et faire ces commentaires à la personne qui a fait la critique :

document 7

Des notes pour l'exposé

Les gens qui travaillent à la télévision ont souvent des télésouffleurs, mais dans certains cas, ils utilisent des notes ou des fiches. Voici des modèles de fiches :

document 8

Parler en public

Pour faire un exposé critique, il faut évidemment être à l'aise devant un public. Ce texte, tiré du livre *Bien écrire et parler juste*, donne des trucs pour réussir une bonne communication orale.

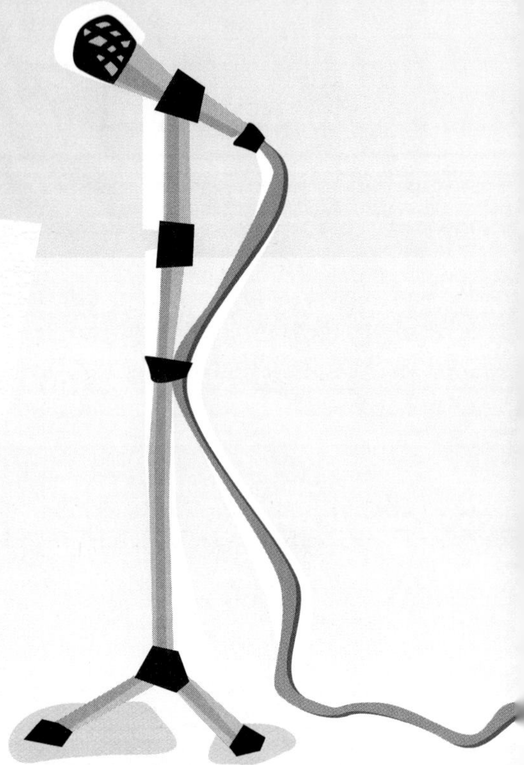

La voix

La voix est un élément déterminant pour celui qui veut s'exprimer en public car elle est porteuse du message lui-même et affirme la «présence» de l'orateur. C'est pourquoi il faut la placer de manière qu'elle se projette sans effort et agréablement dans sa tonalité, ses modulations et ses inflexions.

La voix doit être travaillée dans son articulation et pas uniquement dans la diction. Si vous utilisez un micro, vous n'avez pas d'effort particulier à faire, sinon celui de vous tenir ni trop près ni trop éloigné de celui-ci, et de contrôler vos gestes pour ne pas le heurter en permanence. Votre respiration ne doit pas créer d'effet de souffle. N'allez pas au maximum des possibilités de votre voix afin de conserver une réserve pour forcer éventuellement le ton. Vous pouvez démarrer assez bas, afin d'établir le silence en forçant les auditeurs à vous écouter, pour atteindre ensuite un niveau normal. Il est indispensable de comprendre que le plus important est le contenu de ce qui est dit et non pas le fait qu'on hurle ou qu'on gesticule.

La voix vous permet de souligner un fait, une opinion de la même manière que les caractères en gras ou en italique dans un texte imprimé. Vos intonations, vos inflexions, vos variations de volume vont jouer le rôle d'une véritable ponctuation.

Sachez varier le rythme en alternant des phrases courtes, des phrases longues, en plaçant des pauses au moment voulu, afin de tenir l'auditoire en haleine.

Si l'attention du public baisse, il vaut mieux s'arrêter un instant plutôt que de parler de plus en plus fort.

La présence

Il s'agit ici de votre présence physique et du rayonnement qui émane de votre personne. C'est la parole du corps. Cela met en cause l'allure générale, la démarche, la manière de se mouvoir dans l'espace, les expressions de votre visage et de votre regard; ce sont tous ces éléments qui, joints au geste et à la voix, constituent votre présence. Cette présence est telle chez certaines personnes que l'on parle à leur sujet de charisme. On se souviendra de René Lévesque qui savait admirablement doser les sourires, les larmes et les «grimaces». Et surtout, cet inoubliable *I Have a Dream* de Martin Luther King qui restera longtemps l'exemple du discours à la fois très articulé et émotif.

Au premier stade du contact avec l'auditoire vous aurez tendance à regarder dans le vide; il vous faudra donc fixer un objet, puis regarder peu à peu ceux qui vous écoutent sans pour autant vous laisser distraire. Le maintien du contact par le regard est une règle absolue; c'est pourquoi il est formellement déconseillé de lire un texte, car le contact ne s'établit plus. Il se peut toutefois que vous ayez des documents à lire; dans ce cas, préparez-les soigneusement, marquez les citations, que vous choisirez plutôt courtes, et lisez-les avec aisance en regardant le plus possible vos auditeurs.

LES DANGERS DE L'EXPOSÉ ORAL

La difficulté d'élocution

Vous n'avez pas forcément à vous plaindre de ne pas avoir la parole facile qui vous permettrait d'intervenir partout, à tout propos, et sans fin. Sachez d'abord que le don de la faconde fait souvent les orateurs les plus insipides et que la difficulté à parler, voire le défaut de langage tel que le bégaiement, provoque le dépassement qui fait les meilleurs orateurs.

Capter l'attention

L'orateur que l'on écoute est celui qui sait valoriser son discours par des intonations, des articulations, des accentuations donnant à certains mots une force de persuasion et une intensité particulière. Parfois, il faut suspendre le débit de sa voix pour retenir l'attention. Parfois, il faut le précipiter, comme s'il s'agissait d'une urgence. Un contraste fait sourire. Une nuance plus personnelle émeut. Des phrases franches et directes témoignent d'une sincérité.

Il faut faire attention également de ne pas tomber dans le piège d'un vocabulaire à la mode, car il n'y a rien de plus éphémère et de plus agaçant.

L'abus de sigles et des abréviations ainsi que des formules à mi-chemin entre l'argot et «l'anglomanie» est résolument à proscrire.

Le trac

C'est un phénomène complexe qui ne relève pas uniquement de la technique de l'exposé mais aussi de tout un arrière-plan psychologique. Le trac met en cause l'émotivité. Certaines personnes parlent très difficilement en public du fait d'une émotivité trop grande qu'elles ne parviennent pas à dominer. Chacun connaît cette sensation de perte de mémoire, de difficulté à articuler, de sueurs froides, de tremblement, et surtout cette irrésistible envie d'être ailleurs.

Il y a des moyens pour atténuer le trac. Il faut d'abord se préparer correctement. Mais il est déconseillé d'être «surpréparé» : vous pouvez à la rigueur rédiger la première phrase de l'exposé ou sa présentation. Autrement dit, vous habituer à la température de l'eau avant de vous y jeter tout entier.

Ensuite si vous êtes encore moins sûr de vous, préparez un plan très détaillé et pour conclure rédigez une phrase finale. Vous nagerez avec un gilet de sauvetage, certes, mais vous nagerez.

Une bonne méthode consiste aussi à créer une amorce de dialogue avant l'exposé, ce qui permet de dédramatiser la situation. C'est déjà affirmer la présence de l'auditoire et vaincre la peur qu'on en a. Trouvez autre chose à dire que «Vous m'entendez ?» en tapotant le micro dix fois alors que manifestement tout le monde vous entend. Le trac apparaît comme une angoisse née de la peur de l'inconnu perçu comme un danger. Il s'atténue dès qu'il y a dialogue. Enfin, le trac a une cause psychologique inattendue : c'est en réalité la surestimation de soi-même qui conduit le sujet à choisir un comportement d'échec plutôt que d'affronter la réalité en face et le jugement de l'autre. Il est donc utile que chacun réfléchisse à la nature de son inhibition ou de son angoisse et observe la forme que prend son propre trac afin d'y apporter les remèdes appropriés.

CE QU'IL NE FAUT PAS FAIRE

Jouer avec ses mains

- jouer avec ses clés, son stylo, sa montre, son briquet ou un objet quelconque;
- nettoyer ses lunettes;
- mettre et enlever ses lunettes, sa bague, ses boucles d'oreilles;
- tourner et retourner ses notes;
- se tordre ou se lisser la barbe, la moustache;
- ouvrir et fermer sa veste;
- chasser une mèche imaginaire ou réelle;
- faire mine de chercher quelque chose en permanence;
- ajuster sa cravate;
- faire entendre des craquements de doigts.

Succomber aux manies verbales

tics de langage: *bon*; *pas*; *n'est-ce pas*; *qu'est-ce que je veux dire*; *je veux dire*; *vous voyez*; *comprenez-vous*; *à la limite*, etc.

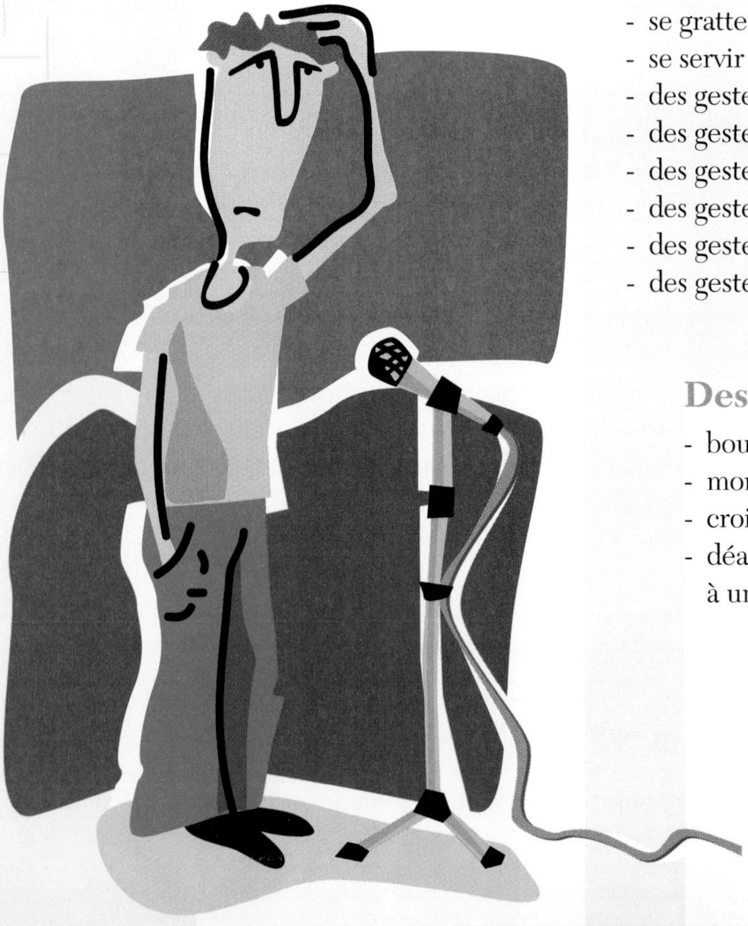

Des gestes disgracieux ou imparfaits

- mettre ses mains dans les poches;
- se gratter, se frotter, etc.;
- se servir de son bras comme d'un tuteur;
- des gestes impulsifs;
- des gestes trop amples;
- des gestes trop étriqués;
- des gestes inachevés;
- des gestes trop hauts;
- des gestes inadaptés.

Des mouvements désordonnés

- bouger sans cesse les pieds;
- montrer la semelle de ses chaussures;
- croiser et décroiser ses jambes;
- déambuler systématiquement d'un point donné à un même point si vous êtes debout.

Bien écrire et parler juste,
© Sélection du Reader's Digest
(Canada) Ltée, 1989.

TP 502

Écrire une nouvelle à la manière de…

DESCRIPTION DU PROJET

Dans ce projet, vous aurez l'occasion de rendre hommage à un auteur ou une auteure célèbre en écrivant une nouvelle à sa manière. On vous propose d'abord de faire l'analyse de l'œuvre d'un ou d'une nouvelliste afin de vous en inspirer. Une fois l'analyse terminée, vous devrez écrire une nouvelle d'environ 500 mots en mettant à profit toutes vos connaissances sur le texte narratif.

À CONSULTER

pour ce projet:

- Unités de la série PR 100
- TT 202
- GOC 302
- GOC 305
- LIT 402

déroulement
POUR ÉCRIRE UNE NOUVELLE À LA MANIÈRE DE...

1 Planifier l'écriture du texte.

a) Choisir un auteur ou une auteure de nouvelles qu'on apprécie particulièrement et dont on aimerait s'inspirer.

Choisissez parmi les auteurs et les auteures dont les nouvelles sont présentées dans le manuel *TEXTES* ou bien choisissez l'auteur ou l'auteure du recueil de nouvelles que vous avez peut-être lu dans l'unité LIT 402.

b) S'interroger sur le plagiat et le pastiche.

Il faut bien distinguer *plagiat* et *pastiche*. Le plagiat est la reproduction intégrale du texte d'une autre personne alors que le pastiche est un texte original et personnel, mais écrit dans le style d'une autre personne.

document 1 ▶▶ (page 468)

c) S'interroger sur le style et l'univers narratif des écrivains et des écrivaines.

Participez en équipes à un petit jeu qui met en évidence l'importance du style et de l'univers des écrivains et des écrivaines.

document 2 ▶▶ (page 470)

d) Examiner un modèle de pastiche.

Examinez à quoi peut ressembler un texte écrit à la manière de l'écrivain Anton Tchekhov et constatez qu'il ne s'agit pas de plagiat même si le style et l'univers ressemblent beaucoup à ceux de Tchekhov.

document 3 ▶▶ (page 472)

e) Valider le choix de l'auteur ou de l'auteure dont on veut s'inspirer.

Après avoir réfléchi sur le style et l'univers de divers écrivains et écrivaines, déterminez si vous avez fait un bon choix. Il est possible que vous désiriez choisir un auteur ou une auteure dont le style et l'univers vous conviennent davantage.

f) Analyser le style et l'univers de l'auteur ou de l'auteure dont on veut s'inspirer.

Dégagez ce qui est propre au style et à l'univers de l'auteur ou de l'auteure (ses personnages, ses thèmes, la longueur de ses phrases, son lexique, etc.), et choisissez l'élément qui vous guidera dans l'écriture de votre texte.

document 4 ▶▶ (page 473)

g) Créer une histoire.

Imaginez une intrigue et développez-la dans un schéma narratif. Imaginez un personnage principal et constituez sa fiche signalétique (âge, sexe, nom, profession, état civil, caractéristiques physiques et psychologiques, etc.). Imaginez la transformation du personnage et tracez un schéma de son évolution psychologique (voir l'unité TT 202).

Inspirez-vous de phrases tirées de véritables nouvelles pour déclencher des idées. Vous pouvez aussi vous inspirer des titres des nouvelles dont sont tirés ces extraits.

document 5 ▶▶ (page 474)

h) Valider l'histoire.

Discutez avec une autre personne de la nouvelle que vous projetez d'écrire. Voyez l'effet que produit votre histoire et améliorez-la au besoin. Précisez en quoi le style et l'univers de votre texte ressemblera à celui de l'auteur ou de l'auteure dont vous vous inspirez.

i) Déterminer le point de vue.

Déterminez si le narrateur sera un narrateur externe, un narrateur témoin ou un narrateur participant (voir l'unité TT 202) et décidez s'il adoptera un point de vue distancié ou engagé.

j) Faire le plan du texte.

Précisez le nombre de paragraphes et ce que chacun contiendra. Prévoyez l'insertion de séquences descriptives et de séquences dialogales. Choisissez le registre de langue des personnages.

2 Rédiger une première version de la nouvelle et la relire en cours de rédaction.

Écrivez spontanément. À la fin d'un paragraphe, arrêtez-vous pour le relire et le corriger au besoin. La relecture en cours de rédaction permet non seulement de corriger des coquilles, mais aussi de faire naître de nouvelles idées et de s'assurer que la suite du texte sera cohérente.

3 Réviser la nouvelle et la récrire.

Si le temps le permet, vous pouvez récrire la nouvelle en accentuant le style et l'univers de l'auteur ou de l'auteure dont elle est inspirée. Pour éviter que cette réécriture soit ennuyeuse, vous pouvez mettre la première version de côté pendant quelques jours afin de prendre un certain recul.

Soignez la correction et la révision du texte. Ces étapes sont cruciales dans tout travail d'écriture. Vous pouvez vous servir d'une grille de révision.

document *6* (page 476)

4 Mettre le texte au propre.

Il serait préférable d'utiliser un ordinateur. La présentation du texte doit être impeccable. Comme il s'agit d'une nouvelle, vous pouvez lui donner l'allure d'une page de livre, avec de larges marges qui rendent la lecture agréable.

5 Faire lire le texte.

Pour vous amuser, vous pouvez demander à quelques personnes de deviner qui est l'auteur ou l'auteure dont vous vous inspirez. Vous pouvez aussi comparer votre texte à ceux d'autres élèves qui ont choisi la même personne.

6 Évaluer la démarche d'écriture.

Pour évaluer votre démarche d'écriture, vous pouvez vous mettre dans la peau d'un écrivain ou d'une écrivaine qui répond à des questions dans une interview. Vous réfléchirez ainsi sur votre manière de travailler et sur l'évolution de votre compétence à écrire.

document *7* (page 478)

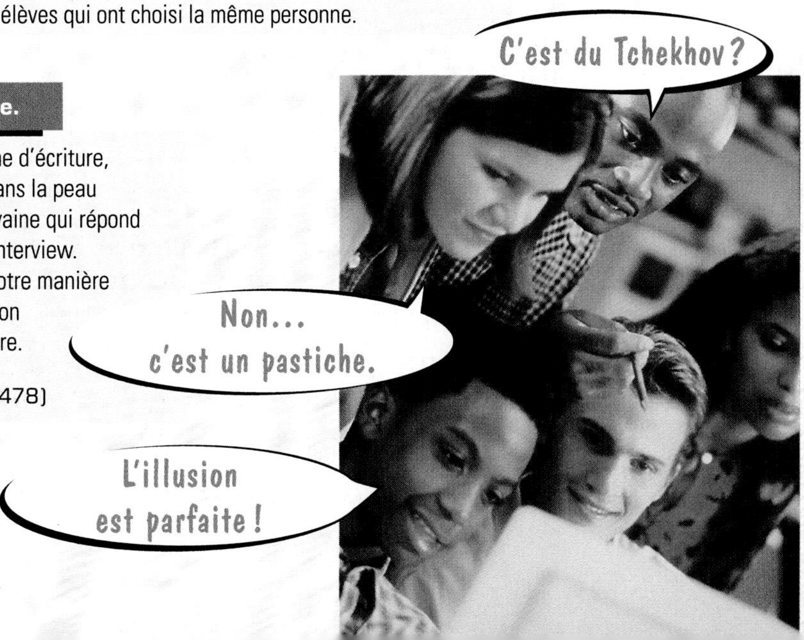
C'est du Tchekhov ?
Non... c'est un pastiche.
L'illusion est parfaite !

document 1

Plagiats et pastiches

Plagiats et pastiches sont deux réalités fort différentes. La première est plutôt condamnable; la seconde est plus noble. Faisons le point sur ces deux formes d'écriture...

« Le plagiat est la base de toutes les littératures, excepté de la première, qui d'ailleurs est inconnue. »

Jean Giraudoux,
Siegfried et le Limousin,
(1922).

Le plagiat

Le plagiat est la reproduction pure et simple d'un texte ou d'un fragment de texte. Plagier, dit le dictionnaire Robert, c'est copier un auteur en s'attribuant indûment des passages de son œuvre.

Le plagiat est d'ailleurs considéré comme une activité négative, *répréhensible* (condamnée par la loi): on *vole* un auteur, on lui pille son œuvre.

Pourtant, tous les écrivains sont, d'une manière ou d'une autre, des plagiaires; écrire, c'est toujours commencer par *recopier*, pour les transformer, des textes écrits par d'autres.

Répondant aux questions d'un interviewer, Faulkner disait que l'artiste «*n'a aucun scrupule à dérober, à emprunter, mendier ou ravir à n'importe qui ce dont il a besoin pour accomplir son œuvre.*»

Écrirait-on si l'on n'avait jamais rien *lu*, c'est-à-dire si l'on n'avait jamais assimilé certaines œuvres ou certaines formes littéraires?

Un exemple actif de copie nous est donné par Mozart. Lorsque Mozart découvre, émerveillé, l'œuvre de J.-S. Bach, il commence littéralement par *recopier* quelques fugues. Puis il *retranscrit* pour quatuor à cordes des morceaux écrits pour le clavier. Ce passage d'un instrument à d'autres implique déjà une *transformation* de l'œuvre d'abord recopiée. «*C'est ensuite seulement*, nous dit J.-V. Hocquard, *qu'il se risque à écrire dans le style de Bach.*» Cette appropriation patiente d'un style autre que le sien lui permettra enfin de l'intégrer dans ses propres créations.

La notion de plagiat est née avec l'instauration de la *propriété littéraire* (au XVIIIe siècle) et l'interdiction juridique de reproduire publiquement, de s'approprier un texte déjà publié.

[...]

A. Duchesne et T. Leguay, *Petite fabrique de littérature*,

Le pastiche

« Le pastiche, c'est l'imitation étroite et servile. C'est [...] un exercice de style. »

Antoine Albalat, *La Formation du style par l'assimilation des auteurs* (1901).

Le pastiche peut être défini comme l'imitation la plus précise possible d'un auteur, à partir d'un ou de plusieurs de ses textes.

Il s'agit en somme d'ajouter à l'œuvre d'un écrivain un nouveau texte que l'on aura écrit en essayant de reproduire les traits caractéristiques de son style.

Dans son petit livre sur Lautréamont, Claude Bouché précise que le pastiche doit malgré tout «prendre ses distances» par rapport au texte imité: en accumulant et en exagérant certains traits du style de l'auteur, ou en changeant de cadre historique [...].

Il règne, même dans des dictionnaires comme le *Petit Robert*, une certaine confusion entre les termes de *pastiche* [...] et de *plagiat*.

Comme il serait préférable de les voir désigner des activités différentes, nous prenons le parti de faire les distinctions suivantes:

Le pastiche ne peut être, à nos yeux, que l'œuvre d'un lecteur *subtil*; il est aussi le signe évident d'une grande *maîtrise* d'écriture. Rappelons à ce propos ce qu'écrit Jean Guénot dans son livre *Écrire*[1]:

Le pastiche «*est une pratique littéraire qui a l'avantage de ne pas exiger qu'on l'invente, et de contraindre à des opérations d'écriture bien plus minutieuses et bien plus fondées sur une observation des éléments du style que la dissertation. Je le recommande et conseille tout au long qu'on le pratique, tant pour débarrasser les écritures personnelles de leur complaisance que pour l'amélioration de la confiance entre l'écrivain et son texte. Les peintres ne le négligent pas. Bazaine a dessiné longtemps d'après Watteau.*»

Ajoutons pour distinguer le pastiche du plagiat que le pasticheur est un *faussaire* qui s'avoue comme tel (ce qui est indispensable s'il veut qu'on apprécie son talent). Cela le différencie radicalement du plagiaire qui, apposant son propre nom au texte volé, n'a qu'une seule crainte: qu'on découvre quel est l'auteur réel du texte qu'il vient de signer.

Comme il exige une familiarité avec les textes que l'on veut imiter, il y a toutes chances pour qu'on ne pastiche que ceux que l'on aime. Le pastiche sera donc le plus souvent un exercice affectueux.

L'analyse (même approfondie) d'un texte ne peut être totale, ce qui veut dire que le pastiche reste inévitablement une approximation.

De plus, le pasticheur espère toujours que son art soit reconnu; il se voit donc obligé (sauf à ne s'adresser qu'à des initiés) de ne retenir et de ne souligner que les traits les plus apparents de son modèle.

[...]

A. Duchesne et T. Leguay, *Petite fabrique de littérature*,

1. *Écrire: Guide pratique de l'écrivain*, J. Guénot éd., 1977.

document 2

Les enjeux de l'écriture : le style et l'univers

On dit qu'on reconnaît un écrivain ou une écrivaine à son style et à son univers...

> «On pourrait dire que le style d'un écrivain lui est tellement personnel qu'il permettrait de l'identifier aussi sûrement que ses empreintes digitales.»
>
> Pierre Tisseyre, *L'Art d'écrire*, P. Tisseyre, 1993.

Le style et l'univers narratif reflètent la personnalité d'un écrivain ou d'une écrivaine. Pour vous en convaincre, nous vous proposons un petit jeu. Associez chacun des extraits suivants à l'analyse A, B, C ou D de la page suivante, puis déterminez qui l'a écrit. (Indice : vous trouverez des textes de ces auteurs ou auteures dans le manuel *TEXTES*. Vous pouvez donc comparer les extraits avec les textes dans le manuel.)

Extrait 1

Alors l'homme au teint bronzé prononça d'une voix lente :
— Permettez-moi de m'expliquer ! La peur (et les hommes les plus hardis peuvent avoir peur), c'est quelque chose d'effroyable, une sensation atroce, comme une décomposition de l'âme, un spasme affreux de la pensée et du cœur, dont le souvenir seul donne des frissons d'angoisse. Mais cela n'a lieu, quand on est brave, ni devant une attaque, ni devant la mort inévitable, ni devant toutes les formes connues du péril : cela a lieu dans certaines circonstances anormales, sous certaines influences mystérieuses en face de risques vagues. La vraie peur, c'est quelque chose comme une réminiscence des terreurs fantastiques d'autrefois.

Extrait 2

L'après-midi fut gai. Il était en verve et son article venait bien. Chaque fois que son téléphone sonnait, il faisait répondre Jean, le copain d'à côté. «Si c'est une femme, je n'y suis pas.» Pas de ça devant les amis, tout de même. C'était le patron, ou son agent d'assurances, ou le bureau du dentiste.

Extrait 3

Pendant quinze mois, j'ai ordonné ma vie autour des quatre ou cinq heures nocturnes que je consacrais à mes réponses. Dès l'aube, chaque minute alors se chargeait d'intensité, d'étincelles fragiles, il me fallait être attentive à recueillir mille petits riens pour les lui offrir en bouquet, la nuit venue. Même quand je ne lui écrivais pas directement et m'échinais à confectionner l'un de mes livres, c'était encore à lui que je m'adressais, sous la capeline de la fiction. Je voulais le distraire, l'égayer, l'émouvoir. Ne pas le perdre, surtout...

Extrait 4

Ils étaient fils et pères uniques, qui orphelin, qui veuf, et d'autant plus seuls qu'ils ne s'aimaient pas. Cela dura six mois, le temps que le bonhomme survécut à sa femme. Puis, le bonhomme mort, le fils devint le maître d'une terre qui n'avait pas sa pareille dans la colonie, sans une souche, sans une roche, bien bâtie, bien clôturée, une terre de trente vaches, comme on en voit dans les vieilles paroisses d'origine, où elles sont l'œuvre de plusieurs générations, tandis que celle-là avait été faite par un seul homme.

A

Récits très courts. Peu de descriptions. Univers du Québec d'autrefois, du Québec agricole. Préférence marquée pour le thème de la famille et des traditions. Écriture complexe et mystérieuse. Syntaxe très particulière, utilisation de formules ou d'expressions vieillottes qu'on n'entend plus aujourd'hui. Recours à l'ellipse dans la narration. On passe rapidement d'un événement à l'autre. Ses textes ressemblent beaucoup à des contes, mais des contes pour lecteurs et lectrices adultes.

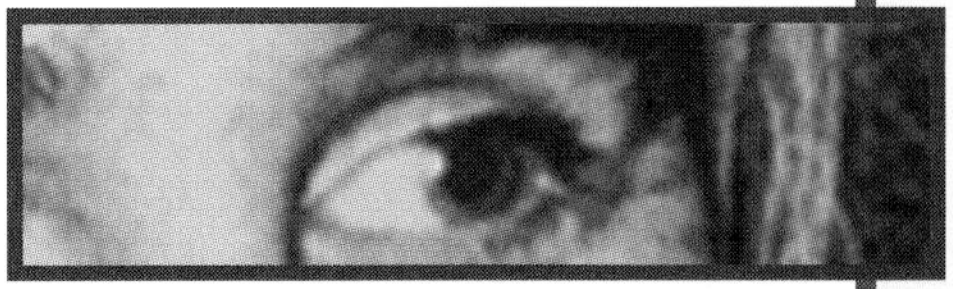

B

Les personnages ne sont pas nommés; ils sont désignés par *il* ou *elle*. Utilisation fréquente des mots *ça*, *cela* ou *c'est…* Absence de tirets pour signaler des dialogues; on trouve plutôt de rares insertions précédées de guillemets à l'intérieur même des paragraphes. Écriture extrêmement simple. Phrases plutôt courtes et rythmées.

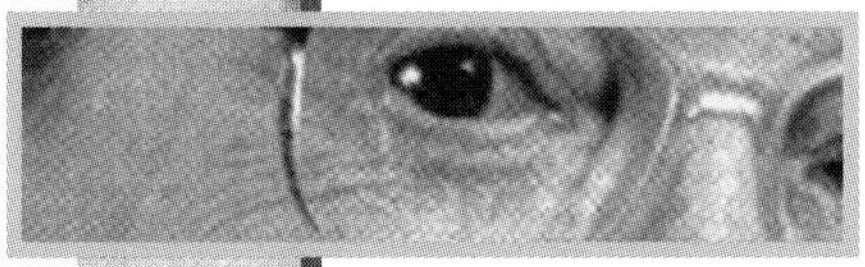

C

Utilisation fréquente du *je*. Univers de l'écriture avec des personnages tels que des écrivains, des éditeurs, des correspondants, etc. Intérêt marqué pour la psychologie des personnages, leurs angoisses existentielles. Utilisation du passé composé, rarement du passé simple. Écriture parfois très originale. Recours à des images fortes: des métaphores, des exagérations, des comparaisons. Tendance à ajouter, en fin de phrase, une petite formule pour créer un effet de style: *Je lui répondis comme on pleure, sans retenue.*

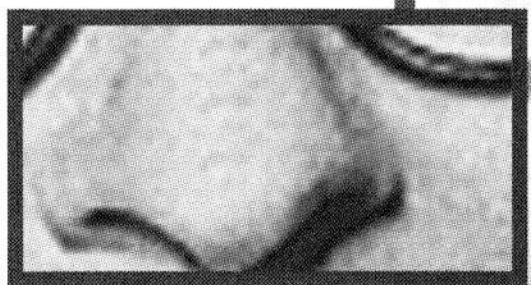

D

Insertion de récits narrés par un personnage. Univers vraisemblable, mais inquiétant. Champs lexicaux constitués de mots évoquant l'horreur, la peur. Utilisation du passé simple. Nombreuses phrases longues et complexes. Lexique recherché. Utilisation de tous les signes de ponctuation, y compris le point-virgule et le deux-points. Très nombreuses descriptions. Utilisation fréquente d'adjectifs et de comparaisons. Recours à de nombreux passages explicatifs.

document 3

Se prendre pour Anton Tchekhov

Les deux textes se ressemblent: l'un est le pastiche de l'autre. Il ne s'agit pas d'une opération de plagiat puisque l'auteure du pastiche a inventé une histoire de toutes pièces. Cependant, elle a créé des personnages et des situations qui rappellent Tchekhov. Elle a aussi imité son écriture en adoptant un ton et une syntaxe similaires. Elle lui a même emprunté certains mots. Comparons les deux textes.

Le Pari Anton Tchekhov

C'était une sombre nuit d'automne. Le vieux **banquier** tournait dans son bureau comme un ours en cage, se rappelant une soirée qu'il avait donnée quelque quinze ans plus tôt. Beaucoup de **gens d'esprit** y avaient assisté et on avait tenu d'intéressantes conversations. Entre autres, on avait parlé de la peine de mort. Les invités, parmi lesquels figurait un bon nombre de **savants** et de **journalistes**, y étaient hostiles. Ils trouvaient ce châtiment vieilli, déplacé dans un État chrétien, et immoral.

Anton Tchekhov, «Le Pari», *Œuvres*, vol. 2, *Récits (1887-1892)*, traduction de E. Parayre, Éditions Gallimard, 1970.

Le Dilemme Annik Trottier

Il faisait noir et froid en cette fin d'après-midi. **Gabriel Potvin**, un jeune **médecin**, était nerveux. Il recevait ses derniers **patients** en consultant constamment sa montre et son agenda. Il devait dîner avec sa fiancée pour discuter de leur mariage, mais il n'en avait pas envie. Arpentant son cabinet comme un ours en cage, il ne cessait de penser à cette proposition que lui avait faite un **vieil ami** la veille: «Tu le sais, mon père est très malade. J'aimerais que tu provoques sa mort pour le libérer de ses souffrances.»

«Un vieil ami», se dit-il... Il est vrai que ce **Michel Kalzov** lui avait déjà rendu un grand service en lui avançant, cinq ans plus tôt, des milliers de dollars pour régler une affaire avec un patient qui avait porté plainte. Il lui devait beaucoup, mais cette proposition-là était vraiment trop osée, peut-être même immorale...

- Personnages vraisemblables provenant de toutes les couches sociales
- Champs lexicaux évoquant l'austérité, la tristesse et la souffrance
- Comparaisons imagées
- Intérêt marqué pour les rapports humains, les rapports amicaux, les rapports sociaux (soupers, rencontres professionnelles)
- Thèmes liés à des questions éthiques

document 4

L'analyse du style et de l'univers

Quand on analyse le style et l'univers d'un texte, certaines caractéristiques ressortent dès la première lecture. Toutefois, il est intéressant de scruter un texte pour y découvrir les moindres détails. Voici quelques éléments à observer lorsqu'on analyse le style et l'univers d'un texte.

LE LEXIQUE

Classer et compter les noms, les adjectifs et les verbes utilisés dans un court extrait. Examiner également l'utilisation des conjonctions et des prépositions. Cette analyse peut donner des résultats intéressants. On s'aperçoit, par exemple, que certaines personnes utilisent abondamment les adjectifs et d'autres, presque pas ou que certaines utilisent beaucoup les verbes *avoir* et *être* tandis que d'autres cherchent à les éviter à tout prix.

LES CHAMPS LEXICAUX

Relever les champs lexicaux privilégiés (la nature, la technologie, la ville, l'odorat, l'ouïe, etc.).

LES PHRASES

Déterminer la longueur des phrases, leur complexité, leur construction.

LA PONCTUATION

Observer la fréquence de l'emploi de la virgule et l'utilisation d'autres signes de ponctuation (points de suspension, point-virgule, guillemets, etc.). Observer aussi l'utilisation des caractères gras, de l'italique, etc.

LES FIGURES DE STYLE

Examiner les comparaisons, les métaphores, les répétitions, les allitérations, etc.

LA CONSTRUCTION DES DIALOGUES

Évaluer la longueur des dialogues et leur rôle dans le déroulement du récit.

L'UNIVERS NARRATIF

Dégager les éléments (personnages, lieux, objets, époque, action) du récit qui permettent de découvrir l'univers narratif d'un auteur ou d'une auteure. (Familier ou exotique? Vraisemblable ou invraisemblable? Contemporain ou passé? Inquiétant ou rassurant? Technologique ou humain? Réaliste ou poétique? Absurde ou rationnel?)

LE CHOIX DES THÈMES

Déterminer le thème développé dans une nouvelle et vérifier si ce thème revient dans l'œuvre de l'auteur ou de l'auteure (la mort, la violence, la fidélité, l'honnêteté, le mensonge, l'amour, «la vie, l'amitié, l'argent, le pouvoir, la gloire, la cupidité, la gourmandise, etc.).

LE TON ET LE POINT DE VUE

Déterminer si le ton généralement adopté par l'auteur ou l'auteure est humoristique/ironique, dramatique/tragique, poétique/lyrique ou familier. Déterminer le mode de narration privilégié par l'auteur ou l'auteure.

document 5

Des phrases pour s'inspirer

Par où commencer pour créer une histoire ? Comment imaginer un élément déclencheur, la clé d'une nouvelle réussie ? Les phrases suivantes, tirées de nouvelles, contiennent chacune l'essence d'une nouvelle.

Des premières phrases de nouvelles

Un matin, au sortir d'un rêve agité, Grégoire Samsa s'éveilla transformé dans son lit en une véritable vermine.

(Franz Kafka, *La Métamorphose*[1])

Le vrai peut quelquefois n'être pas vraisemblable. En voici un exemple de plus.

(Guy de Maupassant, *Le Condamné à mort*)

Depuis que la poésie a été mise hors la loi, la vie nous est assurément devenue beaucoup plus facile.

(Dino Buzzati, *C'était interdit*)

Par un tardif après-midi du mois d'octobre, Albert Einstein se promenait solitaire, après sa journée de travail, sur les allées de Princeton, quand une chose extraordinaire lui arriva.

(Dino Buzzati, *Rendez-vous avec Einstein*)

Rien, parmi les nombreuses horreurs qu'il m'a été donné d'entendre ces dernières années, ne m'a fait autant d'impression que cette histoire rapportée par une jeune fille de ma connaissance.

(Dino Buzzati, *Épouvantable vengeance d'un animal de compagnie*)

La cabine téléphonique est dans une petite rue sans arbres, sans passants, sans rien pour distraire le regard ou emprisonner l'imagination.

(Monique Proulx, *Allô*)

Et en plus, c'était le jour de mon anniversaire.

(Antonio Skármeta, *Le Cycliste de San Cristobal*)

Roc disait qu'il était un bon lanceur de couteaux.

(Jean Cau, *Le Lanceur de couteaux*)

— Un idiot ! voilà ce que je suis !

(Ray Bradbury, *Le Mendiant d'O'Connell Bridge*)

La cave était glaciale et le mort aussi froid que le marbre.

(Ray Bradbury, *Ainsi mourut Riabouchinska*)

Je vis dans un puits.

(Ray Bradbury, *Celui qui attend*)

Sandrone Donatello, fils de Pietro et d'Anna-Maria née Raguzzi, tous deux décédés, vingt-et-un ans, né à Canzo (province de Côme), profession : salopard, Sandrone Donatello, je vais te remettre en liberté, tout de suite.

(Giorgio Scerbanenco, *Profession : salopard*)

C'est dans l'ancien salon de thé de l'Aigle, rue Florida, à la hauteur de la rue Piedad, que nous entendîmes raconter l'histoire que voici.

(Jorge Luis Borges, *La Nuit des dons*)

Nicolás Vidal avait toujours su qu'il perdrait la vie à cause d'une femme.

(Isabel Allende, *La Femme du juge*)

Au milieu du long couloir de l'hôtel, il pensa qu'il devait être tard et il pressa le pas pour aller prendre sa moto dans l'encoignure où le concierge d'à côté lui permettait de la ranger.

(Julio Cortázar, *La Nuit face au ciel*)

Le bruit s'était répandu qu'un nouveau personnage avait fait son apparition sur la promenade : une dame avec un petit chien.

(Anton Tchekhov, *La Dame au petit chien*)

---

1. NOTE DE L'ÉDITEUR : Les références bibliographiques complètes des phrases citées dans ce document sont présentées sur la 3e de couverture.

Des phrases présentant des instants où tout peut basculer

Pendant le long trajet jusqu'à la station de métro, elle et son mari n'échangèrent pas un mot; et chaque fois qu'elle jetait un regard sur les vieilles mains de son mari (veines gonflées, peau recouverte de taches brunes) crispées et convulsées sur le manche de son parapluie, elle sentait la pression grandissante des larmes.

(Vladimir Nabokov, *Signes et Symboles*)

Quand, au bout de quelques minutes, je rouvris les yeux, je vis ce que je n'oublierai jamais, je vis distinctement, au fond de la chambre, sur le mur blanchi à la chaux, une ombre immobile; c'était l'ombre d'une jeune fille.

(Anatole France, *L'Ombre*)

Il se retourna et vit, derrière lui, deux jeunes gens minces et élégants, l'un blond et l'autre brun, ayant tous les deux une main enfoncée dans une poche, comme s'ils y avaient tenu un pistolet.

(Fredric Brown, *Les Vies d'Eustache Weaver*)

Puis il sortit, monta dans sa voiture, prit une route qui menait à un pont du haut duquel il se débarrassa de l'arme du crime, puis rentra chez lui et se coucha.

(Fredric Brown, *Lettre morte*)

Que pouvez-vous faire, si vous avez trente ans, et qu'en tournant l'angle de votre propre rue, vous vous sentez envahie, soudain, par une sensation de félicité, d'absolue félicité ?

(Katherine Mansfield, *Félicité*)

À ma gauche, derrière la haie d'un jardin un chien aboya à mon passage. Je sentis mes genoux fléchir, j'ai toujours eu peur des chiens.

(Stratis Tsirkas, *Chemins difficiles*)

Un dialogue haletant se déroulait au long des pages comme un fleuve de reptiles, et l'on sentait que tout était décidé depuis toujours.

(Julio Cortázar, *Continuité des parcs*)

J'assurai Shosha que je connaissais un mot magique : si on le prononçait une seule fois, le monde entier serait détruit. «Je t'en prie, Itchele, je t'en prie, ne le dis pas, ce mot», suppliait Shosha.

(Isaac Bashevis Singer, *Shosha*)

Il posa alors le doigt sur l'interrupteur et une lumière jaunâtre envahit la pièce.

(Fredric Brown, *Cauchemar en Jaune*)

À la radio toujours ouverte en sourdine, une voix d'homme susurre une chanson romantique, des mots qui ressemblent à «… une fourmi flottait dans sa margarita», le soleil danse sur le bouquet de fleurs posé sur la table, madame Lilie me tourne le dos et la machine à coudre ronronne doucement.

(Alice Parizeau, *Madame Lilie*)

M. Warren comprenait à présent ce qui se passait. Il me regarda, et il y eut un angoissant appel au secours dans ses yeux.

(Hugh Pentecost, *Un meurtre, en quelque sorte…*)

document 6

Se relire

Une grille de révision permet de se prouver à soi-même que le travail est bien fait ou de constater que certains changements s'imposent pour l'améliorer.

Grille de révision

À propos de la situation de communication

1. J'ai clairement établi le mode de narration de ma nouvelle. Il s'agit d'un narrateur ____.

2. J'ai clairement présenté la situation initiale au début du texte. En résumé, on fait la connaissance de ____, qui ____.

3. J'ai imaginé un bon élément déclencheur. Il s'agit de ____.

4. Ma situation finale est réussie. À la fin, le lecteur ou la lectrice apprendra que ____. Cette situation finale crée l'effet suivant : ____.

5. Le personnage principal subit une transformation. Au début, il est ____. À la fin, ____.

6. J'ai bien campé mes personnages. Ainsi, j'ai essayé de montrer le personnage de ____ en le présentant comme ____.

7. Les lieux sont décrits de manière à mettre en évidence ____.

8. J'ai bien choisi les mots dans mon texte. Par exemple, j'ai développé un champ lexical sur ____, pour ____.

9. Le lecteur ou la lectrice devinera l'époque à laquelle se déroule mon histoire parce que ____.

10. On peut aussi comprendre que l'histoire se déroule sur une période de ____. Les indices suivants le laissent entendre : ____.

11. Les gens qui liront ma nouvelle la trouveront intéressante parce que ____. Ils la trouveront originale parce que ____.

12. J'ai inclus des descriptions dans mon texte, par exemple ____. Ces descriptions sont importantes pour le lecteur ou la lectrice. Elles lui permettront de ____.

13. J'ai inséré des dialogues pour ____.

À propos de la cohérence du texte

14 On peut écrire une nouvelle au passé ou au présent. J'ai choisi parce que .

15 J'ai utilisé les marques d'organisation nécessaires à la compréhension du texte. En voici quelques exemples : .

16 J'ai prêté une attention particulière à la reprise de l'information. Ainsi, pour désigner mon personnage principal, j'ai utilisé .

17 J'ai adopté les registres de langue suivants : . Je peux justifier ainsi l'utilisation de chaque registre : .

À propos du fonctionnement de la langue

18 J'ai eu du mal à écrire la phrase suivante : .

19 Je m'enorgueillis de la construction de cette phrase : .

20 J'ai vérifié dans le dictionnaire l'orthographe des mots suivants : .

21 J'ai consulté une grammaire pour .

22 J'ai appliqué la stratégie dans le cas suivant : .

Bref,

23 J'ai apporté certaines modifications importantes à mon texte. J'avais d'abord écrit . J'ai changé pour . Je voulais améliorer .

24 De façon générale, ma nouvelle est bonne. Si mon enseignant ou mon enseignante la corrigeait, j'obtiendrais probablement une note d'environ .

25 Mon texte ressemble beaucoup aux textes de . Par exemple, .

26 L'un des points forts de mon texte, c'est .

document 7

Comment écrivez-vous ?

Les écrivains et les écrivaines sont parfois des personnalités médiatiques. Souvent, après la parution d'une œuvre, ils et elles accordent des interviews au cours desquelles on leur pose des questions sur leur manière de travailler, sur ce qu'ils et elles pensent de leur travail, sur la façon de construire leur œuvre, etc. Voici des questions qu'on leur pose parfois.

1. Votre métier consiste à inventer des histoires. Que pensez-vous de votre dernière création? Considérez-vous que c'est la meilleure?

2. D'où vous est venue l'idée de cette nouvelle?

3. Quand vous avez commencé à écrire cette histoire, aviez-vous déjà une idée précise du début, du milieu et de la fin? Combien de versions avez-vous écrites?

4. Parlez-nous de votre manière d'écrire: faites-vous lire vos textes en cours d'élaboration? Si oui, par qui? Quels ont été leurs commentaires sur la nouvelle dont nous parlons? En avez-vous tenu compte?

5. On a souvent l'impression que les écrivains maîtrisent parfaitement la langue. Avez-vous des bêtes noires en orthographe? Comment arrivez-vous à les éviter lorsque vous écrivez?

6. Dans l'ensemble de votre œuvre, comment situez-vous ce texte: est-ce un très bon texte, un bon texte ou un texte moyen?

7. L'écriture représente-t-elle encore pour vous un défi? Pourquoi? Quel défi tenterez-vous de relever dans votre prochaine nouvelle?

TP 503

Aux quatre coins de mon univers

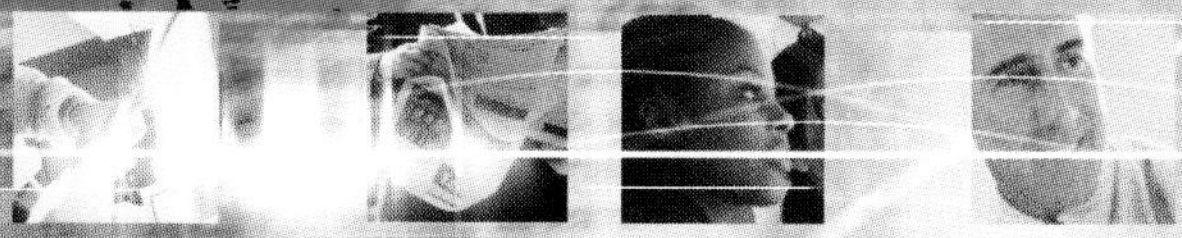

DESCRIPTION DU PROJET

Dans ce projet, vous devrez rédiger une lettre ouverte qui pourrait éventuellement être publiée dans un journal local ou national. On vous proposera de réfléchir sur le phénomène du courrier des lecteurs dans les journaux. On vous demandera ensuite de choisir un sujet qui vous interpelle et de développer une argumentation pour défendre une thèse.

À CONSULTER
pour ce projet:

- Unités de la série PR 100
- TT 201
- GOC 301

déroulement
POUR ÉCRIRE UNE LETTRE OUVERTE

1 Planifier l'écriture du texte.

a) S'interroger sur l'argumentation.

Un bon argumentateur ou une bonne argumentatrice est une personne qui connaît bien la psychologie humaine et qui s'en sert habilement. Cette personne connaît les besoins des gens et sait quoi dire pour les rallier à son opinion. Réfléchissez à l'argumentation, à son importance, et surtout, à ce qui pousse l'être humain à agir et à ce qui peut le convaincre.

document *1* ▶▶ (page 482)

b) S'interroger sur le phénomène des lettres ouvertes.

Avant d'écrire une lettre ouverte, interrogez-vous sur ce genre de texte. Lisez les lettres ouvertes dans les journaux. Exprimez votre accord ou votre désaccord avec chacune des lettres que vous avez sous les yeux. Dégagez le portrait des gens qui émettent leurs opinions. S'agit-il de citoyens ordinaires, de jeunes, d'hommes, de femmes ou de spécialistes ? Notez les sujets de prédilection.

document *2* ▶▶ (page 485)

c) Dégager les caractéristiques de la lettre ouverte.

À partir des journaux qui sont à votre disposition, dégagez les caractéristiques du texte argumentatif qu'on trouve dans la lettre ouverte.

document *3* ▶▶ (page 486)

d) Choisir une thèse à défendre.

En lisant les titres des journaux, relevez les sujets liés aux débats de l'heure. Choisissez un sujet qui vous intéresse plus particulièrement.

Une fois le sujet choisi, rédigez une phrase qui témoigne de votre position et qui pourrait constituer la thèse de votre texte.

document *4* ▶▶ (page 487)

e) Se documenter sur la thèse choisie.

Consultez diverses sources d'information (Internet, journaux, revues, banques de données sur CD-ROM, télévision, radio, etc.) et constituez un dossier de faits qui se rattachent à votre sujet.

f) Construire une argumentation.

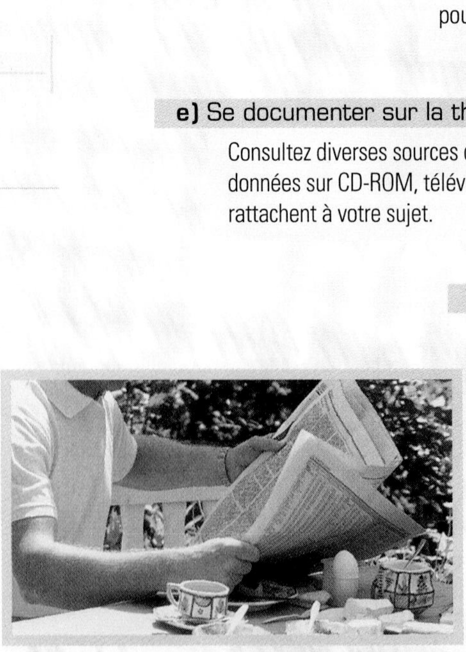

Déterminez votre thèse de façon précise.

Dans votre dossier, choisissez les faits qui sont directement liés à la thèse à défendre et qui pourraient servir d'arguments.

Pour mieux défendre votre thèse, il serait intéressant de réfléchir à la contre-thèse et aux arguments qui la soutiennent. Il est toujours bon d'imaginer comment les tenants de la contre-thèse argumentent. Cela permet de construire une argumentation plus solide. À la lumière de cette réflexion, créez votre propre argumentation.

Rappelez-vous ce que vous avez vu précédemment : ce qui pousse l'être humain à agir est en quelque sorte une réponse à ses besoins fondamentaux. Argumentez en tenant compte de la psychologie des gens qui vous liront.

document *1* ▶▶ (page 482)

g) Lire des modèles de lettres ouvertes.

Qu'est-ce qu'une lettre ouverte parfaite ? Faut-il suivre un plan rigoureux ou faire preuve de souplesse ? Comparez deux lettres ouvertes très différentes.

document 5 (page 489)

h) Faire le plan du texte.

Au recto d'une feuille volante, tracez le schéma argumentatif de votre texte en mettant en évidence la thèse, les arguments, les conclusions partielles, la contre-thèse, etc.

Au verso, élaborez le plan précis de votre texte : les éléments de l'introduction, les paragraphes du développement et les éléments de la conclusion.

2 Rédiger la lettre.

Écrivez une première version de votre lettre en soignant particulièrement l'argumentation. Si vous décidez de ne pas respecter votre plan initial, apportez les modifications qui s'imposent dans votre plan.

3 Réviser la lettre.

Révisez votre texte pour vous assurer que vous avez pensé à tout. Pour ce faire, utilisez une grille de révision.

document 6 (page 492)

4 Mettre le texte au propre.

À l'ordinateur ou à la main, mettez votre texte au propre pour qu'il soit agréable à lire. Si votre texte est satisfaisant et qu'il touche une question sociale importante, faites-le parvenir au journal local ou à un quotidien national. Avec un peu de chance, peut-être sera-t-il publié...

document 7 (page 494)

5 Évaluer la démarche d'écriture.

Pour évaluer votre démarche d'écriture, soumettez votre lettre ouverte à un ou à une camarade et voyez si vos propos rallient cette personne à votre thèse. Demandez-lui ensuite de vous parler des forces et des faiblesses de votre lettre.

En tenant compte des commentaires de votre camarade, imaginez que vous répondez à votre propre lettre. Supposez que cette lettre ouverte a été écrite par une autre personne et que vous réagissez à son texte. Faites ressortir les forces et les faiblesses de la première lettre. Commencez votre lettre par l'une ou l'autre des formules suivantes : *En réponse à votre lettre... Après avoir pris connaissance de votre argumentation... C'est en lisant le texte sur...*, etc.

document 1

Argumenter : un besoin

L'argumentation est une activité extraordinaire pour l'être humain. L'argumentation remplace avantageusement les armes et les poings. Argumenter, c'est tenter de persuader l'autre en faisant preuve de psychologie…

La présence de la persuasion

L'homme d'aujourd'hui nage quotidiennement contre vents et marées, ou en suivant la vague, dans un océan de persuasion. Les individus sont en effet, comme les nations, de plus en plus interdépendants, ce qui multiplie les échanges de type persuasif. La publicité et la propagande, reliées à l'industrialisation et à son corollaire la consommation, font que l'homme du XXe siècle est plus que jamais sollicité.

Individuellement, l'homme cherche quotidiennement à se convaincre et à se motiver d'arrêter de boire, d'apprendre à nager, de commencer à économiser… ; face aux autres, il est perpétuellement engagé dans un réseau d'interactions, dans lequel il est influencé ou cherche à influencer. La vie fourmille d'exemples : un fils veut obtenir la permission d'utiliser l'automobile familiale, un pasteur réussit à convaincre ses ouailles de faire leurs Pâques, un groupe de parents fait circuler une pétition pour faire augmenter le nombre de classes vertes.

Tout changement personnel ou social passe par le mécanisme de la persuasion, et si les moyens pratiques qui seront suggérés ici concernent essentiellement la communication orale de groupe, les fondements sur lesquels ils s'appuient restent valables et peuvent servir à encoder ou à décoder toute tentative de persuasion quelle qu'en soit la forme.

Hiérarchie des besoins fondamentaux

Des exemples feront mieux comprendre chacun de ces besoins.

Besoins physiologiques : l'air, la nourriture, l'hydratation, le repos, l'exercice, l'évacuation, l'abri, et tout ce qui contribue au maintien de l'équilibre biologique du corps humain.

Besoins de sécurité : besoins physiologiques d'absence de danger, de menace, de risque d'accident; besoins psychologiques d'absence de traumatisme émotionnel telles la peur, l'angoisse, l'anxiété; besoins d'ordre, de protection, d'habitude, à la fois dans l'emploi, la famille, etc.

Besoins d'amour (appelés aussi besoins d'appartenance) : besoins de recevoir et de donner de l'amour, de la tendresse, de l'affection; besoin d'appartenir à des groupes tels la famille, les amis, les compagnons de travail, les clubs sociaux, les communautés religieuses.

Besoins d'estime de soi : besoins de respect et de confiance; besoins de se sentir valorisé et considéré; besoins de s'accepter et d'être accepté.

Besoins de réalisation de soi : besoins de se sentir utile et de s'épanouir; besoin de développer ses capacités; besoins de connaître et de créer; besoin de trouver un sens à sa vie.

La condition de la persuasion

La persuasion vise l'action. Comment faire pour y arriver ? À ce sujet, une seule chose est certaine : il n'y a pas de règles établies. L'homme sait, à coup sûr, comment éliminer radicalement un adversaire devenu trop gênant ; il commence à peine à savoir comment le convaincre d'être d'accord avec lui. Et pourtant la persuasion, ça marche ! Les gens acquiescent, votent, achètent, donnent leur sang, etc. Pour savoir comment faire, il faut poser la question fondamentale qui nous mettra sur la piste : qu'est-ce qui fait agir l'homme ?

Jean Aubrion répond :

> *L'homme est tout entier dans ses actes. Il n'agit jamais sans raison, consciente ou inconsciente, vraie ou imaginée. L'acte gratuit ne l'est qu'en apparence et même le fou a ses motifs. Chacun investit la totalité de sa personne dans l'acte apparemment le plus simple, comme dans l'acte le plus complexe*[1].

Derrière tout acte, il y a donc un motif déclencheur, qu'il soit évident ou non : on mange et on dort pour préserver son organisme, on cherche les honneurs pour la considération qu'ils apportent, etc. Ce motif, s'il n'est pas une contrainte extérieure physique ou morale tel le fait d'enchaîner un homme ou de l'en menacer, est toujours une réponse à un besoin.

C'est ainsi qu'Aubrion décrit l'apparition du besoin :

> *L'homme ressent intimement, consciemment ou non, la nécessité de faire quelque chose, dans un but assez précis. À l'échelle humaine, le besoin est une impression organique (sensation) ou intellectuelle (sentiment) ou mixte, qui pousse l'individu à faire quelque chose à priori favorable à son existence et à sa réalisation*[2].

1. Jean Aubrion, *Essai sur le comportement humain*, p. 16.
2. *Ibid.*

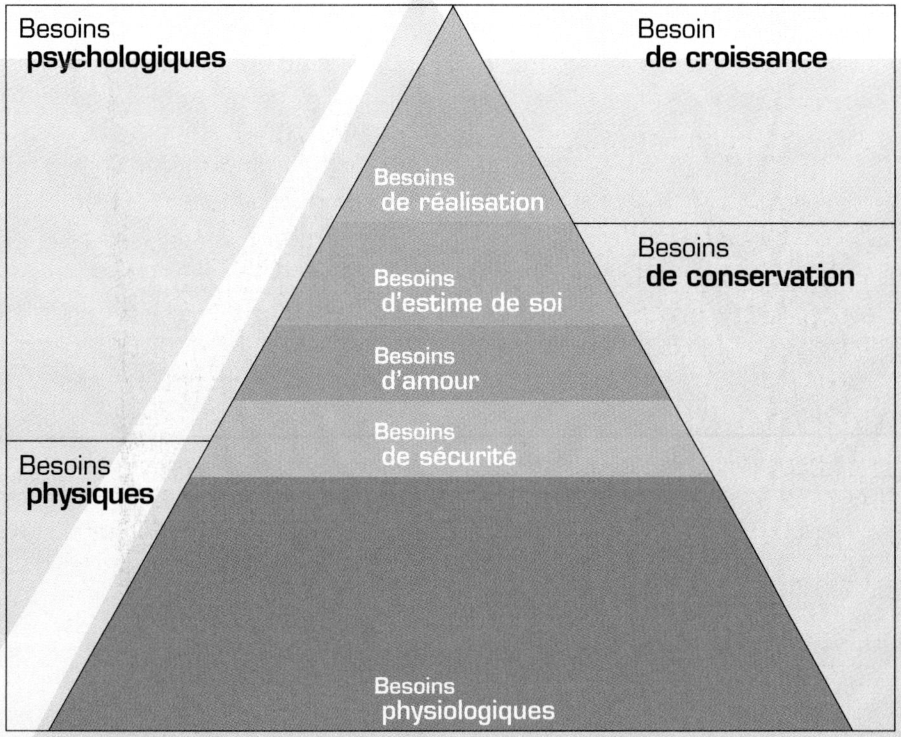

Le besoin est donc la réponse à la question posée concernant la motivation humaine, et l'orateur qui veut persuader devra faire reposer son intervention sur ce fondement. Dans le même ordre d'idées, on se souviendra que la motivation de l'auditeur est aussi l'une des conditions nécessaires à l'information. L'efficacité de la persuasion est donc relative à sa correspondance à un besoin conscient ou inconscient, naturel ou artificiel.

Il reste maintenant à voir quels peuvent être ces besoins, ce qui est relativement facile, car s'il y a des différences notables entre les individus qui composent la société humaine, il y a également des similarités qui sont peut-être plus remarquables encore. Indépendamment de leur race, leur sexe, leur nationalité, leur culture, les êtres humains mangent, dorment et respirent, font l'amour et se défendent contre les agressions, font la fête et créent des lois, cherchent à connaître leur environnement et s'expriment par l'art. Ces ressemblances entre les hommes leur viennent du fait que l'essentiel de leur comportement est mu par un certain nombre de besoins de base, physiologiques et psychologiques, que Maslow a catalogués et hiérarchisés, et qu'il appelle les besoins fondamentaux.

Les besoins fondamentaux

Ces besoins peuvent être classés en deux catégories: les besoins de conservation, dont l'insatisfaction est source de maladie et de malaise, et les besoins de croissance, dont la satisfaction permet la réalisation de soi. «Les besoins fondamentaux des deux groupes sont liés entre eux selon une structure hiérarchique, par ordre de force et de priorité.» La figure de la page précédente, inspirée d'un tableau de Marie Revilla, illustre cette pyramide de besoins.

Les besoins physiologiques et de sécurité sont les plus importants mais ne sont jamais dominants à moins d'être insatisfaits. Les besoins d'amour et d'estime de soi sont plus complexes car ils impliquent l'échange: il faut donner et recevoir l'amour et le respect de soi pour être satisfait. Les besoins de réalisation de soi deviennent de plus en plus importants au fur et à mesure que les quatre besoins précédents sont satisfaits.

Francine Girard, *Apprendre à communiquer en public*,
Les Éditions La Lignée inc., 1985,

document 2

Écrire aux journaux

Les lettres ouvertes sont importantes pour un journal. Elles permettent à la rédaction de prendre le «pouls» de ses lecteurs et de ses lectrices.

Depuis fort longtemps, notre journal reçoit chaque semaine quelque 200 lettres destinées à la publication. Il s'agit d'opinions sur l'actualité, sur les faits et gestes de personnages publics, sur les idées et les grandes questions de l'heure.

Voilà un signe de santé démocratique d'une société: le droit pour toute personne de s'exprimer librement et publiquement par l'intermédiaire d'un média comme le nôtre.

En raison du grand nombre de missives reçues, il nous faut faire des choix. Nous conservons les écrits les plus pertinents, qui apportent un éclairage différent et original. Nous nous gardons le droit de réduire les lettres pour ne conserver que l'idée principale. Écrivez succinctement votre opinion.

«Ce qui se conçoit bien s'énonce clairement et les mots pour le dire viennent aisément.» (Boileau)

Tiré d'un article de Claude Masson, *La Presse*, Éditorial, samedi 16 mars 1996.

Claude Masson a été éditeur-adjoint de *La Presse* pendant plusieurs années. Il a péri en 1999 dans un tragique accident d'avion. Comme le témoigne son texte ci-contre, il s'est toujours préoccupé du rapport entre les lecteurs et son journal.

Le saviez-vous ?

- La section du courrier des lecteurs est la responsabilité de l'équipe éditoriale du journal.
- On a plus de chances de voir sa lettre publiée dans un petit journal (un hebdomadaire, par exemple) que dans un très grand quotidien.
- Les très gros journaux américains (dont le *New York Times*) peuvent avoir une équipe de cinq ou six employés qui gèrent uniquement les lettres des lecteurs.
- Les très gros journaux américains peuvent recevoir jusqu'à 40 000 lettres par année ! 5 % des lettres reçues par ces journaux seront publiées.
- Le *London Times* a battu tous les records. Au début des années 70, il recevait environ 80 000 lettres par année ! Il n'en publiait que 5000...
- Le profil type du scripteur de lettres ouvertes est un homme retraité et relativement bien éduqué.
- La grande majorité des gens qui écrivent des lettres ouvertes sont «contre» quelque chose, et non «pour» quelque chose...
- Est-il possible qu'un éditeur manipule la rubrique des lettres ouvertes pour renforcer la position éditoriale ? Est-il possible que l'on sélectionne des lettres de manière à mettre en évidence l'opinion du journal ? Il faut que les lecteurs et les lectrices soient vigilants.
- Les éditeurs coupent souvent les lettres. Ils se réservent le droit de le faire.
- Quand on lit régulièrement les rubriques des lettres ouvertes, on remarque que certaines personnes écrivent souvent. Ce sont des habitués, connus des éditeurs.
- Le cas de J. Kesner Kahn, un Américain de Chicago, est particulier. Il a écrit des lettres pendant une trentaine d'années. Il passait 10 heures par semaine à écrire ces lettres. Elles ont été publiées dans une centaine de journaux américains.
- Les éditeurs sont prudents avec les lettres ouvertes. Ils refusent de publier des lettres anonymes. Ils vérifient généralement l'identité des gens. Un esprit tordu pourrait signer une lettre ouverte du nom d'un ennemi pour causer du tort à cette personne...
- Le droit de répliquer aux lettres qui remettent en cause leur travail est parfois inclus dans la convention collective des journalistes.

Source: John Hulteng, «The People's Forum», *The Opinion function*, Harper and Row, 1973.

document 3

Les caractéristiques de la lettre ouverte

La lettre ouverte est un genre en soi, mais ce genre de texte a été peu étudié (on a analysé davantage les éditoriaux, les essais, la nouvelle journalistique). Voici quelques considérations sur la lettre ouverte, un texte qui donne la parole à tous…

LA LONGUEUR

La lettre ouverte est généralement assez courte. Manuscrite, elle compte entre une et deux pages, incluant les éléments relatifs au protocole de la lettre (lieu, date, vedette, appel, salutation et signature). Publiée dans un journal, elle occupe peu d'espace; certains éléments du protocole de la lettre (lieu, date, appel et salutation) sont ordinairement supprimés. Il est à noter que certains journaux accordent de l'espace à de longues lettres ouvertes plus élaborées.

L'AUTEUR OU L'AUTEURE

Généralement, la personne qui écrit une lettre ouverte se classe dans l'une ou l'autre des catégories suivantes:

- Un citoyen ou une citoyenne ordinaire qui, sans être spécialiste du sujet traité, veut faire connaître son opinion. La lettre est envoyée par la poste ou par courriel à un journal ou un magazine qui la publiera peut-être dans le *Courrier des lecteurs*.
- Un ou une spécialiste du sujet traité qui réagit à un événement soit à titre personnel, soit au nom de son organisme.
- Un professionnel ou une professionnelle de l'écriture (journaliste, romancier, romancière ou tout autre intellectuel) qui réagit à un événement, le plus souvent à titre personnel.

LE SUJET

Le sujet d'une lettre ouverte est presque toujours lié à l'actualité (politique, culturelle, sportive, sociale, etc.). Il s'agit généralement d'un sujet controversé. Il arrive qu'un journal regroupe dans un même espace des lettres ouvertes sur un même sujet, mais défendant des thèses opposées. Évidemment, certains sujets comme la langue ou la question nationale sont récurrents. Les gens écrivent aussi pour dénoncer des décisions gouvernementales (hausse d'impôts, restrictions dans les services sociaux, l'éducation ou la santé, etc.).

LE BUT DE LA LETTRE OUVERTE

L'auteur ou l'auteure d'une lettre ouverte écrit pour convaincre son auditoire. Dans une lettre ouverte très courte, l'argumentation est généralement peu développée. Les arguments, souvent fondés sur des valeurs personnelles ou sur des émotions, sont présentés brièvement. Le but d'une lettre ouverte est de faire connaître son opinion. L'auteur ou l'auteure de la lettre éprouve une satisfaction à lire son opinion dans un grand journal.

Dans une lettre ouverte plus longue, l'argumentation est plus développée. Les raisonnements sont plus explicites. Le but est évidemment de convaincre. Le plus souvent, on veut convaincre pour pousser des gens (le gouvernement, des individus, des groupes sociaux) à agir. Généralement, les personnes qui écrivent de plus longues lettres ouvertes sont engagées dans une cause. Elles n'en sont pas à leur première lettre ouverte et se servent d'autres tribunes pour défendre leur thèse. Parfois, elles font même partie de groupes de pression constitués de membres partageant le même point de vue.

De nombreuses lettres ouvertes sont des réponses à d'autres lettres ouvertes. Les gens peuvent écrire pour dire qu'ils sont d'accord avec les propos d'un concitoyen ou d'une concitoyenne. Dans d'autres cas, ils écrivent pour réfuter une lettre déjà publiée. Les lecteurs et les lectrices peuvent aussi réagir à un éditorial, à une chronique ou à un article paru dans le journal.

LA LANGUE

La lettre ouverte est généralement écrite dans un registre de langue soutenu. Les spécialistes peuvent avoir recours à un registre très soigné, voire technique. Il arrive même que leur argumentation ne soit pas à la portée de tous. Le registre de langue est important dans une lettre ouverte. On dit souvent que pour convaincre, la façon de dire les choses est aussi importante que ce qu'on dit. On juge souvent la crédibilité de l'argumentateur ou de l'argumentatrice à la qualité de sa plume.

document 4

Des titres inspirants

Les titres dans les journaux sont souvent accrocheurs ou provocateurs. Les titres des pages 487 et 488, par exemple, peuvent soulever un débat. Comment réagissez-vous en les lisant ?

Animaux menacés: la liste s'allonge
Le Devoir, 20 avril 2000.

La réussite, c'est plus qu'un diplôme
Le Devoir, 19 avril 2000.

Des maisons à la place des arbres coupés
La Presse, 9 mars 2000.

***Full* en forme? La condition physique des jeunes inquiète**
La Presse, 15 avril 2000.

Le travail des enfants au Rwanda 50 cents par jour pour ramasser du thé
Le Devoir, 2 mai 2000.

Dénonçons la violence psychologique
L'Acadie Nouvelle, 31 mars 2000.

La moto tue plus que jamais
Le Devoir, 18 avril 2000.

La mondialisation remise en question
Le Droit, 6 avril 1999.

Culture et mondialisation: les risques existent
La Presse, 23 septembre 1999.

Le triste tableau de la pauvreté des artistes
La Presse, 3 février 2000.

À qui appartient votre image?
L'actualité, 1er mai 1997.

Les cinéastes de 23 pays se mobilisent pour défendre l'exception culturelle
La Presse, 22 novembre 1999.

Du pain et des roses pour vaincre la pauvreté des femmes
La Tribune, 24 mai 2000.

Le français sans fautes, une utopie? «Chez les adolescents, il est très mal vu de bien parler le français»
Le Devoir, 14 et 15 août 1999.

Moins d'argent aux élèves handicapés
Le Soleil, 20 avril 2000.

Le virus du «mal parler» contamine la télé et la scène
L'actualité, 1er septembre 1997.

Le peuple québécois est-il inintelligent?
La Presse, 18 décembre 1998.

Pauvreté et violence pour les adolescentes mères
Le Nouvelliste, 20 mai 2000.

Dix raisons pour être contre le port obligatoire du casque de sécurité
La Presse, 1er juin 1996.

Doit-on revenir à l'uniforme dans les écoles?
La Presse, 25 février 1998.

Les enfants du divorce sont de plus en plus jeunes
Le Soleil, 22 août 1999.

Mère fumeuse, enfant fumeur
La Presse, 10 mai 2000.

Des jeunes se méfient de l'endettement
La Voix de l'Est, 1er avril 2000.

À quand le revenu de citoyenneté?
L'itinéraire, mai 2000.

Les files s'allongent devant les banques alimentaires
L'itinéraire, mai 2000.

Les pluies acides grugent la forêt boréale
Le Devoir, 7 février 2000.

L'école en milieu défavorisé, un casse-tête perpétuel
La Voix de l'Est, 28 mars 2000.

Artistes et éducateurs réclament l'enseignement obligatoire des arts
Le Devoir, 7 février 2000.

Les jeunes du Québec sont-ils différents?
Le Devoir, 7 février 2000.

La guerre: un business
Le Devoir, 7 février 2000.

Il nous faudra valoriser l'éducation au Québec
Le Devoir, 29 et 30 janvier 2000.

Les jeunes ne lisent pas n'importe quoi
Les ouvrages de science et de technologie sont très prisés, ceux sur l'histoire et la religion beaucoup moins
Le Devoir, 15 novembre 1999.

La survie de la famille: un enjeu de notre temps
La Presse, 3 juin 1993.

Haro sur les entarteurs!
Le Nouvelliste, 6 mai 2000.

Le mythe du citoyen du monde
La Presse, 11 décembre 1999.

Les handicapés crient leur désarroi à Québec
La Tribune, 16 décembre 1999.

La pauvreté, la pire forme de violence
Le Droit, 9 juin 1999.

À mort les humoristes!
La Presse, 6 décembre 1999.

La prévention: grande oubliée de la santé
La Voix de l'Est, 6 mai 2000.

Freiner le saccage du paysage architectural
L'historien de l'art Michel Lessard dénonce la détérioration du patrimoine des villages
Le Devoir, 14 juillet 1999.

Tâches ménagères
Les hommes feront de plus en plus leur part
Le Soleil, 9 mai 1999.

L'exode des cerveaux
Au secours des chercheurs d'ici
Le Soleil, 12 août 1999.

document 5

Modèles de lettre ouverte

Quel est le modèle de la lettre ouverte parfaite ? Il est bien difficile de répondre à cette question. Comparez les deux lettres des pages 490 et 491. Qu'en pensez-vous ? Laquelle vous paraît la plus convaincante ? Associez ensuite ces 20 caractéristiques à l'une ou l'autre des lettres. Justifiez brièvement chacune de vos réponses.

- (A) Les arguments sont basés sur des faits.
- (B) Cette lettre ouverte contient des organisateurs textuels au début des paragraphes pour permettre de suivre l'argumentation.
- (C) Cette lettre ouverte contient un sujet divisé qui présente les différents aspects traités dans le texte.
- (D) Cette lettre ouverte est écrite par une professionnelle qui connaît bien la psychologie humaine.
- (E) Cette lettre ouverte est authentique et provient réellement d'un journal.
- (F) Cette lettre ouverte est rédigée par un auteur ou une auteure du manuel *Unités d'apprentissage* pour nous faire comprendre la structure du texte argumentatif, plus particulièrement celle de la lettre ouverte.
- (G) Cette lettre ouverte nous dit, en substance, que l'alcool au volant est un problème qui touche tout le monde.
- (H) Cette lettre ouverte propose des solutions concrètes au problème de l'alcool au volant.
- (I) Dans cette lettre ouverte, les destinataires, c'est tout le monde... Un pronom de la deuxième personne le démontre.
- (J) L'auteure adopte un ton provoquant.
- (K) La personne qui a écrit cette lettre ouverte ne s'est pas préoccupée de toute la théorie sur le texte argumentatif.
- (L) Il y a dans ce texte de nombreux marqueurs de relation et des expressions qui marquent la cause.
- (M) Dans ce texte, l'auteure a recours à différents registres de langue.
- (N) L'auteure a préféré adopter une argumentation personnelle et originale plutôt que de respecter la structure du texte argumentatif.
- (O) Dans ce texte, l'auteure cite un chroniqueur connu.
- (P) C'est ce modèle de lettre ouverte qu'on nous encourage à écrire à l'école.
- (Q) La stratégie argumentative développée dans ce texte est manifestement l'explication argumentative.
- (R) Chaque paragraphe du développement correspond à un argument clairement identifiable.
- (S) La conclusion du texte ouvre sur d'autres solutions au problème de l'alcool au volant.
- (T) C'est ce modèle de lettre ouverte que je préfère.

LA PRESSE, MONTRÉAL, DIMANCHE 21 MAI 2000

Quelque chose à cacher ?

STÉPHANIE LEBLANC
L'auteure est enseignante en adaptation scolaire, à Joliette

L'actualité des derniers jours relevait plusieurs cas de gens, comme vous et moi, qui sont soudainement devenus des meurtriers du jour au lendemain. Des meurtriers insouciants comme le disait Foglia. Il m'arrive parfois de penser que cela pourrait arriver à n'importe qui : aux membres de ma famille, à mes amis, à mon copain ou à moi. Soit d'être tués, soit d'être tueurs.

C'est vrai qu'il s'agit d'une connerie trop bien partagée dont on est complice par notre silence, souvent par malaise. Essayez donc d'enlever les clefs à une personne en état d'ébriété, même avec tout le tact dont vous ferez preuve pour l'occasion. Peu de gens osent. On se dit que celle-ci doit bien savoir comment ça marche : elle conduisait déjà son «char» bien soûle dans le temps que c'était légal et elle n'a jamais eu de problème. Sans pousser la réflexion plus loin, on a la sournoise impression, puisqu'elle a l'habitude, que c'est un peu comme si elle avait acquis le droit. C'est comme ceux qui ont obtenu une dérogation pour fumer du pot. Cette personne semble en avoir une pour prendre la route en état d'ébriété. C'est pas plus compliqué que ça.

Ce buveur part, l'air sérieux et calme, en parfait contrôle de la situation. Il n'a pas long à faire et il sera prudent. Il va circuler paisiblement dans son petit salon mobile et ne risque pas de croiser des gens sur sa route, puisqu'il empruntera les routes secondaires. De son propre aveu, tant qu'il ne rencontre pas de «barrage de police», il est correct. D'une entente tacite, tous le regardent partir, l'air hagard, comme si chacun songeait à la chance qu'il a d'être immunisé à ce point contre les accidents.

Puis, comble de bêtises, on ira parfois jusqu'à monter avec lui. Si on est chanceux, tout le long du trajet, on pourrait avoir droit à un réquisitoire contre le durcissement des lois concernant les délits reliés à l'alcool au volant. En fait, elles seront décrites comme des lois capricieuses, des lubies soudaines de nos politiciens qui ne font que gâcher nos partys. On mettra probablement en doute le fait que l'alcool puisse affaiblir les facultés, au point de créer des menaces pour les autres utilisateurs de la route. Les journaux nous bombardent pourtant de tristes cas vécus mais on reste sceptique : des cas isolés d'alcooliques récidivistes pense-t-on. Puis on se rassure en se disant qu'il y a des criminels bien plus dangereux qui agissent délibérément et qui ne sont jamais suffisamment punis, alors que d'honnêtes citoyens seraient simplement victimes d'un système trop sévère pour une seule erreur de jugement si jamais ça leur arrivait. Puis une fois bien rassurée, on ira même se confier de petits trucs pour déjouer les policiers et leur arsenal de barrages et d'ivressomètres.

Voilà donc le genre de situation à laquelle nous sommes trop souvent confrontés, situation devenue presque banale par son aspect récurrent et infiniment persistant. Pour terminer, si lors d'une soirée bien arrosée, vous vous demandez si vous pouvez conduire votre véhicule pour retourner à la maison, mais n'avez pas d'ivressomètre pour mesurer votre taux de lucidité, voici un petit truc : posez-vous la question : «Dans l'état dans lequel je suis, s'il arrivait, par accident, que je heurte un ti-pit avec le pare-chocs, aurais-je le courage de rester sur les lieux afin d'expliquer à ses parents comment c'est arrivé ?» Pour les chauffards qui ont fait la manchette dernièrement, plusieurs d'entre eux ont trouvé la réponse aussi rapidement qu'ils ont fui les lieux. Quelque chose à cacher ?

Qu'en est-il de l'alcool au volant ?

J'ai lu avec beaucoup d'intérêt le texte de Stéphanie Leblanc intitulé *Quelque chose à cacher ?* Dans son texte, madame Leblanc décrit avec beaucoup de justesse le comportement irresponsable des gens en état d'ébriété qui prennent le volant. Pour contrer ce fléau, elle demande à M. et à Mme Tout-le-monde de songer au drame qu'ils provoqueraient en fauchant eux aussi la vie d'un enfant. Madame Leblanc se demande si on aurait alors le courage d'affronter la famille en deuil.

Certes, cette prise de conscience est nécessaire pour arrêter le problème de l'alcool au volant, mais elle ne suffit pas. Personnellement, je pense qu'il faut renforcer les solutions «concrètes» déjà mises en place par le gouvernement pour enrayer ce fléau, car ces solutions ont déjà commencé à porter fruit dans les domaines suivants : la diminution des accidents de la route, la diminution du nombre de délits de fuite et la sensibilisation du grand public.

Établissons d'abord que depuis 10 ans, le nombre d'accidents causés par l'alcool a diminué et que cette situation est en grande partie attribuable au fait que le gouvernement a criminalisé l'alcool au volant. Ainsi, l'emprisonnement de gens connus et reconnus coupables d'ivresse au volant a fait réfléchir la population en général. Il n'est pas rare maintenant d'entendre dire qu'il serait absurde de ruiner sa vie et sa réputation alors que pour 20 $, un taxi nous ramènera chez soi en toute sécurité.

En deuxième lieu, je pense que si le délit de fuite n'est plus une solution envisageable lors d'un accident, c'est parce que les mesures coercitives du gouvernement à cet égard sont très sévères. En effet, les nouvelles pénalités concernant les délits de fuite font réfléchir les citoyens et les citoyennes qui savent que les fuyards sont plus sévèrement punis que les conducteurs qui restent sur les lieux de l'accident. De plus, de récents cas de délit de fuite ont scandalisé l'opinion publique et prouvé que, heureusement, l'expertise policière permet presque toujours de retrouver les coupables.

Enfin, il faut admettre que les campagnes de publicité percutantes de la Société des assurances automobiles du Québec ont eu un impact réel sur la responsabilisation de la population en général parce que, comme le dit si bien la maxime «une image vaut mille mots», ces campagnes de la SAAQ ont su donner des exemples tragiques des conséquences désastreuses de la conduite en état d'ébriété. De plus, ces publicités télévisuelles ont atteint leur cible, car on a pu ainsi s'approcher du drame vécu par les victimes.

Ainsi, je rejoins donc Stéphanie Leblanc dans son analyse de la situation, mais, pour toutes les raisons énumérées ci-dessus, je crois que des mesures concrètes sont plus efficaces auprès de la population en général que des scénarios catastrophiques qu'on imagine ne pouvoir arriver qu'aux autres. D'autres solutions concrètes pourraient être envisagées : des taxis moins chers la nuit, des «Opérations Nez rouge» douze mois par année, des navettes reliant les bars et les quartiers résidentiels, etc. Toutes ces initiatives devraient être financées par l'État puisque les coûts sociaux liés à l'alcool au volant sont gigantesques.

Annik Trottier
Élève de quatrième secondaire

Envoyer

document 6

Se relire

Une grille de révision permet de vérifier si le travail est bien fait ou s'il faut apporter certains changements pour l'améliorer.

GRILLE DE RÉVISION

départ

À PROPOS DE LA SITUATION DE COMMUNICATION

1
Ma thèse est claire. Je pense que ✍. Elle apparaît dans mon texte; je l'ai présentée et explicitée dans ✍.

2
Dans mon introduction, j'ai volontairement présenté ✍. J'ai aussi décidé de ✍.

3
La stratégie argumentative privilégiée dans mon texte est une stratégie ✍. Pour la mettre en évidence, j'ai ✍.

4
Mon texte est constitué de ✍ paragraphes. Voici en quelques mots le contenu de chaque paragraphe : ✍.

5
J'ai présenté ✍ arguments dans mon texte : ✍, ✍ et ✍.

6
J'ai présenté ces arguments dans cet ordre parce que ✍.

7
J'ai utilisé des faits pour argumenter, par exemple ✍. Ces faits sont fiables parce que ✍.

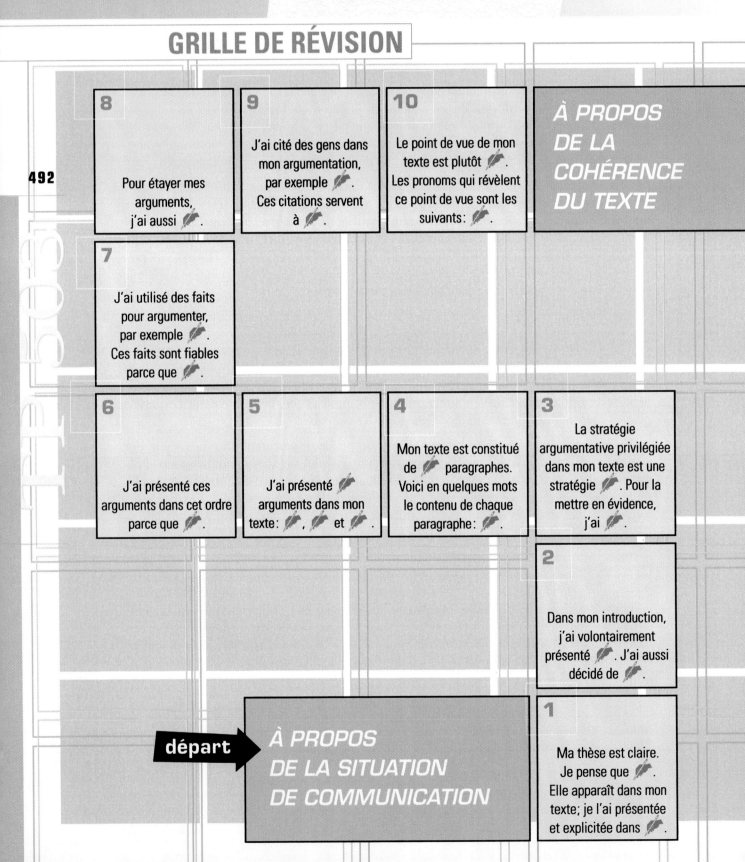

8
Pour étayer mes arguments, j'ai aussi ✍.

9
J'ai cité des gens dans mon argumentation, par exemple ✍. Ces citations servent à ✍.

10
Le point de vue de mon texte est plutôt ✍. Les pronoms qui révèlent ce point de vue sont les suivants : ✍.

À PROPOS DE LA COHÉRENCE DU TEXTE

12 Les marqueurs de relation et les organisateurs textuels sont importants dans un texte argumentatif. C'est pourquoi j'ai utilisé les marqueurs suivants : .

13 J'ai prêté une attention particulière à la reprise de l'information. Ainsi, pour désigner , j'ai utilisé les mots .

À PROPOS DU FONCTIONNEMENT DE LA LANGUE

14 J'ai eu du mal à structurer la phrase suivante : .

11 Dans ma conclusion, j'ai voulu .

15 J'ai vérifié dans le dictionnaire l'orthographe des mots suivants : .

16 J'ai consulté une grammaire pour .

BREF,

18 J'ai employé des subordonnées de . Voici deux exemples : .

17 Pour les accords, j'ai appliqué la stratégie dans le cas suivant : .

19 J'ai apporté certaines modifications importantes à mon texte. J'avais d'abord écrit . J'ai changé pour . Je voulais améliorer .

20 Ma lettre ouverte est plutôt bonne. Si mon enseignant ou mon enseignante la corrigeait, j'obtiendrais probablement une note d'environ .

21 Parmi tous les documents fournis pour ce travail pratique, c'est celui sur qui m'a le plus aidé. Il m'a permis de .

22 Le point fort de mon texte, c'est sûrement .

document 7

Tribune libre

Les grands journaux ont généralement une rubrique pour les lettres ouvertes. Ils invitent les lecteurs et les lectrices à faire parvenir leur texte par la poste ou par courriel. Pourquoi ne pas envoyer votre lettre ouverte ?

Vous pouvez faire parvenir vos lettres d'opinion à l'adresse suivante:
Votre opinion
Le Nouvelliste c.p. 668
Trois-Rivières G9A 5J6

Ou par courrier électronique
opinions@lenouvelliste.qc.ca
en format Microsoft Word 97

Ou par télécopieur:
819-376-0946

Votre opinion

Les lettres doivent être brèves et accompagnées du nom complet, de l'adresse et du numéro de téléphone de leur auteur. Le Nouvelliste se réserve le droit d'abréger ou de refuser des lettres.●

mon opinion

Écrivez-nous!

Nous publions les lettres qui apportent un élément nouveau à un texte publié dans *L'Acadie NOUVELLE*, d'intérêt public ou encore ayant trait à un sujet d'actualité. Les lettres ne doivent pas dépasser **250 mots** et seront réduites en conséquence. Nous nous réservons le droit de ne pas publier les lettres contenant des propos haineux, intolérants, diffamatoires ou encore qui ne répondent pas à la présente politique. Nous ne publierons pas les poèmes et les prières. Les lettres doivent comporter la signature, l'adresse, le numéro de téléphone ou l'adresse électronique de l'auteur.

LA RÉDACTION

CARREFOUR DES LECTEURS

VOUS POUVEZ FAIRE PARVENIR *vos lettres à l'adresse suivante :*
Carrefour des lecteurs,
Journal LE SOLEIL,
925, chemin Saint-Louis, c.p. 1547,
Succ. Terminus Québec, Québec, G1K 7J6
Ces missives devront être courtes et accompagnées du nom, de l'adresse et du numéro de téléphone de leur signataire. Nous nous réservons le droit d'éditer et d'abréger ces lettres au besoin.

LETTRES

Écrivez-nous!

Le Devoir se fait un plaisir de publier dans cette page les commentaires et les analyses de ses lecteurs et lectrices. Étant donné l'abondance de courrier, nous vous demandons de limiter votre contribution à 8000 caractères (y compris les espaces), ou 1100 mots. Inutile de nous téléphoner pour assurer le suivi de votre envoi: si le texte est retenu, nous communiquerons avec son auteur. Nous vous encourageons à utiliser le courriel (*redaction@ledevoir.com*) ou un autre support électronique, mais, dans tous les cas, n'oubliez pas d'indiquer vos coordonnées complètes, y compris votre numéro de téléphone.

LA BOÎTE AUX LETTRES

N.B.

■ La Presse *accorde priorité sous cette rubrique aux lettres qui font suite à des articles publiés dans ses pages et se réserve le droit de les abréger. L'auteur doit être clair et concis, signer son texte, donner son nom complet, son adresse et son numéro de téléphone. Adresser toute correspondance comme suit: La boîte aux lettres, La Presse, 7, rue Saint-Jacques, Montréal, H2Y 1K9. Les textes peuvent également être acheminés par fax au 285-4816 ou par courriel à l'adresse: edito@lapresse.ca*

Vous pouvez également envoyer votre texte aux auteurs de la collection ***Lire et dire autrement*** à l'adresse suivante : textes@ceceditions.com

Au plaisir de vous lire !

LA RÉDACTION

Ligne ouverte: 564-5456, poste 444
Télécopieur: (819) 564-8098
Téléphone: (819) 564-5454
Courrier électronique: redaction@latribune.qc.ca

LETTRE OUVERTE

NDLR: La Tribune publie gratuitement les opinions des lecteurs. Les sujets d'intérêt local ou régional ont la priorité, et nous ne nous engageons pas à publier toutes les lettres reçues. Les lettres doivent être courtes et nous nous réservons le droit de les abréger. Chaque lettre doit être signée et comporter l'adresse complète de l'auteur avec son numéro de téléphone. Ces renseignements restent confidentiels, seuls les noms de l'auteur et de la ville d'origine apparaîtront dans le journal. Les lettres anonymes comme les lettres injurieuses ne seront pas publiées.

Le rédacteur en chef

À vous la parole

Votre opinion compte ! *Le Droit invite ses lectrices et lecteurs à lui écrire sur tout sujet d'actualité. Les lettres devront avoir moins de 250 mots; les commentaires soumis pour la section Forum, moins de 800. Le Droit ne s'engage ni à publier les documents reçus, ni à justifier leur non-publication. Les lettres peuvent être abrégées. Veuillez inscrire clairement votre nom, prénom, adresse et le numéro de téléphone où l'on peut vous joindre, durant la journée.*

Notre adresse: Le Droit, courrier des lecteurs, éditorial, 47, rue Clarence, pièce 222, c.p. 8860, succ. T, Ottawa, Ontario, K1G 3J9.
Fax: (613) 562-7539 Courrier électronique: editorial@ledroit.com

TP 504

Changer le monde

DESCRIPTION DU PROJET

Dans ce projet, vous devrez écrire un texte poétique engagé qui pourrait changer le monde… Projet farfelu ? Pourtant, de nombreux artistes ont tenté d'améliorer le monde grâce à leurs mots. Avant d'écrire votre texte, vous explorerez donc le monde de ces créatrices et de ces créateurs engagés.

Boom boom

[…]
«S'cuse-moi je m'en vais,
je reviens dans une heure,
faut qu'j'aille changer le monde.»
[…]

Paroles et musique : Richard Desjardins, © Éditions Foukinic.

J'vais changer le monde

J'vais changer le monde
Livrer l'bon combat
Changer le monde
Changer d'allure et de coiffeur
J'vais m'taire si j'veux m'taire
Crier si ça me plaît
J'vais changer le monde
Choisir moi-même mes armes

Quelqu'un quelque part
A quelque chose à dire !!!
[…]

Paroles et musique : Jim Corcoran. © Éditions Gog et Magog, 1994.

À CONSULTER
pour ce projet :
- Unités de la série PR 100
- TT 204
- GOC 305

déroulement

POUR ÉCRIRE UN TEXTE POÉTIQUE ENGAGÉ

1 Planifier l'écriture du texte.

a) Donner un sens à l'expression *changer le monde*.

Discutez avec des collègues du sens de cette expression. Répondez à la question suivante : «Les artistes peuvent-ils changer le monde ?» Citez des exemples d'engagement de la part d'artistes. Faites des recherches sur des artistes engagés.

document *1* ▶▶ (page 498)

b) Lire des textes poétiques engagés.

Lisez les paroles d'une chanson et d'un texte poétique engagés. Tentez de voir ce que changer le monde signifie pour leurs créateurs. Dans ces textes, relevez des passages particulièrement touchants. Lisez également les pages 229, 232, 237 à 239, 246 à 248 et 260 à 265 dans le manuel *TEXTES*.

document *2* ▶▶ (page 499)

c) S'interroger sur la chanson et la poésie engagées.

Réfléchissez sur le rôle de la chanson et du poème engagés. Demandez-vous si vous aimez ou non les chansons et les poèmes engagés.

document *3* ▶▶ (page 501)

d) Déterminer ce qu'on aimerait changer dans le monde.

Choisissez un problème qui vous touche particulièrement et qui pourrait faire l'objet d'un poème ou d'une chanson engagée.

document *4* ▶▶ (page 503)

e) Rédiger quelques phrases-chocs qui pourraient changer le monde.

Rédigez des phrases percutantes pour vous donner des idées et déclencher l'écriture du texte poétique. Ces phrases devraient avoir la portée d'un slogan, c'est-à-dire d'une formule que les gens retiennent parce qu'elle émeut, choque, provoque et donne à réfléchir. C'est à partir de ces phrases-chocs que vous construirez votre texte.

f) Se familiariser avec le lexique des gens qui veulent changer le monde.

Enrichissez une constellation de mots sur le thème «changer le monde» (par des mots de même famille, des noms propres, des expressions, etc.) et choisissez des mots que vous pourriez utiliser dans votre texte.

document *5* ▶▶ (page 504)

g) Déterminer l'organisation du texte.

Voyez l'unité TT 204 et choisissez le mode d'organisation qui vous convient (vers réguliers, prose, vers libres, chanson, poème, texte narratif, descriptif ou argumentatif). Choisissez aussi un ou deux procédés syntaxiques ou stylistiques que vous voulez mettre en évidence. (On peut utiliser les procédés syntaxiques et stylistiques à l'infini, mais il est bien d'avoir une idée préconçue de ce qu'on veut faire et de relever le défi d'inclure tel ou tel procédé dans son texte.)

h) Déterminer le point de vue.

Déterminez la voix de la chanson ou du poème. Le *je* sera-t-il présent dans le texte ? À qui le texte s'adresse-t-il ? Tout est permis. Vous pouvez écrire un texte comme s'il était dit par une vieille dame du Mozambique, par un enfant tibétain…

2 Rédiger une première version du texte et le relire en cours de rédaction.

Laissez aller votre imagination, mais pensez à l'organisation du texte au fur et à mesure que vous écrivez. Pensez aux répétitions, aux sonorités, etc. Il faut que les mots «coulent», «sonnent» et «touchent».

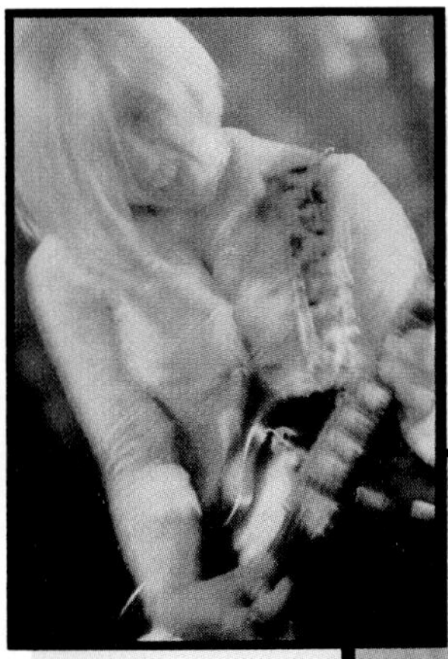

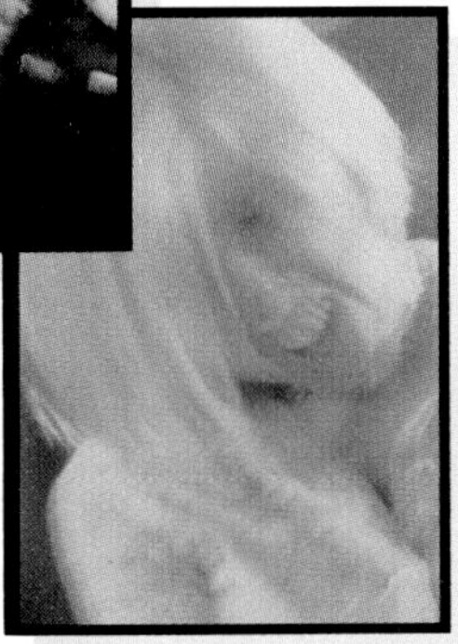

3 Réviser le texte et le récrire.

Évaluez votre texte afin de voir s'il faut y apporter des corrections. Certaines personnes prétendent qu'il est impossible d'évaluer un texte poétique avec une grille. Et si vous inventiez une grille sur mesure, une grille qui tiendrait compte de ce qui est important pour vous dans un texte poétique... Appliquez votre grille aux textes d'autres élèves pour la valider. Pour déterminer vos critères d'évaluation, consultez les unités de la série PR 100 ainsi que les unités TT 204 et GOC 305.

À la lumière de l'évaluation que vous avez faite de votre texte, récrivez-le pour le parfaire. Ajoutez ou enlevez des adjectifs, des adverbes ou des organisateurs textuels afin de donner du rythme au texte. Pour voir si le rythme est bon, lisez le texte à haute voix ou essayez de le chanter. Dites-vous bien que votre texte est trop court pour vous permettre la moindre faute.

document *6* ▶ ▶ (page 505)

4 Mettre le texte au propre et évaluer la démarche d'écriture.

Imaginez que votre texte sera lu ou chanté, et qu'il sera enregistré sur disque. Avec des camarades de classe, concevez le boîtier et le livret d'accompagnement de votre disque. Insérez-y votre texte et ajoutez quelques lignes pour vous présenter et décrire comment vous avez écrit votre texte poétique.

document *7* ▶ ▶ (page 506)

document 1

Des artistes qui ont voulu changer le monde

Tous ces artistes ont un point en commun : ils et elles ont su se servir du pouvoir des mots pour changer le monde et sensibiliser le public à leur cause.

Marie-Claire Séguin a défendu la cause des femmes.

Bob Marley a revalorisé les racines africaines de son peuple.

Le groupe *Rage Against The Machine* a défendu la liberté d'expression aux États-Unis.

Judy Richards a dénoncé la violence faite aux femmes.

Bruce Springsteen a défendu la cause des ouvriers américains.

Renaud a condamné l'ignominie de l'apartheid.

Willie Nelson a défendu la cause des agriculteurs aux États-Unis.

Le groupe *Dubmatique* a dénoncé le racisme.

Luc De Larochellière a sensibilisé le public à la cause des cueilleurs de café.

Lounès Matoub a chanté pour la reconnaissance du peuple berbère. Il a été assassiné pour ses idées.

Pablo Neruda a écrit des poèmes pour appuyer les républicains lors de la guerre d'Espagne.

document 2

Changer le monde dans un texte poétique

Les textes poétiques *Alphabétisation* et *Imagine* illustrent l'engagement de leurs auteurs. La paix, la justice, l'égalité, la liberté, telles sont les valeurs qui ont animé l'écriture de ces textes universels.

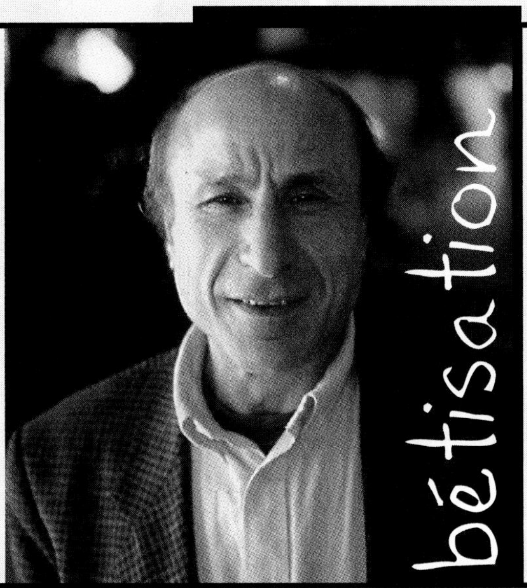

Rachid Boudjedra est né en Algérie en 1941. D'abord professeur de philosophie, il s'est ensuite fait connaître par des romans qui dénoncent avec vigueur toute forme d'oppression et d'agression.

Alphabétisation

À quoi servent mes poèmes
Si ma mère ne sait me lire ?
Ma mère a vingt ans
Elle ne veut plus souffrir
Ce soir elle viendra
Épeler mes lettres
Et demain elle saura
Écrire
Émancipation.

À quoi servent mes poèmes
Si mon père ne sait me lire ?
Mon père a cent ans
Il n'a pas vu la mer
Ce soir il viendra
Épeler mes lettres
Et demain il saura
Lire
Dignité.

À quoi servent mes poèmes
Si mon copain ne sait me lire ?
Mon copain n'a pas d'âge
Il a vécu dans les prisons
Ce soir il viendra
Épeler mes lettres
Et demain il saura
Crier
Liberté.

Rachid Boudjedra, *Pour ne plus rêver*,

Imagine all the people
Living life in peace…

La chanson *Imagine* a marqué le monde entier dans les années 1970. Vos parents ou vos enseignants la connaissent probablement. On pourrait facilement la comparer à *Quand les hommes vivront d'amour* du Québécois Raymond Lévesque. Dans les deux cas, il s'agit d'hymnes à un monde pacifié; dans les deux cas, on chante un monde nouveau où règne la fraternité universelle.

Bien entendu, il est très difficile de traduire un texte poétique. En écoutant la version originale de *Imagine*, on peut toutefois comprendre que John Lennon propose un monde sans nations, sans possessions, sans cupidité, sans famine et sans sacrifices humains. Il conclut sa chanson à peu près ainsi: «Tu diras peut-être que je suis un rêveur, mais je ne suis pas le seul. J'espère qu'un jour tu seras des nôtres et le monde ne fera plus qu'un.»

John Lennon et Yoko Ono lors d'un «bed-in» pour la paix dans un grand hôtel de Montréal.

document 3

La chanson et la poésie engagées

La chanson et la poésie engagées ont fait couler beaucoup d'encre. Des auteurs comme Bruno Roy, Pierre Fournier, Benjamin Péret et Michèle Lalonde y ont réfléchi. Voici quelques extraits de leurs écrits sur la question.

[...]
Il arrive souvent que des chansonniers manifestent des préoccupations, voire prennent des positions de principe, sans pour autant qu'on puisse les rattacher à des combats politiques précis. La vigilance devrait être le trait majeur du chanteur engagé. Comme le dit Félix Leclerc, le poète qui dérange remplit bien son rôle. Dès qu'apparaît le souci de dire quelque chose, l'on peut, en matière de chanson, retenir deux façons d'être engagé:

1. Le chanteur est politiquement engagé dans la mesure où il exprime des opinions ou des idées qui semblent sous-tendues par des prises de positions politiques. C'est le cas, par exemple, de Paul Piché;
2. Le chanteur est aussi engagé philosophiquement lorsqu'il chante un idéal humain, une mystique ou une morale; en fait, son engagement est moral. C'est particulièrement le cas de Georges Dor avec *Un homme en liberté* par exemple.

[...]

Bruno Roy, *Pouvoir chanter*,

La chanson occupe une place importante dans nos vies. Elle transporte nos rêves. Elle nous rend familiers avec des personnages en racontant leur histoire. Les parcelles de vie ainsi racontées nous rapprochent de ces gens; nous pouvons alors mieux les connaître et les comprendre.

La chanson a le pouvoir de créer, de transporter et de transformer nos humeurs. Elle les exprime: joie, peine, colère... Elle est porteuse d'espoir.

C'est un formidable outil de lutte, de combat et de transformation sociale.

Évoquant nos aspirations, décrivant nos désirs, exprimant notre colère, nos volontés, lorsqu'elle est entonnée à l'unisson elle nous permet de vibrer au diapason et de ce fait dégage un sentiment d'unité, de complicité, de force et de puissance. La puissance de transformer les choses, de réaliser nos rêves.

Pierre Fournier, *De lutte en turlutte*,

[Le poète] sera donc révolutionnaire, mais non de ceux qui s'opposent au tyran d'aujourd'hui, néfaste à leurs yeux parce qu'il dessert leurs intérêts, pour vanter l'excellence de l'oppresseur de demain dont ils se sont déjà constitués les serviteurs. Non, le poète lutte contre toute oppression: celle de l'homme par l'homme d'abord et l'oppression de sa pensée par les dogmes religieux, philosophiques ou sociaux [...]. Sa qualité de poète en fait un révolutionnaire qui doit combattre sur tous les terrains: celui de la poésie par les moyens propres à celle-ci et sur le terrain de l'action sociale sans jamais confondre les deux champs d'action.

Benjamin Péret, dans un libelle publié contre les poètes qui ont participé à la Résistance par leurs écrits (1945).

«Je n'ai jamais pu comprendre comment on pouvait faire de la poésie indépendamment de la réalité des problèmes.»

Michèle Lalonde

— Votre poème «Speak White», que vous aviez lu sur les scènes québécoises en 1970, a été un événement en soi...

— Il y a eu une époque où c'était presque un engagement politique de la part du public que d'aller au théâtre voir et entendre des écrivains: ceux-ci étaient vraiment à ce moment-là des témoins de la réalité et s'engageaient au même titre que les politiciens. Et nous étions devant des auditoires exigeants mais qui avaient aussi un très grand besoin de manifester et d'entendre articuler ce qu'ils éprouvaient. C'est d'ailleurs la fonction de l'écrivain de rendre signifiante la parole prêtée par la collectivité. Le rôle de l'écrivain, c'est de trouver le mot juste. Et «Speak White» était une bonne synthèse, je crois, de ce que les gens ressentaient à l'époque. Il intervenait dans un contexte où les gens étaient très désireux de venir entendre des discours publics, qu'ils soient poétiques ou politiques. Ils se rendaient au théâtre pour se serrer les coudes.

Michèle Lalonde, dans un entretien paru dans *Poètes québécois: entretiens, essais* par Jean Royer, Éditions de l'Hexagone, 1991, © Jean Royer.

document 4

Des idées pour changer le monde

Le monde n'est pas à court de fléaux. Voici une liste de problèmes auxquels on pourrait s'attaquer pour changer le monde.

La famine • La pollution • La déforestation

La désertification • Le mal de vivre • Le chômage

La violence faite aux femmes • La violence faite aux enfants • La guerre

La corruption • L'homophobie • La drogue et l'alcool • La dictature

Le travail et l'exploitation des enfants • La répression

Le racisme • La solitude des personnes âgées

L'intolérance • La pauvreté • La criminalité

a pollution • La déforestation • La désertification

Le mal de vivre • Le chômage

La violence faite aux femmes • La guerre

La corruption

document 5

Les mots de ceux et celles qui changent le monde

C'est en s'armant de mots que les artistes mènent leur combat pour changer le monde. Les champs lexicaux suivants sont constitués de mots qu'on voudrait associer à un monde transformé et d'autres qu'on voudrait éliminer.

CHANGER LE MONDE

CITOYENNETÉ

Responsabilité
Élection
Devoir
Scrutin
Droit
Syndicat
Sens civique
Forum
Pays
Médias
Député
Information
Nation
Vote

VALEURS

Positives

Égalité
Liberté
Libre expression
Paix
Solidarité
Bonté
Fraternité
Dignité
Entraide
Solidarité
Amour
Droit
Justice
Partage
Coopération

Négatives

Cupidité
Malhonnêteté
Paresse
Avarice
Égoïsme
Cruauté

OPPRESSION

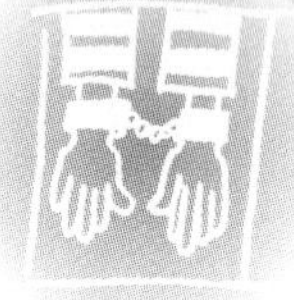

Chaîne
Prison
Propagande
Geôlier
Torture

RÉSIGNATION

Apathie
Satisfaction
Statu quo
Indifférence
Réactionnaire

POLITIQUE POUVOIR

Système

Communisme
Anarchisme
Capitalisme
Démocratie
Fascisme
Dictature
Monarchie
Gouvernement
Droite
Gauche
Centre
Société

Gens de pouvoir

Politicien
Politicienne
Homme d'affaires
Femme d'affaires
Militaire
Bureaucrate
Policier
Policière
Gouverneur
Dictateur
Roi
Tyran
Tortionnaire
Reine
Ministre

RÉVOLTE

Révolte
Colère
Indignation
Soulèvement
Révolution
Changement
Manifestation
Résistance
Gauche
Ras-le-bol
Pamphlet
Tract

PERSONNALITÉS

Pol Pot
Hitler
Mussolini
Idi Amin Dada
Pinochet

Lennon
Mère Teresa
Martin Luther King
Nelson Mandela

document 6

Impossible de corriger un poème

Les poètes n'écrivent pas pour être évalués sur 100. Quelle serait leur réaction si on leur demandait de déterminer des critères d'évaluation pour leur texte ? Avec les poètes, tout est possible... Jouez le jeu... Construisez une grille en considérant les critères suggérés dans l'encadré et inventez de nouveaux critères. Déterminez le nombre de critères que votre grille contiendra et la valeur que vous accorderez à chacun. Créez une grille à votre goût.

Grille d'évaluation

	Très peu acceptable	Peu acceptable	Acceptable	Satisfaisant	Très satisfaisant
	■ /1	■ /2	■ /3	■ /4	■ /5
	■ /1	■ /2	■ /3	■ /4	■ /5
	■ /1	■ /2	■ /3	■ /4	■ /5
	■ /1	■ /2	■ /3	■ /4	■ /5
	■ /1	■ /2	■ /3	■ /4	■ /5
	■ /2	■ /4	■ /6	■ /8	■ /10
	■ /2	■ /4	■ /6	■ /8	■ /10
	■ /2	■ /4	■ /6	■ /8	■ /10
	■ /1	■ /2	■ /3	■ /4	■ /5
	■ /2	■ /4	■ /6	■ /8	■ /10
	■ /3	■ /6	■ /9	■ /12	■ /15
	■ /2	■ /4	■ /6	■ /8	■ /10
	■ /1	■ /2	■ /3	■ /4	■ /5
TOTAL	■ /100	■ /100	■ /100	■ /100	■ /100

SUGGESTIONS DE CRITÈRES POUR ÉVALUER LE TEXTE POÉTIQUE

Respect de la consigne – Émotion – Pouvoir de changer le monde – Vocabulaire évocateur – Originalité – Structure du texte – Richesse des images – Sonorité du texte – Procédés syntaxiques – Humour – Point de vue – Temps des verbes – Orthographe d'usage – Orthographe grammaticale – Ponctuation – Cohérence du point de vue – Progression et surprise au fil de la lecture – Début accrocheur – Finale percutante – Qualité littéraire – Potentiel commercial – Présence de phrases-chocs – Se chante ou se lit bien – Qualité des rimes – Régularité des vers – Effets sur les lecteurs et les lectrices

phrase
  subordonnée circonstancielle de concession, **346**
  subordonnée circonstancielle d'hypothèse et de condition, **346**
  subordonnée circonstancielle d'opposition, **346**
  subordonnée complétive, **320, 342**
  subordonnée relative, **320, 340-341**
pièce de théâtre, **244, 426-427**
plan
  d'un texte argumentatif, **121-123**
  d'un texte dramatique, **251**
  d'un texte narratif, **205**
pluriel des adjectifs, **357-358**
pluriel des noms, **356-357**
poème
  à forme fixe, **286**
  engagé, **496-497, 501**
  en prose, **287**
  en vers libres, **287**
point de vue, **82**
  dans les textes argumentatifs, **126-130**
  dans les textes dramatiques, **253-255**
  dans les textes narratifs, **210-211**
  dans les textes poétiques, **288-290**
  distancié, **82-86, 125, 211**
  engagé, **82-86, 125, 211, 290**
point-virgule, **392**
polysémie, **9**
ponctuation, **329-331**
préfixes, **6-7**
premier plan, **43-46, 209**
présence
  de l'auteur, **82, 87, 125-127, 254**
  du narrateur, **82, 87, 210**
  de la personne qui argumente, **126-127**
  de tierces personnes, **128**
présent de l'impératif, **380-381**
présent de l'indicatif, **380**
présent du subjonctif, **381**
preuves, **114**
principes logiques, **109**
progression de l'information, **38, 41, 287**
prologue, **252**
pronom *on*, **127**
pronoms personnels, **126-127**

Q

qualité des arguments, **113**
questionnement, **112**

R

radical, **324, 383**
raison, **116-117**
rapport(s)
  auteur/destinataire, **82-84, 127, 254**
  auteur/sujet, **82, 128-129, 254**
  d'autorité, **84, 127**
  de complicité, **83, 127**
  conflictuels, **246**
  d'égalité, **83, 127**
  entre les personnages, **246**
  harmonieux, **246**
réaffirmation de la thèse, **113, 123**
receveur d'accord, **323**
récit, **208-209, 252-253**
recueil de nouvelles, **416-418**
réduction
  d'une phrase subordonnée, **339**
  de la subordonnée circonstancielle, **346**
  de la subordonnée complétive, **343**
  de la subordonnée relative, **340**
reformulation de la thèse, **114, 121, 123**
réfutation, **118-120**
registre(s) de langue, **22**
  populaire et familier, **24-27**
  soigné, **24-27**
  standard, **24-27**
relais de narration, **210**
relations entre les mots, **10**
relations logiques, **110-113**
répétition, **284**
reprise de l'information, **38-41, 287**
résumer
  une pièce de théâtre, **432-433**
  un recueil de nouvelles, **421**
  un roman, **445**
  un roman historique, **411**
  un texte argumentatif, **131**
rimes, **286**
  croisées (alternées), **286**
  embrassées, **286**
  plates (suivies), **286**
roman contemporain, **438-440**
roman historique, **406-408**

S

scène, **251**
schéma narratif
  d'une nouvelle littéraire, **205**
  d'un texte dramatique, **252**
sens
  connotatif, **9**
  dénotatif, **9**
  figuré, **9**
  mélioratif, **9**
  péjoratif, **9**
  propre, **9**
séquence
  argumentative, **65**, **121-123**
  descriptive, **65**
  dialogale, **65**, **249-250**
  explicative, **65**
  narrative, **65**
séquence textuelle dominante, **66-67**
séquences textuelles, **64, 121, 125, 210, 253**
situation argumentative, **103**
situation finale, **206**
situation initiale, **206**
sonnet, **286**
sonorités, **283**
sons clairs, **283**
sons sombres, **283**
statut de la personne qui argumente, **127**
stratégie argumentative dominante, **123**
stratégies argumentatives, **114-120**
strophe, **286**
subordination, **319**
subordonnants, **49, 319**
subordonnée, **319-322**
  circonstancielle, **321-322**
  complétive, **320-321**
  relative, **320**
suffixes, **7**
suites lexicales, **10**
sujet
  amené, **122**
  divisé, **122**
  posé, **122**
sujet du texte argumentatif, **105**
symboles, **204-205, 282**
système
  du passé composé, **46**
  du passé simple, **45**
  du présent, **44**
  des temps verbaux, **43, 209**

T

tableau, **251**
techniques réfutatives, **118-119**
télescopage, **6**
témoin, **83, 111**
temps composés, **326-328**
temps simples, **324**
termes génériques, **10**
termes spécifiques, **10**
terminaisons, **324, 383**
texte dramatique, **244**
texte poétique, **280**
thèmes, **205, 246, 283**
thèse, **106-107**
thèse/constat, **106**
thèse/évaluation, **106**
thèse/incitation, **106**
tierce personne, **128**
tirade, **250**
ton, **86-87**
  caricatural, **255**
  comique, **255**
  critique, **86**
  didactique, **290**
  dramatique/tragique, **86, 211, 290**
  épique, **255**
  familier, **86, 128, 211**
  humoristique/ironique, **86, 211, 255, 291**
  ironique/sarcastique/hautain, **129, 290**
  lyrique, **255, 290**
  neutre/didactique, **86, 128**
  pathétique, **255**
  poétique/lyrique, **86, 211, 290**
  polémique, **129**
  revendicateur, **290**
tragédie, **244**

U

univers
  fantastique, **203**
  narratif, **203**, **245-249**
  poétique, **280**
  vraisemblable, **203**

V

valeurs, **87, 113, 129, 204, 246, 290**
valeurs des temps de l'indicatif, **47**
variations linguistiques, **22-23**
  grammaticales, **23, 27**
  lexicales, **23, 26**
  phonétiques, **23, 26**
véracité d'une thèse, **114**
vers, **285**
versification, **285**
virgule, **329-330**
visée
  argumentative, **87, 130**
  esthétique, **87**
  imaginaire, **87**
  informative, **86**
vocabulaire
  connotatif, **85**
  dénotatif, **85**
  mélioratif, **85**
  péjoratif, **85**
voix du texte, **83, 288-289**